作者夫婦與在美内外孫於洛城哈崗寓所後院合影

作者小傳

周伯達　別號濱聞，湖南人也。一九一七出生於華容彭家橋。童年就傅在先祖父督促下，熟讀四書五經。三三年入岳郡聯師，卒業後，復入省立衡山師範。抗戰軍興之翌年，棄文習武，參加抗日戰爭。四五年抗戰勝利，積功升陸軍中校，四九年晉升上校，隨軍至台灣，五六年退役，從事中國哲學暨三民主義哲學之研究。六〇年代初期，進入三民主義研究所任研究員，後編入中國國民黨中央黨部，歷任設考會組工會總幹事。八二年十二月，於生產事業黨部書記長職務內屆齡例退，旋移居美國洛杉磯（L.A.）哈仙達（Hacienda Heights）。著有：心理作戰綱要、兵學與哲學、孔孟仁學原論、周易哲學概論、心物合一論、中國哲學與中華文化、介石先生思想與宋明理學、中山先生思想與中華道統、近卅年的中國（民國卅九年至六十九年之回顧與前瞻），什麼是中國形上學（儒釋道三家形上學申論）等書，九八年將有關哲學著作七種，統一刊行，名曰濱聞哲學集刊。夫人施秀芳，二二年出生於江蘇海門中央鎮，日本靜岡藥科大學畢業，從事教育工作數十餘年，退休後，一同移居美國。

濱聞哲學集刊總目

本集刊是三代以後，對中國哲學認識最深、最廣、最正確，更具啓發性之著作，凡喜愛中國哲學，而願升堂入室，以見得此心之仁，證得人之本來面目者，允宜人手一集。

濱聞哲學集刊之一

孔孟仁學原論

本書是從仁之本身對孔孟仁學，作哲學的解讀，確能發明其原義，與注疏家釋仁，截然不同。民國五十三年初版，原名「孔孟仁學之研究」，茲重加整理，并改今名後再版刊行。

濱聞哲學集刊之二

周易哲學概論

本書從「怎樣讀周易」，說到「卜筮之學」，說到「虞翻之消息」、「焦循之旁通」，以及邵子先天易學與「來氏易」等等，是詳述周易哲學與象數之學。民國五十四年完成初稿，藏之篋中卅餘年，茲稍加整理後刊行。

濱聞哲學
集刊之三

心物合一論

本書分爲導論，物之分析，心之分析，心物之合一，心物與人生及結論等六篇，是從物與心之分析，而說到心物「二者本合爲一」，以證明「精神與物質均爲本體中的一部份」。民國四十六年完成初稿，民國六十年初版發行。茲稍加整理，再版刊行。

濱聞哲學
集刊之四

什麼是中國形上學——儒釋道三家形上學申論

本書對於儒釋道三家之本體哲學，宇宙哲學與認識哲學，皆有極深而研幾之描述，以期真能表達中國形上學究竟是什麼？因本書涉及中國哲學之全部，故可視爲中國哲學概論，亦可視爲中國哲學史簡編。自一九八三年開始執筆，迄九四年完成初稿，約五十萬言，茲特再加整理後刊行。

濱聞哲學
集刊之五

中國哲學與中華文化

本書係收集民國五十年代至六十年代，有關中國哲學與中華文化之拙著編輯而成，多已在學術刊物發表，其中「中華民族文化與世界之未來」一篇，原編入臺北幼獅書店「青年理論叢書」，曾於民國五十八年六月初版印行。

濱聞哲學集刊之六

介石先生思想與宋明理學

蔣介石總統，喜好哲學，嚮往道統，服膺中山主義，傳承宋明理學，皆頗有所得。本書係說明蔣總統在哲學思想、政治思想與教育思想等三方面，對宋明理學之貢獻。民國五十五年十月三民主義研究所初版，原名「總統思想與宋明理學」，茲稍加整理，并改今名後再版刊行。

濱聞哲學集刊之七

中山先生思想與中華道統

本書是本於學術的立場，對中山思想作哲學的解讀，以明瞭其思想淵源，并及其全體大用。一九七八年五月初版，曾獲是年中山學術獎，原名「三民主義之哲學基礎」。茲特重加整理，并改今名後再版刊行。

濱聞哲學集刊之四

周伯達著

什麼是中國形上學

儒釋道三家形上學申論（上冊）

臺灣學生書局印行

自序

本書於一九八三年春天開始執筆，迄九四年完成初稿，歷經十二寒暑。古人以十二年爲一紀。一紀之年，或作或輟。就可作者言，此乃研究中國哲學所不可不知者；就可不作而言，古人已言之詳矣，何必再言。幾經反覆思考，古人在本體論或宇宙論方面，雖已言之頗詳，但真知其解者，實不多見。至於在認識論方面，佛家雖有專著，而儒道兩家，則語焉不詳。我頗能融貫三家，發古人之所未發，而擴大了古人之學術領域。固未敢自許：果能集其大成；然而繼往聖之正學，實有益於斯世。施洗者約翰，修直了主的道路，開啓了基督教的文明。我何人斯，自不敢有此奢望。惟望後之來者，智慧之士，當其有志於中國哲學時，由於本書之指引，不致浪費力氣，更能升入堂奧，則於願已足；若獲有力者之倡導，引發研究者之興趣，蔚爲風向，此不祇是我個人意想不到的收穫，實有助於中國哲學之宏揚，而光大前人之事業。

本書分三大部份：即本體論，宇宙論與認識論。任何哲學，皆是人之認識。我們之所以講本體與宇宙，乃因爲宇宙與本體之本來如是，是存在之本來如是，是自在自爲之存在，不必與人之認識有關。人祇是對這個存在之本來如是，或這個實體之自身及其變化之現象，因瞭解或懂得而有此認識而已。至於認識哲學，它是在本體哲學與宇宙哲學以外之一種哲學。

它講認識之本來如是。我們是以本體之本來如是，宇宙之本來如是，與認識之本來如是這三大部份，構成完整的中國形上學。爲盡其義蘊，我們并就儒釋道三家作比較而融貫之研究，三家亦可自成體系。於是，我們亦是以儒釋道這三個體系，來講述中國形上學之全部的或整個的體系。

本書共八章，約五十餘萬言。第一章講導論，講中國哲學之特色，講中國哲學不同於西方哲學。中國哲學是以一套必要之「觀念類型」，描述此形上之道是什麼?這不是一概念性的思辨體系，而是依觀照之所得，以懂得或瞭解此道之全體大用。若不識得中國哲學之此一特性，即永難進入中國哲學之門。「道之不明也」久矣。三代而後，能明斯道者，實不多見。

第二、三、四各章講本體。我們講本體，是講道之自身或道之本體，亦即是宇宙或存在之本體的本來如是。我們認爲，這道之本體，即心之本體，亦即宇宙本體之本性。這個本體，是「先天地生」，是「無」或有與無之同一。這是儒釋道三家對本體之共識。當我們講它是「無」時，最先想到的，應該是「無相」；或者說，是無形式，無內容。「無」是列舉不盡的。若真的達到了無思無爲，這便是真的識得這個「無」了。同樣的，「有」也是列舉不盡的。至於這個「有」的本身，則是與「無」相同。它是無差別，無同異，無對待，而至誠無二；所以也就是一。這個一，不是概念性的一，是無量的。來知德曰：「對待者數。」無對待之一，不是數；有對待，如陰陽或動靜等等，因對待而成兩個一，因名之爲二，這才是數。因此，哲學的一元論，這個一或元，不是概念的或邏輯的一元，而是直觀觀念類型。這是通過超感性的直觀，亦即另具隻眼的，見到類似康德所謂之範疇，作爲表達形上之道的工具。

必須明得這個特點，才真能識得此形上之道的本體。因爲這與由思辨產生的概念完全不同。這是講中國形上學本體論時，最應明白的一大特點。

第五章講宇宙。我們講本體論時，大抵是依本體之生成、存在，以及本體之形相，本體之自身、本體之本性等各方面而說明本體之本來如是。現再進而講宇宙，仍應依宇宙之生成、存在，以及宇宙之形相，宇宙之本身，宇宙之本性等等而說明宇宙之本來如是。楞嚴經有曰：「無同異中，熾然成異。」這就是說，宇宙之生成，是由無同異或無對待之一而有對待，而成爲二。這與老子道生一，一生二，二生三，三生萬物之說完全相同，亦即這無待之一，因「熾然成異」而成爲有待之二後，一與二便成爲三，由三即可演生出無窮之數，而成爲三生萬物了。這亦與周易是故「易有太極，是生兩儀」之說完全相同。儒釋道三家蓋認爲，宇宙實乃永恒之有的變化場，是由本體之無，顯現或演出宇宙之有。宇宙之生成，是這個無始無終，不生不滅之宇宙本體它自己，「不容已」的，「稱其所有」的，由無待而有待，由無差別而有差別的，以辯證的形式，由形上過渡到形下，而且是存有連續、體用不二的顯現出這個森羅萬象的宇宙。這可以化解西方哲學無法化解的形上與形下之對立，也可以化解屬於內外的二元對立。再者，我們原以爲，佛家既然講一切皆空，似乎沒有宇宙論可講。後讀法華經與華嚴經，方知佛家所見到之空間的廣大與時間之長久，實非一般人所能想像。釋家的宇宙，不祇是有種類的不同，而且有層級的差別。儒道兩家似乎沒有看到多層的或多種的宇宙。釋家於一毫端現諸佛刹之宇宙觀，這在已往時代，實祇能當作神話而已。近幾十年，由於量子力學，核子物理學，及太空科學之進步，已有多度空間之說，對於佛家的此種宇宙觀，已不能說是全無意義。其次，目前已有不少證據，顯示某一個人確有前生；既有前生，必有來世。這與我們不生不滅之本體觀，以及體用一原、存有連續之宇宙觀，實不相違忤；因此，佛家輪迴之說，猶待科學家有更確實之證明；然而在理論上，已非全無可能。

第六七兩章講認識。釋道兩家，皆毀棄感官之知，可以說，都是反認識的認識論。釋家唯識宗，有非常完備的認識理論。從現代心理學來說，釋家是有一套不太高明的心理學；當談到如何轉識成智時，確是一種最堅實的學問。道家認爲小知不及大知，主張養成一種無是非之知與無知之知。釋道兩家，都主張廢棄世俗的習以爲常的耳目見聞之知，而養成智者之知。儒家不否定世俗之知，主張吸收前人經驗，止於至善的貫通其所學以致知，期能達成誠正修齊治平之理想。儒家主張達天地之德，通古今之變，成人之能，以善人之生。這完全是「人間世」的，亦頗能適合世間人之需求。道家爲「善吾生」，以「遠害尊生」爲主。山林隱逸之士，遵行其說，以作無待之遊。釋家爲免煩惱之苦，以轉識成智爲務，是出世的。亦間有慈悲爲懷，救苦救難之菩薩，以儒家入世之行，達成歸真之旨。三家之學，在認識論方面，各有不同。或爲經世之學，或爲避世出世之言，各是其所是。在往昔時代，互立門戶，互爭長短，互不相下。時至今日，道家似已式微。在孔子以前，儒道原不分。吾人讀莊子天下篇，當可知其概要。再就釋與儒道來說，在本體論方面，對於所欲解答的問題，歧見不多；在宇宙論方面，體用一原之說，存有連續之義，所見亦大致相同。在致廣大而盡精微方面，釋家之說，實非儒道所能及。至於三家在認識論方面，雖多歧義，亦非不可會通；因此，有人高唱三家合一。我們認爲，道並行而不相悖。三家雖可會通，卻不宜失去各自之特性。主張三家合一者，可能是「定於一尊」之思想復辟而不自覺。不過，釋者以儒家至誠之道，從事救世的工作，若能堅持不懈，終必證得無上之菩提，這是我深信不疑的。

第八章結論。一方面爲本書作總結，并發舒我之所見；因爲本書之作，旨在說明中國形上學究竟是什麼？以述爲主。「但當這個工程完成後，我明顯的感覺到，是既述且作了。」，亦即這個「全部工程，也確立了我自己的哲學體系。」另一方面，本書之作，證明了形上學之可能；因爲中國形上學之可徵可信，否定了邏輯實證論者所謂：形上學是既不能證明，亦不能否證，是無意義的這一論述。再者，秦漢以來，中國形上學，雖因吸收了佛教思想，在內含方面，似有增益；然孔孟之真傳，實未能有所發揚。時至今日，知識發達，學術自由，以儒家爲主流的中國形上學，必將大放異采而無疑。中國形上學是真能「尊德性而道問學」，是既能澈上、亦能澈下。當現代西方哲學，若學會了中國形上學的澈上工夫而明得道之本體時，亦必能重登學術王座而無疑。其次，中國形上學，乃無神論哲學，不承認有一位與人相似之神，更否定神造人之傳說。但對於「無思無爲，感而遂通」之本體所具之「至神」之神性，能呈現在人之本性中，則是前聖後聖之共識。同時，由於本體之不生不滅，這「稱體之所有」而有之人類，亦必具有不死之生命；因此，耶蘇基督肉身成道之說，在中國形上學裡是被允許的，亦與佛家成佛之說相通。一般說來，宗教能使人之心靈獲得休歇，基督教教會更能使人之生活獲得安寧，身體獲得健康；惟少數傳教者，既極具排他性之不寬容精神，對於教義或「天父旨意」，亦少有人能作極深而正確的體會；所以信者雖眾，真能「盡一切心意力量」而信者不多。本書結論，講中國形上學與宗教信仰時，對基督教頗有問難，并提出耶禪共修之說。我個人認為，基督教這個入世的宗教，若能學會禪宗之「向上一路」，則一般高級知識份子或上根之人，必真能獲得安身立命之所。中國形上學，是關涉到人的哲學。它講本體、講宇宙、講認識，皆與人之生活及生命，密不可分。它見到了人之存在的全部處境，也見到了人類希望之所在，而提供了切實可行之有效途徑。

以上是本書大要。因極深而研幾，更必須作正確無誤之表達，很難作通俗化的處理。哲學不是供人作消遣的讀物。惟望好學深思之士，能真知其意，故亦不宜速讀或略讀。本書旨在說明一件事實，是從本體、宇宙與認識這三方面，也可以說，是從形而上的三個段落，以說明整個事件之全部真相。為明究竟，自應熟知本書之全部說明。速讀或略讀，自是皆不適用。不過，若能明此本心，見自本性，當可默契真理。那麼，這個事件究竟是什麼呢？就外在之存在言，它是這至真實而「無相」之本體，稱其所有而體用不二的以呈現這外在的世界。全部事實，就是如此。再就人自己言，乃這「無思無為，感而遂通」之本體的本性，亦即人之本心（即本體之在人者），因無所住，而「靈知之性歷歷」，而「吉祥止止」的，以覺者之智，安排而順應。四十年來，我深明此事。這就是說，人，處此生生不息之巨流或宇宙之變化場中，雖實迫處此；若以覺者之智，仍可作「善吾生」之最佳選擇。高級宗教，於此等處，大都有最妥適之接引或導引。我曾經就全般問題，請益於老莊孔孟及道家之繼起者，以及禪宗諸祖師，宋明諸子，并及現代的熊十力先生。我似乎召集了無數次的哲學會議，邀請他們出席或列席，聆聽他們發言，仔細揣摩，反覆研討，而後有所裁決。依古聖先賢之啓示：中國形上學，實亦是助人「知汝自己」并成就自己的哲學。就孔孟而言，他們的理想雖未實現，他們的成就，在千載之下，仍是最佳之典範。數十年來，我愧無成就，有幸喜愛此一哲學，自信尚能「善補過」，而「可以無大過矣」。

初稿完成後，兩年多來，結論兩易其稿，其他各章，亦頗有增刪，以期把應該說的話，說得極爲明白，而缺失亦期能減至最少。這確實是一巨大而很難做得好的工程。話似乎是說不完的，所以祇能適可而止。事實上，我祇要沒有指錯方向，便是盡到了寫作之責。中國形上學，是得意忘言，得魚忘筌，而深造自得的。因此，我祇是在引人入門而已；若因此而列入哲學家之林，則是執筆之初未曾想到的。最後，我必須提及的，本書之成，感謝老伴施秀芳女士者實多。近五十年來，由於她之負責全部家計，任勞任怨，使我毫無顧慮的安心的做我喜歡的工作。若沒有她的奉獻與幫助，我不可能完成此一工程，因爲，這是必須投入全部生命力的一項工作。

八十老人華容　**周伯達**　九六年十月於美國加州洛衫磯哈仙達寓所

濱聞哲學集刊之四

什麼是中國形上學
——儒釋道三家形上學申論

目 錄

第七章　中國形上學的認識論（下）

第一章　導　論

第一節　什麼是中國形上學

一、中國形上學即中國道學

我們說「中國形上學」，這有兩方面的意義：一方面是說，中國形上學是中國的形上學，不是自希臘以來之西方形上學；另一方面也是說，中國形上學雖有別於西方形上學所謂之「有的科學」，但觀察其所涉及的問題與對於問題之解答，則是最完滿的形上學。那麼，什麼是中國形上學呢？

周易繫辭上傳第十二章有曰：「形而上者謂之道」。古人以「形而上」與「道」並稱。準此，則中國的形而上學應該就是中國的道學。

二、道有常道與非常道之分

中國形上學既然就是中國道學，那麼，道是什麼呢？老子道德經第一章有曰：

> 道可道，非常道；名可名，非常名。無名天地之始，有名萬物之母。故常無欲以觀其妙，常有欲以觀其徼。此兩者同出而異名，同謂之玄。玄之又玄，衆妙之門。

這說明了，道有「常道」與「非常道」兩種。可道之道、可名之名，皆不是「常道」「常名」。侯官嚴復曾曰：「常道常名，無對待故，無有文字言說故，不可思議故。」❶這是說，常道常名，是不可用語言文字言說，是不可思議的非意識所行境界，是「玄之又玄」的，所以道學也可稱之爲玄學。玄學應該是講常道與非常道，或始與母，妙與徼的學問。

三、道是亘古常存無所不在

常道與非常道之說，這是就道之層級，或道之特性來說的；若就道之本質與範圍來說，道是亘古常存，而且是無所不在的。莊子大宗師篇有曰：

> 夫道、有情有信、无為无形。可傳而不可受，可得而不可見。自本自根，未有天地，自古以固存。神鬼神帝，生天生地。在太極之先而不為高，在六極之下而不為深。先天地生而不為久，長於上古而不為老。

❶ 侯官嚴復氏評點老子，成都書局壬申校刊。臺北海軍總司令黎玉璽影印侯官嚴氏評點故書三種。

莊子此說，是非常明白的說明了，道不祇是亘古常在，而且是天地之所以爲天地。莊子在知北遊篇又有曰：

東郭子問於莊子曰：所謂道，惡乎在？莊子曰：无所不在。東郭子曰：期而後可。莊子曰：在螻蟻。曰：何其下邪？曰：在稊稗。曰：何其愈下邪？曰：在瓦甓。曰：何其愈甚邪？曰：在屎溺。東郭子不應。莊子曰：夫子之問也，固不及質。正獲之問於監市履狶也，每下愈況，汝唯莫必，无乎逃物。至道若是，大言亦然。週徧咸三者，異名同實，其指一也。

郭象對「監市履狶」與「每下愈況」曾作註解曰：「監市之履豕，愈履其難肥之處，愈知豕肥之要。今問道之所在，而每況之於下賤，則明道之不逃於物也必矣。」此所謂「道之不逃於物」，即莊子所說「汝唯莫必，無逃乎物」。莊子之意是說，你東郭子必定要指名「道」是什麼？那麼，道是無逃乎物。因爲道之無逃乎物，此即物之所以爲物，必有其道；所以道是無所不在。這無所不在之道，正是中國形上學所需講明的。在此順便提及的，即吳汝綸曾說：「據郭注，則正文當作每況愈下。」現在一般人都會說「每況愈下」，而不說「每下愈況」，可見莊子正文有誤（即可能是誤植），大多數人早已將其改正。

四、道在人則與人不可分離

道是無所不在之說，在儒家則認爲，道與人是不可分離。中庸第一章有曰：「道也者，不可須臾離也，可離非道也。」其第十三章又曰：「道不遠人，人之爲道而遠人，不可以爲道。」朱晦翁四書集註有曰：「道者日用事物當行之理，皆性之德而具於心，無物不有，無時不然，所以不可須臾離也。」中庸此所謂之道，以及宋明儒者如程朱等所謂之道，皆是指道在人而言。道在人則與人之生活或人自己皆不可分離。因此，我們講中國形上學，不能以旁觀者的態度，而置身事外，與自己毫不相干的，像科學家那樣的作純科學的研究。不過，若以爲中國形上學就是不外於自身的修心養性的聖人之學，這似乎是窄化了；而且，所謂「聖人之學」，究應如何界定呢？這亦不可能有定論。同時，若以爲祇是思辨之學而可以置身於事外，則絕不能深入中國形上學之堂奧。這是講中國形上學所不可不知的。再者，程子曾謂：「道之外無物，物之外無道。」這與莊子之「道是無逃乎物」，可說完全相同。儒道兩家都認爲「道是無所不在」的。孟子告子上有曰：

詩曰，天生蒸民，有物有則，民之秉彝，好是懿德。孔子曰，為此詩者，其知道乎？故有物必有則；民之秉夷也，故好是懿德。

宋儒是依據此「有物有則」之義，而認定「事事物物皆有道理，」「而天下之物，莫不有理」，而確立「道即理」的觀點。程子曰：「天有是理，聖人循而行之，所謂道也。」「自性言之謂之誠，自理言之謂之道，其實一也。」又朱晦翁曰：「道之得名，祇是事物當然之理。」「道是道理，事事物物皆有道理。」「道即理，以人所共由而言，則謂之道；以其各有條理而言，則謂之理。」❷「道即理」之說，或「道理」這個爲一般人所慣用的名詞，究竟始於何時，我不知之；然而宋儒認道物之所以不可分，乃因爲有其物必有其則；并因而確認「道不遠人」，人與道「不可須臾離」；乃企圖繼承古之道學，開展爲宋儒理學，則是衆所週知的。

五、宋史認定理學即是道學

宋史於儒林傳外，另立道學傳，有曰：

> 道學之名，古無是也。三代盛時，天子以是道為政教；大臣百官有司，以是道為職業；黨庠術序師弟子，以是道為講習；四方百姓，日用是道而不知。是故盈覆載之間，無一民一物不被是道之澤，以遂其性。於斯時也，道學之名，何自而立哉？文王周公既歿，孔子有德無位，既不能使是道之用，漸被斯世，退而與其徒，定禮樂，明憲章，刪詩，修春秋，讚易象，討論墳典，期使三五聖人之道，昭明於無窮。故曰夫子賢於

❷ 以上所引述程朱之說，參見「性理大全」卷三十四。

堯舜遠矣。孔子沒，曾子獨得其傳，傳之子思，以及孟子，孟子沒而無傳。兩漢而下，儒者之論大道，察焉而弗精，語焉而弗詳，異端邪說，起而乘之，幾至大壞。千有餘載，至宋中葉，周敦頤出於舂陵，乃得聖賢不傳之學，作太極圖說、通書、推明陰陽五行之理，命於天而性，論人者瞭若指掌。張載作西銘，又極言理一分殊之情。然後道之大原出於天者，灼然而無疑焉。仁宗明道初年，程顥及弟頤寔生，及長受業周氏已，乃擴大其所聞，表章大學中庸二篇，與語孟并行；於是，上自帝王傳心之奧，下至初學入德之門，融會貫通，無復餘蘊。迄宋南渡，新安朱熹得程氏正傳，其學加親切焉。大抵以格物致知為先，明善誠身為要。凡詩書六藝之文，與夫孔孟之遺言，顛錯於秦火，支離於漢儒，幽沈於魏晉六朝者，至是皆煥然而大明，秩然而各得其所。此宋儒之學，所以度越諸子而上接孟氏者歟？……作道學傳。

作傳者所言各節，如所謂「三代盛時」，未必正確；「宋儒之學」，「上接孟氏」，未必全真；然而所言先秦儒家學說思想之變遷情形，大致與韓愈「原道」一文所說者相同，這可能是許多人的共識。因此，宋史作者，認定宋儒理學即是道學，一般說來，這是不錯的；若究極言之，宋儒理學，實未真能「繼承古之道學」。

六、老莊、六經及佛典皆是道學

宋史作者，謂孔子「既不能使是道之用，漸被斯世」，乃退而修訂六經，「使三五聖人之道，昭明於無窮」。六經確是載道之書。當然，論孟亦是傳道之典籍。這是指儒家所傳五帝三王之道而言。至於老莊，則是道家傳道之經典。佛家經典，當然更都是傳佛道佛法之著作。因此，老莊、四書五經及佛典，皆是中國的道學或玄學，也當然都是中國的形而上學。

第二節　中國形上學與西方形上學

一、中國形上學之進一步說明

我們說，老莊、四書五經及佛典都是中國形上學；這是說，這都是載道之書，也都是傳道之典籍。以六經而言，它是以道之體用與修道之方法爲中心，而「廣大悉備」的加以言說。易繫辭下傳第十章有曰：「易之爲書也，廣大悉備，有天道焉有人道焉，有地道焉。」道是包含天地人各方面的。一般說來，天道是體，人道地道都是用。地道是「乃順承天」以資生萬物（見坤卦彖曰），人道則是法天地之德，以「暢於四支發於事業」（坤卦文言），而完成人生的理想。所謂道學或中國形上學，大致上應該從這些方面來理解。上節曾謂：「不能以旁觀者的態度」來講中國形上學，也就是這個意思。至於老莊之書及佛典，在基本上也是包含天道地道人道這三方面的。雖然各家所講，各有不同；然而大家都認爲，道之體是常，道之用則是非常。六經、老莊及佛典，既是講道之體用，乃是以文字而講不可言說之常道，這是我們對道學應有之特別認識。我們認爲，宋儒理學，一般說來，固可以說就是道學；但程朱對天道之體認，多有不當。例如四書集註對中庸第一章之註釋有曰：「蓋天地萬物本吾一體，吾之心正，則天地之心亦正矣。」此實倒見。因爲應該是說：「吾之心正，則同於天地之心矣。」天地無心以成化。這無心之心，才是最「正」者。晦翁不明此，故有此倒見。再者，對中庸第二章之註釋又有曰：「蓋中無定體，隨時而在，是乃平常之理也。」中是體與用同是一箇。就其是體而言，它是常道，它是不可思議與不可言說的；就其是用而言，則「於應物之處，無所差謬，而無適不然，則極其和而萬物育焉。」（同見中庸第一章註釋）中是以和爲用。是「和無定體」，不是中無定體。晦翁因未能真的明體，亦即未能真的識得天道，故有此誤。儒者不明天道，在孔子之時，已是如此。論語公冶長篇有曰：「子貢曰，夫子之文章，可得而聞也；夫子之言性與天道，不可得而聞也。」孔子的一般門弟子，不得聞「性與天道」，從子貢這所說的，自是事實。這可能也是儒者重視人道而不太講求天道的原因。我們講中國的形而上之道學，必須對於道之全體大用，講得明白；尤其對於天道，亦即所謂「道之大原出於天者」，必使讀者「灼然而無疑焉」。我們講道之全體，乃是對於天道或道之本體，已有所了悟。我們不是依經解義，而是以中國道學作註脚。陸象山說：「六經註我，非我註六經。」有人曾評論象山之非是，這是不明斯道者之妄語。因爲道是一種存在，凡明斯道者即是得之。孔子得之，載於六經。我們若明斯道，既可以六經證之，亦可以六經註之；更可以老莊及佛典證之註之。所以我們講中國形上學，是以所有中國道學爲準則，而證明或註明：我們所講者，其義不差。再者，我們講中國形上學，不僅要講明這形上之道是什麼？因爲我們所講的是學。學是什麼呢？通常稱學爲學術或學問。朱晦翁四書集註對「學而時習之」之註釋有曰：

學之為言效也。人生皆善，而覺有先後，後覺者必效先覺之所為，乃可以明善而復其初也。習，鳥數飛也。學之不已，如鳥數飛也。

就學是學術言，它應是有效的方法，或是可以作爲仿效的方法；就學是學問而言，它是「博學之、審問之」。中庸第廿章有曰：「博學之，審問之，愼思之，明辨之，篤行之。」程子曰：「五者廢其一，非學也。」學必須包含學問思辨行，所以學是有效與可仿效。更就學是可仿效而言，所以學與習不可分。學習之目的，在於會得或懂得。學問思辨是求懂得，「如鳥數飛」是要真的會得。我們講中國形上學，當然要自己先懂得會得，也當然希望讀者能懂得會得。

以上不祇是進一步的說明了中國形上學，也就便的說明了我們將如何的講這個「學」。

二、自希臘以來之形上學一詞

現在乃可對西方形上學稍作說明，以便將中國形上學與西方形上學略作比較研究。

西方形上學是源自古希臘。形上學一詞是譯自英文（Metaphysics）。其原根字是希臘文，從 **meta-physics** 二詞合組而成，意謂「自然物性（physics）以後（meta）」，或謂之「超物質」「超經驗」（beyond-physical · supra-sensible）。此詞在最初時期祇有「次序性價值」（systematic Value），因爲此詞首創者乃公元前一世紀左右之安德羅尼古（Andronicus of Rhodes）氏，他在編輯亞里斯多德（Aristotle）的全集時，將亞氏自己所命名的「第一哲學」（first philosophy）或「神學」（theology）放在亞氏的「物理學」（physics）之後，把亞氏的「第一哲學」或「神學」改名爲 Metaphysics，即「後物理學」之謂，并無其他用意。但巧合的是，希臘文 Metaphysics 的字義就是「超自然物性」，「超感覺」，「超經驗」，或「超現象」。亞氏在其「第一哲學」裡所研討的對象也正好是一些超物質、超經驗、超感覺或超現象者，所以安德羅尼古爲亞氏所代定的名稱確是恰到好處，真可謂「名副其實」。因此，這 metaphysics 一詞，便一直自古希臘沿用至今。

再者，亞氏也把「神學」稱爲形上學。因爲形上學不僅研究物體之實有，而且也探討永遠不變與脫離物質的精神體，亞氏稱之爲「第一動者」（the first Mover）或「純粹現實」（the pure act）；但宗教家認爲這名稱既不適宜也不能使用。有些基督教的神學家認爲，形上學的探索，雖然要究明萬物最後的原因，可是無限原因并不是形上學初步的研究對象，亦非其直接對象。神學家的此項觀點，是否完全正確，可置勿論；不過，他們認爲神學不是形上學的觀點，并不適用於中國形上學。我覺得，在學說上應允許各說各話，而不必求其一致。祇要是言之成理，持之有故的言論，是應該讓它去說，不應該求其定於一尊。

三、有的科學與四個第一原理

爲便於作比較研究，對於所謂有的科學與四個第一原理仍有略加說明之必要。亞里斯多德曾說形上學乃「論萬有之有及其特性之學」（these is a science which investigates being as being and the attributes which belong to this in virtue of its own nature）。❸因此，西方形上學通常是稱之爲「有」的科學（science of being）。曾仰如在其所編「形上學」一書中，對「有」曾作於下之說明：

> 我們不但不能給「有」下嚴格定義，且不能加以解釋；因為所謂解釋乃把不明顯之物加以明顯化，但「有」是最明顯的觀念，沒有比「有」更明顯的觀念，任何觀念都包括在「有」的觀念內，任何物都是「有」及必須先是「有」。
>
> 對「有」，我們既不能下嚴格定義，又不能加以適當解釋，吾人祇能稍加描述（descriptive definition）：凡有存在或能存在之物皆是「有」。易言之，任何不是「無」者即是「有」（whatever is not nothing）。❹

我們讀亞里斯多德「範疇集」，得知「有」及對立、衝突、先後、同異、變化等等，都不屬於十範疇以內。什麼是「有」呢？一般說來，它是一個語句中的動詞，如某人有道德，有學識，有衣服，有手有脚等等。這就是說，「有」就是有事物之存在。上文曾仰如認爲，凡有存在或能存在者皆是「有」，亦正是此意。由此可見，西方形上學確是認爲「有」乃「這

---

❸ Aristotle, Metaphysics, Book IV Ch.1.

❹ 曾仰如編著：「形上學」第一章，頁八，臺灣商務印書館。

個物」或「第一實體」的本性。

曾仰如又說：「有的觀念雖是最空洞的，最貧乏的，最不確定的，及其內涵是最窄的，但并不像黑格爾（Hegal）所說的，有無這兩個觀念相等。理由是：有的觀念確確實實具有『實際的內容』（positive content of reality），有存在或能存在的能力。無的觀念則不具有任何實際的內容，它是有之反，有之反自然不能是有，否則矛盾之物可以共存或彼此相等，那是不可能的。」（同註四，頁七）我們認爲，曾仰如這所說的，對於埃里亞學派（Eleatics）所謂「有是太一 one」；或認爲「有」是無方所，無時瞬，乃是一非感覺對象之思想，雖未能盡其義蘊，亦未能完全無誤的表達了西方哲學思想；但是，自亞里斯多德以後至黑格爾以前，西方形上學者，認定有無或矛盾之事物不可以共存或彼此相等，則似乎是一種共識。我們更可從所謂四個第一原理，即矛盾律、同一律、排中律等思想三律及因果律，看出西方形上學者，他們爲什麼是如此的堅持這個有無不可共存的思想。茲先從矛盾律說起。亞氏對矛盾律曾作於下之解說：

> 萬理之中，極堅確的最高原理，是知者自明，不會錯誤的。它必定是極易懂得的，極可知的。凡是人犯錯誤，常是對於自己不知的事物，犯錯誤。對於自己極明白的原理，不會犯錯誤。這樣的原理，不是假設。它是人研究萬物時，必須知道的，故此它不會是一個尚待證明的假設。任何人，為能認識任何事物，必須認識它；并且以認識它為少之不得的先備因素。顯然，這樣的原理，是一原理中，最為堅確的原理。這樣的原

理是那一條呢？請聽我把它聲明在下面：同一事物，依同一本體，同時又在於，又不在於同一主體，是不可能的（加上為對付辯論時能遇的種種困難，所應加的一切注意點）。這條原理，便是所有一切原理中，最堅確的那一條。❺

這是說明了，矛盾律是自明的，是最堅確的。基於這個原理，所以必須確認：

有不能是非有。

是不能是非是。

一物不能「是」，同時又「不是」該物。

同一事物，從同一時間或從同一觀點，不能是而又不是。

一般說來，在現象界，「從同一觀點」，「在同一情況」，或「在同一條件下」，或「在同時及同一地方」，確不能說「是」又「非是」，「有」又「非有」。這是矛盾律的精義所在。再談同一律，意即「有是有」，「非有是非有」；或「A等於A」，「甲等於甲」。這就是說，同一律之基本意義是任何物不能與自身分開，不能與自己有何區別。每一物「就是」及「必是」其自身。有人認為，同一律是最重要的定律，是其他定律的基礎。他們認為，矛

❺ 亞里斯多德著，呂穆迪譯述：「形上學」第三章，頁二四，臺灣商務印書館。

盾律實際上祇是同一律的引伸，即矛盾律與同一律是同一個定律的兩面；也就是說，矛盾律祇是同一律的否定形式，其意義及內容實際上與同一律沒有甚麼不同。另外也有許多人持反對意見，認定矛盾律爲最重要。我們認爲，這兩個定律究竟是同一原理的兩面，或者是兩個不同性質的原理，或者究竟是何者最重要？這都不重要，重要的是這兩個定律，確是西方形上學最基本的認識。基於這兩個定律，才能非常明確的認定有與無是不可以共存。再談排中律，其基本意義是：「或是這個，或是那個，二者必居其一。」這也是說，一個東西，祇能是實有或虛無，二者必居其一，沒有成爲第三者的可能性。很顯然的，這是前述兩個定律之綜合與引伸的結果。所謂「或是這個，或是那個」，實就是「有是有」，「非有是非有」；所謂「二者必居其一」，實就是「有不能是非有」，「是不能是非是」，或「不能是而又非是」。照這樣說來，這思想三律，全是在於說明一個問題，即有無確不能共存。再談因果律，其意是謂：「任何存在之物，必有其存在的理由或原因；缺乏足夠的理由，是沒有事物可以存在。」這當然要涉及到最後原因。西方形上學，對於最後原因，實缺乏共識。總之，西方形上學是以「有」爲研究對象之學，他們認爲，必先有「有」，然後才有物，而任何物必都是「有」，所以西方形上學特別重視有不能是無這個問題。在黑格爾以前，這確是西方形上學的一種共識。

四、中西形上學之比較說明

現在我們乃可對中西形上學作一簡略的比較說明了。首先要說明的，就形上學一詞之含義來說，中國道學與西方形上學，實無種類上的不同；因爲這中西形上學所研究的，都是「超自然物性」，「超感覺」，」超經驗」、或「超現象」的；而且，都研究到最後原因；那麼，我們說這兩種學問沒有種類上的不同，實是於理無違。但是就這兩者所研究的內容來說，我們中國形上學確與自希臘以來之西方形上學大不相同，茲分述於次：

第一，先從因果問題談起。中國形上學也特別重視因果。尤其是釋家，認爲萬法皆從因緣所生，亦即認爲宇宙間萬事萬物，無一不是因緣所生。釋家的緣起說并結合輪迴說而特別強調因果之說。在禪宗語錄中，曾有一則公案是具有深意的討論因果問題。據說百丈禪師每次上堂，必有一位老人隨眾聽法。一日眾退，唯有這位老人不肯退去。百丈問曰：

「你是何人？」老人答曰：

「某非人也。於過去迦葉佛時，曾住此山修行，因學人問大修行人，還落因果也無？某對云，不落因果，如此遂五百生墮野狐身，今請和尚代一轉語，貴脫野狐身。」百丈曰：

「請你發問吧！」老人曰：

「大修行人，還落因果也無？」百丈曰：

「不昧因果。」老人於言下大悟，作禮曰：

「某已脫野狐身，住在山後，敢請依亡僧之例，予以安葬。」❻

---

❻ 明，瞿汝稷：「指月錄」卷八。

該公案并記載百丈於午齋後率衆僧至山後巖下，尋獲一隻死狐，依法予以火葬。這則公案可能是和尚們關起門來揑造的（這是借用胡適之先生對禪宗所講有關歷史之評語）。我們若說，這是設譬以明理，則爲理論所許可。這是說明一種什麼理論呢？其一，這是說，對學人下錯轉語，是非常嚴重的，要「五百生墮野狐身」。釋家認爲打誑語，搬論是非，都是很嚴重的事。即一念不正，也必受到果報，可見佛家是如何的重視因果。其次，從形而上或從「道」之本身來說，它是不落有無兩邊，也當然不落因果。釋家認爲一位真正的覺者，必是脫離因果循環，而自由自在。這就是說，在形而上的不起一念的「非知識所行境界」，不落因果，實屬正當；若在知識所行境界，一念既起，則因果歷歷在目；若仍執著於不落因果，這就變成野狐禪，成爲害人的野狐精而萬劫不復的墮野狐身了。所以必須深明不落因果之義而又不昧因果，這才是無過。這與西方形上學的因果律絕然不同；因爲因果律所見者，皆是「有」以後者；至於「有」以前者，在所謂「有的科學」裡，似乎是堅決反對加以探究，并絕對不加論述。

第二、現代物理學也以另一種理論表達出與西方形上學因果律的不同。諾斯落（F.S. Northrop）教授說：

> 由於近代物理學允許因果律有兩種不同的但都正確的意義，這使得情況更形複雜。物理學家中有人不同意這兩種意義都用因果律來表示，所以有些物理學家和科學哲學家使用因果律表示兩種中較強的一種意義，……也有些物理學家和哲學家（包括簡介的筆

者）使用因果律表示較弱的意義而使用宿命論表示較強的意義。照前者所使用的意義，則因果律和宿命論就是同義字，照後者的用法，則每一宿命系統是因果系統，而不是每一因果系統都是宿命系統。

因為通常發問的人或回答問題的科學家，都沒有人去小心這個問題，不管所問的或答的是何種意義的，於是先前的討論常會陷入混亂。假使有人問，因果律在量子力學成立嗎？當問者沒有說明他問的因果律是屬於強的或弱的意義時，他會從物理學家中得到互相矛盾的答案。取較強意義的物理學家會十分肯定的回答不，取較弱意義的物理學家則會回答是。❼

現代物學認定因果律應該有較強的與較弱的兩種不同的意義，與中國形上學認定應該有不落因果與不昧因果這兩種意義，雖無理論上的關聯；也就是說，雖與現代科學是不相同的學問；但是，我們說，因果律應有較強的、較弱的、以及不落因果這三種，在理論上實無不當。這在西方形上學都是不可能觸及的問題。由此也可看出中西形上學確是不相同的。

第三、西方形上學認定有與無是絕對不能共存的。中國形上學則不作如是想。前文我們

❼ 海森堡（Werner Heisenberg ）著，周東川、石資民、黃銘欽合譯：「物理與哲學」（physics and philosophy – the revolution in modern science）臺北協志工業叢書。諾斯落教授為該書寫了一篇簡介，非常扼要的介紹了「丰富的和複雜的本體論和知識論的哲學。」

曾引用老子所說的「無名天地之始，有名萬物之母。故常無欲以觀其妙，常有欲以觀其徼。此兩者同出而異名，同謂之玄」。這幾句話，原有不同的句讀與解釋，我們可置而勿論。現在我們特作於下之詮釋：

故常無欲以觀「天地之始」的妙，常有欲以觀「萬物之母」的徼。這始與母、妙與徼、雖不同名，確「同謂之玄」。

我們將兩「其」字，明確的解釋爲「天地之始」與「萬物之母」，并將始與母，妙與徼，解釋爲「同謂之玄」，相信不致有人不同意。王輔嗣曰：「玄者冥也，默然無有也，始母之所出也。」又曰：「凡有皆始於無，故未形無名之時，則爲萬物之始，及其有形有名之時，則長之、育之、亭之、毒之、爲其母也。言道以無形無名，始成萬物，以始以成，而不知其所以玄之又玄也。」我們的解釋，與王註并無不同；不過，我們是比較明確的加以指明，讀者應易於瞭解。基於以上之瞭解，則知中國形上學，是認定「凡有皆始於無」。這始或無，母或有，既皆謂之玄，則有與無，確是「同出而異名」。中國形上學這種有無相同相生之論，與黑格爾以前的西方形上學，以矛盾律或同一律爲主的思想，確是不相同的。不過，黑格爾哲學，雖主張有無之同一，也與中國形上學不相同。因爲黑格爾哲學所認定的「有和無也是相同的。這純粹概念的有，是如此地被看作含攝此一無之觀念的。」他是「從有底一範疇，演繹到無底一範疇」的。❽這當然與中國形上學不同。因爲中國形上學，是「常無欲以觀其妙，常有欲以觀其徼」，亦即以無心觀無之妙，以有心觀有之徼。這妙或徼，有或無，是觀之之不同，不是從這一範疇演繹到另一範疇。這當然與黑格爾哲學確是不相同的。

第四、再談到同一律。在中國形上裡，若從道之本體界來說，因爲本體是常是一，所以應無不同。若在現象界，或從道之用而言，則全無相同之物事。即以人這個現象的自身來說，由嬰兒、幼年、壯年、老年，由出生以至老死，成、盛、衰、毀，變化無常，實沒有不變而同一者。中國形上學與同一律是絕然不相同的。

五、從現代科學作進一步之說明

現再就現代自然科學對排中律的推廣和修改，以進一步的說明中西形上學確是不相同的。海森堡在其所著「物理與哲學」書中曾說：

> 由白克赫夫（Birkhoff）、紐曼（Neumann）和最近的魏查克（Weizsacker）嘗試的結果，能夠敘述量子力學的數學設計，被解釋為古典邏輯的推廣和修改，特別是在古典邏輯中一個基本定律的極需修改。古典邏輯的假設，假使一敘述有任何意義的話，則肯定敘述或否定敘述必有正確的，如這是桌子或這不是桌子一定有一種敘述是正確的。二分

❽ 英人司泰思（W. T. Stace）著：「黑格爾哲學」（the philosophy of Hegel）卷壹第三章臺北政工幹部學校譯印。

法（ternium non datum）意為第三種不可能存在。我們也許不曉得肯定與否定何者為正確，但是在事實上，兩者之間必定有一個正確的。（同註七第十章，頁一二〇）

這是海森堡爲「排中律」作註釋接著他又說：「在量子論中，這種二分法的邏輯定律是需要修正的。」於是，他接著又說：

> 古典邏輯句型的可能修正，首先關於第一種的實物。我們考慮一原子運動在由一板分成兩相等部分的一封閉盒子，在板上有一小孔使原子能穿過。根據古典邏輯，原子可能在盒子的左半部，也可能在盒子的右半部，沒有第三種可能。然而在量子論，假設我們用原子和盒子這兩個名詞時，我們必得允許有其他可能的狀態，即先前兩種可能的直接混合。為了解釋我們實驗的結果，這是必要的。例如我們觀察由原子散射後的光，我們能作三種實驗：首先封閉板上的小孔，使原子被限制在盒子的左半部，測量散光強度的分佈；然後限制它在右半部，測量它的散射強度；最後，原子自由移動在盒子內時，測量它的散光強度的分佈。假如原子一直是在盒子的左半部或右半部，它最後強度的分佈（根據原子在每一半部所費的時間），應該是先前兩強度分佈的混合；但是，一般實驗上并不如此，實際的強度分佈由或然率的干涉予以修正。（同註七，頁一二一）

我非物理學者，也不懂得量子力學。但是，這個敘述是明白易曉的，這個實驗是無可置疑的。可能性（potentiality）的觀念確是被帶回到物理科學。基於這個理解，排中律應該加以修改則是很清楚的。又基於這個理解，不僅說明了中西形上學確不相同，也說明了現代自然科學與西方形上學確是不相同的。

六、中西形上學不是對與錯之不同

以上是簡明而扼要的說明了中西形上學之不同。這個不同，非對與錯、真與僞、或肯定與否定之不同。例如排中律、在量子力學中，它是需要修改或甚至需要取消的；但在通常的認知之下，它仍有其正確性。同樣的，所謂「有的科學」及所有「四個第一原理」，在量子力學及我們中國形上學的超越的「非知識所行境界」來說，是不會作出他們那樣的敘述；但是，他們的敘述，并非完全不對。例如有與無之同一，在形而上的層次，是可以作出如此的敘述；若在現象界或常識的層次，竟公然說有就是無，是又不是，那當然會陷入混亂。佛教禪宗有「人從橋上過，橋流水不流」之話頭。這個話頭，從常識的認知觀點來說，當然是不通之論。若以道觀之，則「這個話頭」，確含有至理。吾人試略加思索，某條河上的橋樑，經若干年後必然不存在，而河流依舊。這不是橋流水不流嗎？又從現代物理學來說，橋與水，確都是在變化中，祇是一般人看不出橋在變化而已。識得變化之道，這是中國形上學的特色。以不變爲基點，如堅持同一律與矛盾律，正確的識得宇宙間萬事萬物之存在的不同樣式，這是西方形上學的特色。所以這兩者的不同，不是真與僞之不同，是認知層面與思想境界之不同。這并無劣義，不必說誰對誰錯，誰優誰劣。再者，德人布魯格（Brcgger）所編之「西洋哲學詞典」對形上學一詞，曾作於下之註釋：

我們可以把形上之物分成二種形態：一種是寓於可經驗事內的不可經驗到的核心，即透入一切存有物之最不限定或普遍的存有。另一種是超越一切可經驗事物的不可經驗到的第一根源或元始。❾

照我們的看法，普遍的存有與第一根源或元始，并無本質上的不同。亞氏形上學也探討「第一動者」或「純粹現實」似乎與我們的看法沒有區別；不過，我們旨在探討中國形上學是什麼？對於亞氏學說，在此不擬再作更多的論述，因爲事實上無此必要。

第三節 中國形上學與直觀觀念類型

一、先從抽象的概念說起

我們已從認知層面與思想境界之不同，說明了中西形上學之不同，特再就抽象概念與直觀觀念類型之不同，以更進一步的說明中國形上學是什麼？茲先從抽象的概念說起。

---

❾ 布魯格編著，項退結編譯：「西洋哲學辭典」頁二五六，臺北先知出版社。

所謂抽象或抽象的，大家都知道，abstraction 是源自拉丁文「ab + trahere」，即「從」（ab）加「抽出」（trahere），意即將部份從整體中分開。在哲學上，抽象并不表示具體事物真正由整體分開（如枝葉之於樹），而是表示由一具體的直覺到的整體中抽離出非自立的特徵（如顏色形式等等），這些特徵無法僅依自身而存在，所以是抽象的。abstract 一詞，一般說來，是指沒有任何可感覺的直覺與之相對應的意像。同時，當它表示對象時，也不帶任何個別性。因此，抽象的抽離，是屬於心智方面的，是一種理智的動作，是理智的取此而捨彼的選擇行為。這種行為或抽離所得的結果即是概念。

概念（Concept）是思想的最簡單的形式，它與判斷（judgement）或推論（inference）都不同。因為概念是認識的起點，是提供內容，是表現出「一件事物是什麼」的一種思想或抽象思想。所以「一切知識是概念」（同註八第一卷第二章）。不過，概念祇是把握住對象，將對象「是什麼」顯現出來，而無需給予對象另外的說明。至於判斷乃是使概念內容與存有發生關係，且加以肯定或否定；而推論則是由一個或數個命題之肯定，更因洞悉前後命題間的必然關聯而獲得另一命題的肯定。所以判斷是使吾人認識圓滿實現，而推論則并未使存有的肯定更圓滿，祇是從一個判斷走向另一個判斷。推論與判斷都是由許多概念組成的思想形式，沒有概念，判斷與推論都無從進行。

概念是以意向（即是以意識指向）的方式指涉并向著對象。概念的對象并非內在於概念以內，而是獨立於思想之外。概念雖然不是一個實在的事物，卻顯示著一個實在的事物。概念的對象可以區分為質料對象（Material object）與型式對象（formal object）兩類：質料對象是概念所涉及的具體存有整體；型式對象是概念所把握的部份內容，或對象的某一特點或特性。概念既因抽象作用而形成，故不以具體的或整體的方式呈現出事物，它祇是將事物有關的個別特性顯露出來。概念又可依內涵（comprehension）與外延（extension）而分類。一個概念之內含即指概念之全部特性，而外延則指概念可陳述之全部範圍。一般說來，一個概念的內涵愈廣，其外延即愈受限制，反之亦然。例如「有」這個概念，它是無內涵可說的，所以其外延極大。概念也可依其特性而分類，例如：單純概念與複合概念，個別概念與普遍概念，原意概念（proper concept）和類比概念（analogous concept）等等。上帝的概念及有關創造者與受造者之存有概念皆是類比的。

概念，判斷與推論，以上已作了較爲簡明的說明。我們可以這樣的說，概念、判斷與推論，是西方形上學的全部。因爲西方形上學，是以抽象的概念，通過判斷與推論，來敘述抽象的思辨。中國形上學，則是以直觀觀念類型爲主，來描述超感性直觀之所見或所得。這也是更爲明白的說明了中西形上學何以是不相同的。

二、感性直觀與智性直觀

在說明什麼是超感性的直觀觀念類型以前，對於通常所謂之直觀（intuition），仍有略加說明之必要。按照通行的意義，直觀一詞，是對於某一存在的個別事物所作的直接觀察，而此個別事物亦直接顯示其具體的完整性（即無須其他認識內容的媒介）。所以，當把握住在面前的事物自體的認知時，這就是直觀。直觀是當下現成的。這與專就事物形體所抽象而得的抽象知識是完全不同的。

直觀與抽象知識的不同，這是明白易曉的。西方哲學家認爲直觀應分爲感覺的與智性的兩種形式。項退結在其所編「西洋哲學辭典」對直觀一詞之詮釋有曰：

> 從嚴格的意義來說，祇有純粹的精神才有完美的智性直觀，它的典型是神藉以認識自己，并在自己身上猶如在鏡中一般見到所有有限存在之物的直觀。神的智性直觀以存有為對象，而不停留於外表，認識物質事物時則直觀透視本質核心，并由此展現外表。因此，它不僅模糊地發覺實際存在之物（猶如感覺直觀），而是必然地理解其存有基礎。存有主義和觀念論往往將這種智性直觀歸屬於人，其實人沒有這一能力。不過，就較廣泛的意義而言，人的精神認識中仍有一種真觀，它分享了智性直觀的某些基本特徵。最接近這種直觀的，是人意識到自己的思想和意願。由於思想和意願直接以個別存在之物的身份在意識中呈現自身，因此可以稱為直觀，但不足以稱為完整的直觀，因為我人并不直接見到自己的思想與意願，而需透過反省（Reflection）。……——如果一個人能不藉推理之助，一眼見到較廣泛的關聯，這時我們就格外有理由稱之為直觀。這在藝術創造的構思中尤其切合，因為這時被看到的事物也以感覺直觀的形式被具體化了。假如這樣的展現突然開啟想像不到的可能性，而且像恩賜一般自發地產生，這經驗便是靈感（inspiration）。——阿奎那（thonas Aquinas）認為直觀的與推理的認知并不屬於不同範疇，理智與理性係同一精神性認識能力之兩種功能。

> 近代哲學往往限制了理論性（尤其是推理性）認知的範圍，更不肯承認人的知識有活生生的洞識能力，以及能達到形上實在。有人以為理智以外的非理性的訴諸情緒的理解方式（往往被稱爲直觀）才足以把握實在。贊成此說者，除生命哲學之外，有價值哲學所說的「情緒呈現」（emotional presentation）和「意向性感受」（intentional feeling），以及一些當代宗教哲學家所說的神之「非理性理解」（irrational apprehension）。這些思潮雖低估了理性的能力，卻強烈地揭示出近世數淺的數學性與技術性思考之不足。這些思潮也指出：認知能力與心靈力量整體相結合，才會有全副力量及生命力，而直觀地把握整體，往往先於理性的分析。（同註九，頁二三〇）

這是非常明白的說明了智性直觀是與感覺直觀完全不同。感覺直觀或感性直觀，即通常意義的直觀。至於智性直觀，我們認爲，是與這不可思議的非意識所行境界的超感性的直觀，應無不同。不過，這不可能爲現代西方哲學家，尤其是神學家們所認同；所以，對於智性直觀一詞，有再加探討之必要。

三、智性直觀與超感性的直觀

茲以對智性直觀與超感性的直觀再加探討，以說明這兩者之同異，而有助於對超感性直觀之認識，特分述於次：

第一、就「祇有純粹的精神才有完美的智性直觀，它的典型的神藉以認識自己」這一點來說，所謂「祇有純粹的精神才有完美的智性直觀」，這與我們所見者，并無不同。至於什麼是純粹的精神呢？我們認爲，若能排除意識作用，便能得到純粹精神。意識作用的排除愈乾淨，則所得精神愈純；所得的精神愈純，則智性直觀必更完美。這就是說，我們所謂之非意識所行境界的超感性的直觀，當然就是完美的。因爲這種直觀，既是非意識所行境界的，所以必就是最完美的純粹精神的直觀。於是，所謂「它的典型是神籍以認識自己」這一觀點，這是未能證得純粹精神者之一種獨斷，我們實未便苟同。

第二、照某些神學家的看法：典型的智性直觀即是全知。全知即是「見到所有有限存在之物的直觀」。它「以存有爲對象，而不停留於外表」，「透視本質核心，并由此展現外表」，「而是必然地理解其存有基礎」。他們認爲，全知的神，有無限的知識，以最完善方式認知一切可知的事物。他們又認爲，神既是沒有任何潛能的純精神體，所以神的知識，在時間上永無間斷。這一知識的認識主體，被認識的客體，以及認識行動，均係同一件事。於是，他們認爲，具有全知功能的典型的或神的智性直觀，是無所不知、無時不在。我們仍然認爲，這是一種獨斷的臆測而已，實不合乎真實。其次，所謂全知，我們認爲，應與無所不知有別。知一滴水，即知全大海水，這就是全知。全知應由類比而得。若謂全知是一眼能見到所有存在而無所不知，人確實「沒有這一能力」。我們的超感性的直觀，是人之非知識所行境界的直觀。人有這種直觀能力。人能夠有的這種直觀，與神的智性直觀，應無不同。但照某些神學家所說之「全知」，則確不相同。有些佛教徒，認爲人可以獲得「無所不知」的神通，亦即可以獲得如上文所謂「無所不知」之神的智性直觀，對此我是存疑的。同時，正統的佛教徒，亦否定神通之說。再其次，所謂「透視本質核心，并由此展現外表」這樣的對存在的全知，是可由我們所謂之超感性的直觀獲得；至於神的智性直觀，是如何的能全知存在？我們實不懂得。同時，超感性的直觀，它是能夠識得真正的存在。日本習禪者關田一月曾說：

> 但在現實生活中，正如我們所見的一樣，此種工具觀點可在虛妄的意識影響之下悄悄進入人際關係之中，即使是在婚姻或友誼方面，往往亦可存在著工具觀點。你只要一瞥現代小說，即可找到大量的例子。人們通常都將工具的觀點與日常事務連在一起。存在的曲解由此而起，而人類心頭的一切疑難病痛亦由此產生。⑩

這是說明了，人之所以不能認識真正的存在，乃由於虛妄的意識，悄悄的把工具的觀點滲進了人之認識。關田一月又說：「人類的心靈可以比作久被棄置的的溝渠，一代又一代地把垃圾和糞穢傾入其中，一層又一層地推置腐朽的物質，這堆物質不息地腐化發酵，產生有毒的氣體。」(同註十，頁一一二)此等有毒的氣體蒙蔽了存在的真相。因為意識是存在的眼睛。存在之所以被蒙蔽，是這個眼睛被有毒的氣體遮掩了；而這個眼睛之所以被有毒氣體遮掩了，其基本原因，由於一念之不覺。來果禪師說：

---

⑩ 關田一月著，徐進夫譯：「禪的訓練」頁一六一，天華佛學叢刊，十一，臺北天華，民六九。

我們於此覺海上靜風一動而生一念，由此一念生，覺海變成苦海；雖名苦海，因我們一念不覺而有，……。⑪

這一念不覺，即虛妄意識之根。人們的這個「我」，就是虛妄想像的產品。關田一月說：「我們所謂的自我、意識等等，并無實體可得，皆由內在的壓力連續顯示而來。」（同註十，頁一四〇）關田此說，與唯識論的觀點是一致的。唯識學者認爲第七末那識，亦稱染識，爲心靈污染之根；因爲它只知計較著有「我」。八識規矩頌說：「隨緣執我量爲非。」「有情日夜鎮昏迷。」⑫這是說，末那識由於一念不覺，認識不清，隨其所緣，妄執爲我；因爲本來無我，竟堅執第八識見分爲我，而且愛戀不捨。非我計我，其量爲非。這個迷妄的我執，覆蓋清明決斷的智慧，總是昏迷不醒，不能有一念之覺。所有「內在的壓力」，皆由此一念不覺而生。於是成爲污染之源，將人類的心靈變成了垃圾坑，而工具的觀點便溶入了人之生活，人便不能認識真正的存在了。我們所謂之非意識所行境界的超感性的直觀，因其是排除了意識作用而獲得純粹精神的直觀，所以能夠識得真正的存在。再其次，所謂「這一知識的認識主體，被認識的客體，以及認識行動，均係同一件事」，這究竟是什麼意義呢？我們認爲，這可以作兩種詮釋：其一，這是指思想思想它自己，也可以說，是以心觀心；其次，這可以

⑪ 來果禪師著：「來果禪師開示錄」頁七四，天華瓔珞叢刊，廿二，臺北天華。

⑫ 唐三藏法師著：「八識規矩頌」。

說是本體對自己的認識，這是超感性直觀之究極。擬分別作於下之簡要的說明。

第三，思想思想它自己，亦即「意識到自己的思想和意願。」有神論者，認爲這是最接近典型的智性直觀。不過，他們認爲「不足以稱爲完整的直觀，因爲我人并不直接見到自己的思想和意願，而需透過反省」。關於這一點，在下文談本體對自己的認識時再作必要之探討外，現只擬就「透過反省」與思想是如何的見到它自己，作簡要之說明。關田一月在「禪的訓練」一書中，將「念」分爲三種。他說：「我們且稱向外觀察的動作爲第一念，意識的反映作用爲第二念。」「第二念雖可照見和反映前面一念，但對它本身卻也一無所知。能夠知道此點的一種作用，是隨之而起的另一種意識的反映作用。此種作用是自知自覺的更進一步，它可統合前此的各個層次，我們且稱它爲第三念。」（同註十，頁九二—頁九三）關田此說與唯識論者所說頗有不同。唯識論的觀點較爲完備，以後會就便陸續提到。關田此說，大致不差，且明白易曉。照關田此說，沒有反映作用，便沒有人之認識。他認爲反映作手與反省是不相同的。關田說：

> 不屬於意識反映作用的回憶、反省、想像、著意、以及思索，皆屬第一念。我們曾在別處說過，第一念向外觀察。但它也可回顧個人的過去思想或已不再是清淨自我的客化自我。我們回憶過去的事情時，係在想像中思想。但意識的反映作用既非想像亦非複製過去的事象，而是栩栩如生地抓住前面的念頭。（同註十，頁一〇〇）

照關田此說，人是通過意識的三個層次而有一思想。此即人之第一念經第三念之統合作用而有一清清楚楚的認識。這個認識，可以說就是思想；因爲任何思想，必都是通過這個認識而形成。照這樣說來，思想確不能直接見到它自己，好像人不能見到它自己的眼睛一樣。這是意識本身的特性而必然如此。人之意識波是刹那刹那不停的流動。前念剛起，後念便至。在佛家所謂之「等無間緣」的緊緊跟隨而連續不斷的情形下形成了人之意識波流。因此，人祇有在回憶之下，將過去的思想加以複製，并通過反省而再見到原先的自己。這種通過反省的直觀，西方神學家認爲祇是最接近典型的智性直觀，而不是完整的直觀。這種直觀，是否完整，我們可以存而不論；惟必須指陳者，人如果已排除意識作用，而獲得純淨的思想，這個思想，便可說是思想的本來面目。不論是通過反省，或是當下現成的，這都是超感性的直觀，也應該就是智性直觀。因爲我們所謂之排除意識作用，即是破除了迷妄的我執而轉成「平等性智」。所謂「平等性智」，釋家認爲是「轉污染識成清淨智，以此智慧觀諸自他有情及一切法，自然都是平等無差別的」。⑬於是，有毒的氣體乾淨了，工具的觀點消失了，存在的真相顯露了。照關田一月的看法：「在通常的情形下，第三念管制第一念對刺激的攝取量，故而能夠保持心靈的正常功能。但話說回來，這樣一種『正常』心態，有時亦可導致消沈板滯，或受第三念之虛妄組織所影響，甚或陷入各色各樣的顛倒夢想之中。」（同註十，頁一七二）他又說：「當第三念受到痛苦的觀念、要求、乃至煩憂的折磨或處於某種進退維谷的困境而

⑬ 釋演培：唯識二十頌，八識規矩頌講記，頁三五六，諦觀全集論釋二，臺北天華，民七八。

而感到無法行使正常的功能時，末了也許會被迫走上自暴自棄乃至自毀的道路。」（同註十，頁一七五）又說：「以精神病患而言，所有三念均皆功能不良。」（同上，頁一七四）這所說的是說明了，若各念功能不良，甚至會成爲，精神病；而各念功能之所以不良，乃第三念不能「保持心靈的正常功能」。此實由於一念不覺，產生了虛妄的我執。此虛妄的我執，使第三念陷入顛倒夢想之中。這就是生起了釋家所謂之「無明」。無明乃煩惱之總稱。釋家認爲，煩惱造業，由業感苦，由苦再生煩惱，如此循環不已。釋家所謂之輪迴，即煩惱與苦之循環，之所以如此，乃業力所造成。業力即由於第七識之執著有「我」。若能破除我執，便能轉識成智，不僅第三念「能夠保持心靈的正常功能」，久之必會「豁然貫通」而產生純淨的思想，并通過第一念的反省而認識思想它自己。這就是能思與所思（當然包含「認識行動」），乃「同一件事」。我們所謂之思想思想它自己，其義如此。這便是我們所謂之超感性的直觀。它并非不完整，祇是不究竟而已。

第四，茲進而談談「本體對自己的認識」。此所謂本體，即是指思想之本來面目，亦即心之本體。我們曾指出，清淨的思想，即思想之本來面目，此是就思想之作用而言。我們此所謂之思想，是與「心」同義。若就心之本身來說，「無所住心」，才是本體。所謂「無所住心」，是如金剛經所說的，不應住色聲香味觸法等六塵而生六識之心，應無所住而生其心。這就是不應生意識之心，而應生無所住心。關於「無所住心」，特就忠國師與大耳三藏之一段公案而作較具體之說明。據說：唐憲宗時南陽慧忠國師，受憲宗之命，對一位自印度來的大耳三藏發問說：

「聞汝有他心通，是否？」此大耳三藏說：

「不敢。」忠國師說：

「今汝試觀吾心在何處？」大耳三藏說：

「國師何得在天津橋上看水！」忠國師說：

「汝試再觀之？」大耳三藏說：

「國師何得在某處看山！」

但當忠國師入禪定後，此大耳三藏即不知忠國師之心果何在，而瞠目以對。吾人姑不論此一公案之真僞。在此特須指明者，吾人之本心本性，即宇宙本體之本性。當忠國師入定而見得本心本性，亦即生無所住心時，便與宇宙之本性合一，雖有他心通，亦不見或不知忠國師入禪定之心果何在？什麼是無所住心，於此應略見其端倪。什麼是無所住心？若就它的本身來說，即是老莊所謂之道，亦即儒家所謂道之大原出於天者。老子常無欲以觀「道」之妙，亦即觀「天地之始」的妙；常有欲以觀「道」之徼，亦即觀「萬物之母」的徼，這就是老子的直觀。老子對道之直觀，即我們所謂之超感性的直觀。因爲這都是，非意識所行境界，這都是對「普遍的存有」，「第一根源或元始」的直觀；也都是如實的見到了「存有基礎」，見到了存在的根本，見到了不可思議與不可言說者。再就直觀的本身來說，誠如關田所說的：

那時，你什麼也不注意，什麼也不感覺，什麼也聽不到，什麼也看不見。這時的心境稱為空或無，但并非一切皆無的空或一切皆空的無，而是吾人存在的一種最清淨的情況。這種情況既不能反觀得知，亦不能直接認知。（同註十，頁七六）

這是非常明白的說明了，人爲什麼不能直接見到自己的心或思想。這不祇是心或思想，是剎那剎那不停的在變動，而是在「那兒沒有時間，沒有空間，沒有因果，沒有人我的差別，只有永恒的寂默。」（同註十，頁十五一）關田曾覺得，會有人問：「這樣一種存在境界，豈不是一種死亡狀態？」「豈不似病人臨危或祇有人形而無人智的白痴狀態？」（註同上）關田認爲：「不是，絕對不是！在甚深三昧中（達按：三昧即入定之音譯）見到這種并非死亡的存在境界，乃是一件大事。在這當中，你可發現你的真正自性。意識的活動可以遮蔽存在的真性，并以一種歪曲的方式將其表現出來，與一般人所想的正好相左。……有了這種經驗之後，再度返回通常的意識世界之時，你就會發現意識有如光明照耀。」（註同上，頁一五一—頁一五二）關田這所說的頗爲正確。這與永嘉禪師所說的頗爲相似。永嘉說：

夫念，非忘塵而不息；塵，非息念而不忘。塵忘，則息念而忘；念息，則忘塵而息。……一向冥寂，闃爾無寄，妙性天然。如火得空，火則自滅。空喻妙性之非相，火比妄念之不生。其辭曰：忘緣之後寂寂，靈知之性歷歷。無記昏昧昭昭，契本真空的的。惺惺寂寂是，無記寂寂非；寂寂惺惺是，亂想惺惺非。

這亦惺惺亦寂寂的無相之妙性，是不落因果而又不昧因果，是粉碎虛空，消失時間，而當下現成。在現象界，時間之流，永無止息。在本體界，亦即形上的超感官的直觀世界，是當下現成，是萬年一念，是心理上失去了通常所謂之時間。心理上的時間與時間現象確會大不相同。曾記對日抗戰時，身處危境，上一秒鐘不知下一秒鐘的生死，急欲脫離險境，雖是在很短的時間內，心理上卻覺得經過了很長的時間。又如在聚精會神的做一件工作，你雖然覺得祇是過了一會兒，事實上卻過了好幾個小時，這是許多人都有過的經驗。如此例證，不勝枚舉。總之，這沒有時空、沒有因果、沒有人我、沒有任何差別之永恒的亦惺惺亦寂寂而無所住的有無同一之妙性，實即王陽明所謂之恒照體。當意識作用排除得淨極時，恒照體即會現起。這恒照體因其是無所住的，所以是無所不在；因其是永恒的，所以是亘古常存。這是我們所謂之超感性的最究竟的直觀。我們認爲這就是典型的智性直觀。是「認知能力與心靈力量整體相結合」，是「常無欲以觀其妙」，而見到了，不可道之道。至於有人不以此爲是，這是各人親身的體驗或懂得的不同；若不是於道有害，可以各是其是，不必有所諍論。

第五，現擬就便談談靈感與洞識能力的問題。所謂「靈感」，乃某種念頭一經深入人心或滲遍大腦之後，必會不停的發生作用，即使暫時脫離意識的焦點，其潛伏活動必仍然堅持不懈，并會產生某些影響。當這些影響一旦時機成熟，必會突然爆發到意識的表層而佔據注意的焦點。突然間，有如天啓一般的「開啓想像不到的可能性」，而使這個念頭所關注者洋溢著無限的意義，且能獲得完整的印可與盡情的發揮。這并非來自外界，而是這個念頭發酵的結果。這當然也是一種直觀。它與超感性的直觀所不同者，乃超感性的直觀，是排除意識作用後體悟到存在的本性，亦即是見到了道之本來面目，這是一種真正的懂得。至於靈感，雖然也是懂得，但可能祇是靈光一閃，稍縱即逝而不可捉摸；而且，其懂得的過程，是意識長期醞釀的結果，其所懂得的，也不限於認知的某一層面。這當然與清淨的思想不盡相同了。再談洞識，靈感常伴生洞識。洞識能力與靈感，是廣及任一認知層面。洞識似是放大鏡、顯微鏡與望遠鏡之統合作用，它是打破沙鍋問到底的結果，是深入問題的核心而獲知真相。超感性的直觀，是洞識到無限原因。洞識能力實非「靈感」所可企及。洞識并不排斥理性。「有人以爲理智以外的非理性的訴諸情緒的理解方式」，亦即「一些當代哲學家所說的神之非理性理解」，才「被稱爲直觀」，「才足以把握實在」，這與我們所懂得的不同。我們認爲，超感性的直觀，是見到無限原因的洞識能力，它不僅不排斥理性，且與理性不可分。道理不分，這是中國形上學的一大特色。

第六，超感性的直觀雖不排斥理性，但因它是「非知識所行境界」，所以不是知識的，也當然與屬於知識的理性不同。屬於知識的理性，實是一理智的屏絕情緒的純思辨的理性。道與理之同一，則不排斥情緒；不過，這個情緒或感情境界，必是極爲和諧、順暢、安祥、而全無不適。這種精神狀況或心靈境界，是心中之賊已去的境界；這種境界，是孔子所說「回也不改其樂」的境界；這種境界，在認識上是清清楚楚，明明白白，毫無昏昧之狀；是清明在躬，志氣如神，而真的具有大無畏精神。所以超感性的直觀所見者，既非西方哲學之思辨邏輯的抽象世界，亦非任何一種的文字遊戲，它是的的確確見到了這個「真理」。古人所謂之「見道」或「證得」，即是見到了這個真理，證得了這個境界。這個真理境界，既非邏輯的，亦非，不邏輯的，它就是如此而已，亦即是老子所謂之不可道之常道。再者，這種境界，因爲是一種真正的懂得或瞭解，所以它就是「豁然貫通」後的體認或領悟。它是疑義盡消，真的達到了佛家所謂之「覺」。覺與淨正是不可分的。覺淨正是佛家的終極之道，我們的超感性的直觀，亦認爲這才是究竟。這種究竟的認識之「可名」者，我們特名之爲直觀觀念類型。它類似於概念，卻絕非抽象的概念。這是更爲深入的說明了中國形上學，與以一概念系統而敘述一哲系統的西方哲學，確是不相同的。

四、超感性的直觀觀念類型

現在乃可進而對直觀觀念類型加以說明了。所謂直觀觀念類型，可簡稱爲觀念類型，乃表達形上之道的工具，亦即對「道」之直觀而道出其「可道」「可名」者。觀念類型之所以不同於概念，乃前者是一種瞭解的結果而不祇是一種認識。譬如一件藝術品，對之有真正的瞭解與對之有認識是不大相同的。一般說來，認識確有深淺之不同，即如對一件藝術品之認識，有深刻之認識者，自非一般人所可企及。當這種深刻之認識，達到一定之程度時，才會產生真正的瞭解；所以真正的瞭解，不是一件容易的事。真正的瞭解，不同於思辨的抽象概念的認識，而是一種心領神會的認識。我們所謂之超感性的直觀，就是這種認識。由此可見，真正的瞭解，乃完全領悟後的一種懂得。因此，觀念類型，既是一種真正瞭解之所見，它確不同於抽象的概念。不過，它與範疇頗爲類似；於是我們可以這樣的說，觀念類型，乃是一種懂得的或瞭解的範疇。此種範疇，乃是對不可言說者予以言說。爲什麼是不可言說呢？因爲說即不眞；爲什麼又「予以言說」呢？因爲對於所言說者，若不從語言文字的表面去索解，不以思辨的方法去分析，而以深切的體認去求得眞正的瞭解；那麼，由筌可以得魚，由指可以見月。只要你不是學語之流，你是能夠眞有所見。總之，觀念類型，因是直觀之所得，故必須通過直觀而加以瞭解。這很像自然科學須從實驗以檢證學說之眞僞。照這樣說來，觀念類型雖與範疇頗爲類似，卻不與概念一樣的是經過推論而所作的一些假設。假設就是虛擬。例如經濟學所指涉的企業家、資本家、地主、工人、或消費者等等，這是衆所週知的毫不可疑的存在。但究其實，卻都是屬於交換學的範疇，都祇是在市場運作中的一些特殊功能的化身，也都是在虛幻的假設下所虛擬的存在，其一般性與普遍性的含義都是經濟學家所「約定俗成」的，祇要熟知其含義或規定，便可以獲得共同的認識，而以假設爲眞實。至於觀念類型，因不是虛擬的假設，而是重現眞實的事物或眞實的對象之一種指謂，所以必須親身的體驗或體認才能獲得完全的瞭解；否則，必祇是瞎子摸象一樣而獲得一些似是而非的胡亂猜測。例如道家與釋家所謂之空或無，是指謂一種心靈境界，誠如前文關田所說的「但并非一切皆無的空或一切皆空的無」。若將空與無當作抽象的概念來理解，則關田所說的實屬夾雜不清；因爲這兩者都是觀念類型，所以關田所說的極爲恰當。前文永嘉曾說：「空喻妙性之非相」，最是對於「空」所作之最佳的瞭解。我們認爲，將非相之妙性比作空，則此所謂「空」仍是一種有，所以是「并非一切皆無的空」；不過，這個「有」是非相的。「非相」之有，與黑格爾之沒有差異的純有（pure being），其所不同者；因爲純有是一思辨性的抽象概念；而「非相」之有，乃是指非相之妙性。這非相之妙性，是空一切概念性之知識的，是非知識所行的一種心靈境界。這種境界，須於甚深之禪定中才能見到；見到這個境界後，才真知這所謂「空」究竟是什麼？「空」，當其是一觀念類型時，若仍當作一概念來思辨，其結果必是南轅而北轍。曾記某義學沙門，講緣起性空，因其不知性空之空乃一觀念類型，所以不真知性空之義。雖引經據典、大講空理，也會說「空有相成，不相衝突」；并依據「不可得空」與「空無自性」之說，而認定「有在無性的空上成立」。⑭讀者祇須稍加體會，其所謂「無性的空上」，確是將「空」當作一概念而思之；而且，無自性空或空無自性，亦決不能說成「無性的空」。至於「不可得空」，即莊子所謂「不可見」「不可受」，乃此無相之妙性，非意識所可得。前文我們談「本體對自己的認識」時，業已說得很明白。再者，他們談緣起，祇會說「諸法因緣生，諸法因緣滅」，「此生故彼生，此滅故彼滅」等等，而并未體會到「一念之不覺」。這就是說，祇從文字的義理上去索解，而不悟入形上的實理，以獲得超感性的直觀，識得直觀觀念類型，實祇是依經解義，三世佛冤。他們表面上在弘揚佛法，實則謗佛。再者，孔子所講的「仁」字，也是一直觀觀念類型。曾見許多人講仁學，他們多未認識到這一點。他們將仁字當作一概念來解釋，有時雖也說得不錯，其結果不祇是成爲學語之流，而且是毫釐之差，天地懸隔。早年我寫過「孔孟仁學之研究」一書，⑮當時雖未提出觀念類型之說，但非

---

⑭ 「有在無性的空上成立」一語，紀在我的讀書筆錄上，決不會記錯，卻因在紀錄時，未記明出自何處？亦因出此言者，大違佛教教義，為隱惡揚善，雅不願記其人之名字也。

⑮ 是書由著者兼發行人，於一九六四年初版，現擬再版，易名為「孔孟仁學原論」。

常堅定的指出「漢學家不識仁之真義」，認定仁「乃是實質的或內在的問題」（見上篇八、實踐仁的方法），「仁是本體之知自然流行的表現」（同上）我對於這個「仁」字，曾如是明確的指出：

> 則知孔子所謂之仁，乃是此光明無愧之心所表現在人常日用方面的各種軌範；而此軌範之確立是以真能訴之於心而無愧為主，并不是有一定之規則可循的。這就是說，此為仁之規範，實就是此光明無愧之心。此所以必須識得此來發之中與修養此已發之和，然後才真能此心光明而無愧的。（見上篇十三，仁之真義）

這是很明確的指出了，仁是一種心靈境界。仁與空有不同者，「空」或「無」是指「妙性之非相」，是無所住的。至於「仁」，則是此純粹之精神而表現在人與人相偶以盡其應盡之義務。所以仁之本，雖亦是無所住的；仁之用，則應是「靈知之性歷歷」，而爲意識之主。仁這個觀念，是澈上澈下，亦即貫通形上形下的；空祇能是形上的。空是不可得，但并非不可證；仁是可證而又可得的。空與仁這兩個觀念，確都是祇能直觀，也確是不同類型的。又中庸一書的這個「中」，它是指心之本來面目，是指「喜怒哀樂之未發」；它當然是一真實存在的心靈境界，絕對不能當作一概念來認識。我覺得「中」這個字，在古代似是與「衷」這個字通用，例如：

> 惟皇上帝，降衷于下民。（尚書湯誥篇）

國家將興，其君齊明衷正。（國語周語）

良夫乘衷甸兩牡。（左傳哀十七年）

發命之不衷。（左傳昭十六年）

楚人衷甲。（左傳襄廿七年）

皆衷其衵服以戲于朝。（左傳宣九年）

服之不衷。（左傳僖廿四年）

今天誘其衷。（左傳僖廿八年）

必度于本末而後立衷焉。（左傳莊六年）

折衷於夫子。（史記孔子世家）

我們現在是用「折中」二字。在漢代太史公司馬遷還是用「折衷」。我們不知是什麼時代起，流行將「衷」改爲「中」。就今日使用語文的習慣來說，以上所引述各則之衷字，似皆可易爲「中」字而并不失其原義，足見衷中二字之意義本可相通。在此須指陳者，亞里斯多德對於單字是分爲實體、數量、品質、關係等四類「十範疇」。依亞氏之說，「中」字應屬於關係範疇，衷字則屬於實體範疇。中庸第一章曰：「中也者，天下之大本也。」中既是天下之大本，它當然是屬於實體範疇。又曰：「喜怒哀樂之未發，謂之中。」這個中字也應屬於實體範疇。若將這「中也者」，「謂之中」兩個中字皆變更爲衷字，是否比較妥當呢？又左傳成公十三年劉康公曰：「民受天地之中以生，所謂命也。」若將這個中字改爲衷字，意義似乎較爲明確。又論語堯曰篇曰「允執厥中」，中庸第六章曰「用其中於民」等等，似乎都應該將中易爲衷，使大家都知：執衷用衷，不應從關係範疇去索解，而應從實體方面去瞭解。但是，左傳、論語、中庸等書，爲什麼都是用這個中字而沒有用這個衷字呢？假如將中庸改爲衷庸，這似乎是很不合適的。一般說來，中字可代替衷字而不失其原義。中字之義較廣，而衷字之義較窄。古人很可能視中爲實體。鄭康成中庸注曰：「中爲大本者，以其含喜怒哀樂，禮之所由生，政教自此出也。」在現代人看來，這中間之中，中央之中，衹是表示一關係位置，它怎能包含喜怒哀樂呢？假如古人認定這個中是指正中心之所在，是包含喜怒哀樂之處，是一實體而不只是一屬於抽象概念的關係範疇；那麼，這個中是可以包含喜怒哀樂的。康成去古未遠，尙能窺知古人之遺意，而深明「中爲大本」之義。知「中爲大本」者，當知「中」是實體，它可以代替衷而不失其原義。降及宋代，朱晦翁註中庸，則云：「喜怒哀樂，情也，其未發則性也，無所偏倚，故謂之中。」無所偏倚之說，似乎解釋得很好；但是，若因此便將「中」祇當作一個抽象的概念去思辨，則去中庸遠矣。我輩後學，讀朱子四書章句集註，若非好學深思，心知其意者，鮮有不人云亦云而其實是不知所云。

以上是說明了，當「中」這個字是一觀念類型時，它必屬於實體範疇。在中國形上學裡，所有各類型之觀念，必皆屬於實體範疇。例如佛家所謂「一即一切、一切即一」，或「不一亦不二」等等，其所謂「一」，絕非指「數之始」而言，亦絕無「一箇」之義。這就是說，此所謂「一」，絕非屬於數量範疇，乃是直觀觀念類型，指謂此整全之實體。其他如宋明理學所講之理氣，以及周易之卦名等等，都是不同類型之觀念，全都屬於實體範疇。在中國形上學，所有觀念類型，頗類似西方形上學所謂之「有」。前文講「有的科學」時，曾仰如特別指出：「對有，我們既不能下嚴格定義，又不能加以適當解釋，吾人祇能稍加描述。」他們之所以對「有」不能加以解釋，乃因爲「有」是最明顯的觀念而不必加以解釋。我們對於各個觀念類型之所以不能加以解釋，乃因爲極不容易加以解釋。例如「空」這個觀念，是無法加以解釋，而祇能加以描述，當然更不可能爲它下嚴格的定義了。其他如仁、中、理、氣、或周易之乾坤等卦，皆是不能下嚴格定義，而祇能作適當之描述。但是，這絕對不是說，我們所謂之觀念類型，是一些混淆不清的觀念。我們祇要能獲得超感性的直觀，使我們的心靈境界，沒有受到意識作用的扭曲，我們必能清清楚楚、明明白白的識得每一個觀念；而每一個觀念，亦必是明白無疑的。例如剛才探討過的「空」與「仁」這兩個觀念，當意識作用排除盡淨而純粹精神現起時，這兩個觀念的自身，必會明白的顯現而絕無可疑。這是中國形上學最緊要之所在，不明白此點，很難得其門而入，遑論登堂入室了。茲特鄭重的指出：若對於中國形上學之觀念類型缺少體會，必不可能真的讀通四書、五經、老莊及佛典。即令博覽群書，遍讀各家學說，或甚至著作等身，結果仍只是一門外漢，最多亦只是隔窗觀花而已。中國形上學，雖不是思辨之體系，卻是對思想本身有真切之體認，并使此靈知之性與生活融爲一體而不可分。這是中國形上學的最大特色，也是更爲深入的說明了中國形上學是什麼？

五、米塞斯的歷史觀念類型

爲使讀者對我們所謂之觀念類型，能有更明白之體會，特再介紹奧國學派第三大師米塞斯（Ludwig Von Mises 1881-1973）的歷史觀念類型，以說明觀念類型爲何與一般概念不同。米塞斯說：

> 觀念的類型（idea types）是些特殊概念，用之於歷史的研究和研究結果陳述中。它們是些瞭解的概念。因此它們完全不同於行為學的一些範疇和概念，也不同於自然科學的一些概念。一個觀念的類型并不是一個等級的概念，因為它的記述不是品題等級的高低。觀念的類型，無法加以界說。它的特徵，必須靠列舉的方式來表達，那些特徵的呈現，在具體的事例中，大體上可決定我們是否屬於這個觀念的類型。一個觀念的類型諸特徵不必要在任何一個事例中全部呈現出來，這是很特別的。至於某些特徵的缺少是否會妨礙把一個具體的模範納之於這個觀念的類型，那就決定於來自了解的相干斷判。觀念類型的本身是瞭解——對於行為人的動機、觀念、目的，以及所採的手段之瞭解——的結果。
>
> 一個觀念的類型與統計學的中項和平均毫不相干。它的特徵大部份與數字無關，僅憑這一點就不容作平均計算。……⑯

---

⑯ 米塞斯著，夏道平譯：「人的行為——經濟學研論」（Human Action - A treatise on economics）第二章頁六七，臺灣銀行經濟研究室編印。

照米塞斯這所說的，觀念類型是瞭解的概念，是無法加以界說，是用列舉特徵的方式來表達；而且，無須呈現全部特徵即可明白的表達，它與數字無關。總之，它是瞭解的結果。這所說的，與我們所見者略同。例如「仁」這個觀念，它的特徵是很難列舉的。若某甲言行有某一特徵與「仁」相合，某甲便可稱之爲仁者，其他所有觀念類型，都可作如是瞭解。米塞斯又說：

> 企業家（entrepreneur）這個字的經濟概念是屬於一個社會階層；經濟史和記述經濟學（descriptive economics）所用的企業家這個名詞是表達一個觀念類型，兩者的意義截然不同。……經濟史裡面企業家一詞所代表的一些觀念類型就會隨年齡、地區、行業和許多其他特殊情況之不同而有差別。一般性的觀念類型對於歷史沒有什麼用處。歷史所要用的類型是如：傑弗遜時代的美國企業家，威廉二世時代的德國重工業家，第一次世界大戰前幾十年的英格蘭的紡織工業家，等等。（同註十六，頁六八）

照這所說的，觀念類型是指謂某些特定的對象而不具有一般性與普遍性的含義；若必須說出其普遍性，我們認爲，祇有訴之於無了。空或無，才能顯示觀念的普遍性，其他所有觀念類型，必皆有其一定之特徵，好像英格蘭的紡織工業家與德國的重工業家，其特徵就不完全相同一樣。觀念類型之不可思辨而祇能加以瞭解，於此亦可概見。我們認爲，這形上之道的普遍性是無可言說的；這形上之道的各種特徵，是可以分爲某些觀念而加以言說；於是，有形上學可講。因此，我們祇是不作抽象概念的思辨，我們對於不同的觀念，仍會慎思而明辨。儱侗禪，是禪家的一句貶詞。靈知之歷歷，豈可愚昧昏庸而不慧不覺，而不「五百生墮野狐身」者？米塞斯又說：

> 歷史的問題，沒有不藉助於觀念的類型而可以處理的。即令歷史家在處理一個單獨的人或一件單獨的事時，他也免不了一些觀念類型。如果他說到拿破崙，他必然涉及總司令、獨裁者、革命領袖這些觀念的類型；如果他處理法國大革命這個事件，他必然涉及革命，原來的政體崩潰，無政府狀態這些觀念的類型。涉及一個觀念的類型，其作用可能不是要把這個類型應用在當時的事件。但是所有的歷史事件都是用觀念的類型來描述解釋的。普通人應付過去和未來的事情，也總是用一些觀念的類型，而且總是不知不覺地這樣作。（註同上）

米塞斯的歷史觀念類型與形上學的觀念類型，雖然是不相同的；但是，用觀念類型來描述解釋歷史事件，與用觀念類型來闡明中國形上學，在方法上則頗爲類似。所有中國道學，絕少作抽象概念的思辨；欲建立中國形上學的體系，亦絕對「免不了一些觀念類型」。我們之所以特別介紹米塞斯的歷史觀念類型，其故即在於此。這也就是說，用觀念類型的方法以講學，也不是祇此一家。再者，米塞斯對於瞭解或懂得（the understanding）一詞之詮釋雖與我們所見者不盡相同；但是，他對於瞭解或懂得，卻與我們一樣的至爲重視。可是，某些研究中國形上學的現代人士，他們不知道應先從真懂得或真會得入手的這個特性；他們不知道中國形上學所處理的問題，都涉及了觀念的類型；他們以一己之意，從概念性的邏輯性的思辨去索解，并著書立說。從表面看來，某些新著皆頗爲精緻而動聽，也頗能獲得外行人的信服，其實全是戲論，皆是大錯特錯。馮友蘭氏即是最典型。也是最著名的例證。馮氏以符號邏輯做底子著「新理學」一書而講宋明理學，認爲陰陽動靜，「皆是就邏輯說，不是就事實說。」⓱類此陳述，乍看起來，頗爲新穎而有創意。五十年前，我個人對於馮氏大著，真是既欣賞而又至爲信服。於今，當知馮氏之說，實屬倒見。由此可見，不真懂中國形上學而以一己之意著書立說，雖說得非常動聽而能風行一時，其結果仍祇是門外漢的亂說而無任何貢獻。對於中國形上學，應先求真的瞭解或懂得，確是最重要的。其次，由於米塞斯的歷史觀念類型之說，使我們認識到，觀念類型，應分爲形而上的，如空、無、道、及無所住心等等；再就是形而下的，如歷史觀念類型等等。在中國形上學裡，如前文曾提及的「仁」字，似宜看作是澈上澈下的。觀念類型，因是直觀之所得，必因直觀之不同而有不同之類型；於是，我們對於直觀觀念類型，應已是有了較爲明確而完備之認識。

六、黑格爾不懂得觀念類型

關田一月在「禪的訓練」一書第十四章中提到，一位具有非常敏銳的直覺判斷能力的人，

⓱ 馮友蘭著：「新理學」第二章。

與一個性喜以邏輯推理思考的人，兩者之間的思想方式，必然大異其趣。我們認爲，有時還甚至互不相容。因此，像黑格爾那樣有造詣的哲學家，不懂得中國形上學的直觀觀念類型，實不足爲奇。黑格爾在其所著「哲學史演講錄」中，對中國形上學的觀念類型曾評論爲，這是「停留在感性的或象徵的階段」；這是「沒有概念化，沒有被思辨的思考，而祇是從通常中的觀念取來，按照直觀的形式和通常感覺的形式表現出來的。」黑格爾對於中國形上學排除思辨的知識以超感性的直觀透入非知識所行的境界這一點，確是完全無知的。羅素（Bertrand Aw Russell. 1872-1970）批評黑格爾對於中國，除了知道有這個名字外，其他全無所知。就黑格爾對於中國形上學并未懂得而祇是以一己之意猜度便遽下判語這一點來說，羅素對黑格爾的批判并不過分。不特黑格爾如此，自清代漢學興起後，對中國形上學能真正懂得者亦并不太多；而且，像馮友蘭那樣任意加以曲解者，更大有人在。這當然涉及了學風與治學方法的問題。同時，曲解與不懂得確是雙胞胎。爲減少一般人對中國形上學之誤解與曲解，究明什麼是中國形上學，實亦是值得重視的問題。

第四節　中國形上學與中華文化

一、中國形上學與中華文化

對於中國形上學，以上已作了導論性的陳述，現擬進而說明它與中華文化的關係如何？

一般說來，中國形上學，應該是中華文化的產物。事實很明顯，其他民族，沒有中華文化，所以沒有中國形上學。但事實也不會如此簡單，較爲平實的說法，必是中華文化與中國形上學相互影響才發展爲今天的中華文化與中國形上學。至於中華文化是如何的影響中國形上學或中國形上學是如何的影響中華文化，問題雖然頗爲嚕嗦；若我們將文化對學術的影響，限定在經籍裡；將形上學對文化的影響，限定在生活裡，則問題比較易於處理。任何人不可能瞭解，更不可能懂得文化的全部。我個人對於中華藝術、文學等方面，所知極有限。同時，以經籍與生活爲對象，也可能是問題之重點所在。

二、中國形上學與中國哲學

一般說來，可以稱之爲中國哲學者，祇有中國的道學或形上學。在中國形上學有關典籍中，有老莊哲學、儒家哲學、佛教哲學這三大體系，這是就學術的派別來說的。再就學術的內容來說，在中國形上學有關典籍中，有本體哲學宇宙哲學、認識哲學、宗教哲學、文化哲學、道德倫理哲學，歷史哲學，藝術哲學，政治哲學等等；至於經濟哲學、科學的哲學等等，皆不甚發達，或甚至沒有，這是中國形上學或中華文化的特色。在中國文化裡，本來祇有哲人，并無哲學。哲人，在統治階層來說，是知人則哲；在一般人來說，則是能明哲保身。知人「能保我子孫黎民」（大學第十章），這當然是統治者之哲；明哲保身，能趨吉避凶，這當然是一般人之哲。一般平常的人，能於危險患難之中明哲保身者，是少有的；統治階級能知人者，更是少有的。此等少有的聰明睿知之士，自可稱之爲哲人；此等哲人，如所謂二帝三王以及老莊孔孟等之言論學說，自可稱之為哲學，亦即我們所謂之形而上的道學。這種哲學，是「經綸天下之大經，立天下之大本，知天地之化育。」（中庸第卅二章）是「為能聰明睿知，足以有臨也；寬裕溫柔，足以有容也；發強剛毅，足以有執也；齊莊中正，足以有敬也；文理密察，足以有別也。」（同上第卅一章）是「本諸身，徵諸庶民，考諸三王而不繆，建諸天地而不悖，質諸鬼神而無疑，百世以俟聖人而不惑。」（同上第廿九章）是「尊德性而道問學，致廣大而盡精微，極高明而道中庸」（同上第廿七章）這種哲學，涉及的範圍極廣，祇就中庸這所列舉的，已可概見一般；若就全部四書五經來說，它確是包含以上所列舉之各種哲學而無疑義。不過，我們講中國形上學，祇擬講哲學的本體論、宇宙論、與認識論。我們可以這樣的說，所有各種哲學，全都是人之認識，其所以有本體論或宇宙論可講者，乃所謂本體論的，即有關對本體認識之主要內涵，是本體之本來如是，與認識者無關。與認識者無關，不是否認物質存在的哲學家所能否認的。他們不僅不能否認我底長褲裡穿著短褲，⑱就是溫度的升降、風雨的大小、河流的緩急、道路的長短、山嶽的高低、城鎮的高樓大廈、車水馬龍、以及花落花開、時序變更、人事代謝等等，那一樣是他們能否認的？又如所謂四個第一原理，固然都是自亞里斯多德以來的哲學研究者所認知的形上學的主要內涵，而且歷來有不少人批

⑱ 此是借用「那些已經否認物質存在的哲學家還不想否認我底長褲裡面穿著短褲」一語，見威斯頓（John Wisdom）著：「哲學與心理分析」（philosophy and psychoanalysis Oxford: Black Well, 1957）第一二九頁，轉引自關田一月著，徐進夫譯：「禪的訓練」頁一八一。

評其不正確；但是，無可否認的，在「有的科學」範疇之內，「這個物」的本身性質確是如此，確與認識者無關，所以是本體論的。又如量子力學認爲可能性是物質本身的性質，不是實驗者本身知識的不足或實驗的誤差。因爲此所謂知識的不足乃是對整個宇宙瞭解的不足；而所謂「誤差」，亦非實驗者的錯誤。這是物質本身的性質如此，所以這亦是本體論而不是認識論。又如中西形上學之不同，固是對事物認識或敘述之方法不同，卻亦是事物本身可有如此不同之認識；此等不同之認識，雖與認識者有關，亦祇是認識者將事物本身之此等信息傳遞至吾人而已；所以雖是認識論的，卻亦是本體論的。其他如宇宙論或道德倫理，歷史文化等等，亦都可作如是觀。再者，我們祇講哲學的本體論、宇宙論與認識論，實因這三者既可以概括哲學的全部，也可以完整而明確的表達形上之道的全部。在先秦時代，中國人的宗教意識比較淡薄，所以未能發展出高級的宗教。中國宗教的興起，是東漢以後的事，最先是傳自印度的佛教。稍後大乘佛教興起，與儒道并稱爲中華文化的三大體系，也形成了儒釋道三家的哲學。佛教的教義，是可以通過哲學而深入其堂奧。佛教是一種較爲哲學化的宗教。它頗能與中土的儒道兩家思想融會貫通。因此，三家雖有諍論，卻都能以直觀觀念類型，闡明形上之道，而形成與現代西方哲學不相同的中國哲學。

叔本華（Arthur Schopenhaur）在「意志與表象的世界」第二卷中曾說：「哲學好象一種多頭怪物，每個頭都說出一種不同的語言。」話雖如此，在古代希臘的哲學，不是一門專門理論的學科，而是一種具體的生活方式。這種哲學頗與道學相同。這種哲學，對於人類以及個人生活，賴以遵循之宇宙秩序有整體的見解；這與中庸所列舉者，亦頗近似。至於蘇格拉底，他是爲哲學而生，爲哲學而死的不朽榜樣。蘇氏曰：「余實一愛智者，爲吾師者，乃城中之人，而非城外之樹木也。」⑲考 philosophy 一詞，希臘文的字面意義是對智慧之愛好。項退結編譯之「西洋哲學辭典」對此曾作於下之闡釋：

> 吾人無法對智慧一詞所表示的一切，有最後而圓滿的理解，而只能以熱烈期望的心情去爭取。實際上哲學是指人的理性，直搗實在界整體之最後原因的知識，尤其關於人的存有及其應然的問題。

這應該是對哲學所作的最普通，也是最正確的解釋。照這個解釋，中西哲學應無本質上的不同。至於今日西方哲學，特別著重純抽象概念的思辨的邏輯系統之創立；而一般人也以爲這才是哲學，這實與哲學的古老的傳統，已大異其趣。我們對於現代流行的哲學，無意有任何的諍言；我們祇是說明中國形上學確是一種哲學。再者，邏輯實證論者認爲，形上學是不能證明其爲真，亦不能證明其爲假，所以是無意義的。我們不知道西方形上學是否可以被如此認定?我們中國形上學是絕對不允許任何人如此亂說。我們認爲，欲評論一件事物，必須先懂得而成爲行家，才具有評論者的資格；否則，那祇是門外漢的胡言亂語，那才是真的無意義。中國形上學的任一觀念類型，若真有所瞭解而真的懂得，則知其義絕對不差。例如

---

⑲ 郭斌和景昌極合譯：「柏拉圖五大對話集」斐德羅篇，臺灣商務印書館。

前文曾述及的不落因果，當我們果真能獲得無念之念或無所住心，這遍而非計的心靈境界，確是無因果可說。有計較才有因果。純然的無計較，純然的一念不生，對此種心靈境界，能稍有體會者，便知其絕對不會有因果。這種心靈境界，是許多人可以證得而無疑義。若某人未能證得，便大膽的假定沒有意義，這祇是其人的無知而已。我們對於自己不知或自己未能證知者，是存而不論。楞嚴經記載月光童子習水觀之心得說：「當爲比丘，室中安禪。我有弟子，窺窗觀室，惟見清水，徧在室中，了無所見。童稚無知，取一瓦礫，投於水內，激水作聲顧盼而去。我出定後，頓覺心痛，如舍利弗，遭違害鬼。我自思惟：今我已得阿羅漢道，久離病緣，云何今日，忽生心痛，將無退失？爾時童子，捷來我前，說如上事。我即告言：汝更見水，可即開門，入此水中，除去瓦礫。童子奉教，後入定時，還復見水，瓦礫宛然，開門除出。我後出定，身質如初。逢無量佛。……方得亡身，與十方界，諸香水海，性合真空，無二無別。」這是說月光童子習水觀，在「初成此觀，但見其水，未得無身」時，仍然會惹上瓦礫而有病，必至「亡身，與十方界，諸香水海，性合真空，無二無別」必至此如「無所住心」境界，才是究竟。我們認爲，這與「五百生墮野狐身」的故事，同樣的「是設譬以明理」。筆者曾就此事請教過一位佛門大德，他認爲這是真有其事。這便是我們與宗教的分水嶺之所在。我們決不會信以爲真。我們所信者必是所知者。我們對於不知者寧可存而不論；我們所論者，必是可知可解者。宗教人士不贊同「知解宗徒」。他們認爲這是六祖惠能對神會的貶詞。我們認爲，這亦未常不是對神會的肯定之詞。因爲不知不解而有信，若非誠信，必是迷信而不是覺者之正信。非真知真解，絕不能成正覺。正覺固是從淨慧得來；然而這是宗教家分內事。吾人講形而上學，則應以可認知可理解者爲先。這可能就是學術之不同於宗教，也說明了我們的形上學確是哲學。

三、中國形上學與中國人之生活

我們已說明了中國形上學確是一種哲學，現再進而說明中國形上學是如何的影響中國人的生活。照儒家「道與人是不可分離」的觀點，中國形上學是必然會影響中國人的生活。然而事實并非如此。因爲現實的政治體制，將中國形上學的理想被扭曲了。中國形上學，不論是儒釋道三家之中的那一家，都體認到人之本心本性，是清淨純潔的，此即前文所謂之純粹的精神。儒家所謂之至誠，道家所謂之清淨無爲，釋家所謂之無所住，皆是對此清淨純潔者之描述；而這個描述確是真實無妄的。照這樣說來，謊言欺騙，是與形上學的理想絕不相容。可是，在我國的家天下的專制政體之下，在政治人物之中，除極少數的志士仁人，忠臣義士之外，幾乎沒有不說謊的。因爲部屬若不迎合長官之意圖而說謊，是幾乎難以生存。就我個人親身的經驗，因爲不願說假話，險些送掉了性命。近數十年來，有一種怪現象，即許多人不以說謊爲恥，竟認爲說謊是應該的。有人公開宣稱：一句謊話說一千遍便變成真的。也有人認爲，天下之大，每個人祇要騙一次，是騙不完的。這真是一個謊言欺騙的世界。這是自古已然，於今爲烈。這是專制政治與社會的動亂交織而成的。在社會動亂之時，爲策安全而說謊，事屬權宜之計，并非完全不對。在家天下的專制暴政之下，政治人物，在骨子裡是反道學（如謊言欺騙）以自保；在表面上卻又假道學（如偽裝誠實）以求榮；并因而助長暴政，這真是喪盡人之本心本性！道學是與這些人之生活絕緣的。是這是說明了，在現實的政治情勢之下，中國形上學對中國人之影響，可以說是沒有的。中庸曾說：

君子之道，費而隱，夫婦之愚，可以與知焉，及其至也，雖聖人亦有所不知焉。夫婦之不肖，可以能行焉，及其至也，雖聖人亦有所不能焉。……君子之道，造端乎夫婦，及其至也，察乎天地。（中庸第十二章）

這是說明了，形上之道，因是體現人之本心本性，它必然的會在夫婦之間表達出來。所以形上之道，雖然會被政治力量扭曲，卻必然的會對人類仍有其一定之影響。再者，中國的政治人物之中，忠義正直之士，代不乏人。歷史上的許多先賢，實爲後人崇敬景仰之模範。山林隱逸之士，有道者更爲一般人所愛戴。流風所及，一般人亦頗能「不識不知，順帝之則」。從這個角度來看，中國形上學，對於中國人的生活，仍有其一定之影響，應無疑義。這是造就今天的中國人與形成今天的中華文化之一股強大的無形的力量。這股力量非一朝一夕所能形成，也不是一下子便能去掉。這股力量并沒有不好。不好的，是幾千年家天下的專制政治之毒，深入社會各方面，形成了某些人在意識形態方面之偏好，發生一種極壞的惡劣影響。目前在民主潮流衝擊之下，沉疴雖似乎漸有起色；然而除惡未能盡，餘毒仍常是害人不淺。有識之士，當知吾言不謬。

四、中國形上學與現代自然科學

現在乃可進而說明中國形上學與現代自然科學這個問題了。

一般說來，自然科學是嚴格意義的「科學」，它是用試驗的方法以證明其假設是否真實。它與中西形而上的哲學都是不相同的學問。祇就它與中國形上學之不相同來說，這是形上與形下之不同。即中國形上學所著重的，乃是「非知識所行境界」；而西方自然科學所著重的，則是在擴充人類的知識；所以這兩者的不同，是恰好相反的不同。但從另一方面來說，這兩者都著重懷疑與求真的精神。現代的自然科學，若沒有偉大的懷疑精神，像哥白尼（Copernicus 1473-1543）那樣的不惜犧牲性命的敢於懷疑不是太陽繞地球而行，當不會有今日如此輝煌的成就。今日自然科學的堂皇建構，完全是不斷懷疑的結果。中國形上學亦是著重懷疑精神，鼓勵學者由疑而悟。禪宗門下曾謂：「大疑則大悟，小疑則小悟，不疑則不悟。」由疑而悟，是真正懂得中國形上學的唯一法門。儘管形上學懷疑的對象與自然科學所懷疑者不同，其方法與目的亦各自有別；然而從懷疑以求取真知的精神，則并無二致。禪宗認爲，記誦古人之言，襲取文字表面的意義，實乃學語之流。儒家亦認爲：「記問之學，不足以爲人師」（禮記學記）這就是說，中國形上學，雖是載在各家典籍中；若非好學深思之士，心知其意者，真能獲得一種超感性的直觀，并真的達到一種澈底領悟的境界，即令熟讀各家經典而背誦如流，亦祇能算是一個蛀書虫罷了，對於中國形上學的真正意義，仍是不會懂得的。所以必須有一種求得真正瞭解的求真精神，才會真的懂得。我們認爲，懷疑與求真，是一對雙生子。求真必是精益求精的從大有疑義而達到毫無疑義。以懷疑爲手段而達到求真的目的，中國形上學與現代自然科學確是相同的。這確是求得真知的最正確的方法。懷疑與否定是完全不同的。正確的懷疑，是發現問題，研究問題，解決問題；否定則是抹煞問題（即無視問題之存在）或取消問題。否定是懷疑工作看不到問題所在而得不到應有的答案後所產生的一種莫可如何的衝動。這種衝動若伴隨著破壞的行動，那是很可怕的。五四時代，有些人并不瞭解中華文化的真義。他們認爲中國的積弱是中華文化所造成的。他們失去了對中華文化的信心，產生了對中華文化的懷疑。他們對中華文化所遭受的危機充滿了無力感；由於這種無力感，乃橫下心來，以一筆勾銷的方式而否定中華文化，因此，他們都變成了虛無主義者。這些虛無主義者，有些人雖重新發現中華文化的精神而對之重作肯定；有些人則以破除中華文化爲職志，希望移植外來文化以救中國。而其結果，使這個自鴉片戰爭以來之苦難的中國，增添了更多的苦難。由此可見，因不善於懷疑所產生的惡果，確實可怕。在此仍須指陳者，這懷疑與求真的精神，必須達到一種精神境界，才真能去除疑惑，獲得真知。臨濟禪師將這種精神境界，分爲以下四個層次，即：奪人不奪境；奪境不奪人；人境俱奪；人境俱不奪。這是有名的臨濟四料簡。⑳這究竟有什麼意義呢？先就第四料簡「人境俱不奪」來說，臨濟的原意是，「王登寶座，野老謳歌。」這相當於孔子的「從心所欲，不踰矩」（論語為政篇）的境界；這是從見山不是山，見水不是水，而又回到見山是山，見水是水的境界；這是內在的主人公與外在

⑳「指月錄」卷十四。

的世界（佛家稱之為境）兩俱不奪但皆自由作用的境界；這是消除了虛妄的意識與工具的觀點而自由自在地生活在當下的這個現實世界，卻也是清靜的世界之中的一種心境。至於第三料簡的「人境俱奪」，臨濟的原意是：「并汾絕信，獨處一方」。這是已「生無所住心」的境界。「無所住心」前文已言之詳矣。再談第一料簡的「奪人不奪境」。臨濟說：「煦日發生鋪地錦，嬰兒垂髮白如絲。」這是指一個人的心力完全集中在一件事物上而失去了對週遭其他事物的感覺。關田一月在「禪的訓練」第八章中曾舉出於下的事例：

> 一位著名的外科醫生，某次從事一項需要高度專注的手術。他正在工作的時候，忽然發生了地震。大地震動得非常厲害，使得多數的助手都禁不住跑出手術室以策安全。但這位醫生太專注於他的手術了，以至連地震都沒有感到。等到手術完了之後，有人對他說剛才發生相當厲害的地震，他這才開始知道曾有地震這回事。

這是一個典型的「奪人不奪境」的例證，嬰兒已不自覺的「垂髮白於絲」了。再談「奪境不奪人」。臨濟說：「王令已行天下遍，將軍塞外絕烟塵。」這與「人境俱奪」有不同者，即外境雖已被奪，亦即前文所已指陳的破除了迷妄的我執而轉成「平等性智」，而獲得純淨的思想。這純淨的思想，誠如關田一月所說的，是「由一種自主的靈力駕御心識。此種自主的靈力，就是我們在存在的最內部份所能達到的最極事物。」「它本身含容一切情感的源泉和推理的能力，故而也是我們可以直接在本身體驗到的一種事實。」關田此說，以之描述境雖奪而人未被奪尙屬恰當。照關田的看法，這四料簡是表示四種「定境」或四種三昧。第一料簡所表示的是外向三昧，亦即所謂積極三昧，是不出意識活動範圍的一種三昧。第二料簡所表示的是內向三昧，亦即所謂絕對三昧，是超越意識活動範圍的一種三昧，亦即我們所謂之超感性的直觀。第三與第四料簡，當然都是絕對三昧。我們認爲，無論是契入中國形上學或在現代自然科學方面能獲得某種成就，都必須達到一種「定境」。這就是說，中國形上學與現代自然科學雖是不相同的學問；但是，這兩者的懷疑與求真的精神，都須達到一種「定境」；誠然，自然科學家所需獲得的是靈感或洞識，與形上學家所需獲得的「定境」不同。這種不同，祇是層次上之不同，并無相互排斥之不同；所以中國形上學已往雖未曾導出自然科學，卻亦不會妨害自然科學之發展；而且，中國形上學與量子物力學的觀點，還比較一致。因此，自然科學未能在中國獲得成功的發展，與中國形上學無關。這仍是家天下的專制政治之不良影響所產生的結果。我們認爲，專制政體，尤其是異族的家天下的專制政體，它遏殺了一切須經過懷疑與求真之學術的生機。因爲它需要的是忠實的看門狗與無知的順民。它既不需要有真知灼見具有人性的人，更不需要具有創造精神的人。它是不准許有疑義的。不准懷疑與不善懷疑，都會窒息學術文化的生機。由此可見，專制政治，它是如何的傷害了中華文化與中華學術之發展，也更是如何的傷害了中華民族之生存發展。

五、梁漱溟的三路向之說

梁漱溟在其所著「東西文化及其哲學」一書中，對於從文化精神產生解決問題的方法，提出三路向之說。他說：

至於文化的不同純乎是抽象樣法的。進一步說，就是生活中解決問題方法之不同。此種解決問題的方法（或生活樣法），有下列三種：

㈠本來的路向：就是奮力取得所要求的東西，設法滿足他的要求。換一句話說就是奮鬥的態度。遇到問題都是對於前面去下手。這種下手的結果，就是改造局面，使其可以滿足我們的要求，這是生活本來的路向。

㈡遇到問題不去要求解決，改造局面，就在這種境地上求我自己的滿足。譬如屋小而漏，假使照本來的路向一定要求另換一間房屋，而持第二種路向的遇到這種問題，他并不要求另換一間房至，而就在此種境地之下變換自己的意思而滿足，并且一般的有興趣。這時下手的地方并不在前面，眼睛并不往前看而向旁邊看；他并不想奮鬥的改造局面，而是回想的隨遇而安。他所持應付問題的方法衹是自己意欲的調和罷了。

㈢走這條路向的人，其解決問題的方法與前兩條路都不同。遇到問題，他就想根本取銷這種問題或要求。這時他既不像第一條路向的改造局面，也不像第二條路向的變更自己的意思，衹想根本上將此問題取消。這也是應付困難的一個方法，但是最違背生活本性。因為生活的本性是向前要求的。凡對於種種欲望都持禁欲態度的都歸屬於這條路。

梁氏又說：「所有人類的生活大約不出這三個路徑樣法：一、向前面要求；二、對於自己的意思變換、調和、持中；三、轉身向後去要求。這是三個不同的路向。這三個不同的路向，非常重要，所有我們觀察文化的說法都以此爲根據。」梁氏認爲，西方文化「是以意欲向前要求爲根本精神的」，所以發展出「征服自然之異采」，「科學方法的異采」，「德謨克拉西的異采」。梁氏又說：「我們就此機會，把我們對於如何東方化的答案提出於下：中國文化是以意欲自爲調和持中，爲其根本精神的；印度文化是以意欲反身向後要求，爲其根本精神的。」

梁氏此說，是否完全正確，可置而勿論；惟必須指陳者，他對於中國人爲什麼會走第二條路向，未能有明確的交待，以下願略作說明。

六、中國文化之根

我們當讀漢代歷史，深深感覺到，漢時如班超張騫等通西域的精神，并不遜於美國人在驛馬車時代向西部拓荒的精神。他們都智勇雙全而又具有仁愛的精神。他們不是全賴武力解決問題，而是以智慧與仁愛化解困難。我們在西部拓荒的影片中，在漢代的歷史裡，都能很清楚的見到這些史實。漢代中國人所具有的「向前面要求」之精神，確是令人崇敬不已。漢代在形上學方面，實無任何發揚，然而漢人所表現之中華文化精神，則是後人所望塵莫及的。後來的中國人爲什麼未走第一條路向而走了第二條路向呢？周武王伐商，數紂之罪，其中有一項，是「作奇技淫巧，以悅婦人。」（周書泰誓下）這無異是說，現代科學是屬於奇技淫巧之類。滿清末年，甚至到了民初，仍有許多烘先生，持此怪論。這大概是晉以後的思想。因爲伏生周書，本無泰誓。漢武帝時，僞泰誓出。孔壁書雖出，而未傳於世。至晉孔壁古文尚書始通行，所以應該是「晉以後的思想」。這個思想，是容易窒息人之「本來的路向」而影響思想之向前發展。再者，晉代的讀書人，爲了免禍，乃藉老莊思想而大張玄風。從此儒學不振。自印度傳入的佛學，此時也獲得了良好發展。佛門人士更將「外典佛經，遞互傳說」，㉑成爲一種「格義佛學」，使一般知識份子，對於佛理，更易接受；於是，外來的佛學與當時的玄學，結合而成爲一種新的文化精神。這個文化精神不同於漢代的文化精神，這是很顯然的。我們在此自不能從歷史的觀點詳論文化的變遷；但是，中華文化，自佛教輸入，形成儒釋道三大體系之後，山林逸隱與出世的思想，爲大多數知識份子所喜愛。加以自唐以來，因懲於唐代藩鎮之禍，家天下之專制政體，一方面：「有道君王不納有智之臣」；一方面：更以高壓的手段防止百姓造反；於是，中華民族很自然的走上了第二條路向。這當然與中華文化之根也不無關聯。前文已指陳，中國形上學與中華文化是相互影響才會有今日之發展。但是，中華文化之根，卻應該是中國形上學；因爲形上學會通過反省而認識文化的本來面貌。這文化的本來面貌，當然就是文化之根。這本來面貌是什麼呢？那就是排除了虛妄的習氣，亦即排除民族集體意識之習慣方式後所見到的一種存在。孔子所見者是仁；孟子所見者是浩然之氣與仁義；老莊所見者是無與一。這都是先秦時代的中國人所謂之道。道是一種超感性

㉑ 高僧傳四，法雅傳。

的直觀。它與非意識所行境界的佛學是比較容易接合。儒釋雖仍有諍論，也相互影響。儒家對佛家的影響，是否即大乘佛教在中國盛行之原因，吾人未敢斷定；至於佛家對儒家的影響，則是歷經數百年，才激發孔門弟子的反省而興起了宋明理學。這是近一千多年來中華文化之發展概況，也可以說，只有融合，并無創新。到孫中山先生興起，推翻了數千年來家天下的專制政體，對中華文化的箝制作用已失，而外來文化的衝擊又非常激烈。中華文化在劇烈變動之中。就我個人的體驗來說，生活在臺灣這四十多年所感受到的文化氣氛與少年時生活在故鄉湖南，那個在民國十幾年時代的鄉村的文化氣氛，是大不相同的。我想今日中國大陸，也必會形成一種與民國初年不大相同的文化氣氛。九〇年與九二年曾回到湖南故鄉兩次，所知甚少。我敢於斷言的，像文化大革命時期，那種具有窒息之感的虐待性的氣氛，似乎是莫可如何的也是毫無理由的在發洩一種怨氣，是異乎常情，是不會自然的繼續成長的。我之所以如此說，是說先秦時代的文化，漢代的文化，魏晉兩朝及隋唐的文化，宋明文化，清代文化，它們雖各不同，卻有一共通之點，此即并不具有過份的虐待性的氣氛。像南北朝時某些北朝的文化，元代的蒙古文化，他們那種殘酷的虐待性的氣氛，凡屬人類，實難忍受，所以國祚都不長久。胡人漢化，姑無論其動機如何，至少是表示與仁愛與和平拉近關係，也就是表示與中華文化之根拉近關係，儘管當時的胡人不會懂得中國形上學。又如滿清王朝，對於中華文化，雖祇是一知半解，卻能利用這文化之根，并加以扭曲，以達成其統治之目的，是相當成功的。這就是說，這個作爲中華文化之根的中國形上學，因其滲入了佛學的或印度人的取消問題的思想，所以產生了「第二條路向」的傾向。它雖然似乎是缺少「奮鬥的態度」，卻慶幸其未失去本真，未染上虐待的氣質。即令有嗜血症或戀屍狂者，㉒欲推展其虐待性的統治，也都是不旋踵而亡。凡統治階層（在今日的民主國家而言，應稱之為立國精神），與一個民族的文化精神相離相背者，其統治必不長久。再者，中國文化之根的中國形上學，因其具有懷疑與求真的精神；而且，其求真的專心致志的精神，能自覺的達到一種「定境」，亦即達到中庸所謂「至誠之道」的境地。這個境地與前文講「智性直觀」時，現代西方思潮所感受到的頗爲相近。這就是「認知能力與心靈力量整體相結合，才會有全副力量及生命力」（同註九）。中國形上學，它是接觸到人之「全副力量及生命力」的；它當然會發展出「德謨克拉西的異采」，「科學方法的異采」；至於「征服自然之異采」，則是值得商榷的。總之，中國形上學，也必有其與民主、科學相結合的一面。今日臺灣，算是中華文化與民主科學相結合的一個例證，雖未盡如理想，但基本上應是不錯的。另有一些經濟學家認爲，日本在戰後能從一戰敗國而成爲經濟大國，并獲有「日本第一」之雅號，是受了中華文化之影響。好像近代歐洲資本主義的興起，是受了基督教精神的影響一樣。㉓此外如新加坡、香港、南韓等三地，經濟學家們，也認爲是受了中華文化之良好的影響，才能有如此傑出的成就。上述三地與臺

㉒ 見佛洛姆（Erich Fromm）著，孟祥森譯：「人類破壞性的剖析」。臺北牧童出版社，民國六四年。該書指希特拉、史達林等，皆是此類典型人物。

㉓ 近年來西方人士研究亞洲新經濟體的崛起，認為與儒教倫理有關，他們大致是依據韋柏（Weber）「宗教革命後的新教倫理促進資本主義的興起」這一論點而如是說。

灣，在八十年代，大家都稱之爲亞洲四人幫，或亞洲四小龍，四小虎等等，深獲全世界的好評。許多人都不禁要問：亞洲其他的國家，受中華文化影響較少者，爲什麼未能成爲新興的工業國家呢？政治因素之外，確有文化因素之存在。中華文化，在民主政治之下，確可以發揮人之潛力而無疑義。照這樣說來，中華文化除了與野蠻的并具有虐待性的文化是不能相容而且會發生抗拒與排斥的作用外，當其未受政治力量的扭曲或箝制，而獲得自由的成長與健康的發展時，它必會發展出有益世道人心，有益世界和平的異采。因爲這個是中華文化之根的中國形上學，它破除了意識之習慣方式，究明了人之本心本性，認識了世界之真正存在，獲得了超感性的直觀，重建了形而上的合乎「至誠之道」的知識，可以發揮人之全副力量及生命力，也當然會發展出適合人類生存發展之文化的異采。這就是道之全體大用，也就是道之全部。

第二章 中國形上學的本體論

第一節 概說

一、形而上學的本體論

中國形上學是什麼?在上一章中，已作了一般性之論述。爲求更深入更明確之瞭解，我們特從本體論、宇宙論、認識論等三方面，作分別之說明，茲先從本體論說起。

我們講本體論，基本上是要說明這形而上之道的本體是什麼?這道之本體，即道之自身。我們除了對道之自身須作詳確之說明外，對於這宇宙的或外在世界的本體，亦須作清楚而明白之論述。這說明或論述，當然就是形而上學的本體論。

本體必是形而上的。此不祇是我們所謂之道的本體是形而上的，即是這宇宙的或外在世界的本體，因其必「是超越一切可經驗事物的不可經驗到的第一根源或元始」，所以亦必是形而上的。本體論必是形而上學。

二、本體論必是形而上學

熊十力先生在新唯識論明宗章有云：

> 哲學，自從科學發展以後，他底範圍，日益縮小。究極言之，祇有本體論，是哲學的範圍。除此以外，幾乎皆是科學的領域。雖云哲學家之遐思與明見，不止高談本體而已，其智周萬物，嘗有改造宇宙之先識，而變更人類謬誤之思想，以趨於日新與高明之境。哲學思想，本不可以有限界言。然而本體論，究是闡明萬化根源，是一切智智。（一切智中最上之智，復爲一切智之所從出，故云一切智智。）與科學但為各部門的知識者，自不可同日語。則謂哲學建本立極，只是本體論，要不為過。

熊先生又說：

> 更有否認本體，而專講知識論者。這種主張，可謂脫離了哲學的立場。因為哲學所以站脚得住者，只以本體論是科學所奪不去的，我們正以未得證體，才研究知識論。今乃立意不承認有本體，而只在知識論上鑽來鑽去，終無結果。如何不是脫離哲學的立場。

熊先生此說，特略作分析：第一，他認爲：「祇有本體論，是哲學的範圍」，他的原意不能說不對。他是現代中國人懂得哲學是什麼的極少數人之一。我們認爲，哲學與科學的不同，不是範圍的不同，是形上與形下之不同，亦即是境界的或思想層面的不同。這在上一章中我們已有論及。熊先生新唯識論開宗明義曾說到：「今造此論，爲欲悟諸究玄學者，令知一切物的本體，非離自心外在境界，及非知識所行境界，唯是反求實證相應故。」在此我們不打算對此說詳加討論，我們祇是指出，這就是熊先生的哲學境界。熊先生既知本體是「非知識所行境界」，則與「知識所行境界」的科學確是境界上的不同。熊先生此所用「範圍」一詞，不宜當作通常所謂之「範圍」來理解。第二，我們認爲，本體論必是形而上學，也當然是哲學；但哲學決不限於本體論。即以形而上學來說，它至少應包括形而上的宇宙論及認識論等等。認識論與本體論之不同，上章已曾論及。所謂本體論，即對於本體之所有認識的內涵，與認識者無關，而是本體的本身性質確是如此。所謂本體的本身性質，究極言之，仍祇是我們的一種認識，亦即是我們所認識的一些內涵而已。我們固然可以說，認識者對於事物所認識的內涵，是事物的本身性質如此，與認識者無關。我們所習見的許多自然現象，大抵類此。但是，我們對於本體的認識，認識者與所認識的，可說是能所不分。例如熊先生所謂「非離自心外在境界」，即是指認識者之能認識與所認識的內容是同一而不可分，亦就是能所不分。上章曾謂：能思與所思，乃「同一件事」，亦正是此意。現擬說得更明白一點，當我們以心觀心時，即是這能認識的心（亦即是有認識能力的這個心）認識心它自己，這難道不是能所不分嗎？由此可見，講形而上的本體論時，實不宜排除形而上的認識論。這就是說，在這個時候，認識論與本體論，實是「同一件事」。同樣的，本體論與宇宙論，亦可作如此理解；因爲，當我們講宇宙的本體時，當然會講到宇宙。於是，認爲「祇有本體論，是哲學的範圍」，并無不可。不過，爲了對形上之道有更爲具體而明白的瞭解，我們除了講本體論外，對於宇宙與認識之本來如是，再作分別之詮釋，實亦有此必要。所以，我們雖肯定本體論必是形上學，卻不肯定形上學祇是本體論。

三、形上學不會進步成爲科學

照熊十力先生的看法，科學的發展，是侵佔了哲學的範圍。此說并不正確。我們認爲，科學之可貴，在其能日新月異的追求進步；而現代自然科學，也確確實實的獲得了出人意外的成績。至於哲學，它期求瞭解的，是這千變萬化之現象中的不變者，也就是最真常者是什麼？所以形而上的哲學，是以懂得「常道」爲務，并不追求進步。西洋現代哲學家亦有類此的看法。雅士培（Karl Jaspers, 1883-1968）曾說：

> 哲學一開始就有一些不可更易的東西。
>
> 哲學本身，在必須作的種種事當中，必須拒絕進步這個觀念。進步對科學來說，對哲學的工具來說，是正當的。❶

---

❶ 雅士培著：「哲學之永久範圍」（the permanent cope of philosophy）一九四八轉引自徐高阮譯「危機時代的哲學」第十章。臺北幼獅書局。

照雅士培的這個說法，形上學不會進步而成爲科學，其理甚明；同樣的，科學也不會侵佔哲學的範圍。現代科學，日益進步，也日益擴充了它自己的範圍；同時，也清除了許多僞哲學。熊十力先生的科學侵佔哲學範圍之見，可能因此而有。我們認爲，當僞哲學被科學清除淨盡後，哲學必會更加光耀人間。正如真金被蒙上灰塵，經清除潔淨後，自會光芒四射。基於這一事實，我們可以這樣的說，形而上的哲學，與現代的自然科學，雖然是不同層面或不同種類的學問；但科學研究的成果，卻可以用來幫助說明哲學。這意思是說，當我們對哲學本身有透徹的認識時，不妨借用科學的事實將哲學烘托描述出來。這好像一個藝術家用各個技巧來表現出他的藝術一樣。莊子養生主所講的庖丁解牛，其意亦與此類似。「庖丁釋刀對曰，臣之所好者，道也，進乎技矣。」這技而進乎道，行其所無事，遊刃有餘，是一種哲學境界。科學家而不執著，是可以成爲哲學家。我無意說，哲學是高於科學。科學這個殿堂是至高至深的。我之所以如此說，一方面是說，現代科學，尤其是量子力學，確有助於哲學之詮釋。上章曾引述海森堡所著「物理與哲學」一書，即可爲哲學解釋某些疑難問題。又當我們講宇宙的本體時，也會藉助現代科學而作必要之解釋。中國形上學與現代科學之懷疑與求真的精神，在學術進程中，確是相同的。再從另一方面來說，偉大的科學家，在其晚年常傾向於哲學。愛因斯坦（A Einstein）即是一個很好例子。他說：

> 必須且決定我們行為與判斷的信念，并不能僅由單純的科學途徑所發現。

> 科學方法除了事實間的相互關係，相互蘊涵外，不能告訴我們更多。❷

他又說：

> 科學沒有宗教是跛足的，宗教沒有科學是瞎眼的。

愛因斯坦不僅認爲科學應該與哲學相通，更認爲「宗教與科學間的真正衝突不存在」。照這樣說來，形上學雖不會進步而成爲科學；但當科學家的思想進入哲學的領域，如我們所謂之本體論或認識論的領域時；那麼，這位科學家便已變爲哲學家了，海森堡應該就是一個很好的例證。這就是說，我們當可藉科學之成就，而豐富哲學之內容，予哲學以更明確之解釋。這種解釋是絕對沒有變更哲學的本質。不僅如此，當科學家的研究而至於究極之問題時，科學家必會變爲哲學家。

四、哲學毀滅論者之愚昧無知

現在我們乃可指出哲學毀滅論者之愚昧無知了。本來在十九世紀初期，西洋哲學仍高踞

❷ 愛因斯坦著，劉君燦譯：「人類存在的目的」（out of my later years）八，科學與宗教，頁三一，臺北晨鐘出版社。

學術的王座，但至其下半個世紀，哲學便已遜位於科學，❸而且每況愈下。時至今日，在本世紀雖然產生了不少傑出的哲學家，對於哲學的地位，卻沒有多大的改變。威廉•白瑞德（William Barrett）曾說：

> 乃由於現代社會已經把哲學放逐到極其偏遠的地方，而哲學家自己竟也安之若素。

又說：

> 於是現代的哲學家格外注重技巧，分析邏輯和語言、文法以及語意學，而且一般說來，為求形式上的技巧，常把所有的內容琢磨殆盡。所謂邏輯實證主義（logical positivism）運動，在我們來說（人文主義的氣氛，在歐洲的大學或者比在美國的大學濃厚），簡直暴露了哲學家自認為不是科學家的犯罪感；也就是說，不是用科學模式來製造足以信賴的知識的研究人員。哲學家畢生精力投入的工作，原來就很不穩定，在這裡更因為他們堅持把自己變形為科學而惡化到不可收拾的地步。❹

照這所說，哲學之所以每況愈下：第一，社會不重視哲學；第二，哲學家想把哲學變形

---

❸ 木乃茲（J.T. Mers）著，伍光建譯：「十九世紀歐洲思想史」。臺灣商務版。

❹ Irrational man-A study in Existential philosophy by William Berrett。

爲科學，終於惡化到不可收拾的地步。這是那些以哲學爲職業的人，他們并不真的懂得哲學，卻祇想把自己的這個行當，弄得有發展有前途，結果是愈弄愈糟。這當然是他們自食其果。這也是說明了以一抽象的概念系統而敘述一認識系統的哲學，似已走到了窮途末路。於是，哲學毀滅論便爲無知者所接受而大肆宣揚了。其在我國，以胡適之先生最爲大膽，而主張「哲學的根本取消」。他說：

> 過去的哲學，只是幼稚的，錯誤的，或失敗了的科學。❺

胡先生晚年，說話比較慎重，不會如此肆言無忌。我認爲他之所以敢如此說，固由於他在那時，既不真的懂得哲學，也不真的懂得科學，更可能是太相信孔德（A Comte 1798-1857）的「實證哲學」（positive philosophy）了。孔德認爲，人智的發展是經過三個時期，最初是神學的（theological），其次爲玄學的（Metaphysical），再次爲實證的（positive）或科學的。我知有很多人相信孔德的這個「三個時期」之說。前文曾明確的指出，玄學不會進步而成爲科學；現在我更要說，神學也不會進步而成爲哲學。宗教與學術的分水嶺之所在，上章曾有論及。現在仍須指陳者，科學以及神學與哲學的工具，目前仍在進步之中。我相信有一天，所有宗教問題，都可以以哲學加以解釋，以科學加以檢證。即以佛教的教義而言，已往不能明白解釋者，現

❺ 見民國十八年六月胡適在大同大學講演手稿。臺灣南港中央研究院胡適紀念館曾陳列此稿。

在能藉量子力學而予以解釋。現在仍不能解釋者，從學術的立場來說，祇有存而不論。當然會有一天，某一宗教問題，要麼？能獲得正面的肯定；要麼？就真的被否定了。於是，宗教會更爲發揮出神聖的光輝；哲學會更能滿足人們愛好智慧，尋求解釋的習性，而成爲真正的覺者；科學則日益昌明而造福人類。照這樣說來，孔德的三時期之說，實似是而非，并不真有意義；若竟依此而否定哲學，那真是無知了。

五、孔德實證哲學述評

我們仍須指陳者，即對於「實證哲學」（Positive philosophy），有稍加評述之必要。孔德認爲西歐一切語言文字，皆一致將實證一字及其引伸之義，釋之爲含有「真實」及「有用」之意味。合此二義，則可對於實證哲學之真正哲學精神，得一完備之定義。此精神無他，即不過一普及之善意，以系統之方式出之耳。孔德又說：

> 在歐洲之一切語言文字中，此名詞又包含確定與精切之意，此即近代諸國知識之士，由之以顯異於古人者也。復次，通常此名詞之接受，包含「有機機構」之意向。現在形而上精神不能機構化；但評判而已，此則有異於實證精神，雖其在相當時間，有一公共致力之範圍，謂實證主義為有機機構者，吾人即為其有社會意義之謂；此種意義，於人類之精神方面，固將取神學而代之。
>
> 此名詞將更有一種意義。即謂此系統之有機機構之特性；自引吾人以至於其他之屬性，

即其不可變更之相對性。除非難一切絕對原則之外，近代思想家，將不高出於取評判之態度，為其前此所取以對於過去者此最後之意義，較其餘之意義更不顯明，然實包含於此名詞之中，此即將為普通所接受，而「實證」字皆將知其有相對之意義，如其現有之有機機構，精切確定，有用，及真實意義然。如是，則人類智慧最高之性質，除一為例外，皆曾漸以一簡單明瞭之名詞概之。現在所須者，即在此名詞，應指明其初所未包括之意義，斯即謂道德與知識，性質之連合。現在惟後者包括在內，而近代進化之程序，則使此事歸於確定，即「實證」一詞，所含之概念，終將與人心有直接之關涉，較與知識為甚。蓋此即將為一般人所覺，即實證主義之趨向，以其最初之特性即真實之故，應使感情，有系統的高出於理性如其高出於行為然。最後，此種變更，結果即使哲學之一名詞，完全實現其字源上之價值。蓋此則不能實現，必待至道德之條件與心之條件相合然後可：而由其於實證社會科學之建立，今則已畢其事矣。❻

我們之所以不惜篇幅徵引這一段不甚順暢之譯文，乃因爲從這一段文字，可以看到孔德實證哲學最主要的含義，茲略作評析於下：第一，孔德所謂之「實證」，大致相當於中庸所謂之「力行」。孔德認爲哲學是包括吾人生活所由以成之思想、感情、及行爲等三方面，這與中庸所講「好學近乎知，力行近乎仁，知恥近乎勇」之知、仁、勇三達德，亦大致相同。

❻ 孔德著，蕭贛譯：「實證主義概觀」第一章，頁五四—頁五五，臺灣商務人人文庫。

在兩千年前的中庸作者看來，孔德哲學并沒有新的意義。第二，孔德認爲，「形而上精神不能機構化」，此是就西方之形上學而言；至於中國形上學，因爲是一種超感性的直觀所獲得的直觀觀念類型，是一種直正的了解或懂得；雖不是像自然科學一樣的「以真實事件之切實見解爲其基礎」而「有實證之證明」（同註六，頁二八），卻決非「無可證明之幻想」。中國形上學是真正懂得的人可以相互印證的。「心傳」之所以可能，慧命之可以相續；千載之下與千載之上，所見者并無不同。「先聖後聖，其揆一也。」（孟子離婁下）這不祇是認識論而是本體論。這是孔德所無法想見的，更是哲學毀滅論者所未能瞭解的。第三，孔德認爲「實證」一詞，含有精切確定、有用、及真實諸義。這與我們中國形上學頗爲相似。我們所謂之形上之道的自身，若是真懂得的，便知它確是真實的，也當然是精確的；至於是否有用，那是另一問題。中國形上學的愛好者，當然認爲中國形上學是有用的。第四，孔德認爲「實證」一詞所含之概念，終將與人心有直接之關涉，較與知識爲甚。這應該是實證哲學最主要之點。問題也可能出在這裡。因爲孔德根本不知道什麼是人心！他多少有些與普羅達哥拉斯（Protagoras of Abderd, 480-410）相似。普氏曾說：

> 人是一切物的尺度，一切物究竟是不是，是這樣便是這樣，不是這樣便不是這樣，都以人為度。❼

❼ 羅素著，鍾建閎譯：「西方哲學史第」十章，頁一一八，現代國民基本知識叢書第三輯。

普氏并不真知道「人」是什麼？這個「人」是康德？還是黑格爾？是文明人？還是野蠻人？人既不能確定，人何能爲一切物的尺度？所以普氏終於墮入了懷疑主義。同樣的，孔德既不真知人心；那麼，實證哲學有何結果呢？他將實證與科學並稱，這祇是他自己的一廂情願。他的實證哲學與嚴格意義的科學可能有很大的一段距離。照這樣說來，孔德的實證哲學，雖然已見到「實證」與人心有關，卻因不真知人心是什麼，所以祇是一些含混不清的似是而非的想法。至於我們中國形上學，對於「心」之本來如是，以及「心」之能知能思與所知所思，都有非常深入而明確之描述，實證哲學實不可能企及。孔德本人，頂多亦祇是「望道而未之見」而已。

第二節　形而上之道的本體

一、道之本體是什麼

我們爲了說明中國形上學即是道學，曾說明道有「常道」與「非常道」之分，道是亘古常存而無所不在，道與人不可分離，道就是理，道有天道、地道、人道之分，道有體有用。我們認爲，要真的識得道之自身或道之本體，必須破斥意識的習慣方式，深入「定境」，獲得超感性的直觀，以心觀心，以直觀觀念類型，描述所見。這個「見」，即我們的形而上之道學。首先要說明的，當然仍是這道之自身，亦即道之本體究竟是什麼？

二、道之本體是「先天地生」

我們曾說，道是亘古常存的，并曾引用莊子在大宗師所說「夫道，……未有天地，自古以固存」以爲說明。爲期這一意義更爲明確，特再引述老子之說以爲說明。老子曰：

有物混成，先天地生，寂兮寥兮，獨立而不改，周行而不殆，可以為天下母。吾不知其名，字之曰道，強為之名曰大，大曰逝，逝曰遠，遠曰反。故道大，天大，地大，王亦大。域中有四大，而人居其一焉。人法地，地法天，天法道，道法自然。（老子第二十五章）

有人以爲此所謂自然，與現代自然科學所講之自然同義，這是莫大的誤解。這所謂自然，乃是指自然而然的全無造作而言。所謂道法自然者，即「道不違自然」，例如道在方而法方，道在圓而法圓，這即是於自然無所違。照這樣說來，天地萬物既都是自然而然的，則天地萬物，都有其所以爲天地萬物之道。這個「道」，當然是在天地萬物之先的。這個「道」究竟是什麼呢？老子曰：「有物混成，先天地生，……吾不知其名，字之曰道」。照這個說法，道是物之混成。老子第二十一章有曰：「孔德之容，惟道是從。道之爲物，惟恍惟惚。惚兮恍兮，其中有象；恍兮惚兮，其中有物。窈兮冥兮，其中有精，其精甚真，其中有信。自古及今，其名不去，以閱衆甫，吾何以知衆甫之狀哉，以此。」有些唯物論者，根據老子「道之爲物」及道是物之混成的說法，認定老子是唯物論者。我們認爲，祇要真正的讀懂了老子一書，便知這是莫大的誤解。在中國哲學裡，并無真正的唯物論或唯心論之存在。老子此所謂物與唯物論者所謂之物是絕然不相同的。

周易乾卦有曰：「夫大人者，與天地合其德，與日月合其明，與四時合其序，與鬼神合其吉凶，先天而天弗違，後天而奉天時，天且弗違，而況於人乎，況於鬼神乎？」朱子周易本義註曰：「大人无私，以道爲體，曾何彼此先後之可言哉？先天不違，謂意之所爲，默與道契；後天奉天，謂知理如是，奉而行之。」這是說，以道爲體之大人，因與這先天地而存在之「道」同體，所以是「天且弗違」的。既是天所弗違，則所有一切的存在，必皆是爲大人是從，也就是「惟道是從」。

三、道之本體是「無」或「無名」

這「惟道是從」的「先天地生」之道，既不是唯物論者所謂之物；那麼，它究竟是什麼呢？我們認爲，它就是「無」或「無名」。我們闡述「道有常道與非常道之分」時（請覆按第一章第一節），曾引述老子第一章以爲說明，其中「無名天地之始，有名萬物之母」，另有一種讀法是：「無，名天地之始，有，名萬物之母」。又「此兩者同出而異名，同謂之玄」，也另有一種讀法是：「此兩者同，出而異名，同，謂之玄」。我們不必討論這些讀法之對錯。我們祇是說，假如我們讀作「無，名天地之始，有，名萬物之母」，則是說天地之始是無，萬物之母是有，這和「由無而有」或「無極而太極」之說是相同的。老子說：「天下萬物生於有，有生於無」（老子第四十章），亦正是此意。假如我們當作「無名，天地之始，有名，萬物之母」來讀，這和「大象無形，道隱無名」（老子第四十一章）之意是相同的。論語泰伯篇有曰：「大哉堯之爲君也，巍巍乎，唯天爲大，唯堯則之，蕩蕩乎，民無能名焉。」無名實有「不可名狀與沒有名稱」二義。不可名狀是就其「大」言，或是就本體本身而言；沒有名稱則是涉及了哲學上的認識論。因爲從世界的本身來說，它是無可名狀的。照康德（Kant 1724-1804）的看法：「空間是一先驗的表象，此一先驗的表象必然地形成外部現象之根據。」❽「時間是先驗的被給與的。祇有在時間中，現象底現實性才是可能的。現象可盡皆消滅；但是時間（由於是現象底可能性之普遍條件）其自身不能被移除。」（同上，頁一三五）康德雖然認爲空間與時間是先驗的，是「形成外部現象之根據」或「是現象底可能性之普遍條件」；但是，時間與空間都是被給與的，不是「物自身」或世界本身之本來如是。世界本身是無可名狀的。有名則是在時空之先驗形式中而有如是之感覺，而如是約定俗成的成爲我們所習知的外在世界。「無名天地之始，有名萬物之母」，這也是說，這外在的世界，原始是沒有名稱的，有名才成爲我們所習知的世界，這與「無，名天地之始」是不盡相同的；因爲「無」是本體論的，而「無名」則涉及了認識論。在此仍須略加說明的，即「此兩者同出而異名，同謂之玄」，與「此兩者同，出而異名，同，謂之玄」，其差別不大；因爲此所謂「同」，都是說，妙與徼二者，名雖不同而實同；也等於說，有與無，有名與無名，名雖不同而實同。

❽ 康德著，牟宗三譯：「純粹理性之批判」上冊，頁一二四，臺灣學生書局。

就其不同者言，這是大家容易瞭解的，例如有與無之不同，妙與徼之不同，大家都知其不同。就其是名不同而實同言，這確是有些玄了。例如我們說有與無是相同的，在一般人看來，這簡直是胡說，在形上學裡，這確是真理。這個真理，以後我們會有詳盡而明白的說明。

四、「無」是什麼

這「有物混成，先天地生」而「字之曰道」的本體，它是「天地之始」，它是「天且弗違」，它究竟是什麼呢？照「無，名天地之始」這個陳述，它就是「無」；那麼，「無」是什麼呢？

老子第十四章有曰：「視之不見名曰夷，聽之不聞名曰希，搏之不得名曰微。此三者不可致詰，故混而爲一。其上不皦，其下不昧，繩繩不可名，復歸於無物，是謂無狀之狀，無物之象，是謂恍惚。迎之不見其首，隨之不見其後，執古之道，以御今之有，能知古始，是謂道紀。」什麼是「無」呢？無就是夷希微三者混而爲一。可見所謂「有物混成」之物，乃指此夷希微三者所混成者而言。此何物耶？實就是無。王弼對「此三者不可致詰，故混而爲一」之註曰：「無狀無象，無聲無響，故能無所不通，無所不往，不得而知，更以我耳目體不知爲名，故不可致詰，混而爲一也。」「此混而爲一」者，老子自己的解釋，是「其上不皦，其下不昧（嚴復註曰：如日之有其上下，特不皦不昧耳），繩繩不可名（嚴復曰：繩繩無首尾也），復歸於無物（嚴復曰：有所從出，故曰復歸），是謂無狀之狀，無物之象（王弼注曰：欲言無邪，而物由以成；欲言有邪，而不見其形，故曰，無狀之狀，無物之象也），是謂恍惚（王弼曰：不可得而定也），迎之不見其首，隨之不見其後。」照這樣說來，此「混而爲一」之「有物混成」，是無首無尾，不可名狀的，是無形無狀，復歸於無物的。這一方面是說明了，有物混成之物，實就是無；一方面也說明了，由夷希微三者混而爲一之無，實亦是有；不過，這種有，是不可道或不可名狀，是復歸於無物。嚴復曰：

> 有可視，有可聽，有可摶，使其無之，將莫之視，莫之聽，莫之摶矣。夷希微之稱，烏由起乎？然則道終不可見，不可聞，不可摶乎？曰，可，惟同於夷希微者能之。前有德國哲學家，謂耶和華之號，即起於老子之夷希微，亦奇論創聞也。

又曰：

> 前說見黑格爾哲學歷史。❾

我們曾閱讀謝詒徵「黑格爾歷史哲學」及北京北大哲學研究所翻譯之「黑格爾哲學史演講錄」二書，未知嚴氏此說，果出自何處？不過，嚴氏不會亂說。在此特須指陳者，我們曾指出，黑格爾哲學與我們中國形上學是不相同的。茲對黑格爾所謂之「有」「無」，作較爲詳確之說明，以指出黑格爾與我們不同者果何在？司泰思在其所著「黑格爾哲學」中曾說：

---

❾ 侯官嚴氏評點老子，成都書局壬申校刊，詳第一章註一。

我們從「有」這範疇開始。它是我們必須確知的純粹範疇，而不是任何特定種類如：這枝筆，那本書，這張桌子，那把椅子等等底有。它是完全抽象的觀念「有」（the entirely abstract idea of being），一般「有」（being in general），「純有」（pure being）。我們必須抽離任一特定事物。假使我們樂意，我們可以從一個具體的物象構成這種抽象的觀念。說這張桌子，我們必須把它所有的性質，不管是方形、黃色、硬度，乃至於它的桌子性一齊予以抽離。我們必須思惟它的唯一「如是性」，它的「有」，它的與宇宙芸芸眾生所共有的通性。像這樣的「有」，它裡面沒有任何特定的東西，因為我們已經把它從一切特定的東西中抽出來了。故此，它是絕對的無限和無內容的，完全地空洞和冲漠的，一種純粹的真空。它沒有內容，因為任何內容必是一種特定的東西。這種真空，這種絕對，簡直就是「無」。此空洞，此冲漠，簡直和「無」是相同的。因此「有」和「無」也是相同的。這純粹概念的「有」，是如此地被看作含攝此一「無」之觀念的。然而表明一範疇包含另一範疇，即是從它繽繹到另一範疇。是故，我們便已經從「有」底一範疇，演繹到「無」底一範疇了。⑩

司泰思這段話，是非常簡要，非常明白。我們須稍加分析者，第一黑格爾此所謂有，是一般有，是純有，不是特殊的有。司泰思說：「假使視爲一種特殊的有，譬如視此桌子之有

⑩ 司泰思著：「黑格爾哲學」卷壹第三章（第一二三條）。

同於無物之物，或視那晚餐同於無晚餐，顯然是悖理的。範疇之有，乃是一種抽象品，所以這桌子和那晚餐，以及一切種類的特定具體物象，都是在純有之外。」（同註十）司泰思這也是說得非常明白的。黑格爾所謂之「純有」，不是特殊的有。這和通常所講的「有」是完全不同的。通常的或唯物論者所講的有，皆是特殊的有，皆不能是無。唯物辯證法之矛盾同一律或對立統一律，也與黑格爾哲學不同，這是非常清楚的。第二，一般說來，欲從「綱」中得「目」，必須加上一個「差」，此即大家所熟知的：「綱加差等於目」。假如有一總綱（the summon genus）或最高的類，或最高的共相等等，它排除了一切的差別性，好像一張桌子排除了方形，黃色、硬度，乃至於其桌子性；那麼，這最高的類，就是有。這是黑格爾哲學要點之一。其次，「有」這一範疇，或者說，「有」這個共相，它是排斥所有的特殊性和決定性，因此，任一差別性與決定性，都似乎不能從「有」中演生。不過，黑格爾卻發現了，這種假設共相絕對排除「差」的觀點，是妄而非真。他并認爲，一個概念可以包含它自己的對立體，對立體隱藏在它自身，而且這種對立體可能從它分離或演繹而實行「差」之職責，於是即變「綱」爲「目」了。此即那有名辯證法的中心原理，這是黑格爾哲學最重要之點，這在黑格爾哲學系統之內并無錯誤。談黑格爾哲學這是應該認識清楚的。第三，照以上所述，則知黑格爾哲學所講之無與我們中國形上學裡所講之無是完全不同的。因爲黑格爾所講之無，雖是排除一切差別性之有，且其所謂之有，亦可以說是一，與中國形上學所講之由夷希微三者所混成之一似乎是相同的；但是，黑格爾所講之有是完全抽象的觀念「有」，而中國形上學所講之有，則是指實在之本體。當然有人會說，黑格爾所講之有，也是指實在之本體。我們認爲，這就是黑格爾哲學與中國形上學不同之所在。黑格爾哲學是一思辨的體系，是在思辨中排除一切差異而得到這個「總綱」、「共相」、或是與無相同的「純有」，而這個純有是完全抽象的觀念；至於中國形上學裡的「無」或「有」，則是一超感性的直觀觀念類型。這雖然是「我」或「人之認識」；但是，這亦是本體的本身性質確是如此。我們或許是誤解了黑格爾哲學。我覺得黑格爾視「觀念自在或邏輯的觀念」這個觀念「有」爲本體，似乎是將「人之認識」與「本體的本身性質」混而爲一。這應該是一項錯誤，這也是形上學裡的一件大事。其次，我們所講之超感性的直觀，如上章中所已陳述者，它是應摒絕概念性的思考而以超感性的直觀透入事物的本質俾真能瞭解事物的真正意義或內容；所以超感性的直觀，不祇是在思辨中排除一切差異，而是要將思辨也完全排除的，這是黑格爾所無法瞭解的。第四，莊子知北遊篇有：「冉求問於仲尼曰，未有天地可知邪？仲尼曰，可，古猶今也。……不以生生死，不以死死生，死生有待邪，皆有所一體。有先天地生者物邪。物物者非物，物出不得先物也。猶其有物也，猶其有物也无已。聖人之愛人也，終无已者，亦乃取於是也。」郭象對「古猶今也」注曰：「言天地常存，乃無未有之時。」陶望齡對「有先天地生者物邪」注曰：「老子言有物混成，先天地生，此破其義。」錢穆對「聖人之愛人也，終无已者。」註曰：「穆按，中庸，詩云，維天之命，於穆不已，文王純亦不已，與此同旨。」⓫關於「无已」容後再加說明外，陶望齡對於「有物混成」之說，實未得其義。因爲此所謂「有先天地生者

⓫ 錢穆著：「莊子纂箋」。

物邪」，乃是破一般人誤以爲老子「有物混成，先天地生」之物，是我們感官世界所習見之物，而不知老子所謂混成之物，乃夷希微三者混成之一或無。所以「有物混成」之物，乃是超感性的直觀觀念類型，它與「無」，「無極」，「太極」等用以名狀本體的觀念是完全相同的；於是，「有先天地生者物邪？物物者非物，物出不得先物也。」這幾句話，我們試作解釋於下：

> 有先天地生者物邪？那是沒有的。因為物之先必是「非物」或無物，亦即物之所以為物者（達按：即物物者）是「非物」。物出不得先物也，物之先不得有物也。

誠然，古時所有，在今日已無有矣；但在古之當時，猶如今日之所有，所以是「古猶今也」。這死生是一體的，古今，有無是同一的，能明此義，則郭象「天地常存」之說并無錯誤；如不知老子有無相生與有無相同之義，則「天地常存，乃無未有之時」的論述，是絕對的錯誤。同是一句話，好學深思之士而心知其意者，他所瞭解的不會錯；否則，必錯無疑。至於如何以定其對錯，那是很容易的。祇要是把全書的意旨都弄清楚了，而不是從文字的表面去求得解釋，這就不會錯了。照這樣說來，我們要真能懂得中國形上學所講之無，是必須透澈的懂得中國形上學，才不致發生岐義。第五，莊子知北遊篇又有曰：「光曜問乎无有曰，夫子有乎，其无有乎？光曜不得問，而孰視其狀貌，窅然空然，終日視之而不見，聽之而不聞，搏之而不得也。光曜曰，至矣，其孰能至此乎！予能有无矣，而未能无无也。及爲无有矣，何從至此哉！」我們當然知道，光曜所問之「无有」，即是「無」。從「無」之狀貌，使光曜領悟到：「予能有无矣，而未能无无也」，由此當可體會到：什麼是「無」呢？什麼是夷希微三者混成之一或物呢？要真能懂得這個「無」，或者，要真能認識這個無物之物，那必須要認識到「无无」。認識「无无」，這是一認識問題，這卻是要完全排除思辨的一種認識。完全排除思辨而所認識的這個物，是先天地的。「有先天地生者物邪」？有「无无」之認識者，是可以回答「有」。莊子齊物論曰：「俄而有无矣，而未知有无之果孰有孰无也，今我則已有謂矣，而未知吾所謂之其果有謂乎？其果无謂乎？」這是說，形而上之果有果無，亦是無可言說的，必須體悟到「無言之言」，才真是認識了這與有相同之無是什麼？

「無」是什麼呢？「無」是由夷希微三者混而爲一之不可名狀的有。它雖然不是黑格爾所講的完全抽象的觀念「有」，它卻是排除一切差異的。我們欲認識這個排除一切差異的有（它不是在思辨中排除一切差異，而是它自己的性質確是如此），是必須摒絕概念性的抽象思辨而以超感性的直觀達到「无无」的境界。這個境界，即「性合真空，無二無別」的境界，即「人境俱奪」或「生無所住心」的境界（請覆按第一章），亦即「以心觀心」而見到「道之本來面目」的境界。總之，只有破斥感性之知，達到非知識所行境界，才真能識得「无无」，亦才真能識得「無」及觀無之妙的不可道之道究竟是什麼？以下仍會作更爲詳確而具體之說明。

五、道是有與無之同一

我們已說明了「道」是「無」，也說明了「無」是什麼？現更進一步的說明道是有與無之同一，以更爲明確的認識這個「無」。

小時候，先母告訴我，大約三歲，父患傷寒病，發高燒不省人事時打我一記，將我打哭了。我知先父素痛愛我，乃問先父怎麼會打我一記呢？先父說，他發高燒時，坐在大門口，看見天上的星星，想到天外有天，天外有天，那麼，最後是什麼呢？他想不透，非常煩惱，於是糊裡糊塗的打了我一記。我覺得先父所想到的這個問題，的確是一個問題。這個問題，從兒時起，便一直盤旋在我的腦海中。陸象山在十二歲曾發現天地有無窮際這個問題。我大約在十來歲時由先父告訴我這個問題，常常爲這個問題所困擾。後讀近代西洋哲學史，才知這是一個哲學問題，我對於笛卡爾，康德他們所提出的解決此類問題的答案，并不滿意。後又讀巴尼特（Barnett）所著「宇宙與愛因斯坦」一書，對於所述「宇宙是有限的，但是無邊的」，雖頗覺有理，亦不十分愜意，因爲愛因斯坦并沒有說明爲什麼「宇宙是有限的，但是無邊的」。一九五〇年代初期，臺北盛行講陽明哲學，有位朋友說，不懂禪宗是永遠不會王學。我記起了小時候先祖父與游家姨祖父，王引田老師三人在一起聊天，游家姨祖父說，不懂佛學是讀不通中國古籍的。於是，乃涉獵佛典，對六祖壇經更有偏好；不過，給我印象最深，影響最大的，是南陽慧忠國師試印度大耳三藏之他心通的這則公案（請覆按第一章第三節）。由這則公案，使我識得什麼是無所住心。在此我仍擬說明禪宗六祖的一段公案。據說中土禪宗以達摩爲初祖，至五祖弘忍時，在湖北黃梅東禪寺主化，曾令其門上各作一偈，上座神秀作偈云：

身是菩提樹，心如明鏡台，時時勤佛拭，勿使惹塵埃。

五祖認爲此偈實未見性，亦即是未能見到人之本心本性。爲什麼呢？後來六祖惠能所作之偈，即是提出了答案。惠能作偈云：

> 菩提本無樹，明鏡亦非台，本來無一物，何處惹塵埃。

惠能此偈，既不典雅，亦不高深玄妙，卻是非常正確的描述了本性之清淨。五祖知惠能已明心見性，遂爲他「說金剛經，至應無所住而生其心，惠能言下大悟」。五祖「便傳頓教及衣缽，云：汝爲第六代祖，善自護念。」⓬六祖原是聽人讀金剛經而有所悟，故來黃梅學道。金剛經有關之原文是這樣的：

> 應如是生清淨心。不應住色生心，不應住聲香味觸法生心，應無所住而生其心。
>
> 菩薩應離一切相，發阿耨多羅三藐三菩提心，不應住色生心，不應住聲香味觸法生心，應生無所住心。

此所謂「不應住色生心，不應住聲香味觸法生心」，實與黑格爾在思辨上摒除一切差別性大體相同；不過，黑格爾所得到的是排除差別性的共相，佛門弟子所得到的則是「無所住

⓬ 唐，釋法海錄：「六祖大師法寶壇經」行由品第一。

而生其心」或「生無所住心」。這「無所住心」，在上一章中，我們便已指明，即是南陽慧忠國師入禪定後之心。這個心，禪宗叫做本心，本來面目，或本性，佛性，實性，真如，般若三昧等等，不一而足。要識得這個「無所住心」，是必須解脫一切知見；所以這是「非知識所行境界」。再者，能識得這個「無所住心」，則真能識得觀無之妙及有與無之同一。為什麼呢？有他心通之大耳三藏之所以不知忠國師入禪定後之心，乃忠國師入禪定後，其心無所住而達到了「无无」的境界，也就是達到了「無心」的境界。大耳三藏的他心通，當然見不到「无无」或「無心」，所以他不知忠國師入禪定後之心果何在？這確是不可以意識測知，亦確是不可言說的。不過，這「無所住心」或「無心」所達到的一種沒有時空、因果、人我的境界，卻是最純淨的思想，亦即人之本心本性，當然是一種有；而且，這就是人之全幅精神或生命力之全部。所以，只要識得「無所住心」，必能識得有與無之同一，亦即是識得了這不可道之常道。

我個人有此體認的經過是這樣的。一九五五年，我在臺北一所軍事學校任教育處長，無意中得罪了人，被人秘密指控思想有問題，在當時是非常嚴重的事情。所幸一九三九年在軍校受訓時的中隊長，也是曾經追隨多年的老長官的竭力保證，有關單位也查不出真有問題，總算免了一場大禍，仍以不適現職為由，調至陸軍軍官戰鬥團。這是一個可以領薪餉而無須工作的單位。這時我有時間對於困擾我多年的宇宙有無窮際的問題尋求答案。在這年的秋冬之際的一個深夜，在靜坐中達到了無念之境，真正體認了「無所住心」，也體認到孟子所說的「浩然之氣」。我認為，祇有在這個時候，才真有大無畏精神，才真能體驗到「人之全副力量及生命力」。所謂這個時候，即是壇經所說「屏息諸緣，勿生一念」以後之「不思善，不思惡，正與麼時，那個是明上座本來面目」的「正與麼時」，也即是所謂「當下」。這個當下，是真正的「認知能力與心靈力量整體相結合」，是最完整的直觀。這個「當下」的體認，是一種心領神會的境界，是直正認識到有與無之同一。真能認識有與無之同一，則空間消失，時間永恒，而天地有無窮際的疑團便一下打破，也確有一種「豁然貫通」而「觀其妙」之感。近來讀關田一月「禪的訓練」一書，才知這就是三昧，亦即所謂「入定」之定境。在定境中，確有一種「古往今來，聖賢仙佛，與我同在」之感。基督徒所說「與上帝同在」，祇有在這個時候，才真的「與上帝同在」；也祇有在這個時候，才能見到自性的光明，見到自己的勿生一念的最純淨的思想。

我雖非佛門弟子，卻因先祖先父都是「宗教哲學研究社」蕭昌明的信徒。這是一個在民國二十年代興起與佛道兩者都很相近的教派。有此因緣，無形中受佛教影響頗深；而且，我對於「五蘊皆空」之說，亦頗有瞭解。少年時，讀四書五經，先師黃愷三先生，亦曾教我理學家之修持方法。少年時習之，頗覺心氣祥和。抗戰軍興，過著刀口舔血的生活，未成大壞人，全賴有此小根基。有位習禪的朋友，對於理學家以紅豆黑豆紀錄自己善念惡念的方法很瞧不起。其實，認真的檢查自己的意念，而確能做到「尚不愧于屋漏」，有此一念之至誠而不走作，是很少人能做得到的。至於以靜坐的方法而達到一念不起，與孟子所謂之「不動心」，似乎并無不同。這當然是中國形上學的大問題，也容易引起門戶之見。在此只擬特別指陳者，若果能本於懷疑與求真的精神，真正看到了問題之所在，雖是從狗咬熱油鐺無下口處開始，只要鍥而不捨，久之終必有所見。我是在如此之因緣下，識得了「無」與無之妙，也識得了有與無之同一。我雖獲此知見，深愧少有修持，年來更增惶恐。我之所以如此喋喋不休者，深信這是懂得中國形上學的唯一的真正途徑，亦即古人所謂之道之自身。我們認為，只要有這個懷疑與求真的精神，識得「它」是不難的。

在此仍須指陳者，我個人能識得有與無之同一，而打破了自兒童時期便有的「天地有無窮際」這個疑團；（因為是有與無之同一，所以「天地有無窮際」這個問題便不存在。）我確是受了佛家的影響。但是，我發現道家也有類此的思想。莊子應帝王篇有曰：

> 鄭有神巫曰季咸，知人之死生存亡禍福壽夭，期以歲日旬日，若神，鄭人見之，皆棄而走。列子見之而心醉，歸以告壺子。曰：始吾以夫子之道為至矣，則又有至焉者矣。壺子曰：吾與汝既其文，未既其實，而固得道與？眾雌而无雄，而又奚卵焉？而以道與世亢必信，夫故使人得而相女，嘗試與來，以予示之。明日，列子與之見壺子，出而謂列子曰，嘻！子之先生死矣，弗活矣，不以旬數矣，吾見怪焉，見濕灰焉。列子入，泣涕沾襟，以告壺子。壺子曰，鄉吾示之以地文，萌乎不震不正，是殆見吾杜德機也，嘗又與來。明日，又與之見壺子，出而謂列子曰，幸矣，子之先生遇我也，有瘳矣，全然有生矣，吾見其杜權矣。列子入，以告壺子。壺子曰，鄉吾示之以天壤，名實不入，而機發於踵，是殆見吾善者機也，嘗又與來。明日，又與之見壺子，出而謂列子曰，子之先生不齊，吾无得而相焉，試齊，且復相之。列子入，以告壺子。壺

子曰，鄉吾示之以太沖莫勝，是殆見吾衡氣機也。鯢桓之審為淵，止水之審為淵，流水之審為淵，淵有九名，此處三焉，嘗又與來。明日又與之見壺子，立未定，自失而走。壺子曰，追之。列子追之不及，反以報壺子曰，已滅矣，已失矣，吾弗及已。壺子曰，鄉吾示之以未始出吾宗，吾與之虛而委蛇，不知其誰何？因以為弟靡，因以為波隨，故逃也。

列子黃帝篇亦有一段與此內容大致相同；若列子果是僞書，當然是抄襲這段無疑。這與忠國師試大耳三藏那段公案，極爲相似。這祇有兩種解釋：一是這兩者乃不謀而合；另一則是忠國師試大耳三藏那則公案，乃是抄襲之作，若屬後者，那真是仿冒的高手，一般文抄公，是望塵莫及的。在此特須指陳者，莊子所謂之「太沖莫勝」及「未始出吾宗」，與佛家所謂之「無所住心」及「本來面目」等等，確是大致相同的。我們可以這樣的說，佛道兩家，他們入道的方法；或者說，他們修特的方法（筆者也不十分清楚），雖不盡相同；但是，他們所達到的境界，則不分上下而沒有大不同。這就是說，他們對於這個由夷希微三者混而爲一，或有無相同之道的本身的體認，了解，或證得，確是大致相同的這是從忠國師試大耳三藏那段公案與莊子所述壺子這段故事之大體相同可以看得出來。照這樣說來，是否抄襲，并不重要。重要的是釋道兩家對於有與無之同一，亦即對於道之自身，確有共識。

六、道之本體與心之本體

我們已說明了「道」之本體是「無」，這個「無」也就是有與無之同一。這有與無之同一，黑格爾也確是見到的，他稱之爲「真實觀點」或「理性觀點」。依照知性的觀點，一與二，有與無，必相互排斥而不能共存，這是西方形上學所堅持的。黑格爾認爲，此種排斥并不是絕對的，茲再引述司泰思之說以爲說明。司泰思說：

> 黑格爾的發現即在於此，即必要之差往往是否定的。當我們了解了這一點，我們就會發現此一綱排除差的舊觀點，并不是全真的。……那所謂綱底舊觀點，即是黑格爾稱為知性（understanding）的觀點，亦即是反對真實觀點——理性觀點。知性相信二之對立體一如有與無為互相排斥。而理性卻認為它們雖由於為對立體而互相排斥，但此種排斥并不是絕對的，也不是對立與同一互不相容的。唯其如此，把綱看作完全排除差的舊觀點，當然不是全真的。（同註十，第一二七條）

照司泰思這所說的黑格爾哲學，則知我們所謂之超感性的直觀，既不是「知性的觀點」，也不是「理性的觀點」，而可以說「靈性的觀點」；因爲超感性的直觀所達到的有無同一的境界，固可以說是合乎黑格爾所謂之理性；但是，這是摒除了黑格爾所謂之思辨，而祇剩下人之此心的靈明。這個靈明，即佛家所謂之「無所住心」，「本來面目」等等，亦即王陽明所謂之「良知」，佛門弟子大多稱之爲心之本體。它是虛靈不昧的。此虛靈明覺之本性，可稱爲覺性，亦即人之靈性。佛門弟子所關心的，或者說，是窮畢生之力以證得并加以保任的，就是這個靈性，他們認爲這亦是道之本體。以心之本體當作道之本體或宇宙的本體，若不細加考察，自然會認定是一種唯心論。不過，就禪宗門下來說，他們所關心的是證得心之本體，他們極少有意的作哲學方面的思考。他們所努力的祇是心領神會的瞭解，他們更反對講理論、解文義。壇經頓漸品第八有：

> 師（達按：指六祖惠能）告眾曰：吾有一物，無頭無尾，無名無字，無背無面，諸人還識否？神會出曰，是諸佛之本源，神會之佛性。師曰：向汝道無名無字，汝便喚作本源佛性。汝向去有把茆蓋頭，也只成個知解宗徒。

從理論上說，神會所答，并非不當，爲什麼六祖要呵斥他爲「知解宗徒」呢？原因是神會初見六祖惠能時，惠能曾說，知識遠來艱辛，還將得本來否？若有本則合識主，試說看。神會曰：以無住爲本，見即是主。惠能曰：這沙彌爭合取次語（按：意即這和尚怎麼草率說話）。神會乃問曰：和尚坐禪，還見不見？惠能以拄杖打三下，云：吾打汝是痛不痛？神會對曰：亦痛亦不痛（達按：此所以是知解宗徒或學語之流）。惠能曰：吾亦見亦不見。神會問：如何是亦見亦不見？惠能云：吾之所見，常見自心過愆，不見他人是非好惡，是以亦見亦不見。汝言亦痛亦不痛如何？汝若不痛，同其木石；若痛，則同凡夫，即起恚恨。汝向前見不見是二邊，痛不痛是生滅。汝自性且不見，敢爾弄人？惠能又曰：汝若心迷不見，問善知識覓路；汝若心悟，即見自性，依法修行。汝自迷不見自心，卻來問吾見與不見。吾見自知，豈代汝迷；汝若自見，亦不代吾迷，何不自知自見，乃問吾見與不見。惠能與神會的這一段問答，是顯示了以下的含義：第一，神會草率發言，因未得本來，祇有理論上的悟解，所以他的對答，雖無理論上的不當，卻是學語之流，解釋文義而已，惠能乃斥之爲知解宗徒。第二，禪宗門下，雖不考究理論，但爲了有清清楚楚的認識，他們對於「見不見是二邊，痛不痛是生滅」等這類問題，是分辨得很明白的。他們很反對口頭禪，也反對籠統禪，所以有哲學可講。第三，他們無意建立哲學的系統，我們以現代人的眼光而判定他們是唯心論者，亦并不適合。

神會顯宗記云：

> 無念為宗，無作為本；真空為體，妙有為用。
>
> 用而不有，即是真空；空而不無，便成妙有。妙有即摩訶般若，真空即清淨涅槃。般若是涅槃之因，涅槃是般若之果。般若無見，能見涅槃；涅槃無生，能生般若。涅槃般若，名異體同。隨義立名，故云法無定相。涅般能生般若，即名真佛法；般若能建涅槃，故號如來知見。知即知心空寂，見即見性無生。知見分明，不一不異。故能動寂常妙，理事皆如。

我們讀了顯宗記這兩段，還能判定禪宗是唯心論嗎？由此我們已可很清楚的瞭解到，禪宗所謂之本來面目或無所住心等等，雖亦稱之爲心之本體；但他們認爲，體是空，心是有，涅槃是體，般若（即本心之別名）是用。「涅槃般若，名異體同」，「不一不異」。我們與其說他們是唯心論，實不如說他們是心物本一論來得恰當。所以將心之本體當作道之本體，并當作宇宙的本體，祇要不錯會了意思，并無不可。

現在我們應是進一步的認識到老莊所講的「無」以及前文所講的「有與無之同一」其真正含義究意是什麼了。我們認爲，欲真能認識「無」及「有與無之同一」，必須識得心之本體；能識得心之本體，方能識得道之本體與宇宙的本體。這不是知性的知識，雖并不違反理性，卻必須摒除思辨，超越理性，深入靈性，才能獲得的一種善知識。形而上學的本體論是一種善知識。得不到這種善知識，即不能有真正的形而上學的本體論。嚴格的說來，形上學的本體論與認識論是不可分的。吾人爲了言說方便，并使讀者認識到，何者是認識，何者是本體，所以將本體論與認識論分開來講；但是，爲了彰顯本體，非借重認識不可，所以我們討論「有與無之同一」這個問題時，特從識得心之本體的過程而彰顯「無」究竟是什麼？有與無何以是同一的？這就是說，我們爲了發明本體之究竟意義，是必須從形而上的認識觀點以認識心之本體與道之本體，并因而認識宇宙的本體。而且，我們更應特別瞭解，這個認識，是「非知識所行境界」的一種善知識。

第三節　宇宙的或外在世界的本體

一、道之本體與宇宙的本體

這宇宙的本體，且聽我慢慢講來，定會有一個明確而滿意的交代。拙著「心物合一論」，對於一般人所謂之物，曾有詳盡之分析。我在該書中說：

> 通常所謂之物，（此所謂之通常，乃是指非哲學的及習以爲常的而言。）即吾人習慣上所認識之外在的世界以及其所有之萬物。我們願從物之大而無外及物之小而無內加以分析，以說明通常所謂之物，祇是習慣上的一種認識，而且是非常糊塗不清的。不過，我們并不否認是有事故發生。⑬

這是說，通常所謂之物，頗類似熊十力先生所說的剎那剎那詐現其相。嚴格的說來，祇是有事故發生而已。茲先從物之大而無外說起。照通常的看法，宇宙是一無限大的具體的空間。現在我們要問的，何謂無限大呢？無限大祇是數學上的一種假定，并沒有無限大的存在。這就是曾經困擾我多年，「天地有無窮際」的問題。也就是先嚴所疑慮的「天外有天，天外

---

⑬「心物合一論」頁三四，濱聞書舍印行。民六〇，中山學術基金會補助出版。

有天，其最後究竟是什麼？」從通常的觀點來說，「有」應該有所窮盡，「有」不能是無止盡的；假如「有」是有止盡的，那有之先或有之外就是「無」了。「無」何以會有「有」呢？我想，凡是對於我們這個世界肯懷疑者，一定都會遭遇到這個問題。就我們現有的科學知識來說，我們所習見的世界確是有限的。巴尼特所著「宇宙與愛因斯坦」一書，曾依據相對論，對我們的宇宙有頗爲明確的描述。他曾引用秦斯爵士（Sir James Janes）的一段話以作說明：

> 相對論所顯示的宇宙，用簡單而習見的術語說出是一肥皂泡，表面上有些縐紋。這或者是最好的一個寫照。所謂宇宙，并不是肥皂泡的裡面，而是其表面。我們必須記住：一般的肥皂泡祇有兩次，而宇宙泡則有四次（三次空間及一次時間）；并且除了沾污了肥皂泡的物質而外，其餘的東西，只有空的空間及空的時間了。

愛因斯坦的這個球式的有限的宇宙，雖是不能想像的，卻可以用愛因斯坦的場方程式算出其大小。此可不論，我們特須指陳的，這偌大的宇宙，「除了沾污了肥皂泡的物質而外，其餘的東西，只有空的空間及空的時間」，這究竟是什麼意義呢？我們不難想像到，這所謂宇宙泡，并沒有「泡」這個東西，而祇是在空無之中，有無數的物質小點，形成有如球面，而球內球外，皆是空無。照這樣說來，所謂愛因斯坦的宇宙，實是一個可以名之爲「無」的肥皂泡，在其表面是沾污了少許的物質，而表現有些斑點或縐紋；亦可以說是「無之海」中所顯現的極其細微的斑點，而這些斑點卻形成像肥皂泡一樣的球面在飄浮著，有極其細微的波浪顯現出來。在這樣的情形之下，我們所習見的空間，便成爲烏有了。當太空人在太空中，將我們地球的影像，呈現在我們的眼前時，我們的空間觀念也會有所改變的。巴尼特又說：

> 雖然宇宙的總質量是總在那裡變，可是此所謂變，總是單方向的變而走向消失。所有自然現象，不論是可見的，不可見的；不論原子內的及外空的，都指示出宇宙中的物質及能量是在無情的消散，一如蒸氣無盡止的消散於虛空。太陽正慢慢的燒盡，恒星正走向死亡，各處的「宇宙熱」正轉為冷卻，物質正在消散而為幅射，而能量正消散於虛空。
>
> 所以說，這個宇宙正走向最後的「熱的死亡」的時代，或者用科學名詞說即「最大熵」（Maximum entropy）的狀態。當宇宙在多少億萬年後達到了這個狀態時，自然的各種程序將屬停止。所有的空間在同樣的溫度，再沒有能量可用，因為所有的能量已平均分佈於大宇宙中。無光、無生命、無熱，是什麼全沒有。只有一永久不變的停滯。時間本身將到了一個終結。

這是從現代的科學知識所得的一種推論，這個推論將來必會有所修正；因爲科學的假設總是日新月異的；不過，我們從這個推論，卻可以看出：第一，前文所謂之「空間消失，時間永恒」，這雖然是形而上學；從現代自然科學的推論來說，亦有此可能。第二，愛因斯坦的球式的有限的宇宙，應是由無而有，而且這個有亦是與無沒有分別。假如不是的；那麼，這球內球外，何以皆是空無呢？這宇宙從那裡來而又會走向何處呢？於是，祇有肯定這個由無而有及有無同一的陳述是真的。因此，我們說，這存在的宇宙乃是與「無」同義之存在，雖與習見的觀點完全不同，在現代的自然科學裡，這個陳述是被允許的。第三，巴尼特說，「因爲所有的能量已平均分佈於大宇宙中。無光、無生命、無熱，是什麼全沒有。只有一永久不變的停滯。」這些論述，將來是否會被修正，我們可放在括弧內存而不論。我們由此當可以看出，夷希微三者混而爲一之無，是較之巴尼特所說的爲恰當；而且，我們更須補充說明的，這個混而爲一之無，不論用什麼精密的儀器，必仍是視之不見，聽之不聞，觸之不得的。雖然如此，它不是「什麼全沒有」，它祇是沒有差別的「混而爲一」而已。從科學的或理性的觀點來說，這個陳述也是應該被允許的。第四，有生於無，或有無之同一，從知性來說，是不可想像的；從現代科學或從理性來說，則是被允許的；但是，絕不是黑格爾式的純粹概念的「有」或觀念「有」而與「無」相同者。這就是說，我們所謂之有無同一，是直指本體的本身性質而言。僅就以上所引述巴尼特所說的，或許尚不能使讀者完全明白，茲更就物之小而無內加以分析，當可使讀者更無疑義了。

二、宇宙或世界乃與「無」同義者

我們再就物之小而無內加以分析，其目的在使讀者認識到，前文所謂之斑點、縐紋、或波浪，究竟是什麼一回事。一般說來，原子雖不是小而無內的，卻是公認的物質之最小單位，亦即大家都認爲物質是由原子組成的。就最簡單的氫原子而言，它是由一個質子和一個電子組成的。電子是含有小量的陰電，而質子是含有小量的陽電。電子是如行星繞太陽一樣的而繞著質子作旋轉而快速的運動。而且，此所謂陰陽，不是從形而上的觀點來說的，祇是用來稱呼兩種不相同的有電能的波動的電荷而已。這就是說，所謂原子，乃是一系系互相重疊的波動；也或者說，實祇是在概念上而可以說是由兩種不相同的電子所組成的。同時，原子中的電子或微粒體，它們是善變不馴的東西，是不受觀察與量度的。在過去，科學家是把電子當作彈性球，且視爲構成宇宙的最基本的材料；然而在今日說來，電子已不是通常所認爲的那種實體。正於秦斯爵士所說的：

> 硬球在空間總有一定的位置，電子顯然沒有。或者可這樣說，硬球佔有大小一定的地方，如果討論電子佔多大的地方，正於討論恐懼、焦急佔多大的地方，一樣地不具意義。

照這樣說來，原子的觀念雖是相當的具體，而電子本身則是頗爲抽象，而且使人覺得很糊塗的。這真是令很多人失望的。構成宇宙的最基本的材料；或者說，構成物質的最小的單位，竟然是由半具體半抽象的東西組成的；因爲通常所謂之原子，其真正的意義，乃是有如此之小滴或能團在其大約一萬倍的空間作一固定形式的運動，這個運動即是「不易」與「變易」之合一。這由變易與不易之合一而所生成的物質，是由兩種祇有其運動的空間萬分之一大的能團或小滴所組成的，而這個空間的直徑只有一億分之一厘米。這真是不可想像的，這當然是頗爲抽象了。拙著「心物合一論」第四章有曰：

> 照這樣說來，則日常經驗上所謂的物質或物體，實不能說是一種東西，也就是不能說是一實體。而且，假如有一位全知全能的上帝，有一雙觀察入微的眼睛，能看到原子核和陰電子，有我們所看到的一厘米大的物體那樣大；然後再用一雙眼睛來看這存在的物質或我們人類，則我們所謂的物質或美男子與美女人，都祇是在廣大的虛空中，有些數不清的或有或無的一厘米大的小滴，對另一些數不清的一厘米大的小滴，在作快速的旋迴的運動。而此所謂小滴，若說得更正確一點，實祇是有電能的，波動的電荷，而不能說是一能佔有多大地方的實體。因此，這位上帝所看到的祇是類似「無之海」中有極其細微到不可想像的而幾近於無的一系列一系列的互相重疊的波動而已。所以當這位上帝放眼看這整個的宇宙時，實祇是這「無之海」中是有如此細微而又如此眾多的波動。而且，每一大的波動中是包含著無限多的一系一系的小的波動。（也可以說是由無限多的小波動以組成一大的波動。）這就是通常所謂之物質的宇宙而本於現代的科學所可能描述的相狀。這與般若波羅密多心經所說的「色即是空，空即是色」有什麼不同呢？（同註十三，頁五二—五四）

大概對原子學說稍有認識者，即知以上所作之描述是不錯的。這種假定物質全是波做的科學學說，雖然祇是近幾十年才成立的，在目前來說，當然是最正確的；但是，我們卻不能不驚異佛教的祖師們專憑靜坐冥想，竟能悟出這存在的一切，是類似水所生之波浪，如熊十力先生所說的大海水與眾漚，剎那剎那詐現其相等等；不過，事實上并無所謂水之存在，而祇是空無裡有這些波浪而已。這又不能不信服老子的有生於無，及認爲「無」是視之不見，聽之不聞，搏之不得，這三者混而爲一之「有」。總之，我們所生存的外在世界，乃是科學家所假定的陰電子對陽電子有一運動，而不是一般人習以爲常的物質世界。英哲羅素（Bertrand Russell）在其所著「哲學大綱」（outline of philosophy）第九章中說：「哲學家由於近代物理理論之中所得到的東西，其最重要者就是把物質看做東西這個理論的消滅。」又說：「我們可以看出，相對的原理也用另一種的論辯將物質的固體性加以同一的破壞。一切物理世界中所發生的事點，如椅子和桌子，太陽和月亮，甚至於日常的麵包等等，都是變成糊塗的抽象，都變成某地帶連接輻射出來的事點所表現出來的定律。」其第十章中又說：「如果我們仍舊用物體這個名詞去想像，而且希望能夠用漸漸改正的方法使這種想像的方式和新的觀念相適合的話，結果惟有更加錯亂。惟一的方法，就是從新開端，以事點的觀念去代替物體。」照羅素的看法，所謂物質或東西，實祇是「糊塗的抽象」，「祇是許多事點之群，其中有定律相貫串而已。這一群貫串的事點我們就定義爲物質。」所以祇得以事點去代替物體。與羅素合著「數學原理」的懷黑德（Whitehead）也認爲「事點是事物的真正單位」。巴尼特曾對懷黑德的這句話加以解釋說：

他這句話是意義是這樣的：無論理論系統怎樣變，無論它們符號的含義怎樣空，科學及生命的重要而持久的事實是發生，是活動，是事點。這個觀念的意義最好以實例來說明，現在我們以簡單物理事實，即兩個電子的相遇為例而說明之。按照現代物理學來講，可以把這個事點描述為兩個最基本微粒的衝擊，或者是兩基本單位電能的相遇，或說是微粒的集合或或然波的匯流，或說是四度空時連續區中兩漩流的相值。這些個說法，理論上并不指出那一個比較主要。所以說，電子并不是「真實」的東西而僅是理論的符號而已。然從另一方面看，「相遇」的本身倒是「真實」的，即這個事點是真實的。

宇宙或世界乃與「無」同義者。照以上述，則知這一陳述是完全正確而毫無疑義。因此，這宇宙之本體確是「無」；確是由無而有，由有而無；確是有與無之同一。所以道之本體即宇宙的或外在世界的本體，這是可以藉現代物理學而證明其真是完全正確。

三、宇宙或世界存在之本體與現象

我們講形而上之本體，即是講形而上之道的本體。這道之本體即心之本體；因爲祇有識得心之本體，才真能識得此有無同一之道的本體。道不外吾心。吾心之本體，當然就是道之本體。這道之本體，也就是宇宙的或外在世界的本體。此不祇是無違於理，而且能藉現代物理學作非常透澈而毫無疑義的如以上所作之解釋。本此解釋，則知這宇宙的或外在世界的本體確是「無」。我們已知：「無」是夷希微三者之混而爲一，是「不可致詰」，是「迎之不見其首，隨之不見其尾」，是「無所住心」，是無時空，無因果，無人我。這是佛道兩家所謂之「無」。至於儒家，則曰「無聲無臭，至矣」（中庸第卅三章）。我們認爲，當談到「無」時，除了要想到是「無相」外，當然也要想到，無內、無外、無大、無小、無上、無下、無左、無右、無一、無多、無動、無靜、無古、無今、無去、無來，而凡可名之爲「有」者皆不是。「有」是列舉不盡的，「無」當然也是列舉不盡的。但是，祇要是真的無思無爲，則一切便皆是「無」了。「有」是因「知」而有，無知或無思無爲，則自然無「有」。無「有」便是「無」。若一切皆無，則一切免談，那我們何必談形上學呢？何必談無思無爲呢？因此，我們現在要問：這無思無爲者，亦即這個「無」究竟是誰？有這個誰，才有形上之道可講，也才有外在世界可以建立。

談到這個誰，我們說它就是有。這個有，當然不是任何特定的有。在黑格爾看來，排除一切差異的非特定的有，是與無同義的，祇能是抽象的思辨的有。我們認爲，這無所住心，即是排除一切差異的非特定有，也就是這個誰。誰就是有與無之同一，亦即我們所謂之道。因爲道之本體即心之本體；而道之體用不可分，所以心之本體即是道。我們以道與心之本體當作誰，在道家來說，「其有真君存焉」（莊子齊物論）；在佛家來說，即如楞嚴經卷二所說：

> 若以分別，我說法音，為汝心者，此心自應離分別音，有分別性；譬如有客，寄宿旅亭，暫止便去，終不常住，而掌亭人，都無所去，名為亭主。此亦如是：若真汝心，則無所去，云何離聲，無分別性？

就這所說，試略加分析：第一，佛道兩家，都認爲這個誰是「真君」，是「亭主」。這就是說，這個誰，不論其是誰，都有「真心」，亦即「真如心」，亦即心之本體，而「無所去」的爲其主宰。第二，這所謂「真心」或「真如心」，不是「以分別我說法音，爲汝心者」。這是說，不應住色聲香味觸法生心，亦即住色聲香味觸法所生之心，不是真心。爲什麼呢？若果有這個分別心來聽「我說法音」；那麼，離開這個聲音，這分別心仍會存在，「云何離聲，無分別性？」佛家認定真心有分別作用。這分別作用，「譬如有客，寄宿旅亭，暫止便去，終不常住」；這真心則是「掌亭人，都無所去，名爲亭主」。

這所說的，應該是形上學的一大問題。因爲許多人以人之感官的分別作用當作心而習以爲常的安其所習，這確是值得商討的。拙著「心物合一論」有曰：

> 通常所謂之心，是一非常糊塗的概念。若將心當作客觀的存在而加以分析，我們是看不出有所謂心這樣的東西；若分析心與環境的關係，則知我們人類，卻有一種豁然貫通的能力，而并不全是刺激與反應；且就佛家所謂之無所住心或心之本來面目而言，此虛靈明覺之作用，實具有創造之功能。因此，通常所謂之心，雖是所予的；但就其作用來說，我們人類的自在自為的心靈活動，亦并非虛幻的。（同註十三，頁六六）

我們為什麼「看不出有所謂心這樣的東西」呢？羅素在「哲學大綱」第十九章中說：「平常的人和多數的哲學家對於『心』和『物』這兩個字都用得非常流利，但都沒有對它們下一個正確的定義。關於這一點，哲學家是值得咒罵的。根據我自己的感覺，我以爲在『心』和『物』兩者之間并沒有什麼確定的界限，只有程度上的不同。」羅素此說是很正確的。

我們知道，在相對論發表以前，科學家描述這個世界時，以爲它是包括兩要素，即物質與能量。前者是有惰性的，可觸知的，并有一種叫做「質量」的性質；後者是活潑的，看不見的，且沒有質量。但愛因斯坦卻表示出來；質量與能量是相等的。所謂質量即是集中的能量而已。這就是說，物質即能量，能量即物質，其所以有區別者乃臨時狀態的不同。若大家以爲能量就是精神，則精神與物質，實無根本上的區別，羅素的話，當然是對的。

有人認爲，能量既是物質，則能量便不能定義爲精神。因爲精神與物質應該是不相同的；但是，他們卻找不出比能量更爲適當的現象而可以名之爲精神者。在現象界來說，能量與質量，是兩個最基本的現象。人類之所以能言語行動，或人類之所以有精神作用，當然就是能量的作用，而決不是另外有什麼東西可以名之爲精神者。王陽明曾說：「流行爲氣，凝聚爲精，妙用爲神。」這就是說，流行之氣，凝聚而有此妙用者即是精神。陽明此說，雖祇是他個人的想像，卻合乎現代物理學的學理。照陽明此說，則繞核而運動之陰電子，即可謂之精神。因爲陰電子，不論它是微粒或波狀，確是流行之氣，凝聚之精，而又妙用無息的動而不已。因此，從王陽明的觀點來說，我們所謂之精神，其實就是物質。

羅素在「哲學大綱」第廿六章又說，「無論怎麼說，我們都不是一個唯物主義者。就我們的經驗所知道的來說，有一種事實的確可以贊助唯物論的觀點，就是：心靈只能從生物的物理結構裡頭突創出來，而精神性的發展也是隨著物理結構的複雜性而增加的。」羅素此說，實不允當；不過照羅素這個說法，我們確是「看不出有所謂心這樣的東西」；但是，卻亦不是說，突創唯物論就是完全正確的。否則，我們應該是唯物主義者。

我們認爲，人類的心靈確是從物理結構表現出來的。沒有我這個物理結構，不會表現出我之心靈或精神，這應無可疑；但是，我們所謂的物理結構，在本質上，究竟是什麼呢？上文對於物所作之分析，若有概略的認識，當然不會想像是物體，而會認爲是一群群一群群的事點了。這事點之群所形成的集團，即所謂物理結構或物體者，在本質上，它祇是有事故發生并詐現其相而已；因爲在本質上它是「無」，是「無相」的。無相而有事故發生，即我們所謂之「混而爲一」之本體。因此，我們說，這有無同一之本體，一方面顯現爲我們所謂之物或物體，一方面又表現爲我們人類所謂之精神或心靈，這應是於理無違。這是說，精神或心靈不是物質突創出來的，而是本體之本性藉物理結構表現出來的。羅素在「哲學大綱」中，費了許多精神，企圖說明創突唯物論不是真理，其論點亦未嘗不對；但是，是不是很清楚呢？這可能有見仁見智之不同了；不過，照我們的系統來說，精神不是物質突創的，卻是很明白的。

再者，我們亦不認爲，人之心靈活動，完全是刺激與反應的全部歷程。本世紀初期，「刺激—反應論」（簡稱 S-R theory）頗爲盛行，在現代卻已過時了。伊斯頓（David Easton）說：

在純行為主義開始產生後的幾年中，大多數的心理學家漸漸發現，在外界的刺激和可見的反應之間，產生主觀的經驗影響對刺激的解釋和結果，同時也因此影響到反應的性質。原來的純行為範例 S-R（刺激—反應），就由比較清晰的範例 S-O-R（刺激—有機體—反應）所取代，感覺、動機，以及有機體其他方面的主觀意識和反應，都被看作可能有用的資料。這當然就導致了原始純行為主義的末日，作一個名詞來看，雖然不一定代表一種觀點，它在心理學中差不多已經不再存在了。⓮

認定在刺激與反應之間，有「有機體」的感覺，動機、及其他方面的主觀意識之存在，這就是肯定了精神活動之存在。認定非物質的，或者有非機械的精神活動之存在，這在現代人來說，是無可置疑的。而且，在我們的系統裡，從形而上來說，如能「生無所住心」，必能從「靈性的觀點」而「動寂常妙，理事皆如」。這就是說，在本體界是有此本心或真心。本心或真心，它是超越刺激反應，既不「同其木石」的沒有反應，亦不受「交替反射作用」（Conditioned Reflex）所拘束，而確是良知獨耀。若從形而下或現象界來說，則有真心與假心之別。我覺得佛洛姆（Erich Fromm）在其所著「人類破壞性的剖析」（the Anatomy of Human Destructiveness）一書中所發展的一種理論，可以借來一用，以幫助我們說明真假之別。佛洛姆認爲，本能和性格不同。說得更嚴謹一些，本能一詞已經有些過時，它是以生理需要爲根源的驅使力（官能的驅使力）；而所謂「性格」，則是人性熱情，亦即以人的性格爲根源的激情（性格根源的熱情）。人性熱情，是人類特有的，是爲了滿足存在的需要（由人類的存在狀況而產生的特

⓮ James C Charlesworth 原著，徐精一、呂亞力譯述：「當代政治分析」第一章，行為主義的現行意義，頁一四。

有需要），就此而言，是人人不同的。但不管如何不同，人想要妥當的，舒適的生活下去，就得去滿足這些需要。例如，人可能被愛所驅使，也可能被破壞性的激情所驅使；兩者各自滿足當事者之存在需要，這種需要可以叫做「生效」（產生效果）的需要，是想使某種事物產生變動，或者讓它出「毛病」。一個人的主要熱情（激情）是愛還是破壞性，很受社會環境的影響；但環境影響不是沒有限制的，人的心不是有無限彈性的，不是全然沒有青紅皂白之分的，它和環境主義者的理論不相合。人類生而具有他的存在處境，以及由此處境產生的需要，環境的影響受到這處境與需要的限制。⓯

佛洛姆又說：「因爲人類有他的心理需要，這些需要跟他的『心理—生理』結構相呼應的。大家都承認，一切本能都是從這個結構產生的，我要說明的則是，人類非本能的，性格根源的種種熱情，也是由他的生物結構產生的。」（同上，頁八）暫撇開形而上不談，我們認爲，佛洛姆很明白的將本能與性格加以區分，這是一項很有益的工作。第一，凡與官能的驅使力一致的心靈活動，這就是平常心的活動。平常心是道，平常心是真心。禪宗門下常說，饑來吃飯睏來眠。這是依官能驅使力而有的行爲，這個行爲所包含的心靈活動就是平常心的活動。第二，古人以爲，人之沈湎酒色等不良嗜好，是順隨軀殼起念的結果，殊不知，這恰好是一種倒見。因爲人之不良嗜好的形成，乃人性熱情，扭曲了官能驅使力，不是官能驅使力的本來如是。真正的官能驅使力，它是饑思食，寒思衣，如此而已；亦即是「饑來吃飯睏

⓯ 孟祥森譯：「人類破壞性的剖析」上冊，頁七。

來眠」而已。至於吃山珍海味，穿綾羅綢緞，都是人性熱情爲了「生效」而扭曲了官能驅使力。官能驅使力本身，是祇有生理上的需要。這個沒有介入人性熱情的生理的需要，是祇有生存的需要，而不會具有價值判斷。當基於存在狀況而產生了特有的需要，介入了人性熱情時，這時的生理需要，便起了很大的變化。我們當可以想見，爲生存的生理需要與爲「生效」的生理需要，確是大不相同的。上一章第三節講「超感性的直觀」時，所謂「一念之不覺」或「工具的觀點」，即此「生效」的需要介入的結果。第二，我們認爲，沒有介入人性熱情的純淨的官能驅使力，是近似於喜怒哀樂未發之中，亦即近似於我們所謂之本心或真心。我們之所以說近似，因爲祇有初出生之嬰兒才不致於介入心性熱情。這就是說，官能驅使力不被扭曲，確是很難的。它有許多程度上的或種類上的不同，經過人自己的努力，可以將這些影響減至最低，古來寂寞的聖賢，就是恢復了官能驅使力的本來面目者。因此，我們可以這樣的說，順乎純淨的官能驅使力的心靈活動的這個心是真心，介了人性熱情的則是假心；但是，將人性熱情加以鍛鍊，使其純淨，而發揮靈性，合乎理性，正確知性，則就是去僞存真或破假顯真了。第四，所謂假，就是不正。大學第七章曰：「所謂修身，在正其心者，身有所忿懥，則不得其正；所有恐懼，則不得其正；有所好樂，則不得其正；有所憂患，則不得其正。心不在焉，視而不見，聽而不聞，食而不知其味。」這也是很明白的說明了人性熱情爲什麼會扭曲官能驅使力。當官能驅使力被扭曲時，人是不自覺的。例如某人爲美色所迷而戀此美色，當迷戀此美色時，似是真心愛之；然當色衰而愛弛時，便顯不出真了。色衰愛弛時之不真，便足證明「當迷戀此美色時，似是真心愛之」之「真」就是假的。其「似是真」

者，乃爲人性熱情所扭曲而不自覺罷了。若愛情果是海枯石爛而不變者，這可以說是真的。所以本於真心所發之愛，與迷戀美色者有本質上的不同。此亦可說明真心與假心之區別果何在了。

照我們的系統來說，人之真心或本心，是依官能驅使力而表現其知之作用，此與佛家「根身」之說不同。佛家自小乘以來，即有眼、耳、鼻、舌、身等五根之說，此五根亦總名根身。佛家認爲根身是介乎心和物之間的一種東西，并認爲根身似乎是有知的。我們的意思則不是如此。我們認爲，各個官能之所以有知，即此心之知，而非有另外之知。我們必須記住，心與知不是兩個東西。所謂「心」，乃本體之本性，藉官能之作用，表現爲知之現象。因此，我們的意思是說，有「心」或知這樣的現象，官能是可以表現此種現象。我們更認爲，除心之知外，無任何其他之知。這就是說，心這一現象，是一種知之作用。官能之知，即是心之這種知之作用，藉物理的或生理的結構表現出來的，非是官能本身有此知，亦非是另有所謂根身」者所生之作用。心之此種知之作用或現象，會因人類的存在狀況而不同，即這存在狀況，很受環境的影響，而產生了特有的需要，形成了人性熱情，扭曲了官能的本來的功能，這就是前文所謂之假心。真心與假心之別，一爲得其正，一爲不得其正而已，并不是有兩個心。我們以上之分析，究竟說明了什麼呢？拙作「心物合一論」第六章曾有於左之總結：

第一，這就是說，當吾人將心靈當作客觀存在而加以研究，固知通常所謂之心靈與物質，雖無本質上的不同，卻因心靈是能量之具有靈明與妙用而能為人之主宰者，所以心靈作用與機械作用是顯然不同的；第二，因為有此顯然之不同，所以環境對於心靈雖大有影響，卻因心靈自有主宰，而不是完全受環境支配的；第三，心靈作用固與機械作用不同，亦與生理作用有別，然而若離去生理作用或機械作用，卻亦不能另外找出心靈作用，此所以心靈作用一方面是如機械作用或生理作用的必受環境影響，一方面因能自主而可以超脫環境的影響；第四，心靈與物質雖無本質上的區別，卻有靈明、妙用、自主等作用可說，此與物質之有廣長可說是一樣的，此所以心靈雖不是實在的，其作用則并非虛幻的。照這樣說來，我們從心之本質，固然找不出什麼是心，卻從心之作用上而看出心確是具有靈明與妙用而能為身之主宰，此所以環境對於心之影響并不是絕對的。（同註十三，頁一一一）

以上的說明，使我們對於在刺激與反應之間，有「有機體」的感覺、動機，及其他方面的主觀意識之存在的學說，獲得更爲明白的認識。在半個世紀以前，唯物論盛行，刺激－反應之說盛行，巴甫洛夫（Pavlov）的實驗，在心理學上大家都引以爲依據。羅素對於交替反射定律曾作批評說：

這個定律非常簡單，非常重要，而且非常真切；即因其如此，只怕有一種危險，即把它的範圍太乎誇大了，正於十八世紀的物理學家想以引力的原則去解釋一切一樣。（哲學大綱第三章）

時移勢異，這個定律，「它在心理學中差不多已經不再存在了」。我們特提醒讀者，中國形上學主張有心靈的存在，在上個世紀或本世紀初期，很不容易被人接受；而在現代，卻比較容易說明了。現在仍須作進一步說明的，我們認爲，根身與官能本身皆祇是一物理結構而表現知之作用。茲特以機器人爲例，而作更爲具體的說明。大家都知：人之眼會看，耳會聽，嘴會說等等，機器人也都會；而且，太空望遠鏡及無線電話等，更是人之眼耳所萬萬不能及。但是，假如電腦不開機，亦即現代科學所發明的各種可以巧奪天工的機器，若不通電，則祇是一堆不能動作的機件。事實很明白，必是各種機件的物理結構與電力之因緣和合，才會發生各種應有的功能。同樣的，人活著時，會看、會聽、會講話、會思考等等，人一旦死去，這些器官雖未損壞而功能盡失，與機械未通電時完全一樣。基於這個事實，人這個物理結構所具有的各種官能而表現之知能或知識作用，確是另有知能或知識藉這個物理結構表現其作用而不是物理結構自身所突創的。機器人必須通電才能發生作用，人之各個官能也必須有「人之真心或本心」才能表現知之作用。我們不知電力是否有知之作用？也不知機器人會記憶等等是否即知之作用？我們惟一可以確定的，即這個純然的物理結構是無知的。知，不是從物理結構突創出來的。那麼，物理結構之知從那裡來的呢？佛家認爲物理結構之知是假知。佛家稱物質爲色，稱心靈或精神作用爲受、想、行、識，統稱爲五蘊。佛家認爲「五蘊皆空」。「是故空中無色，無受想行識，無眼耳鼻舌身意，無色聲香味觸法，無眼界，乃至無意識界。」這是說，通常所謂之物質與意識，皆是空或無。說物質是無，此即宇宙乃與「無」同義之存在，前文已言之詳矣。現在又說到意識是無；因爲心之本體是無所住心，是無分別作用；所以，凡分別作用，「皆是虛妄」。金剛經又曰：

> 如來說諸心皆為非心，是名為心。所以者何？須菩提，過去心不可得，現在心不可得，未來心不可得。

所謂諸心皆爲非心，即是指一般人習以爲常之心不是心。爲什麼呢？就過去言，過去心不可得；因爲過去已成過去，那有過去心可得？再就未來言，未來心不可得；因爲未來尚是未來，那有未來心可得呢？過去心與未來心既皆不可得，則這兩種心皆爲非心。至於現在心之不可得，這是一個比較嚕嗦的問題。中論破去來品有曰：「已去無有去，未去亦無去，離已去未去，去時亦無去。」此所謂之「去時」是與「現在」同義。中論對這四句曾作如是之詮釋，即：「已去無有去，已去故。若離去有去業，是事不然。未去亦無去，未有去法故。去時名半去半未去，不離已去未去故。」這就是說，所謂現在，是不離過去未來的；離了過去未來，即無現在。現在是一半過去與一半未來組合而成的。過去未來既皆不可得，現在又何從可得呢？有人以爲這是一種詭辯。茲稍作疏解，便知此義無差。希臘哲學家赫拉克里泰斯（Heraclitus）曾說：「你不能在同一的河流中入足兩次；因爲新的水老是向你流著的。」（同註七）這意思是說：「一切皆流動」（all thing are flowing）。因爲一切皆流動，所以祇有流動不息，而無過去現在未來之可得。指月錄曾載有這樣一則故事，即：有一和尚向一女子買點心吃，女子說，金剛經曾說過去心不可得，現在心不可得，未來心不可得；那麼，你買點心是準備點那個心呢?這和尙被問得無話以對。這就是說，時間是流動不息的，即令如一般人習以爲常的真有所謂感覺之心；然而此感覺之心，必是隨時間之流動而流動，成爲感覺之流，剎那剎那不停，而沒有現在，過去與未來可得。由此可見，感覺非心，或「諸心皆爲非心」，確是真理。

有人認爲，以感覺爲心，固沒有過去現在未來可得；然此感覺之心自己，則并非不可得。吾人認爲，若果是此感覺之心的本來面目，這就是我們所謂之本心或真心，這雖是可得，亦非意識所能得；而且，此所謂不可得者，乃是指此以感覺爲心之假心而已。這裡仍須稍作說明的，此隨時間之流而流動的感覺心，之所以無現在過去未來可得，這亦是不宜有所得。若過去心果有所得：或不捨過去之橫逆而生怨心；或不捨過去之怨尤而生瞋心；或不捨過去之嗜欲而生貪心；或不捨過去之迷惑而生痴心。這怨心，瞋心，貪心，痴心等等，是可以有所得嗎?其次，若現在心果有所得：或見可愛而生愛心，見可惡而生怒心，見可欲而生貪心，見可迷戀之色相而生迷戀心。此種種心亦是不宜有所得。再其次，若未來心果有所得，則所得者必皆爲妄想心或計慮心。誠然，爲萬世開太平之計慮，并非不可得；但與爲一己之私利而有之計慮，則是絕然不同的，一般之計慮與妄想并無本質上的不同，故皆不宜有所得。照這樣說來，在一切皆流動之情形下，一切皆剎那剎那的成爲過去，有何可得呢?而且，這有可得者，皆是煩惱，除之惟恐不盡，又何能得呢?所以這感覺心確是不可得之空無。因此，從物理結構所表現出來的各種官能之知，在佛家看來，雖是「真心」之分別作用，卻不是「真如心」而是假心。爲什麼呢?楞嚴經第二卷有曰：

一迷為心，決定惑為色身之內。不知色身，外泊山河，虛空大地，咸是妙明，真心中物。譬如澄清，百千大海棄之，惟認一浮漚體。目為全潮，窮盡瀛渤。

楞嚴經這所說的，是謂：當分別作用現起時，便會將「澄清、百千大海棄之，惟認一浮漚體」；這「惟認一浮漚體」，即「迷妄的我執」之根源，亦即假心之所以爲假心，所以必須破斥之。誠然，這是一種認識。本此認識而說「五蘊皆空」，而覺悟到應捨棄「一浮漚體」以回歸「澄清，百千大海」，亦即應遺棄分別心而回歸真心，此義既真且正；因爲刻就心之本體來說，此妙明真心，確是「無意識界」，確是「本來無一物」，有何分別之可言。惟必須指陳者，所謂「不知色身，外泊山河，虛空大地，咸是妙明，真心中物」，其義雖不差；但是，措詞用字，宜加修正。我們已一再陳明：心之本體即道之本體，亦即宇宙之本體。這是說，心是有本體的。兩千多年以來，尤其是佛家的大師們，習慣上認定真心即心之本體。這不能說是一項錯誤。因爲習慣上大家都認爲心之本體就是本心，本心就是真心，意義上并無不妥。意義上雖無不妥，字語上卻有問題；因爲心之體與心，應該有所區別。所以應該說，虛靈明覺是心，而虛靈明覺者才是體。佛家大師們，畢生的修爲，在於證得他們自己的這個妙明或虛靈明覺。許多人成爲覺者。他們從不分別覺與者。這可能是他們過於不喜歡分別所形成的一種習慣。從學術的觀點來說，我們是要分別出覺與者或心與心之本體。於是，我們不會說：「色身，外泊山河，虛空大地，咸是妙明，真心中物」；我們會說，這些宇宙現象，都是宇宙本體所顯現的。像大海水顯現爲眾漚一樣。一般說來，離了澄清便沒有水；同樣的，離了妙明便沒有真心。但是，澄清是水之本性，妙明是心之本心；若祇肯定水與心之本心本性，而否定水與心之這個「者」，亦并不真有意義。爲了言說的方便，爲了意義之明確，我門肯定「者」之存在，可能是好求解釋所形成的習性。這個習性使意義更爲明確，不算是壞事。學術之可貴，可能就在於此。基於我們這個理解，我們說外在世界不是心所顯現，是世界之本體所顯現。於是，既可避免唯心論的語病，亦與其原意并無不合；因爲我們認爲，這宇宙的或外在世界的本體即道之本體，道之本體即心之本體；那麼，世界本體所顯現者，當然就是心之本體所顯現者。所以我們與「咸是妙明，真心中物」之原意，并無違背，祇是我們所說者，意義更爲明確，更易於爲人所瞭解而已。讀者不妨將以下這兩個陳述試作比較。其一爲：「咸是妙明，真心中物」；其一爲：咸是妙明真心之本體所顯現的。嚴格說來，這兩個陳述，意義上并無不同。因爲所謂妙明真心，乃一普遍的自在自爲之存在，好像大海水一樣；而所謂物，則好像大海水所顯現之波浪一樣。波浪當然是水中之物，而一切萬物也當然是「妙明真心中物」。這與咸是妙明真心之本體，亦即宇宙之本體所顯現的，意義上實無出入。卻因前者，容易使人誤以爲一切萬物皆祇是在我心中，以爲除了我心中之物外并無存在。這真是千錯萬錯。因爲佛家所謂之「心中」，絕非我心中。「我」是迷妄的執著，是虛幻不實的。佛家所謂之心中，是指存在之根本。佛家認爲這存在之根本，是像澄清之大海一樣，是清靜無爲的，是與妙明真心完全相同，所以認定一切萬物「咸是妙明真心中物」。我們不作如是觀。我們認爲，這妙明真心或無所住心等等，皆是宇宙本體之本性。世界之所以存在，皆是本體之本性稱其有所的而顯現爲存在；所以我們認爲一切萬物皆是妙明真心之本體所顯現的。我們的陳述，不僅較爲明確，而且也切合事實，不知佛門大德以爲然否？在此仍須指陳者，我們所謂之體或本體，如心之本體，世界之本體等等，皆是指其自身、自己、本來面目、本來如是等等而言，所以我們所謂之道之自身，心之本來面目，心它自己等等，即是指道之本體，心之本體而言。因此，我們所謂之本體，祇是指「者」而言，絕無神我，大梵我之意。我們所謂之「者」，也可以稱之爲「絕對者」，這祇是指本體是絕對者而言。例如我們說無是絕對者，或絕對者是無等等，皆是指本體是絕對者而言，祇有本體才可以稱之爲絕對者。神不是本體，我們不稱神爲絕對者。絕對是獨一無偶，是沒有對待。無之所以稱爲絕對者，無雖與有對待，但絕對的無，人境俱奪（請覆按第一章第四節），有何現象有之可言。所以我們所謂之者或本體，祇要不故意歪曲，絕無語病。前文曾談到誰。誰是無思無爲者，即無思無爲者是誰？這個誰，當然不是特定之指謂。現經以上之分析，則知這個誰就是本體，就是者，也確是真君或亭主。事實上，都是爲了言說方便而立此假名。由於以上之分析，我們對於真正之存在及習以爲常者，究竟有何不同，應大致有所瞭解。我們已一再陳明，真正存在的是無，是無所住心，是無可言說，是無思無爲，是先天地生，是亘古常存而無所不在；所以是不生不滅，不垢不淨，不增不減。這全是從本體之本性而言，是存而不在的；若就本體之存在而言，當其是存而有所在，則山河大地，萬象森然，器世界於是生成。那麼，這器世界真正存在的究竟是什麼呢？實際上，這森羅萬象，祇是心物二者；而且，「精神與物質，實無根本上的區別」（請覆按前文）。因此，我們認爲，宇宙與世界，實即心物本一之存在。這就是說，這形而上之本體，因其是「無」，所以是非心非物。當其顯現爲器世界時，有心物之現象可說，必是這非心非物者也是亦心亦物者。否則，這非心非物之本體不可能顯現為亦心亦物之存在。這非心非物之本體，既是亦心亦物之存在，而這個存在之本體是無對待的；所以這個存在是心物本一之存在。於是，我們認定，這形而上之本體，是心物本一之一元；這形而下之現象，則是心物具存之二元。因其是心物具存的，所以有物質現象之存在，有「人」之現象存在。人之現象存在，佛家認為，是將「澄清，百千大海棄之，惟認一浮漚體」，是真心起了分別作用而生假心。佛家似乎認為，凡分別作用，皆是假心。我們認為，當人性熱情，扭曲了官能驅使力，才會迷失真心而生假心。莊子曰：「有人之形，無人之情。有人之形，故群於人；無人之情，故是非不得於身。」是非不得於身，必是淨化了人性熱情，其形雖是「一浮漚體」，卻未失去大海之澄清而無異於本體。所以不是凡物理結構所表現的各種官能之知全是假知，應以是否介入人性熱情為衡度；而人性熱情，固然會扭曲官能之知，使人執迷不悟；若能本此熱情，做格致誠正之工作，那就是澈悟本來面目之動力。再者，這純然的物理結構是無知的；但是，人這個物理結構之知究竟從那裡來的呢？「惟認一浮漚體」之喻不能交待明白，在宇宙論及認識論中，我們將順便的說明。

四、本體存在之本性即至誠

我們已說明了，宇宙或世界自身之存在，與心之存在或道之存在均無不同；若祇是本體之存在，則一切皆無而無可言說。因本體與現象都存在，我們故能以超感性的直觀，洞達現象之本性而認識真正的存在；故「常道」亦可言說。至於這真正存在之本體的本性，上文已詳言之外，茲更進而說明本體之至誠的本性。什麼是至誠呢？中庸曰：

> 故至誠無息，不息則久，久則徵，徵則悠遠，悠遠則博厚，博厚則高明。博厚，所以載物也；高明，所以覆物也；悠久，所以成物也。博厚配地，高明配天，悠久無疆。如此者，不見而章，不動而變，無為而成。天地之道，可一言而盡也，其為物不貳，則其生物不測。天地之道，博也，厚也，高也，明也，悠也，久也。……詩云，維天之命，於穆不已。蓋曰，天之所以為天也，於乎不顯，文王之德之純，蓋曰，文王之所以為文也，純亦不已。（第廿六章）

中庸這一段，說理并不十分圓融；但所謂「天地之道，可一言而盡也，其爲物不貳，則其生物不測」這幾句話，卻頗能道盡本體之本性。本體因爲是不二的，所以是至誠無僞。我國前代歷史學家，稱變節降敵者爲貳臣。「二」就是不一。一個人如果有二心，那當然就是不真不誠了。一與誠是同義字。「一」是數之始，無論將它當作直觀的觀念或抽象的概念，它都是排除差別的，所以一與無也是同義字。當有與無是同一的，則這個「有」就是真或誠。例如我們每一個人的心，這當然是有；若這個有而無任可私心或雜念，這當然就是一片赤誠或至誠了。「文王之所以爲文也，純亦不已。」朱熹章句註曰：

> 天道不已。文王純於天道亦不已。純則無二無雜，不已則無間斷先後。

此所謂不已，即前文所引莊子知北遊篇之無已。「猶其有物也无已。聖人之愛人也，終无已者，亦乃取於是也。」「猶其有物也无已」，這就是「絕對」；「聖人之愛人也，終无已者」，這就是至誠。絕對即至誠，至誠即絕對。絕對的無私，絕對的無二無雜，絕對的無間斷先後，這就是至誠，也就是一。絕對，至誠，純，一，無，等等，都是同義字。什麼是至誠呢？照以上所作之解釋，祇有道之本體或心之本體才是至誠的；因爲祇有這個本體才是無念，無私，無二，無雜，無間斷先後，而純亦不已。

一般人對於什麼是真理？常不知如何作答。就我們以上所作之解釋，則知真的認識，真的理解，真的判斷，就是真理。例如地球繞日而行，這是真理；因爲這個判斷是真的。凡真的即是真理，許多人常缺乏這個認識。他們總以爲必有一個真理存在，而不覺得真的就是真理。現經我們如此一番解釋，相信大家都會明白了。再者，在哥白尼（Copernicus 1473-1543）以前，大家以爲太陽是繞地球而行，現在都知道是假的。凡假的都不是真理，這是顯而易見的。由此，我們當可以理解到，什麼是真理這個問題，在本質上即是辨別真假的問題。我們如何辨別真假呢？自然科學層面的真假之辨，我們可以不談，因爲自然科學有其辨別真假的手續與方法。至於自然科學層面以外之辨別真假的方法，照儒佛兩家的看法，若真能識得心之本體而有此至誠之心，則必能破妄以顯真而真能識得這個真理。王陽明提倡致良知之說，其主旨亦就是如此。

我們祇就必須有此至誠之心才能破妄顯真而真的認識這個真理這一點來說，這是涉及認識論的。我們對於認識者之認識與本體的本身性質，必須有清清楚楚的辨別。即以「本體就是至誠」這一陳述而言，這是我們的一種認識，也是本體的本身性質。所謂本體的本身性質，即不論我們是否有此認識而本體的本身性質總是如此；但當我們有「本體就是至誠」這一意念時，這就是我們的認識了。我們的認識與本體的本身性質是無二無異的，卻絕不能混爲一談。但有些人以爲心之本體與宇宙的本體既然是一而不二；而且，這個「一」是不容有差別的，所以不應加以辨別。茲特引述熊十力先生在新唯識論中所說的并略作分析，則知此項主張乃似是而實非。新唯識論第三章有云：

> 玄學上的修辭，其資於遮詮之方式者，實屬至要。因為一切學問（如玄學的和科學的）所研窮的理，可略說為二：一曰至一的理。（至者極至，一者絕對，非與二對立之一。）二曰分殊的理。分殊者，一為無量故；至一者，無量為一故。這二種理，（至一的和分殊的）本不是可以折成兩片的，但約義理分際，又不能不分折言之。……現在要提及的，就是玄學所窮究者，特別歸重在至一的理之方面。（反之，科學所窮究者，特別歸重在分殊的理之方面。）這至一的理，是徧為萬有的實體，而不屬於部分的。是無形相，無方所，而肇始萬有的。無形相，無方所，好似是無所有的；然而肇始萬有，卻又是無所不有的，其妙如此。這理，至玄至微，（虛而無所不包，故曰玄，隱而難窮其蘊，故曰微。）故名言困於表示。（云困，則不止於難也。）

又曰：

古今講玄學的人，善用遮詮的，宜莫過於佛家。佛家各派之中，尤以大乘空宗為善巧。他們的言說，總是針對著吾人迷妄執著的情見或意見，（吾人任意識作用，爲種種虛妄的猜度，是名意計。）而為種種斥破，令人自悟真理。（此中真理，即是前所謂至一的理，後言真理者倣此。）因為吾人的理智作用，是從日常實際生活裡面，習於向外找東西的緣故，而漸漸的發展得來。因此，理智便成了一種病態的發展，常有向外取物的執著相。於是對於真理的探求，也使用他的慣技，把真理當作外在的事物而猜度之。結果，便生出種種戲論。（古今哲學家，一人一義，……其不爲戲論者有幾。）大乘空宗，以為真理既不是一件物事可以直表的。所以，就針對吾人的執著處，廣為斥破。易言之，他就在吾人的理智病態中，用攻伐的藥方，這樣，便使人自悟到真理。因為真理本不遠離吾人，更沒有躲避的。只要吾人把一向的迷執撥開，自然悟到真理了。佛家各派的言說，無有不用遮詮的方式。但大乘空宗，更把這種方式，運用到極好處。

從這所說的，我們可以很明顯的看出來：第一，這所說「這至一的理，是徧爲萬有的實體」，「而肇始萬有的」，凡唯心論者，其論調大都如此。不過，熊先生他自己不承認是唯心論者，新唯識論中亦另有與此不同的說法，此姑不論。我們若將此所說的更正爲：「這至一的理，是徧爲萬有之實體的本性」，這意思便很清楚了。這至一的理不能是實體，亦即理是理，實體是實體，不二亦不一，這是無待費詞的；但是，我們說這本體本身性質，或者說實體的本性，是具有此至一的理，則是無可爭辨的，這就是把本體論與認識論分開了。第二，佛家的遮詮或斥破，其目的在掃除一切偏見，也等於是說，「時時勤拂拭，勿使染塵埃」；若頓悟到「本來無一物，何處惹塵埃」，而「識自本心，見自本性」，則一切都斥破了，這才是最「善巧」的遮詮。這就是說，大乘空宗，「針對吾人的執著處，廣爲斥破」所悟到的是本心本性。所謂「使人自悟到真理」，其正確的意義，是使人自悟到本性，亦即是使人自悟到本體的本身性質，并非另有所謂真理。因此，所謂「令人自悟真理」，「使人自悟到真理」，「自然悟到真理了」等等，皆因未能分辨本體與認識之不同而弄得語意不清。第三，熊十力先生反對「把真理當作外在物事而猜度之」，這是唯心論者最主要的主張。從形而上之本體的本性來說，既無物外之心，亦無心外之物，祇是渾一而不可分，所以不宜「把真理當作外在的事物而猜度之」，所以必須通過超感性的直觀才能識得此一真理；此一真理確是「本來如是」之本體的本身性質。但從形而下之現象的本性來說，它是遷流而不居。照熊十力先生的說法，它是刹那刹那詐現其相。熊氏此說，是標準的佛家思想。佛家認爲，形而下的一切現象都是幻象，亦即都是假的。這是肯定「遮詮」是事實上將所有現象都掃除了。我們認爲，爲了識得本心，斥破一切執著，將一切現象視作虛幻，也就是像黑格爾一樣的在思辨上排除一切差別性而獲得純抽象的觀念「有」，這是沒有不可以的；若以爲這外在的世界真是如此沒有差別，則就是執著空而大錯特錯了。因此，我們必須辨別清楚：即我們必須通過超感性的直觀才能識得此形而上之本體，至於此形而上之現象，則必須通過感官的直覺才能識得之。我們曾說，另具隻眼，這是指超感官的直觀，亦即指此靈覺之性而言，并非另有一隻眼睛。這就是我們的本心或真心。我們本此真心通過感官的直觀而辨別事物之真僞以認識形而下之現象的本性，這就是認識了分殊的理。認識此分殊的理而曰不假外求，這多少有些類似睜眼說瞎話，也與「否認我底長褲裡穿著短褲」是相同的。第四，這個錯誤的根源，即是有些人認爲，形上與形下，既不能分成爲兩截，乃執著認識形上者以認識形下。他們認爲，形而上之本體的本性既是渾一而不可分，則形而下之現象，亦是渾一而不可分，而應是物理不外吾心了。殊不知「反者道之動」（老子第四十章）形上與形下，雖非兩截，卻完全相反。此即形上是無，形下是有，形上是一，形下是多，此固然須俟形而上的宇宙論詳爲解說，才能完全清楚；但是，我們不應執著空無，這卻是顯而易見的。一般說來，我們必須本此真心以分辨外在事物的真僞而認識事事物物的真理，這是不錯的。這就是說，若沒有這個真心便不能認識這個真理。若因此便肯定這個真心即是分殊的理，而無須透過「分別作用」以認識事事物物的真理，這可能要「五百生墮野狐身」了。感性之知，理性之知，覺性或靈性之知，是不同境界的。不同境界的認識，而不分辨清楚，而混爲一談，這是唯心論者的錯誤。熊十力先生雖然自認不是唯心論者，他的新唯識論卻有不少的地方出現了唯心論者所特有的錯誤。

我們對於唯心論的許多論點是不能贊同的：第一，唯心論者認爲心之本體即宇宙之本體，而不知此心之本來面目乃本體之本性，這就是未能將我們的認識與本體的本身性質分辨清楚。第二，唯心論者認定此心之本來面目是真實的，此外在的世界是虛幻的。熊先生在新唯識論中雖承認「境」（即外在世界）之存在，卻認爲無心外之境。這確是唯心論者的通病。我們曾指明，「咸是妙明，真心中物」，其義雖不差，其措辭實不妥；若因此而誤認山河大地，皆祇是我們的感官之知，沒有外境的存在，那真是要墮阿鼻地獄的。第三，禪宗所講之本來面目，確是真實無妄的；但這個本來面目，乃本體之本性，所以本體雖是無，卻是真實無妄的；而且，由本體所顯現之大用，亦即我們所謂之外在世界，雖是變動不居，亦必是真實無妄，而不能說是虛幻的。我們認爲，從形而上言，是有此至無而又至誠之本體；從形而下言，雖是刹那刹那的生生不已，卻并非鏡花水月，而仍有其真正的存在。第四，唯心論者，認爲一切爲心所現，因爲他們認定心是實體而不知心是實體之本性，於此亦可見唯心論確不是真理了。第五，我們仍須指陳者，唯心論者之所以認定無心外之境，乃他們認爲無心外之理。我們的本心或真心所認識的是真理，這是無可疑的，前文也已有所辨說。但是，若說這個真心就是真理，這仍是未能分辨認識與本體。同時，也有人對於我們所主張的「真即真理」之說，仍不十分瞭解。我們已陳述過，我們所謂之真，乃指真的識識，真的理解，真的判斷而言。從形而上說，認識了，或者是證得了這個本心或真心，也就是認識了這個真理；這真理是「可一言而盡也，其爲物不二，則其生物不測」。若從形而下言，一物必有一理；因其如此，所以艾因斯坦欲以一個定理而解釋自然現象未能成功。這就是說，認識形下之真理，乃是對其所認識的事物有真的認識。王陽明因格竹子而致病，乃因王陽明不懂得植物學而未能真的認識竹子。朱晦翁「即物窮理」之說，亦是一句不切實際的門面話；因爲「即物」所窮者究竟是什麼「理」呢?我相信晦翁必難於作答。假如我們說，即物而窮究該物之本身性質，這意義就比較確定了。所以晦翁「即物窮理」之說，應修正爲，「即物而對該事物之本身性質有真的認識」，其意義才比較明確。照這樣說來，無論形上或形下，祇要我們的認識是真的，那就是認識了這個真理。「真即真理」之說，雖是泛指的，卻是很妥切的。

現在我們應可以明白無誤了。從形上言，我們若能識得本心，即能見得本體；因爲本心即是本體之本身性質。識得本體之本性，當然就是見得本體了。見得本體，也就是見了這個真理。此形上之真理，確是不外吾心。從形而下言，我們必須識得某個事物之本身性質，才是明白了這個真理。此固然必須本此真心，才真能有此認識；但真心與真識，一爲認識的主體，一爲認識的內容，亦即一是能知，一是所知。在形上言，能所是不分的，認識的主體所認識者即是它自己。「心即理」之說，在形上的世界裡確是顛撲不破的。至於現象界，若仍執著能所不分的觀點，則是將不同境界與不同層面的認識混爲一談了。不辨別不同境界與不同層面之不同認識，不辨別認識的主體與認識的內容，這是唯心論者最主要的錯誤。我們認爲，在形上界，主體與認識，是一而非二，卻亦是不二亦不一。必須分辨至此，才真是認識了此形上之本體，也才能真的認識到，本體即是至誠。

本體何以即是至誠？因爲本體之本性既然就是本心，而本心乃是排除一切差別，而無私，無二，無雜，而純亦不已，所以本體之本身性質即是至誠。本體即是至誠之說，固然是通過超感性的直觀所獲得的一種認識，它與前文所說的見得有與無之同一的認識是相同的，它是超越理性的，但亦不外於理性。我們說本體即是至誠，是可以通過理性的檢驗而沒有理論上的困難。對於以上我們所說的，若能有真正的理解，便知吾言不謬。

在此仍須指陳者，我不記得羅素（B. Russell）在那一本書裡說過，我記得他確曾說過，他的大意是說，印度人認爲地球是由四條大牛支撐著，四條牛是站在四條大魚上，四條魚是在水中，水是什麼東西支撐的，不好再有答案了。這是譏刺欲尋根究底的以探討宇宙的本體者是不可能有答案的。佛教經典中有過類似牛支撐地球的說法，如說風支持水，而風則在虛空。這是不能自圓其說的一種淺薄之見。惟佛教的宗派甚多，其主張真空妙有之說者，卻與我們的觀點頗爲相近，亦真能避免羅素所發現的困境。我們認爲，認定本體是真空妙有，是有無同一，是至誠無二等等，確是本體是什麼是最好的答案。爲什麼呢？第一，因爲本體之本性是無，它是無始無終，無先無後，無大無小，無內無外的，前文所謂之「空間消失，時間永恒」，這確是本體最主要的本性。本體之這個本性，它是不會遭遇任何困難的。假如我們說本體不是無，而是具有某種特性的有；凡具有某種特性的有，即缺乏邏輯上的週延，我們能說它是本體嗎？第二，本體雖是無，它卻是真而無僞。這真而無僞，即前文所謂之至誠。本體若不是至誠至真的，那麼，怎麼會有我們的世界呢？有人認爲人生如幻如夢，這祇是他們對人生的一種感受。人生若果是夢幻，那我們便什麼也用不著談了。人在這世界之波中，雖是極渺小的一漚，而且是刹那刹那的詐現其相。卻因這個世界之所以爲這個世界的本體不是假的，人當然也不是假的，當然不同於夢幻。本體既不是假而是真，則本體當然是有。我們說本體是真，是有與無之同一等等，此不僅是形而上的直觀觀念，亦確是完全不違反理性的認識。第三，本體既是真實無妄而又是有無同一的，它就是禪宗所謂之本來面目。這是可以通過深刻的反省，或者說是最誠懇的反省而認知，這就是我們所謂之本心。本心乃本體之本性。古人確未曾作過這樣的陳述。此即「心」這個觀念較爲晚出。先秦時代，大學、孟子才突出或特別重視「心」這個字，而有一種學術上的考慮；至於「本心」這個觀念，直到禪宗興起，才正式被提出來。宋明理學家，除陸王一派外，程朱不喜談心。程朱陸王，一以理為實體，一以心為實體，而沒有意識到，心與理皆為實體之本身性質，所以本心乃本體之本性這個陳述，古人迄未提出。現在我們本於本體與認識之不二亦不一，而規定本心為本體之本性，在中國形上學裡已往之許多爭辯，皆可一掃而空；而且，這亦是本體是什麼之最好的答案。第四，從自然科學來說，本體是什麼？這個問題是可以放在括弧內存而不論。許多，「安其所習」，「得一察焉以自好」，滿足他自己的一知半解而沾沾自喜，這是不足為奇，也是無可厚非的；但是，「毀其所不見」而詆毀本體論，則不足為訓。「向上一路，密不通風」，窮畢生之力而毫無所得者比比皆是。現在我們拆穿這個秘密，從疑無可疑處，從究竟處，把本體的本性彰顯出來，使有志之士，有門徑可尋；使好學深思之士，能本於我們所說的而真知其意，而使真理大明。假如哲學毀滅論者，或是反對形上學者仍執著他們的一偏之見，我們亦是莫可如何的；因為我們以上所說的，雖然已經很明白，而且是曲盡其意的；若讀者不肯真正投入，仍然不會體認到，我們的答案，是最佳的也是最正確的答案。

五、本體存在之本質是「易」

我們已說明了，這至誠的，有無同一之本體，它就是真理，亦即古人所講之道。這個真理雖是超越理性，卻并不違反理性，這是中國形上學可以成立的原因。我們認為，中國形上學雖是眾說紛紜；但無論那家那派，都不認為我們所生存的世界，是純粹抽象的觀念的世界。這就是說，中國形上學的本體是實體；至於這個實體是什麼，上文已從多方面作了較為詳盡之描述。從這個實體是什麼之描述，我們應已瞭解到，它是爲什麼存在的。很顯然的，它是自存的。因爲它是無，它不落因果，它自己就是原因。我們祇要真的知道它是誰？是什麼？便會知道它之所以爲它，也就是這個本是「無」者爲什麼會是「有」了。我們認爲，黑格爾在思辨中排除一切差異而得出有無同一的理論，是不如我們從直觀中見到有無同一之理來得真切，也就是「生無所住心」而知究竟的善知識確是顛撲不破的真理。這個善知識，對於是什麼與爲什麼這二者都是貫澈無疑義的，現在我們應進而說明這個實體是如何存在的。

這形而上的本體或實體，它是如何存在的？很顯然的，它就是「易」，也就是遷流不居，生物不測。周易一書是講「易」的哲學。易有三義，即不易，變易與簡易。照這樣說來，本體是不易與變易之同一，而且是至爲簡易的。周易繫辭上傳第一章有曰：

乾知大始，坤作成物。乾以易知，坤以簡能。易則易知，簡則易從。易知則有親，易從則有功；有親則可久，有功則可大；可久則賢人之德，可大則賢人之業。易簡而天下之理得矣；天下之理得而成位乎其中矣。

我們傳統的讀書方法是死背，這一段話，少年時是背得瓜滾爛熟的；但因爲太熟了，順嘴溜出，反而并不真知其意，現經仔細體會，瞭解到這一段話頗具深意。這是解釋「易簡」或「簡易」的一段話。從這一段話，我們可以看出「易簡」與「無爲」是相互發明的。我們認爲，假如道家無爲之說是發生在周易成書以前，則「易簡」是「無爲」的具體化；假如道家無爲之說是發生在周易成書以後，則「無爲」是「易簡」的理想化。從「易簡」我們可以理解「無爲」的真正意義；因爲「易知」「易從」是「無爲」的具體作法，而「可久」「可大」則是從形而上落實到形下之政治理想方面；而且，天地之所以長久，亦因其是「易知」「易從」的。

對「易」這個觀念作詮釋的，有「易緯乾坤鑿度」一書，認爲：「易起無，從無入有，有理若形，形及於變而象，象而後數。易名有四義，本日月相銜，又易者，又易，易定。」⑯此所謂易定，應相當於前文所謂之不易；此所謂又易者及又易，其義并不十分明顯；不過，從這所說的，我們可以確知「易」與「有」「無」這兩個觀念必有關聯。又「易緯乾鑿度」曰：

孔子曰，易者易也，變易也，不易也。管三成為道德苞籥。易者，以言其德也。通情無門，藏神無內也。光明四通，傚易立節……至誠專密，不煩不撓，淡泊不失，此其易也。變易也者，其氣也，天地不變，不能通氣，五行迭終，四時更廢，君臣取象，變節相和，能消者息，必專者敗。君臣不變，不能成朝，紂行酷虐天地反，文王下呂

⑯ 易緯乾坤鑿度，偽稱倉頡注。乾隆「御製題乾坤鑿度」詩曰：「乾坤兩鑿度，撰不知誰氏，矯稱黃帝言，倉頡為修飾，以余觀作者，蓋後於莊子……」此實一偽書也。又按：易緯共八種，見四部集要，經部，臺灣新興書局影印發行。民五二。

九尾見。夫婦不變，不能成家。妲己擅寵，殷以之破，大任順季，享國七百，此其變易也。不易也者，其位也。天在上，地在下；君南面，臣北面；父坐子伏，此其不易也。故易者，天地之道也，乾坤之德，萬物之寶，至哉！易一元以為元紀。⓱

此所說的，「不易也者，其位也」，此姑不論；此所謂「易者易也」，「以言其德也」，實與「易簡」之義相通；而且，依鄭康成注，可以看出，鄭氏特別重視「易道無爲」之義。這就是說，周易與道家無爲之思想確是相通的。道家無爲之說，是指本體之清靜無爲或無思無爲而言，卻亦不是教人完全不要有所作爲，而是要順其自然，亦即是順人物之本性，在至簡至易之原則下，表現其可久可大之功能。簡易或無爲而無不爲，實亦本體之本性。再就變易來說，周易可以說是談變易之書。繫辭曰：

剛柔相推而生變化。

變化者，進退之象也。（繫辭上傳第二章）

爻者，言乎變者也。（第三章）

通變之謂事。（第五章）

⓱ 易緯乾鑿度，鄭康成注。紀昀等曰：「漢魏以降，言易老者，皆宗而用之，非後世所偽托，誠稽古者所不可廢易矣。」

參伍以變，錯綜其數，通其變，遂成天地之文，極其數，遂定天下之象，非天下之至變，其孰能與於此。（第十章）

一闔一闢謂之變。（第十一章）

變而通之以盡利。……化而裁之謂之變。（第十二章）

剛柔相推，變在其中矣。

剛柔者，立本者也；變通者，趣時者也。

功業見乎變。（下傳第一章）

易之為書也，不可遠。為道也屢遷。變動不居，周流六虛。上下無常，剛柔相易，不可為典要，唯變所適。（第八章）

從繫辭上下傳這所說的看來，變是形而下之現象的變化，易則是變化之所以爲變化。易緯乾鑿度認爲「變易者其氣也」，這是肯定的指出了變易是形而下之氣的變化。易緯乾鑿度又曰（列子天瑞篇亦有與此相同之說）：

孔子曰，易始於太極，太極分而為二，故生天地。……昔者聖人因陰陽定消息，立乾坤，以統天地也。夫有形生於無形，乾坤安從生。故曰，有太易，有太初，有太始，有太素也。太易者，未見氣也。太初者，氣之始也。太始者，形之始也。太素者，質之始也。氣形質具而未離，故曰渾淪。渾淪者，言萬物相渾成而未相離。視之不見，

> 聽之不聞，循之不得，故曰易也。易无形畔，易變而為一，一變而為七，七變而為九，九者氣變之究也，乃復變而為一，一者形變之始。（同註十七）

這一段話所謂「易變而爲一」，「一者形變之始」，這就是說，易變的結果，是由無形變爲有形。從這一段話，我們可以很明白的看出，有「未見氣」之太易，有「萬物相渾成而未相離，視之不見，聽之不聞，循之不得」之「易」。這就是說，「易」本身是形而上的。周易繫辭上傳第四章有曰：「神无方而易无體」，也是很明顯的說明了「易」本身是形而上的。此形而上的「易」即「渾淪」，「渾淪」即老子所說的「無」。由此使我們更進一步的認識了「無」是什麼。易緯各書，未必全合周易的原意；但是易緯的思想，確是明顯的發展了周易與道家的思想。我們綜合易緯與繫辭所說的，對於「易」這個觀念，可以有以下之認識：

第一，有「未見氣」之易，即「無體」之易。

第二，有「氣之始」，「形之始」，「質之始」之易。

第三，有「氣、形、質，具而未離」之易，這個「易」是「視之不見，聽之不聞，循之不得」而「无形畔」，它就是無極。

第四，有「變而爲一」之易，這個「易」即太極。

這四種易，是表示變易之四種程序，這涉及了宇宙論；惟因這是就本體之德業言，故仍宜屬於本體論。在此有一個問題必須討論者，即：必有人會發生疑問，「未見氣」何以會有

「氣之始」呢？氣從那裡來的呢？易緯作者答曰：「易一元以爲元紀」。元又是什麼呢？我們可以說，這是自然而然的。老子「道法自然」之說，可能就是此意。假如有人對這個答案仍不滿意，我們可以這樣的說，若非自然而然，何以會生天生地呢！這當然又涉及到另外一個問題，即：必有人會說，何必要假定「由無而有」呢？關於「由無而有」的這個問題，祇要真的瞭解了有與無之同一，是可以疑義盡消的。現在仍須指陳的，即「未見氣」當然是可以叫作「無」；至於「氣、形、質，具而未離」，是否亦可以叫作「無」呢？我們認爲，「氣、形、質，具而未離」，仍是夷希微三者混而爲一，這當然仍是「無」，所以「它就是無極」。我們可以這樣的說，就其是「具而未離」言，「它就是無極」；就其是「混而爲一」或「變而爲一」言，它就是太極。無極與太極，都是對於本體的一種稱謂。本體在變易之過程中，確有可稱之爲無極與太極者；惟周易祇講太極，如「是故易有太極」；老子道德經雖講無及夷希微三者混而爲一；但都不如易緯乾鑿度這樣具體的把無或無極描述出來。當然有人認爲這是沒有必要的；不過，爲使一般人能較爲深入的體認到本體之化機，這些描述仍有其必要。

現在我們應該明白了，本體是以「易」而發揮其可久可大之變化的機能，也成就了我們的世界。它將自己的至誠無二的無有差別的本性，在「易」的過程中，本於簡易的原則，在「不易」或「易定」之「變易」中，成就了多，也就是成就了形而下之現象界。易繫辭曰：

易，无思也，无為也，寂然不動，感而遂通天下之故。（上傳第十章）

乾坤其易之縕邪！乾坤成列而易立乎其中矣。乾坤毀，則无以見易；易不可見，則乾

坤或幾乎息矣。（上傳第十二章）

我們對於前文所陳述的關於「易」之各種詮釋若有所領悟，當然對於這所說的會有清楚的理解；對於這有清楚的理解，則知「易」究竟是什麼了。「易」是就本體之變化的機能而言。「易」是本體至誠之本性在「不容已」的變化中而顯現了本體的可久可大的這個變化的功能。沒有「易」便沒有本體可言。變化是「易」所顯現的現象，「易」是變化之所以爲變化；也就是至誠至真之本體所顯現的變化。有人一定會問：本體爲什麼會有變化呢？我們認爲，本體若沒有變化，則不會有我們的世界；我們的世界是在變化中生成，這是沒有疑問的。本體有變化，這是一真的事實；至於爲什麼會有變化呢？乃「剛柔相推」的結果。何以會「剛柔相推」呢？乃此有無同一之本體，具此相反相成之理。這是自然而然，亦即「寂然不動，感而遂通天下之故」。我們知道，電腦是輸入輸出；而且必須人工通電，這不是自然的。佛家有自性具足之說，這就是說，本體是自性具足，用不著輸入而可以作無限的輸出。從認識的觀點來說，這仍然脫離不了刺激反應的歷程；但從「開物成務」來說，卻無一不是自然而然。本體是自然而然的，亦即不是我們所習知的由原因產生結果的；而且是「不容已」的顯現了變化，成就了我們所習知的世界。我們認爲，本體之所以有變化，它除了是相反相成之理體外，確是自在自爲，亦即確是自然而然的。這和「未見氣」而有「氣之始」的問題是一樣的；這也是答覆了爲什麼會由無而有，由無限而有限。這整個的變化過程就是「易」。這是我們更進一步的認識了「易」；也是更進一步的認識了這道之本體與宇宙的本體是什麼。

本體是由無而有，由無形而有形，是「氣、形、質，具而未離」，是「混而爲一」或「變而爲一」，是以「簡易」之原則，「不易」之方式，「變易」之過程，顯現了本體自身之變化。本體是以「易」而顯現爲存在，沒有「易」便不能顯現本體的存在。本體存在之本質是「易」，這是毫無疑義的。

六、易有太極

從本體是「易」，我們可以看出本體是一實體。它不是虛構的存在，它不是純粹抽象的觀念「有」，它是存在之所以爲存在，外在世界之所以爲外在世界。我們已指陳了，本體之所以有變易，它是自然而然的；至於本體是如何變易的，其詳應留待宇宙論再講，現在僅就「易有太極」而略作說明。

易繫辭曰：「是故易有太極，是生兩儀，兩儀生四象，四象生八卦，八卦定吉凶，吉凶生大業。」（上傳第一十章）這是從本體論講到宇宙論與認識論。若祇從本體來講，太極是氣之始，形之始，質之始；氣形質，具而未離，變而爲一，所以太極就是一。一與無是同義字。朱晦翁周易本義曰：「一每生二，自然之理也。易者，陰陽之變；太極者，其理也。」晦翁此說，實未能說出周易之本義。我們認爲，易緯乾鑿度所說「易始於太極」是很正確的。依易緯此說，太極之前有太易。太易實是無易，太極才是有易，所以是「易始於太極」。太極何以是有易呢？因爲太極是一，是就本體而立名。太極的本身就是本體，本體是實體。晦翁曰：「太極者，其理也」，他確是未能體會到，太極是本體的稱謂。他祇知理與氣，而不知理與塗。總結我們對於本體所作之研究，可以描述爲：

氣的本體。這和唯心論者一樣的，祇知本心本性，而不知是本體的本性。這都是聰明人的糊

本體是「先天地生」。

本體是「無」或「無名」。

本體是有與無之同一。

本體是宇宙之所以為宇宙或世界之所以為世界。

本體存在之本性即至誠。

本體存在之本質是「易」。

現在我們說，本體即是太極。太極乃本體之稱謂，它可以作各種描述。例如「先天地生」，「無」或「無名」，有與無之同一等等，其意義都很明白，都很確定。太極則應由我們賦予它的意義。馮友蘭說：

所有之理之全體，我們亦可以之為一全而思之，此全即是太極。所有眾理之全，即是所有眾極之全，總括眾極，故曰太極。朱子說：「事事物物皆有個極，是道理極致。總天地萬物之理，便是太極。」（語類卷九十四）

太極即是眾理之全，所以其中是萬理具備。從萬理具備之觀點以觀太極，則太極是「沖

漠無朕；萬象森然。」「沖漠無朕」，以言其非實際底；「萬象森然」，以言其萬理具備。萬理不生不滅，不增不減，亦可用佛家所說真如名之。真者一切眾理，皆是真有，并不虛妄；如者，一切眾理，各如其性。不過此真如中萬理具備，并不是空，朱子以此區別儒釋。朱子說：「太極是陰陽五行之理皆有，不是空底物事。若是空時，如釋氏說性相似。」（語類卷九十四）又說：「天命之謂性，此句謂空無一法耶？謂萬理畢具耶？若空，則浮屠勝；果實，則儒者勝。」（文集卷三十一）⑱

這是馮友蘭爲太極作解釋，也是爲朱晦翁作解釋。馮氏與朱子，認爲太極是眾理之全或萬理畢具。他們認爲，此沖穆無朕之太極不能是實體，祇能是理，「是道理極致」。馮氏之說，可以不論；因爲所謂「眾理之全」或「以之爲一全而思之」，在表面看來，頗有哲學的味道，亦是爲「萬理畢具」作解釋，事實上卻全是廢話。我們試想，有「眾理之全」這樣的「全」嗎？若「以之爲一全而思之」，則這個「全」必是排除差異的，是不有眾理的；否則，便祇能稱之爲多，而不能稱之爲全了。若以爲這個全就是包括所有份子的全體，那是無此可能的，因爲任何包括，都不可能是全；而且，這不是形上學的全；所以，「以之爲一全而思之」是一廢話。至於朱子對太極的解釋，語多矛盾，例如：

⑱ 馮友蘭著：新理學第一章。

無極而太極，人都想像有箇光明底物在那裡，卻不知本是說無這物事，只是有個理，能如此動靜而已。

動靜非太極，而所以動靜者，乃太極也；故謂非動靜外別有太極則可，謂動靜便是太極之道則不可。

既有理便有氣，既有氣，則理又在乎氣之中。

太極生陰陽，理生氣也。陰陽既生，則太極在其中，理復在氣之內也。

所謂太極者，便只在陰陽裡；所謂陰陽者，便只在太極裡，今人說是陰陽上別有一個無形無影底是太極，非也。

老子之言有無，以有無為二；周子之言有無，以有無為一。⑲

朱子對於太極之解釋，例不勝舉。從以上各例，我們可以看出：第一，朱子是誤會了老子，因爲老子是以有無爲一。前文討論「無」是什麼時，曾有很清楚之說明。朱子爲什麼有此誤會呢？可以說是儒家對道家的一種成見。第二，朱子既主張「以有無爲一」，而又一再的肯定太極「只在陰陽裡」，「非動靜外別有太極」，卻又毫無轉圜餘地的斷言：「太極者，其理也」，「總天地萬物之理，便是太極」，豈非自相矛盾。第三，「總天地萬物之理便是太極」這句話，似乎是根據「有物有則」之說，而認爲萬物既爲太極所演化，則太極必是總

⑲ 詳見周子全書及性理大全。

天地萬物之理。這好像是說，太極是準備好萬物之理再來演化萬物。假如朱子沒有這個意思，那麼，總天地萬物之理作何解釋呢？我不知這爲後人尊敬的一代大儒爲什麼沒有發現這個困難？須知「有物有則」，決非等於「有則有物」。這就是說，某物之所以爲某物，有其必須依照之則或理，這是不錯的。我們人類，準備一整套計劃，類似所謂總天地萬物之理，這也是有的；若以爲太極也是如此，那是天大的笑話。「希言自然，故飄風不終朝，驟雨不終日，孰爲此者？天地。」（老子第廿三章）這就是太極之理。太極祇是一陰一陽，一動一靜，一闔一闢，剛柔相推，如此而已，那來許多的總天地萬物之理。朱子自己也說：「理無情意，無計度，無造作。」「理是個潔淨空闊底世界，無形跡，他卻不會造作。」（語類卷一）理既是「無情意，無計度」，是「潔淨空闊底」，那來總天地萬物之理呢？難道這不是自相予盾嗎？

第四，濂溪先生的「太極圖說」是不錯的。濂溪先生說：

> 無極而太極。太極動而生陽，動極而靜，靜而生陰，靜極復動，一動一靜，互為其根，分陰分陽，兩儀立焉。……五行一陰陽也，陰陽一太極也，太極本無極也。五行之生也，各一其性。（周子全書卷一）

在此須特作說明者，「太極圖說」是特別強調，無極，太極，陰陽，五行是一而非二，即不是五行之外另有陰陽，陰陽之外另有太極，太極之外另有無極，而是全都「混而爲一」，或者說「就是一」。我覺得佛家及熊十力先生海水與眾漚的比喻非常懇切。此即海水顯現爲眾漚，而眾漚仍是不折不扣的海水。這當然要回味到易緯的「氣、形、質，具而未離」的觀念。太極是「具而未離」「變而爲一」之一。這個一，從其是無來說，是夷希微三者混而爲一之一；從其是有來說，則是「氣、形、質，具而未離」了；因其如此，所以是：五行也，陰陽也，皆是太極也，太極本無極也。朱子未能明白此點，總以爲「太極之體，冲漠無朕，不可謂之有」，而認爲太極祇能是動靜陰陽之理。這就是他未能真的見到有無之同一；也就是未能達到「太冲莫勝」或「無所住心」的境界。他自己「以有無爲二」，反而說老子「以有無爲二」。他覺得，應該以有無爲一，但因見得不真切，所以常常露出「以有無爲二」的思想。他說，「太極生陰陽，理生氣也」，這足可證明他確是以理氣爲二，以有無爲二。他似乎以理當作實體。我們認爲，理不能是實體；因爲理是理，實體是實體，不二亦不一，這在前文已有論及；所以太極生陰陽，我們應該說，是太極本身具有生陰生陽之理而生陰生陽，不能說是「理生氣也」。朱子語類卷第一有這樣的兩則問答：

> 問先有理抑先有氣？曰，理未嘗離乎氣；然理形而上者，氣形而下者，自形而上下言，豈無先後。理無形，氣便粗有渣滓。
>
> 或問，必有是理，然後有是氣，如何？曰，此本無先後之可言，然必欲推其所從來，則須說先有是理；然理又非別為一物，即存乎是氣之中；無是氣，則是理亦無掛搭處。……

語類卷一，談理氣先後者仍多，僅就這兩則略作分析於下：第一，朱子認爲，理是形而上者，并以爲形而上者祇能是理；第二，他認爲，理應該有「掛搭處」，所以他認爲「理未嘗離乎氣」；第三，理氣「本無先後之可言」；但「自形而上下言，豈無先後」。從這三點分析，我們可以看出，朱子自己必已感到有些夾纏不清了。這就是他未能見自本性，未能真的見到有與無之同一；所以他不知「氣、形、質，具而未離」之「渾淪」確是真理，不知「視之不見，聽之不聞，循之不得，故曰易也」之「易」就是「無」。有人說朱子之學近於科學，此說未必全真，卻亦頗有道理。朱子是從「知性」的觀點來談形上學。他所想像的「無」，與通常一般人本於見聞覺知所謂之「無」是沒有分別的；一般人所謂「無」，即是表示沒有，如我沒有錢，沒有工作，沒有房屋等等；所以朱子認定此形上的無形無影之「無」祇能是理。殊不知，形上學的「無」，不是一屬於知性的概念，而是一屬於靈性的直觀觀念類型。朱子未能有見及此，所以對於此形而上者見得不真切，而總是從形而下的知性的觀點來談形上學，并使人覺得他所講的近於科學。

我們一再的評述朱子，并非有意貶抑朱子，祇是使讀者認識到，我們欲真能識得中國形上學的本體，是必須真的見到有無之同一；否則，必像朱子一樣弄得夾纏不清而產生諸多困難；不過，若不執著「理生氣也」之說，而瞭解此無形無影，無地位可頓放之太極的本身（即本體它自己）是具有生陰生陽之理而生陰生陽，我相信不致再遭遇理論上的困難了。熊十力海水與眾漚的比喻，有人誤以爲是唯物論。我們肯定太極本身具有生陰生陽之理而生陰生陽，也很可能有人誤以爲是唯物論。許多人誤解老子是唯物論者，除前文已略有說明外，在此不願作任何評論，我祇是鄭重的指出：老子、易緯，以及熊十力的新唯識論，都不是唯物論。

茲對於「易有太極」特以一圖示之於左：

（易有太極寫意圖）

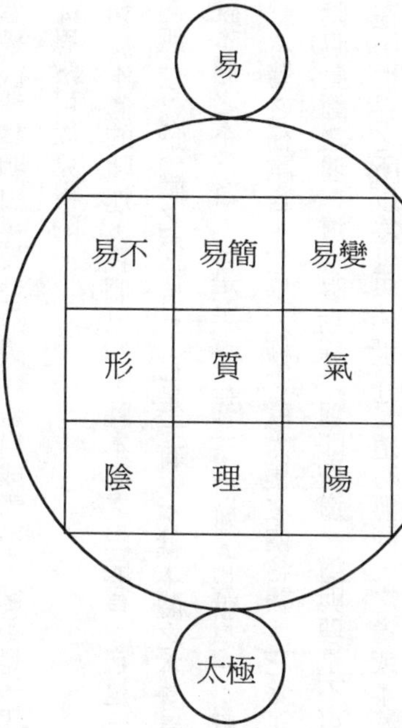

茲將圖意略作說明。首先說明者：太極與易，共立於一圓週之上，此是表示，太極與易，不二不一，此無法以一圖而明示之，祇能寫意而已。再者，將變易簡易不易等，分置於九個方格中，而這九個方格成爲一完整之正方形，置於太極與易所成之圓中，這是表示在太極內或在易中者，是「具而未離」，「混而爲一」。其次，圖中陽理陰可稱第一層，氣質形是第二層，變易簡易不易是第三層；又陽、氣，變易是第一行，理、質、簡易是第二行，陰、形、不易是第三行。從第一層說，太極是有陰陽之理；從第二層說，氣有質而成形或氣成形而有質；從第三層說，易是在易知易從（即簡易）之原則下，以不易之方式而成其變易。從第一行說，變易是陽氣；從第二行說，易知易從之理得而質成；從第三行說，陰氣是在不易中而成形，亦即陰氣因有凝結作用，故能成形。再其次，上圖是很完備的說明了太極之內含，易道之要略。太極是本體之稱謂，是指本體本身；至於「易」，則是指本體之變化。太極與易，因指謂的角度不同，所以是不一；但因都是在彰顯本體，所以是不二。上圖頗能以寫意的方式而表達太極與易之意理。寫意是作畫者的用語，不是很嚴格的。我們對於上圖，不宜從嚴格的思辨來批判它，應從深入的體會來瞭解它；因為它祇是寫意，祇是描述，或甚至祇是一種烘托。它雖然是很清楚明白，於理無違，也自成體系，卻不是一思辨的體系。中國形上學的本體，不是從思辨可以見得的。

綜合以上對於本體的陳述，我們已知：就本體之生成言，它是「先天地生」；就本體之形相言，它是「無」；就本體之存在言，它是「有」；就本體之本身言，它是有與無之同一，也就是道。再就本體之本性言，它是至誠，無二，無雜，也就是一；就本體之本質或化機言，它是「易」；就本體之稱謂言，它是太極；就太極之內含言，它除了是氣、形、質，具而未離外，更具有陰陽動靜之理。這陰陽動靜之理即是道。道與理是不可分的。這理或道，是存在之所以為存在，世界之所以為世界。世界是這有無同一之道或本體，在變易之過程中所顯現之存在。這形上之道的本體或宇宙的本體究竟是什麼？以上已從各方面作了曲盡其義的說明，相信不致再有疑義。

第四節　中一元論的本體哲學

一、中一元論的本體哲學

我們以上對本體所作之描述，特名之爲中一元論的本體哲學；因爲這個「先天地生」而妙性無相的無思無爲之本體，是至誠無二的，是萬化之根本；而這千變萬化的，不外心物二者。這心物二者，原無本質上的不同；所以我們認爲心物本是一，這個一就是中。中究竟是什麼呢？除了第一章中已有說明外，茲再作更具體之說明。中庸第一章有曰：

喜怒哀樂之未發，謂之中；發而皆中節，謂之和。中也者，天下之大本也；和也者，天下之達道也。致中和，天地位焉萬物育焉。

朱晦翁中庸章句曰：「喜、怒、哀、樂，情也，其未發，則性也，無所偏倚，故謂之中；發皆中節，情之正也，無所乖戾，故謂之和。大本者，天命之性，天下之理，皆由此出，道之體也；達道者，循性之謂，天下古今之所共由，道之用也。」晦翁此注，大致不錯。第一，他說未發是性，這是不錯的；但他似乎未瞭解到，這未發之性，即本體之本性（亦即太極之本性，這有無同一者之本性等等）。這個本性之在人者，即是「人之全副力量及生命力」可以說是「天命之」。中庸所謂「天命之謂性」亦正是此意。第二，晦翁中庸章句又說：「蓋天地萬物，本吾一體。吾之心正，則天地之心亦正矣，吾之氣順，則天地之氣亦順矣，故其效驗至於如此。此學問之極功、聖人之能事，初非有待於外，而修道之教，亦在其中矣。是其一體一用，雖有動靜之殊，然必其體立而後用有以行，則其實亦非有兩事也」此所謂「天地萬物，本吾一體」，「則其實亦非有兩事也」，確是不錯的；但所謂「吾之心正，則天地之心亦正矣」，確是一種倒見，上一章中已曾明白的指出朱子此說確是一大錯誤；至於中庸所謂「致中和，天地位焉，萬物育焉」，其正確的意義應是說：人若能秉此未發之本性，達到發而皆中即之和，則可如天地之安其所，萬物之遂其生，亦必能暢此不息之生機，參贊天地之化育。第三，形上與形下，何以「就是一」，我們在前文講「易有太極」時，已說得很明白，所以我們贊同晦翁所說「天地萬物，本吾一體」，「則其實亦非有兩事也」，確是不錯；但是，這亦不是說，未發與已發，性與情是全無區別。此必須深明一本萬殊之理，水與波浪之喻。荀子性惡論，即是誤以情爲性。因爲性是心之本體，至誠無二，所以是至善；情有萬殊，此所以有善有惡。一般人欲能去情欲而復其本原之初，以同於天地之心，是需要一種修養工夫，才能達到喜怒哀樂未發之「中」的這個境界。第四，我對於晦翁所說「中」是「無所偏倚」，原極不以爲然；因爲我覺得，不宜從形下之概念去解釋「中」；但是，若將「無所偏倚」而正確的認定是「中立而不倚」，是真正的擺脫了一切束縛而「無所偏倚」的獲得了意志上或精神上之自由，則此所謂「無所偏倚」確就是「中」。我們知道，佛家講解脫，確是不錯的，可惜一般人弄錯了，以爲死才是解脫。殊不知，真正的解脫，是必須求得精神上或思想上的自在。一個人不能獲得精神上或思想上的自在，就是死了也不會獲得解脫，而祇有入地獄之份。儒家講戒慎、恐懼、不愧屋漏，這也是不錯的；但是，一天到晚，祇是小心翼翼，而不知求得精神上的解脫，看不到人之本性中至大至剛的浩然之氣，沒有懸崖撒手，大死大活的精神，又何能求得精神上或思想上之大自在，又那能真的無所偏倚而見到這個「中」。狷者之所以不能進於道，其故即在於此。總之，這個「天下之大本」的「中」，固然也可以用形而下的概念去解釋，若缺乏形而上的體認，則是毫釐之差，天地懸隔。「中」究竟是什麼呢？從形而上來說，它就是本體之本性，是「心」之未發，是性命或生命力之本源。「人受天地之中以生」，古人所見，確是不差。照這樣說來，中就是中之未發動的真心。這形而下之人性熱情，則是它發動後所顯現的一偏之見。已發未發，原是一體。中究竟是什麼？如此應可以思過半矣。再者，祇有「中」，才是真的一元。因爲，中，不僅超脫唯心唯物之爭；且是「絕諸對待」。這就是說，中，沒有對待。例如，上與下對待、高與低對待、中與不中，則不是對待。不中乃「中」之否定，不能說是對待。所以，祇有中一元論，才是真的一元論。

二、其實一也與祇是一事

我們仍須作進一步說明者，此所謂「中」，乃屬於實體範疇（第一章第三節已有詳盡之說明，請覆按）。這就是說，「中」不是一個概念而是超感性的直觀觀念類型。我們認爲，太極是本體之稱謂，心物本一是太極之內含，「中」則是心物之本來如是，亦即心物之「具而未離」者，所以從本體說中，確是心物本一的。

古人於此有頗爲精確之說明，特引述於左：

程伊川曰：「在天為命，在義為理，在人為性，主於身為心，其實一也。（二程遺書卷一）

朱晦翁曰：「性情心，惟孟子說得好。仁是性，惻隱是情，須從心上發出來。心統性情者也。性只合是如此底，只是理，非有個物事（此說大有病，容後再申述之）。若是有底物事，則既有善，必有惡。惟其無此物，只有理，故無不善。」又曰：「生者心之理，情者心之動，才，便是那情之會恁地者。情與才絕相近。但情是遇物而發，路陌曲折恁地去底，才是那會如此的。要之，千頭萬緒，皆是從心上來。」（朱子語類卷五）又說：「仁義禮智，性也。性無形影可以摸索，只是有這理耳。惟情乃可得而見，惻隱羞惡辭讓是非是也。」（語類卷九）

王龍溪曰：「若悟得心是無善無惡之心，意即無善無惡之意，知即無善無惡之知，物即無善無惡之物。」因此他又說：「體用顯微，只是一機，心意知物，只是一事。」（王龍溪語錄卷一）

以上所引述者，是說明了：(一)命理性心，「其實一也」；(二)性情心，「皆是從心上來」；(三)「心意知物，只是一事」。讀者或許還不明白我引述這些言論之用意所在，茲再引述薛敬軒之說於下：

誠者聖人之本，誠為太極。太極之有動靜，是天命之流行也，天命為太極。天下無性外之物，而性無不在，性為太極。一陰一陽之謂道，道為太極。聖人定之以中正仁義，

> 而主靜立人極焉，仁義中正即太極。以主宰而言謂之帝，帝即太極；以妙用而言謂之神，神即太極，以理而言謂之天，天即太極。德無常師，主善為師；善無常主，協於克一，一為太極。喜怒哀樂未發謂之中，中為太極。心統性情，心為太極。惟皇上帝，降衷於下民，衷為太極。繼之者善也，善為太極。太極者，至大至極至精至妙，無以加尚，萬理之總名也。（張伯行輯：廣近思錄卷之一）

薛氏此說，嚴格的說來，頗嫌粗疏；但頗能發揮「其實一也」或「只是一事」之深義。這就是說，這宇宙的本體，確是至誠無二，神妙無極。它是「先天地生」，是存在之所以為存在者。這是在上一節中，我們已詳為描述的。至於它的主要內含，則不外於一動一靜，剛柔相推而成變化，而化成萬物；然究其實，亦祇有心物之現象而已，而心物二者本就是一。這「一」是什麼呢？它是「混而為一」，有無之同一，沒有差別性的純一，沒有虛偽而至誠無二的真一。「一」就是黑格爾哲學所講的「純有」（pure being）。不過，黑格爾認為「純有」是「必須抽離任一特定事物」，所以黑格爾的「一」是空無物事，而我們所謂之「一」則是直指宇宙的本體。因此，我們所謂之「一」，就其內含言，它是心物之本一；就其本性言，這沒有差別性而至誠無二之「一」，即是「中」，「中」確是「絕諸對待」。再者，我們從本體之由微而著或由隱而顯言（亦即從形而上來看），它是由「先天地生」之「無」而顯現為著明之太極；若從由著而微或由顯而隱來看（亦即從形而下來看），它是由森羅萬象而歸結到祇有心與物之現象可說；而且，心與物這兩個名詞亦是不能成立的。於是，我們應該明白了，從形而上言，我們對本體所作之各種描述，是「其實一也」，是「只是一事」；從形而下言，我們對宇宙萬象，若作歸根結底的窮究，是祇有心物之現象可說，而心物二者是本合爲一的。「一」究竟是什麼呢？簡言之，它就是無二。形上與形下，既皆是無二之「一」，所以，亦是「其實一也」，亦是「祇是一事」。朱晦翁所說的「皆是從心上來」，王龍溪所說的「體用顯微，只是一機，心意知物，只是一事」，實頗能盡其義蘊。惟在此特須指陳者，我們所謂之心，是指心物本一之心而言，亦即是此物理結構的自然而然的自主之靈明所顯現之妙用與功能而已。我們所謂之心是不與物分別的。在我們的哲學裡，唯心論是不能成立的，因爲我們認爲，在現象界，亦即從形而下來說，雖有心物之現象可說；然而在本體界，亦即從形而上來說，是沒有心物可言而只是「一」；所以在我們的哲學裡，不祇是唯心論不能成立，唯物論亦是不能成立的。前文我們已是不厭其詳的而非常明白的陳述了通常在習慣上所謂之物，祇是一系一系的陰電子嬈陽電子之運動而已，祇是剛柔相推而所成之無限多的變化系統而已，那來有我們在習慣上所習以爲常之物呢？唯物論的哲學不能成立，祇要對現代物理學略有認識，便知這是毫無疑義的。

我們回溯近代思想之演變，在十九世紀，達爾文的進化論，可以說是一莫大的勝利；而這個勝利，在實質上，則是機械觀的勝利；於是，唯物論得以盛行。唯物論的另一名稱，可以說就是通俗哲學。因爲唯物論者，既訴諸通俗思想而又用流行文字，所以傳播快而又廣。我國在一九三〇年代，唯物主義的哲學，因其通俗易懂，故極爲風行，即足以說明此點。此與十九世紀後葉在歐洲所發生的情形，亦可能大同而小異。但當人們對一般科學常識有深入了解之後，尤其是量子論興起後，唯物論受重視的程度便日益式微了。唯物論是不能真的解答哲學問題的。再就唯心論而言，前文對於唯心論已略有評述，其在我國，迄無唯心唯物之爭。嚴格說來，陸王一派之心學，實非唯心論者。惟我國古人言心言性，其所指之心，在本意上，雖是不與物分別的，卻因遣詞用字之欠嚴格，致易招人誤解。我今作此詮釋，應可爲讀者所諒解了。

照以上所述，我們所謂之心，乃是指觀念或思想的本身，它是不與物分別的。在形而下來說，它是物理結構所表現的作用或功能，此與有生之物，是由物理結構所表現之生命現象大致相同。在上一節中，我們陳述「本體存在之本質是易」時，我們曾說：「這形而上的本體或實體，它是如何存在的？很顯然的，它就是易，也就是遷流不居，生物不測。」我們也曾說：「本體是以『易』而顯現爲存在，沒有『易』便不能顯現本體的存在。」易是生的根本，生是易的現象。生命與心物，都是本體之「易」所顯現的現象。因此，這形而上之「易」，或所謂「畫前之易」，⑳它是直指本體之本性而言，它是「第一義」，而生與心物則落入第二義了。這就是說，若是心之本體則是第一義或究竟義（亦即是最後的意義）；因爲心之本體是本體之本性，也就是「易」。它是真實無妄的，不是感性之知所能猜測的。所以朱子「性即理」之說，雖無不當；若認性祇是理，不是真實无妄之存在，而認爲「非是有個物事」，卻是以意度之。須知這本體之本性，固不可說「是有個物事」，亦不可說「非是有個物事」，此

⑳ 所謂畫前之易或畫前有易，皆是指陰陽八卦未畫出以前的陰陽八卦之理，亦即是「無」。

是朱子之誤。他確是未能識得此非心非物而又是亦心亦物之本體。此是朱子所有錯誤之根本。

三、幾點綜合的說明

我們已說明了「中」是什麼，也說明了「中」何以是心物本一之一，茲更進一步的作幾點綜合的說明，使我們對於中一元論的本體哲學，有更爲明確之認識。

第一，我們是稱謂宇宙的本體爲太極，它是無方所、無形相、無差異、也可以說是無內含的；而且是無計度，是清靜無爲，是什麼全無；但是，它卻是虛靈不昧，是自存的有，是一切存在之最後原因。它是自因的（Self-Caused），是物之所以爲物的根本。爲什麼呢？以上所作之各種描述與說明，應是很清楚的解答了這個問題。

第二，我們所謂之太極，既是由無而有，亦既是有與無之同一；那麼，它便是「非無非有，亦無亦有」，而不落有無兩邊了。中論曰：

> 但為引導眾生故，以假名說，離有無二邊，故名為中道。是法無性故，不得言有；亦無空故，不得言無。㉑

我們認爲，以「中」爲離有無兩邊，較之晦翁無所偏倚之說，實爲恰當；惟以「中」是

㉑ 龍樹造，青目釋，姚秦三藏法師鳩摩羅什譯：「中論」卷六，觀四諦品第廿四。

無性，是謂既「不得言有」，亦「不得言無」，原無不當；若執著無性，而無視「不得言無」，則是大錯。這裡仍須指出者，此不落有無兩邊者，亦即是不離有無兩邊者，我們將它叫作「中」，應無不妥。這個「中」，與有無同一之太極的「義蘊」（Essence）實完全相同。這個「中」，它既是心之本體，也就是宇宙之本體。這就是說，這個「中」，就其是未發言，它是宇宙本體之本性；就其是「非無非有，亦無亦有」言，它就是宇宙本體之自身。

第三，當我們說，中是未發，此未發究竟是什麼呢？照前文所說，未發是心之本體，心之本體可以說即是能思之本體。當我們說心是能思的這個時候，即是此心尚未思想的時候，頗類似孟子所說的「平旦之氣」；若心已思想，便有所思。例如我想到筆，這想到就是所思，這筆則是所思的內容，所思必是有內容的，姑不論其是否胡思亂想。有人說，他的腦中是一片空白，此不是壞事，而是接近能思之體，亦即接近喜怒哀樂未發之心的本體了。心之本體祇是能思，是尚未思想的時候，是思想之本身而已，它全無所思之內容。能思與所思是截然不同的兩件事。所思是一套觀念，能思則是觀念者。一套觀念與觀念者，很顯然的不是一件事。中是觀念者之本體，是物理結構所顯現的功能，是他在的，所以中一元論不是觀念論。中是心物本一之一，中一元論即心物一元論，亦即心物本一論。

第四，我們說「中」不是觀念，而是觀念者，而是能思之本體。這能思之本體即是思想或心之本體（是不與物分別的），亦即是「中」或太極。我們知道，太極是「無」，是有無之同一；「中」是未發，是不落有無兩邊，但亦不離有無兩邊。「中」既是未發，則就是沒有「所思」；然而它是能思之本體，能思就是「思想」，亦即此能思之本體，雖沒有所思，卻必是思想。這就是說，當能思之本體而沒有所思時，它就是單純的思想，就是思想它自己。思想（此當作主詞）思想（此當作動詞）它自己時，這就是能思與所思的真正合一，也就是思想者與思想之合一。第一章所謂之能思與所思，乃「同一件事」，亦正是此意。當我們達到這種合一時，也就是見到了「中」，見到了思想它自己。每讀禪宗語錄，深覺禪宗大師們，他們畢生的努力，即在於求得能思與所思之真正合一。這必須摒除一切感官之知，而得到一種「睿智的直觀」，即前文所一再指陳的「超感性的直觀」，亦可稱之爲「超範疇的直覺」。在中國哲學裡，欲達到這種境界確是很難的。這就是說，欲識得心之本體，要真的懂得「中」一元論的哲學，并不是一件很容易的事。

第五，這境界誠然高深而難知，但并非不能證得。當我們獲得了一種「超感性的直觀」時，即是證得了此心之本體，而達到了這個境界。這不是一種秘密境界，而是疑情盡釋的一種心靈狀態。這種境界之獲得，必是從懷疑開始，直到疑之無可再疑；而且對於這個疑難，有一種「蚊子叮鐵牛」，「狗咬熱油鐺」的既不能捨棄，又無從下手的感覺。當有一天，好像在暗室中，所有窗戶都突然打開了，所有疑團都突然打破了，這個時候便會證得了心之本體。不會懷疑者，安其所習者；而且不是「打破沙鍋問到底」者，他永不會臻此境界。上章中曾引述禪宗門下所說：「大疑則大悟，小疑則小悟，不疑則不悟」，不疑者是不會證得心之本體。當證得心之本體亦即生無所住心時，必是感官之知皆已泯滅，而惟有良知獨耀。這個時候，必是真正的毋我，而有一種大無畏精神或浩然之氣，而真的體現了人之全幅力量。這個時候，你真會體認到有無之同一，而空間已泯，時間已停，祇有當下。這個當下，就是上一章中所說的定境，也就是永恒，就是不生不滅。這就是真的獲得了「超感性的直觀」，也就是真的觀無之妙而豁然貫通了。這種豁然貫通後的心境，才是一種真正的至誠無二的心境，才是一種沒有任何束縛，沒有任何被欺騙，被蠱惑的絕對自由而又絕對純潔的心境。這絕對純潔的心境，就是仁、中、誠等等，也就是如前文薛敬軒所說的至大至極至精至妙之太極。我們中國形上學的本體，是通過如此的一種認識而被證知；所以這個本體是認識者的認識，是能知者的所知，是有內含；而且，不祇是某一個人的觀念，而是他在的；因此，這不是認識論而是本體論。這個認識，在先秦時代，孔孟老莊是很清楚的，我們用這個觀點去讀他們的書，才會真的懂得。三代以後，禪宗諸大師以及宋明諸子，大多有此造詣。會者是可以以心印心，相互印證，而不是隨便可以揑造得出來的，也不是沒有意義的（請覆按第一章第三、四兩節）。照這樣說來，我們的「中」一元論或心物本一論的哲學，是一種甚深境界的認識，亦是此「心之所同然者」（見孟子告子上），所以不是我個人的一己之見，是許多有此造詣之人的一種共識。佛家稱此共識爲慧命，是智慧的生命。真正的智慧，是永恒的生命。王陽明稱之爲恒照體，確是不錯的。

照以上所述，中一元論的本體哲學是什麼？它是否可以正確無誤的表達出中國形上學的本體論？這祇有請讀者自己作答了。

四、就黑格爾哲學作進一步說明

我們曾一再引述黑格爾哲學與我們的哲學作比較的說明，茲再引述其學說，以進一步的說明「中」即黑格爾所謂之「有」。黑格爾認爲這「本來如是」的最高可能的抽象性，即可知之宇宙萬象所共具的有（being）之概念。有，此「如是有」（isness）之性質，顯然是最高可能之抽象品。所以「有」是究竟可能的範疇，也是第一範疇，㉒我們則稱之爲究竟義或第一義。黑格爾又認爲「有」或「純有」是論理學的始源。他認爲「純有是純粹思想，是純粹未被確定過的直接態。」㉓他又說：「所謂純有，是純粹抽象性，是絕對的否定物，按其直接看來，就是『無』了。」（同註廿三，第八十七節）因此，黑格爾是爲絕對者得到兩個定義：第一個定義是：「絕對者是有」；第二個定義是：「絕對者是無」。絕對者何以是無？因爲絕對者或物自體，必是無特性的，無形式的，無內容的。這就是說，絕對者應該是一種無特性、無形式、無內容的；但是，卻是一種「有」。黑格爾叫它爲「純有」。此所謂純有是純粹無確定性的，實就是前文所一再提及的「無所住心」，亦即我們所謂之「中」。黑格爾說：「純有和純無只存在於人類的思想中，這兩個同是始源，同是空虛的抽象態。」黑格爾認爲有與無同是始源的這個看法，大致是不錯的。因爲從「未被媒介過的，未被確定過的」始源之「有」來說，它確是與「無」同一。這就是說，從形而上的本體界來說，有與無同一是不錯的；但是，黑格爾認爲純有和純無只存在於人類的思想中，同是空虛的抽象態，這確是黑格爾哲學的最根本的錯誤。即以我們所謂之「中」而論，照佛家的看法，它是離有

㉒ 同註❿，卷一第一章。

㉓ 黑格爾：小論理學第八十六節。王述先譯，臺灣帕米爾書局。

無二邊的，因此，它既不是有，亦不是無。這個道理很明白，即：就其不是無而言，它必是有；就其不是有而言，它必是無。於是，必有一種「有」，它既是無，也是有；這種「有」，我們說它是「中」，是「一」，是太極，是存在之宇宙的本體。它不是祇存在於人類思想之中，而是真正的存在；不過，祇有人類的真正的思想，才能體認或洞澈它的存在。這不是以普通的常識便可以推測的，亦不是以通俗的科學便可以計度的，所以我們認爲必須要獲得一種「超感性的直觀」或「超範疇的直覺」，也就是要泯滅感性之知，亦即掃除一切知見，達到「非意識所行境界」，以認識思想的本身或心之本體，而澈悟宇宙本體之本性，才真能認識宇宙本體之存在。黑格爾從思辨上能認識到宇宙本體的有無同一之本性，這是很了不起的；但他未能認識到這就是宇宙本體之存在，這是因爲他被當時流行的知見所惑，而未能認識到這「無極而太極」的本體。這宇宙本體的存在，以及其所具有之本性，我們以上之描述及分析，實已相當明白。我相信讀者也應該明白了，這未發之中，既是宇宙本體之本性，也就是宇宙本體之本身。它是「絕對者」。它是始源的「本來如是」，是宇宙萬象所共具的「本來如是」，是存在之所以爲存在，是一切存在之根本。它雖是空虛的抽象態，卻是最真實而最具體的存在。真空而妙有，無極而太極，這不祇是存在於人類思想之中，而是完全真實的存在，此所以我們的「中」一元論不是觀念論而是心物本一論。

五、再就羅素哲學以爲說明

羅素在哲學大綱中曾說：

我們可以看出，我的觀點既不是唯物主義的，也不是唯心主義的，而是施福爾博士（Dr. H.M. Sheffer）所提出的，我名之為「中一元論」（neutral monism）。這個一元論，即因為世界之中只有一種太素，是所謂「事點」。但這也可以說是多元論，因為我承認有無數的事點，每個最小的事點都是一個自存的邏輯之實體（logically self-subsistent entity）。㉔

羅素此所說的，已近似於我們所謂之「無」，因爲此所謂之「事點」，正如秦斯爵士所說的，如果討論它「佔多大的地方，正於討論恐懼，焦急佔多大的地方，一樣地不具意義」（請覆按上節）。不過，事點之存在，雖不能以人類之感官察知，卻能以精密之現代的科學儀器測知，而我們所謂之本體，必須至「非意識所行境界」才能證悟，所以「事點」雖是「自存的邏輯之實體」，仍與我們所謂之自存之本體這個實體，有本質上的不同。科學日新月異，今後將有什麼新的發現，未可預知。我們在此可以肯定的指出者，凡是用儀器可以測出者，皆是本體所顯現之現象。本體是現象之所以爲現象而不是現象。本體不與任何科學儀器相通，惟人之本心可以悟知；若有一種儀器，能識得人之本心，它然後可以洞見宇宙的本體。科學是否可以臻此境界，未敢妄加臆測。我嘗讀禪宗公案，見許多豪傑之士，經過千辛萬苦，總是不契，總是隔了一層紙而截不破。紙是最薄而易破者，卻有許多人窮畢生之力而截不破，此中原因甚多，在此不擬詳加論列；但我們可以明白的指出者，黑格爾與羅素，是欠此「一

㉔ Russell outline of philosophy 第廿六章，頁二三九。

躍」的。假如他們對此密不通風的向上一路，能夠有所突破，他們必會說「啊！」，必會真見到這個「原來如此」或「本來如是」，而黑格爾所謂之「純有」，羅素所主張的「中一元論」，便與我們的哲學沒有什麼不同了。在此仍須稍作說明者，neutral monism，一般人是譯爲中立一元論。查neutral一詞，固有中立之義，卻亦有無色、無性、中性等義，與中庸所謂之喜怒哀樂之未發，雖不相同；若將其解釋爲不落有無兩邊之中，實無不可，所以特譯爲中一元論。再者，羅素所謂之一元，是「因爲世界之中只有一種太素，是所謂『事點』。」但因爲是「有無數的事點」，所以「也可以說是多元論」。我們所謂的一元，不是說「世界之中只有一種太素」，而是說世界之所以爲世界者，亦即是世界存在之根本，是「無」，是「有無之同一」。這個排除一切差異的，無一切特性的，而視之不見，聽之不聞，觸之不得的混而爲一之一，當然是一。你能說它是什麼呢？你除了能說它是「無」外，它也是有，它所以是有無同一之一；而且，形上與形下，是「其實一也」，「只是一事」。這與羅素「只有一種太素」而又是「有無數的事點」之說相通。僅管我們與羅素有思想層次上之不同，卻亦不是說，這形而上的直觀觀念類型，不是不可以以形下之事象爲例而作解釋。羅素是見到了一與多之真相，可以作爲「一即一切，一切即一」之註腳。前文我們曾說到形而上之心物本一之二元與形而上之心物具存之二元，這二元即是多元。二元是指無對待而言。來知德說：「對待者數」。有對待便有二。有二才有數。當一是指無對待而言，它不是數；所以這個一，無礙其爲多；多，無害其爲一。但是世界之所以存在，乃因有對待。有對待便有二。這個二亦不宜當作數看，因爲它是無數的（即是數不清的），所以就是多。多無害其爲一，一無礙其爲多。這是從常識的觀點，或者是從亞里斯多德以來之西方形上學的觀點，是無法瞭解的；然而從我們的形而上學來說，這確是真理。本體之本性，也確是如此；而且亦爲現代的科學理論所許可。我們的中一元論的本體哲學，不是感官之知所可測度，是必須通過形而上的直觀才能懂得。什麼是中國形上學的本體論？以上所作之陳述，都是針對這個問題而提出了應有的答案。

六、中一元論與中國之道統

就以上所作之分析與說明，我們當可以明白的體會出，中一元論即心物本一論，亦即中國形上學本體論之最好註腳；因爲要能對這有無同一而至真無二之本體，用一個觀念來加以描述而恰到好處，除這個「中」外，實在再找不出更恰當的名詞；而且，這個「中」是「心之所同然者」，達到這個境界者，都會有此認識。孟子曰：「先聖後聖，其揆一也。」（孟子離婁下）誠如雅士培所說的「哲學一開始就有一些不可更易的東西。」這些不變的東西，地無分東西南北，時間不論過去未來，祇要造此境界，即會有此認識。「中」是一種認識，而「中」之本身則是一種存在。例如「花」，它固是一種現象的存在，卻也是我們的一種認識。有人可能認爲「中」不是存在，祇是我個人的觀念。假如他真能讀通我們的哲學，便知：認爲「中」是存在者，不是我一個人的一己之見。再就以上的幾點綜合說明來說，讀者如能詳加審查，而且絕對不用略讀與快讀的方法，我相信一定會認識出「中」是一種存在。這個存在也就是證明了中國歷聖相傳之道統確是存在的。

宋儒所講的道統，即眾所週知的：「人心惟危，道心惟微，惟精惟一，允執厥中」這所謂十六字心傳。宋儒很可能受了韓愈的影響。韓愈「原道」一文有曰：

> 夫所謂先王之教者，何也？博愛之謂仁，行而宜之之謂義，由是而之焉之謂道，……曰，斯道也，何道也？曰，斯吾所謂道也，……堯以是傳之舜，舜以是傳之禹，禹以是傳之湯，湯以是傳之文武周公，文武周公傳之孔子，孔子傳之孟軻，軻之死不得其傳焉。

韓愈「只是文人之雄耳」（此為王陽明評語），在哲學上并無高深之造詣；但是，卻發生了很大的影響。在韓愈以前，楊雄曾說：「孔子習周公者也，顏淵習孔子者也。」「仰聖人而知眾說之小也，學之爲王者事，其已久矣，堯舜禹湯文武汲汲，仲尼皇皇，其已久矣。」㉕漢末徐幹也曾說：「聖人亦相因而學也。孔子因於文武，文武因於成湯，成湯因於夏后，夏后因於堯舜，故六籍者，群聖相因之書，其人雖亡，其道猶存。」㉖他們這都是在說道統；但是他們的學說，都沒有發生影響。宋代道學興起，可能是時代使然，而韓愈提倡之功，實不可歿。

㉕ 楊雄著：「法言」治學第一，四部集要，叢書部，「漢魏叢書」明，程榮輯，新興書局版。

㉖ 徐幹著：「中論」，明，程榮輯，「漢魏叢書」新興書局版。

清初顧炎武反對言心言性，爾後訓詁考據之學盛行。清儒認爲，十六字心傳既是載於僞古文尚書大禹謨中，那麼，心傳之說，實爲宋儒的無稽之談。我們認爲，孔孟之徒，確實有道統這個觀念。孔子是認定華夏文化，確有其一脈相承之傳統而無疑。孔子是「祖述堯舜，憲章文武」的。孔子曰：「殷因於夏禮，所損益可知也；周因於殷禮，所損益可知也；其或繼周者，雖百世可知也。」孔子這話，雖是在講因革損益，卻亦證明他確是重視傳統。又論語堯曰第二十有曰：

> 堯曰：咨、爾舜、天之曆數在爾躬，允執其中，四海困窮，天祿永終。舜亦以命禹。曰：予小子履，敢用玄牡，敢昭告予皇皇后帝，有罪不敢赦。帝臣不蔽，簡在帝心。朕躬有罪，無以萬方；萬方有罪，罪在朕躬。周有大賚，善人是富，雖有周親，不如仁人。百姓有過，在予一人。……。

又孟子離婁下曰：「予未得爲孔子徒也，予私淑諸人也。」盡心下更曰：「由堯舜至於湯，五百有餘歲，若禹、皋陶則見而知之，若湯則聞而知之。由湯至於文王，五百有餘歲，若伊尹、萊朱則見而知之，若文王則聞而知之。由文王至於孔子，五百有餘歲，若太公望、散宜生則見而知之，若孔子則聞而知之。由孔子而來，至於今百有餘歲，去聖人之世，若此其未遠也，近聖人之居，若此其甚也，然而無有乎爾，則亦無有乎爾。」就論孟二書這所說的看來，這是以歷代仁政及文化傳承，視之爲道統。孔孟確是肯定有道統之存在。他們是以

「允執其中」爲道統之核心。因此，我們姑不論大禹謨是否爲僞書，十六字心傳是否爲後人所僞造?宋儒道統之說，是不容否定的。因爲論語堯曰所說的，「允執其中」之「中」，它就是「道之大原」，道之本身。孟子所講的仁義，實是由「中」導出的。清儒既未否定論語，而竟然企圖否定心傳，此亦足證清儒之簡陋。清儒也可能由於政治上的原因，故不敢明言中華文化之一脈相承的道統。

總之，在我們哲學裡，哲學是有其「不可更易的東西」。這永恒不變的宇宙的本體，這宇宙本體之本性，這始源的「本來如是」或本來面目，這心之本體，這未發之中，這「心之所同然者」，這「道之大原出於天者」，它是不可更易的。無論今人古人，凡臻此境界者，必皆有此共識，此所以道統之說，確是不容置疑。我們是在窮究中國形上學的本體哲學時，發現了這個事實。我們的中一元論的本體哲學，即在於將這個「允執其中」的中國歷聖相傳之道統，亦即中華文化之本根，從現代學術的觀點，而且絕不失其原意的，作深入之探討與發揚。讀者應「灼然而無疑焉」。

第三章　儒釋道三家本體論之同異（上）

第一節　先秦道家：老莊哲學的本體論

一、老子哲學的本體論

我們爲求對中國形上學的本體論，有更爲明白之瞭解，特再就儒釋道三家本體論之同異，作比較的說明，茲先從老子哲學的本體論講起。

老子的本體哲學即玄學。他認爲道之本體是「先天地生」（老子第廿五章），是「自古及今，其名不去」（第廿一章），是夷希微三者混而爲一，是「迎之不見其首，隨之不見其後」（第十四章），是「無」或「無名」（第一章），是有無之同一等等，以上兩章，已言之詳矣，茲更將其他有關本體哲學者錄之於左：

道沖而用之，或不盈，淵兮似萬物之宗。……吾不知誰之子，象帝之先。（第四章）

虛而不屈，動而愈出，多言數窮，不如守中。（第五章）

谷神不死，是謂玄牝，玄牝之門，是謂天地根。（第六章）

天地所以能長且久者，以其不自生，故能長生。（第七章）

生而不有，為而不恃，長而不宰，是謂玄德。（第十章）

萬物竝作，吾以觀復。夫物芸芸，各復歸其根。歸根曰靜，是謂復命。復命曰常，知常曰明。……（第十六章）

為天下谿，常德不離，復歸於嬰兒。……為天下式，常德不忒，復歸於無極。……為天下谷，常德乃足，復歸於樸。樸散則為器。……（第二十八章）

道常無名，樸雖小，天下莫能臣也。……譬道之在天下，猶川谷之於江海。（第三十二章）

大道氾兮，其可左右。萬物恃之，而生，而不辭，功成不名，有衣養萬物而不為主。常無欲，可名於小。萬物歸焉而不為主，可名為大。以其終不自為大，故能成其大。（第三十四章）

執大象，天下往，往而不害，安平太，……道之出口，淡乎其無味，視之不足見，聽之不足聞，用之不足既。（第三十五章）

道常無為而無不為。（第三十七章）

昔之得一者，天得一以清，地得一以寧，神得一以靈，谷得一以盈，萬物得一以生，……（第三十九章）

天下萬物生於有，有生於無。（第四十章）

大象無形，道隱無名。夫唯道，善貸且成。（第四十一章）

道生一，一生二，二生三，三生萬物。萬物負陰而抱陽，……（第四十二章）

道生之，德畜之，物形之，勢成之。……生而不有，為而不恃，長而不宰，是謂玄德。（第五十一章）

塞其兌，閉其門，挫其銳，解其分，和其光，同其塵，是謂玄同。……（第五十六章）

道者萬物之奧，善人之寶，不善人之所保。……（第六十二章）

常知稽式，是謂玄德，玄德深矣遠矣，與物反矣，然後乃至大順。（第六十五章）

老子一書共八十一章，以上所引用的，總共達二十三章。它除了講道之生成，道之形相，道之存在以外，特著重於講道之德。老子一書，除了講道之自身，道之本體以外，其餘皆是講道之德者。至於以上所引用者，如「虛而不屈，動而愈屈」（五章），「谷神不死」（六章），「冲而用之」（四章）等等，皆是講本體有如此之本性與如此之功用。嚴復曰：「以其虛故曰谷；以其因應無窮，故曰神；以其不屈愈出，故曰不死。三者皆道之德也。」這與莊子「得其環中，以應無窮」之義相同。這是講本體自身之德，亦即是講本體之本性。本體是至真實而又至冲虛的。至於本體何以能化生萬物？因爲本體是「無爲而無不爲」（卅七章），是「一」（卅九章與四十二章），是「萬物之奧」（六十二章）是「無」與無形（四十及四十一兩章），是「無名」，「無欲」，「無極」，平淡而不自大（廿八、卅二、卅四、卅五各章）。本體有如此之德，故能化生萬物。再者，本體能和光同塵而玄同（五十六章），有「爲而不有」與「知稽式」

之玄德（十、五十、五十六各章），又能「知常」（十六章）而「不自生」（七章），「故能自生」。老子的本體哲學是什麼？以上應已說得很明白了。

二、莊子哲學的本體論

茲再談莊子哲學的本體論。我認爲莊子晚於老子。有人譏莊子淺薄，此蓋未夢見莊子者。誠然，「翼若垂天之雲，搏扶搖羊角而上者九萬里」，壯哉遊也；但與「騰躍而上，不過數仞而下，翺翔蓬蒿之間」，在本質上究竟有什麼不同呢？「此雖免乎行，猶有所待者也」，「有所待」之遊，實不必以大笑小；若不至於「以遊無窮者，彼且惡乎待哉」的「無所待」之遊，必祇是淺薄之見，而見不到「道」的本身。秋水篇的河伯，算是懂得反省的人物；但祇是因「出於崖涘，觀於大海，乃知爾醜」，而不能再向上一躍而有所突破，其結果必淪於奴才的淺薄之見。「秋水」與「逍遙遊」沒有本質上的不同；若不至於「道人不聞，至德不得，大人無已」或「惡乎待」之境，總歸是淺薄的。拙著「心物合一論」曾曰：

> 從現象界言，「世界於時間為有始，而於空間亦有限」；若從本體界言，則無時空可說。佛教徒認為，吾人若能成佛，則與已往諸佛為同時同位。佛教徒是識得本體界無時空可說之真理的。因此，從本體界說：「世界於時間為無始，於空間為無限。」凡時間或空間，皆必是有限的；若是無限，則無時空可言。

拙著是就現代物理學所發展的一種新理論（即量子物理學），并綜合前人學說，而獲得以上的結論。老實說，有新的物理學理論之幫助，要獲得以上的結論，是比較容易的。因此，我們不得不佩服莊子在那個時代，以遊的方式，或藉河伯之自見其醜，而體悟到無待或無限，確是很了不起的事，我們還能說莊子淺薄嗎？

莊子「上與造物者遊，而下與外生死無終始者爲友。」「獨與天地精神往來，而不敖倪於萬物。」（天下篇）這不祇是一種人生態度，而是表示思想之層層超昇，達到了一種境界。這個境界，用莊子的觀點來說，是真人、至人、聖人、神人的境界。莊子曰：

> 且有真人而後有真知。何謂真人？古之真人，不逆寡，不雄成，……
>
> 古之真人，其寢不夢，其覺無憂，……
>
> 古之真人，不知說生，不知惡死，……是之謂不以心捐道，不以人助天，是之謂真人。……故其好之也一，其弗好之也一，其一也一，其不一也一，其一與天為徒，其不一與人為徒，天與人不相勝也，是之謂真人。（大宗師）
>
> 故素也者，謂其無所與雜也；純也者，謂其不虧其行也，能體純素，謂之真人。（刻意）

至於莊子所說的「至人」，他是作何解釋呢？他說：「彼至人者，歸精神乎無始，而甘冥乎無何有之鄉。」（列禦寇）又曰：

無趾語老聃曰：孔丘之於至人其未邪？彼何賓賓以學子為？彼且蘄以諔詭幻怪之名聞，不知至人之以是為己桎梏邪！老聃曰：胡不直使彼以死生為一條，以可不可為一貫者，解其桎梏，其可乎？無趾曰：天刑之，安可解。（德充符）

又「天地」篇有曰：「夫道於大不終（成玄英曰：終，窮也），於小不遺，故萬物備，廣廣乎其無不容也（王念孫曰：廣廣讀為曠曠），淵乎其不可測也，形德仁義，神之末也，非至人孰能定之。夫至人有世，不亦大乎？而不足以為之累。天下奮棅，而不與之偕，審乎無假，而不與利遷，極物之真能守其本，故外天地（達按：外天地，即在天地以外，在天地以外或在宇宙以外，不是常識之知所能理解的），遺萬物，而神未嘗有所困也。通手道，合乎德，退仁義，賓禮樂，至人之心有所定矣。」又「達生」篇有曰：「至人潛行不窒，蹈火不熱，行乎萬物之上而不慄。」（達按：不慄，確無疑義；而「潛行不窒，蹈火不熱」，乃「無待」之遊也。後世習道者，有用赤足走炭火，爬刀梯而受傷者，此與「醉者之墜車，雖疾不死」相同，與莊子此所謂「不窒」，「不熱」，「不慄」，實有本質上的不同。）又「齊物論」篇有曰：「至人神矣。大澤焚而不能熱，河漢沍而不能寒，疾雷破山風振海而不能驚。……而遊乎四海之外，死生無變於己。」由此則知莊子所謂之「至人」是純乎道而達到了不動搖的境界。莊子對於聖人與神人又是作何解釋呢？莊子曰：

聖人不從事於物，不就利，不違害，不喜求，不緣道，無謂有謂，有謂無謂，而遊乎塵埃之外。（齊物論）

> 藐姑射之山，有神人居焉。……而遊乎四海之外。（逍遙遊）

莊子所謂之神人大致與至人一樣：「至人神矣」；至於莊子所謂之聖人，有多種解釋，與儒家所謂之聖人不同。總括的說來，莊子所謂之真人、至人、聖人、神人、容有某些差異，必都是「知死生存亡之一體者」，「而遊乎天地之一氣」，以遊乎「無窮」，「安排而去化，乃入於寥天一」。這就是說，這些人都是悟道者。莊子是借著這些人的遊乎方之外，而說明他們是純乎道。人是與造物者爲偶的。❶他是「天地與我並生，而萬物與我爲一」的。所以真人必是不滲雜「常識人」而純乎天者之「自然人」。純乎天即純乎道。純乎道不祇是一種態度，而是一種境界。人能臻此境界，即是悟道。那麼，道是什麼呢？什麼才是悟道呢？

我們講形而上的本體，對於道之本體或宇宙的本體所作之各種詮釋與描述，與莊子所講的道是大體相同的。莊子之書具在，煩請讀者自行參證，不擬多所贅述。在此特須陳述者，莊子是怎樣的以悟此道呢？莊子認爲「道」是難聞的。莊子曰：

> 孔子行年五十有一而不聞道，乃南之沛見老聃。老聃曰：子來乎！吾聞子北方之賢者也，子亦得道乎？孔子曰：未得也。老子曰：子惡乎求之哉？曰：吾求之於度數，五

---

❶ 王引之、王念孫對莊子大宗師所說「彼方且與造物者為人」的「人」字，曾作於下之注釋：「人者，偶也。中庸鄭注，人讀如相人偶之人。」

> 年而未得也。老子曰：子又惡乎求之哉？曰：吾求之於陰陽，十有二年而未得。老子曰：然使道而可獻，則人莫不獻之於其君；使道而可進，則人莫不進之於其親；使道而可以告人，則人莫不告其兄弟；使道而可以與人，則人莫不與其子孫；然而不可者，无佗也，中无主而不止，外无正而不行。由中出者不受於外，聖人不出，由外入者，無主於中，聖人不隱。名，公器也，不可多取。仁義，先王之蘧廬也。止可以一宿，而不可久處，覯而多責。（天運）

「道」，爲什麼是不可獻，不可進，不可告，不可傳？除了「由中出者不受於外」以外，也因爲：「道不可聞，聞而非也；道不可見，見而非也；道不可言，言而非也。……有問道而應之者，不知道也，雖問道者，亦未聞道。道無問，問無應，……」（知北遊）禪宗門下所說的，我的是我的，不干你事，亦正是此意。這就是說，這不可言說之道必須自悟。莊子是怎樣的以悟此道呢？他說：

> 南伯子葵問乎女偊曰：子之年長矣，而色若孺子何也？曰：吾聞道矣。南伯子葵曰：道可得學邪？曰：惡，惡可。子非其人也。夫卜梁倚有聖人之才，而无聖人之道，我有聖人之道，而无聖人之才。吾欲以教之，庶幾其果為聖人乎？不然，以聖人之道，告聖人之才，亦易矣，吾猶守而告之，參日而後能外天下；已外天下矣，吾又守之，七日而後能外物；已外物矣，吾又守之，九日而後能外生；已外生矣，而後能朝徹；

> 朝徹而後能見獨；見獨而後能无古今；无古今而後能入於不死不生。（大宗師）

這是莊子所講的悟道過程與悟道後之各種境界。在此特須指陳者，此所謂之「朝徹」「見獨」，即莊子在「應帝王」篇所講的「衡氣機」（請覆按第二章第二節），亦即佛家所謂之「本來面目」或「無所住心」。王陽明所謂之「良知獨耀」，也就是這回事。能明乎此，必能體認到佛家所謂之「真空妙有」，也就是必能體悟到「本體是有與無之同一」。本體確是不落有無兩邊，亦不離有無兩邊。照這樣說來，莊子哲學的本體論與老子哲學的本體論，以及我們在上一章中所講的本體，實沒有本質上的不同。我們爲什麼如此不厭其煩的加以闡釋呢？希望能曲盡其意的使讀者真能知道我們所說的本體究竟是什麼？也希望反對中國形上學者能自知其淺陋。

三、徐復觀方東美對莊子哲學之評價

在此還須稍加陳述的，徐復觀先生大著「中國藝術精神」一書，對莊子有非常深入之瞭解。徐先生認爲莊子所謂之「無己」，「喪我」的真實內容便是「心齊」；心齋的意境，便是坐忘的意境。徐先生說：

> 達到心齋，坐忘的歷程，主要是通過兩條路。一是消解由生理而來的欲望，使欲望不給心以奴役，於是心便從欲望的要挾中解放出來；這是達到無用之用的釜底抽薪的辦

法。因為實用的觀念，實際是來自欲望。欲望消解了，「用」的觀念便無處安放，精神便當下得到自由。海德格認為「在作美地觀照的心理考察時，以主體能自由觀照為其前提。站在美之態度眺望風景，觀照彫刻時，心境愈自由，便愈能得到美的享受。」（原註：引自日人圓賴三「美的探求」）另一條是與物相接時，不讓心對物作知識的活動；不讓由知識活動而來的是非判斷給心以煩擾，於是心便從知識無窮之追逐中，得到解放，而增加精神的自由。并且在中國缺乏純知識活動的自覺中，由知識而來的是非，常與由欲望而來的利害，糾結在一起。莊子在說心齋的地方，只說擺脫知識；在說坐忘的地方，則兩者同時擺脫，精神乃能得到澈底之自由。一般人所謂之「我」，所謂「己」，實指欲望與知識的集積。莊子的「墮肢體」、「離形」，實指的是擺脫由生理而來的欲望。「黜聰明」、「去知」、實指的是擺脫普通所謂的知識活動。二者同時擺脫，此即所謂「虛」，所謂「靜」，所謂「坐忘」，所謂「無己」，「喪我」。齊物論的「忘年（年是人的最後之欲望）亡義（義是由知而來的是非判斷）」（一〇八頁），也正是欲望與知識雙忘的意思。欲望藉知識而伸長，知識也常以欲望為動機，兩者是在互相推長的關係，同時也是在互相解消的關係。離形即含有去知的意味在裡面；去知即含有離形的意味在裡面。而莊子的「離形」，也和老子之所謂無欲一樣，並不是根本否定欲望，而是不讓欲望得到知識的推波助瀾，以至於溢出於各自性分之外。在性分之內的欲望，莊子即視為性分之自身，同樣加以承認的。所以在坐忘的意境中，以「忘知」最為樞要。忘知，是忘掉分解性的，概念性的知識活動；剩下的便是虛而待物的，

亦即是徇耳目內通的純知覺活動。這種純知覺活動，即是美之觀照。❷

徐先生這所說的「實用的觀念」，即我們在第一章所說的「工具的觀點」；這所說的是非利害，即我們所說的虛妄的意識。徐先生所說，不祇是與我們相同，且極爲透澈。徐先生又說：「所謂觀照，是對物不作分析瞭解，而只出之以直觀的活動。此時的態度，與實用態度及學問態度分開，而祇是憑知覺發生作用。這是看、聽的感官活動，是屬於感性的。但知覺因其孤立化，而并非停留在物之表面上，而是洞察到物之內部，直觀其本質，以通向自然之心，因而使自己得到擴大，以解放向無限之境。」（同上，頁七三）徐先生認爲「心齋、坐忘、正是美之觀照得以成立的精神主體，也是藝術得以成立的最後根據。」（同註二）徐先生以上所說的，是非常明白，非常深入；而且是從現代人的觀點認定「心齋」與「坐忘」確是可能。同時，徐先生所說的「美之觀照」與我們所一再指陳的「超感性的直觀」沒有本質上的不同；因爲這兩者都是泯滅概念，破除知見，而達到非意識所行境界。徐先生所講的「擺脫由生理而來的欲望」與「擺脫普通所謂的知識活動」，實就是要達到「屏息諸緣，勿生一念」的無念之境（請覆按第二章第二節「道是有與無之同一」）。在達到這個境界的歷程或方法上我們與徐先生容或有不相同之處；然而這個無念之境，必是「離形」與「去知」，所以我們的觀點與徐先生所見者沒有不同。因此，徐先生所體認的「心齋」與「坐忘」，與我們所謂之

❷ 徐復觀著：「中國藝術精神」第二章，頁七二，臺灣學生書局，民七十七年版。

「中」并無區別。徐先生又說：「進入到道家精神之內的客觀世界，常是自然世界，這是受到道家精神起步處的求解脫的精神趨向的限制。若就虛靜之心的本身而論，並不必有此種限制。虛靜之心，是社會，自然，大往大來之地，也是仁義道德可以自由出入之地。所以宋明的理學家，幾乎都在虛靜之心中轉向『天理』，而『天理』一詞，也即在莊子一書中首先出現。」（同註二，頁一三四）因此，徐先生認爲「不僅由此（達按：是指此虛靜之心的本身）可以開出道德的實踐，更可以由此以開出與現實、與大眾融合爲一體的藝術。」（同上）我們認爲，這虛靜之心的本身，不僅可以開出道德的實踐（善），藝術的修養（美），更可以開出宗教的信仰（真）。凡純正而沒有詐僞之真善美，必皆由虛靜之心開出；因爲此虛靜之心，即是我們所謂之「中」。它是宇宙本體之本性，亦即是我們中國人所謂之道的本體。我們在本書開宗明義時即已指出，「形而上」與「道」是同義語，所以，道之本體，即是形上學的本體。可是徐先生卻認爲莊子所達到的境界，「就其對眾生無責任感的這一點而言，所以不是以仁義爲內容的道德。就其非思辨性而是體驗性的這一點言，所以不是一般所說的形而上學。因此，它只能是藝術性的人生與宇宙的合一。」（同註二，頁一〇三）徐先生說：「藝術中的超越，不應當是形而上學的超越，而應當是『即自的超越』。……是從『不譴是非』中超越上去，這是面對世俗的是非而「忘己」、「喪我」，於是，在世俗是非之中，即呈現出『天地精神』而與之往來，這正是「即自的超越」。而此種「即自的超越」，恰是不折不扣之藝術精神。」（同上，頁一〇四）這裡我們須稍作說明的，我們在第一章第二節對中西形上學作比較說明時，我們曾指出，這兩種哲學既都是研究超自然物性、超感覺、超經驗、超現象者、所以必是相同的學問；但因爲西方形上學自亞理斯多德以來，通稱爲「有的科學」，并認定「任何不是『無』者即是『有』。」所以這兩種形上學是不相同的；不過，現代量子力學，可以說是否定了「有的科學」之「四個第一原理」，對於中國形上學之說明，反而有利（請覆按第一章）。再者，西方思辨的形上學，到黑格爾應是達到了最高峰；但是，黑格爾將「人之認識」與「本體的本身性質」混爲一談（請覆按第二章第二節「無是什麼」），實由於對密不通風之向上一路未能得其肯要，可見思辨性的形上學，實遠不如體驗性的形上學，較爲能正確的描述宇宙本體的本性。徐先生似乎認爲體驗性的不能算是形上學，祇有思辨性的才是形上學，這是我們與徐先生不相同的地方。我們認爲，體驗的工夫愈深入時，其對於思辨的摒絕必愈爲澈底；但是，當將體驗所得，而以文字把它表達出來時，其所表達的，固然不是思辨的結果而是體驗的結果；然而撰述這個表達文字的時候，卻必須通過思辨，才能很正確把所須表達者表達出來。這與藝術完全不同。藝術是可以不必通過思辨而能很完整的將所體驗的表達出來。所以體驗雖不必是哲學，當以觀念類型說出體驗之所得，而又與理不相違背時，則必然就是哲學。我們認爲，宗教信仰的本身不是哲學；但是，一個不是迷信而且是全無疑義的信仰，把這個信仰很明白而又正確的用文字表達出來，它也就是哲學或宗教哲學了。總之，技而進乎道的行其所無事的藝術境界，實就是哲學境界，而這個境界，既非思辨所能及，更必須摒絕思辨。許多人以爲摒絕思辨，即無知識，何來哲學？我們認爲，摒絕思辨後，有一種善知識，以善知識爲基礎的哲學，非思辨哲學所可企及，在第一、二兩章中，對此已有所說明。這是中國形上學本體論之精義所在。

在此仍須稍作說明者，方東美先生也看到了莊子的藝術精神。方先生認爲莊子的「此種道家心靈，曾經激發中國詩藝創造中無數第一流優美作品、而爲其創作靈感之源泉。」❸方先生又說，莊子「以其詩人之慧眼，發爲形上學睿見，巧運神思，將那窒息礙人之數理空間，點化之，成爲畫家之藝術空間，作爲精神縱橫馳騁、靈性自由翺翔之空靈領域，再將道之妙用，領注其中，使一己之靈魂，昂首雲天，飄然高舉，致於寥天一處，以契合真宰。一言以蔽之，莊子之形上學，將『道』投射到無窮之時空範疇，俾其作用發揮淋漓盡致，成爲精神生命之極詣。」（同註三，頁二四二）方徐兩先生對於莊子之理解，都極爲深入，而且也有某些相同的造詣。惜乎！兩先生俱已逝矣！假如他們兩人能見面長談，在精神上作「逍遙遊」，應是很愉快的事。我們與方先生也有不相同者。方先生所謂「將『道』投射到無窮之時空範疇」，在我們的系統裡，「道本身是無限，而不是人們在心理上的投射作用；同時，無窮或無限，它既是破除了有無，也必是破除了時空範疇。至於方先生所說「將道之妙用，傾注其中，使一己之靈魂，昂首雲天，飄然高舉，致於寥天一處，以契合真宰」，此言甚諦，這也可以看出方先生的真本領了。

照以上所述，徐復觀先生所體會到的莊子的心齋，方東美先生所見到的莊子的真宰，與我們所謂之「中」，「其實一也」，「只是一事」。這就是說，莊子哲學的本體論與我們在第二章所講的本體論，沒有本質上的不同。由此，當可很明白的知道莊子哲學的本體論究竟

---

❸ 方東美著：「原始儒家道家哲學」，頁二四四，臺灣黎明文化公司。

是什麼，也是更進一步的說明了中國形上學的本體論究竟是什麼？

第二節 先秦儒家：孔孟哲學的本體論

一、孔孟本體哲學與儒家性善論

孔孟學說以適用於人常日用之間及治國平天下爲主，所以很少談到形上學。但是，道德之所以成立的精神主體及其所以成立的最後根據（此是借用徐復觀先生的話），必是植根於形上學。孟子曰：「仁義禮智，非由外鑠我也，我固有之也，弗思耳矣。」（孟子告子上）這就是說，道德是我本有的。這必是植根於心之本體。這當然牽涉到性善性惡的問題。我們認爲，能透入形上學的本體，能獲得超感性的直觀，能達到莊子的寥天一處，并契合真君或坐忘而體現心齋，或是於「無名起處」而斷之，而返回亞當夏娃沒有吃智慧之果以前的那個心靈，這便是見到了心之本體。我們叫它爲性，你說性是善是惡呢？我們讀老子與莊子之書，他們是不談性善性惡的。從形上學來說，這個問題用不著討論；因爲透入形上學的本體界者，他所見者是真，是一，是「無」或未發。假如有人體會了未發而見到無，他會說是無善無惡的；假如他見到了純真與純一，他會怎麼說呢？他當然會說，性是至善的。這至善之本性，即我們所謂心物本一之中。王陽明「無善無惡心之體」，這是見到「無」以後的一種描述。至於孟子，則是見到了純真與純一而必須批判告子的不確定論。孟子曰：「若夫爲不善，非才之

罪也。」(告子上)朱子集註曰:

才猶才質,人之能也。人有是性,則有是才,性既善,則才亦善,人之為不善乃物欲陷溺而然,非其才之罪也。

用我們的系統而加以詮釋,這意思是說,當我們悟入了本體,見到了本體的至誠與純一之本質,便知人性至善;至於人之所以為惡,絕不是人之本質如此。這就是從形而上來說,人性確是至善。有道之士,可以親自體驗;而古人中有許多人是過來人,其書具在,無可置疑。若從形而下來說,人是可善可惡的;所以人生善惡的問題,乃不同境界之不同知識的問題,亦即是體認各有不同,才有性善性惡之不同的認識。古人多未能有見及此,所以爭論不休,事實上,這個爭論是沒有意義的。

照以上所述,這私淑孔子的孟子,既因證體而道性善,則孔孟雖然很少談形上學,他們必是有其自己的形上學;否則,他們講道德說仁義,只是如無源之水,只是騙人的假道學,或只是喊喊口號,講些好聽的話而已,有什麼真意義呢?這就是說,孔孟之書,決不祇是一些道德教訓,必是本於他們的本體哲學以推演他們的對人性的一套認識,以下將說明他們的本體哲學究竟是什麼?

二、孔子哲學的本體論

子貢曰，夫子之文章，可得而聞也；夫子之言性與天道，不可得而聞也。（論語公冶長）

孔子所講的性與天道，就是孔子的本體哲學。孔門高足如子貢者竟然都聽不到孔子的本體哲學，可見孔子確是很少講形上學；但是，子貢爲什麼會說「夫子之言性與天道，不可得而聞也」呢？因爲孔子常有所流露，卻又不曾明白說明。例如：

子曰：莫我知也夫！子貢曰：何為其莫知子也？子曰：不怨天，不尤人，下學而上達，知我者其天乎！（論語憲問）

子曰：予欲無言。子貢曰：子如不言，則小子何述焉！子曰：天何言哉，四時行焉，百物生焉，天何言哉。（論語陽貨）

子曰：逝者如斯夫，不舍晝夜。（子罕）

照以上所述，孔子所說的「下學而上達」，「天何言哉」等等，都是表示他自己有一套「向上一路」的形上學；而且，這兩次都是與子貢的談話，所以子貢有「不可得而聞也」的感歎。至於所謂「逝者如斯夫，不舍晝夜」，我們可以看出，孔子是在講他的本體哲學；但是，他究竟講的是什麼呢？當時的許多門弟子，是解不開這個悶葫蘆的，孟子有段話可供參攷：

> 徐子曰：仲尼亟稱於水曰：水哉水哉，何取於水也？孟子曰：原泉混混，不舍晝夜，盈科而後進，放乎四海，有本者如是，是之取爾，苟為無本，七八月之閒雨集，溝澮皆盈，其涸也，可立而待也，故聲聞過情，君子恥之。（孟子離婁下）
>
> 孟子曰：孔子登東山而小魯，登太山而小天下；故觀於海者難為水，遊於聖人之門者難為言。觀水有術，必觀其瀾，日月有明，容光必照焉。流水之為物也，不盈科不行，君子之志於道，不成章不達。（盡心上）

這兩段話，除了講「逝者如斯夫」之意義何在外，另外也談到認識之境界高低的問題。認識境界的高低，與水之有無源頭，也大致相似。淺見者或境界不高者，像無源之水，不可能「源遠流長」的發生巨大的影響。孟子「東山」「太山」之說，頗與莊子之「逍遙遊」相似。這就是說，一般人所見之「道」有大有小，我們應該繼續不斷的努力，以求其大者而得其本。這也說明了孔子門弟子爲什麼「不可得而聞也」。因爲這是靠自己一步一步的去努力，才會有所得。禪宗門下常說，「我的是我的，不干你事」，亦正是此意。

孔子也像莊子一樣，很注重修道之過程與得道後之境界的高低，這可以用他自己所說的以爲證明。孔子曰：

知及之，仁不能守之，雖得之，必失之。知及之，仁能守之，不莊以涖之，則民不敬。知及之，仁能守之，莊以涖之，動之不以禮，未善也。（衛靈公）

又曰：

吾十有五而志于學，三十而立，四十而不惑，五十而知天命，六十而耳順，七十而從心所欲，不踰矩。（爲政）

這兩段話，前一段是說，工夫不到家，必是「雖得之，必失之」，很像佛家所說的須至「不退轉」地位才會得而不失；至於後一段，則是孔子自己修道的過程，很像莊子在「大宗師」所說的「外天下」，「外物」，以至於「不死不生」。「從心所欲不踰矩」與「不死不生」，在表面看來，莊子的境界似乎是高出很多的。實際上，不生不滅與「從心所欲不踰矩」都是本體之本性的當下的描述，有什麼高下可言呢？以後的道家講求長生不老之術，那是錯會莊子之意而變成痴人說夢了。

三、孔子哲學與道佛哲學之比較研究

孔子有他的本體哲學，這是無可置疑的。不過，孔子與莊子大不相同的，可能就是徐復觀先生所說的，莊子是由此虛靜之心的本體「開出與現實，與大衆融合爲一體的藝術」，孔子則是由此虛靜之心的本體，亦即由此「允執其中」之中，「開出道德的實踐」（請覆按前文談莊子哲學本體論部份）。當然，有門戶之見者，還會說先秦儒家與道家不相同者不祇是這個區別；我更認爲，莊子所證得的，不祇是藝術精神主體之呈現，而且也看到了道德精神的主體與宗教精神的主體。莊子講道德的言論甚多，而其藝術精神亦多有與宗教精神相通者；不過，莊子是將其整全之人格與精神融貫於藝術精神之中，以超越的態度面對憂患而求得解脫。熟讀莊子者，當知吾言不謬。至於孔子，則是由道德精神之實踐，以呈現道德精神之主體，并彰顯心之本體。孔子認爲「仁」就是道德精神之主體，亦即此形上之心的本體「純亦不已」的由微而顯的顯露其至真至純之本性而可稱之爲仁者，此固須待宇宙論詳說之；然而我們說，孔子所謂之仁，是此未發之「中」稱體之所有（此「稱」字可作「盡」字講，「稱體之所有」，係襲用熊十力先生之說——伯達自註）而呈現者，當會爲讀者所贊同。這就是說，我們可於孔子所講的「仁」這個觀念類型，而窺測孔子的性與天道。我們絕不可將「仁」祇當作一個概念去索解。漢學家依據鄭康成相人偶之解釋，認爲「仁」必須有兩個人才能表現出來；但是，由兩個人表現出來的「仁」究竟是什麼，鄭康成沒有恰當之解釋漢學家對「仁」所作之許多解釋，都不大恰當；所以我們在第一章中特提醒讀者應將「仁」當作「超感性的直觀觀念類型」去體會。這就是說，祇要我們能識得心之本體，便會識得此未發之中，也便會識得「仁」是什麼。上章中我們曾說明仁、中、誠等等，都祇是一事，其目的在引導讀者，真能體會此心之本體之本性，而了解中國形上學所講之本體究竟是什麼？總之，「中」是本體之本性，「仁」是本體之呈現，「生」是本體之表德。這「先天地先」，「無方」「無體」而至真至誠，不二無雜之本體，至於「生」才是成就了它的大德。「生」當然是植根於本體；若無本體之仁，亦必無本體之生。這個道德主體的仁之呈現（亦即善之呈現，易曰：元者善之長也，這個元字，「於人則爲仁」），與藝術主體的美之呈現，宗教主體的真之呈現，都是此本體之本性稱其所有的呈現。我們曾一再指陳，當心之本體之本性未顯露時，儒家稱之爲喜怒哀樂之未發，佛家稱之爲無念之念或「無所住心」，莊子稱之爲「衡氣機」，「朝徹，見獨」或「心齋」等等，名雖不同，其義則一。此蓋本體之本性，萬能萬德，有志之士，死抱住它不放或窮追不捨時，常在無意識中，發現了它的真面目，如庖丁之解牛（養生主），輪扁之斲輪（天道），痀僂丈人之承蜩（達生），乃由於「用志不分，乃凝於神」，「得之於手而應於心」，「以神遇而不以目視」，故能遊刃有餘，得心應手，承蜩猶掇，使此技進乎道。這大概是經過了艱苦的鍛鍊，戰勝了艱苦的煎熬，超脫了艱苦時所承受的壓力，而能沖天一飛的作逍遙遊，而遊於無何有之鄉。這是由被拘束達到了無拘束。拘束是艱苦，超脫拘束之苦而達到無拘束的境地，這不僅是解脫，而且就是美。「臣之所好者道，進乎技矣」。這所謂道，就是一種美的感受，我想許多人都會感受得到的。即如寫字、畫畫，也都會有一種拘束，一旦到了完全沒有拘束的境地，這個藝術精神主體之美，便會在作者的心中呈現而表現在字與畫之中了。至於佛家，他們因諸行無常，而希望澈悟真常，以了脫生死，當他們「生無所住心」時，他們認識了有無之同一，他原先的不安的精神，當可安頓在這裡了。就我個人言，我因兒時受先嚴之啓示，對「天地有無窮際」這個問題，窮追不捨，後因受南陽慧忠國師他心通公案之影響，體認了什麼是「無所住心」，也體認了孟子所說的「浩然之氣」（請覆按第二章第二節「道是有與無之同一）。又因我少年時受先祖之督促，熟讀孔孟之書；於是，體會中庸之「中」，孔孟之「仁」；并因而體會到真善美皆「祇是一事」，「其實一也」。總之，儒道佛三家所記得的本體，的確是：既無本質上之不同，亦無程度上之差別。我這是爲古人作見證，證明孔子確有其本體哲學。

我這所說的「無不同」，「無差別」，頗與慧能所主張的「頓悟」相似；但工夫之深淺、純雜又是另一回事。我的意思是說，孔子所講之仁，就是「中」，就是「見獨」，就是「無所住心」，就是心之本體，就是宇宙本體之本性，確是無不同，無差別的；但是，孔子曰：

回也，其心三月不違仁，其餘，則日月至焉而已矣。（雍也）

孔子自己也是到七十歲「而從心所欲，不踰矩」的，可見從工夫上說，確有深淺純雜之不同。周易也有談工夫深淺者。坤卦文言曰：「君子黃中通理，正位居體，美在其中，而暢於四支，發於事業，美之至也。」這「美之至」，非「從心所欲不踰矩」，是不能達成的。由此可見，孔子證道之功夫，確已至於至高至純之境。

佛家對於證道之功夫，大爲重視。禪宗有「三關」之說，佛教其他宗派有「十信」，「十忍」，「十住」，「十行」，「十地」等說，皆是講工夫之深淺次等者。南傳大般涅槃經有於下之記載：

於是薄伽梵即入初禪，從初禪起入第二禪，從第二禪起入第三禪，從第三禪定入第四禪，從第四禪起入空處定，從空處定起入識處定，從識處定起入無所有處定，從無所有處定起入非想非非想定。

爾時尊者阿難語尊者阿㝹樓馱說：「大德阿㝹樓馱，薄伽梵已入圓寂！」「朋友阿難，如來尚未圓寂，他是入於滅想定。」

於是薄伽梵從滅想定起入非想非非想處定，從非想非非想處定起入無所有處定，從無所有處定起入識處定，從識處定起入第四禪，從第四禪起入第三禪，從第三禪起入第二禪，從第二禪起入初禪，從初禪起入第二禪，從第二禪起入第三禪，從第三禪起入第四禪，從第四禪起如來立即入於涅槃。❹

這很像邵康節在逝世前所說的相與觀造化一週，也很像莊子「大宗師」講悟道的過程與得道後之各種境界而最後「入於不死不生」的那一段。以往我看到佛道兩家思想常有類似之處，總以爲是彼此相互影響或輾轉抄襲的結果。茲就南傳大般涅槃經與莊子這兩部書來說，是很少可能會彼此受到影響的。可是，這兩部書都有講工夫次第者；僅管這兩書所講的工夫次第未盡相同；再就長阿含經卷四，遊行經第二後，及中阿含經卷第四十六，心品行禪經第

❹ 佛學大藏經第二十七冊，經集部一，巴宙譯，臺灣佛教出版社。

五，中阿含心品說經第六等各經，❺對於初禪，二禪，三禪，四禪，無量空處，無量識處，無所有處，非有想非無想處等所作之詮釋，一言以蔽之，就是講「喜怒哀樂之未發」及無念之念而已，在本質上與莊子的「入於不生不死」，并無多大的不同。這就是證明了陸象山所說的：「東海有聖人出焉，此心同也，此理同也；西海有聖人出焉，此心同也，此理同也；南海北海有聖人出焉此心同也，此理同也。千百世之上，有聖人出焉，此心同也，此理同也；千百世之下，有聖人出焉，此心同也，此理同也。」也就是證明了孟子所說的「聖人先得我心之所同然耳；故理義之悅我心，猶芻豢之悅我口。」（告子上）照這樣說來，古之哲人，對於心之本體，凡是肯作深入的體驗者，其所造之境界，必會大致相同，而其哲學的本體論，亦即對於宇宙本體之認識與描述，亦會大同小異。本書第二章對於宇宙本體之描述，即是綜合各家之言，所作之較有系統之說明。如實而言，絕無創見，祇是複述。總之，對於心之本體之體認，因工夫之深淺不同而有程度上之差異，這是無可置疑的；然而造其極之哲人，必有其本體哲學，亦是很自然的。許多人無視於孔子對形上之道的體認，使孔子有「知我者其天乎」之感嘆，這是我之所以不憚費詞，期使有門戶之見者，或對於心性之學缺少興趣者，他們再不致於認定孔孟之學祇是講道德說仁義而已，而確是有其「向上一路」的形而上學，尤其是，莊子之「人間世」，載有孔子談「無知之知」，足證孔子對於「向上一路」，確有至乎究極之地的造詣。

❺ 佛教大藏經第二十四冊，阿含部二，臺灣佛教出版社。

四、從中庸與周易看孔子的本體哲學

以上所述，如講工夫次第者，是說明我們如何認識這心之本體的過程，本應屬於認識論。一般說來，我們所講的哲學，皆是我們的認識，皆可以屬於認識論；但爲了使讀者容易明白起見，凡屬於本體本身性質之描述，我們說這是本體論；凡屬於宇宙生成過程之描述，我們說這是宇宙論；至於認識論，只宜對認識本身加以考察；而且，爲使讀者能易於清楚的認識本體，即令屬於認識論的範圍者，亦不妨引用之以說明本體；因爲中國形上學所特別著重者是本體論。在此仍須進一步指陳者，中庸所謂之「中」以及中庸講天道各章，應是孔子及其門人所講之本體哲學。「中」是什麼，以上兩章已有很清楚之說明，茲不再贅。至於中庸講天道各章，皆祇是發揮天道至誠至純之本性而已；惟周易一書，頗能表達孔子的本體哲學，茲特將周易有關本體哲學者錄之於左：

先天而天弗違，後天而奉天時，天且弗違，而況於人乎！況於鬼神乎！（乾卦文言）

美之至也。（坤卦文言）

範圍天地之化而不過，曲成萬物而不遺，通乎晝夜之道而知，故神无方而易無體。（繫辭上傳第四章）

一陰一陽之謂道，繼之者，善也；成之者性也。仁者見之謂之仁，知者見之謂之知，百姓日用而不知，故君子之道鮮矣。顯諸仁，藏諸用，鼓萬物而不與聖人同憂，盛德

大業至矣哉。富有之謂大業，日新之謂盛德，生生之謂易。（繫辭上傳第五章）

易无思也，无為也，寂然不動，感而遂通天下之故，非天下之至神，其孰能與於此。（繫辭上傳第十章）

乾坤其易之緼邪！乾坤成列，而易立乎其中矣。乾坤毀，則无以見易，易不可見，則乾或幾乎息矣。是故形而上者謂之道，形而下者謂之器。（繫辭上傳第十二章）

天地之道，貞觀者也；日月之道，貞明者也；天下之動，貞夫一者也。（繫辭下傳第一章）

就周易文言暨繫辭這所說的，我們當可看出：孔子所謂之形上之道，是「先天而天弗違」的，是「範圍天地」，「曲成萬物」的，是「无方」，「无體」，「无思」，「无爲」，「寂然不動」的，是「生生之謂易」，是「貞夫一者也」，是「美之至也」，而這個道之本體，當然就是「易有太極」之太極。照這所說的，則知孔子所探討的問題以及其所達到的境界，與老莊哲學無本質上的不同，與我們在第二章所描述的亦沒有區別；由此，我們當知孔子的本體哲學究竟是什麼了。

五、孟子哲學的本體論

孟子是私淑孔子者。前文談孔子的本體哲學時，曾引述孟子「離婁下」及「盡心上」，有關孔子本體哲學的兩段文字以說明「逝者如斯夫」，是「有本者如是」；并指出有志之士應求其大者以得其本。孟子亦確是很注重修道之過程與境界之高低的。孟子曰：

> 君子深造之以道，欲其自得之也；自得之，則居之安；居之安，則資之深；資之深，則取之左右逢其原；故君子欲其自得之也。（離婁下）

又曰：

> 可欲之謂善，有諸己之謂信，充實之謂美，充實而有光輝之謂大，大而化之之謂聖，聖而不可知之之謂神。（盡心下）

這與論語「衛靈公篇」「知及之，仁不能守之」那一段及「爲政篇」「吾十有五而志於學」那一段（請覆按前文「孔子哲學的本體論」）實極其相似。此所謂「左右逢其原」當然不如「從心所欲不踰矩」那樣的純一，卻真是「自得之」者。無此「自得之」，對中國形上學的本體論，不易窮其究竟。孟子所自得者是什麼呢？「可欲之謂善」這一段，可作爲答案。有人認爲，莊子所得到的既是藝術精神的美之主體的呈現，可見莊子的境界必是較爲低下的。事實上，充實之美與「美之至也」，都是美之主體的呈現；而「美之至也」與「聖而不可知之」實無程度上的不同。在此須作進一步說明者，孟子的本體哲學，與他的性善說有關者，前文已有論及，茲不再贅；其次，則是與他的養氣說有關。孟子，公孫丑問曰：

敢問何為浩然之氣？曰：難言也。其為氣也，至大至剛，以直養而無害，則塞于天地之間；其為氣也，配義與道，無是餒也。是集義所生者，非義襲而取之也。行有不慊於心，則餒矣。我故曰，告子未嘗知義，以其外之也。（公孫丑上）

我曾非常明白的指出，當我們「生無所住心」時，便會體認到「浩然之氣」。當「浩然之氣」生起時，也必是顯現人之「全副力量及生命力」。我們認爲，「生無所住心」而體認到「浩然之氣」，與「集義所生」者，并無本質上的不同。我無「從容就義」的經驗。抗日戰爭時，爲執行艱唯任務，常有生死決於俄頃之遭際。有些人處此情景，是視若無睹的；而且，我知道他們那種慷慨捐軀的精神也決不是假裝的。這些喜歡玩命的人，他們真是發揮了「全副力量及生命力」他們有他們的那一套行爲模式，這就是所謂英雄氣概吧？至於我自己，每遇此情況，誠不能不驚心動魄而澄心靜慮的以面對現實。好像一個好玩而不聽話的孩子，此時不能不認真做功課了。我頗能以平常心應付危難而了無懼怕。事後想來，這種英雄氣概與了無懼怕，與集義所生的浩然之氣是很接近的。不過，那些有英雄氣概的朋友們，他們是習以爲常，而視死如歸，而豪情萬丈。在當時的狀況下，他們與浩然之氣也是很接近的。無奈他們滿足於習以爲常，所以與浩然之氣當面錯過。歷史上成功的英雄們，當他們的運氣很好時，他們的勇氣也很佳，而不可一世，卻因缺乏浩然之氣，當他們失敗時，就像洩了氣的皮球一樣。失敗的英雄們，常是一蹶不振。文天祥與史可法以及張巡許遠他們確都是至誠無二，浩氣長存，確都是了不起的人物。我的意思是說，真具有浩然之氣者即令他們沒有見到無所住心，應是一點就通，而且必是到了「不退轉」之地。據我個人的體驗，必是一切雜念盡消而至於「未發」之境，浩然之氣，才會顯露出來。孟子曰：「我知言，我善養吾浩然之氣。」朱熹集註對此有於下之一段解釋：

> 知言者，盡心知性，於凡天下之言，無不有以究極其理，而識其是非得失之所以然也。浩然，盛大流行之貌。氣即所謂體之充者，本自浩然，失養故餒；惟孟子為善養之，以復其初也。蓋惟知言，則有以明夫道義，而於天下之事無所疑；養氣，則有以配夫道義，而於天下之事無所懼，此其所以當大任而不動心也。告子之學，與此正相反，其不動心，殆亦冥然無覺，悍然不顧而已爾。

朱子此說，總覺有點穿鑿而不圓融；但亦可見「養氣」確不是很簡單的事。就我個人來說，頗有此慧而「知及之」，談到「養」，則很慚愧。我亦曾見有些人「知及之」，談到「養」可能較我還不如。我常想，假如他是出家人，對他的壓力是會減輕許多的。因此，我們不能不佩服孟子了，茲引述公孫丑與孟子的兩段問答於後：

> 曰：敢問夫子之不動心，與告子之不動心，可得聞與？告子曰：不得於言，勿求於心；不得於心，勿求於氣。不得於心，勿求於氣，可。不得於言，勿求於心，不可。夫志，氣之帥也；氣，體之充也。夫志，至焉；氣，次焉。故曰：持其志，勿暴其氣。

既曰：志，至焉；氣，次焉。又曰：持其志，無暴其氣者，何也？曰：志壹則動氣，氣壹則動志也。今夫蹶趨者，是氣也，而反動其心。（公孫丑上）

這是講養氣的方法，似乎不屬於本體論的範圍；但爲了究明孟子的本體哲學，特引述他的養氣方法，以證明他確是深造自得而左右逢源者。有佞佛者，說孟子好辯，喋喋不休，其境界很低。我們就孟子在養氣方面所作的很札實的工夫看來，他不祇是「充實而有光輝」，他更是「大而化之」，「聖而不可知之」。他若不臻此境，他是不會道得的。說孟子境界很低者，他們何曾夢見孟子。

第三節　道家繼承者：周易參同契之本體論

一、孔孟老莊以後之本體哲學

漢書藝文誌所載各家，在儒道兩家以外，其他如陰陽家、法家、名家、墨家、縱橫家、雜家等等，對於本體哲學，實很少有所發揮。即以陰陽家而言，其所持陰陽五行之說，與本體哲學，似有關聯；但鄒衍之徒，「論著終始五德之運」（史記封禪書），去本體哲學遠矣。韓愈曰：「軻之死不得其傳焉。荀與揚也，擇焉而不精，語焉而不詳。」（原道）韓愈對荀子與揚雄的此一批評，可謂非常正確。荀揚對於本體哲學，可謂完全沒有貢獻。董仲舒一代大儒，其所著「春秋繁露」談「人副天數」等等，穿鑿附會，以現代觀點看來，甚少學術價值。雜家呂氏春秋與淮南子，對於本體哲學，亦是少有貢獻的。其他如法家、名家、縱橫家等等，皆不足論矣。漢代對形而上學，確是少有貢獻。

二、朱子對周易參同契之評價

漢代對本體哲學頗有貢獻者，惟周易參同契一書，朱子對參同契曾作於下之評價。他說：「周易參同契，魏伯陽所作，魏君後漢人，篇題皆放緯書之目，詞韻皆古，奧雅難通。」❻這本書如果沒有後人的註解，確是很難讀懂的。朱子對這本書曾下過一些研究的工夫，語類有云：

> 參同契所言坎離水火鉛汞之屬，只是互換其名，其實只是精氣二者而已。精，水也，坎也，龍也，汞也；氣，火也，離也，虎也，鉛也。其法以神運精氣，結而為丹。陽氣在下，初成水以火煉之則凝成丹。其說甚異，內外異色，如鴨子卵，真箇成此物。參同契文章極好，蓋後漢之能文者為之。讀得亦不枉，其用字皆根據古書，非今人所能解，以故皆為人妄解。世間本子極多，其中有云：千周粲彬彬兮，萬遍將可睹；神明或告人兮，魂靈忽自悟。言誦之久，則文義要訣自見。又曰：二用無爻位，周流行

---

❻ 朱子：「書周易參同契考異後」。晦翁先生朱文公文集卷第八十三。臺灣光復書局。

> 六虛。二用者，用九用六，九六亦坎離也；六虛者，即乾坤之初二三四五上，六爻位也。言二用雖無爻位，而常周流乎乾坤六爻之間，猶人之精氣，上下周流乎一身，而無定所也。……
>
> 參同契為艱深之詞，使人難曉。其中有千週萬遍之說，欲人之熟讀以得之也。大概其說，以為欲明言之，恐泄天機；欲不說來卻可惜。❼

照朱子此說，可見他對參同契之評價甚高；而且，他的確有研究。他懂得水火鉛汞祇是互換其名，并懂得道家的修鍊之法。這是許多人所不能企及的，他也爲後人提供了正確的研究方法。

三、周易參同契之本體哲學

由於朱子的評價，我們始知周易參同契一書，是道家最重要的經典，幾與老莊并列。自漢迄宋，道士們對此書特別重視。至於道士們爲什麼會特別重視呢？因爲這是道士們鍊丹的最重要的一本書。清代雲陽道人朱元育說：「參同契者，東漢魏真人伯陽所作，蓋以易道明丹道也。易道之要，不外一陰一陽；丹道之要，亦不外一陰一陽。一陰一陽，合而成易，大道在其中矣。參者參伍之參，同者合同之同，契者相契之契。書中分上中下三篇，篇中分御

❼ 朱子語類卷一百廿五。

政養性伏食三家，必參互三家，使大易性情，黃老養性，爐火之事，合同爲一，方與盡性至命之大道相契，舉一端則三者全具其中。」❽又因爲是「以易道明丹道」，是「使大易性情，黃老養性，爐火之事，合同爲一，方與盡性至命之大道相契」；所以我們乍讀起來，雖覺得其說甚陋，但子細揣摩，亦略可窺見其的確具有學術價值，茲引述其有關本體哲學者於左：

乾坤者，易之門戶，眾卦之父母，坎離匡廓，運轂正軸，牝牡四卦，以為橐籥，覆冒陰陽之道，猶工御者，準繩墨，執銜轡，正規矩，隨軌轍，處中以制外，數在律曆紀。……（乾坤門戶章第一）

天地設位，而易行乎其中矣。天地者，乾坤之象；設位者，列陰陽配合之位。易謂坎離。坎離者，乾坤二用。二用無爻位，周流行六虛，往來既不定，上下亦無常。幽潛淪匿，變化於中，包囊萬物，為道紀綱。……（坎離二用章第二）

易者象也，懸象著明，莫大乎日月。日含五行精，月受六律紀，五六三十度，度竟復更始。窮神以知化，陽往則陰來，輻輳而輪轉，出入更卷舒。……（日月合符章第三）

於是仲尼讚鴻蒙，乾坤德洞虛，稽古當元皇，關雎建始初，冠婚炁相紐，元年乃芽滋。……（天符進退章第四）

❽ 東漢，魏伯陽著，清，雲陽道人朱元育闡幽：「參同契闡幽」卷上，頁一，臺灣自由出版社。按本書原版為成都守經常刻本，由黃崗方悟初先生托由蕭天石先生在台影印發行。

若夫三聖，不過伏羲，始畫八卦，效法天地。文王帝之宗，結體演爻辭，夫子庶聖雄，十翼以輔之。三君天所挺，迭興更御時，優劣有步驟，功德不相殊，制作有所踵，推度審分銖。有形易忖量，無兆難慮謀，作事令可法，為世定此書。……（祖述三聖章第十三）

總上所述：第一、參同契這本書，確是「以易道明丹道」。以上所引述者，已足可證明其是以易道爲基礎而闡述丹道之原理。在魏伯陽認爲，孔子作易，以乾坤爲首，如所謂：「仲尼讚鴻蒙，乾坤德洞虛」；刪詩書，以堯典舜典及關雎爲首，如所謂「稽古當元皇，關雎建始初」；制禮，重視冠婚之禮，如所謂「冠婚炁相紐」；修春秋，重視紀元，如所謂「元年乃芽滋」（見上引第四章），皆與丹道有關。朱雲陽闡微曰：

天道之大者，莫如五行；人道之大者，莫如五經，可以互相發明，而各有其原始焉。易為五經之元首，乾坤兩卦為易之元首。乾坤兩卦，又從太極中剖出。即此太極本體，合之即鴻濛一炁，分之即乾坤兩卦。乾坤兩德，體函萬化，用澈太虛，於是仲尼讚之曰，大哉乾元，至哉坤元，豈非陰陽之始乎？仲尼刪書，斷自二典，首著稽古之文，稽古當元皇，書之始也。刪詩肇自二南，首列關雎之章，關雎建始初，詩之始也。禮貴成人，冠婚為生育之始，故曰炁相紐。春秋紀年，元年為歲序之始，故曰乃芽滋。此仙翁借世典以喻道法也。鴻濛即虛無一炁。乾為鼎，中藏性根；坤為爐，中藏命蒂。

其間日月往來，洞虛之象。元皇喻元始祖炁，關雎喻兩物相感，相紐喻二氣交并，元年芽滋，則一陽初動，而真種生矣。（上卷，頁二七）

我對於穿鑿附會或橫扯之說，素極卑視。董仲舒本是頗有成就者，卻因其在春秋繁露中之許多穿鑿附會的言論，使我對他的評價很低。參同契「日月含符章」所說「日含五行精，月受六律紀，五六三十度，度竟復更始」這幾句，以及許多類此之言論，原來我也覺得這是在胡扯；尤其是用現代科學的眼光看來，這簡直是非常幼稚的。但經仔細玩味，這祇是設喻以說明「窮神以知化，陽往則陰來，輻輳而輪轉，出入更卷舒」之理；於是，我覺得我確是錯會了魏伯陽的原意了。現代人讀古人書，犯我這種錯誤者，可謂比比皆是。再者，從表面看來，以五經比五行，似亦是在橫扯。但經仔細研究，孔子刪定五經，原是本於天道以明人道。魏伯陽現本於人道以體悟天道，還原返本，并無不當，這不是又錯怪古人嗎？孔子的本體哲學，經魏伯陽如此一闡釋，豈不是更加明白嗎？吾人再攻研五經時，本於魏伯陽之提示，當然更能心領神會了。

第二，參同契既是「以易道明丹道」，當然就是儒道兩家之融會貫通。魏伯陽對儒家的易詩書禮春秋必有深入之體會，這從他的以五經與五行「互相發明」，便可獲得印證。他站在道家的立場而推崇孔子，而曰「夫子庶聖雄」，可見其絕無門戶之見。至於他融會儒道兩家而對於學術上所作之貢獻，茲略述之於下。朱雲陽「參同契闡幽」序言一開始便說：

大道本無言說，本無名相，混混沌沌，莫知其端；然非假言說名相以表之，則道終不顯。昔者犧皇作易，直指乾坤；老子著經，全提道德，賴此兩聖，鑿破混沌面目，人人分上底性命根源，才知著落處，大道從此開明矣。二書同出一源，其後不幸而分為儒玄兩家。宗易者流為象數之小儒；宗玄者流為延年之方士，而歸根復命之學，或幾乎息矣。孰能會而通之，其惟參同契乎。此書出自漢代伯陽魏祖，假卦爻法象，以顯性命根源。性，乃萬劫不壞之元神；命則虛無祖炁，元始至精也。拈一即兩，舉兩即三，會三即一。故言神而精氣在，精氣非麓；言精氣而神在，神非精氣也。言性而命存，命非滯於有；言命而性存，性非淪於無也。只此兩字真詮，可分可合，可放可收。在犧易，則以乾坤為眾卦之父母；在老子，則以道德為萬象之總持。後來諸子百家，橫說豎說，總不出這兩字範圍。順而達之，則曰天命之謂性；逆而還之，則曰窮理盡性以至於命。堂堂大道，三教同轍，千聖同歸，外此悉屬旁蹊曲徑矣。（上卷，頁一）

朱雲陽說老子與周易「二書同出一源」，此并非從考據的觀點說，而是從「千聖同歸」的觀點說。周易與老子，在本體哲學方面，所討論的問題相同，而所作的答案，亦無本質上的差異，說「二書同出一源」，并無不可。至於朱雲陽，對於佛學有很深之造詣與極大之同情，所以說「三教同轍」，其「乾坤門戶章第一」闡幽曰：

蓋天地間，只此一陰一陽，其本體則謂之道；其化機則謂之易；其神用則謂之丹。易道之陰陽，不外乾坤；丹道之陰陽，不出性命。乾坤即性命也。然必窮取未生以前消息，方知天地於此造端，人身於此託始，丹道於此立基。原夫鴻濛之先，一炁未兆，不可道，亦不可名，廓然太虛，無方無體，是謂真空；空中不空，是謂妙有（達按：雲陽此說，是合儒釋道三家為一也）。惟即有而空，故無始之始，強名曰天地之始；惟即空而有，故有始之始，強名曰萬物之母。即有而空，便是太極本無極；即空而有，便是無極而太極。太極之體，本來無動無靜。動而無動，乾之所以為天也，而輕清者有其根矣；靜而無靜，坤之所以為地也，而堅凝者有其基矣。一動一靜之間，人之所以為天地心也，而易之生生不息者，在其中矣。胚胎雖具，混沌未分，故曰太極函三。迨其靜極而動，乾之一陽，直澈於九地之下，而坤承之，陰中包陽，實而成坎，是謂天一生水，在地中為水，在天上為月；及其動極復靜，坤之一陰，直達於九天之上而乾統之，陽中含陰，破而成離，是謂地二生火，在世間為火，在天上為日，此由太極而生兩儀，由兩儀而生四象也。天地非日月不顯，乾坤非坎離不運；故在易道，必以乾坤為體，坎離為用。何以言之？乾之為物，靜專而動直，六十四卦之陽，皆出於乾戶，究竟只是最初一陽。坤之為物，靜翕而動闢，六十四卦之陰，皆闔闢於坤門，究竟只是最初一陰。一陰一陽，是謂真易。乾知大始，實為眾陽之父，故乾道成男，曰震曰坎曰艮；坤作成物，實為眾陰之母，故坤道成女，曰巽曰離曰兌。從此交易，變易，生生不窮。重之為六十四卦，衍之為四千九十六卦，豈非乾坤者易之門戶，眾卦之父母乎？六子皆出於乾坤，而獨坎離者，何也？蓋震巽艮兌各得乾坤之偏體，坎離獨得乾坤之正體。先天定位，本乾南坤北，惟以中爻相易而成坎離，後天翻卦，遂轉作離南坎北，其實乾坤包羅在外，天地之匡廓依然不動，而坎離之一日一月，自然運旋其中，小之為晝夜晦朔，大之為春秋寒暑，又大之為元會運世。譬若御車然，中心虛者為轂，兩頭轉動者為軸，車本不能自運，惟賴兩頭之軸，兩頭之軸，又賴中心之轂以運之，車待軸而轉動，軸又待轂而運旋，其用方全。坎離之於乾坤亦然，豈非坎離匡廓，運轂正軸乎？老子云，三十輻共一轂，當其無，有車之用，此之謂也。」（上卷，頁二—頁四）

朱雲陽認爲道是一陰一陽之本體，易是一陰一陽之化機，爲「窮取未生以前消息」，「即有而空，便是太極本無極；即空而有，便是無極而太極」。太極本是無動無靜；然而卻函此動而無動之乾與靜而無靜之坤，并且坤陰承乾之一陽而成坎，乾陽含坤之一陰而成離；於是乃成爲乾坤坎離四卦。我原來以爲這是在講萬物之生成，應屬於宇宙論，後經仔細體會，這仍是在講本體。因爲這未生以前的無方無體之無極，它是至誠不二的，所以應名之爲太極。這太極實具有陰陽動靜之理。我們稱陽而動直者爲乾，陰而靜專者爲坤。乾坤是天地之根，是形而上者。至於乾坤是如何的生成爲天地，亦即乾坤是如何的自行運作呢？茲以一圖明之於后：

（牝牡四卦圖）

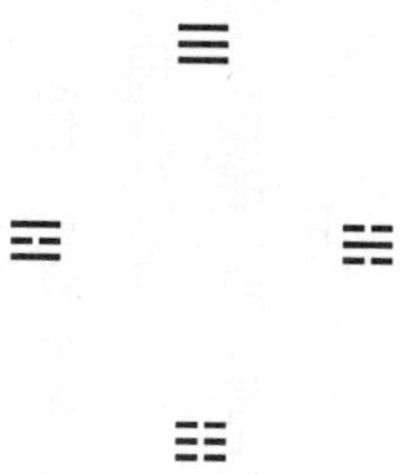

上圖特明之爲牝牡四卦圖，這是說明乾（☰）之一陽入於坤（☷）而成坎（☵），坤之一陰入於乾而成離（☲）。這乾坤坎離，牝牡四卦，構成本體的本質。祇就本質而言，這正是「未生以前消息」，所以這是本體論的。朱雲陽對於魏伯陽的本體哲學，解釋得很好。雲陽雖然受了佛家的影響，我認爲這是無妨的。我一直認爲，當討論的問題相同，對於問題的解答亦很接近，無論是誰，都應視爲知己；若堅持門戶之見，不肯細心體會別人的言論，或甚至故意加以否定，這就缺乏學術之至誠了。

四、進一步的研究與分析

繫辭上傳第七章曰：「天地設位而易行乎其中矣。」魏伯陽解釋爲：「天地者，乾坤之象；設位者，列陰陽配合之位；易謂坎離。坎離者，乾坤二用。二用無爻位，周流行六虛。」什麼是二用呢？朱子曰：「二用者，用九用六，九六亦坎離也。」（請覆按前文）周易乾卦爻辭曰：「用九，見群龍无首，吉。」又乾卦象曰：「用九，天德不可爲首也。」又文言曰：

「乾元用九，天下治也。」「乾元用九，乃見天則。」又坤卦爻辭曰：「用六，利永貞。象曰，用六永貞，以大終也。」很顯然的，魏伯陽所謂之「二用」，必是指乾坤兩卦所謂之「用九」與「用六」而言，朱子的解釋，當然是對的。至於「二用無爻位」，又是什麼意思呢？因為每一個卦，都有六個爻位，即所謂「六虛」者，而「用九」與「用六」，都不在六爻之內，卻「周流行六虛」。朱子曰：「六虛者，即乾坤之初二三四五上，六爻位也。言二用雖無爻位，而常周流乎乾坤六爻之間」，茲以圖示之於次：

乾卦		坤卦	
用九		用六	
上九	⚊	⚋	上六
九五	⚊	⚋	六五
九四	⚊	⚋	六四
九三	⚊	⚋	六三
九二	⚊	⚋	六二
初九	⚊	⚋	初六

所謂「二用雖無爻位，而常周流乎乾坤六爻之間」，這意思是說，用九是常周流於坤卦六爻之間，用六是常周流於乾卦六爻之間。當用九流入坤卦六二時，便成為坎（☵），用六流入乾卦九二時，便成為離（☲）這是坎離之所以為坎離，也就是乾坤自行運作的結果。其他如震巽艮兌四卦之生成，亦可準此而加以解釋。說卦傳第十章說：「乾，天也，故稱乎父；坤，地也，故稱乎母。震一索而得男，故謂之長男（達按：意即坤一索而得震，故震為長男。餘類推）；

巽一索而得女，故謂之長女；坎再索而得男，故謂之中男；離再索而得女，故謂之中女；艮三索而得男，故謂之少男；兌三索而得女，故謂之少女。」其所謂之一索，二索，三索，似亦可準此而加以解釋；此即用六流入乾初九（一索）而得長女，流入九二而得中女，流入九三而得少女等等。不過，朱子周易註曰：「索，求也，謂揲蓍以求爻也。」用蓍法算出六十四卦，我會這個方法。這是根據繫辭上傳第九章「大衍之數五十，其用四十有九」的原理便可以算出來的，朱子周易本義所載「筮儀」是很詳明的說明了如何算的方法。此非我們所欲討論者，我們祇是說，流入與索，其指謂雖不同；若深知其義，則知其所指者，是同一件事。在此須作進一步說明者，即「二用」何以能「周流行六虛」呢？朱雲陽闡幽曰：

> 未有天地日月以前，渾然只是一太虛。此太虛中，本無一物，圓明廓澈，是為先天之乾。即此太虛中有物混成，絪緼遍滿，是為先天之坤。虛中生炁，為至陽之炁，至陽中間藏肅肅之至陰，此從坤而上升者也，無中含有，是為乾中之離。炁中凝精，為至陰之精，至陰中間藏赫赫之至陽，此從乾而下降者也，有中含無，是為坤中之坎。一升一降，樞機全在中間。樞機一動，天地即分。天地既分，其位乃定，自然天位乎上，地位乎下，日出乎東，月生乎西，所以伏羲先天圓圖，乾卦居南，坤卦居北（請覆按牝牡四卦圖），天上地下，包羅萬象，天地定位也。離卦居東，坎卦居西，日用相對，橫貫天地之中，水火不相射也；然必天地之體立，而後日月之用行，故繫辭傳曰，天地設位，而易行乎其中矣。（卷上，頁一三—頁一四）

朱雲陽這個解釋，其主要著眼點是「以易道明丹道」，是指明「未生以前消息」，是說出「逆還證體」的基本道理，所以不必從現代自然科學的觀點來加以衡量。惟必須指陳者，「二用」之所以能「周流行六虛」，茲特將朱雲陽之「闡幽」略為更易而另作說明於左：

> 未有宇宙以前，渾然只是一太虛。此太虛本身，本無一物，圓明廓澈，是為先天之乾。即此先天之乾，亦即此太虛本身，有物混成，絪縕遍滿，是為先天之坤。此先天之乾坤同謂之元。乾坤成列，乾元用九，坤元用六，行乎其中，而周流六虛矣。繫辭傳曰，乾坤成列，而易立乎其中矣，此之謂也。

我們這個說法，自較朱雲陽為嚴格。我們與朱雲陽不同者，我們認為「先天之乾坤同謂之元」。朱雲陽對於此一點無明白之表示，此對於本體哲學之關係甚大。張惠言「周易虞氏消息」有云：「乾有元而坤凝之以為元，其實坤無元也。」❾茲將張氏「太極生兩儀」「兩儀生四象」（同註九，頁五七二）兩圖列之於後：

---

❾ 皇清經解卷一千一百廿七。臺灣漢京文化公司版，第一冊，頁五六八。

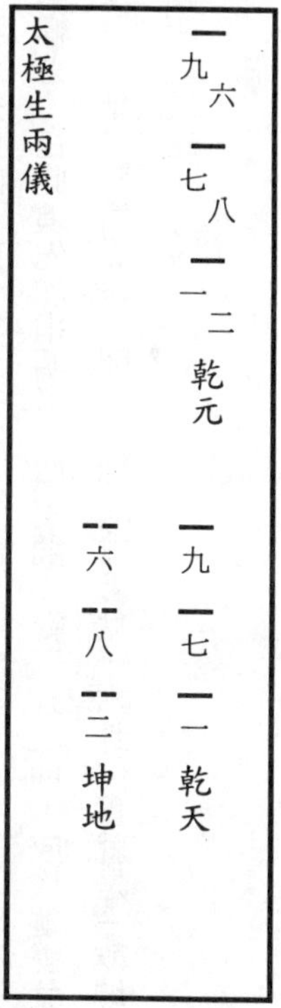

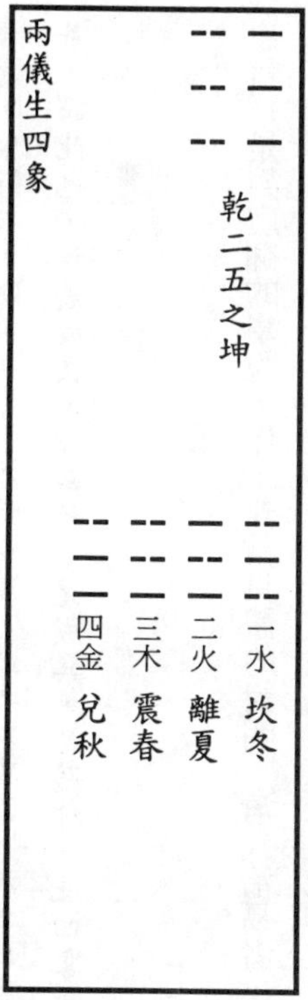

張惠言這兩圖是根據虞翻「兩儀生四象」之注而作。易繫辭「是故易有太極，是生兩儀兩儀生四象」虞翻注曰：「四象，四時也，兩儀，謂乾坤也。乾二五之坤，成坎離震兌，震春兌秋，坎冬離夏，故兩儀生四象。」❿這大致是根據陰陽家的理論而說易。虞翻易學，自後漢以來，頗負盛名，張惠言根據他的「乾二五之坤，成坎離震兌」的學說而肯定「坤無元」。張惠言曰：

❿ 李鼎祚：「周易集解」卷十四。臺灣世界書局，楊家駱主編中國學術名著第六輯，十三經注疏補正第一冊「周易注疏及補正」頁三四九。

聖人觀天之文，察地之理，得乾坤為天地之象，因以得乾坤相合為日月之象，故其作易也，先以三畫象太極之一七九，又效法二八六之三畫以為乾坤而象天地，是太極生兩儀（達按：請覆按「太極生兩儀」圖，是謂乾坤之外，另有一先天之乾而稱之爲乾元，乾元生乾坤，是太極生兩儀），由是而觀，乾元之一行，一施而為坎，再施而為離；一息而為震，再息而為兌，故曰，乾二五之坤，成坎離震兌（原注：二五者中氣，非謂爻名），皆陽生也，……此兩儀生四象矣。既象其息，乃復象其消。兌之反為巽（達按：兌上缺☱，其反爲巽下斷☴，此所謂反，亦即繫辭傳所謂「綜」），雨之散則為風；震之反為艮（達按：即☳反爲☶），雷自上則為霆；於是，乾下就坎以成陽而配寒，坤上就離以成陰而配暑，然後與日月之象合焉。繫辭曰，剛柔相摩，八卦相蕩，鼓之以雷霆，潤之以風雨，日月運行，一寒一暑，謂此也，故震成艮，坎藏乾，兌成巽，離藏坤，此四象生八卦也。（同註九，頁五七〇）

張惠言這是對虞翻的學說，作了非常具體的說明，清代治易者，爲反對宋學而宗漢學漢易，大抵均宗此說。熊十力先生在「原儒」中也主張乾元生乾坤之說，可見張氏之易學，頗具有影響力。在此須先加指明者，照虞翻「乾二五之坤，成坎離震兌」之說，再加上「震之反爲艮」「兌之反爲巽」，則「乾坤坎離震兌」六卦，實就是「乾坤坎離震艮兌巽」八卦，茲以圖明之於左：

兩儀生四象八卦圖

我們根據虞翻及張惠言學說列成上圖，這是沒有問題的。這是很明白的表示了虞翻所謂之「兩儀生四象」，事實上也就是「四象生八卦」。可是周易繫傳「四象生八卦」虞翻注曰：「乾二五之坤，則生震坎艮；坤二五之乾，則生巽離兌；故四象生八卦。」虞翻此注與說卦傳第十章一索再索三索之說，可謂完全相同，與他自己的「乾二五之坤，成坎離震兌」之說，則不免矛盾衝突。因爲乾坤既是成坎離震兌之四象，自不能再一索二索三索而生六子。在虞翻張惠言學說中，我們沒有發現他們對這個自相矛盾之處有任何解釋。從純學術的觀點說，這種不一致是不能忍受的。再者，虞翻這個「四象生八卦」之說，朱晦菴稱之爲後天之學，曾作文王「八卦次序圖」以明之，其圖於左：

文王八卦次序圖

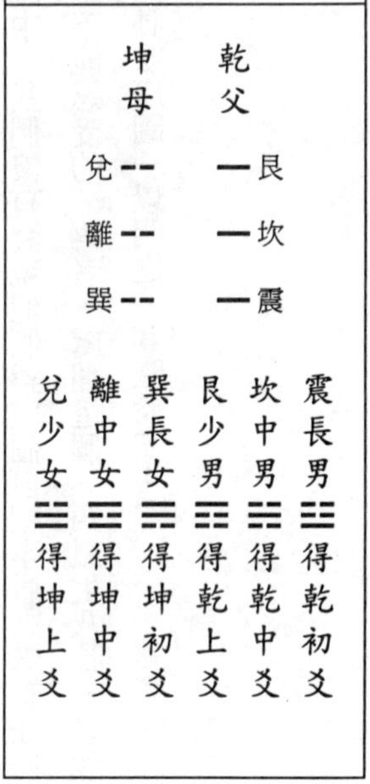

宋易有伏羲八卦與文王八卦之分。伏羲八卦稱之爲先天之學，是指八卦之所以生成，此屬於本體哲學。文王八卦稱爲後天之學，是指天地萬物生成之理而言，此應屬於宇宙論。很顯然的，從現代學術觀點來加以衡量，宋易較爲理論明白。再者，魏伯陽的「牝牡四卦圖」亦可稱之爲四正圖，合兌震巽艮四隅圖，便成爲「伏羲八卦方位圖」，其圖於左：

伏羲八卦方位圖

這「伏羲八卦方位」圖，亦稱小圓圖，它是由「伏羲八卦次序」圖，亦稱小橫圖，將陽儀乾兌離震四卦爲半圓在東，將陰儀巽坎艮坤四卦爲半圓在西；於是東西各半圓便合成爲一圓而成爲於上之小圓圖。我們認爲，小橫圖是最能對繫辭傳「是故易有太極，是生兩儀，兩儀生四象，四象生八卦」這一段作恰當的解釋，茲將小橫圖列之於左：

伏羲八卦次序

<table>
<tr><td></td><td>第一行</td><td></td><td></td><td></td><td></td><td></td><td></td><td>第八行</td><td></td></tr>
<tr><td></td><td>一</td><td>二</td><td>三</td><td>四</td><td>五</td><td>六</td><td>七</td><td>八</td><td></td></tr>
<tr><td>八卦</td><td>乾</td><td>兌</td><td>離</td><td>震</td><td>巽</td><td>坎</td><td>艮</td><td>坤</td><td>第三階</td></tr>
<tr><td>四象</td><td colspan="2">太陽</td><td colspan="2">少陰</td><td colspan="2">少陽</td><td colspan="2">太陰</td><td>第二階</td></tr>
<tr><td>兩儀</td><td colspan="4">陽</td><td colspan="4">陰</td><td>第一階</td></tr>
<tr><td></td><td colspan="8">太極</td><td></td></tr>
</table>

伯達註：第一行之第一、二、三階，皆為白，白代表陽，其符號為「⚊」，故第一行「☰」為乾。又第八行之一、二、三階皆為黑，黑代表陰，其符號為「⚋」，故第八行「☷」為坤。第二行「☱」為兌，第三行「☲」為離，第四行「☳」為震，第五行「☴」為巽，第六行「☵」為坎，第七行「☶」為艮。請讀者仔細體會之。

爲使讀者易於明白起見，特將小橫圖的黑白以「⚋」「⚊」兩個符號代表之，這「⚋」「⚊」兩個符號，便以「1」與「0」兩個阿拉伯數字代表而以圖示之於次：

（以0與1顯示圖）　　（伏羲八卦次序以陰陽爻顯示圖）

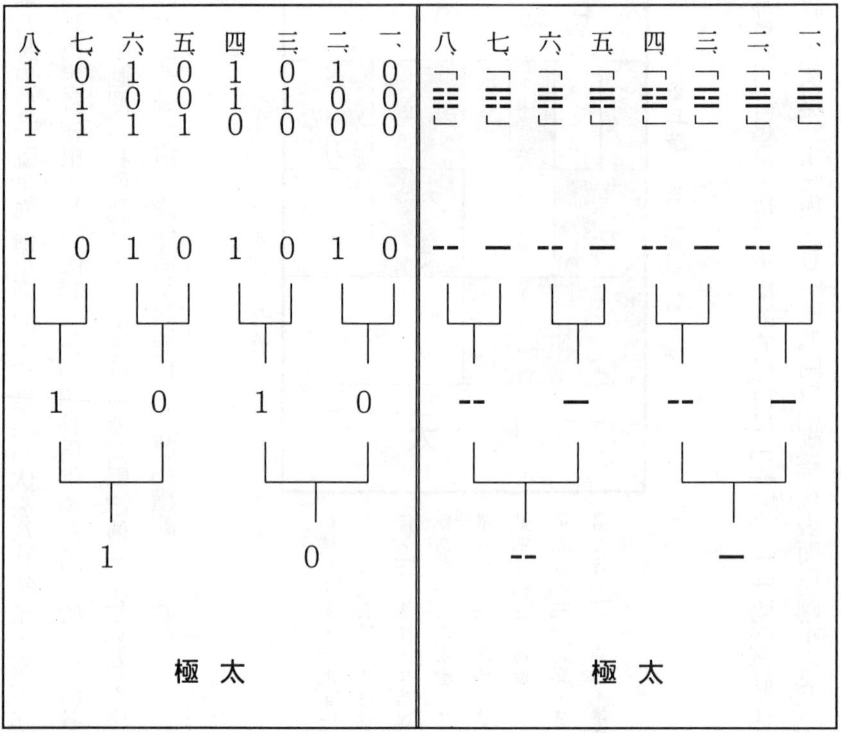

我們從以上各圖可以體認一項真理。這個真理，是與濂溪先生「太極圖說」相同的。這是說明了，八卦是太極自身的表現。這意思是說，我們從「以陰陽爻顯示圖」及「以0與1顯示圖」可以看出「伏羲八卦次序」圖中的八卦，不祇是指第三階的陰爻或陽爻而言，乃是指此圖之全部而言。（并請參閱「伏羲八卦次序」圖之註明）此圖之全部，即是太極自身。一般人認爲，繫辭傳「是故易有太極」這一段，乃周易宇宙論的綱領，這是不錯的；但是，若這一段所指者，祇是八卦之所以爲八卦；而且，此所謂八卦，祇是顯示太極本身之內含，亦即顯示此氣形質具而未離，混而爲一之太極所具有的陰陽動靜之理是可顯現爲如此之八卦；而這個八卦，亦祇是顯示存在之所以爲存在，世界之所以爲世界的形上之道，而不是代表這存在的世界；那麼，我們說這一段是在講本體論，實沒有理論的困難。現在我們可以很明白的指出了，從周易而講本體哲學，自兩漢以來，大致可分成兩派：一派可稱之爲虞翻張惠言派，他們是本於陰陽五行的學說而講易。他們似乎認爲，日月之所以運行，必另有一動力，此動力可名之爲乾元，此乾元是天地之所以爲天地，日月之所以爲日月，四時之所以爲四時者。這似乎是唯心論，因爲他們所謂之「乾元」，與精神很類似；也很像科學的哲學，因爲他們是本於「觀天之文，察地之理」而講哲學；不過，用現代的科學理論而評定他們的學說，誠如胡適之所說的，這「只是幼稚的，錯誤的，或失敗了的科學」。另一派可稱之爲魏伯陽朱雲陽派，他們是本於易道以明丹道。他們雖然也沒有脫離陰陽五行的色彩；但主要的著眼點，在「窮理盡性以至於命」。他們受了方士們的長生不老的影響，但在窮理盡性至命的過程中，他們發現了本性的潔淨光明，此即朱雲陽所謂之「此太虛中，本無一物，圓明廓澈」。朱雲陽所謂之「圓明廓澈」，實即禪宗所謂之「無所住心」，魏伯陽并未有如此說過；但魏氏以老莊為宗，則是無可置疑的，他在「兩竅互用」第七章說：「上德無為，不以察求；下德為之，其用不休。上閉則稱有，下閉則稱無，無者以奉上，上有神明居，此兩孔穴法，金炁亦相胥。」（卷上，頁四八）又在「鍊己立基」第六章說：「內以養己，安靜虛無，原本隱明，內照形軀。閉塞其兌，築固靈株，三光陸沈，溫養子珠，視之不見，近而易求。」（卷上，頁四四）從這兩段話，我相信對中國哲學稍有認識的讀者，當知這是承繼老莊思想的。再者，所謂「內照形軀」，「上德無為，不以察求」，這就是易繫辭所說的「窮神知化」，「天下何思何慮」，及「易无思也，无為也，寂然不動，感而遂通天下之故，非天下之至神，其孰能與於此。」也就是禪宗祖師們所謂之「無念之念」。至此境界，自然會見到本性的潔淨光明，而體會到乾元坤元，用九用六，而「周流行六虛」。周易乾卦彖辭曰：

大哉乾元，萬物資始，乃統天。

又坤卦彖曰：

至哉坤元，萬物資生，乃順承天。

由此可證張惠言的「坤無元」之說，并不真有意義。我們認為，元是一，當其顯現為用時，是有乾元與坤元這兩個勢用（勢用一詞借自熊十力新唯識論）顯現，而「周流行六虛」。這就是陰陽動靜之所以爲陰陽動靜，也是心物之所以爲心物。那麼，元究竟是什麼呢？我們可以這樣的說，元是本體的功用；因爲本體有此功用，所以本體能顯現變易的化機，而「乾知大始，坤作成物；乾以易知，坤以簡能」的用九用六，以成就本體可久可大的德業。可能還會有人要問，本體何以會有這個功用呢？最簡單的答覆，是：若本體無此功用，那便是沒有這個本體。易繫辭曰：「乾坤其易之縕邪！乾坤成列，而易立乎其中矣，乾坤毀則无以見易，易不可見，則乾坤或幾乎息矣。」這應是很好的說明。可是有人還會要問，爲什麼要將這個功用叫作元呢？因爲「元」這個字，是有「始」、「首」、「一」及「氣之初」⓫諸義。董仲舒「春秋繁露」曰：「是以春秋變一謂之元，元猶原也，其義以隨天地終始也。」因此，我們稱本體之功用爲「元」，實是很恰當的。再者，我們的中一元論的本體哲學，依董仲舒之說，也可稱作中一原論。於是，我們也應該說，元之義大矣。

五、拆穿外在神秘，把握內在眞理

綜上所述，我們已知魏伯陽「周易參同契」，爲了「以易道明丹道」，所以必須窮研易理；同時，更因其本於老莊哲學而修養心性的結果，於是更深入了易理，而且也闡明了易理之關於本體哲學的部份，使漢代易學，終能超脫陰陽五行之說的泥淖，而還其本來面貌。這

⓫ 惠徵君：「周易述」皇清經解卷三百四十九，漢京版第一冊，頁四一六。

確是一本難讀的書，其「火候全功」第三十三章有曰：

法象莫大乎天地兮，玄溝數萬里，河鼓臨星紀兮，人民皆驚駭，晷影妄前卻兮，九年被凶害。皇上覽視之兮，王者退自改，關鍵有低昂兮，害氣遂奔走，江淮之枯竭兮，水流注入海。……自然之所為兮，非有邪偽道，山澤氣相蒸兮，興雲而為雨，泥竭遂成塵兮，火滅化為土。若蘗染為黃兮，化藍成綠組，皮革煮成膠兮，麴蘗化為酒，同類易施工兮，非種難為巧。惟斯之妙術兮，審諦不誑語，傳與億世後兮，昭然自可攷，煥若星經漢兮，昺如水宗海。思之務令熟兮，反覆視上下，千周燦彬兮，萬遍將可睹。神明忽告人兮，心靈乍自悟。探端索其緒兮，必得其門戶，天道無適莫兮，常傳于賢者。（卷下十二）

這種書確是不能使用「速讀」方法而一目十行的來閱讀。讀這種書，一定要「探端索其緒兮，必得其門戶」，這樣才能揭開其神秘的外衣而把握其內在的真理。它的內在的真理，一是「自然之所爲兮，非有邪僞道」；一是「同類易施工兮，非種難爲巧」，能把握這兩點，則「傳與億世後兮，昭然自可攷」。此書注者甚多，我們探討的目的，祇在於發現其對於本體哲學的貢獻，朱雲陽的「闡幽」，已足夠作爲我們的指路標了。

第四節　魏晉玄學與格義佛學之本體論

一、魏晉玄學的本體論

有漢一代，除周易參同契外，其他各家，對於本體哲學，甚少貢獻；於是，形成了漢代學術思想，既不及先秦之偉大，也不若後代之魏晉。這不祇是我一個人的看法。牟宗三先生說：

> 中國學術大體分為三個階段：一、晚周諸子；二、魏晉南北朝，下賅隋唐；三、宋明理學。⓬

漢代學術之所以不若其前代與後代，實與其哲學「甚少貢獻」有關。牟宗三先生認爲，自董仲舒以來，兩漢的主流思想，實有一「氣化的宇宙論」爲底子。這與我們的本體論是不相同的，所以我們認爲漢代對本體論「甚少貢獻」。我們祇講魏伯陽而不涉及兩漢其他的人，其故即在於此。牟先生又說：

⓬ 牟宗三著：「魏晉玄學」頁一，東海大學版，民五一年。

此氣化宇宙論到王弼出來，始扭轉而為「無」之本體論。自此以後，中國思想即不以此漢儒的素樸的氣化宇宙論為中心。（同註十二，頁六）

漢代國勢強盛，而邊患也連年不息；因此，漢人重實際，也重事功。其素樸的氣化論，可能與此種重實際與事功的性格有關。我們雖認定漢代對哲學甚少貢獻；但對於漢代中國人之奮鬥的態度，亦即梁漱溟所謂之第一路向的精神，卻是心嚮往之。哲學很可能是奮鬥遭受挫折而深切反省的結果。東漢末年，時衰世亂，貴玄言，宗老氏之風漸漸興起，這正是奮鬥遭受挫折所招致之結果。當然思想之變遷，不是如此簡單的事，此祇是舉其大概而已。湯用彤先生認為：「貴玄言，宗老氏，魏晉之時雖極盛，而於東漢亦已見其端矣。」「然談玄者，東漢之與魏晉，固有根本之不同。」⑬此則東漢談玄「仍不免本天人感應之義，由物象之盛衰，明人事之隆污。稽察自然之理，符之於政事法度。其所游心，未超於象數。」（同上）湯先生并舉楊雄太玄賦，張衡思玄賦以為證明，這正是漢人對於事功之未能完全忘懷。湯先生又曰：

魏晉之玄學則不然。已不復拘拘於宇宙運行之外用，進而論天地萬物之本體。漢代寓天道于物理。魏晉黜天道而究本體，以寡御眾，而歸于玄極（王弼易略例明彖章）；忘象

⑬ 湯錫予用彤著：魏晉玄學論稿——魏晉玄學流別略論，頁四九，臺北廬山出版社。民六一。

得意，而游于物外（易略例明象章）。於是脫離漢代宇宙之論（Cosmology or Cosmogony）而留連於存存本本之真（ontology or theory of being）。漢代之又一談玄者曰：「玄者，無形之類，自然之根。作於太始，莫之與先。」（張衡玄圖）此則其所謂玄，不過依時間言（達按：此即未能超越時空範疇），萬物始於精妙幽深之狀，太初太素之階。其所探究不過談宇宙之構造，推萬物之孕成。及至魏晉乃常能棄物理之尋求，進而為本體之體會。舍物象，超時空，而研究天地萬物之真際。以萬有為末，以虛無為本。夫虛無者，非物也。非無形之元氣（達按：「無形之元氣」仍然是物），在太初之時，而莫之與先也。本無末有，非謂此物與彼物，亦非前形與後形。命萬有之本體曰虛無，則無物而非虛無，亦即物未有時而非虛無也。漢代偏重天地運行之物理（原註：按揚雄、張衡之玄，亦有不同，茲不詳析）魏晉貴談有無之玄致。二者雖均嘗托始於老子，然前者常不免依物象數理之盈虛，言天道，合人事；後者建言大道之玄遠無朕，而不執著于實物，凡陰陽五行以及象數之談，遂均廢置不用。因乃進於純玄學之討論。漢代思想與魏晉清言之別，要在斯矣。（同註十三，頁四九—頁五）

湯先生此所說的，第一，是明白的說明了漢與魏晉之所以不同；第二，也明白的說明了魏晉玄學的本體論究竟是什麼？湯先生又曰：「漢學元氣化生，固有無物而有氣之時（元氣在時空以內）。玄學即體即用，實不可謂無用而有空洞之體也（體超時空）。」（同註十三，頁七〇）

又曰：

王弼以為天地萬物皆以無為本。本者宗極（魏晉人用宗極二字常相當於宋儒之本體），即其大衍義中所謂之太極（一作大極）。太極無體（邢昺正義引論語釋疑），而萬物由之以始以成。太極無分（亦為無名，有名則有分），而萬物則皆指事造形。無體者謂其非一物（非如有形體之物）。物皆有系有待。非物則無所系無所待。宗極冥漠，無所不窮（即萬物之體故），而不隨於所適（其體獨立故，見老子二十五章注）。萬物有分，於冥漠之宗極而設施形名，於是指事造形宛然如有。然用者依體而起，體外固無用。萬有由無而始成，離無亦不別有群有。然則萬形似多而以一為其真，萬象各偏而舍全則未獲具存（多一偏全諸辭均無數量之意）。夫有生於無，萬物由無而有。王弼曰：「本其所由與極同體。」（老子六章注。列子注引此作與太極同體）蓋萬有非獨立之存生，依於無而乃存在。宗極既非於萬物之後之外而別有實體。故曰與極同體也。

貞一之宗極又名曰道。所以名之曰道者，蓋言其依理以長育亭毒萬物。依理者即謂順自然，所謂「物無妄然，必由其理」（易略例）也。萬物各有其所本之理，故各有其性。「物皆不敢妄，然後乃各全其性」。（易無妄卦王注）宇宙之全體蓋為一大秩序。秩序者謂萬理之全。萬物之生各由其理，故王弼曰：「道者，無不通也，無不由也。」（邢昺正義引論語釋疑）通者，由者，謂萬物在秩序中各得其分位。得其分位則謂之德，此分位自道言之名之曰理（天），自德言之則名為性（人）（何晏作道德論，又稱王弼可與談天人之際，均指此）。宇宙全體之秩序（道）為有分有名之萬形之所從出，而其自身（道）則超乎形名之上。萬有群生雖千變萬化，固未始不由於道。道雖長育亭毒，而其自身則超於變化，蓋宇宙之全如有形名，則為萬物中一物。如有變化，則失其所謂全。玄學之所以常以「無」以「靜」況稱本體者蓋因此歟。

雖然，體用不可劃為二截，有之於無，動之於靜，固非對立者也。故易復卦王弼注曰：「復者反本之謂也。天地以本為心者也。凡動息則靜，靜非對動者也。語息則默，默非對語者也。然則天地雖大，富有萬物，雷動風行，運化萬變，寂然至無，是其本矣，故動息地中，乃天地之心見也。若其以有為心，則異類未獲具存矣。」天地之心即天地之體，稱心者謂其至健而用形者也。以其至健而總統萬形（乾卦注）又不失大和，同乎大順，則永保無疆（看坤卦應地無疆注）。萬象紛紜，運化無方，莫不依天地之心，而各以成形，莫不順乎秩序而各正性命。萬有由本體而得存在，而得其性（故不能以有爲心）。而本體則超越形象籠罩變化（故本體寂然至無）。總之，宇宙全體為至健之秩序。萬物在其中各有分位各正性命。自萬有分位言之，則指事造形，宛然各別。自全體秩序言之，則離此秩序更無餘物，猶之乎波濤萬變而固即海水也。（此類譬喻不可拘泥，因水爲一物而本體則非物也。老子八章「水幾於道」，王注曰：「道無水有，故曰幾也。」此言深可玩味。）

（同註十三，頁七一—頁七三）

湯先生這所說的非常重要：第一，此不僅說出了「天地萬物皆以無爲本」，更說出了「無」是無體、無分（亦為無名），無所系無所待，無所不窮。這與我們在第二章中對本體所作之描述可謂完全相同。第二，此不僅說出了「無」是什麼，更說出了「體用不可劃爲二截」的觀念。湯先生說：「玄學主體用一如，用者依真體而起，故體外無用。體者非於用後別為一物，故亦可言用外無體。」(同註十三，頁七〇)這是中國形上學最主要的基調之一。宋明理學的「體用一原」及熊十力先生的「稱體顯用」之說，都與這個觀念沒有不同。上文引述「伏羲八卦次序」圖時，我們曾指出：「從以上各圖可以體認一項真理，此即八卦是太極自身的表現」。這意思是說，不是八卦之外另有太極。我們與湯先生對於這個問題的瞭解，可謂完全相同。不過，湯先生說：「有之於無，動之於靜，固非對立者也。」此對立若是指相反而言，則有無動靜必是相反而又對立，祇是有無動靜雖相反而實相成耳，此當於宇宙論中詳說之。第三，湯先生係依據「王弼大衍義」而闡明其「體用一如」之說。湯先生說：「王弼體用一如之說，世人多引上述復卦注以闡明其義。然實則於釋大衍，言之固亦甚明晰。」(同註十三，頁七三)王弼對於大衍之解釋，茲引述於左：

> 演天地之數，所賴者五十也，其用四十有九，則其一不用也。不用而用以之通；非數而數以之成，斯易之太極也。四十有九，數之極也。夫无不可以无明，必因於有；故常於有物之極，而必明其所由之宗也。⑭

誠然，「无不可以无明，必因於有」；同樣的，「體不可以體明，必因於用」。不用之

⑭ (一)同註十三，頁七三，(二)十三經註疏周易兼義卷第七。

「一」爲體，用四十有九，乃所以明體也。湯先生曰：「不用之一，斯即太極。夫太極者非於萬物之外之後別有實體，而實即蘊攝萬理孕育萬物者耳。故太極者（不用之一）固即有物之極（四十有九）耳。吾人豈可於有物（四十有九）之外，別覓本體。實則有物依體以起，而各得性分。如自其性分觀之則宛然實有，而依得性分之所由觀之，則了然其固爲全體之一部而非真實之存在。故如異體言而執波濤爲實物，則昧於海水。而即用顯體，世人了悟大海之汪洋，本即因波濤之壯闊。是以向若知波濤所由興，則取一勺之水，亦可以窺見大海也。」（同註十三，頁七三）湯先生對於「王弼大衍義」之闡釋，是非常深入而切中肯要。湯先生固亦深明佛學者。第四，湯先生認爲「宇宙全體爲至健之秩序。萬物在其中各有分位各正性命」。我個人認爲，萬物若皆能反本而見天地之心，則必能順乎至健之秩序而各正性命。照邵康節的「大橫圖」，宇宙全體是無秩序之中而有秩序，爾後講邵子先大之學時當詳言之。

二、格義佛學的本體論

我們對於魏晉玄學的本體論，完全採用湯用彤先生的說明。很顯然的牟宗三先生亦是贊成湯先生的觀點。我覺得湯先生的說明確是很清楚的。在此須稍加說明者，即魏晉玄學實有助於格義佛學之流行，而格義佛學則是融會了玄學的一種本體哲學。

高僧傳曰：「法雅，河間人，凝正有器度，少善外學，長通佛義，衣冠仕子，咸附諮稟，時依門徒，并世典有功未善佛理，雅乃與康法朗等，以經中事數擬配外書，爲生解之例，謂之格義，乃毗浮相曇等，亦辯格義，以訓門徒。雅風彩灑落，善於樞機，外典佛經，遞互講說，與道安法汰每披釋湊疑，共盡經要，後立寺於高邑，僧眾百餘，訓誘無懈。雅弟子曇習祖述先師，善於言論，為偽趙太子石宣所敬。」⑮

在此須稍加說明者，所謂「事數」，據世說新語文學篇注曰：「事數、謂若五陰、十二入、四諦、十二因緣、五根、五力、七覺之數。」佛教大藏經有「教乘法數」四十卷，「大明三藏法數」五十卷。⑯可見「事數」亦稱「法數」。湯用彤先生曰：「法雅之所謂事數，即言佛義之條目名稱。其以事數擬比，蓋因佛經之組織，常用法數，而自漢以來，講經多依事數也。」⑰由此可知，「以經中事數擬配外書」，即是以佛學與玄學相結合。

又高僧傳第六釋慧遠傳曰：「遠年二十四，便就講說。嘗有客聽講，難實相義，往復移時，彌增疑昧，遠乃引莊子為連類，於是惑者曉然。是後安公特聽慧遠不廢俗書。」何謂格義佛學，照以上所述，實已非常明白。至於當時的佛教徒之所以以老莊為「連類」解釋佛學，當然是由於魏晉玄學興起以後之老莊學說與佛教學說有可以相互融會貫通者。蓋自有別於漢代玄學之魏晉玄學興起以後，談玄者認定「天地萬物皆以無為本」，此與佛教性空之說極為接近。湯錫予用彤先生說：「釋家性空之說，適有似於老莊之虛無。佛之涅槃寂滅，又可比於老莊之無為（安世高支謙等俱以無為譯涅槃）。而觀乎本無之各家，如道安法汰法琛等者，則尤

---

⑮ 高僧傳卷四。佛教大藏經第七十四冊，史傳部一。

⑯ 佛教大藏經第七十八冊。

⑰ 湯錫予用彤著：「漢魏兩晉南北朝佛教史」頁二三五，漢聲出版社，民六十二年發行，臺北影印第一版。

兼善內外。如竺法琛之師劉元真，孫綽謂其談能雕飾，照足開曚。蓋亦清談之人物。故其弟子法琛，能或暢方等，或釋老莊，而支公蓋亦兼通老莊之人。因此而六朝之初，佛教性空本無之說，憑藉老莊清談，吸引一代之文人名士，於是學術之大柄，蓋漸爲釋子所篡奪也。」⑱湯先生此所謂之支公，是指支道林而言。支道林對於格義佛學之流行，是一重要人物。高僧傳支遁（道林）傳載：支初至京師，太原王濛甚重之曰：「造微之功，不減輔嗣。」由此亦可看出支公對格義佛學之貢獻了。後來道安對法雅之格義佛學雖加以非議，當他的徒弟慧遠引莊子爲連類，他以後便不廢俗書；尤其他的徒弟僧肇所著「涅槃無名論」有曰：「余嘗試言之，夫涅槃之爲道也，寂寥虛曠，不可以形名得；微妙無相，不可以有心知。超群有以幽昇，量太虛而永久隨之弗得其蹤，迎之罔眺其首。六趣不能攝其生，力負無以化其體，潢漭惚恍，若存若往。五目莫睹其容，二聽不聞其響。窈窈冥冥，誰見誰曉。彌綸靡所不在，而獨曳於有無之表。然則言之者失其真，知之者返其餘，有之者乖其性，無之者傷其軀。所以釋迦掩室於摩竭，淨名杜口於毗耶。須菩提唱無說以顯道，釋梵絕聽而雨華，斯皆理爲神御，故口以之而默。豈曰無辯，辯所不能言也。經云，真解脫者，離於言數，寂滅永安，無始無終，不晦不明，不寒不暑，湛若虛空，無名無說。論曰，涅槃非有，亦復非無，言語道斷，心行處滅，尋夫經論之作，豈虛構哉！」⑲僧肇這所說的「寂寥虛曠」等，「微妙無相」，「隨之

⑱ 同註十七，頁二四一。

⑲ 高僧傳第六、肇論憨山注。

弗得其蹤，迎之罔眺其首」，「五目莫睹其容，二聽不聞其響」等等，豈不正是以老莊之思想而說「涅槃」是什麼嗎？僧肇曾明白的指出：「經稱有餘涅槃無餘涅槃者，秦言無爲，亦名滅度」（註同上）。這絕對不是將無爲與涅槃橫扯在一起，而是在「理念」上或在形而上之認識上有其相同之處。上文我們所引僧肇對於涅槃之描述或解釋，與我們對於「無」之體認，確是沒有什麼不同的。再者，其所著「寶藏論」一開始便說：「空可空非真空，色可色非真色。」[20]完全模仿老子的口吻；至所謂「斯皆理爲神御，故口之以默」這就是孔子所說的「默而識之」（述而）了。可見僧肇，實有融通儒釋道三家而將佛學中國化之用意。於是，貫通釋老的一種新的本體哲學逐漸形成，而後來的禪宗，認爲須至「言語道斷，心行處滅」，才能識得道之本體。本體是不可說的。這在講格義佛學的時代，也是大家的共識。

[20] 佛教大藏經第六八冊，諸宗部。

第四章 儒釋道三家本體論之同異（下）

第一節 釋道兩家哲學融通以後之本體論

一、頓教哲學的本體論

佛學與玄學，亦即釋道兩家哲學之融會貫通，端賴格義佛學之興起。早期來中土傳佛教者，因見傳教不易，同時也發現佛學與玄學多有相通之處。如「釋家性空之說，適有似老莊之虛無。佛之涅槃寂滅，又可比於老莊之無爲。」於是，以老莊學說爲「連類」而解釋佛學，其結果，不祇是佛教大行，而佛學本身，也起了很大的變化。大乘佛教之興起，當然與此有關。此誠中國學術史上之一大事因緣。我們認爲，頓教的本體哲學，乃釋道兩家哲學融通後的一種新面貌，也是外來的佛教思想的一種真正的本土化運動。

茲先從頓漸之說談起。謝靈運「辯宗論諸道人王衛軍問答」有曰：「有新論道士以爲，寂鑒微妙不容階級。」又曰：「華人易於見理，難於受教，故閉其累學而開其一極；夷人易於受教，難於見理，故閉其頓了而開其漸悟。」❶謝氏此說，一是說我們中國人易於頓悟；一是指出「有新論道士」提倡「不容階級」的頓悟之說。此所謂「新論道士」，大概是指竺道生而言。其在當時，竺主頓悟，而釋慧觀則主漸悟。高僧傳第七竺道生傳有曰：生既潛思日久，澈悟言外，迺喟然嘆曰：「夫象以盡意，得意則象忘；言以詮理，入理則言息。自經典東流，譯人重阻，多守滯文，鮮見圓義，若忘筌取魚，始可與言道矣。於是校閱真俗，研思因果，乃立善不受報，頓悟成佛。」又高僧傳第七釋慧觀傳曰：「著辯宗論，論頓悟漸悟義及十喻序贊諸經序等，皆傳於世。」湯用彤先生曰：「頓悟漸悟之爭，在宋初稱甚盛。」❷一般說來，格義佛學，雖然在第四世紀中葉較爲盛行，爲許多高級知識份子所接受；但據慧叡「喻疑第六」所說：「漢末魏初，廣陵彭城二相出家，并能任持大照，尋味之賢始有講次，而恢之以裕義，迂之以配說。」❸由此可見，格義之流行，自漢末魏初以來，亦大約經歷了一個世紀。再者，頓悟之說，至宋初（五世紀初葉）已大爲流行；但據世說新語文學篇第四劉孝標注云：「支法師傳曰，法師研十地，則知頓悟於七住。」可見頓悟之說，似爲支道林所首創，經過許多人提倡，然後才流行的。隋、碩法師撰「三論遊意義」有曰：

❶ 廣弘明集第十八卷。

❷ 「漢魏兩晉南北朝佛教史」，頁六二五。

❸ 梁，僧祐撰：「出三藏記集」第五、佛教大藏經第八十冊。

三論家對何人明三種中道耶？山止觀法師云：正對成實論明也。山師嘗讀誦大品經，故依之而說也。彼經云：言說是俗諦，無言說是真諦，作中相可解也，而後師等依中論文不生不滅等，不轉依生滅明之也。用小頓悟師有六家也。一肇師，二支道林師，三真安埵師，四邪通師，五匡山遠師，六道安師也。此師等云：七地以上，悟無生忍也。合年天子竺道師用大頓悟義也，小緣天子金剛以還，皆是大夢，金剛以後，皆是大覺也。❹

湯用彤先生認爲：「此中合年天子，小緣天子，不知何解，疑衍。」（同註二，頁六二五）湯先生此項懷疑，很對。照「三論遊意義」所說的，我們得知宋初頓悟之說，有大小之分。肇論難差第八有曰：「佛言，我昔爲菩薩時，名曰孺童，於然燈佛所，已入涅槃。孺童菩薩，時於七住初獲無生忍，進修三位。」所謂「七住」，即「十住」中之第七位。憨山曰：「圓教七住，即權教七地。」皆是講工夫次第者。此所謂「於七住初獲無生忍，進修三位」，即是於七住悟無生忍，再進修八、九、十、三位。這就是說，七住所悟者不是究竟義，也就是不落階級之頓悟而落了階級。我們認爲，悟必是頓。因爲我們懂得一個問題，固然要通過某些過程，例如數學方面的演算，科學方面的實驗，邏輯方面的推理；但是懂得必是當下的。儘管過程是漸漸的，而懂得必是立刻的。懂得必是當下，好像多年前在阿里山看日出。有一

---

❹ 佛教大藏經第一五一冊（續藏第三輯）。

次我的孫子大約五歲，他看見日出，他說太陽是滾出來的。所以懂得、明白，或了悟等等，必然是頓。頓，很像太陽一下子滾出來一樣。我們看日出，太陽滾出來後，一切便了，但與日正當中，仍然有別。悟無生忍，若說是小頓悟，在我來說，我不知什麼是大頓悟。我認為，悟是知及之，悟了以後仍大有事在，所以必須進八、九、十、三位。本來漸悟頓悟之說，應屬於認識論；但因所悟者是本體，當說出所悟者是什麼時，這便是本體論了，所以特考察頓悟漸悟之說。很顯然的，假如沒有魏晉玄學之興起，不會助長格義佛學之流行，也不會使爾後之佛學掩蓋了儒道兩家之學而獨行其盛；同樣的，假如五世紀初葉，頓漸之說不「甚盛」，則隋唐之際（六世紀末及七世紀初）的主張頓悟的南宗禪也不會大行其道。因為我們不是講哲學史，所以祇能指出這個脈絡，說明思想變遷的這個痕跡，而不能詳加說明。我們要說明的，是這個頓悟之說所悟得的本體是什麼？

在第二章中我們講「道是有與無之同一」時，曾引述「身是菩提樹，心如明鏡台，時時勤拂拭，勿使惹塵埃」及「菩提本無樹，明鏡亦非台，本來無一物，何處惹塵埃」這兩偈，以及五祖為慧能「說金剛經，至應無所住而生其心，惠能言下大悟」的經過，而說明這「無所住心」，即南陽慧忠國師入禪定後，有他心通之大耳三藏也不知忠國師之心果何在的這個心。這個心或這「無所住心」，禪宗叫做本心、本來面目、或本性、佛性、實性、真如、般若三昧等等，不一而足。在第二章中，我們曾指明：若能識得這個「無所住心」，便真能識得「無」是什麼，及「有與無之同一」是什麼？也曾說明如何才能識得這個「無所住心」。茲再引述禪宗五祖弘忍對神秀「身是菩提樹」之偈言有所作之批評，以說明禪宗是如何識得

「無所住心」。弘忍曰：

> 汝作此偈，未見本性，只到門外，未入門內。如此見解覓無上菩提，了不可得。無上菩提，須得言下識自本心，見自本性。不生不滅，於一切時中，念念自見，萬法無滯。一真一切真，萬境自如如。如如之心，即是真實，若如是見，即是無上菩提之自性也。❺

這固然是在講明識得「無所住心」的要領，也是說明了「本心」、「本性」是什麼？這「不生不滅」、「萬法無滯」、「如如之心，即是真實」的「自性」，肇論「宗本義」曾如是說：

> 本無、實相、法性、性空、緣會、一義耳。何則？一切諸法，緣會而生。緣會而生，則未生無有，緣離則滅。如其真有，有則無滅。以此而推，故知雖今現有，有而性常自空。性常自空，故謂之性空。性空故，故曰法性。法性如是，故曰實相。實相自無，非推之使無，故名本無。

---

❺ 六祖壇經行由品第一。

隋唐以後之禪宗大師們，稱僧肇等是所謂「義學沙門」，而且是很瞧不起的。僧肇此所說的，姑無論是否自己證得的，或是襲取經文的意義而如此說，此說確是不差：第一，這是說明了「如如之心」，何以「即是真實」；第二，因爲「法性如是，故曰實相。實相自無，非推之使無，故名本無。」這就是說，這個「本心」「本性」是「實相」，是「自無」，是一種存在而「非推之使無」。牟宗三先生曾就王弼對「復其見天地之心」所作的注解而作了非常深入的分析，牟先生：

> 復卦象曰：「復其見天地之心」王注云：「復者，反本之謂也。天地以本為心者也。凡動息則靜，靜非對動者也，語息則默，默非對語者也。然則天地雖大，富有萬物，雷動風行，運化萬變，寂然至無，是其本矣。故動息地中，乃天地之心見也。若其以有為心，則異類未獲具存矣」。復卦一陽在下，象徵光明自深處透露，所謂「海底湧紅輪」者是也。故云「來復」。吾人前言乾元之為始是價值觀念，代表「逆反之覺悟」。由逆反之覺悟而見乾健之道之創造性。此處復卦之「一陽來復」即表示由逆反之覺悟而見乾元之創造性。而此復卦即名此「乾元之創造性」為「天地之心。」心者靈覺義，而有創造性，物物而不物於物，而有主宰性：此為絕對之主體，而永不能被置定而為客體者，故須由「逆覺」以露之。「復其見天地之心」，最能善狀此義。故王弼以「反本」解「復」，不誤也。以所反之本為心，亦不誤也。然其了解此本，則完全以道家之有無為底子，而純為「形式的」。故要顯此本，全由動息則靜，語息則默之「寂然

至無」以顯之。故云「動息地中，乃天地之心見也」。以「動息則靜」比之，則「動息地中」之息乃止息之息，而非生息之息。動止於地中，乃見天地之心。動止則靜。由動而「有」，動止則「有」泯。故動止則靜，有泯則無，故「寂然至無」以為本也。此本即心。此全由動靜有無之相翻以顯本。「至無」始能妙「眾有」。故云：「若其以有為心，則異類不獲具存矣」。至無不落於有，即無方體。若落於有，則有限定，而不能妙眾有矣。此純為老子道德經之思路。此在顯本上，未嘗不是。然此種只是形式的了解，並不能盡「復其見天地之心」之「內容的意義」，只能盡其「形式的意義」。王弼於「天道性命之貫通」固不能知，於此「心性義」亦不能知也。故只落於以單純之玄理解易，而不能盡孔門十翼之義理也。❻

我們認爲，「如如之心，即是真實」，絕對的是從「內容的意義」說的，而絕不是從「形式的意義」說的。第三，這「如如之心」，是「絕對之主體」，是「永不能被置定而爲客體者」，所以「既不能反觀得知，亦不能直接認知」（請覆按第一章第三節）。牟先生認爲「須由『逆覺』以露之」，似與「逆還證體」之說相同。我個人認爲，「逆覺」亦即是「以心觀心」，黑格爾所說的思想思想它自己，亦大約是這個意思；不過，思想思想它自己，是從作用或功能方面說，而「以心觀心」，則是能所合一，主客合一。從認識論說，這是「推之」而被置

---

❻ 牟宗三著：「魏晉玄學」，頁二八。

定爲客體；從本體論說，這客體是「實相」，是真正的不二的存在，不是黑格爾所說的在我的思想中。第四，「不生不滅，於一切時中，念念自見」，我知實有此事，我亦曾有所見；但我不能「於一切時中，念念自見」；同時，惠能說「自心常生智慧，不離自性」。我所見者，祇是此心之光明，祇是「心無所生，法無所住」而「無滯」，而體認到有與無之同一，常時亦頗能此心清靜而有祥和之氣；但是，我不能「用即了了分明，應用便知一切。」（壇經般若品）我知「一切即一，一即一切」之理；但沒有「心量廣大，偏周法界」之善知識。早年我讀壇經時，曾在書眉上記下如此之一段心得：「我對於佛家所謂之『用即了了分明』，總有不契。我意，若爲善知識，必是『用即了了分明』；不過，所謂『了了分明』，應是指本體而言，至於達用，仍須識得用之特殊作用。證體是見到了普遍，達用則須認識特殊。」這大概是五〇年代末期記下來的，經過三十多年來，仍有不契，所契者祇是清明在躬時，不會成爲惡人而已。我是一個既無智慧而又未能用功精進的人，也就是無所得者；但有一點好處，不喜歡受人瞞也絕不瞞人。如實的說，我所說的六祖慧能的本體哲學，祇是我所知的六祖慧能的本體哲學，我所知者未必全是；但是，我以這個所知者來體會中國哲學，竟然發現到，這是中國哲學的主流。同時，就以上我所述的，我對於惠能的認識，似不會差到那裡，這是讀者可以自行評定的。總之，惠能的本體哲學，是「言下識自本心，見自本性」。我們認爲，這本心本性，即是本來無一物之無所住心，是能所不分、主客合一，是宇宙本體之本性。我們與惠能有不同的，即：惠能認爲此本心本性是心之本體；我認爲此心之本體是宇宙本體之本性。心之本體之所以「即是真實」，乃因爲它是宇宙本體的本性。宇宙本體它是本來無一物的，卻是真實的存在。我們認爲，我們的認識與惠能之所見，無本質上的不同，所不同的，祇是對這個認識之意義，有不同的說明而已。這就是說，我們是從學術的觀點來說明這個認識及這個認識所認識的是什麼？我們不祇是從「信而有徵」來說；而且是從「無違於理」來說。這就是說，從體驗而獲得的哲學，其本身不一定是學術；但說出或寫出的哲學，則必須是學術。六祖壇經雖也是寫出的，卻因爲是宗教的讀物，不必有學術上的顧慮，也即是在意義上可以不必有明白的交待，所以我們與惠能所說的便多少有些不同了。

二、頓教本體哲學與實體哲學

慧能所說的這個心之本體，如果祇是在我的心中，這當然是唯心論；但是，所有佛門弟子，都認定本心即是真實，是「實相」；那麼，他們是把這個「絕對之主體」，「被置定而爲客體」。他們認爲本體不有不無，非心非物而又亦心亦物，我們也不宜派定他們爲唯心論者。佛門弟子，派別甚多，他們并無明顯的唯心唯物之爭。我們認爲，任何一種哲學，必都是心靈的活動。心靈活動的本身，我們說它是能思；心靈活動的對象，我們說它是所思。以心觀心，是能思與所思的合一，也就是主體與客體的合一。當我們說能所合一或主客合一時，必是超越了能所或主客而如是說。當我們說心之本體時，也必是超越了心之本體而如是說。事實上，我們是不能超越心之本體的。所謂心之本體，是此能思之心的根本，是心之所以能思。心能超越它自己之所以能思嗎？這是「不能直接認知」的根本原因。但在另一方面來說，因爲這個能思是無限，無限固不能超越無限，若將所思之無限置定而爲有限，則在理論上或主觀上便是超越了。假如有一「無限之海」，事實上便不能超越；但一滴水即全海水。從外在的而觀察一滴水，此不祇是常識的可能，也就是超越的可能。我們必是從超越本體的觀點而講本體，到這個境界，有什麼心物可言呢？這自然是一種認識，若還給本體以本來面目，這就是本體論了。我們若能從這個觀點來考察頓教的本體哲學，這是很公平的，也絕不會落到心物之爭的那個層次之上。

現在我們擬就風動旛動這個公案略作說明。惠能「出至廣州法性寺，值印宗法師講涅槃經。時有風吹旛動。一僧曰風動，一僧曰旛動，議論不已。惠能進曰，不是風動、不是旛動，仁者心動。」（六祖壇經行由品第一）從常識的觀點說，風吹旛動，風旛皆動；從超越的觀點說，生滅之心已泯，何來風旛之動？這就是說，若能「識自本心，見自本性」，則不生不滅，非有非無，寂而常照，光明無礙，何來風旛之動？我說：

> 直心以動，無終無始；如如之心，即是真實；光明無礙，知其所止；風動旛動，干卿底事。

這是講認識，也是講本體。即認識即本體，即本體即認識。本體與認識，亦是不可分的。這所講的本體是實體，講這個本體的哲學當然就是「實體的哲學」（philosophy of substance）。我們在第二章中，對於本體所作的各種描述，是把它當作實體來加以描述；我們并認定，這個實體是心物本一的，而這心物本一之一即是「中」。此不僅我們的哲學與頓教的哲學是實體的哲學，我認爲孔孟老莊的哲學，魏伯陽的哲學，魏晉南北朝的哲學及以後的宋明理學，在主流上都是實體的哲學。上一章我們講孔孟老莊的本體哲學，講魏伯陽的本體哲學，以及本章所講的魏晉玄學，格義佛學，都是從實體哲學來講的。我們是將所理解或體認（也可以說就是證得）的實體，當作一把鎖匙，來開啓所認識之古人的哲學寶庫，與我們所證得者來加以比對，來認識其意義與價值，并曲盡其義的將之呈現在讀者的眼前。這就是以上所講的主旨所在。是否還做得差不多，這是要請讀者評定的。以後我們還將說明宋明理學與實體哲學有關的這一部份。

在此特須指陳者，方東美先生在其所著「原始儒家道家哲學」一書中，認爲在人類哲學史上大概有三種哲學。方先生說：

第一種認為對於任何思想狀態，在語言敘述開始時，即可藉著一些定義而使人了解，這是在邏輯上面的一種辨法。

第二種即認為任何現象均可藉著追溯它的原因，或一連串的因果關係而被妥當的了解。亦即：隨便有任何一種現象產生了，就認為它是結果，然後就認為產生這種結果必另有某種原因，或者由許多原因組合起來而構成一種因果連鎖（Chain of Causation）這是第二種辨法，像亞里斯多德的形上學（Metaphysics）就是採用此種辨法來追溯，以此法將宇宙的物質狀態，心靈狀態，乃至於神的存在，皆解釋盡淨。

再有第三種，即認為宇宙萬象都是外表，都是現象，必須從這些現象，找出支持它的根源，有老子所謂的「天地根」，要找出一個根源，這一個根源就用大寫的一個字——Substance（實體）或者 Substratum 來表示。這種哲學叫做實體的哲學（philosophy of substance），他提出了一個根本的實體，把宇宙一切秘密都囊括進去。

人類哲學史上以往常見的幾種辨法，即是：「以定義法說明一切」，「以因果法說明一切」，「以實體說明一切」。但是，這三種方式都是建立在錯誤的語言使用上面的。

照方先生這所說的，我們的哲學是屬於第三種的。方先生以「定義法的謬誤」，「因果論證的謬誤」，「實體論證的謬誤」來批判這三種哲學，關於前二者因與我們的哲學無關，無須引述；關於「實體論證的謬誤」，方先生說：

> 如果把最後的東西當做是實體（substance），那就好像人類初期幻想的神話，思想在汪洋大海裡面，以為這個山沈下去了，山峰還在外面，底下那一部分就可以支持這海水。埃及人解釋宇宙的最初神話，就是這種辨法。或者說地球上面，大海之下，在摸到珊瑚礁之後便有海底。於是一切水都被這個海底支撐起來了。同理，個別的事物，也是拿經驗的實體（empirical substance）去支持。這個「經驗上的實體」，又需要有一種東西支持它。於是便拿所謂的「基本實體」（fundamental substance）去支撐。最後把一切物質的內容都抽出來，唯剩實體（Substratum）來支持一切。但是，假使我們把洛克的「人類知性論」（An Essay Concerning Human Understanding）仔細一看，就要問「什麼是實體？」（What

is the substratum?·）洛克說：從哲學與宗教上面看，假如我們打破砂鍋問到底的話「Substance（Substratum）is that which we know not」，「實體就是我們所未知之物。」那麼，換句話說：「一切的未知皆可由一終極之未知而獲最後之解釋」。（All of the unknown will be explained ultimately in terms of the final unknown）在此就可以看出來，是文字道盡，語言道斷。也就是說，我們要說明這個宇宙的真象，剛開始是訴諸於文字，等最後一切文字的技巧都窮盡了，最後便成了「不可說，不可說」，變成了「不可思議」，亦即在文字上面不可解釋。

方先生這所說的：第一，他似乎認爲「天地有無窮際」這個問題是不應該問的；第二，他認爲問這個問題，不可能得到答案。所以方先生認爲問這個問題的結果，「是文字道盡，言語道斷。也就是說，我們要說明這個宇宙的真象，剛開始是訴諸於文字，等最後一切文字的技巧都窮盡了，最後便變成了『不可說，不可說』，變成了『不可思議』，亦即在文字上面不可解釋。」英哲羅素亦有類此的看法。方先生此說，我們願作幾點說明於下：第一，所謂「不可說，不可說」，這是看見大象者，對看不見大象的瞎子，無法把大象說得明白；因此，要對一群瞎子說明一隻大象，不是運用文字技巧便可以說得絲毫不差的，瞎子摸象之喻，確是一個很好的比喻。第二，所謂「言語道斷，心行處滅」以及所謂「不可思議」等等，這就是要能識得這個「無名無說」者，也就是要「大死大活一番」，從「山窮水盡疑無路」而到「柳暗花明又一村」而「識自本心，見自本性」，而「海底湧紅輪」。方先生講莊子哲學時，曾特別點出莊子的「吾喪我」，「乃是要把㈠以身體爲中心的自我，㈡以意識爲中心的自我，㈢以自己主觀思想爲中心的自我，通通去掉。這些都去掉了之後，就產生第四種我。」我們認爲，去掉以意識爲中心的自我，這就是「言語道斷，心行處滅」，這就是達到了「非意識所行境界」，也就是莊子所謂之「靈台」或「真君」的境界。前文所謂之實體，就是用這種超感性的直觀而觀照所得，這就是我們中國人所謂之道，道就是如此，此似無「實體論證的謬誤」惜乎方先生已歸道山，我們無從質疑，不知方先生的門人們，對這個問題的看法又是怎樣？第三，前文我們已一再的指出，我們所謂之實體，即人之本心本性；而人之本心本性之所以是實體，乃我們認定人之本心本性，即宇宙本體之本性；人之本心本性何以即是宇宙本體之本性，我們在第二章中，曾有很明白的說明，茲再略作概括的說明於下：我們知道，就心之本來面目言，它是無；就心之存在言，它是有無之同一，它是真誠無二，它與本體之本性并無二致；因此，我們從哲學的觀點，肯定人之本心本性，即宇宙本體之本性，實無理論上的困難。第四，我們在第二章中，爲了說明禪宗反對講理論、解文義，曾引述六祖壇經「頓漸品第八中的一段話，茲再引述於下：「一日，師告眾曰，吾有一物，無頭無尾，無名無字，無背無面，諸人還識否？神會出曰，是諸佛之本源，神會之佛性。師曰，向汝道無名無字，汝便喚作本源佛性。汝向去有把茆蓋頭，也只成個知解宗徒。」知解宗徒固是損人的話，貶斥之詞，卻亦是一種「印可」。禪宗往往以呵斥之辭爲印可者，即此類也。許多佛教徒只知此乃呵斥，而不知此亦是印可者。不知此是印可，實是未曾夢見神會；因此，吾人從哲學的觀點，對所謂道，從知解的觀點而加以描述或詮釋，亦即是對此不可道者所作之言說，祇要不「翻成壅塞」、「知解不消」，亦并無不妥。黃檗禪師說：

> 我此禪宗，從上相承已來，不曾教人求知求解。古人心利，才聞一言，便乃絕學，所以喚作絕學無為閒道人。今時人只欲得多知多解，廣求文義，喚作修行，不知多知多解，翻成壅塞，唯知多與兒酥乳喫，消與不消都總不知。三乘學道人，皆是此樣，盡名食不消者。所謂知解不消，皆為毒藥。盡向生滅中取。真如之中，都無此事。故云我王庫內無如是刀。從前所有一切解處，盡須併卻令空，更無分別。即是空如來藏。如來藏者，更無纖塵可有。即是破有法王出現世間。亦云，我於然燈佛所，無少法可得。此語只為空你情量知解。但銷鎔表裡情盡，都無依執，是無事人。三乘教綱，祇是應機之藥，隨宜所說，臨時施設，各各不同。但能了知即不被惑。第一不得於一機一教邊，守文作解。何以如此，實無有定法如來可說。我此宗門不論此事。但知息心即休，便不用思前慮後。（丁福保六祖壇經箋註）

這是很明白的說明了，若「知解不消，便成毒藥」，所以決不能「守文作解」，而應「能了知即不被惑」。我們可以這樣的說，「不被惑」即是心之本體，這也是「即認識即本體」的最好注腳。因此，知解若是「不被惑」的知解，亦就是正解；若是望文生義，則是學語之流，應予破斥；而且，即令心知其義，而并未真的見得這個實體，亦只是「義學沙門」而已。

黃檗對於這個實體究竟是什麼，曾有於下之說明，他說：

如如之體，內如木石（達按：即是沒有我們所謂之「感覺」，佛家以「感覺」爲「識神」），不動不搖；外如虛空，不塞不礙。無能所，無方所，無相貌，無得失，趨者不敢入此法，恐落空無棲泊處。故望崖而退，例皆廣求知見，所以求知見者如毛，悟道者如角。文殊當理，普賢當行。理者，真空無礙之理；行者，離相無盡之行。觀音當大慈，勢至當大智，維摩者，淨名也。淨者性也，名者相也，性相不異，故號淨名。諸大菩薩所表者，人皆有之（達按：此諸大菩薩所表者皆在說明本體什麼），不離一心，悟之即是。……此無心即無心之心（達按：即無感覺）。離一切相，眾生諸佛，更無差別；但能無心，便是究竟。學道人若不直下無心，累劫修行，終不成道，被三乘功行拘繫，不得解脫；然證此心有遲疾，有聞法，一念便得無心者，有至十地乃得無心者，長短得無心乃住，更無可修可證，實無所得，真實不虛（達按：「實無所得，真實不虛」兩語，吃緊）。一念而得，與十地而得者（達按：前言「無所得」，此言「而得」，皆諦，故不能以矛盾律衡之），功用恰齊，更無深淺，祇是歷劫枉受辛勤耳。造惡造善，皆是著相。著相造惡，枉受輪迴；著相造善，枉受勞苦，總不如言下便自認取本法。此法即心，心外無法；此心即法，法外無心。心自無心，亦無無心者。將心無心，心卻成有，默契而已，絕諸思議，故曰言語道斷，心行處滅。此心是本源清淨佛，人皆有之，蠢動含靈，與諸佛菩薩，一體不異，祇為妄想分別，造種種業果，本佛上實無一物，虛通寂靜，明妙安樂而已。深自悟入，直下便是。圓滿具足，更無所欠，縱使三祇精進修行，歷諸地位，及一念證時，祇證原來自佛，向上更不添得一物，卻觀歷劫功用，總是夢中妄為，故如來云：

我於阿耨菩提，實無所得；若有所得，然燈佛則不與我授記。❼

我們在第二、三兩章所談之本體，是從本體以外來談本體，也即是從超越的觀點來談本體，這當然是一種知解；但爲了說明我們的知解不差，爲了使讀者不致「知解不消」，所以以上再引述黃檗對心之本體所作之說明，而指出心之本體究竟是什麼？我覺得黃檗的說明是非常清楚的。他更說「菩提無所得，你今但發無所得心，決定不得一法，即菩提心，菩提無住處，是故無有得者。」三十年前，我識得「無所住心」，現從黃檗又識得「無所得心」，使我更能體認到，這個「無能所（前文曾指出能所不二，與此「無能所」并不衝突，請讀者詳參），無方所，無相貌，無得失」之本體，它究竟是什麼了（讀者宜知，無所住與無所得，祇是一事，這是可以證驗的）。我們以這樣的心之本體，當作宇宙本體的本性，而肯定它是實體。這個實體，與西方哲學所謂之「自存的邏輯之實體」不同。在哲學上，這樣的實體，確無「實體論證的謬誤」。因爲勿論從證悟的觀點或從純知解的觀點，我們所證得的本體或知解而得的本體，將它當作根源，將它當作最後的解釋，雖是文字道盡，言語道斷，卻是極明白的，而不是「終極之未知」，所以不致有「實體論證的謬誤」。在第二章中，我們作「物之分析」時，我們說：「我們的由無而有，由無限而有限的陳述，雖然是形而上學，在現代的自然科學裡，這個陳述是被允許的。」同時，我們所謂之無，亦即我們所謂之實體或本體，不是我一個人之

❼ 指月錄卷下。

所見，凡獲得超感官之知或超感覺之洞見者，都會有如是之所見，此雖不能像自然科學一樣，拿出實驗的證據，卻能有「以心傳心」的共識。如果你是會者，你可邀集孔孟老莊及魏晉南北朝的達者，以及禪宗諸大師，宋明某些理學家，聽聽他們的心聲，便知吾言不謬。我們以上所引述的各家的本體哲學（下面還會講宋明理學），實已證明了我之所見不是我一個人之私見。我也是爲逝者作見證，而證明中國形上學之本體，亦即道之本體究竟是什麼！照這樣說來，中國形上學所講之本體或實體，實無「實體論證的謬誤」，我相信讀者可以首肯了。

以上不僅對頓教的本體哲學作了進一步的說明，而且也說明了這個哲學是「實體的哲學」，并且也沒有「實體論證的謬誤」。

第二節　儒家繼承者：宋代理學的本體論

一、邵子先天之學與魏伯陽之牝牡四卦

宋明理學的本體哲學，應自邵堯夫先生談起。黃宗羲宋元學案雖自安定泰山開始；但是，我們談本體哲學，不必注重學統，祇應就其對本體哲學之造詣，而陳述我們的認識與評價，以加深我們對中國形上學本體論之體認。

宋明諸子，如程朱輩，確實太嚴肅了，使我們只能有「高山仰止」之感；至於堯夫先生，「賢者悅其德，不賢者喜其真」，是一個比較可親近的人物，也是一個很有趣的人物。他疾

危時，「謂司馬公曰，試與觀化一週。公曰，未應至此。先生笑曰，死生亦常事耳。橫渠問疾論命。先生曰，天命則已知之，世俗所謂命則不知也。伊川曰，先生至此，他人無以爲力，願自主張。先生曰，平生學道，豈不知此，然亦無可主張。」伊川云：「邵堯夫臨終時，只是諧謔，須臾而去。」我覺得這正是堯夫先生的可敬可愛之處。另外有一件事，我讀了之後，不覺大笑。這件事是這樣的：「初歐陽棐過洛見先生，先生自序其履歷甚詳，臨別屬之曰，願足下異日無忘此言。棐受而疑之，所謂不忘者亦何事耶？後二十年，棐入太常爲博士，當作謚議，方知先生所屬者在是也。」我們讀了這一段記載，不是覺得邵先生是一位很有趣的人嗎？至此言歸正傳。邵先生的先天之學，其傳授系統是這樣的。朱晦翁周易本義有曰：「伏羲四圖，其說皆出邵氏。蓋邵氏得之李之才挺之，挺之得之穆修伯長，伯長得之華山希夷先生陳摶圖南者，所謂先天之學也。」這是說，邵子先天之學，乃是指「伏羲八卦次序」、「伏羲六十四卦次序」、「伏羲八卦方位」、「伏羲六十四卦方位」等所謂「伏羲四圖」而言，是出自道家。前章講魏伯陽的本體哲學時，曾談到「牝牡四卦」與小圓圖及小橫圖之關係。我們毫無疑義的可以看出，牝牡四卦，乃小圓圖中之四正圖。這就是說，邵子先天之學必與魏伯陽有關。黃梨洲「易學象數論」論天根月窟曰：「康節因先天圖而創爲天根月窟，即參同契乾坤門戶牝牡之論也。」我們說邵子先天之學與魏伯陽有關，黃宗羲實早已言之。因此，我也推想出一件事，自漢末以來，道家者流，或者說，丹道之徒，必是對於魏伯陽之學說，傳授不絕；至於所謂先天之學，究是至陳摶而後完成，或是在漢末便已完成，因沒有證據，未敢肯定。歸有光曰：「圖與傳雖無乖剌，然必因傳爲此圖，不當謂傳爲圖說也。」這幾句話，在理論上倒給了我們一點線索：因為圖（達按：即所謂「伏義四圖」）與傳（達按：指易傳）既無乖刺，姑不論「因傳為此圖」或「傳為圖說」，而圖必是與傳有不可分的關係，所以，圖必是在魏伯陽以前便已完成。從純哲學的觀點來說，圖是何時完成，并不重要。主要的是對於本體哲學之闡明，有沒有價值。上章我們講魏伯陽的哲學時，為了使讀者對小橫圖有明白的認識，我們曾以零與一代表小橫圖之陽與陰，使讀者體會到，小橫圖所顯示之一項真理，即是顯示了「八卦是太極自身的表現」；也就是說，整個小橫圖以至整個大橫圖（即「伏義六十四卦次序」）都是太極自身。熊十力先生常說的大海水與眾漚，亦即是此意。我們認為，次序圖（包括小橫圖與大橫圖）是表明了本體如何顯現為大用，圓圖（包括小圓圖與大圓圖）則是表明了本體之內含，邵子先天四圖，對於周易本體哲學之闡明，極有價值，這是讀者可以明辨出來而應無疑義。

杜維明先生在其所著「試談中國哲學中的三個基調」中曾說：「中國哲學的基調之一，是把無生物、植物、動物、人類和靈魂，統統視為在宇宙巨流中息息相關乃至相互交融的實體。這種可以用奔流不息的長江大河來譬喻的『存有連續』的本體觀，和以『上帝創造萬物』的信仰把『存有界』割裂為神與凡人的二分的形而上學絕然不同。」❽我非常欣喜現代許多學者，尤其是許多現代人類學家，從古史的研究上，發現了中國哲學的這個基調。中國哲學

❽ 杜文載「中國哲學史研究」一九八一年第一期，轉引自張光直「從中國古史談社會科學與現代化」一文，載臺灣「中國時報」人間副刊。民七十五年四月一日。

的這個基調與西方的形上學確是大不相同的。張光直先生說：「蘇美人的宇宙觀內，出現了完全在人界之外而又具有創造性的神祇，……承襲這個傳統的西方社會科學便以文明與『存有的破裂』（而不是存有的連續）相結合，把人類文明不再當做是自然界的一個有機成分，而是超越在自然以外的一個人工性的產品。」（同註八）我們認爲，現代學者將「存有的連續」與「存有的破裂」來區分中西哲學之不同，這是真正發現了中西文化根源之所以不同的所在。我們特須指陳者，邵子的先天之學，正是非常明白的說明了「存有」何以是連續的。

黃梨洲宋元學案，確是一部夠學術水準的書，關於邵子先天之學，他輯有「附先天圖辯」，給後學有莫大的方便，省卻尋找資料的許多麻煩。我少年時曾讀私塾多年，得知有些人喜歡做翻案文章。標新立異、言之成理，并非是一件壞事，從現代人的觀點看來，翻案文章，或許竟是一種創意。爰就記憶所及，我所讀過的翻案文章，多是講歪理者，祇是在文字上兜圈子而已。此種翻案文章，可謂一無是處。我爲什麼要提到這些呢？因爲許多批判邵子先天之學的文字，祇是普通的翻案文章而已，對先天之學缺乏真正的瞭解，這些都是不知本體是什麼者。其中以歸有光較爲平實；然歸氏亦未必真知本體。此外清儒張惠言亦反對先天之學，至於張之所以反對，這就是所謂漢宋之爭。茲將張惠言之反對意見引述於左：

然若挨次增加，截然整齊，天地之道，不如此也。故聖人必以乾元觸類而長，六爻發揮旁通乃成六十四卦。

張惠言的本體哲學，如所謂「乾元觸類而長」，我們在討論魏伯陽的本體哲學時，已有述及，雖未必完全沒有理由，卻并不能自圓其說。至所謂「挨次增加，截然整齊，天地之道，不如此也。」這很顯然的是一非常武斷的說法；因爲我們祇要很簡單的問他，何以見得「天地之道」，是「不如此也」。他除了會說，天地之道，不會是「挨次增加，截然整齊」外，他是沒有任何另外的理由，也決不會另有證據的。晦翁對邵子先天之學，有非常簡要的說明。他解釋小橫圖有曰：

> 繫辭傳曰，易有太極，是生兩儀，兩儀生四象，四象生八卦。邵子曰，一分為二，二分為四，四分為八也。說卦傳曰，易，逆數也。邵子曰，乾一、兌二、離三、震四、巽五、坎六、艮七、坤八，自乾至坤，皆得未生之卦，若逆推四時之比也，後六十四卦次序倣此。

此所謂「一分爲二，二分爲四」等等，即是所謂「加一倍法」，也就是二分法，亦即這沒有差別性之本體，我們稱之爲「一」者，以二分法而逐漸的表現其差別性。就現代物理學來說，構成物質現象的基本元素，都是「一分爲二」的并因排列組合之不同而成爲各種不同的元素，雖與邵子的二分法未必盡同，但邵子之說，亦并非不能被允許，而且，邵子之說實祇是從哲學的觀點，對本體的功能作象徵性的描述而已，亦與張惠言所主張的「觸類而長」，并不衝突。我們認爲，講哲學固應從嚴格的觀點，作肯定的陳述；但言不能盡意者，或甚至於不可說者，那麼衹有「作象徵性的描述」，即令未必與事實完全吻合；然得遇一知音，而「知其解者，是旦暮遇之也」。又何必斤斤計較，作文字之爭呢？再者，此所謂「乾一、兌二、離三，震四」等等，即小橫圖的八卦次序（請覆按講參同契的本體哲學時所列之「伏義八卦次序」），朱子之所以如此說，是謂邵子的小橫圖與易傳之旨完全相吻合。晦翁又解釋大橫圖曰：

> 前八卦次序圖，即繫辭傳，所謂八卦成列者。此圖，即其所謂因而重之者也。故下三畫，即前圖之八卦，上三畫，則各以其序重之，而下卦，因亦各衍為八卦也。若逐爻漸生，則邵子所謂八分為十六，十六分為三十二，三十二分為六十四者，尤見法象自然之妙也。

當讀者領悟了大橫圖既是「因而重之」，又與「加一倍法」完全吻合，你當然會覺得這確是很「妙」的，茲特將大橫圖列之於左：

伏羲六十四卦次序圖

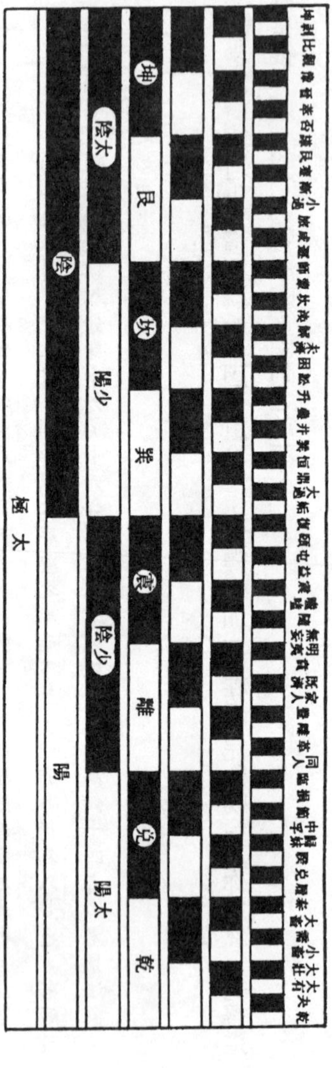

上列大横圖因字太細小，不便閱讀，特將其加以改良，此所謂加以改良，祇是爲了說明方便，絕無代替原圖之意；因爲此所改良者，除了方便說明外，并不真有意義。

六十四卦次序省略圖

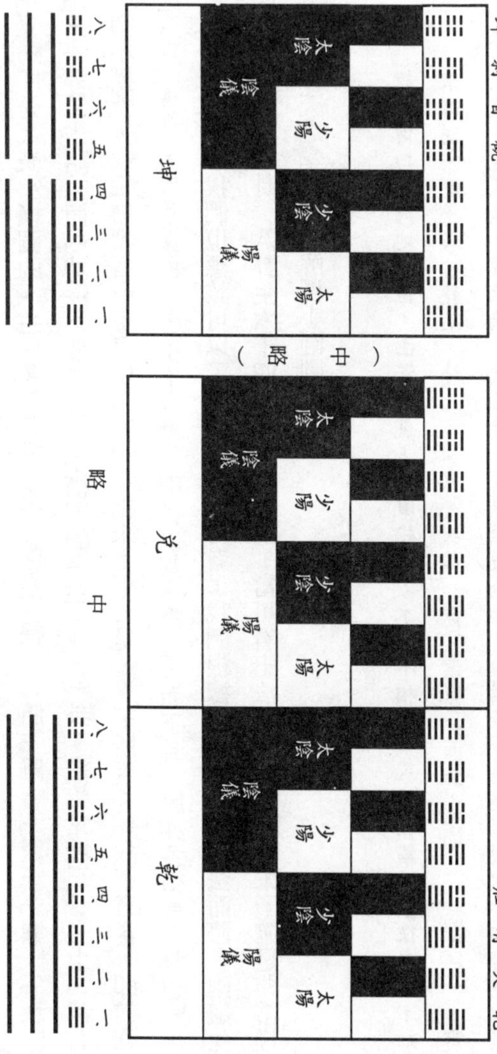

從上列之省略圖，讀者當可以很明白的看出，因而重之的六十四卦，即是在小橫圖的每一個卦上面又放置一個小橫圖，例如省略圖的「乾」，即是代表小橫圖的「☰（乾）」卦，「兌」即是代表小橫圖的「☱（兌）」卦，爲了節省篇幅，乃將「離」「震」「巽」「坎」「艮」等卦省略，而「坤」當然是代表小橫圖的「☷（坤）」卦。這乾兌坤三卦之上，都有一個小橫圖，我相信讀者一定可以明白的看出來了；於是，朱子所說：「故下三畫，即前圖之八卦（達按：意即指小橫圖而言），上三畫，則各以其序重之，而下卦，因亦各衍爲八卦也」，其意義是什麼，我們也應該可以了然於懷了。再者，我們根據邵子的加一倍法而體會兩儀生四象，四象生八卦，八卦生六十四卦之逐爻漸生，當可看出法象自然之妙，朱子確是非常推崇邵子先天之學。他又解釋小圓圖曰：

> 說卦傳曰，天地定位，山澤通氣，雷風相薄，水火不相射，八卦相錯。數往者順，知來者逆。邵子曰，乾南，坤北，離東，坎西（達按：這就牝牡四卦，亦即四正卦的方位），震東北，兌東南，巽西南，艮西北，自震至乾為順，自巽至坤為逆，後六十四卦方位倣此。

朱子這所說的，是說小圓圖與易傳之意義完全相吻合，這也是大家所公認的，問題是這究竟有什麼意義呢？在我個人看來，這除了描述本體是可以顯現爲如此均衡對稱或相互影響的現象外，恕我缺少智慧，實在找不出其他更有價值的意義。再者，由大橫圖所形成的大圓圖，在圖中能依序可以找出十二賁卦，卻使我們體認到：第一，由本體所顯現之宇宙萬象，它是在一定之規律下，即邵子所謂之「加一倍法」而「逐爻漸生」的。用現代人的觀點來說，這即是陰陽電子之相遇與排列組合之不同，而顯現了宇宙萬象。若現代物理學，假定陰陽電子之相遇，是這個由「夷希微」「混而爲一」之本體，名之爲太極者它自身所顯現的，那麼，與我們中國形上學的本體哲學，便沒有不同了；但從自然科學來說，實無此必要。第二，這宇宙本體所顯現之宇宙萬象，它是均衡對稱或相互影響的，如小圓圖所示者。它是雜亂無章，如小橫圖所顯示之卦序，它是無秩序的，但在無秩序中，卻亦是井然有序，如大圓圖中依序可以找出十二賁卦。這可以說是從宇宙萬象所窺見的宇宙本體的本性。第三，我們在第二、三兩章及本章對宇宙本體所作之描述，是從本體本身體認的結果；現在從大圓圖所窺見的本體的本性，則是從現象透視的結果。綜合這兩個結果，我們當可以說，這「無名」而可以名之爲太極的本體，當其顯現爲宇宙大用時，它是雜亂無章而又井然有序的；它是均衡對稱而相互影響的，而且是衝突和諧與俱的。這似乎是辯證的，若用辯證法則不能盡其義蘊；因爲這不是用任何一個定律可以說明的，亦即這個「其名爲吊詭」者，它既受定律的約束，也不受定律的規範。這不是我們的認識有問題，而是本體本身，也就是我們所謂之實體的本身性質是如此。這個事實是可以被量子物理學家所接受，「測不準原理」，大致類此。但是，我們并不是講物理學，我們的意思是說，用邵子先天之學講本體哲學，既能盡本體之義蘊，也無違於理。

爲使讀者易於明白，特將易學啓蒙之大圓圖影印於左：

伏羲六十四卦方位圖

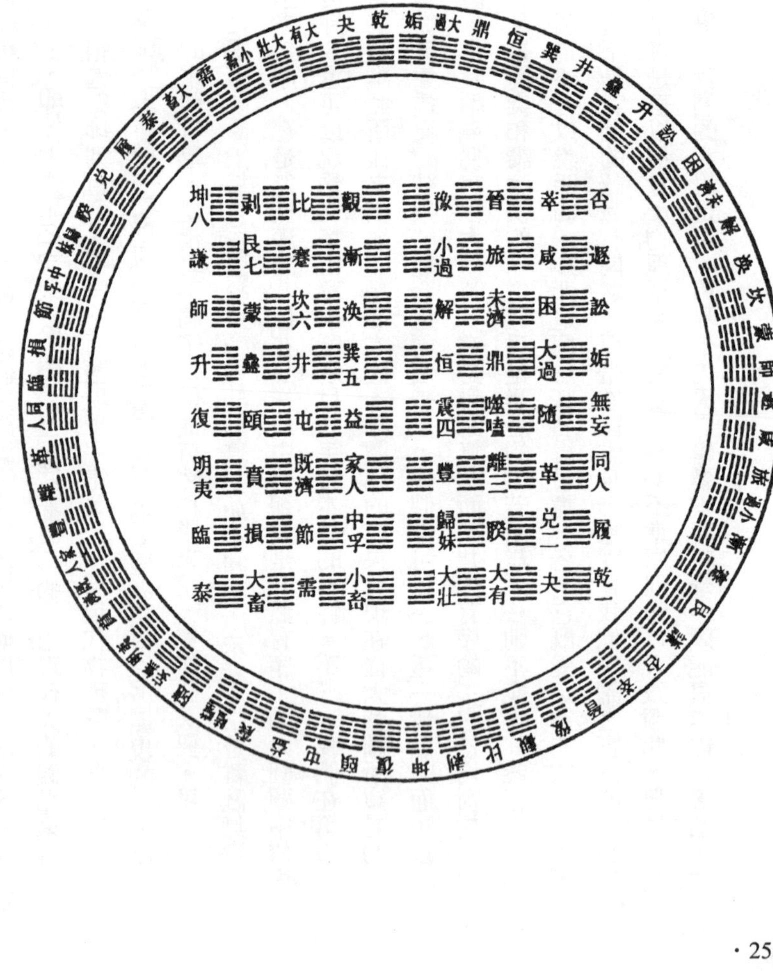

否 萃 晉 豫 觀 比 剝 坤八
遯 咸 旅 小過 漸 蹇 艮七 謙
訟 困 未濟 解 渙 坎六 蒙 師
姤 大過 鼎 恒 巽五 井 蠱 升
無妄 隨 噬嗑 震四 益 屯 頤 復
同人 革 離三 豐 家人 既濟 賁 明夷
履 兌二 睽 歸妹 中孚 節 損 臨
乾一 夬 大有 大壯 小畜 需 大畜 泰

上圖中筆者所標明者即為十二賁卦，其序為：乾為天，天風姤，天山遯，天地否，風地觀，山地剝。坤為地，地雷復，地澤臨，地天泰，雷天大壯，澤天夬。茲略作說明於次：

乾（六陽爻）䷀	姤（初爻變陰）䷫	遯（二爻又變）䷠	否（三爻又變）䷋	觀（四爻又變）䷓	剝（五爻又變）䷖
坤（六陰爻，即乾之六爻全變為陰。）䷁	復（初爻變陽）䷗	臨（二爻又變陽）䷒	泰（三爻又變陽）䷊	大壯（四爻又變陽）䷡	夬（五爻又變陽）䷪

照以上的說明，則知十二賁卦，確是表現了有秩序的變化，也就是在無秩序之中有此一定之秩序，這是對於宇宙現象之本性所作的一種很好的說明，大圓圖確有其一定的價值。至於邵子用大圓圖來講元會運世、春夏秋冬、生長收藏等等，似亦言之成理，恕我缺少智慧，我不懂得。我總覺得伏羲四圖，祇適合講形上學，也就是祇宜以之描述本體之本性；若以之講歷史的變化、四時的變化、或萬物的變化等等，這似乎是錯用了方法，白費了力氣，這不是我們欲討論的問題，祇是提出我們一點感想罷了。

二、周程朱張的本體哲學

邵子先天之學與周程朱張的本體哲學是大有淵源的，茲先從周濂溪先生說起。濂溪先生「太極圖說」在第二章中曾有引述，為便於說明濂溪先生的本體哲學，特再引述於左：

無極而太極。太極動而生陽，動極而靜，靜而生陰，靜極復動，一動一靜，互為其根，分陰分陽，兩儀立焉。陽變陰合，而生水火木金土，五氣順布，四時行焉。五行一陰陽也，陰陽一太極也，太極本無極也。五行之生也，各一其性，無極之真，二五之精，妙合而凝，乾道成男，坤道成女，二氣交感，化生萬物，萬物生生而變化無窮焉。

這當然可以當作宇宙論來看；但是，卻亦是在說明本體何以能顯現爲萬象。（此所謂顯現，即一般人所謂之生成，我們之所以不講生成而名之為顯現或呈現，即宇宙本體變成為宇宙萬象，不是像父母生子女一樣，而是類以大海水顯現為波浪。這是講中國哲學最主要的基調之一，請讀者善加留意。）茲將這「太極圖說」再略作說明於下：第一，所謂「五行一陰陽也，陰陽一太極也，太極本無極也」，這就是說，五行、陰陽、太極、無極都「祇是一事」，「其實一也」。前文我們講小橫圖時，曾指出小橫圖所顯示之一項真理，即是顯示了「八卦是太極自身的表現」，并指出大橫圖亦即太極自身。由此可見，周子與邵子的本體哲學，在這一方面是完全相同的，與我們的心物本一論的哲學亦沒有差別。第二，從「太極圖說」所謂「動極而靜」，「靜極復動，一動一靜，互爲其根」，我們當知動靜陰陽皆「祇是一事」之兩種現象。前文我們詮釋魏伯陽的「二用無爻位，周流行六虛」時，并批判了虞翻張惠言的哲學，而認爲「元」是一，當其顯現爲用，即有乾元與坤元這兩個勢用或功能顯現，而「周流行六虛」，這與陰陽動靜互爲其根的思想，亦是完全相同的。第三、所謂「陽變陰合，而生水火木金土，五氣順布，四時行焉」，與我們在第二章講「物之分析」時所引述巴尼特所講的「相遇」以及由這個陰陽電子之「相遇」而所形成的基本元素的現代學說，并無本質上的不同，祇是古人缺乏現代科學的知識，而誤以水火木金土當作基本元素而已。第四，所謂「無極之真」，這就是說，「無極」不是虛假的，與前文我們對於本體所作之詮釋，亦是沒有差別的。第五，因爲無極是至真至誠無二無雜的，所以周子通書曰：「誠者，聖人之本。『大哉乾元，萬物資始』，誠之源也；『乾道變化，各正性命』，誠斯立焉，純粹至善者也。故曰：『一陰一陽之謂道，繼之者善也，成之者性也』。『元亨』誠之通，『利貞』誠之復。大哉易也，性命之源乎。」這個誠的哲學，是本於他的本體論；而這個哲學，也正是儒家哲學精髓之所在。宋元學案黃百家曰：「百家謹案：孔孟而後，漢儒止有傳經之學，性道微言之絕久矣。元公崛起（濂溪先生曾賜謚元公），二程嗣之，又復橫渠諸大儒輩出，聖學大昌，故安定徂徠卓乎有儒者之矩範，然僅可謂有開之必先；若論闡發心性義理之精微，端數元公之破暗也。」黃百家的這個評論，我們認爲是非常正確的。

茲再講程朱的本體哲學。程朱是指程明道、程伊川兄弟及朱晦翁而言。二程是濂溪先生的門人，他們雖側重於認識哲學，卻是著重於對本體之認識，而他們的本體哲學，亦并沒有違反師說，例如：

所以「易有太極，是生兩儀。」太極者道也，兩儀者陰陽也。陰陽一道也，太極，無極也。萬物之生，負陰而抱陽，莫不有太極，莫不有兩儀，絪縕交感，變化不窮（達

按：這幾句可當作原子論來看，與濂溪先生沒有不同）。❾

天人本無二，不必言合。（遺書卷六）

蓋上天之載，無聲無臭。其體則謂之易，其理則謂之道，其用則謂之神，其命於人則謂之性，率性則謂之道，修道則謂之教，孟子在其中，又發揮出浩然之氣，可謂盡矣。（遺書卷一）

又語及太虛，曰：「亦無太虛。」遂指虛曰：「皆是理，安得謂之虛？天下無實於理者」。（遺書卷三）

一陰一陽之謂道，道非陰陽也，所以一陰一陽道也，如一闔一闢謂之變。（同上）

理也，性也，命也，三者未嘗有異。窮理則盡性，盡性則知天命矣。天命猶天道也，以其用而言之則謂之命，命者造化之謂也。（遺書卷二十一）

稱性之善謂之道，道與性一也。以性之善如此；故謂之性善。性之本謂之命，性之自然者謂之天，自性之有形者謂之心，自性之有動者謂之情，凡此數者皆一也。聖人因事以制名，故不同若此。而後之學者，隨文析義，求奇異之說，而去聖人之意遠矣。（遺書卷廿五）

綜上所述，二程的本體哲學，是可以用「體用一原」四字表達而無疑義，這與邵康節、

---

❾ 二程集下冊，「易序」，第六九〇頁，臺北里仁書局。所引「程氏遺書」各則，皆見二程集上冊。

周濂溪的哲學確無不同。我們在第二章講「中一元論的本體哲學」時，曾引述程伊川的「其實一也」以爲說明，茲更就以上所述，當更可體認出二程的本體哲學，確是本於濂溪先生的「太極圖說」而加以發揚了。因其是發揚的，所以亦有不盡相同者，這就是二程著重於學爲聖人而特別著重心性之學。程氏遺書卷二上有曰：「君實之能忠孝誠實，只是天資，學則元不知學。堯夫之坦夷，無思慮紛擾之患，亦只天資自美耳，皆非學之功也。」二程說司馬光邵康節無學，可見他們所學者是什麼了，所以他們特別重視心性之學而終日戒愼恐懼，不若濂溪先生祇講一個「誠」字而灑脫自然。茲再講朱晦翁的本體哲學。

朱子的本體哲學，可說全是以濂溪先生爲宗。朱子與陸象山兄弟有關「無極而太極」之辯論，這是衆所週知的。朱子肯定「無極而太極」，這原是不錯的，惟朱子對太極的解釋語多矛盾（請覆按第二章第三節「本體存在之本質是易」），這就是朱子雖贊成無極而太極之說，卻認爲太極祇是理，「只是天地萬物之理」，「未有天地之先，畢竟是先有此理。動而生陽，亦只是理；靜而生陰，亦只是理。」他的意思是說，天地的本身，就是陰陽動靜，而所以一陰一陽、一動一靜者，只是此理，所以他認爲太極只是理，這是與我們的哲學不相同的。我們認爲太極是實體，而理不能是實體。我們認爲「無」是夷希微之混而爲一，它或許就是陰陽，但這時的陰陽必是形而上者。道是所以一陰一陽者，陰陽與道必是不可分的。朱子一方面認爲理先氣後，一方面認爲理氣不可分，這顯然是不可化解的一大矛盾。有人認爲，矛盾并非不可化除，例如有與無是矛盾，有無之同一，則是化解了矛盾。此所認爲者，乃是一種不可原諒的誤解。因爲所謂有無之同一，是謂有一種「有」與「無」相同，這是我們在第二章中已作了很詳盡的說明，讀者可以覆查而無須再贅。至於理先氣後之說之所以與理氣不可分之說矛盾，因爲一方面既說「有是理後生是氣」，一方面又說「天下未有無理之氣，亦未有無氣之理」。很顯然的，若是「未有無氣之理」，則理氣確是不可分，而理先氣後之說不可成立；若是「有是理後生是氣」，則理在氣先；理既在氣先，則必有無氣之理。朱子既不承認有「無氣之理」而又主張「理先氣後」，這是不通之論；所以他雖然主張「無極而太極」，卻誤解了濂溪先生的本意。朱子之所以有此誤解，因爲他認爲：

> 至于太極，則又初無形象方所之可言，但以此理至極而謂之極耳。

又曰：

> 若論無極二字，乃是周子灼見道體，迥出常情，不顧旁人是非，不計自己得失，勇往直前，說出人不敢說出底道理，令後之學者，曉然見得太極之妙，不屬有無，不落方體，若如此看得破，方見此老真得千聖不傳之祕。

又曰：

> 至於大傳既曰形而上者謂之道矣，而又曰一陰一陽之謂道，此豈真以陰陽為形而上者

哉？正所以見一陰一陽雖屬形器，然其所以一陰一陽者，是乃道體之所為也，故語道體之至極，則謂之太極；語太極之流行則謂之道，雖有二名，初無兩體。周子所以謂之無極，正以其無方所，無形狀。以為在無物之前，而未嘗不立於有物之後；以為在陰陽之外，而未嘗不行乎陰陽之中；以為通貫全體，無乎不在，則又初無聲臭影響之可言也。今乃深詆無極之不然，則是直以太極為有形狀，有方所矣；直以陰陽為形而上者，則又昧於道器之分矣；又於形而上者之下，復有況太極乎之語（達按：陸象山原文爲：「一陰一陽已是形而上者，況太極乎？」），則是又以道上別有一物為太極矣。

又曰：

> 至熹前書所謂不言無極，則太極同於一物，而不足為萬化根本；不言太極，則無極淪於空寂，而不能為萬化根本，乃是推周子之意，以為當時若不如是兩下說破，則讀者錯認語意，必有偏見之病，聞人說有，即謂之實有；見人說無，即謂之真無耳。自謂如此說得，周子之意，已是大殺分明，只恐知道者厭其洩漏之過甚。

這是晦翁答象山書中所作的辯論之要點所在。他說，太極既「足」而又「能」「爲萬化根本」。又說「道」與「太極」，「雖有二名，初無兩體」。又說「太極之妙，不屬有無，不落方體」，這都不錯。問題是，他認爲「至於太極，則又初無形象方所之可言，但以此理至極而謂之極耳。」這話大致說來并沒有錯，錯在太極祇是「此理至極」耳。雖然晦翁沒有用「祇是」二字，我們讀他所遺留下來的文字，可以將他的千言萬語概括爲：「太極是理，是形而上者，陰陽是器，是形而下者，所以一陰一陽者是此理，亦就是道。」因爲他認爲太極祇是「此理至極」，所以他又答象山書曰：「太極固未嘗隱於人，然人之識太極者，則少矣，往往只是於禪學中，認得箇昭昭靈靈能作用底，便謂此是太極，而不知所謂太極，乃天地萬物本然之理，亘古亘今，顛撲不破者也。」照朱子此說，我們可以很明白的看出，朱子沒有體會到「無所住心」。他大概聽說過這「箇昭昭靈靈能作用底」，卻不知道這「能作用底」，即是「太極真體不傳之祕，無物之前，陰陽之外，不屬有無，不落方體，迥出常情，超出方外」等等（此是象山概括朱子來書之意而如此說）。這「能作用底」，我們在第二、三兩章中以及前文講頓教哲學的本體論時，有很明白的交待。讀者當可明白到我們雖然不反對無極而太極之說，卻不贊成「太極只是此理」的論點。當然，我們也不贊成「太極只是此心」之說。我們認爲這「能作用底」心之本體，是太極之本性；同樣的，若認爲此理之至極，亦是太極之本性，而不說太極只是此理，我們也會完全贊同。理雖然是真實的，卻不能是實體。

現代物理學有「規範場」之說。我對於物理學，所知極少；對「規範場」學說，是一無所知。就字面言，此「規範」二字極好。我不知道規範一詞，可否與「理」字等量齊觀？如果可以，則規範場就是「理」場；不過，規範場較「理」場爲明白而易曉；如果可以，則太極就是至極之規範場。這就是說太極是此理之至極，或者說太極是此規範之至極，這便是在陳述太極之本性是什麼。至於太極之本身，則必須說太極是至極之規範場；或者說太極是此理至極之場所。太極本身雖是無方所，無地位可頓放；但必是「有」；這個「有」也必是一「場所」；不過這個場所，不是屬於形而下的現象界所顯現之心物而有形有像者，乃是夷希微混而爲一者。朱子以爲，太極既是無方所無地位可頓放，則太極只能是理；殊不知，以理當作本體，這是不通之論。事實上，只須將「理」當作本體之本性，則一切問題都可迎刃而解了，所以我們特提出「規範場」或「理」場之說，以補足朱子之原義。我們這個補足，決與朱子的全部學說不相違背，也與濂溪太極圖以及邵子的先天四圖皆相通相順；因爲「圖」在本質上也就是「場」。

總之，朱陸之爭我并不反對「無極而太極」之說。我所不贊成者，是朱子對太極之解釋，或者說，是朱子對太極之體認，有欠真確；但「朱元晦泰山喬嶽」（陸象山評語，見象山全集卷卅四），朱子在學術上的造詣，亦非一般人所可企及者。

茲再談張橫渠的本體哲學。橫渠先生爲二程學侶，我們之所以用周程朱張的順序來講者，我們湖南人有這個習慣。我幼年時，我家祖宗牌位，中間寫「天地國親師位」，兩旁各有四個小字爲「顏曾思孟，周程朱張」，我不知這個習俗起於何時。至於將君親改爲國親，那是民國成立以後的事。再者，程朱并稱，這是大家熟知的；因此，乃習慣上用了周程朱張的順序。張子哲學，具見於「正蒙」，茲引述於後：

> 起知於易者乾乎，效法於簡者坤乎？殊散而可象為氣，清通而不可象為神。不如野馬絪緼，不足謂之太和。語道者知此，謂之知道；學易者見此，謂之見易。

太虛無形，氣之本體，其聚其散，變化之客形爾。至靜無感，性之淵源，有識有知，物交之客感爾。客感客形，與無感無形，惟盡性者一之。

天地之氣雖聚散攻取百塗，然其為理也，順而不妄。氣之為物，散入無形，適得吾體。聚為有象，不失吾常。太虛不能無氣，氣不能不聚而為萬物，萬物不能不散而為太虛。循是出入，是皆不得已而然也。然則聖人盡道，其間兼體而不累者，存神其至矣。彼語寂滅者，往而不反；徇生執有者，物而不化。二者雖有間矣，以言乎失道，則均焉。聚亦吾體，散亦吾體，知死之不亡者，可與言性矣。

由太虛有天之名，由氣化有道之名，合虛與氣，有性之名，合性與知覺，有心之名。

兩不立，則一不可見；一不可見，則兩之用息。兩體者，虛實也、動靜也、聚散也、清濁也，其究一而已。

以上所引皆見太和篇第一。又神化篇第四曰：「神無方，易無體，大且一而已。」誠明篇第六曰：「盡性然後知生無所得，則死無所喪。」「未嘗無之謂體，體之謂性。」大易第十四曰：「大易不言有無，言有無諸子之陋也。」「一物而兩體，其太極之謂歟？陰陽天道，象之成也；剛柔地道，法之效也；仁義人道，性之立也。三才兩之，莫不有乾坤之道。」乾稱篇第十七曰：

凡可狀皆有也，凡有皆象也，凡象皆氣也。氣之性本虛而神，則神與性乃氣所固有。

至誠，天性也；不息，天命也。人能至誠，則性盡而神可窮矣。不息，則命行而化可知矣。學未至知化，非真得也。

有無虛實，通為一物者，性也，不能為一，非盡性也。飲食男女，皆性也，是烏可滅；然則有無皆性也，是豈無對。莊老浮屠為此說久矣，果暢真理乎。

有無一，內外合，(庸聖同)此人心之所自來也。

太虛者，氣之體。氣有陰陽屈伸相感之無窮，故神之應也無窮，其散也無數，故神之應也無數。雖無窮，其實湛然；雖無數，其實一而已。陰陽之氣，散則萬殊，人莫知其一也；合則混然，人不見其殊也。形聚為物，形潰反原；反原者，其游魂為變歟？所謂變者，對聚散存亡為文，非如螢雀之化，指前後身而為說也。

照以上所引述者，我們可以看出：第一，橫渠認爲，氣是以太虛爲本體。太虛是什麼呢？「太虛無形」。橫渠雖反對釋老，我們若將太虛界定爲夷希微混而爲一之無，我相信橫渠不會反對；因爲橫渠認定「有無一」，「有無虛實通爲一物者，性也」，與我們所界定的并無不同。第二，橫渠所謂之氣，固可以說是一種物質；但他認定，「氣之性本虛而神，則神與性乃氣所固有」，與我們所主張的心物本一論，也可以說大體相同。第三，橫渠說：「陰陽之氣，散則萬殊，人莫知其一也」。這就是說，我們人類及宇宙萬物之生死存亡，皆是陰陽之氣形聚形潰的結果，所以「聚亦吾體，散亦吾體，知死之不亡者，可與言性矣」，這與佛家不生不滅之說，實完全相同。第四，朱子理先氣後之說，雖與橫渠「神」爲氣所固有之說不同；而朱子所謂之理，實即橫渠所謂之神，相信讀者必會同意我的看法。總之，周程朱張都是本於周易而講本體哲學。在他們那個時代雖沒有本體哲學這個概念；但他們靜觀宇宙的變化，而體悟「客感客形，與無感無形」，是一而非二；而體認「氣化」之道，而有「真得」，這當然就是一種本體哲學了。這種本體哲學，雖然與前文所講的「無所住心」不同；但是以有無爲一的看法則是大體相同的。

三、陸象山的本體哲學

朱子語類有載：「象山死，先生率門人往寺中哭之，既罷，良久曰，可惜死了告子。」（第一百廿四卷）這是一段很拙劣的記載。晦翁決不致於在象山死後如此批評他。我們亦不是說，晦翁沒有視象山爲告子之意。這祇是說，晦翁不會在那種場合批評象山。

晦翁視象山爲告子，實頗有可能。告子「生之謂性」之說，晦翁評註曰：

> 生指人物之所以知覺運動者而言。告子論性，前後四章，語雖不同，然其大指不外乎此，與近世佛氏所謂作用是性者略似。（四書集註告子上）

從作用見性，雖不離知覺運動；但深造有得之佛教門下，絕不以知覺運動爲性，這是無可置辯的。前文我們談「無所住心」與「無所得心」時，對此已有所辯明，這是晦翁之淺陋所在，所以晦翁及其門人視象山爲告子而認爲與禪宗略似，可見言心言性之程朱一派的理學家，既不懂得禪宗，亦不真的認識象山。

孟子與告子論性，是儒家的一件大事，他們的辯論，共有四點：第一，告子認爲以人性爲仁義，猶以杞柳爲桮棬；孟子認爲以杞柳爲桮棬，是順杞柳之本性以爲桮棬，不是戕賊杞柳以爲桮棬；因此，以人性爲仁義，是順人之本性以爲仁義，不是戕賊人之本性以爲仁義。第二，告子認爲性類似水，「決諸東方則東流，決諸西方則西流。」孟子認爲，「人性之善也，猶水之就下也，人無有不善，水無有不下。」至於我們把水堵塞起來，要它東流西流，這不是水的本性。第三，告子認爲「生之謂性」，孟子問告子曰：你所說的「生之謂性」是不是白雪之白，就是白玉之白？告子答是。因此孟子又問之曰，那麼，狗之性就是牛之性，牛之性就是人之性？告子不能答。就以上三點看來，告子特敷淺了。「生之謂性」，就形上學來說，并無不當。若不是「生之謂性」，則人皆可以爲堯舜之說不能成立。這就是說，人之這個與生俱來的至善之本性，是人皆可以爲堯舜之先決條件。佛家更主張狗子亦有佛性。他們是本於「無所住心」與「無所得心」而認定人性本善。這個本善之人性，亦即宇宙之本性，即前文所一再詮釋的這個「喜怒哀樂之未發」。就未發來說，人與物并無不同，所以狗子也有佛性。這是從形而上說的，告子未見及此，告子之淺陋，何能與「禪」相似。朱子及其門人，以「禪」比擬告子，并派定象山爲告子，益見其淺陋。第四，告子認爲，食色性也，仁是自本性發生，而義則是依從外在的規律。孟子認爲，仁義都是發自本心，這屬於認識論的問題，容後再詳說之。

照以上之分析，以象山比擬告子，這是一項錯誤。象山曰：「告子與孟子，并駕其說於天下，孟子將破其說，不得不就他所見處，細與他研磨。一次將杞柳來論，便就他杞柳上破其說；一次將湍水來論，便就他湍水上破其說；一次將生之謂性來論，又就他生之謂性上破其說；一次將仁內義外來論，又就他義外上破其說。窮究異端，要得恁地使他無語，始得。」❿

象山對孟子與告子的爭論，有如此明白之體認，我們能說象山是師承告子嗎？再者，象山曾曰：

見到孟子道性善處，方是見得盡。（同註十）

只此一語，便可見象山不是告子。又：「先生居象山，多告學者云，汝耳自聰，目自明，事父自能孝，事兄自能弟，本無少缺，不必他求，在乎自立而已。」又：「近有議吾者云，除了先立乎其大者一句，全無伎倆，吾聞之曰、誠然。」（同註十）可見象山不僅不是告子，而確是學孟子真有所得者，在象山全集中，例此不勝枚舉。我們與王陽明實有相同的看法。陽明先生「象山先生全集敘」有曰：「至宋周程二字，始復追尋孔孟之宗，而有無極而太極，定之以仁義中正而主靜之說，動亦定，靜亦定，無內外，無將迎之論，庶幾精一之旨矣。自是而後，有象山陸氏，雖純粹和平，若不逮於二子，而簡易直截，真有以接孟氏之傳，其議論開闔，時有異者，乃其氣質意見之殊，而要其學之必求諸心，則一而已。故吾嘗斷以陸氏

---

❿ 象山先生全集第卅四。

之學，孟氏之學也，而世之議者，以其嘗與晦翁之有同異，而遂詆以爲禪。夫禪之說，棄人倫，遺物理，而要其歸極，不可以爲天下國家。苟陸氏之學，而果若是也，乃所以爲禪也。今禪之說，與陸氏之說，孟氏之說，其書具存，學者苟取而觀之，其是非同異，有不待於辯說者。」陽明著此「敘」後四十年，臨海王宗沐又曰：「故自今言之，以彌綸宇宙爲己分，而以繼往開來爲立心；以沈迷訓詁爲支離，而以辨別義利爲關鑰；本之於收放心，以開其端；極之於充四端以致其力；由盡心知性，而達於禮樂政刑，此象山先生之學之大也。……至於禪學之旨，其自私爲己，與絕人倫類，以求免生死，誠爲異端，固聖世之所必誅，而不以聽者；但其所以爲教，固以爲實際理地，不染一塵，而佛事門中，不舍一法，心含萬象，偏周法界，融會精粗，而至於十地五乘四教三藏傳述之多，亦未嘗專以著空爲修證者也。夫陸子之所指以示人者，既爲孔子之所嘗是；而世之所以怒陸子，而夷之爲空者，又釋氏之所本非；然則陸子之學，謂其立論，容有未瑩則可；而遽埒之於禪，是何異讞獄者，不見兩造，不求情實，而但以前人之判其牘也，而遂斷焉，夫庸無有枉濫於其間乎？」（王宗沐撰「象山集序」附錄）象山非禪，凡對中國形上學真能深造自得者，當知此是事實。

以象山是禪，這當然是指朱陸之相異。我們說象山不是禪，絕無意化解朱陸之不同；因爲朱陸確有其大不相同者。前文我們談到朱陸的無極而太極之爭辯，從本體的本身來說，照我們的系統，無極而太極，并無不當；祇是晦翁以理爲實體，并認爲「太極只能是理」，這是我們與朱子不同者。我們認爲，象山雖反對無極而太極之說，但象山并不是說，太極不是「無」。象山與朱子「辯太極圖說書」有曰：

尊兄向與梭山書云，不言無極，則太極同於一物，而不足為萬化根本；不言太極，則無極淪於空寂，而不能為萬化根本。夫太極者，實有是理，聖人從而發明之耳，非以空言立論，使後人簸弄於頰舌紙筆之間也。其為萬物根本，固自素定，其足不足、能不能，豈以人言不言之故耶。（達按：晦翁所講「不足」「不能」，用字實未必精確；至象山所謂「豈以人言不言之故邪」，這是說，本體本是如此；不過，若全然不言，聖人又安能「從而發明之」？）易大傳曰：易有太極。聖人言有，今乃言無，何也？作大傳時，不言無極，太極何嘗同於一物，而不足為萬化根本邪？洪範五皇極列在九疇之中，不言無極，太極亦何嘗同於一物，而不足為萬化根本耶？太極固自若也。尊兄只管言來言去，轉加糊塗，此真所謂輕於立論，徒為多說，而未必果當於理也。兄號句句而論，字字而議有年矣，宜益工益密，立言精確，足以悟疑辨惑，乃反疏脫如此，宜有以自反矣。後書又謂無極即是無形，太極即是理，周先生恐學者錯認太極別為一物，故著無極二字以明之。大傳曰：形而上者謂之道。又曰，一陰一陽之謂道。一陰一陽，已是形而上者，況太極乎？曉文義者，舉知之矣。自有大傳至今幾年，未聞有錯認太極別為一物者，設有愚謬至此，奚啻不能以三隅反，何足上煩老先生特地於太極上加無極二字以曉之乎？且極字亦不可以形字釋之。蓋極者，中也，言無極，則是猶言無中也，是奚可哉？若懼學者泥於形氣而申釋之，則宜於詩言上天之載，而於下贊之曰，無聲無臭可也，豈宜以無極加於太極之上？⓫

⓫ 宋元學案卷五十八，象山學案。

在此必須指陳者：第一，從本體本身來說，在我們的系統裡，本體確是無形而有理；但是，朱子謂「無極即是無形，太極即是有理」，確是把話說死了。照朱子此種觀點，我們也不贊成他的無極而太極之說。爲什麼呢？我們認爲，五行、陰陽、太極、無極，都「祇是一事」，「其實一也」；因爲我們認爲「八卦是太極自身的表現」，就好像大海水顯現爲波浪一樣。這就是說，太極陰陽五行等等，皆祇是這無形而有理之實體，是有此動靜剛柔之屬性而成形成象而已。若說無極是無形，太極是有理，實是多此一說，因爲太極本身就是形而上，就是無形。易繫傳曰：「一陰一陽之謂道」，陰陽就是形而上者。假如我們將陰陽五行都視作本體之本身，則五行亦都是形而上者。周濂溪先生「太極圖說」有曰：「五行一陰陽也，陰陽一太極也，太極本無極也。」此說甚諦。依此說而說「無極而太極」絕無問題；依朱子「無極即是無形，太極即是有理」之說而說「無極而太極」，不僅是把話說死了，而且容易引起學者對本體本身之誤解。再者，朱子認爲一陰一陽不是道，所以一陰一陽者才是道，他對於「陰陽一太極也」之義全無理會，他不知一陰一陽之本身就是所以一陰一陽，他對於本體之本身，缺乏真正的認識，他雖然襲用濂溪之說卻誤會了濂溪先生。這就是他不知在作用上見性，他不識得「無所住心」、「無所得心」，以及這「喜怒哀樂之未發謂之中」。第二，象山反對朱子「無極而太極」之說，許多人以爲象山認爲，太極祇能是有而不是無。象山并不反對太極是無。象山曰：「若懼學者泥於形氣而申釋之，則宜如詩言上天之載，而于下贊之曰，無聲無臭可也。」象山認定太極是「無聲無臭」的，可見他不反對太極是無，也可見象山所謂之形而上，即是指「無形」而言。再者，象山與朱子書有曰：「蓋通書理性命章言中焉止矣。二氣五行，化生萬物，五殊二實，二本則一，曰一曰中，即太極也。未嘗於其上加無極字。動靜章言五行陰陽太極，亦無無極之文。」象山這所引述「通書」「理性命第二十二」及「動靜第十六」兩章之主旨，固在證明「通書」「無無極之文」，卻亦顯示了兩點：其一是象山認爲「通書」所說「中焉止矣」之「中」及「五殊二實，二本則一」之「一」皆是太極；其次是象山認定五行、陰陽、太極之功用是「四時運行，萬物終始，混兮闢兮，其無窮兮。」這一方面是進一步的證明了象山并非沒有體驗到「無」；因爲這宇宙萬象就是「混兮闢兮，其無窮兮」；另一方面也證明了象山所體認之「中」與「一」，與我們在第二章中所描述之「中」與「一」是很相同的。朱子答象山書曰：「通書理性命章，其首二句言理，次三句言性，次八句言命，故其章內無此三字，而特以三字名其章以表之，則章內之言，固已各有所屬矣。蓋其所謂靈所謂一者，乃爲太極；而所謂中者，乃氣稟之得中，與剛善剛惡柔善柔惡者爲五性，而屬乎五行，初未嘗以是爲太極也。且曰中焉止矣，而又下屬於二氣五行化生萬物之云，是亦復成何等文字義理乎？」爲使讀者易於明白起見，特將通書理性命章錄之於左：

> 厥彰厥微，匪靈弗瑩；剛善剛惡，柔亦如之，中焉止矣。二氣五行，化生萬物，五殊二實，二本則一，是萬為一，一實萬分，萬一各正，小大有定。

朱子所說的首二句，是指「厥彰厥微，匪靈弗瑩」而言；次三句是指「剛善剛惡，柔亦如之，中焉止矣」而言；次八句是指「二氣五行」以下之各句而言。朱子所說大致不錯。不過，首二句是指此心明此理而言，而此心之本，或者說，此心之至極則是「中」，故曰「中焉止矣」。因爲「止」，必是指「止於至善」（為大學三綱領之一）。「中焉止矣」當然是指：「能中則能止於至善」，朱子認定「所謂中者，乃氣稟之得中」，他只知從有形有影去體會「中」，未能體會到「中」與「一」「其實一也」。朱子之學，主要的毛病是他認定：「性只合是如此底，只是理，非有個物事。」又說：「仁義禮智，性也。性無形影可以摸索，只是有這理耳。」我們現在可以作於下之分析，即：此「只合是如此底」，是否可在「心」上現出來，照朱子「心統性情」之說，這是毫無疑義的。此「只合是如此底」既可以在「心」上現出來，這個「現」就是「有個物事」。性雖是「無形無影可以摸索」，確是一種真正的存在。儒家所講的「仁義禮智」，它必是存在的；否則，那便祇有假仁假義了。起朱子於地下而問之，他將作何說呢？朱子是傳二程之學者。程伊川曰：「在天爲命，在義爲理，在人爲性，主於身爲心，其實一也。」朱子對於「其實一也」卻未能有真正的體會。再者，朱子反對於作用上見性；殊不知，不從作用上，何能真的見性？「心統性情」，無此作用之心，又何能統性情？總之，當此心明此理時，這個「時候」必是有一物事，如孟子所謂「必有事焉」。這是朱子始終未能認識清楚的，所以他對於「中」始終缺乏真正的體會。通書聖學章有曰：「聖可學乎？曰：可。曰：有要乎？曰：有。請問焉？曰：一爲要。一者，無欲也。」此無欲之一就是中。因爲中是喜怒哀樂之未發。此未發之中當然就是無欲之一。象山曰：「曰一曰中，即太極也。」這正是象山之高明處，朱子竟以「復成何等文字義理」加以反駁，益見其淺陋，實用不著多所煩言。第三，馮友蘭在其所著「中國哲學史」一書中有曰：「周濂溪太極圖說有『無極而太極』之言，朱子以爲此言乃形容太極之爲無形而有理。象山及其兄梭山以爲易繫辭只言太極，不應於太極之上，復加無極，……與朱子往復辯論，成爲當時一大爭辯。若依以上所說觀之，則象山哲學中，只有一在時空之世界，則對於所謂『無形而有理』者，自根本不能承認，亦非特有意與朱子作無謂的爭辯也。」又曰，象山「以陰陽爲形而上者，則其所謂形而上者，與朱子所謂形而上者，意義不同。……此……正即朱陸之不同也。蓋若以陰陽爲形而上者，則所謂形而上者，亦在時空有具體的活動，與所謂形而上者，固同在一世界中也。」又曰：「朱陸所見之實在不同。蓋朱子所見之實在，有二世界，一不在時空，一在時空。而象山所見之實在，則只有一世界，即在時空者。只有一世界，而此世界與心爲一體，……故心學之名，可以專指象山一派之道學。」⑫馮氏此說，須稍作分析：其一，朱陸所謂形而上者，其意義確有不同。蓋朱子認爲，形而上者是「無形而有理」，是無此物事。象山蓋認爲此無形而有理者，仍有此物事。前文我們之所以引證象山不反對「無」，其故即在於此。其二，一般人總認爲，無形而有理之物事是不可能的，朱子大致亦是本於此種觀點而作爲他的學說基礎。其實這是囿於習以爲常之見而未能真的認識這形而上之本體。我們在第二、三兩章與本章，對於這形而上之本體，曾曲盡其義的，從多方面加以探討與描述，我們認爲這無形而有理之本體，不祇是只有此理，而且是一種存在；或者說，是一種存

⑫ 馮友蘭著：「中國哲學史」第二篇，第十四章。

而無所在之存在。這個存在，是夷希微之混而爲一，是無二無雜之純一，是排除一切差異的「有」，這個「有」就是「無」。又因爲它是無二的，所以是至真實的。它是先天地生，是天地之所以爲天地，佛家更認爲，它是不生不滅的恒一。這個純一或恒一，就其外觀來說，它就是太極、兩儀、四象、八卦及六十四卦；就其本性來說，這是完全無視其外觀，它就是「中」，就是無欲之一，也就是惠能所謂之「無所住心」，黃檗所謂之「無所得心」，佛門弟子通稱爲心之本體。我們認爲，這就是宇宙本體之本性。已往的中國形上學學者，凡不排除於作用上見性而又能大死大活，大疑大悟者，必都有此共識。象山關於這方面，雖然少有發揮；但從他所說「曰一曰中，即太極也」（達按：這是兼顧內外，亦即兼顧本體它自己與功能而如是說），當可見他必是深明此事；否則，他不會道得。朱子因無此造詣，所以祇會在「文字義理」方面作活計。其三，因爲象山識得此無形而有理之本體，所以他會說「曰一曰中，即太極也」；於是，他當然識得「是萬爲一，一實萬分」之理。這個「理」也是有許多人弄不懂的。所謂「是萬爲一，一實萬分」，亦即佛門弟子所說的「一即一切，一切即一」；所以是：一無礙其爲多，多無害其爲一。而且，這一與多，也是不二亦不一。此仍以海水與波浪爲喻而明之。海水與波浪，可比喻爲一與多。此波浪之多，在本質上原是海水之一，所以「是萬爲一」，「一切即一」；所以是「不二」。同樣的，此海水之一，是顯現爲波浪之多，所以是「一實萬分」，「一即一切」；但「水」畢竟是「水」，波浪畢竟是波浪，所以「亦不一」。此「是萬爲一，一實萬分」，「不二亦不一」之理，足可說明象山的世界，決不祇是「即在時空者」。象山所謂之形上形下，「固同在一世界中」；所以象山的形上世界，是「非知識所行境界」，不僅不是「即在時空者」，而且是「另具隻眼」才能見到。馮友蘭氏對此甚少理會，所以在這方面確是誤解了象山。其四，象山之所以反對「無極而太極」之說，一方面是因爲朱子對於這形而上之本體未能見得真切；另一方面，也因爲「無極」二字，出于老子知其雄章，吾聖人之書所未有也。老子首章言無名天地之始，有名萬物之母，而卒同之，此老氏宗旨也。無極而太極，即是此旨。老氏之學不正，見理不明，其蔽在此。」（見象山與朱子書）象山此說，固難免儒道門戶之見；然純粹儒者，反對道家在政治方面用陰柔權術，而認爲「老氏之學不正」，而詆之不遺餘力，此實是我國學術史上的大事；所以象山反對「無極而太極」之說，不是基於這形而上之本體的本身的原因，乃是儒道兩家門戶之見及老氏之學應用在政治方面，而爲一般儒生所反對而甚至深惡痛絕者。其五，象山全集卷卅四語錄有曰：「呂伯恭爲鵝湖之集，先兄復齋謂某曰：『伯恭約元晦爲此集，正爲學術異同，某兄弟先自不同，何以望鵝湖之同？』先兄遂與某議論致辯，又令某自說，至晚罷。先兄云：『子靜之說是。』次早，某請先兄說，先兄云：『某無說，夜來思之，子靜之說極是。』方得一詩云：『孩提知愛長知欽，古聖相傳只此心；大抵有基方築室，未聞無址忽成岑。留情傳註翻蓁塞，著意精微轉陸沈；珍重友朋相切琢，須知至樂在於今。』某云：『詩甚佳，但第二句微有未妥。』先兄云：『說得恁地，又道未妥，更要如何。』某云：『不妨一面起行，某沿途卻和此詩。』及至鵝湖，伯恭首問先兄，別後新功。先兄舉詩才四句，元晦顧伯恭曰：『子壽早已上了子靜舡了也。』舉詩罷，遂致辯於先兄，某云：『途中某和得先兄此詩云：『墟墓興哀宗廟欽，斯人千古不磨心；涓流滴到滄溟水，拳石崇成泰華岑。易簡工夫終久大，支離事業竟浮沈，』舉詩至此，元晦失色，至『欲知至下升高處，真僞先須辨只今』元晦大不懌。』於是各休息。翌日，二公商量數十折議論來，莫不悉破其說。繼曰，凡致辯，其說隨屈。伯恭甚有虛心相聽之意，竟爲元晦所尼。後往南康，元晦延入白鹿講說，因講『君子喻於義』一章，元晦再三云，某在此，不曾說到這裡，負愧何言。」鵝湖之會，在淳熙二年（西元一一七五年），復齋於淳熙七年逝世，八年象山在白鹿洞講學，而無極太極之辯，則始於淳熙十四年（一一八七年），可見朱陸之異同，確不是偶然的。照象山以上所說，當知朱陸之不同，在基本上是治學方法之不同，也可以說是認識方面的不同。我們可以肯定說，朱陸之不同，不祇是本體論之不同，還有認識論方面之不同。認識方面之不同，這是影響世道人心的，所以象山以「支離事業」痛斥之，而朱子也大驚失色。

第三節　心學大成者：陽明哲學的本體論

一、從陸象山到王陽明

馮友蘭在其所著「中國哲學史」中說：「……朱陸之哲學，實有根本的不同。其能成爲道學中之二對峙的派別，實非無故。不過所謂『心學』，象山慈湖實只開其端，其大成則有待於王陽明。故與朱子對抗之人物，非陸象山楊慈湖，而爲二百五十年後之王陽明。」（同註十二）馮氏雖然看出了朱陸哲學實有根本的不同；但他并不真知其根本不同之所在，這在上文已有辨明。再者，馮氏認定與朱子對抗而旗鼓相當之人物是王陽明，就影響所及言，這也是不錯的。馮氏說：「在此二百五十年之間，朱學甚有勢力。蓋朱子哲學系統，實甚精密偉大。象山在當時雖號爲與朱子對峙者，然陸派之學，對於修養方面，雖有較簡易直截的方法，而其對於宇宙各方面之解釋，則簡略已甚。陸學之系統實不及朱學之大。故自宋末以後，朱學勢力，逐漸增大。至元修宋史，於儒林傳外，另立道學傳，以紀當時所認爲能繼文王周公孔子孟子之『聖賢不傳之學』（宋史卷四百二十七道學傳序）者。此傳以朱子爲中心，而象山慈湖則僅列於儒林傳。至於明之中葉，朱學繼續盛行。」馮氏并引明史儒林傳以證其說。明史儒林傳云：

> 宋史判道學儒林為二，以明伊洛淵源，上承洙泗。儒宗統緒，莫正於是。……原夫明初諸儒，皆朱子門人之支流餘裔，師承有自，矩矱秩然。曹端胡居仁篤踐履，謹繩墨，守先儒之正傳，無敢改錯。學術之分，則自陳獻章王守仁始。宗獻章者，曰江門之學。孤行獨詣，其傳不遠。宗守仁者，曰姚江之學，別立宗旨，顯與朱子背馳。門徒遍天下，流傳逾百年，其教大行，其弊滋甚。（明史卷二百八十二）

我們已講過，我們不是講歷史，我們之所以引述這段歷史：第一，自宋寧宗慶元六年庚申（西曆一二〇〇年）朱子逝世，至明武宗正德十四年己卯（一五一九年）王守仁敗宸濠，這三百餘年間，固然朱學甚有勢力，事實上，至一九一二年民國成立，這七百餘年亦可說全是朱學的天下。第二，朱子之學，既未明道之本體；而其本體哲學，除承襲邵子先天之學及濂溪太極圖說外，并未有新發現。晦翁除了「篤踐履，謹繩墨，守先儒之正傳」外，其工夫全在章句註釋方面。嚴格說來，他并未建立真正的哲學系統，更談不上「精密偉大」了。第三，朱學爲什麼會如此「甚有勢力」呢？朱子本人并未以學問作爲求取功名利祿的工具。他自己真有學術之至誠，此所以能成爲「泰山喬嶽」。卻不料後人竟以朱學作爲升官的途徑，此所以「甚有勢力」了。很顯然的，朱學之盛行，不是他的哲學之「精密偉大」，而是可以作爲獵取名利的工具。第四，馮友蘭又說：「白沙卒於明孝宗弘治十三年（西曆一五〇〇年），時王陽明已二十餘歲（達按：虛歲為廿九歲）。甘泉卒於明世宗嘉靖卅九年（西曆一五六〇），與陽明時相辯論。陽明之學，雖亦自得，然必受此二人之影響也。黃梨洲白沙傳云：『有明儒者，不失其矩矱者，亦有之，而作聖之功，至先生（白沙）而始明，至文成（陽明）而始大。』（明儒學案卷五）蓋道學中之理學，以朱子爲集大成者；而其中之心學，則以陽明爲集大成者。由二人所代表之時代言，則吾人可謂宋元爲理學最盛時代，明爲心學最盛時代。」馮氏此說，大致不差，這是說明了，自象山至陽明，在陽明之前有一個陳白沙，「江門之學」其傳雖不遠，但影響王陽明至大，湛甘泉長陽明一歲，爲白沙弟子。黃宗羲曰：「王湛兩家，各立宗旨。湛氏門人，雖不及王氏之盛；然當時學於湛者，或卒業於王；學於王者，或卒業於湛，亦猶朱陸之門下遞相出入也。其後源遠流長，王氏之外，名湛氏學者，至今不絕，即未必仍其宗旨，而淵源不可沒也。」（明儒學案卷卅七）王陽明與湛甘泉私交甚篤，甘泉且爲陽明作「墓誌銘」。⑬他們二人會彼此相互影響，於此當已可概見了。

二、江門之學與姚江之學

黃宗羲曰：「有明之學，至白沙始入精微。其吃緊工夫，全在涵養。喜怒未發而非空，萬感交集而不動。至陽明而後大。兩先生之學，最爲相近。不知陽明後來從不說起，其故何也？」照以上所述，自陸象山以來，三百年間，全是朱學勢力。在王陽明以前，自立宗旨，而卓然有成者，厥爲江門之學，對王陽明的影響，應該很大；而「陽明後來從不說起，其故何也？」可以說，黃梨洲祇是提出了問題，并未解答問題。我認爲這個問題，是與本體論有關的。我們知道，陳白沙是於靜中養出端倪，他說：

> 僕年廿七，始發憤從吳聘君學，其於古聖賢垂訓之書，蓋無所不講，然未知入處。比歸白沙，杜門不出，專求所以用力之方，既無師友指引，日靠書冊尋之，忘寐忘食，如是者累年，而卒未有得；所謂未得，謂吾心與此理，未有湊泊吻合處也。於是舍彼之繁，求吾之約，惟在靜坐久之，然後見吾心之體，隱然呈露，常若有物，日用間種種應酬，隨吾所欲，如馬之御銜勒也。體認物理，稽諸聖訓，各有頭緒來歷，如水之有源委也；於是渙然自信曰：作聖之功，其在茲乎？（明儒學案卷五）

⑬ 王文成公全書卷卅七。

白沙這所說的，即是自述其於作用上見性之真實的精神狀態。他所見者，是否究竟，容後再說。在本質上，這所見者，與六祖慧能聽五祖「說金剛經，至應無所住而生其心」，而「言下大悟」之悟，雖有程度上的不同，并無種類上的相異；這所說的，即惠能所說的「於一切時中，念念自見」，「自心常生智慧，不離自性」；而且，這所說的，決非拾人牙慧，必是白沙自身的一種體驗。我們認爲，白沙必是見到了普遍，他復趙提學「論學書」有曰：

> 孔子教人，文行忠信，後之學孔氏者，則曰一為要，一者無欲也。無欲則靜虛而動直，然後聖可學而至矣。（明儒學案卷五）

又所撰「仁術論」有曰：

> 天道至無心，比其著於兩間者，千怪萬狀，不復有可及，至巧矣；然皆一元之所為。聖道至無意，比其形於功業者，神妙莫測，不復有可加，亦至巧矣；然皆一心之所致，心乎其此一元之所舍乎？

其「無後論」有曰：

> 夫此心存則一，一則誠。……夫天地之大，萬物之富，何以為之也，一誠所為也。蓋

> 有此誠，斯有此物；既有此物，必有此誠。誠在人何所，具於一心耳。心之所有者此誠，而為天地者此誠也。天地之大，此誠且可為，而君子存之，則何萬世之不足開哉？

其「雲潭記」有曰：

> 天地間一氣而已。詘信相感，其變無窮。……夫氣上蒸為雲，下注為潭，氣、水之未變者也。一為雲，一為潭，變之不一而成形也，其必有將然而未形者乎？默而識之，可與論易矣。

白沙這所說的「一者無欲也」，「然皆一元之所爲」，「一則誠」，「天地間一氣而已。……變之不一而成形也，其必有將然而未形者乎？」等等，必是見到了這沒有差別性的「一」，也就是見到了普遍，純有或無，以及前文所一再指陳的「中」，「無所住心」，「無所得心」等等。照這樣說來，姚江之學與江門之學應無本質上的不同；因爲陽明所證得的良知，與白沙所見到的普遍，其實是陽明不肯認可者。陽明非常灑脫；又因傳統相承，絕不輕易批評前輩長者，這在當時，似已成爲一種風尚。陽明每覺與朱子不合，總是內心不安，如此即已可概見。我們可以這樣的說，陽明「後來從不說起」，乃是對於前輩長者之一種包含。至於陽明何以「不肯」白沙？欲求正確的答案，確是一大難題。不過，我們認爲陽明必有「不肯」者，這是無疑的。否則，陽明必會推崇白沙了。陽明所「不肯」者，究竟是什麼呢？湛甘泉說：「故陽明公初主格物之說，後主良知之說；甘泉子一主隨準體認天理之說。」（見「墓誌銘」）這是陽明與湛甘泉之不同，亦即是陽明與白沙之不同。這個不同，頗似象山不肯復齋「古聖相傳只此心」者（請覆按前文「陸象山的本體哲學」）。這就是說，他們所不同者，亦即陽明所「不肯」者，這不是本體論的不同，乃是認識之精粗深淺有不同，所以陽明祇好「不說起」了（達按：若識得「祇此心」與「不磨心」之不同，則知精粗深淺之所在了）。

三、王陽明的本體哲學

我們已說明了，姚江之學與江門之學，其不同者，不是本體哲學而是認識哲學；至於朱陸之不同，則是認識論與本體論都大不相同；而且，朱子的本體哲學，卻是大有問題的。從我們的系統來說，我們是比較贊成象山、白沙、以及王陽明的本體哲學。象山、白沙之學，已於前述，那麼，什麼是王陽明的本體哲學呢？黃宗羲有一段很扼要而明白的敘述，茲錄之於次：

> 先生（指陽明）之學，始泛濫於詞章，繼而徧讀考亭之書，循序格物，顧物理吾心，終判為二，無所得入；於是出入於佛老者久之；及至居夷處困，動心忍性，因念聖人處此，更有何道，忽悟格物致知之旨，聖人之道，吾性自足，不假外求。其學凡三變而始得其門。自此之後，盡去枝葉，一意本原，以默坐澄心為學的。有未發之中，始能有發而中節之和。視聽言動，大率以收斂為主，發散是不得已。江右以後，專提致良

知三字，默不假坐，心不待澄，不習不慮，出之自有天則；蓋良知即是未發之中，此知之前，更無未發；良知即是中節之和，此知之後，更無已發。此知自能收斂，不須更主於收斂；此知自能發散，不須更期於發散。收斂者，感之體，靜而動也；發散者，寂之用，動而靜也。知之真切篤實處即是行，行之明覺精察處即是知，無有二也。居越以後，所操益熟，所得益化。時時知是知非，時時無是無非，開口即得本心，更無假借湊泊，如赤日當空，而萬象畢照，是學成之後，又有此三變也。先生憫宋儒之後，學者以知識為知，謂人心之所有者，不過明覺，而理為天地萬物之所公共，故必窮盡天地萬物之理，然後吾心之明覺，與之渾合而無間，說是無內外，其實全靠外來聞見，以填補其靈明者也。先生以聖人之學，心學也，心即理也，故於致知格物之訓，不得不言致吾心之天理於事事物物。以知識為知，則輕浮不實，故必以力行為工夫。良知感應神速，無有等待，本心之明即知，不欺本心之明即行也。不得不言知行合一，此其立言之大旨，不出於是，而或者以釋氏本心之說，頗近於心學，不知儒釋界限，只一理字，釋氏於天地萬物之理，一切置之度外，更不復講，而只守此明覺，世儒則不恃此明覺，而求理於天地萬物之間，所謂絕異；然其歸理於天地萬物，歸明覺於吾心，則一也。向外尋理，終是無源之水，無根之木，縱使合得本體上，已費轉手；故沿門乞火，與合眼見暗，相去不遠，點出心之所以為心，不在明覺，而在天理，金鏡已墜而復收，遂使儒釋疆界，渺若山河，此有目者所共睹也。試以孔孟之言證之，致吾良知於事物，事物皆得其理，非所謂人能宏道乎？若理在事物，則是道能宏人矣。告子之外義，豈滅義而不顧乎？亦於事物之間，求其義而合之，正於世儒之所謂窮理也，孟子何以不許之，而四端必歸之心哉？嗟乎，糠粃眯目，四方易位，而後先生可疑也。

（明儒學案卷十）

黃宗羲這一段話，是非常扼要的將姚江之學作了源源本本的說明；但我們仍須加以說明者：

第一，陽明認爲良知即是心之本體。他說：

> 夫心之體，性也；性之原，天也。
>
> 吾心之良知，即所謂天理也。
>
> 心者，身之主也；而心之虛靈明覺，即所謂本然之良知也；其虛靈明覺之良知，應感而動者謂之意，有知而後有意，無知則無意矣，知非意之體乎？意之所用必有物，物即事也，如意用於事親，即事親為一物。……
>
> 道心者，良知之謂也。⑭
>
> 生之謂性，生字即是氣字，猶言氣即是性也。氣即是性，人生而靜以上不容說，才說氣即是性，即已落在一邊，不是性之本原矣。孟子性善是從本原上說；然性善性之端，

---

⑭ 王文成公全書卷二，語錄二，傳習錄中，「答顧東橋書」。

須在氣上始見得；若無氣，亦無可見矣。惻隱羞惡辭讓是非即是氣。程子謂論性不論氣不備，論氣不論性不明，亦是為學者各認一邊只得如此說；若見得自性明白時，氣即是性，性即是氣，原無性氣之可分也。（同註十四「啓問道通書」）

恒照則恒動恒靜，天地之所以恒久而不已也。照心固照也，妄心亦照也，其為物不貳，則其生物不息，有刻蹔停則息矣，非至誠無息之學矣。

心之本體，即前所謂恒照者也。心之本體，無起無不起，雖妄念之發而良知未嘗不在，……若謂良知亦有起處，則是有時而不在也，非其本體之謂矣。

夫良知一也，以其妙用而言謂之神，以其流行而言謂之氣；以其凝聚而言謂之精，安可以形象方所求哉？真陰之精，即真陽之氣之母；真陽之氣，即真陰之精之父。陰根陽，陽根陰，亦非有二也。

性無不善，故知無不良。良知即是未發之中，即是廓然大公，寂然不動之本體，人人之所同具者也。……體即良知之體，用即良知之用，寧復有超然於體用之外者乎？未發之中，即良知也，無前後內外而渾然一體者也。……周子靜極而動之說，苟不善觀，亦未免有病。蓋其意從太極動而生陽，靜而生陰說來。太極生生之理，妙用無息，而常體不易。太極之生生，即陰陽之生生。就其生生之中，指其妙用無息者而謂之動，謂之陽之生，非謂動而後生陽也；就其生生之中，指其常體不易者而謂之靜，謂之陰之生，非謂靜而後生陰也。若果靜而後生陰，動而後生陽，則是陰陽動靜，截然各自為一物矣。陰陽一氣也，一氣屈伸而為陰陽，動靜一理也，一理隱顯而為動靜。……

所謂動靜無端，陰陽無始，在知道者默而識之，非可以言語窮也。若只牽文泥句，比擬倣像，則所謂心從法華轉，非是轉法華矣。

不思善不思惡時認本來面目，此佛氏為未識本來面目者設此方便。本來面目，即吾聖門所謂良知。

性一而已，仁義禮知，性之性也；聰明睿知，性之質也；喜怒哀樂，性之情也；私欲客氣，性之蔽也。（同註十四「答陸原靜書」）

總結以上所引述者：心之本體，就是良知，就是性，就是天，就是天理，就是虛靈明覺，就是恒照，就是精氣神，就是未發之中，就是本來面目等等。這就是說，陽明所謂之知或良知，就是心之本體。

第二，爲陽明所謂心之本體進一解。就心之本體是客觀的存在來說，它就是天。上章我們曾引述牟宗三先生所說的，心是「絕對之主體，而永不能被置定而爲客體者，故須由逆覺以露之。」我們認爲，當這個「心」顯露以後，它已是被置定而爲客體了，所以它是一種存在。這個存在，陽明稱之爲天，是性與氣之合一，也當然是一實體。就心之本體是虛靈明覺之體來說，它是一恒照體。這個恒照體，是「無起無不起」。所謂「無起」，是既無起處，亦無起時；而「無不起」，則就是「不息」；這個「不息」，是永無止息；所以「恒照則恒動恒靜，天地之所以恒久而不已也。」筆者常體會佛家不生不滅之說。一般人之所以執著生死觀，在於有生滅心；若離去生滅心，則永恒現前而解脫生死。誠然，解脫生死，是一種見解，是一種意識型態，是人之一種認識，這應屬於認識論；但是，本體本身，因爲是一恒照體，是無始無終，不生不滅，這當然不僅是一種認識了。更就這個恒照體之精氣神來說，它是動靜無端，陰陽無始；妙用無息而又常體不易。這常體不易就是一，就是至誠無二；因其不可以形象方所求之，所以也就是無。至於這妙用無息者，就是太極之生生、陰陽之生生，而萬象森然。由此我們當然可以體會到，陽明之所以以良知當作心之本體；因爲其所謂良知，不祇是指人之虛靈明覺之作用，而是指此虛靈明覺之體；亦即不祇是指此知之作用，而是指此知之本體。這個體，而且是一恒照體。照這樣說來，陽明所謂之良知，固然是屬於認識的；但就其所謂之良知之體來說，則無疑義的屬於本體論了。

第三，陽明本體哲學之精義所在。陽明以知爲心之本體，他的本體哲學可名之爲心學。「象山先生全集敍」開宗明義便說：「聖人之學，心學也。」「心學」之名，可說由陽明正式建立，事實上也是由他完成了心學的體系。陽明曰：「濂溪明道之後，還是象山，只是粗些！」又曰：「然他心上用過功夫，與揣摹依倣，求之文義自不同；但細看有粗處，用功久當見之。」（傳習錄下）就我個人體會：白沙之粗，容易見得；象山之粗，較爲難見。識得象山之粗，此是陽明高明之處。至於陽明之精密所在，在於他的致知格物工夫之精到嫻熟。我們曾一再指陳：本體是無，是有無之同一，是真正的存在，是純一無二，是名之爲太極；其本性即喜怒哀樂未發之中，亦即禪宗所謂之無所住心與無所得心。禪宗祖師們，每每窮畢生之力，以期識得這個本來面目，而終於隔了一張紙未能截破者大有人在。這就是說，識得本體之本性，不是一件容易的事。陽明致知格物之說，祇就其用功之過程來說，這當然是認識論的；若就其用功所達到的境界來說，雖然這是指工夫的火候，應屬於認識論；但不同的工夫火候，有不同的境界。這不同的境界，則是本體論的。因爲這不同的境界，皆是對本體的一種證驗。這就是說，本體原是如此，不是認識所能改變的。陽明曾說：「格物，是致知的工夫，知得致知，便已知得格物；若是未知格物，則是致知工夫亦未嘗知也。」（「傳習錄下」）陽明答羅整庵少宰書對於格物致知之說，有一段非常精闢的發揮，他說：

> 來教謂「如必以學不資於外求，但當反觀內省以為務，則『正心誠意』四字，亦何不盡之有，何必於入門之際，便困以『格物』一段工夫也」。誠然誠然，若語其要，則「修身」二字亦足矣，何必又言「正心」；「正心」二字亦足矣，何必又言「誠意」；「誠意」二字亦足矣，何必又言「致知」，又言「格物」；惟其工夫之詳密，而要之只是一事，此所以為精一之學，此正不可不思者也。夫理無內外，性無內外，故學無內外。講習討論，未嘗非內也；反觀內省，未嘗遺外也。夫謂學必資於外求，是以己性為有外也，是義外也，用智者也；謂反觀內省為求之於內，是以己性為有內也，是有我也，自私者也，是皆不知性之無內外也。故曰：「精義入神，以致用也；利用安身，以崇德也」；「性之德也，合內外之道也。」此可以知格物之學矣。格物者，大學之實下手處，徹首徹尾，自始學至聖人，只此工夫而已，非但入門之際，有此一段也。夫正心誠意，致知格物，皆所以修身；而格物者，其所用力，日可見之地。故格物者，格其心之物也，格其意之物也，格其知之物也；正心者，正其物之心也，誠意

者，誠其物之意也，致知者，致其物之知也，此豈有內外彼此之分哉？理一而已，以其理之凝聚而言則謂之性；以其凝聚之主宰而言則謂之心；以其主宰之發動而言則謂之意；以其發動之明覺而言則謂之知；以其明覺之感應而言則謂之物。故就物而言謂之格；就知而言謂之致，就意而言謂之誠，就心而言謂之正。正者正此也，誠者誠此也，致者致此也，格者格此也，皆所謂窮理以盡性也。天下無性外之理，無性外之物，學之不用，皆由世之儒者認理為外，認物為外，而不知義外之說，孟子蓋嘗闢之，乃至襲陷其內而不覺，豈非亦有似是而難明者歟？不可以不察也。凡執事所以致疑於格物之說者，必謂其是內而非外也；必謂其專事於反觀內省之為，而遺棄其講習討論之功也；必謂其一意於綱領本原之約，而脫略於支節條目之詳也；必謂其沈溺於枯槁虛寂之偏，而不盡於物理人事之變也。審如是，豈但獲罪於聖門，獲罪於朱子，是邪說誣民、叛道亂正，人得而誅之也，而況於執事之正直哉？審如是，世之稍明訓詁，聞先哲之緒論者，皆知其非也，而況執事之高明哉？（「傳習錄中」）

陽明這一段話，其所涉及認識論者茲不擬詳述外；其與本體論有關者，則須作較為明確之說明。這是大家都可以看得出的，陽明對於格物致知之說，確有其精闢獨到之處。陽明最主要的貢獻，是他悟出了格致誠正，心意知物，皆祇是一事。以上各章，我們對於「只是一事」，「其實一也」之說，多所引述，以說明宇宙本體之內含究竟是什麼？茲照陽明所述：此理之凝聚的主宰，其發動之明覺，謂之心；其明覺之感應，謂之物。什麼是宇宙本體之主要內容，什麼是心物，陽明此已說得很明白；若讀者能覆按以上各章而深加玩味，則知陽明此說甚爲精當而在中國形上學確是一大貢獻；因爲這宇宙本體之存在，雖是無形狀方所可言的，卻是一真正的存在，而且是至誠無二，恒久無息的。何以是如此的？前文已不厭其煩的，作了較爲詳盡之說明。讀者若能詳加體會，應無疑義。至於這宇宙本體之本性，我們說它是「中」，是心物之本一，是禪宗所謂之「無所住心」等等。從本體論來說，心物何以是本一的，在第二章中，我們所作之說明，實已很明白；在認識論上，心物何以是「一」，陽明此所說的，實已非常明白，而且確是發前人之所未發。在朱晦翁看來，理是理，氣是氣，理氣固無先後，但從形上與形下說來，必是先有此理。晦翁於此處，總是搞不清楚，總是見得不明白。陽明於此處，則很直接了當的說，性是理之凝聚。說性是理之凝聚，則無理氣先後之分；因爲性（指宇宙之本性）即是理氣合一的；因爲若無氣，理爲何能凝聚？照陽明性是理之凝聚之說，理氣先後之問題大可不談。此是陽明之精到處。後來的王船山，在中國哲學上，也算是很有成就者；但如此等處卻未能明白而大談理氣先後的問題。

第四，陽明心外無物之說的正解。從本體論來說，既無物外之心，亦無心外之物；因此，所謂心外無物，祇是說心物二者本是一而不可分而已。心物何以是本一的，在第二章中，已有詳盡之說明。爲使讀者對這個問題不致再有困惑，茲更作進一步的說明。這個說明難免會牽涉到認識論，卻以與本體論密切有關者爲限。本來，照王陽明即工夫即本體之說，本體論與認識論是不必分的。我們爲了分別何者是本體論的，何者是認識論的（這應該也是中國哲學上的一大問題），所以對這一點不得不注意。傳習錄下有這樣一段記載：

> 先生遊南鎮，一友指岩中花樹問曰：天下無心外之物，如此花樹在深山中自開自落，於我心亦何相關？先生曰：你未看此花時，此花與汝心同歸於寂；你來看此花時，則此花顏色一時明白起來，便知此花不在你的心外。（全書卷三）

這與不是風動，不是旛動，仁者心動之說無異。此說在本質上，不是否定風動旛動或花開花落。我們可以這樣的說：風旛花的本身是本體論的；因其是本體論的，所以無風旛花之可言。此實不可以常識測，此是非意識所行境界，請覆按前面各章而詳參之。但就我們所認知之風旛花來說，我們所認知的，是習以爲常的，此習以爲常的，全是在我心中的。我近幾年來，經常於清晨在山谷中散步，花香鳥語，溪流潺潺，濃蔭蔽天，環境清幽，不啻人間仙境，賞心悅目，流連忘返。但當我思索到哲上的某一問題時，我全心全意都投入了這個哲學問題，而這外在的一切都不存在了，直到如夢初醒，我從哲學問題中走出來時，我才又見到了這世界。這世界并非不在在，而我所知的世界，則是我心中的世界。心外無物之說，是說離了我的認識，便沒有我的外在的世界。這外在的世界，雖然是存在的；因爲不在我心中，對我來說，所以并不存在；所以就我的認識來說，我所認知之物，必皆在我心中；若我心不動，何來風旛之動。心外無物之說，若從本體論與認識論等各個層面而細加考察，則知陽明之本意，并不是否定這存在的一切的外在世界，亦即決不是「否定我底長褲裡穿著短褲」，而祇是從本體論來說，因爲是心物本一，能所不分，所以是無「心外之物」（同樣的亦是無「物外之心」）。再從認識論來說，形而上的認識論與本體論是無有分別的，祇是一從本體本身說的，一從認識者之認識而說的。至於從習以爲常的觀點來說，我所認知的對象固是他在的，而我之認知，則全是在我心中；若「心不在焉」，則是「視而不見」的。地動說待哥白尼而始明，引力說待牛頓而後知，沒有認知，何有存在的世界？陽明心外無物之說，無論從任何層面而加以考察，皆沒有困難。照這樣說來，陽明的本體哲學以及其心外無物之說，與西方哲學史上各種不同形式的唯心論，也是一種不相同的學問。有人說陽明的心學就是唯心論，這祇是一種門外漢不負責任的論調。

第五，陽明本體哲學是心學之發揚光大。心學本始於陸象山，必至王陽明而後大成。姚江之學，在明代中葉以後，盛極一時，這使人印象極深。我個人認爲，在本體哲學方面，陽明是頗能從本體本身而探究問題之所在。他并不過份重視門戶之見，而頗能融會儒釋道三家哲學以獨創他的本體哲學。予中國哲學以新的解釋并給予新的意義，在中國哲學史上，實無出其右者。我們講陽明的本體哲學，這也是不可忽視的。照這所說，我們當更可以看出陽明與白沙之精粗深淺之所在了。

四、陽明以後的本體哲學

陽明以後的本體哲學，除了王學傳人外，我不知有誰對於本體哲學真有貢獻。清初三大儒，從哲學的觀點來看，顧炎武淺陋，他是有清一代反哲學的開山祖師。有清一代，兩三百年間，做官的人多半忘了自己是誰；做學問的人，很少有人去窮究本體哲學。對本體哲學有造詣者，黃宗羲卓然成大家，王船山可謂深入堂奧，卻均未能開創新境界。有清一代，在孫中山先生以前，我不知有誰真能算是哲學家。我們談陽明以後的本體哲學，祇有從王學傳人中加以探討。

陽明兩大弟子，一爲錢緒山，一爲王龍溪。大家都知道，陽明之學，以良知爲宗，他每與門人論學，提四句教法，即：「無善無惡心之體，有善有惡意之動，知善知惡是良知，爲善去惡是格物。」錢緒山認爲這是陽明教人定本，一毫不可更易。龍溪則謂：「夫子立教隨時，謂之權法，未可執定。體用顯微，只是一機；心意知物，只是一事。若悟得心是無善無惡之心，意是無善無惡之意，知是無善無惡之知，物即無善無惡之物。蓋無心之心則藏密，無意之意則應圓，無知之知則體寂，無物之物則用神。天命之性，粹然至善，神感神應，其機自不容已，無善可名，惡固本無，善亦不可得而有也，是謂無善無惡。若有善有惡，則意動於物，非自然之流行，著於有矣。自性流行者，動而無動。著於有者，動而動也。意是心之所發，若是有善有惡之意，則知與物一齊皆有，心亦不可謂之無矣。」⑮錢緒山不同意龍溪的主張，并認爲此說是壞師門教法，適陽明將有兩廣之行，乃同見陽明於天泉橋上，以各人之所見而就正之。陽明曰：「正要二子有此一問。吾教法原有此兩種。四無之說，爲上根人立教；四有之說，爲中根以下人立教。上根之人，悟得無善無惡心體，便從無處立根基，意與知物，皆從無生，一了百當。即本體便是工夫。易簡直截，更無剩欠，頓悟之學也。中根以下之人，未嘗悟得本體，未免在有善有惡立根基，心與知物皆從有生，須用爲善去惡工

⑮ 王龍溪語錄卷一。

夫，隨處對治，使之漸漸入悟，從有以歸於無，復還本體，及其成功，一也。世間上根人不易得，只得就中根以下人立教，通此一路，汝中（龍溪字）所見，是接上根人教法，德洪（緒山字）所見，是接中根以下人教法。汝中所見，我久欲發，恐人信不及，徒增躐等之病，故含蓄到今，此是傳心祕藏，顏子明道所不敢言者，今既已說破，亦是天機該發泄時，豈容復祕。然此中不可執著。若執四無之見，不通得眾人之意，只好接上根人，中根以下人無處接受；若執四有之見，認定意是有善有惡的，只好接中根以下人，上根人亦無從接受。但吾人凡心未了，雖已得悟，仍當隨時用漸修工夫。不如此不足以超凡入聖，所謂上乘兼修中下也。汝中此意正好保任，不宜輕以示人，概而言之，反成泄漏。德洪卻須進此一格，始爲玄通。德洪資性沈毅，汝中資性明朗，故其所得，亦各因其所近，若能互相取益，使吾教法上下皆通，始爲善學耳。」（同註十五）這是有名的「天泉證道紀」所記之概要：第一這所記的雖是教學的方法，卻因其所討論的是頓悟與漸修之所以不同，這自然的是涉及了本體論。第二，照龍溪的看法，心意知物，祇是一事，無心便是無意無知無物。他主張四無說，他的本體哲學是「從無處立根基」，這是陽明甚少談及卻爲陽明所贊同。第三，陽明雖也同意「在有善有惡立根基」；但如龍溪所說，這祇是「權法」，亦祇是「爲中根以下人立教」。誠如黃宗羲所說：「盈天地皆心也，變化不測，不能不萬殊。心無本體，工夫所至，即其本體。」中根以下人工夫所至而不至究竟，當然得不到真本體；但祇要真能爲善去惡，也就無可無不可了，這是談陽明本體哲學最應注意的一件事。第四，緒山與張浮峯論學書有云：「龍溪學日平實，每於毀譽繁冗中，益見奮惕。弟向與意見不同，雖承老師遺命，相取爲益，終與入處異路，未見能渾接一體。歸來屢經多故，不肖始能純信本心。龍溪亦於事上肯自磨滌，自此正相當，能不出頭露面，以道自任，而毀譽之言，亦從此入。舊習未化，時出時入，容或有之，然其大頭放倒如群情所疑，非真信此心千古不二，其誰與辨之。」（明儒學案卷十一）緒山與龍溪，雖然是「入處異路」卻「真信此心千古不二」。這就是說，什麼是本體，仍須「從無處立根基」，即令如錢緒山一樣在有處立根基，必須「真信此心千古不二」而「進此一格」以至「玄通」。我們看陽明的著作，必須把握這個頭腦，才不致有誤解，才是真的懂得了陽明的本體哲學。

照以上所說，王陽明的整個著作中有許多是「權法」，錢緒山雖與王龍溪「入處異路」，最後仍必至於「玄通」之境。這就是說，陽明的本體哲學，是「從無處立根基」，是會通釋老而自創的一種本體哲學。在本質上，這種哲學與我們在以上所探討的老莊哲學及佛家哲學并無不同。在陽明以前，可能有些儒家，基於門戶之見，悟得了這種哲學，或是不肯說破，或是歸到佛道門下，陽明則是既說破而又不失儒者立場，這也是王學遭到有些衛道之儒者非議的基本原因。黃宗羲曰：「姚江之學，惟江右爲得其傳。東廓念菴兩峰雙江其選也。再傳而爲塘南思默，皆能推原陽明未盡之意。」黃宗羲爲什麼要如此說呢？江右王門，能與禪宗劃清界線。不似龍溪「從無處立根基」，在根基上，亦即在本體論上，他并不與禪家劃清界線。其實，真得其傳者，不是江右王門，而是在本體論方面不與禪宗劃清界線的浙中王門。以黃宗羲如此卓然有成之大家而猶有如此之誤解，這當然是受了門戶之見的影響。我們研究陽明哲學，必須認識其「權法」以及其「傳心祕藏」究竟是什麼，我們才不致受惑而惑人。

王龍溪的本體哲學究意是什麼呢？龍溪當然認爲良知是心之本體。用我們的系統而稍加詮釋，這可名之爲太極的宇宙本體，它的基本特性可叫作良知。良知是什麼呢？用現代人的語言來說，它是中立的；因其中立的，所以是至善的。爲什麼呢？這當然要解釋「善」是什麼？

孟子盡心下有曰：「浩生不害問曰，樂正子何人也？孟子曰，善人也，信人也。何謂善？何謂信？曰，可欲之謂善，有諸己之謂信，充實之謂美，……」「可欲之謂善」，照朱子的解釋是：

> 天下之理，其善者必可欲，其惡者必可惡。其為人也，可欲而不可惡，則可謂善人矣。

爲什麼「善者必可欲」呢？王船山「四書訓義」曰：「可欲則謂之善也。人同此心也，心同此理也，不拂乎天下之情，必其不違乎天下之性，而即可以善天下之動，人欲之，彼即能之，實有其可欲者在也，此蓋性之相近，往往與天理而相合者也。故自樂正子之質稟而言之曰，善人也，進此則有學問之事矣。……」船山這是說明孟子就樂正子何以是善人而說明善是什麼？此亦是說明「善者必可欲」之理；因爲「善」必會爲大家公認而「實有其可欲者」。又趙岐孟子注曰：「己之可欲乃使人欲之，是爲善人，己所不欲，勿施於人也。有之於己，乃謂人有之，是爲信人，不億，不信也，充實善信，使之不虛，是謂美人，美德之人也。……」孫奭疏曰：「己之可欲，使人欲之，是爲善；有是善於己，謂人亦有之，是謂之信。所謂善，即仁義禮智也，是爲可欲之善矣。」焦循「孟子正義」曰：

趙氏以己所不欲勿施於人為可欲，按此忠恕一貫之學，不僅於善也。呂氏春秋長攻篇「所以善代者，乃萬故。」高誘注云：「善，好也，所好於代者，非一事。」中論天壽篇引孟子「生我所欲也，義亦我所欲也。」欲作好。好善亦為善。善可欲即可好。其人善則可好，猶其人不善則可惡。其人可惡即為惡人，其人可好自為善人也。

「善」是什麼，照以上之解釋：第一，善就是好，其爲人也，因爲是好人，所以「可欲而不可惡」。第二，「好」又是什麼?「好」必爲衆所公認者。第三，這個所謂「好」必是真實的，這個真實的好，也就美。美與善，無種類上之不同，祇有程度上之不同。第四，善之內容是仁義禮智等等。照這樣說來，良知既是至善的，可以說，它就是一種分辨是非好惡的能力。在「其爲人也」來說，必是一「可欲」之好人，也必是具有「仁義禮智」之好人，必「有諸己」之真實而決非虛假。這樣的好人，立身行事，必合乎道德；做學問，必有學術上之至誠。凡在學術上真有成就者，決非投機取巧之惡人，必是孜孜不倦，數十年如一之好人。這種好人，必有一種內在的力量來支撐或驅使，以完成其理想或善行。我深深體會到，凡在自然科學方面真有成就者，必是受這種力量的驅使才能完成其理想。用王陽明的觀點來說，這種力量就是良知。凡肯真誠的作自我反省之學人，必會感受到這種力量之存在。這種力量是一種「無待的令式」。康德說：

說到令式，它有兩種，或是有待的（hypothetical）或是無待的（categorical）。一個有待令式說：假如要達到意志取為目的（或至少意志可以取爲目的）的東西，那麼，一定要做某一件事。無待令式說：這一件行為是客觀上必須實行的。就是說，不用說到其他目的，它自身就是必須實行的。⑯

我們認爲，良知確是一種「無待的令式」，因爲良知自身就是必須實行的。用我們的系統來說，這個是宇宙本體之基本特性的良知，它的本身是無善無惡的，所以可以說是絕對中立的。這就是說，它是決對不受任何成見的影響，亦是排除一切習以爲常的知識，而完完全全的顯露它本身的特性，所以也可以說它是至善的；因爲這個絕對不受干擾而絕對中立的良知，它就是喜怒哀樂未發之中，它確是至善的。現代人總以爲「中」或中立的自然科學，是否定道德之善；殊不知，自然科學之所有成就皆是「可欲」的；至於一般人利用自然科學之成就而危害人類，而成爲「可惡」之事，這絕非自然科學本身之罪過。這就是說，「中」或中立，決非世人所謂之中間路線。它自己決不會否定可欲之善，它更可以說就是至善。至誠的好學之士，當體認到「中」或良知時，必發現良知是「不容已」的。這個「不容已」的「恒照體」，它確是一種「無待的令式」。這不是純認識論的，而是即認識即本體的。康德的「無待的令式」，從知識論來說，難免在實踐方面會有困難；若從本體論來說，良知本身確就是

⑯ 康德著，唐鉞鑄重譯：「道德形上學探本」第二章。臺灣商務，人人文庫，五一六。

「無待的令式」，爲證明我們對「良知是心之本體」的哲學所作之詮釋是此言不差，特引述王龍溪的幾則語錄於下：

天命之性，粹然至善，神感神應，其機自不容已，無善可名。惡固本無，善亦不可得而有也，是謂無善無惡。（語錄卷一）

自江右以後，則專題致良知三字，默不假坐，心不待澄，不習不慮，盎然出之，自有天則，乃是孔門易簡直截根源。蓋良知即是未發之中，此知之前更無未發，良知即是中節之和，此知之後更無已發。此知自能收斂，不須更主於收斂；此知自能發散，不須更期於發散。收斂者，感之體，靜而動也；發散者，寂之用，動而靜也。知之真切篤實處即是行。真切是本體，篤實是工夫。知之外更無行。行之明覺精察處即是知。明覺是本體，精察是工夫。行之外更無知。故曰致知存乎心。悟致知焉，盡矣。（語錄卷二）

人生而靜，天命之性也；性無不善，故知無不良。感物而動，動即為欲，非生理之本然矣。見食知食，見色知好，可謂之知，不得謂之良知。良知自有天則，隨時約損，不可得而過也。孟子云，口之於味，目之於色，性也，然有命焉。立命正，所以盡性，故曰天命之謂性，若徒知食色為生之性，而不知性之出於天，將流於欲而無節，君子不謂之性也。此章正是闢告子之斷案。告子自謂性無善無不善，故以湍水為喻，可以決之東西而流，若知性之本善，一念靈明，自見天則，如水之就下，不可決之而流也。

知一也，不動於欲則為天性之知，動於欲，則非良矣。……

孟子道性善，本於大易繼善成性之言。人性本善，非專為下愚立法。先師無善無惡之旨，善與惡對，性本無惡，善亦不可得而名，無善無惡是為至善，非慮其滯於一偏而混言之也。孟子論性，莫詳於公都子之問。世之言性者紛紛不同。性無善無不善，似指本體言；性可以為善為不善，似指作用言；有性善有性不善，似指流末言。斯三者各因其所指而立言，不為無所見，但執見不忘，如群盲摸象，各得一端，不能觀其會通，同於日用之不知，故君子之道鮮矣。孔子性相近習相遠，上智下愚不移三言，又孟軻氏論性之本也。至於直指本原，徵於蒸民之詩，孔子說詩之義，斷然指為性善，說者謂發前聖所未發，亦非姑為救弊之言也。而諸子之議，乃謂性本無善無不善，既可以言善，亦可以言惡。有善有惡，亦可以言善惡混，而性善之論，若有時而窮，大都認情為性，不得孟子立言之本旨。先師性無善惡之說，正所以破諸子之執見而歸於大同，不得已之苦心也。（語錄卷三）

良知絕四，不涉將迎，不存能所，不容擬議，所謂從心所欲不踰距，即良知也。（同上）

良知是天然之靈竅，時時從天機運轉，變化云為，自見天則。……（語錄卷四）

良知虛寂明通，是無始以來不壞元神，本無生本無死。（語錄卷五）

一點靈明與太虛同體，萬劫常存，本未嘗有生，未嘗有死也。（語錄卷七）

照龍溪這所說的：第一，良知是無善無惡的；第二，此無善無惡之良知是至善的；因爲良知「粹然至善」，「其機自不容已，無善可名。」亦本無惡。「一念靈明，自見天則，如水之就下，不可決之而流也。」良知確是「無待的令式」，它本身就是目的，而且是「不容已」的以顯現它自己，成就它自己。第三，良知即未發之中，此知之前更無未發；良知即中節之和，此知之後更無已發。良知不祇是「無所住心」，「無所得心」，而且是「致中和，天地位焉，萬物育焉」。第四，良知即從心所欲不踰距。第五，因爲良知與太虛同體，所以「是無始以來不壞元神，本無生本無死」。這五點，是就王龍溪語錄所作的歸納，從這五點，我們當可以看出王龍溪的本體哲學是：從本體之本身來說，本體即太虛；從本體之本性來說，本體是無善無惡的，它就是未發之中；從本體之作用來說，它不祇是未發之中，也就是已發之和，它自有天則，它是從心所欲不踰距；因此，人若違反本性，便會流入於惡；再從本體之存在來說，它本無生本無死，它「是無始以來不壞元神」。自康節濂溪以來，對本體哲學能有如此清楚之洞識者，除陽明龍溪外，我不知再有誰，而龍溪這個「從無處立根基」的本體哲學，從其是以「無」或太虛爲本體來說，他與道家哲學并無不同；從其視本體這點靈明，「本未嘗有生，未嘗有死」這一點來說，他與佛家哲學亦無差異。我們讀陽明及龍溪的著作，當可看出，陽明的本體哲學與頓教的本體哲學確無不同。總之，陽明及其傳人的本體哲學，是融會釋老的一種哲學，與我們所主張的中一元論是相同的。在此必須指出的，陽明哲學，明體達用，可以說真是「致中和」的哲學而全無執著，較之釋家澈上而不澈下者，執著空無，以寂滅爲歸結，卻是全然大不相同的。王學確是真能獲得儒學正傳者，若能獲得正常發展，必有助於中華文化之發揚；但因龍溪之學，「易簡直截」，「不通得衆人之意」，「而毀譽之言，亦從此入」，待訓詁考據之學興起，毀之者衆，而王學亦因之消沈，中國形上學的本體哲學，亦真是後繼無人了。

第四節　儒釋道三家本體論之同異

一、三家之不同非本體論之不同

上章第二節，討論孔孟哲學的本體論時，曾就孔子本體哲學與道佛兩家本體哲學作比較研究，使我們深深體認到：儒釋道三家所證得的本體，的確是既無本質上之不同，亦無程度上之差別。之後，我們更就道家繼承者以及頓教哲學、宋明理學，作了很緊要的考察，深覺王陽明及王龍溪確是融會了釋老而將儒家「致中和」的哲學，也就是衆所週知的陸王一派的心學加以發揚光大。儒釋道三家的本體哲學是可以融會貫通的。他們的「入手之處」容或不同，他們所欲解答的問題以及問題的答案都是相同的。這個問題，當然就是最後究竟的問題。他們對問題的解答，在措辭方面雖不必相同，好學深思之士，心知其意者，當會發現在意義方面確是大致相同的。我們對「本來面目」、「無所住心」，及「衡氣機」、「見獨」，以及「美之至也」、「從心所欲不踰矩」、「聖而不可知」、「良知獨耀」等不勝枚舉之言說，若能不執持門戶之見，又真能下學而上達，則知這些言說所欲表示的事物，都就是「這一個」

實體，亦即康德所謂之「物自體」；同時這些語言所顯示的意義，可能有小異，卻決對沒有大不同。儒釋道三家本體論之孰同孰異，經以上之分析，讀者應該可以瞭然於懷了。

二、三家之不同實爲儒釋之不同

我們說三家「非本體論之不同」，這不是說儒釋道三家的形上學是完全沒有不同；而且，這個不同仍是從本體哲學導出的。

釋道之同或不同，在此不擬多加討論。我們曾經指出，魏晉玄學實有助於格義佛學之流行；而頓教哲學的興起，乃釋道兩家本體哲學融通以後之一種新面貌，亦是外來的佛教思想一種真正的本土化運動。自魏晉六朝而後，釋道兩家之爭辯，在思想史上是比較少見的。再者，道家之流而相信長生不老之說者，其思想境界很低，不值得有識之士加以駁斥。儒家對道家，雖亦有爭論，但較之對佛家的批判，確是比較少見。因此，我們討論三家之不同，實是從儒釋之爭論來說明儒釋之不同爲主，并略作評議。

三、二程闢佛道評議

首先著文批評佛家的是韓愈的「原道」。韓文公「文起八代之衰」，文章做得好，只是「文人之雄」耳。他缺乏學術理論的深厚修養，他的闢佛，沒有學術上的價值。在宋明理學興起以前，儒家闢佛多以意爲之，實不必多所討論。從學術批評佛家或二氏的，還是宋明理學家，茲先從二程談起，河南程氏遺書有云：

禪學只到止處，無用處，無禮義。（遺書卷七）

「艮其止，止其所也。」八元有善而舉之，四凶有罪而誅之，各止其所也。釋氏只曰止，安知止乎？

釋氏無實。

釋氏說道，譬之以管窺天，只務直上去，惟見一偏，不見四旁，故皆不能處事。聖人之道，則如在平野之中，四方莫不見也。

釋氏本怖生死，為利豈是公道？唯務上達而無下學，然則其上達處，豈有是也？元不相連屬，但有間斷，非道也。孟子曰：「盡其心者，知其性也。」彼所謂「識心見性」是也。若「存心養性」一段事則無矣。彼固曰出家獨善，便於道體自不足（一作已非矣）。

或曰：「釋氏地獄之類，皆是為下根之人設此，怖令為善。」先生曰：「至誠貫天地，人尚有不化，豈有立偽教而人可化乎？」（遺書卷十三）

釋氏之學，更不消對聖人之學比較，要之必不同，便可置之。今窮其說，未必能窮得他，比至窮得，自家已化而為釋氏矣。今且以跡上觀之，佛逃父出家，便絕人倫，只為自家獨處於山林，人鄉裡豈容有此物？大率以所賤所輕施於人，此不惟非聖人之心，亦不可為君子之心。釋氏自己不為君臣父子夫婦之道，而謂他人不如是，容人為之而己不為，別做一等人，若以此率人，是絕類也。至如言理性，亦只是為死生，其情本怖死愛生，是利也。（遺書卷十五）

問：「方外之士有人來看他，能先知者，有諸？」曰：「有之。向見嵩山董五經能如此。」問：「何以能爾？」曰：「只是心靜，靜而後能照。」又問：「聖人肯為否？」曰：「何必聖賢？使釋氏稍近道理者，便不肯為。（釋氏常言菴中坐，卻見菴外事，莫是野狐精。達按：王陽明初亦有此先知之能，後棄之。）釋子猶不肯為，況聖人乎？」

問：「神仙之說有諸？」曰：「不知如何。若說白日飛昇之類則無；若言居山林間，保形鍊氣以延年益壽，則有之。譬如一爐火，置之風中則易過，置之密室則難過，有此理也。」又問：「揚子言：聖人不師仙，厥術異也。聖人能為此等事否？」曰：「此是天地間一賊，若非竊造化之機，安能延年？使聖人肯為，周、孔為之久矣。」（達按：孟子主張「順受其正」，又橫渠說「存吾順事」，儒者如此，誠達人也。）

問：「某嘗讀華嚴經，第一真空絕相觀，第二事理無礙觀，第三事事無礙觀，譬如鏡燈之類，包含萬象，無有窮盡，此理為何？」曰：「只為釋氏要週遮，一言以蔽之，不過曰萬理歸於一理也。」又問：「未知所以破佗處。」曰：「亦未得道他不是。百家諸子箇箇談仁談義，只為他歸宿處不是，只是個自私，為輪回生死，卻為釋氏之辭善遁，纔窮著他，便道我不為這個，到了寫在冊子上，怎生遁得？且指他淺近處，只燒一文香，便道我有無窮福利，懷卻這箇心，怎生事神明？」

釋氏言成住壞空，便是不知道。只有成壞，無住空。且如草木初生既成，生盡便枯壞也。他以謂如木之生，生長既足卻自住，然後卻漸漸毀壞。天下之物，無有住者。嬰兒一生，長一日便是減一日，何嘗得住？然而氣體日漸長大，長的自長，減的自滅，自不相干也。

問：「釋氏理障之說。」曰：「釋氏有此說。謂既明此理，而又執持是理，故為障。此錯看了理字也。天下只有一個理，既明此理，夫復何障？若以理為障，則是已與理為二」。（遺書卷十八）

就以上所述而略作分析，其闢佛者實不外：㈠遺棄人倫；㈡爲怖生死而學佛，是一種私心；㈢只見本體之一偏。這個批評亦并非完全無的放矢。例如我們見到了「無所住心」這確是見到了本體。這「無所住心」是一「恒照體」，也就是「良知獨耀」，「喜怒哀樂之未發」，「從心所欲不踰矩」等等。我們知道，本體是「無」，本體也是「易」。這「無所住心」固是不生不滅，這祇是本體本性之一，本體仍有其無思無爲，「寂然不動，感而遂通天下之故」的這個「易」。我們認爲，沒有「易」便沒有本體可言。佛家門下，尤其是禪宗的祖師們，似乎是以執持此「恒照體」之照，或者說長住於此照中，或者說時時不離此照，如此等等，方爲真正得道。我們認爲，這不能說不是得道，很顯然的，這祇是得此道而已，而未能得「易」道。「易」是本體或「道」之基本特性之一，這是不容置疑的。熊十力在「新唯識論」中，肯定本體是真實的，而「用」則是刹那刹那的乍現。例如我們手持一支點燃了的香，將其繞圈而動，則見一火圈，實際上，祇是這一點香火繞圈而動，并沒有火圈的存在，吾人所見之火圈實是虛幻的，祇是乍現其相。又例如大海水與波浪，水是真實的，而波浪則是乍現其相。熊先生在新論中曾不厭其詳的說明這個刹那刹那的乍現。這正是代表佛家以「體」爲真，以「用」（即吾人所謂之現象）爲假的哲學。（達按：熊氏在體用論中已有改正）因此，我們對於二程認定佛家是「只務直上去，惟見一偏」之批評，不能說完全不對。我們對於佛家的本體哲學，如所謂「見性」，決不能「道他不是」，他確是不錯的；他不欲失此本心，也不能「道他不是」。那麼，問題在那裡呢？我個人認爲：

> 順宇宙之本性，暢不息之生機，大充實之光輝，養天地之正氣，明道心之究意，證無上之菩提。

我這幾句話的主旨在「順」與「暢」。當識得本心後，不要執持之而應「順」之，以「暢」其生生之「易」。這應是孔子哲學之真髓。我們如何的順暢呢？那必是有諸己以至於充實而有光輝；其最要者是「養天地之正氣」。在這樣的修持之下，必不失本心而證得無上之菩提。至於佛家則是以絕不動搖爲務，茲舉一則公案於左：

> 明州大梅山法常禪師，初參大寂，問如何是佛。寂曰：「即心是佛。」師即大悟，遂之四明梅子真舊隱，縛茆燕處。寂聞師住山，乃令僧問和尚見馬大師得個甚麼，便住此山？師曰：「大師向我道『即心是佛』我便向這裡住。」僧曰：「大師近日佛法又別。」師曰：「作麼生？」曰：「又道非心非佛。」師曰：「這老漢惑亂人未有了日，任他非心非佛，我祇管即心即佛。」其僧回舉似寂。寂曰：「梅子熟也。」（指月錄卷九）

這則公案，可以說是研究佛家哲學的一件很標準的公案，它至少透露了以下三項很重要的訊息：第一，即心即佛與非心非佛都是直指本體而言。這就是說，佛家所謂之本體，端在自證自悟，會者橫說豎說皆是，不會者開口便錯。本體是什麼，祇有會者才會識得；不過，我們在以上對本體所作之各種描述，會者不會「道他不是」。第二，佛家對於所證得之本體，其信念絕不會動搖；否則，便不是真有所得；而且，他們在證得以後，便認爲大事已了；若能「覓取一個半個接續，無令斷絕」，便可「覆船入水而逝」。⑰第三，因爲如此執著，所以佛學不祇是一種哲學，而且是一種宗教。宗教與學術之不同在此，宗教之所以是出世的亦在此。我們認爲，修道之人信念絕不動搖，這是絕對的。若因此而無視世間的一切，那就値得商議了。

他們爲什麼會如此執著呢？因爲他們認爲，只有本體是真實的，其餘一切現象皆是虛假的。就真有所得的高僧而言，他們確已超越了「怖死」，也超越了「私心」，卻因少數學人「只務直上去，惟見一偏」，難免沈空滯寂之病，以致爲人所議。佛家的本體哲學，其受人景仰者在此，其爲儒家誤解者亦在此。儒家則認爲「如在平野之中」以見此廣大。佛家每譏爲淺薄，視爲未能「直上去」，這是儒佛兩家最常見之爭論。我們認爲儒佛兩家所見之本體并無不同，所不同者，某些佛家的高僧「直上去」後以爲本體只是如此而再不見其廣大者；儒家的聖人，則是於登峯造極之餘，而觀此生生之易，此中有真理。現象雖是刹那刹那的呈

---

⑰ 指月錄卷十二「秀州華亭船子德誠禪師」。

現（是呈現而不是乍現）而永無止息，然此中有永恒，此中有真實。陰陽電子之相遇，絕對是真的。至於本體的永恒，是本體本無生滅，本體原是如此。變動不居中的永恒，是事雖暫而理則長存。事非虛幻，理更真實。某些佛子，衹知變動爲生滅，殊不知變易亦是本體本性之一。繫傳第六章曰：「夫易廣矣大矣。」易不是「拘於生滅之場」，易是本體之廣而大者。儒佛之真正不同在此，儒家本體哲學之精義亦在於此。在上一章我們討論孔孟哲學的本體論時，曾特別指明儒佛兩家的本體哲學，「既無本質上之不同，亦無程度上之差別。」這意思是說，儒家本體哲學，在「直上去」這方面，并不遜於佛家，上章第二節的陳述已是很明白而無疑義。爲什麼我們不憚煩的一再提起這一點呢？有佞佛者說：王陽明的良知只是透重關而已；孟子之好辯，更是敷淺。我覺得不依傍門戶，從純學術的立場，把問題攤開來討論，以明究竟，辯，并無不當。讀者對於以上我們所作之辯解，應是可以很明白的看出，儒家講道德說仁義的哲學，是本於「致中和」之義，是致廣大而盡精微的。二程闢佛，在本質上是本此而立論，是思想上應有的爭論，不宜當作一般門戶之見來看。

宋明理學的興起，頗受道家的影響。儒道之爭論，較少涉及本體哲學方面。糯家不承認神仙之說，不重視道士的法術，反對道家的政治哲學，皆不必涉及本體論。二程大致是依此方向而駁斥道家。不過，朱晦翁對於老莊亦有學術上之爭論。

四、朱晦翁闢釋老評議

茲再說明朱子對釋老之批評。朱子對釋老之批評，詳見語類。他批評老莊有云：

老子之學，大抵以虛靜無為，沖退自守為事，故其為說，常以懦弱謙下為表，以空虛不毀萬物為實。其為治雖曰我無為而民自化，然不化者，則亦不之問也。其為道每每於此，非特載營魄一章之指為然也。若曰旁日月，扶宇宙，揮斥八極，神氣不變者，是乃莊生之荒唐。其曰光明寂照，無所不通不動，道場遍周沙界者，則又瞿曇之幻語，老子則初曷嘗有是哉？人論老子者，必欲合二家之似而一之，以為神常載魄而無所不之，則是莊釋之所談，而非老子之意矣。

又曰：

道家有老莊書卻不知看，盡為釋氏竊而用之，去倣效釋氏經教之屬，譬如巨室子弟，所有珍寶，悉為人所盜去，卻去收拾他人家破甕破釜。

道家自南朝宋初以後，對於老莊思想，少有人能加以發揚光大。晦翁這兩則評論是很對的。因爲如此，爾後的道家，已不成爲儒家評論的對象。不過，晦翁對老莊之批評，亦有不盡妥當者，如曰：

一便生二，二便生四，老子卻說二生三，便是不理會得。

道生一，一生二，二生三，不合說一箇生一箇。

他說老子「不理會得」，又說「不合說一箇生一箇」，這是晦翁自己不理會得。老子說「二生三」，其意不是說「一箇生一箇」。我們試略作思考，數是以一與二爲基本。來瞿塘說：「對待者數。」數因對待而起，無對待則無數可言。因爲無對待，也就是無差別，這祇是一，有對待就成爲二了。一與二而爲三，三不祇是成爲數之多；而且可以生無窮之數。我們可以這樣的說，四是三加一，五是三加二。數有了三，便是有了五；數有了五，便可以生無窮的數。例如六是五加一，七是五加二，八是五加三，九是五加四，十是兩個五，十一是兩個五加一，如此類推，而至無窮。老子曰：「三生萬物」。三既可以生五而生無窮之數，三當然是生萬物了。照這樣說來，晦翁如此，何曾「理會得」。晦翁又曰：

> 康節嘗言老氏得易之體，孟子得易之用，非也。老子自有老子之體用，孟子自有孟子之體用。將欲取之，必固與之，此老子之體用也；存心養性，充廣其四端，此孟子之體用也。

又曰：

> 莊子比邵子見較高，氣較豪，他是事事識得，又卻蹴踏了，以為不足為，邵子卻有規矩。

晦翁將莊、邵作如此比較，是未夢見莊、邵。邵子「復卦詩」曰：「冬至子之半，天心無改移；一陽方動處，萬物未生時；玄酒味方淡，大音聲正希；此言如不信，更請問庖犧。」又「極論」七律曰：「下有黃泉上有天，人人許住百來年。還知虛過死萬遍，卻似不曾生一般。要識明珠須巨海，如求良玉必名山。先能了盡世間事，然後方言出世間。」又「月到梧桐上吟」曰：「月到梧桐上，風來楊柳邊，院深人復靜，此景共誰言。」讀此三詩，我們當知邵子的心境確與莊子不同；但邵子體會到「萬物未生時」，體會到「死萬遍」而「卻似不曾生」，他何曾比莊子低呢？邵子先天之學，非常有系統的闡明了本體之本性，雖是傳之道家，卻能發前人之所未發，且從「萬物未生時」而識得畫前之易，亦即「無體」之易。能識得「無體」之易者，我們能說他比莊子低嗎？至於所言老氏得易之體，孟子得易之用，可能有語病；但老子一書所談者多爲易之體，孟子一書所談者多爲易之用，則是事實；而朱子對老子與孟子所裁定之體用，亦并不允當。很顯然的老子是以無爲體，孟子之存心養性，則是在本體上用功夫；若以存心養性爲體，那是與本體之義大有差別。再觀晦翁對於釋氏之批評，如痛斥黃蘗「止以父母之身爲寄宿處」，可見他對佛家確無好感。他之闢佛，自然會比較嚴厲；不過，他仍能從學術的立場而加以評判，他說：

釋氏書其初只有四十二章經，所言甚鄙俚，後來日添月益，皆是中華文士相助撰集。如晉宋間，自立講師，孰為釋迦，孰為阿難，孰為迦葉，各相問難，筆之於書，轉相欺誑，大抵多是剽竊老子意思，變換推衍，以文其說。大般若經卷帙甚多，自覺支離，故節縮為心經一卷。楞嚴經只是強立一兩箇意義，只管疊將去，數節之後，全無意味若圓覺經本初亦能幾何只鄙俚甚處便是其餘增益附會者爾（達按：本段文字不知如何斷句，只好照抄）。佛學其初只說空，後來說動靜，支蔓既甚，達麼遂脫然不立文字，只是默然端坐，便心靜見理，此說一行，前面許多皆不足道，老氏亦難為抗衡了。今日釋氏，其盛極矣。

又說：

佛氏之失，出於自私之厭；老氏之失，出於自私之巧。厭薄世故，而盡欲空了一切者，佛氏之失也；關機巧便，盡天下之術數者，老氏之失也。故世之用兵算數刑名，多本於老氏之意。問佛與莊老不同處？曰：「莊老絕滅義理未盡，至佛則人倫滅盡，至禪則義理滅盡。佛初入中國，止說修行，未有許多禪底說話。」⑱

有問：

---

⑱ 虛雲自浙江定海普陀山，三步一拜，五步一跪，跪拜至山西大同五台山，以報母恩，世俗之人，誰能如此。倓雲四十九歲出家，修道有成時，勸化其妻唸佛。又佛光山星雲主持，對老母亦善盡奉養之道。足證不是所有佛子，皆遺棄人倫。

又曰：「釋氏之無與老氏之無何以異？」曰：「老氏依舊有，如所謂『無欲觀其妙，有欲觀其徼』是也。若釋氏以天地為幻妄，以四大為假合，則是全無也。」

又曰：儒釋言性異處，只是釋言空，儒言實；釋言無，儒言有。

又曰：吾儒心雖虛而理則實，若釋氏則一向歸空寂去了。

又曰：吾以心與理為一，彼以心與理為二。亦非固欲如此，乃是見處不同，彼見得心空而無理，此見得心雖空而萬理咸備也。雖說心與理一，不察乎氣稟物欲之私，是見得不真，故有此病，大學所以貴格物也。

又曰：

儒者以理為不生不滅，釋氏以神識為不生不滅。龜山云：「儒釋之辨，其差眇忽。」以某觀之，真似冰炭。

晦翁以上對釋氏之批評，頗多誤解，雖是從學術的觀點而指出佛經的毛病，卻因其不真知佛學，所言多失。例如：他對於楞嚴經的批評，即失之偏頗。我們認爲，佛經裡有許多是「權法」、或是設譬，即所謂「方便法門」，此即晦翁所謂之「剽竊」與「轉相欺誑」。佛教徒認爲，「依經解義，三世佛冤，離經一字，便是叛道。」這四句話的意思應該是說，佛經裡確有「方便法門」存在（達按：此所謂「方便法門」，衹是我個人的看法）；因爲佛家門下認爲，如不誑人，則「祖師門前，草深三尺」；但是，此所謂「方便法門」，則類似莊子之寓言或比譬，話雖不真，而無背於究竟之義。就我個人之體驗來說，必須知此，才能讀懂佛書。晦翁於此，可能只知其一而不知其二。再者，晦翁所謂「盡欲空了一切者，佛氏之失也」，這是晦翁不知佛家之空義。禪宗的「向上一路」，「義理滅盡」，并無不當；必須「義理滅盡」然後本體呈現；因爲本體不可以義理得之；但是，當本體呈現時，則萬象森然，萬理畢具。某些佛家門下，對此熟視無睹，則是「入地獄如箭射」了。佛家遺棄人倫，確是私字作祟，這可能是盡精微而未能致廣大，并非以心與理爲二。因爲義理滅盡之說，是欲滅盡一切習染之污，使真知得能顯露而已。這何嘗是析心與理爲二。我總覺得，對於學術問題，若能相互作同情的理解，確可以減少許多無謂之爭論。

五、陸象山闢佛評議

朱子及其門人，咸肯定象山爲禪，此蓋象山在本體論方面實與禪宗無忤。象山之闢佛，自較晦翁爲平實。象山與王順伯書有曰：

論三家之同異得失是非而相譏，於得與不得，說與實，與夫淺深精粗，偏全純駁之間，而不知其為三家之所均有者，則亦非其至者矣。兄前兩與家兄書，大概謂儒釋同，其所以相比配者，蓋所謂均有之者也。某嘗以義利二字判儒釋，又曰公私，其實即義利也。儒者以人生天地之間，靈於萬物，貴於萬物，與天地并而為三極。天有天道，地有地道，人有人道。人而不盡人道，不足與天地並。人有五官，官有其事，於是有是非得失，於是有教有學。其教之所從立者如此，故曰義曰公。釋氏以人生天地間，有生死、有輪迴、有煩惱，以為甚苦，而求所以免之，其有得道明悟者，則知本無生死，本無輪迴，本無煩惱，故其言曰：生死事大。如兄所謂菩薩發心者，亦只為此一大事，其教之所從立者如此，故曰利曰私。惟義惟公，故經世。惟利惟私，故出世。儒者雖至於無聲無臭，無方無體，皆主於經世；釋氏雖盡未來際普度之，皆主於出世。今習釋氏者，皆人也，彼既為人，亦安能盡棄吾儒之仁義；彼雖出家，亦上報四恩，日用之間，此理之根諸心，而不可泯滅者，彼固或存之也；然其為教，非為欲存此而起也，故其存不存，不足為深造其道者輕重。若吾儒，則曰：人之所以異於禽獸者幾希，庶

> 民去之，君子存之。釋氏之所憐憫者，為未出輪迴；生死相續，謂之生死海裡浮沈。若吾儒中聖賢，豈皆只在他生死海裡浮沈也。彼之所憐憫者，吾之聖賢無有也；然其教不為欲免此而起，故其說不主此也；故釋氏之所憐憫者，吾儒之聖賢無之。吾儒之所病者，釋氏之聖賢則有之，試使釋氏之聖賢，而繩以春秋之法，童子知其不免矣。從其教之所由起者觀之，則儒釋之辨，公私義利之別，判然截然，有不可同者矣。

象山之闢佛，實祇是從佛家遺棄人道而闢之。他沒有提及心與理的問題，卻提到了淺深精粗，偏全純駁的問題。我個人認為，無論是那一家，若同屬精深純全者，其爭論必少；不過，「從其教之所由起者觀之」，其「不可同者」是「不可同」的。象山曰：

> 釋氏立教，本欲脫離生死，惟主於成其私耳，此其病根也；且如世界如此，忽生一箇謂之禪，已自是無風起浪，平地起土堆了。（全集卷卅四）

又曰：

> 釋氏謂此一物，非他物故也，然與吾儒不同。吾儒無不該備，無不管攝，釋氏了此一身，皆無餘事，公私義利，於此分矣。（全集卷卅五）

又曰：

> 定夫舉禪說，正人說邪說，邪說亦是正；邪人說正說，正說亦是邪。先生曰：此邪說也。正則皆正，邪則皆邪；正人豈有邪說，邪人豈有正說，此儒釋之分也。（同上）

以上三則語錄，第三則似是指會者橫說豎說皆是，不會者開口便非；若以正人邪說附會之，則完全失去原義。這大概是指粗淺偏駁者而言；至於第一二兩則，乃是指精深純全者所不能免。我們認為，宋明儒者認定佛家祇在成其私，這是指一般學佛而以成佛為務者而言，這是品斯下矣。至於深造而有得者，必會超越此種自私；於是，才能得成正覺。

六、王陽明、王龍溪闢佛老評議

茲再談陽明及龍溪之闢佛。陽明闢佛，較少門戶之見，其「別湛甘泉序」有曰：「今世學者，皆知宗孔孟、賤楊墨、擯釋老，聖人之道，若大明於世；然吾從而求之，聖人不得而見之矣，其能有若墨氏之兼愛者乎？其能有若楊氏之為我者乎？其能有若老氏之清淨自守、釋氏之究心性命者乎？吾何以楊墨老釋之思哉？彼於聖人之道異，猶有自得也。」（全書卷七）陽明的這個學術態度，確是非常公道的。不過，其「寄鄒謙之」的第四信中說：「道，一而已，仁者見之謂之仁，知者見之謂之智，釋氏之所以為釋，老氏之所以為老，百姓日用而不知，皆是道也，寧有二乎？」這幾句話的意思是說，本體是一而非二，卻因認識之不同而有不同。照這樣說來，儒釋之不同，確非本體論之不同而是認識論之不同，其不同自應於認識論中說之。在此特須指明者，陽明除了批評釋氏「外人倫，遺物理，而墮於空寂者」（全書卷五與夏敦夫書），也曾從本體論而批評釋道兩家，他說：

> 僊家說到虛，聖人豈能虛上加得一毫實；佛氏說到無，聖人豈能無上加得一毫有；但僊家說虛，從養生上來，佛家說無，從出離生死苦海上來，卻於本體上加卻這些子意思在，便不是他虛無的本色了，便於本體有障礙。聖人只是還他良知的本色，更不著些子意在。良知之虛，便是天之太虛；良知之無，便是太虛之無形。日月風雷山川民物，凡有貌象形色，皆在太虛無形中發用流行，未嘗作得天的障礙。聖人只是順其良知之發用，天地萬物俱在我良知的發用流行中，何嘗又有一物超於良知之外，能作得障礙。
>
> 或問「釋氏亦務養心，然要之不可以治天下何也？」先生曰：「吾儒養心，未嘗離卻事物，只順其天則自然，就是功夫，釋氏卻要盡絕事物，把心看做幻相，漸入虛寂去了，與世間若無些子交涉，所以不可治天下。」（全書卷三）

又曰：

> 先生嘗言佛氏不著相，其實著了相；吾儒著相，其實不著相，請問？曰：「佛怕父子

累，卻逃了父子；怕君臣累，卻逃了君臣；怕夫婦累，卻逃了夫婦。都是為箇君臣父子夫婦著了相，便須逃避。如吾儒有箇父子，還他以仁；有個君臣，還他以義；有個夫婦，還他以別，何曾著父子君臣夫婦的相。」（同上）

這些都涉及了認識論，但儒家指佛家都是在本體上加了些子東西，而儒家卻沒有，這是指那些未得究竟空者而言。因為佛家所謂之究竟空，即是要空掉所有那些東西，那會「加了些子東西」呢？茲更就王龍溪有關儒佛之辨而說明之。王龍溪曰：

夫仙佛二氏，皆是出世之學。佛氏雖後世始入中國，唐虞之時，所謂許巢之流，即其宗派，……蓋世間自有一種清虛恬淡不耐事之人，雖堯舜亦不以相強。只因聖學不明，漢之儒者，強說道理，泥於刑名格式，執為典要，失其變動周流之性體，反被二氏點檢訾議，敢於主張做大。吾儒不悟本來自有家當，反甘心讓之，尤可哀也已。先師嘗有三間屋之喻。唐虞之時，此三間屋舍，原是本有家當，巢許輩皆其守舍之人。及至後世，聖學做主不起，僅守其中一間，岌岌乎有不能自存之勢，反將從而歸依之，漸至失其家業而不自覺。吾儒今日之事，何以異此。間有豪傑之士，不忍甘心於自失，欲行主張正學，以排斥二氏為己任，不能探本入微，務於內修，徒欲號召名義，以氣魄勝之，祇足以增二氏檢議耳。先師良知之學，乃三教之靈樞，於此悟入，不以一毫知識參乎其間，彼將帖然歸化，所謂經正而邪慝，自無非可以口舌爭也。（語錄卷一）

又曰：

二氏之學與吾儒異，然與吾儒并傳不廢，蓋亦有道在焉，均是心也。佛氏從父母交媾時提出，故曰父母未生前，曰一絲不掛，而其曰明心見性。道家從出胎時提出，故曰囫地一聲，泰山失足，一靈真性既立，而胎息已忘，而其事曰修心煉性。吾儒卻從孩童時提出，故曰孩提知愛知敬，不學不慮，曰大人不失其赤子之心，而其事曰存心養性。夫以未生時看心，是佛氏頓超還虛之學；以出胎時看心，是道家煉精氣神以求還虛之學。良知兩字，範圍三教之宗。良知之凝聚為精，流行為氣，妙用為神，無三可住；良知即虛，無一可還，此所以為聖人之學。若以未生時兼不得出胎，以出胎時兼不得孩提，孩提舉其全，天地萬物，經綸參贊，舉而措之，二氏之拈出者，未嘗不兼焉，皆未免於臆說，或強合而同，或排斥而異，皆非論於三教也。（語錄卷七）

又曰：

先師有言，老氏說到虛，聖人豈能於虛上加得一毫實；佛氏說到無，聖人豈能如無上加到一毫有。老氏從養生上來，佛氏從出離生死上來，卻在本體上加了些子意思，便不是他虛無的本色。吾人今日未用屑屑在二氏身份上辨別同異，先須理會吾儒，本宗明白，二氏毫釐始可得而辨耳。聖人微言，見於大易。學者多從陰陽造化上抹過，未之深究。夫乾其靜也專，其動也直，是以大生焉；夫坤其靜也翕，其動也闢，是以廣生焉，便是吾儒說虛的精髓。無思也，無為也，寂然不動，感而遂通天下之故，便是吾儒說無的精髓。……無思無為，是非不思不為，念慮酬酢，變化云為，為鑑之照物，我無容心焉。是故終日思而未嘗有所思也，終日為而未嘗有所為也。無思無為，故其心常寂，常寂故常感，無動無靜，無前無後，而常自然，不求脫離而自無生死可出，是謂之大易，盡三藏釋典有能外此者乎？先師提出良知兩字，範圍三教之宗，即性即命，即寂即感，至虛而實，至無而有，千聖至此，騁不得一些精采，活佛老子至此，弄不得一些技倆，同此即是同德，異此即是異端。……（語錄卷四）

又曰：

佛氏明心見性，自以為明明德，自證自悟，離卻倫物感應，與民不親，以身世為幻妄，終歸寂滅，要之不可以治天下國家，此其大凡也。（語錄卷七）

又曰：

問者曰，佛氏普度眾生，至舍身命不惜，儒者以為自私自利，恐亦是扶教護法之言。先生曰，佛氏行無緣慈，雖度盡眾生，同歸寂滅，與世界冷無交涉。吾儒與物同體，

和暢訢合，蓋人心不容己之生機，無可離處，故曰，吾非斯人之徒與而誰與？裁成輔相，天地之心，生民之命，所賴以立也。（同上）

又曰：

儒衰而後老入。老氏見周末文勝，故專就此處攻破儒術，以申其說。老氏類楊，佛氏類墨。逃墨而歸於楊，逃楊而歸於墨，其反正之漸如此。（語錄卷一）

又曰：

或問先生云，佛老之學，有體而無用；申韓之學，有用而無體；聖人之學，體用兼全何如？先生曰，此說似是而非。佛老自有佛老之體用，申韓自有申韓之體用，聖人自有聖人之體用。天下未有無用之體，無體之用，故曰體用一原。（語錄卷七）

從儒家的立場而批評釋老，自以陽明與龍溪為深入。照龍溪的看法，二氏與儒家之不同，固是認識方面之不同，實亦是本體論之不同。因為體用既是一原，則所有認識必皆是由本體論導出的；所以龍溪陽明皆認定，儒佛之不同，實乃佛家「只見得本體之一偏」。以「一偏」指佛家，與「加了些子東西」之指責相同。這祇能說，佛家未成正覺者，確有此病。

七、儒釋之眞正不同

我們說儒釋之真正不同，也就是說儒釋道三家之真正不同；因爲儒釋之不同，在本質上也就是儒道之不同。他們之不同，綜括以上所述，茲再作說明於下：第一，佛家的本體哲學，「只務直上去，惟見一偏，不見四旁」，故以現象爲虛幻，而遺棄人倫物理。就我個人的體驗，當見到「本來面目」或「無所住心」、「無所得心」時，是只有「無念之念」，是光明普照，是「良知獨耀」，是時空俱泯。這是一種精神狀態。照佛家的說法，這就是佛性。用我們的觀點來說，這是宇宙本體的本性之呈現。我們的這個陳述，都與三家的原意無忤，我們說「三家之不同非本體論之不同」，這是說，三家對這個宇宙本體，亦即這個「實體」之體認，沒有本質上的不同。我們試想，假如佛門弟子認爲成佛就是保持這種精神狀態，那當然會遺棄人倫物理了。在儒家來說，這就是佛家之偏；在佛家來說，這才是真正的成道。不過，當真正成道以後，人倫物理又呈現眼前了，這是許多人，尤其是儒家所不知的。儒佛的這個爭論，仍是儒家誤解了佛家；不過，某些佛子確有執持一偏之行爲，以致造成誤解，實亦在所難免。第二，儒家認爲虛無確是本體，但因「老氏從養生上來，佛氏從出離生死上來，卻在本體上加了些子意思，便不是他虛無的本色」。儒家不專注養生，不專心於「出離生死」，順宇宙之本性，暢不息之生機，「寂然不動，感而遂通天下之故」，完全未在本體上加了些子意思，至誠、至正、至公、全無「養生」或「脫離生死」之念。儒家以此自得，并認爲他們闢佛，是「從其教之所由起者觀之」是理直而氣壯。我們認爲，若融通佛理而觀之，則知此種批評，雖不爲無據，卻并不公允。第三，晦翁認爲，「吾以心與理爲二」，此可能只是某些佛門弟子於此，至於已達精深純全之境者，對於心即理之說似無滯礙，此似不可一概而論。第四，「陸子曰，宋之儒者，莫過於濂溪明道，只在人天之間，亦未出得三界。欲界爲初禪，色界爲二禪，無色界爲三禪，雖至非非想天，尙住無色界內，四禪始爲無欲，阿羅漢始出三界，天人不足言也。先生曰，此是非難非易，三界亦是假名，總歸一念。心忘念慮，即超欲界；心忘境緣，即超色界；心不著空，即超無色界。出此即爲佛乘，本覺妙明，無俟於持而後得也。先師謂吾儒與佛學不同，只毫髮間，不可相混。子亦謂儒佛之學不同，不可相混。其言相似，其旨則別。蓋師門歸重在儒，子意歸重在佛，儒佛如太虛，太虛中豈容說輕說重，自生分別？」（語錄卷六）龍溪與天台陸子的這段問答，是儒佛之辨較爲深入的一段對答。天台陸子是代表了許多佛教門下的一種心態，他們總認爲佛家工夫高深，非儒家所可企及。在上一章我們討論孔孟本體哲學時，對這個問題，便已有所說明。我們可以這樣的說，真悟「無所住心」者，他們是不會這樣的提出問題的。王龍溪對這個問題的答覆很好。他說「三界亦是假名，總歸一念」。這就是說，認識之淺深精粗，偏全純駁，這是有的；而所謂三界，也可能是一種譬喻：若執持三界之說，而不知從「總歸一念」上用工夫，這真是「入地獄如箭射」了。佛門弟子知道「總歸一念」者，并不多見，天台陸子確是非常標準的代表人物。

總之，儒佛或儒釋道三家之所以有不同之爭辨：在佛家門下看來，是儒家的認識未臻於究竟之地。這確是佛家的一種誤解，因爲儒家認知本體既是無聲無臭，實也是「易」，此並非不究竟。又在儒家看來，佛教徒「只務直上去，惟見一偏」。儒家更認爲，道家爲了「養生」，佛家爲了「出離生死」，所以「在本體上加了些子意思」。我們認爲，這確是儒家的誤解。所以三家之不同，在本體論方面，原無大的不同，其所以形成爭論，似是無可化解者，實由於門戶之見太深，彼此均未能作同情而深入的理解。茲特就儒釋之爭論，略作評議於上。這也是進一步的說明了中國形上學的本體論究竟是什麼。

第五章　中國形上學的宇宙論

第一節　概說

一、本體論與宇宙論

我們講本體論是講宇宙本體之本來如是。在以上各章，我們說明了道之本體是「先天地生」，是「無」或「無名」，是有與無之同一，是至誠無二，是不生不死而又生生不息，如此等等，這是就本體之生成，本體之存在，本體之形相，本體之自身，本體之本性等各方面而說明本體之本來如是。我們認爲，道之本體即心之本體，亦即宇宙本體之本性。我們并從儒釋道三家本體論之同異，而曲盡其義的說明這宇宙之本體究竟是什麼？再者，我們這個視心之本體即宇宙本體之本性的哲學，是與西方唯心論的哲學完全不相同的；因爲我們的哲學是實體論的哲學。我們稱本體爲太極。我們認爲，本體既不是心，也不是物，卻又是心物之本一。這與本體既不是無，亦不是有，而是有無之同一是完全相同的。這在以上各章，已從各個觀點與各個立場作了非常詳盡的描述與說明，我認爲這是不致再有疑義。

現在需作進一步探究的，即：形上的宇宙論必是以形上的本體論爲基礎。我們認爲，本體論是直指本體之本性而言，而宇宙論則必然的要涉及本體之功用。談到本體之功用，似乎與現象同義；不過，宇宙萬象，何者是屬於形而上的本來如是，何者是屬於約定俗成，習以爲常的認識，則是我們講形而上的宇宙論時所應分辨清楚的。這習以爲常的認識與宇宙的本來如是之所以不應混爲一談；因爲形而上的宇宙論，在本質上仍應屬於本體論，此即我們所謂之宇宙的本來如是，它不是隨吾人之認識而有不同；而習以爲常的對宇宙的認識，則因時因地而有異。哲學在於破斥習以爲常之執見，以顯現宇宙之本來如是。再者，宇宙之本來如是與宇宙本體的本來爲是，亦應分辨清楚，此所以我們講了形而上的本體論以後仍應講形而上的宇宙論。在我們的系統裡，這個分辨是不難的，因爲在以上各章中，我們對宇宙本體之本來如是，已作了非常明確之陳述。

二、宇宙的本來如是

我們講宇宙論是要講宇宙之生成，宇宙之存在，宇宙之形相，宇宙之本身，宇宙之本性等等，以講明宇宙之本來如是。爲曲盡其義，茲就儒釋道三家再作研究，以講明中國形上學宇宙論究竟是什麼？古人對於宇宙本身與宇宙本體之本來如是，重在體認不重在講明。我們認爲，體認固屬必要，講明亦不可或缺，這是我們與古人不盡相同者。莊子曰：「寓言十九，重言十七，卮言日出，和以天倪。」我們是儘可能的拆穿古人之寓言而借重重言，我們對於儒釋道三家之所以一再作比較的研究，其故即在於此。同時，爲曲盡其義，以講明宇宙之本來如是，有時亦不能不「和之以天倪，因之以曼衍矣」。

第二節　道家形上學的宇宙論

一、老子的宇宙觀

照老子道德經所說，「道」是宇宙的根本。茲略舉數例如左：

道沖而用之或不盈，淵兮似萬物之宗，……湛兮似或存，吾不知誰氏之子，象帝之先。

有物混成，先天地生，寂兮寥兮，獨立而不改，周行而不殆，可以為天下母，吾不知其名，字之曰道，強為之名曰大。……

大道汎兮其可左右，萬物恃之以生而不辭。

昔之得一者，天得一以清，地得一以寧，神得一以靈，谷得一以盈，萬物得一以生。

道生一，一生二，二生三，三生萬物，萬物負陰而抱陽，沖氣以為和。

道生之，德畜之，物形之，勢成之，是以萬物莫不尊道而貴德。道之尊，德之貴，夫莫之爵而常自然。故道，生之、畜之、長之、育之、亭之、毒之、養之、覆之。生而不有、為而不恃、長而不宰、是謂玄德。

照以上所述：第一，老子認爲「道」是「萬物之宗」，是「天下母」，所以天下萬物是「道生之」。「道」確是宇宙的根本，亦即我們在第二章中所講的本體。第二，老子沒有現代人的宇宙觀念。現代人的宇宙是以古往今來（時間）與上下四方（空間）爲基本結構。其實，時空亦祇是爲說世界之一種方便而已，世界本身實無所謂時空這種架構。在形上學裡，是泯滅時空的。我不知老子有否時空這個觀念。老子所說的天地，自可當作宇宙看，且亦不宜將其視作一般人心目中習以爲常的天地。又老子所謂之「域」或「域中」，則無疑的有現代人之「場」或「空間」的觀念。所以老子雖不必有現代人的宇宙觀念，我們以其所謂之「天地」當作宇宙，并無不可。第三，「道」是如何的生宇宙呢？這是研究道家宇宙論最重要的一個問題。照老子的看法，「道生一」。道何以生一？道本來就是一。「一」是什麼？「一」就是「不二」，就是沒有差別性，也就是至誠。我們在第二章中，對於「道」或「一」究竟是什麼，已有詳盡之描述，請讀者覆按。第四，因爲道就是一，所謂「道生一」，祇是對「道」這個本體作一種本質上的描述而已。一何以生二呢？一是無差別，二是有差別。用中國哲學的語詞來說，一是無對待，二是有對待。中庸曰：「天地之道，可一言而盡也，其爲物不貳，則其生物不測。」（中庸第廿六章）這就是說，因爲是一，所以是不二。所謂一生二，乃是說這個有對待的世界，在本質上是無有對待。或許這個說法，并不足以服人。若由下往上推之：這個生生不已的世界，它的本體是一還是多呢？照我們以上各章對本體所作的說明，本體當然是一；那麼，一生二是事實的存在，是應無可疑。至於二何以生三？一與二便是三。我們可以這樣的說，有對待便有了數，因爲對待就是二。所以一是數之始，二是數之母，三是一與二之和，亦是數之成。有了三，便可以衍生出無窮之數，所以是「三生萬物」。❶第五，從數量來說，是「三生萬物」；從本質來說，是「萬物負陰而抱陽，沖氣以爲和」。於是，我們可以這樣的說，宇宙萬物，在量的變化或發展上，必是對待的或辯證的；在本質上則是「物各得其所利」，而「義無不和」。我對於黑格爾辯證法或唯物辯證法缺乏真正的研究，未敢妄加評斷；至於老子的宇宙論或世界觀，則是以有對待爲萬物變化之原，而以沖和爲萬物成就之功能。這就是說，宇宙之所以爲宇宙，賴其有對待之差異而捨故以創新；亦賴其有沖和之功能，故能「開物成務」。❷所謂「道生之、德畜之、物形之、勢成之，……故道，生之、畜之、長之、育之、亭之、毒之、養之、覆之。」這都是在描述這「變化之原」與「成就之功能」。陸希聲曰：「稟其精謂之生，含其氣謂之畜，遂其形謂之長，字其材謂之育，權其成謂之亭，量其用謂之毒，保其和謂之養，獲其生謂之覆。」❸我們讀老子，覺得它所謂之道，是有無或對待之統一，是變化之根源；其所謂德，則是一種成就或獲得；然而此所謂生之、畜之、長之、育之等等都是道。「道」是變化與成就兼備。變或變成都是「道」或宇宙本體的本性。宇宙本體之此種本性，即宇宙之所以爲宇宙。這是老子宇宙論之全部精義

---

❶ 請覆按上章第四節「朱晦翁闡釋老評議」。

❷ 見周易繫辭上傳第十一章。朱子周易本義：「開物成務，謂使人卜筮以知吉凶而成事業。」晦翁此註，實失之一偏。若將「開物成務」釋之為「開創萬物，成就事業」，則比較恰當。「開物成務」，實即「乾知大始，坤作成物」。

❸ 引自王船山全集「老子衍」。

所在。第六，莊子所謂「通天下一氣耳」（知北遊），似本於老子之「沖氣以爲和」。至於漢代的「氣化的宇宙論」（請覆按第三章第四節「魏晉玄學之本體論」），則與老莊所謂之「氣」有種類上的不同。例如王充論衡有曰：「人稟氣而生」（命義篇），「人稟元氣於天」（無形篇）等等，皆非老莊所意指之形上之氣。有人以老子爲唯物論者，殊不知老莊所謂之物或氣，絕無形而下之物質的意味，而是指此形上之本體的本性或功能；因此，老子所謂之「氣」，既與漢代的「氣化的宇宙論」完全不同，亦與西方的唯物論有別，這是我們應該分辨清楚而決不能混爲一談。

總之，老子哲學的宇宙論，是這「變化與成就兼備」之道，亦即這宇宙本體之本性，是「有如此之德」，是「不自生」，「故能自生」，是「開務成物」的，以「德畜」、「物形」、「勢成」而成就這宇宙，亦即「乾知大始，坤作成物」的生成這宇宙。老子的宇宙論，大體即周易的宇宙論，容後再申述之。

二、莊子的宇宙論

茲再談莊子的宇宙論。莊子一書，內篇七篇，外篇與雜篇共二十六篇。學者公認外篇非莊子之書，且多爲老子作訓詁，雜篇疑係莊子平生緒言，爲其門人所輯錄者。我們講道家的宇宙論，旨在述其大略，對此自可無須多致意。在此特須陳述者，老莊都認爲「天地常存，乃無未有之時。」不過，此「常存」者，既非我們所謂之物，亦非我們所謂之心，這是我們在第二章中已詳爲說明，而老莊以及儒釋道三家，對此亦并無太大的爭議。至於老子與莊子的宇宙論，其略有出入者：

第一，老莊都認爲即宇宙即本體。這就是宇宙論與本體論無明顯之區別。此即他們都認爲，宇宙之本性即宇宙本體之本性。在老子看來，宇宙與本體之區別，乃道與德之區別。老子全是從形而上的本體論的境界來看我們的宇宙，對於我們這個習以爲常的世界似乎是全然無視。至於莊子，其所謂道，固然也是超越常識的，是「天地與我并生，而萬物與我爲一」的。但是，他說：「天之蒼蒼，其正色耶，其遠而無所至極耶？」（逍遙遊）他是從常識的形而下的世界以窮究至此「無所至極」之形上世界的。他與老子開宗明義便說：「道可道非常道，名可名非常名，無名天地之始，有名萬物之母」的純從形而上的觀點來立論是多少有些不同。我們可以這樣的說，老子所著重的是「天地根」，是「天地所以能長且久者」，很少看到我們一般人所習見的這個天地。至於莊子，他雖然肯定「凡物無成與毀，復通爲一」（齊物論），莊子之徒卻曰：「種有幾。得水則爲㡭。得水土之際，則爲鼃蠙之衣。生於陵屯，則爲陵舄。陵舄得鬱棲，則爲烏足。烏足之根爲蠐螬。其葉爲胡蝶。胡蝶，胥也。化而爲蟲，生於竈下。其狀若脫，其名爲鴝掇。鴝掇千日爲鳥，其名爲乾餘骨。乾餘骨之沫爲斯彌。斯彌爲食醯。頤輅生乎食醯。黃軦生乎九猷。瞀芮生乎腐蠸。羊奚比乎不箰久竹生青寧。青寧生程。程生馬。馬生人。人又反入於機。萬物皆出於機，皆入於機。」（至樂—外篇之十一）這一段話，很有點像進化論。從嚴格的科學立場來說，則全是胡說亂說。從形上學來說，「萬物皆出於機，皆入於機」，與「通天下一氣耳」，在理論上是一致的；而且，與現代科學由元素而物質，由無機物而有機物以至於人類，亦并無本質上的不同。這就是說，莊子及其追隨者，他們是看到了這習見的宇宙，并從這個宇宙作形上之思考，且與老子的宇宙論，如有生於無，無本質上的不同。

第二，莊子雖從常識或自然的觀點，亦即與近代日益進步的科學頗爲相似的觀點來看這個宇宙；但其興趣，仍著重於形上的宇宙。他說：

雖然，請嘗言之。有始也者，有未始有始也者，有未始有夫未始有始也者。有有也者，有無也者，有未始有無也者，有未始有夫未始有無也者。俄而有無矣，而未知有無之果孰有孰無也。今我則已有謂矣，而未知吾所謂之其有謂乎，其果無謂乎？天下莫大於秋毫之末，而太山為小；莫壽於殤子，而彭祖為夭。天地與我并生，萬物與我為一。既已為一矣，且得有言乎？既已謂之一矣，且得無言乎？一與言為二，二與一為三。自此以往，巧歷不能得，而況其凡乎？故自無適有，以至於三，而況自有適有乎？無適焉，因是已。（齊物論）

以上這一段話，須稍作解析：首先要說明的，即「一」究竟是什麼？我們認爲，「一」是有無之同一，是混而爲一，亦即不二。我們曾說：「絕對、至誠、純、一、無等等，都是同義字。」❹也曾不厭其煩的說：「這一是什麼呢？它是混而爲一，有無之同一，沒有差別

❹ 請覆第二章第三節「本體存在之本性即至誠」。

性的純一，沒有虛偽而至誠無二的真一。一就是黑格爾所講的純有（pure being）。不過，黑格爾認為純有是『必須抽離任一特定事物』，所以黑格爾的一是空無物事，而我們所謂之一則是直指宇宙之本體。因此，我們所謂之一，就其內含言，它是心物之本一；就其本性言，這沒有差別性而至誠無二之一，即是中。」❺其次，我們此所謂之一雖與莊子所謂之一無本質上的不同；但我們此所謂之一，純是經過體驗的一種懂得，純是本體論的；至於莊子所謂之一，則是經過一種類似於詭辨，卻是很縝密的邏輯的思辨。他說：「有始也者，有未始有始也者，有未始有夫未始有始也者。有有也者，有無也者，有未始有無也者，有未始有夫未始有無也者。俄而有無矣，而未知有無之果孰有孰無也。」這幾句話，茲特用現代的口語化的語言加以譯注。所謂「有始也者，有未始有始也者」，這是說有開始，有未曾開始的有開始。這即是說，這個已經開始的是未曾有開始的。所謂「有未始有夫未始有始也者」，這即是說，這已開始的是未曾開始是未曾有開始啊！以下講有無，也可仿此予以譯注。這不祇是一種體驗或懂得，而是一種很縝密的邏輯的思辨。再其次，莊子這幾句話的意思是說，我們這個宇宙，從時間來說，是沒有所謂「始」；從形象來說，是沒有所謂有無。一個沒有所謂有無的宇宙，當然是無始的；但是，這個無始無終，無所謂有或無的形而上的宇宙，即是從宇宙的本體來看宇宙。我們講本體論時，純是從體驗所得而予以描述，雖無違於思辨，卻不是一種思辨。莊子則是運用懂得而加以思辨；於是，把本體論向前推進一步，或者說是向外擴大一

---

❺ 請覆第二章第四節「其實一也與祇是一事」。

步，亦可說是由此導出，而有了宇宙論。再其次，莊子所懂得或所思辨的無始無終，無所謂有與無的宇宙；因其是無所謂有或無，所以不是空而是有；因其是無始無終，所以是不生不死而是永恒的有。宇宙與宇宙的本體，都是永恒的有；不過，宇宙是永恒之有的變化場而已。這是中國各家形上學的共識。本於這個共識，所以凡接近本體者即接近永恒。入於本體者，即入於永恒。「入涅槃」亦即是此意。因此，「天下莫大於秋毫之末，而太山爲小；莫壽於殤子，而彭祖爲夭」，這就是說，秋毫與殤子，是近乎本體，近乎永恒，也就是近乎「一」。拙作「晨起登山偶成」七絕一首於下：

曉來山上醒精神，清淨山光繪不成。我有好天誰有我，晨曦直到月圓澄。

我因偶於刹那中見永恒，而清淨山光即此永恒。此即清淨之山光，雖刹那刹那的變動不居，而清淨之本身卻是永恒之美，蘇東坡所謂「山色無非清淨身」，亦正是此意。繪不成即佛曰不可說。在佛家看來，此不可說者，是一種善境界或善知識。我有如此好天（即如此善境界）；那麼，誰是我呢？誰有我之所見呢？不過，究極言之，晨光曦微，直到明月圓澄，皆是此永恒的清淨之光的顯現。這即我所謂之好天。此蓋佛家認爲，心中之光明寶藏，才是真正的，也就是絕對或永恒。拙作七絕，頗有助於瞭解莊子所謂之壽夭。

第三，因爲宇宙是永恒的有，所以是一；因爲是一，所以是：天地與我並生，萬物與我爲一。從一的本身來說，它是無差別性的，是無可說的。可說乃是有認識。假定世界上都是聾子與瞎子；那麼，對這個花花綠綠、多采多姿的世界有什麼可說呢？人是有認識的。這個世界「既已謂之一矣，且得無言乎？一與言爲二，二與一爲三」。有了三，便有了無窮的數，亦即有了我們所習見的世界。莊子認爲，我們所習見的事事物物，皆祇是我們的認識，即莊子所謂之「言」。莊子的宇宙，有此習見的宇宙，以及前文所謂「皆入於機」的類似現代自然觀的宇宙。此與老子的宇宙論有大不相同。不過，老莊的本體論的宇宙，則無根本上的不同，他們所不同的，乃莊子本於對本體之體悟的懂得，并作邏輯性的思辨，而發展了他的宇宙論。

第四，我對於考據之學甚少興趣，例如老莊二人孰先孰後的問題，我直覺上總認爲「莊子晚於老子」，而且對於這個問題，我是不大注意的。現在我遇到麻煩了，錢賓四先生「莊子纂箋」對「一與言爲二，二與一爲三」注曰：「穆按：老子云，道生一，一生二，三生萬物，即本此。」我與錢先生所見，正好相反。在此情形下，不得不作必要之說明。錢先生「先秦諸子繫年」有曰：「余考老子書，蓋興於齊，出於莊周宋鈃之後，荀卿已見及，至韓非呂不韋時已大行。……不得已而必求道德五千言之作者，則不如歸之詹子之爲適也。」❻「繫年」并認定著道德經之詹何，其生卒年世約爲西元前三五〇—二七〇年，莊子約爲前三六五—二九〇年（同註六，頁六一八，頁六一九）。很顯然的，錢先生認定道德經成書在莊子之後，乃是先認定其書乃詹何所著。老子著者何人，在今日仍是一個未解決的問題。即令錢先生認定老

❻ 錢穆著：「先秦諸子繫年」，頁二六六，香港大學出版。一九五六年六月。

子著者是詹何，已屬完全正確，亦不能斷定老子「道生一」之說是本於莊子。依常理言之，莊、詹既爲同時代人，詹何晚莊子十五歲，後莊子二十年去世，他所著之書必晚於莊子。錢先生很可能就是依據這個常理而論定老子後於莊子。我們認爲，即令老子成書確後於莊子十年或八年，至多也不會超過廿年（這是姑且承認錢先生之判斷），仍不能斷定「道生一」之說是本於莊子。首先要說明的，同時代的人，最可能的是年歲較幼者竊取年歲較長者之理論作爲自己的學說，亦可能是各自發展而各不相涉，卻獲得了相同的結論，在兩千年前的古代社會，這個可能性是很大的。也有人認爲，年歲較長者發展了年歲較幼者的學說思想，亦非絕對不可能。這就是說，即令老子後於莊子，亦不能肯定老子是本於莊子。其次，就用文字、術語、文體等等來證明「老子」是後於莊子這一點來說，胡適之先生在「評論近人考據《老子》年代的方法」一文中，❼認爲從文體并不能確定著作之先後，有很淸楚的說明，玆不贅述。在此須稍作補充說明者，嘗讀老莊之書，有讀詩經與楚辭之感覺。這種感覺，證明了當時北方學者與南方學者在表達方式上確有不同。老子雖不如詩經古樸，老子著者受北方學者之影響較大，則是可信的。此亦可涉及著書先後的問題。有友人贊成從文體來定老莊子之先後，經我舉出詩經與離騷之例後，他便默不作聲了。再其次，就「思想線索」或「思想系統」來說，胡適之先生說，他自己是「始作俑者」，他認爲，這種所謂「思想線索」的論證法是一把兩面鋒的劍，可以兩邊割的（同註七）。適之先生此說是不錯的。但是，我們不妨就所謂「思想

❼ 胡適著：「說儒」頁一二一，胡適作品集一五，臺北遠流公司榮譽發行。

線索」略作歷史的考察。論語里仁篇：「子曰，參乎，吾道一以貫之。曾子曰，唯。子出門人問曰，何謂也？曾子曰，夫子之道，忠恕而已矣。」從這一段問答，我們可以看出以下各點：其一，在孔子當時，「一」這個觀念便已存在，一般學人并不懂得。其二，曾子曰：「唯」。曾子是懂的。這個「唯」與我們懂得一件事後用「啊」表示完全相同。其三，曾子曰：「夫子之道，忠恕而已矣。」這是對於不懂「一」是什麽的人，從形而下的觀點所作的最恰切的解釋。基於以上的認識，我們更可以看出：其一，在孔子時代，雖已有「一」這個觀念，但一般學人并不懂得，而在當時，也可能是比較難懂的觀念。在老子成書時代，「道生一」之說，已是一種比較成熟的理論，自然也較爲流行了。我的這個說法，應是較爲可信的。老子之書，必在孔子以後，也應無可疑。於是，我們相信老子著者這位受北方學者影響較大的古之博大真人，將當時因受了在孔子時代便已存在之「一」這個觀念的影響所形成并已流行的「道生一」這個學說，輯錄在老子之書內，應是比較合理。其二，在中國形上學裡，「一」與「道」這類觀念，確是在孔子以前便已存在。這可以說是北方之學。莊子這位南方學者，也是受了自孔子以後北方學者之影響，應無可疑。莊子之書，對於「道」與「一」這兩個觀念，有非常透闢之發揮，吾人讀「大宗師」，當知此是事實。從「思想線索」來說，兩相比較，莊子很顯然的較老子爲新穎。再其次，我們仍須作進一步說明的，周易一書，一般人均認爲成書較晚，這決不能肯定周易一書的思想觀念是到晚周時代才形成。同樣的，老子一書，成書或較晚，亦決不能肯定「道生一」之說是老子著者抄襲莊子之說，這就以上之辨說，已可略見其概要。茲再就周易一書略作說明。周易是將卜筮之學通過形上學纂輯而成，不是某一個時代的某一個人的作品。卜筮在「洪範」裡便已提及，可見在殷商時代便已存在。左傳一書，對於卜筮提供了不少例證，可見在春秋時代，已是一種很流行的學說。近人肯定十翼非孔子所作；但「繫辭」「大衍之數五十，其用四十有九」這一段，必在殷商時代便已存在。因爲這一段是講「筮」的方法。不懂「筮」的方法，如何會「筮」呢？將「筮」的方法記錄下來，這是很自然的事。又周易的卦辭與爻辭亦是很早便已存在的；否則，卜筮之人，他們依據什麼來斷吉凶呢？我們認爲，卦爻之辭，很可能除了被孔子刪訂者外，也遺失了許多，因爲這是積累前人經驗智慧的書，其記載下來的必然不少。錢賓四先生在「繫年」中認定：「世家又謂孔子晚而喜易，序易傳，蓋皆不足信。」（同註六，頁一六）這也是我們未敢苟同的。孔子必有其「下學而上達」（論語憲問）的「言性與天道」（公冶長）的形而上學，這是絕無可疑的。反對言心言性的清儒，以及他們的傳人，自然會反對我這個說法；然而事實總歸是事實。凡懂得中國形上學者，都會明白這個事實。這個事實是什麼呢？這就是孔子講道德說仁義必有所本，「有本者如是」（孟子離婁下）。「苟爲無本」（同上），也就是，假如沒有道德之所以成立的精神主體及其所以成立的最後根據；那麼，孔子所講的「仁」是得不到真正透澈的解釋。我們在講「孔孟哲學的本體論」時，已有明白的交待，讀者可覆按，茲不贅述。惟必須指陳者，孔子的這個「本」，亦即「下學而上達」的「性與天道」，祇有在周易裡才能略見端倪。凡懂得中國形上學者，當知吾言不謬。在此仍有不能已於言者，論語述而篇：「子曰，加（假）我數年，五十（卒）以學易，可以無大過矣。」惠棟論語古義云：「魯論易爲亦，君子愛日以學，及時而成。五十而學，斯爲晚矣。然秉燭之明，尚可寡過，此聖人之謙辭也。」（同註六，頁一五）陳鱣論語古義云：「五十以學者，即蘧伯玉行年五十而知四十九年之非意也。亦可以無大過矣者，即欲寡其過意也」（同上）我深深覺得，依惠棟陳鱣之說而讀作：「加我數年，五十以學，亦可以無大過矣。」這有什麼深意而值得加以記述呢？須知周易一書，從形而上言，是言說「本」或「道」；從形而下言，易爲君子謀，學易自然可以無大過。清儒爲了證明十翼非孔子所作，不惜作種種似是而非之歪曲，實益見其淺陋。錢賓四先生竟說：「通觀諸說，魯論爲是。」（同上）這是我們千萬不敢苟同的。

第五，照以上所述，錢賓四先生「穆按老子云，道生一……，即本此」之說，實不能成立；至於我以爲正好相反者，乃老子「道生一」之說，必在莊子時早已流行。莊子「大宗師」有太極這個觀念。莊子之書更多有談論陰陽者。足證「太極」，陰陽等觀念在莊子之前便已存在。於是，「太極生兩儀」以及「一生二」等這些古之道術在莊子之前便已存在實頗爲合理。茲再從「道生一」及「一與言爲二」就學術觀點加以分析：「道生一，一生二」雖可當作宇宙論看，亦可說這是在描述宇宙本體的本性。至於「一與言爲二」則是從認識論的觀點來看宇宙。「一」是所詮，「言」是能詮。北方學者，純從宇宙的本體來看宇宙，亦即是從超感性的直觀來看這個宇宙，是能所不分的。「道生一，一生二」以及莊子「天地與我并生，萬物與我爲一」之說，皆是能所不分之超感性的直觀。這是對中國形上學略通門徑者所能明白瞭解的。至於「一與言爲二」，則是以「言」之能詮，詮此所詮之「一」，而能所判然。這是把本體論向前推進了一步，發展出一種較新穎的宇宙論。那麼，我們說「一與言爲二」是「一生二」的一種發展，從學術思想線索及發展的軌跡來說，這確是很合理的。再證之當時的學術環境，是北方影響南方；當時的思想發展的歷史事實，是「道」與「一」這些超感性的直觀觀念確在莊子之前早已存在。那麼，我們說「一與言爲二」是受了「道生一，一生二」這個學說思想的影響，實是顛撲不破之論，這也證明了我的直覺確沒有不對。

第六，莊子的宇宙觀，其本於「上與造物者遊」，「獨與天地精神往來」者，是「萬物一府，死生同狀」（天地篇），是「天地與我并生，而萬物與我爲一」，是「凡物無成與毀，復通爲一」，是「通天下一氣耳」，這是從形而上本體論來看宇宙。其本於「種有幾。得水則爲㡭」等等，是一種進化觀，這是從形而上的自然哲學來看宇宙。他說：「自其異者視之，肝膽楚越也；自其同者視之，萬物皆一也。」（德充符）這是本於本體論的一種認識。這就是說，若從本體言之，則一切是「一」；若不從本體言之，則肝膽楚越，一切皆「異」。他又說：「昔者莊周夢爲胡蝶，栩栩然胡蝶也，自喻適志與，不知周也。俄然覺，則蘧蘧然周也。不知周之夢爲胡蝶與？胡蝶之夢爲周與？周與胡蝶，則必有分矣。此之謂物化。」又說：「方生方死，方死方生。」（齊物論）又說：「故萬物，一也。是其所美者爲神奇，其所惡者爲臭腐。臭腐復化爲神奇，神奇復化爲臭腐，故曰通天下一氣耳。聖人故貴一。」（知北遊）這是說，宇宙本是一，其所以不同，有變化之不同，有認識之不同。認識之不同，在此毋須贅述；至於變化之不同，莊子雖無系統之解釋；但是，我們從、內外、雜各篇，亦即從莊子及莊子之徒所說，而略加整理，當可看出：他們是認爲，死生存亡爲一體（大宗師），是「死生爲晝夜。」（至樂）至樂篇又曰：「察其始而本無生。非徒無生也，而本無形。非徒無形也，而本無氣。雜乎芒芴之間，變而有氣；氣變而有形；形變而有生。今又變而之死。」又曰：「天無爲，以之清。地無爲，以之寧，故兩無爲相合，萬物皆化。芒（音荒）乎芴（音忽）乎，而無從出乎。芴乎芒乎，而無有象乎。萬物職職，皆從無爲殖。故曰，天地無爲也，而無不爲也。」又天地篇曰：「泰初有無無，有無名，一之所起，有一而未形。物得以生，謂之德。」知北遊曰：「夫昭昭生於冥冥。有倫生於無形。精神生於道。形本生於精。而萬物以形相生。」庚桑楚曰「萬物出乎無有。」在宥篇曰：「汝徒處無爲，而物自化。」又曰：「萬物云云，各復其根。各復其根而不知，渾渾沌沌，終身不離。若彼知之，乃是離之。無問其名，無闚其情，物故自生。」「一而不可不易者，道也。」天地篇又曰：「通於一而萬事畢。」照以上所引述，他們是認爲，宇宙之所以有變化，是「物故自生」「而物自化」，是「一而不可不易」，是「有倫生於無形」。這與「道生一，一生二」之說，在本質上完全相同。再者，莊子除了有「太極」這個觀念外，也有陰陽的觀念。例如：

陰陽於人，不翅於父母。（大宗師）

人大喜邪？毗於陽；大怒邪？毗於陰。陰陽並毗，四時不至，寒暑之和不成，其反傷人之形乎。

我為女遂於大明之上矣，至彼至陽之原也；為女入於窈冥之門矣，至彼至陰之原也。

天地有官，陰陽有藏。（在宥）

吾又奏之以陰陽之和。（天運）

當是時也，陰陽和靜，鬼神不擾。（繕性）

自以比形於天地，而受氣於陰陽。（秋水）

至陰肅肅，至陽赫赫，肅肅出乎天，赫赫發乎地。兩者交通成和而物生焉。（田子方）

寇莫大於陰陽，無逃於天地之間，非陰陽賊之，必則使之也。（庚桑楚）

火與日，吾屯也。陰與夜，吾代也。而況乎以有待者乎？彼來，則我與之來。彼往，則我與之往。彼強陽，則我與之強陽。強陽者，又何以有問乎？（寓言）

莊子天下篇曰：「易以道陰陽，春秋以道名分。」錢賓四先生莊子纂箋注曰：「穆按：以詩書禮樂易春秋爲六經，此漢代始有，亦非莊子所知也。」六經之說，非莊子所知，此并不含蘊易以道陰陽，春秋以道名分，非莊子所知。莊子及其門徒，有陰與陽的認識，這是很明白的。以上所引證的，自可作爲充份的證據。我們可以這樣的說，莊子認爲「萬物出乎無有」，這和老子有無之說完全相同。「有」爲什麼會出乎「無有」呢？乃由無對待而至有對待。「一」是無待，「二」是有待。太極是一，陰陽是對待。「對待者數」，似乎直待來知德始有此說；然而「道生一，一生二」及「太極生兩儀」之由無待而有待的思想，必在莊子前便已形成。否則，莊子之書不會對陰陽這兩個觀念是如此的重視，而認爲「陰陽於人，不翅於父母」，是「受氣於陰陽」，是「無逃於天地之間」。老子「道生一，一生二，二生三，三生萬物，萬物負陰而抱陽，沖氣以爲和。」之說，在莊子之書，是可以獲得充分的解釋。

我們認爲，莊子確是發揮了當時北方之學的頗爲成熟的周易與老子的宇宙論，也使人認識了由無待而有待的重要。

三、老莊宇宙論的要旨

老莊宇宙論，究竟表示了什麼意義呢？

第一，從宇宙生成來說，宇宙是永恆之有的變化場，亦即由本體之無，顯現爲宇宙之有。無與有皆是永恆的。顯現即變化，亦是永恆的。至於這個無何以能顯現爲有，乃由無待而有待。亦即這個變化之所以形成，乃由於有對待。對待乃這個無差別性之「一」的自身顯現爲有差別性之二。來知德說：「對待者數」。最原始最根本的對待，亦即最基本的數，當然就是二。老子所謂「道生一，一生二」，這是最恰切的解釋。而老子所謂生，即我們所謂之「顯現」。顯現是必然的。此即無對待之一，必然的顯現爲有對待之二。這個「必然」，亦可以稱之爲「不可不易」。莊子在宥篇曰：「一而不可不易者，道也。」一、易、道三者，在中國形上學裡是沒有本質上的不同，這是中國形上學的一大特色，也是道家宇宙論最根本的思想。道家是襲「易」這個觀念而開創其宇宙論。「易」這個觀念，我們在第二章中已有較詳盡之說明。「易」乃本體之本性，是「不容已」的。這個「不容已」就是必然；這個必然可稱之爲自發性的辯證的由形上過渡到形下的發展過程，亦即生生不已之過程。總之，對待之成，即差異之顯；物之有差異，即物之有變化。一而不可不易，一而不可不異。不易不異，不足以成其一。這是道家宇宙論在方法學上所顯示的一大特色。

第二，宇宙在「無生」「無形」之時，「而本無氣。雜乎芒芴之間，變而有氣。」（莊子至樂篇）「氣」是變易而成。雖曰「通天下一氣耳」，「氣」不是最根本的，所以老莊均非氣一元論，也當然不是唯物論。

第三，因爲宇宙是永恒之有的變化場，是由本體之無顯現爲宇宙之有，而無與有以及顯現或變化又都是永恒的；所以宇宙之生成，是這個無始無終之宇宙本體，它自己「不容已」的由無待而有待的顯現出這個森羅萬象的宇宙。在老莊的形上學裡，宇宙不是神造的，宇宙是「存在連續的本體觀」❽所顯現的萬象。老莊的宇宙論是無神論。

第四，因爲宇宙是由存有連續的本體所顯現的萬象，所以本體與現象是「其爲物不貳」而又「生物不測」。本體既是「一」，既是「不貳」，既是真實無妄之實體，而又是存有連續的；那麼，由本體所顯現之現象，也自然不是虛假的，不是祇存在我心中的非客觀之存在。所以老莊的宇宙論不是唯心論。至於莊子的「一與言爲二」，其所謂「言」，是指能詮而言，不只是指的語言文字，所以莊子哲學也非現今所謂之「符號論」。

第五，莊子齊物論曰：「夫大塊噫氣，其名爲風。是唯無作，作則萬竅怒呺。」又曰：「夫道未始有封，言未始有常，爲是而有畛也。請言其畛。有左有右，有倫有義，有分有辯，有競有爭，此之謂八德。」這是說，宇宙的本體是「無」，是「一」，「是唯無作」，「未始有封」。「作則萬竅怒呺」，「爲是而有畛」，「而有畛」。雖是「萬竅怒呺」；若「言其畛」，仍祇是左右，倫義、分辯、競爭等對待而已。也就是說，從本體言之，是無是一；從宇宙來看，雖是萬象畢其，在本質上，亦祇是互爲對待而已。在莊子看來，道之本體，是毋

---

❽ 「存有連續」見杜維明著：「試談中國哲學中的三個基調」一文，請覆按第四章第二節。

拘毋束，自由自在之大原。森羅萬象，無非對待。泯滅對待，即是大原。若有對待，則萬象畢陳。在中國形上學裡，這存在的宇宙，全是辯證的發展方式與過程。宇宙是無常而變動不居的；但宇宙之所以爲宇宙，在乎有常，在乎有思想三律。假如沒有思想三律或所謂四個第一原理，則所言者是「混沌」而已，是全無確定的意義。又假如不識得本體「不可不易」之本性，則所詮者亦完全失去真義。能詮與所詮，形下與形上，俱是對待。能所泯滅，即是形上之本體；「言」或能詮，即「一與言爲二，二與一爲三」而有了我們所謂的宇宙。宇宙因對待而成，整個宇宙亦無非對待。道家宇宙論之全部精髓在此，祇有在莊子之書中才能得其概要。

四、老莊以後之道家宇宙論

老莊所看到的宇宙。——這所謂「看到的」即是認識。我們不說這是認識論，乃因爲這所看到的，是宇宙的本來如是，是與認識者無關的。這所看到的宇宙：從現象來說，是萬象紛紜，森羅畢具；從本質來說，這森羅萬象，無非對待。然而這變化無窮的對待，是一，是真，無成與毀，是天地與我并生，萬物與我爲一。這所看到的宇宙，既非唯物論，亦非唯心論，也不是有神論。這所看到的宇宙：從宇宙的本體來說，是無可說的；但是，「既已謂之一矣，且得無言乎」；於是，「有儒墨之是非」，「欲是其所非而非其所是，則莫若以明」。明則「知通爲一」「參萬歲而一成純」（齊物論），而「體盡無窮，而遊無朕」（應帝王），「而遊乎天地之一氣」，而「入於寥天一」（大宗師）。老莊所看到的宇宙，是看到這存有的連續由無限而有限之宇宙，而至於人生與人之認識。這認識論，容以後再加以探討。

老莊所看到的宇宙，亦即老莊的宇宙論，呂氏春秋與淮南王書，多有同調，并無發揮。揚雄雖有認同，亦無創意。至於王充，他沒有看到老莊所看到的宇宙。例如王充在「論衡」❾中所講的「天」，實有宇宙與本體之意味，論衡曰：

且夫天者氣邪？體邪？如氣乎，雲烟無異。（談天第卅一）

夫天體也，與地無異。……使天體乎，耳高不能聞人言；使天氣乎，氣若雲烟，安能聽人辭。（變虛第十七）

俱稟元氣，或獨為人，或為禽獸。（幸偶第五）

人稟元氣於天，各受壽夭之命，以立長短之形。（無形第七）

人未生在元氣之中，既死復歸元氣。元氣荒忽，人氣在其中。（論死第六十二）

婦人乳（按猶產）子以為不吉。……夫（讀扶）婦人之乳子也，子含元氣而出，元氣天地之精微也。（四諱第六十八）

自然無為，天之道也。（初稟第十二）

天地故生人，此言妄也。夫天地合氣，人偶自生也，猶夫婦合氣，子則自生。

夫天不能故生人，則其生萬物亦不能故也。天地合氣，物偶自生矣。夫耕耘播種，故

---

❾漢魏叢書、六、明程榮輯、臺灣新興書局。

為之也，及其成與不熟，偶自然也，何以驗之？如天故生萬物，當令其相親愛，不當令之相賊害也。或曰，五行之氣，天生萬物，以萬物含五行之氣，五行之氣，更相賊害。曰，天自當以一行之氣生萬物，令之相親愛，不當令五行之氣，反使相賊害也。（物勢第十四）

天地之性，自然之道也。

夫天道自然，自然無為。（寒溫第四十一）

夫天道自然也，無為。如譴告人是有為，非自然也。黃老之家，論說天道，得其實矣。（譴告第四十二）

天地合氣，萬物自生，猶夫婦合氣，子自生矣。

天之動，行也，施氣也，體動氣乃出，物乃生矣。由人動，氣也，體動氣乃出，子亦生也。夫人之施氣也，非欲以生子，氣施而子自生矣。天動不欲以生物，而物自生，此則自然也。施氣不欲為物，而物自為，此則無為也。謂天自然無為者何，氣也，恬澹無欲無為無事者也。（自然第五十四）

綜上所述，王充所謂之「天」，確有本體與宇宙之意；不過，其所謂本體乃元氣，雖與雲烟之氣不同，但元氣荒忽，以生萬物。天何以生萬物？「自然無爲，天之道也。」「天動不欲以生物，而物自生，此則自然也。」所以天生萬物，不是「故爲之也」，王充的宇宙論，亦是無神論，但他沒有達到「非知識所行境界」，亦即沒有達到老莊的形上的境界。徐復觀先生說：「王充雖依附於道家，但他的不了解道家，對老子的庸俗化，和他的不了解儒家，對孔子的庸俗化，完全是一樣。」❿此說甚諦。王充確是沒有看到老莊所看到的宇宙。

現在再說到魏伯陽。我們講本體哲學時（請覆按第三章第三節），曾對周易參同契作了較爲詳盡之探討，認其對於本體哲學有貢獻；那麼，參同契對於宇宙哲學有無貢獻呢？我們的答案是否定的。我們知道，在老子、莊子的時代，無人稱他們爲道家。「道家」乃秦以後的名詞。司馬談論六家要旨說：「道家……因陰陽之大順，采儒墨之善，撮名法之要。」漢代的道家，採各家之長，更對於長生不老之術有興趣。我們在講本體哲學時，曾提到魏伯陽的牝牡四卦，這本是在講本體論與宇宙論；但是參同契卻用來講長生不老的修鍊之術。漢以後的道家，他們以一套修鍊的方法，而希望修鍊到「大宗師」所謂之真人。這所謂修鍊的方法，本是在談宇宙論，他們竟作爲修鍊的方法。從修鍊的方法來說，他們是否錯了，是否在騙人，這不是我們所欲知的；若從宇宙論來說，他們卻是完全錯了。宇宙是變動不居，生生不已的辯證的過程，這也是老莊宇宙論的精髓所在。希望長生不老，萬世一系，則是與老莊哲學大異其趣。老莊的宇宙論，在漢代的道家手裡，不僅未能獲得有益的發展，且是錯用了方法。

再談到魏晉玄學。我們談本體論時，曾談到魏晉玄學（請覆按第三章第四節）。「魏晉思想論」一書有曰：

---

❿ 徐復觀著：「兩漢思想史」卷二，頁六二一，臺灣學生書局。

> 老莊哲學是亂世的產物，他們看破了人間的種種醜惡，對於現實的文物制度全不滿意，而理想著回到原始的無爭無慾的自然狀態去。他們在意識上，雖是積極地反抗現實，批判現實，但在行動上，卻是消極地逃避現實。所以他們的學說，只能解救一個人的精神，對於社會政治的改革，民生的救濟，卻沒有好處。但是他們有很高的智慧，細密的體驗與觀察，了解天地萬物是自生自化，并無所謂造物之主，也沒有有意志的天帝。這樣子，天人感應陰陽五行的思想，不能存在，迷信也就站不住了。反對一切因襲的文物制度，於是在心靈或是行為上，都可以得到自由了。魏晉的玄學，就是這種老莊思想的復活。宇宙論政治論人生論各方面，都是以老莊思想為其根底，有的把它說得更透澈，有的加以補充，也有的加以修正的。總之，老莊書內的各種意見，到了魏晉，是發揮得更圓滿更明顯了。向秀郭象是魏末晉初的人，他們注莊子的時候，據世說新語上說，當時注莊子的已經有幾十家，再經過兩晉，自然更多了。到了東晉，已有人用佛經解釋莊子，那些注本自然是雷同的多，所以容易消滅，但是現在保存在隋書經籍志內面關於老莊注本的目錄，那數目還是可驚。⑪

這一段話，可以說是代表了很多人對魏晉玄學的看法。因其如此，難免人云亦云。不過，雖有不盡妥當者，亦大致不差。茲僅就有關宇宙論者，略加說明，「世說新語」文學篇有於

⑪「魏晉思想論」頁二十，臺灣中華書局，民四六年七月一日臺一版。

下的一段記載：

> 王輔嗣弱冠詣裴徽問曰：夫無者誠萬物之所資，聖人莫肯致言，而老子申之無已何耶？弼曰：聖人體無，無又不可以訓，故言必及有。老莊未免於有，恒訓其所不足。

此說若真，則輔嗣比老莊，還差了一層。所謂「無又不可以訓」，此即禪宗之「不可說」，而老子申之無已者，并非「未免於有」。以老莊未免於有，此是未真能見到老莊。不過，輔嗣去老莊不遠。周易略例「明彖」有云：「夫眾不能治眾，治眾者至寡者也；夫動不能制動，制天下之動者，貞夫一者也。故眾之所以得咸存者，主必致一也；動之所以得咸運者，原必無二也。」又王弼老子注有云：

> 凡有皆始於無，故未形無名之時，則為萬物之始。
>
> 萬物始於微而後成，始於無而後生。
>
> 無之為物，水火不能害，金石不能殘，用之於心，則虎兕無所投其齒角，兵戈無所容其鋒刃。
>
> 萬物皆由道而生，既生而不知其所由。
>
> 道以無形無名始成，萬物以始以成而不知其所以，玄之又玄也。
>
> 何由而生道也，何得而畜德也，何由而形物也，何使而成勢也。唯因也故能無物而不

> 形，唯勢也故能無物而不成。凡物之所以生，功之所以成，皆有所由，有所由焉，則莫不由乎道也，故推而極之亦至道也。隨其所因，故各有稱焉。

韓康伯亦有類此之見。周易「一陰一陽之謂道」，韓注云：「道者何？無之稱也，無不通也，無不由也，況之曰道，寂然無體，不可爲象，必有之用極，而無之功顯。」又「陰陽不測之謂神」注云：「原夫兩儀之運，萬物之動，豈有使之然哉？莫不獨化於大虛類爾而自造矣。造之非我，理自玄應；化之無主，數自冥運，故不知所以然。」王輔嗣能認識到「凡有皆始於無」，也對這個「無二之二」多有契會，他當然去老子不遠。韓康伯能認識到極「有之用」顯「無之功」，則知老子「未免於有」乃在顯「無」。「二」是無，「言」是有。莊子「既已爲一矣，且得有言乎？既已謂之一矣，且得無言乎？」韓康伯是深明老莊。至於王輔嗣對於「萬物以始以成而不知其所以」，韓康伯對於「玄應」「冥運」「不知所以然」，乃是他們雖然識得有生於無，但他們不知有無這個對待，是自發性的辯證的由形上過渡到形下的存有之連續的發展過程是「不容已」的。這就是必然，就是「所以」或「所以然」；也就是「因」「勢」「所由」或道之所以爲道。此所謂「道」，純從宇宙論講的。老子曰：「反者道之動。」宇宙之所以爲宇宙，乃「道之動」也。王船山曰：「知道體之本動者鮮矣。」⓬道體之所以本動，乃在於有這個「反」，有「反」即是有正反之對待。這個有正反之對待，

⓬　王船山：「老子衍」，船山全集，臺灣大源文化服務社。

乃道體之所以本動。這是宇宙本體之本性，是宇宙之所以爲宇宙。古之人知此者鮮矣。王充當然不懂這個道理。向秀郭象注莊子爲後人所推崇，他們也不懂這個道理。郭象曰：

> 世或謂罔兩待影，影待形，形待造物者。請問造物者有耶？無耶？無也則胡能造物哉？有也則不足以物眾形。故名眾形之自物，而後始可與言造物耳。是以涉有物之域，雖罔兩，未有不獨化於玄冥者也。故造物無主，而物各自造，而無所待焉。（齊物論注）
>
> 無既無矣，則不能生有，有之未生，又不能無生，然則生生者誰哉？塊然而自生耳。自生者非我生也。我既不能生物，物亦不能生我，則我自然矣，自己而然，則謂之天然。（同上）
>
> 無力之力，莫大於變化者也。故乃揭天地以趨新；負山岳以舍故。故不暫停，忽已涉新，則天地萬物，無時而不移也。（大宗師注）
>
> 夫唯無不得化而為有也，有亦不能化而為無矣。是以夫有之為物，雖千變萬化而不得一為無也。不得一為無，故自古無未有之時而常存也。（知北遊注）
>
> 夫有之未生，以何為生乎？故必自有耳。豈有之所能有乎。此所以明有之不能為有而自有耳，非謂無能為有也。若無能為有，何謂無乎？（庚桑楚注）
>
> 一者有之初至妙者也，至妙故未有物理之形耳。夫一之所起，起於至一，非起於無也。（天地注）

就以上所引述，我們當可以看出，向郭對於「無」，實缺少體會，他們未能見到宇宙本體，故不知宇宙之所以爲宇宙。他們雖頗有慧解，似乎比王充之流強些，那是受了魏晉玄風，亦即當時學術大環境的影響，而能作理性的思考，邏輯的辨解，似是而非的大談其宇宙論。他們注莊子，實際上未夢見莊子。另外，著「崇有論」的裴頠，也是未見到本體，他在「崇有論」中有云：「夫至無者，無以能生，故始生者，自生也。自生而必體有，則有遺而生虧矣。生以有爲己分，則虛無是有之所謂遺者也。故養既化之有，非無用之所能全也。理既有之衆，非無爲之所能循也。心非事也，而制事必由於心；然不可制事以非事，謂心爲無也。」很顯然的，裴頠既未臻「非知識所行境界」，亦不識宇宙之生成是一辯證的過程。魏晉人士雖喜談玄，但如向秀郭象裴頠輩，去老莊遠矣。現在有人認爲列子一書是魏晉人士僞造的，但列子似乎頗有玄味，列子天瑞篇有曰：

> 不生者能生生，不化者能化化。生者不能不生，化者不能不化。故常生常化。常生常化者，無時不生，無時不化。……自生自化自形自色自智自力自消自息，謂之生化形色智力消息者非也。

又曰：

> 故有生者，有生生者。有形者，有形形者。有聲者，有聲聲者。有色者，有色色者。

有味者，有味味者。生之所生者死矣，而生生者未嘗終。形之所形者實矣，而形形者未嘗有。聲之所聲者聞矣，而聲聲者未嘗發。色之所色者彰矣，而色色者未嘗顯。味之所味者嘗矣，而味味者未嘗呈。皆無為之職也。能陰能陽，能柔能剛；能短能長，能員能方，能生能死，能暑能涼，能浮能沈，能宮能商，能出能沒，能玄能黃，能甘能苦，能羶能香。無知也，無能也，而無不知也，而無不能也。

很顯然的，列子著者他看到了「無」是什麼，也看到了這個對待。但是，注列子的張湛，卻并不懂得列子。張湛說：

謂之生者則不無，無者不生。故有無之相生，理既然矣，則有何由而生？忽爾而自生耳。（天瑞篇注）

又說：

夫混然未判，則天地一氣，萬物一形。分而為天地，散而為萬物，此蓋離合之殊異，形色之虛實。（注同上）

張湛雖然看到了虛實離異，但并不懂得對待，更沒有見到宇宙之所以爲宇宙的本體。另外，著「抱朴子」的葛洪，他在暢玄卷第一，開宗明義便說：「玄者自然之始祖，而萬殊之大宗也。眇昧乎其深也，故稱微焉。綿邈乎其遠也，故稱妙焉。其高則冠蓋乎九霄，其曠則籠罩乎八隅。光乎日月，迅乎電馳。……因兆類而爲有，託潛寂而爲無。淪大幽而下沈，凌辰極而上游。金石不能比其剛，湛露不能等其柔。方而不矩，圓而不規。來焉莫見，往焉莫追。乾以之高，坤以之卑。雲以之行，雨以之施。胞胎元一，範鑄兩儀。吐納大始，鼓冶億類。」又道意卷第九曰：「道者，涵括乾坤，其于無名。論其無，則影響猶爲有焉。論其有，則萬物尙爲無焉。隸首不能計其多少，離朱不能察其髣髴。吳札晉野竭聰，不能尋其音聲于窈冥之內。猢狶㹶豬疾走，不能跡其兆眹于宇宙之外。以言乎邇，則周流秋毫而有餘焉。以言乎遠，則彌綸太虛而不足焉。爲聲之聲，爲響之響，爲形之形，爲影之影。方者得之而靜，圓者得之而動，降者得之而俯，昇者得之以仰，強名爲道，已失其眞。」葛洪若是眞的見到了宇宙的本體，則以上對於本體之描述皆不差；若是沒有見到本體，則以上所述，皆是以意爲之，皆是一種猜測，不足爲貴。我們講本體哲學時之所以不談到葛洪，因爲我們對於葛洪大有可疑；但是，他比向郭裴頠張湛等要近於莊子。卻因其迷戀長生不老之術，他的成就不會克臻上乘，他無宇宙論可言。我們爲什麼還要提到他呢？其一，葛洪所描述的道之相狀，若是指心之本來面目而言，而且這也是在描述宇宙本體之本性，則這所描述的確有助於我們對本體之體認，這也是對於本體作了較具體之描述，否則全是戲言。本此，也是我們更爲明白的說明了什麼是本體。其二，爲聲之聲，爲響之響，爲形之形，爲影之影等等，若體會到，這都是辯證的形式或過程的顯現，這確是宇宙之所以爲宇宙。葛洪若能放棄神仙之說而真有所體悟，他去老莊不遠矣。魏晉以降，道佛兩家思想，融會貫通。道家者流，在本體哲學方面，受了佛家的影響，并融貫易老，對於本體哲學之闡明，如朱雲陽之注「參同契」（請覆按第三章第三節），有足觀者。又如圓嶠山紫霞洞主人稟蕊生所註老子，⓭有曰：

> 道也者，內以治身，外以治世，日用常行之道也。道之費隱不可道，道之發現則可道。統發現於費隱之中，至廣至微，故道為非常之道也。名在無極不可名，名在太極則可名。生太極於無極之內，能靜能動，故名為非常之名也。集補：人所共由則曰道，可道者，可述也。非常之道，斯為大道也。欲著其狀則曰名，可名者，可擬也。非常之名，斯無定名也。（「道可道」注）
>
> 無名，即無極也。有名，即太極也。無變為有，真無定名也。無極渾然之初，無兆無形，本無聲臭之可擬，道所以在天地之始也。太極判然之後，有生有育，即有造化之可徵，道所以為萬物之母也。萬物者，統天地而言之，先天地而有此道，則生天生地生人生物，不啻一大父母也。言母而父在其中矣。（「無名天地之始」注）
>
> 反，復也。天地冥合，一陽來復，道之初動也。弱，柔也。身心恬靜，專氣致柔，道之妙用也。還丹之事，在乎以乾之有入坤之無。乾種之而坤產之。無中生有，故道生於有，有生於無也。天下萬物，皆是如此。（「反者道之動」注）

⓭ 太上十三經注，臺灣自由出版社民國四十年一月。

這對於老子的註釋，頗爲明白易曉；對於道亦頗有體認。卻因其祇有修鍊成仙之興趣，缺乏學術上之理解，所以過老莊之門而不入老莊之室。老莊以後之道家，有些人如王充輩，根本未夢見老莊，有些人對於「玄」學雖多有契會；然而因泥於神仙之說，對於道家的宇宙論，可說毫無貢獻。道家宇宙論，至莊子而登峰造極，以後之道家，少有人能望其項背。

第三節　儒家形上學的宇宙論

一、孔孟的宇宙論

我們講孔孟的宇宙論，是講孔孟的形上學的宇宙論。講孔孟的本體哲學時（請覆按第三章第二節），曾「從中庸與周易看孔子的本體哲學」，茲再就中庸與周易以說明孔孟哲學的宇宙論。中庸與周易，成書或較晚，但從這兩本書來講孔孟的宇宙論，應無不當。我們可以這樣的說，殷周之際，殷文化偏佈現今河南山東一帶，後起的周文化則在陝西。周武王克商後，周文化承襲殷商者必多，周易即是承襲殷商之遺產而無疑義。到孔子時代，殷商之遺風猶在。傅斯年先生在「周東封與殷遺民」中說：

> 孔子之天下，大約即是齊魯宋衛，不能甚大。……三年之喪，在東國、在民間有相當之通行性，蓋殷之遺禮，而非周之制度。（周註七，頁二六）

又禮記檀弓上第三有曰：「孔子之喪，公西赤為志焉。飾棺牆置翣設披，周也；設崇，殷也；綢練設旐，夏也。子張之喪，公明儀為志焉，褚幕丹質，蟻結于四隅，殷士也。」這不僅殷商之遺風猶在，夏禮亦有存者。又論語有：「子張問十世，可知也。子曰：殷因於夏禮，所損益可知也，周因於殷禮，所損益可知也，其或繼周者，雖百世可知也。」（為政第二）

子曰：夏禮，吾能言之，杞不足徵也。殷禮，吾能言之，宋不足徵也，文獻不足故也。足，則吾能徵之矣。（八佾第三）

孔子時代，夏商的後代杞宋猶存，孔子對夏商之禮，猶可口說能詳。孔子認為，文化之傳承，在有所損益，并認為「雖百世可知」，可見孔子對夏商文化是有很深的認識。筆者幼年，在窮鄉僻壤上私塾，讀孔孟之書，頗具先秦人的心靈。孔子時代，去夏商不遠，自然耳熟能詳了。我們為什麼要提到這些呢？孟子自認是私淑孔子者。孔子之學，當然是受前代的影響。照禮記曾子問第七所載，孔子確是受了老聃的影響而無疑義。老聃必是承繼夏商的思想而為孔子所敬仰者。因孔子曾經問禮，爾後凡傳承老子一書中某些思想并不為儒者所全般接受，其代表人物，以老子之身份出現，這是很可能的。老子一書成書雖較晚，而其所傳承之某些思想，是在孔子之前便已存在，應無可疑。本書先講道家哲學，其故亦在於此。至於周易一書的思想，必是傳承前代的思想經後人編輯而成，這在前文已有論述（請覆按上節「莊子的宇宙論」），現今我們在此再作分析，當知一個思想的形成，必其來有自，祇是有所損益而己。莊子天下篇有曰：

古之人其備乎！配神明，醕天地。育萬物，和天下。澤及百姓。明於本數，係於末度。六通四辟，小大精粗，其運無乎不在。其明而在數度者，舊法世傳之史，尚多有之。其在於詩書禮樂者，鄒魯之士、搢紳先生，多能明之。詩以道志，書以道事，禮以道行，樂以道和，易以道陰陽，春秋以道名分。其數散於天下，而設於中國者，百家之學，時或稱而道之。天下大亂，聖賢不明，道德不一，天下多得一察焉以自好。譬如耳目鼻口，皆有所明，不能相通。猶百家眾技也，皆有所長，時有所用。雖然，不該不徧，一曲之士也。判天地之美，析萬物之理，察古人之全，寡能備於天地之美，稱神明之容。是故內聖外王之道，闇而不明，鬱而不發。天下之人，各為其所欲焉以自為方。悲夫。百家往而不反，必不合矣。後世之學者，不幸不見天地之純，古人之大體，道術將為天下裂。

照天下篇此說，在孔子時代，學術猶未分裂。惟詩書禮樂，搢紳先生多能明之，而在數度者，舊法世傳之史，在「天下多得一察焉以自好」以前，大致上是有如此之分別而已。於是，使我聯想到禮樂射御書數。射御不必談。禮是古禮如大小戴所記，以及周禮儀禮等。書則是包括書（如現存之尚書）史（如已不存在之魯春秋等），樂則是包括歌詞（如詩經）與歌譜（已不存在），而數度則是包括卜筮之學及計算等等，類似現代所謂之哲學與科學的總稱，「舊法世傳之史」。這六藝在孔子時代各國必猶有專人職司其事。此項推測如大致不錯，則孔子問禮之老聃，必為當時之哲學家，而這個老聃必為莊子所謂之博大真人如關尹老聃等那樣的前輩先生，明於數度的鄒魯之士；因為在孔子時代學術猶未分裂也。照這樣說來，我們講老莊孔孟的本體哲學時，認為他們的造詣不分軒輊，他們都得「見天地之純」。這就是說，孔孟老莊在本體論方面并無真正的不同。老莊的宇宙論已如前述，茲再談孔孟的宇宙論。孔孟的宇宙論，確與周易不可分。茲特就周易作較為詳確之說明。周易曰：

乾知大始，坤作成物。（繫辭上傳第一章）

易與天地準。……範圍天地之化而不過，曲成萬物而不遺，通乎晝夜之道而知，故神無方而易無體。（同上第四章）

一陰一陽之謂道。……生生之謂易，成象之謂乾，效法之謂坤，極數知來之謂占，通變之謂事，陰陽不測之謂神。（同上第五章）

夫易廣矣大矣，以言乎遠則不禦，以言乎邇則靜而正，以言乎天地之間則備焉。夫乾，其靜也專，其動也直，是以大生焉。夫坤，其靜也翕，其動也闢，是以廣生焉。廣大配天地，變通配四時，陰陽之義配日月，易簡之善配至德。（同上第六章）

天地設位而易行乎其中矣。（同上第七章）

易有聖人之道四焉。以言者尚其辭，以動者尚其變，以制器者尚其象。……參伍以變，錯綜其數。通其變，遂成天地之文。極其數，遂定天下之象。非天下之至變，其孰能

與於此。易無思也，無為也，寂然不動，感而遂通天下之故，非天下之至神，其孰能與於此。（同上第十章）

是故闔戶謂之坤，闢戶謂之乾，一闔一闢謂之變，往來不窮謂之通。見乃謂之象，形乃謂之器，制而用之謂之法，利用出入，民咸用之謂之神。是故易有太極，是生兩儀，兩儀生四象，四象生八卦。（同上第十一章）

乾坤其易之縕邪。乾坤成列，而易立乎其中矣。乾坤毀則無以見易，易不可見，則乾坤或幾乎息矣。（同上第十二章）

天地之道，貞觀者也。日月之道，貞明者也。天下之動，貞夫一者也。夫乾，確然示人易矣，夫坤，隤然示人簡矣。（繫辭下傳第一章）

照以上所引述，我們可以看出，宇宙之所以爲宇宙，在於有「易」。我們講本體哲學時，認爲本體存在之本質是「易」（請覆按第二章第三節）。認爲「變化是『易』所顯現的現象，『易』是變化之所以爲變化」。「易」是本體之化機，是本體之本性。本體之本性甚眾，皆是本體之所以爲本體而不可或缺者。本體若無「易」之本性，則不能爲本體矣。「易與天地準」，這是謙辭，因爲「易」是天地之所以爲天地。那麼，「易」是如何的以成其變化呢？「乾坤其易之縕邪」。易之所以能易，在乎乾坤。「乾坤成列，而易立乎其中矣。」乾坤何以能成其變化呢？因爲乾坤即是有待，更因爲「乾知大始，坤作成物」。「成象之謂乾，效法之謂坤」。「夫乾，其靜也專，其動也直，是以大生焉。夫坤，其靜也翕，其動也闢，是以廣生焉」。「是故闔戶謂之坤，闢戶謂之乾，一闔一闢謂之變，往來不窮謂之通」。因爲乾坤有：知、作、成象、效法、動靜、闔闢等等作用或功能，所以能生廣大而成變通。廣大與變通，即是空間與時間，亦即宇宙之所以爲宇宙的無可或缺的要素。至於乾坤何以能具有如此之作用或功能呢？因爲「夫乾，確然示人易矣；夫坤，隤然示人簡矣。」「易無思也，無爲也，寂然不動，感而遂通天下之故。」這「易簡之善」，無思無爲之感，貞夫一之動，化而裁之，推而行之之變通，成就了乾坤的事業，也就是顯現了「易」它自已的作用或功能。這就是說，乾坤之所以爲乾坤，宇宙之所以爲宇宙，乃是「易」本身有此太極，太極有此陰陽，乾坤之對待，而「通其變，遂成天地之文；極其數，遂定天下之象」。「是故易有太極，是生兩儀，兩儀生四象，四象生八卦。」於是而有此宇宙萬物。關於「是故易有太極」這一段，容後再詳作說明外，在此必須指陳者：

第一，因爲「易無思也，無爲也」；那麼，「易」實與無同義。我們講本體存在之本質是「易」時，曾講到有「無體」之易，「無極」之易，「太極」之易等等。「無體」「無極」皆是「無」，這是綜合繫辭與易緯而如是說。緯書雖成書或更晚於周易，但認爲「易」與「無」同義的思想，必是很早的。孔子所謂「天何言哉，四時行焉，百物生焉，天何言哉！」這「行」與「生」就是「易」，「易」既是無言而自化；所以「易」就是「無」。易既與無同義，所以易亦與道同義。「一而不可不易者，道也。」前文曾說：「一、易、道三者，在中國形上學裡是沒有本質上的不同，這是中國形上學的一大特色。」這個特色，也是孔子宇宙論最根本的思想。在孔子及其稍後的時代，或者說一直到孟子的時代，孔老二家的形而上學是沒有爭議的。

第二，因爲「一、易、道三者」及「無」都是同義語，那麼，「是故易有太極」，其義乃：「易是太極」，亦即太極是一。於是，太極生兩儀，其義即一生二。易與老子究竟是誰影響誰，似不必窮究；惟此二者，其義雖通，其主旨亦有不盡相同者。例如一生二，似是側重於量之自然的演變，而太極生兩儀，則是把握了質量的變化。周易雖未明言兩儀是一種矛盾，或是一種對待；但周易所言之陰陽、動靜、剛柔等等，無一不是矛盾或對待。周易沒有發展成黑格爾式的辯證法，卻是肯定了辯證的形式與過程。莊子的宇宙觀是受了周易的影響，乃毫無疑義者。

第三，周易與莊子仍有不同者，莊子所見者是：「萬物一府，死生同狀」，「凡物無成與毀，復通爲一」等等，周易則是如中庸所說的「天地之道，可一言而盡也，其爲物不貳，則其生物不測」，而認定生生之謂易。這就是說，周易是認爲這宇宙的本體是至誠無二，而宇宙之生成，則是這至誠無二之本體，生生不已而已，這是和莊子大不相同的。中庸一書，對至誠無二之理，有詳盡之闡明，茲引述於下：

> 自誠明，謂之性，自明誠，謂之教。誠則明矣，明則誠矣。（第廿一章）
>
> 唯天下至誠，為能盡其性。……（第廿二章）
>
> 其次致曲，曲能有誠……唯天下至誠為能化。（第廿三章）
>
> 故至誠如神。

誠者，自成也，而道自道也。誠者，物之終始，不誠無物。……（第廿五章）

故至誠無息，不息則久，久則徵，徵則悠遠，悠遠則博厚，博厚則高明。博厚所以載物也，高明所以覆物也，悠久所以成物也。博厚配地，高明配天，悠久無疆。如此者，不見而章，不動而變，無為而成。天地之道，可一言而盡也，其為物不貳，則其生物不測。天地之道，博也、厚也、高也、明也、悠也、久也。今夫天，斯昭昭之多，及其無窮也，日月星辰繫焉、萬物覆焉。今夫地，一撮土之多，及其廣厚，載華嶽而不重，振河海而不洩。萬物載焉。今夫山，一卷石之多，及其廣大，草大生之，禽獸居之，寶藏興焉。今夫水，一勺之多，及其不測，黿鼉蛟龍魚鼈生焉，貨財殖焉。詩云：「維天之命，於穆不已。」蓋曰，天之所以為天也。於乎不顯，文王之德之純。蓋曰，文王之所以為文也，純亦不已。（第廿六章）

照以上所引述，中庸的宇宙觀與莊子的宇宙觀確是大不相同的。此蓋中庸作者認爲，此宇宙本體，至誠無息，故能「自成」其博厚、高明、悠久的天地之道。詩周頌維天之命章有曰：「維天之命，於穆不已；於乎不顯，文王之德之純。」這是祭文王之詩。這意思是說，天道無窮，而文王之德，純一不雜，與天無間，以之贊美文王。這所謂「天道」，可解釋爲宇宙本體之本性。宇宙有此「於穆不已」之本性，此「天之所以爲天」，宇宙之所以爲宇宙。二程子曰：「天道不已，文王純於天道亦不已。純則無二無雜，不已則無間斷先後。」此「文王之所以爲文也」。中庸作者，引周頌維天之命以說明其宇宙觀，可見這種宇宙觀是其來有自。我們講述「本體存在之本性即至誠」時（請覆按第二章），對於中庸第廿六章，曾認定其「說理并不十分圓融」，這是從本體論的立場而如此說。若從宇宙論的觀點來看，這第廿六章，實頗能曲盡其義。

第四，孟子雖甚少講形而上的宇宙哲學，但我們仍能看出他是承繼中庸思想的。至少也可以這樣的說，我們可不論孟子與中庸的先後問題，祇就這兩本書的宇宙哲學來說，實無本質上的不同。孟子曰：

> 是故誠者，天之道也；思誠者，人之道也。至誠而不動者，未之有也。不誠，未有能動者也。（離婁上）

孟子這所說的，在本質上確與中庸沒有不同。又孟子發揮性善之義答公都子問時曾說：「詩曰：『天生蒸民，有物有則，民之秉夷，好是懿德。』孔子曰：爲此詩者，其知道乎，故有物必有則。民之秉夷也，故好是懿德。」（告子上）這是說，人是秉受宇宙本體的至誠不二之本性而生，故有此至善之性而好此美德。孔子認爲這就是「道」。於是，我們當可以體會到，孔孟所謂之道，是指天道與人道之全，是指此至誠之道與至善之人性而言。總之，此至誠之道，即宇宙本體之本性。我們在第二章中，對本體之本性，曾作了頗爲詳盡之闡釋，讀者若能有所認識，則知蒸民之詩確是體道者之言，由此我們當可進一步的瞭解孔孟的宇宙哲學究竟是什麼了。

二、邵康節的宇宙論

本書於開宗明義時，即引述宋史道學傳，「孟子沒而無傳」。宋史認爲「兩漢而下，儒者之論，大道察焉而弗精，語焉而弗詳」，這是不錯的，所以我們講儒家本體論時，孔孟以後，以宋代理學爲儒學繼承者。我們已講過邵康節與周程朱張等人的本體哲學，茲再談邵康節的宇宙論，以進一步的闡明儒家的形上學。

我們講邵子本體哲學時，曾提到「伏羲四圖」，即所謂小橫圖、小圓圖、大橫圖、大圓圖等等。這四圖固可以用之講本體哲學，亦即用之以講明本體之本性，卻更可以用之講宇宙論。我們可以這樣的說，本體之本性與功能，是一不是二。所謂本性，是指其未顯現爲功能而言；所謂功能是本性發生而爲種種作用。所以本體論與宇宙論之不同，可以說祇是著眼點之不同；不過，本體之本來如是與宇宙之本來如是，仍是容易分辨清楚的。那麼，邵子所講的宇宙本來如是是什麼呢？茲再回到小橫圖這方面。我們講「周易參同契之本體論」時（請覆按第三章第三節），曾對小橫圖有所詮釋。認爲小橫圖是最能對「是故易有太極，是生兩儀，兩儀生四象，四象生八卦」這一段作恰當的解釋。茲再作補充說明於下：

第一，關於八卦之生成，清人主張乾坤生六子之說，這在講「參同契之本體論」時，已指陳其非是，現再指出一點，即令乾坤生六子之說於理無違，而乾坤是何由而生呢？張惠言對於「太極生兩儀」是說得很勉強，絕對不及小橫圖能清清楚楚的說出八卦是如何生成的。

第二，談到八卦之生成，在周易繫傳中有兩種方法，其一是太極生兩儀，兩儀生四象，……

這一方法，另外則是「大衍之數五十，其用四十有九。……」這是用蓍草可以計算出六十四卦的方法。後者與宇宙哲學無多大關聯，可以略而不談，所以對小橫圖必須再作說明，以說明八卦是如何生成的。

第三，前文曾指出，太極是一。太極生兩儀，其義即一生二。我們可以這樣的說，太極是「無」，可以不用圖象或符號來表示，兩儀是有對待，特以陽儀（⚊）與陰儀（⚋）這兩個符號表示之。至於兩儀生四象，邵子是用加一倍法，即陽儀自身因有對待而生成太陽（⚌）少陰（⚍），陰儀自身因有對待而生成少陽（⚎）太陰（⚏），特圖示之於左：

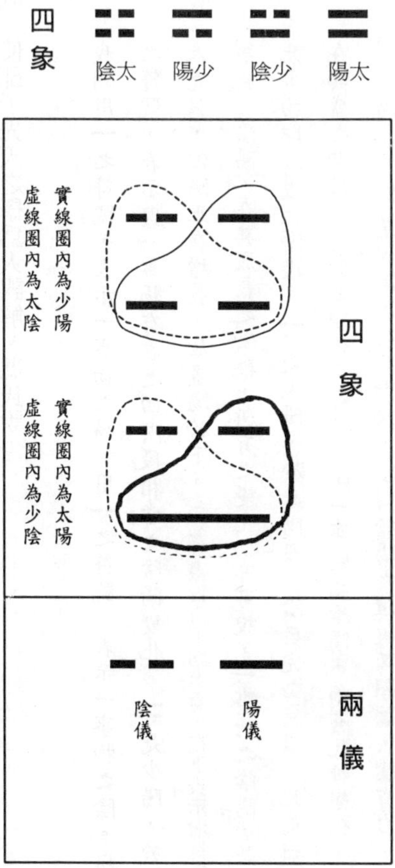

第四，在此須對馮友蘭先生在新理學一書中有一段似是而非之陳述稍作辯正，俾免以訛傳訛，使邵子先天之學爲人誤解。馮氏說：

> 我們用⚊之符號，表示一事物之陽，用⚋之符號，表示一事物之陰。以⚎⚌⚍⚏之符號，表示與一事物存在之四階段相當之陰陽變化。⚎是少陽，於此階段，有陰未克服，但陽正在增長，故畫陽於下。（易卦畫皆自下向上看，在下表示增長之象。）此是一事物之陰陽，在其成長之階段，所有之變化，亦可說，一事物之陰陽，若有此種變化，此事物即入成之階段。⚌是太陽，於此階段，陰已完全克服。此是一事物之陰陽，在其盛之階段，所有之變化，亦可說，一事物之陰陽，如有此種變化，則此事物即入盛之階段。⚍是少陰，於此階段，陰對於陽之阻礙又顯著，陰有力，故畫陰於下。此是一事物之陰陽，在其衰之階段，所有之變化，亦可說，一事物之陰陽，若有此種變化，則此事物即入衰之階段。⚏是太陰，於此階段，一事物之陽，完全為其阻礙所消盡，此即是說，此物已不存在。此是一事物之陰陽，在其毀之階段，所有之變化，亦可說，一事物之陰陽，若有此種變化，則此事物即毀。一事物之陰陽之變化，自少陽至太陽是「息」，自少陰至太陰是「消」。程朱以為自少陽至太陽名曰變，自少陰至太陰名曰化。
>
> 易繫辭說：「太極生兩儀，兩儀生四象。」我們以上所說，不必與易繫辭同，但我們不妨仍用四象之名，以指我們所謂少陽、太陽、少陰、太陰。在我們的系統中，兩儀

是兩個邏輯底觀念，以指一事物所有之兩種成分；四象是四個邏輯底觀念，以指此兩種成分之四種變化。

馮氏此說，完全不對，但頗爲惑人。筆者少年時，對其所講「氣 兩儀 四象」，大爲信服，於今看來，可說完全錯了。他錯在那裡呢？他完全不懂得邵子講兩儀四象之原意。他說周易凡卦爻「在下表示增長之象」，這是不錯的。他本於這個原理，對邵子所謂少陰（⚍），認爲應該叫作少陽，因爲這是陽在下，陽氣正值增長。同樣，邵子所謂少陽（⚎），他認爲應該叫作少陰，因爲這是陰在下，陰氣正在增長。他確是祇知其一不知其二，祇知皮相之論，不知八卦之所以爲八卦，茲再以圖示之并作說明於次：

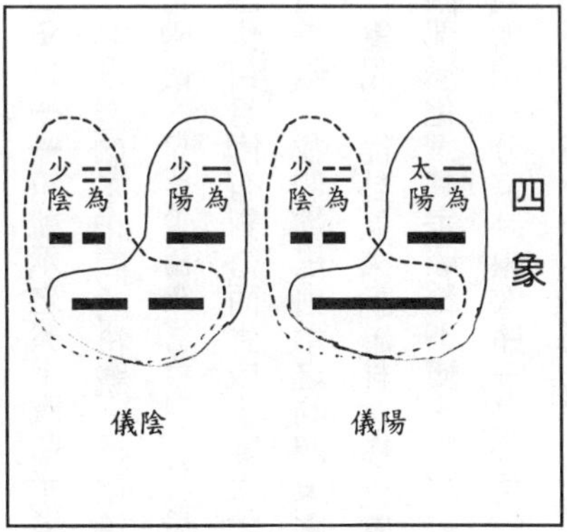

四象圖以⚋⚊兩符號表示之

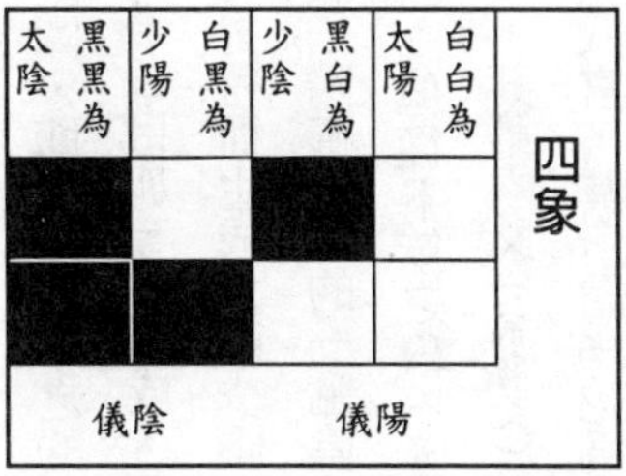

四象圖以黑白表示之

四象以⚍⚎符號示之於上圖所示者，筆者并將其畫成四個圈，每一個圈內的符號，是⚌⚍⚎⚏這四個不相同的符號。這用符號所示之的四象圖，即用黑白示之的四象圖。所謂四象，是兩儀（即陰儀與陽儀）各自一分爲二，也可以說，是各自加一倍而成。此即前文曾指陳者，陰儀自身因有對待而生成少陽太陰，陽儀自身因有對待而生成太陽少陰。所謂有對待，即是有陰陽。我們從黑白示之的四象圖，可以看出少陰是陽儀之中的一點陰，少陽是陰儀之中的一點陽。從卦氣來說，卦之變化確是由下往上升的；但從卜筮之學（亦即京房易）來說，卦之內部變化，其宗廟爻不變。此即每一個卦在變化時，其第六爻（宗廟爻）不能變。朱子周易本義所載「分宮卦象次序」是分爲乾坎艮震巽離坤兌八宮，其所謂「乾爲天（乾卦未變），天風姤（第一爻變），天山遯（第二爻又變），天地否（第三爻又變）風地觀（第四爻又變），山地剝（第五爻又變），火地晉（第六爻不變而第四爻又變回為陽），火天大有（下卦原已變為坤，現又錯還為乾）」等等，是指乾宮之變化。其他各宮的變化，其法皆如此類推。乾宮變化，并以圖示之於左：

（未變） ䷀乾為天	（變一） ䷫天風姤	（二爻變） ䷠天山遯	（三爻變） ䷋天地否
（四爻變） ䷓風地現	（五爻變） ䷖山地剝	（六不變四變回） ䷢火地晉	（晉之下卦坤錯爲乾） ䷍火天大有

宗廟爻爲什麼不變呢？因爲宗廟爻若變，則是變卦（或說「卦變了」）而不是卦之內部的變化。變卦即此一宮之卦變爲別一宮之卦，卦變是指卦之內部的變化。由下而上之變化，是指卦之

內部的變化。錯與綜，如乾坤坎離之綜無變化，其餘之綜，結果皆為「變卦」。錯當然是「變卦」，但下卦之錯，而上卦未變，則是卦之內部的變化。卦之變化有多種，非祇是由下而上之變化。這或許是馮氏未注意及此的。以馮氏之博學，這些他應該知道。以上是說明了宗廟爻不變之原因；因此⚎⚍兩象，其少陰之陰，少陽之陽，都是不能變的。若變則是本質變了。我們可以這樣的說，卦之內部的變化是量變，而宗廟爻變則是質變。量變而宗廟爻不變，是不會發生質變，這是周易講卦爻變化之一大原則。總之，邵子講兩儀四象是講八卦之生成，馮氏則用之來講成住壞空，卻是完全亂說。他說，他所講兩儀四象，不必與易傳相同，這固然未嘗不可以，卻必須把兩儀四象之原意，先詮釋得明明白白，然後再說出不相同者，這才是真正的學問之道。現代所謂學者，多不先求明白原意，卻自己隨意亂說，以致把原意完全扭曲，這是筆者認為極不妥當的一件事。我們之所以不惜詞費，指出馮氏亂說，其故也在於此。在此仍須指陳者，馮氏之所以會如此亂說，乃是他完全不懂周易哲學。他說：「哲學中之宇宙論，如講及所謂世界之原始等，皆是就邏輯方面說，不是就事實方面說。換句話說，皆是將我們所說『無極而太極』之過程，於中間隨意切斷一處，就此切斷之處，看實際底事物，是如何有底。」又說：「舊說常離一件一件底事物，而講普通底陰陽，而講普通底陰陽；照我們的看法，此是不能講底。但我們若將實際世界作為一物，或一事看，則實際底世界，亦可有其氣之動者，有其氣之靜者，有其陽，有其陰。此陰陽有似於舊說所講之陰陽。」⓮

⓮ 以上所引用者皆見馮著「新理學」第二章。

從這所引述，馮氏是「就此切斷之處」，亦即以抽象的方法來看周易，殊不知周易是就事實方面說。中國形上學的本體論與宇宙論，皆是從事實方面說的。我們認爲中國形上學是實體哲學（請覆按第四章第一節「頓教本體哲學與實體哲學」）；而且是與「有的科學」不相同的另一種境界的知識（請覆按第一章）。馮氏不明此一究竟，而以思辨方法，「皆是就邏輯方面」，此所以牛頭不對馬嘴了。邵子先天四圖，皆是在說明此宇宙雖是森羅萬象，在本質上則祇是陰陽相對待而生起之各種變化而已。宇宙變化，種類繁多，宇宙萬象，難以窮盡，而八卦與六十四卦，亦祇是舉例（即現在所謂之「取樣」）以明之。依邵子之加一倍法，除了現有六畫之卦外，可有十二畫之卦（易林之卦即為十二畫），廿四畫之卦，依次相加，至於無窮。爲什麼周易祇有六十四卦呢？因爲如此「取樣」便已可說明宇宙之生成及其變化之理。關於「變卦」及卦之內部變化，前文已有述及。周易雖沒有發展成黑格爾式的辯證法，但以之說明宇宙之生成及宇宙之種種變化現象，若能真知其意，則知確是明白易曉，亦確是頗爲中肯而無差誤。

我們已說明兩儀是如何的生四象，現再說明四象是如何的生八卦，仍特以圖示之於左：

㈠太陽生乾兌圖：

一、乾☰

二、兌☱

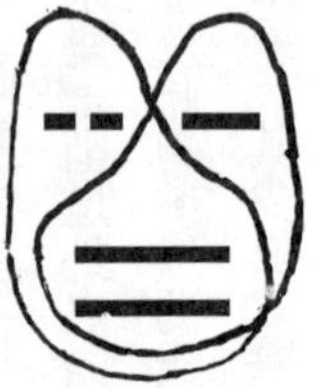

（說明）太陽⚌生出之陽，與太陽合而為乾，如上圖右圈所示者，其所生之陰，與太陽合而為兌，如上圖左圈所示者。

㈡少陰生離震圖：

三、離☲

四、震☳

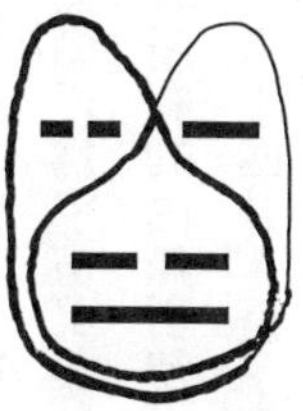

（說明）少陰⚍生出之陽，與少陰合而成離，其所生之陰，與少陰合而成震。

㈢少陽生巽坎圖：

五、巽☴

六、坎☵

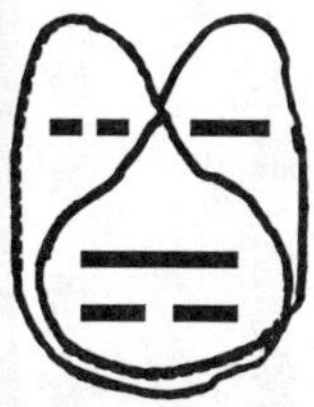

（說明）少陽所生之陽，合少陽而成巽，所生之陰，合少陽成坎。

㈣太陰生艮坤圖：

七、艮☶

八、坤☷

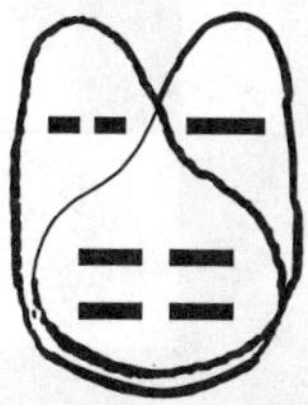

（說明）太陰所生之陽，合太陰而成艮，所生之陰，合太陰而成坤。

以上所示四象生八卦四圖，將其連接起來并以黑白代替⚋⚊（陰陽）這兩個符號，即成爲小橫圖，爲使讀者有明白之認識，特將小橫圖，即「伏羲八卦次序」圖列之於左：

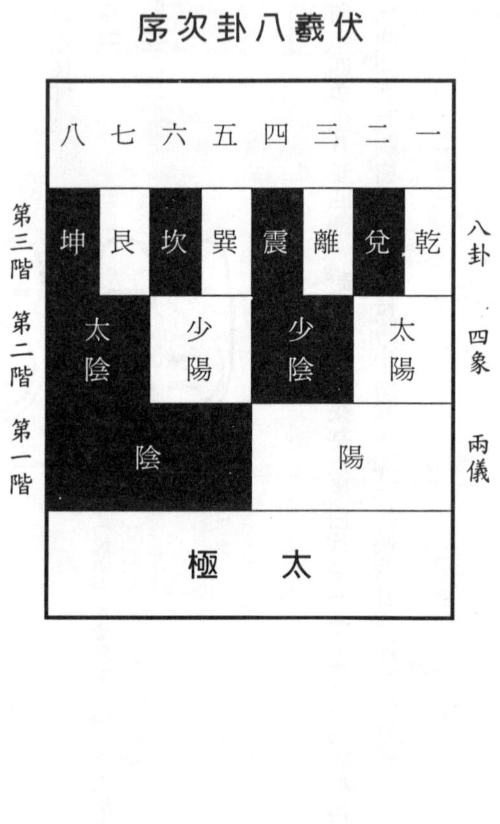

小橫圖不易被人瞭解，我們除了在講「周易參同契之本體論」時曾經引述，以闡明本體之本性是什麽外，茲再引述以說明宇宙是如何生成的。這宇宙是如何生成的呢？簡單的說，它是宇宙本體之本身稱其所有的以顯現爲宇宙萬象，亦即這個無始無終而可名之爲太極的宇宙本體，它自己「不容已」的稱其所有的由無對待而有對待的，以辯證的過程顯現出宇宙萬象。

小橫圖與大橫圖，亦即八卦與六十四卦，是宇宙萬象的取樣。從這個取樣，若能真知其意，是可以很詳實的明白宇宙萬象之生成及其變化之規律。這一套宇宙論與老莊的宇宙論相比較，實無本質上的不同。朱晦翁說：「伏羲四圖，其說皆出邵氏。蓋邵氏得之李之才挺之，挺之得之穆修伯長，伯長得之華山希夷先生陳摶圖南者，所謂先天之學也。」可見邵子的宇宙論出自道家。我們可以這樣的說，自王輔嗣掃棄象數之學以後，數百年間，儒家不明象數之學，易學亦「不足觀」。在道家方面，自魏伯陽「以易道明丹道」以後，雖使易道與神仙之說結合，扭曲了易道，但對於周易本義，尚能保存，代代相傳，至宋而康節先生自道家手中得此真傳，真可謂「是旦暮遇之也」。

第五，照以上所述，我們已明白的懂得：宇宙之所以生成，在於宇宙本體「不容已」的變易；宇宙本體之所以變易，在於由無待而有待。宇宙本體是「其爲物不貳」，這是指宇宙本體真誠無妄，純一不雜而言。這純一不雜，亦即是沒有差別性之本體，是因有待而一分爲二。一分爲二，亦就是加一倍法。所謂「道生一，一生二」及「是故易有太極，是生兩儀」皆可作如是觀。當一生二後，二與一相加便是三，當有了三以後，便可生出無窮之數（因為四是三加一，五是三加二，五依次而加一二三四五便成六七八九十，十進位是無窮的），所以是三生萬物。至於兩儀生四象呢？這是用加一倍法而表示一所生之二，又各生二。太極與兩儀就是三。依三生萬物之理，有了兩儀，便是有了萬物。古人雖未作如是解釋，而這個解釋是至當不移的。這可證明老莊與周易，對於宇宙之生成，無本質上的不同。至於三生萬物與兩儀生八卦，周易與老子便不相同了。三何以生萬物，這可說祇是量的變化，前文已明白言之，可不再贅。兩儀何以生八卦呢？因爲太極生兩儀是一生二，「二」是兩個「一」，所以又各生「二」而成爲四象。四象是四個「一」又各生「二」而成八卦、六十四卦，以至無窮。從其是遞增而言，是加一倍法，此所以宇宙是由隱而顯，由微而著。而且，這個「遞增」，亦是一分爲二的依次的細分。這個「細分」，是宇宙的由簡而繁，也是細分到視之不見、聽之不聞、觸之不得的混而爲一之無，頗似現代物理學所謂之陰陽電子之相遇。照這樣說來，太極、兩儀、四象、八卦、以至於無窮之這個構想，實可以很明白描述宇宙之生成及其存在之本質。所以我們在前文指出：「若能真知其意，是可以很詳實的明白宇宙萬象之生成及其變化之規律」。生成已說得很明白了。現須略作說明的，即：這變化的規律是什麼呢？前文曾談到卦之錯綜及卦之內部的變化，茲再作補充的說明：什麼是變化呢？易繫辭曰：「剛柔相推而生變化。……變化者，進退之象也；剛柔者，晝夜之象也；六爻之動，三極之道也。」（繫辭上傳第二章）又曰：「以動者尙其變。」「寂然不動，感而遂通天下之故。」（第十章）又曰：「一闔一闢謂之變，往來不窮謂之通。」（第十一章）又曰：「化而裁之謂之變，推而行之謂之通。」「化而裁之存乎變，推而行之存乎通。」（第十二章）綜結這些說法，當知變化就是「剛柔相推」，「一闔一闢」，「化而裁之」，以及「動」「感」等等。繫辭又曰：「一陰一陽之謂道。」（第五章）「一陰一陽」就是「一闔一闢」「剛柔相推」，也就是變。因此，從宇宙論來說，變就是道。道、易、一、變等等皆是同義語，這也是中國形上學宇宙論的最重要的思想。其次，這「變」之目的何在呢？變就是「化而裁之」，「推而行之」，也就是要能「通」，要能「往來不窮」。變而化，變而通，這是周易哲學之精義。莊子曰：「昔者莊周夢爲胡蝶，……此之謂物化。」（齊物論）馬其昶註曰：「物有分，化則一也。……浩然與天地精神往來。」周易所講之變化，是「深達造化之原」（馬其昶語），是「通變之謂事」（繫辭第五章），是「窮神知化，德之盛也。」（繫辭下傳第五章）這是從「造化之原」而言；若從世俗的觀點來說，則是「變而通之以盡利。」（上繫第十二章）再其次，繫辭下傳第八章有曰：「易之為書也不可遠，為道也屢遷，變動不居，周流六虛，上下無常，剛常相易，不可為典要，為變所適」照這個說法，周易所講之變化，無一定模式，所以「不可為典要，為變所適」。不過，它是「周流六虛」的，所以有每一個卦之內部的變化。但是，所有的卦，皆是一分為二，亦即一之分裂的結果。這就是說，所有之卦皆是此至大無外之一的內部，亦即卦與卦之變化，皆是宇宙內部之變化。於是，周易所講之變化，雖無一定之模式，卻可分類為一個卦之內部的變化暨卦與卦之間的變化。卦之內部的變化，是量的或形式的變化，其宗廟爻不變時，是不會發生整個卦之質的變化，這在前文已有所陳述。在此仍須指陳者，量或形式的變化，常是微小之量的異質所引起，此即異質的微小之量乃引起變化之根源。陰陽互變，其故在此。茲再談卦與卦之間的變化，當然是質的變化。在一個卦之主要成份未變時，即令內部某一部份發生了變化，而整個卦之體質不致有變化；若主要成份，如宗廟爻有變時，即發生革命性的變化。例如䷜（坎卦），其宗廟爻若變，則成為䷺（風水渙），即已由坎宮之卦變為離宮之卦了。照這樣說來，微小之量的異質在卦之內的變化，是不一定引起質變，祇要是宗廟爻有變，其他各爻全不變，也會引起革命性的變化。這是京房易看卦爻變化之準則。古人常依此準則，以斷定卦爻變化之吉凶悔吝。我們認為，若從卜筮而斷定事物之吉凶悔吝，并不真有意義，應該屬於一種迷信；因為卜筮者之斷定，是無可理喻的。若以「易」占之，即準易之卦爻變化而觀察事物之成盛衰毀，則不為無理。至於是否能發展成一套形上學的方法論，筆者愚昧，未敢妄加評斷。

第六，邵子先天之學的大橫圖，我們在講邵子的本體哲學時已有引述。朱晦翁是極力推崇邵子先天之學，亦有人持反對的態度，例如六十四卦次序，是一分爲二而爲兩儀、四象、八卦。八卦又一分二而爲十六、三十二以至六十四。有人認爲十六、卅二是沒有名稱可說，因而批評先天之學不妥。其實，不應以辭害意，不宜在此等處多所爭辯。因爲邵子的加一倍法，是最能描述存有何以是連續的，是道生一，一生二之最透澈的解釋。我們曾一再的說，小橫圖是太極生兩儀，兩儀生四象，四象生八卦之最恰當的解釋。至於八卦及六十四卦，可以用蓍草算出來，也可用卜的方法卜出來，更可以依代數學的排列及組合之原理而組成八卦及六十四卦，茲分述於下：

(一)將兩儀與四象組合而成八卦及六十四卦，其算式於下：

(1) $mn = 2 \times 4 = 8$（即兩儀與四象每次各取一個而組成八卦。例如乾卦，即是兩儀之陽儀與四象之太陽組合而成，由此更可以瞭解小橫圖所列兩儀四象八卦之含義是什麼了。）

(2) $m^r n^r = 2^2 \times 4^2 = 64$（即兩儀與四象每次各取兩個而組合與排列成六十四卦）

(二)將兩儀組合與排列而成四象、八卦、及六十四卦，其算式於下：

(1) $n^r = 2^2 = 4$（即每次取兩儀兩個而排列成四象）

(2) $n^r = 2^3 = 8$（即每次取兩儀三個而排列成八卦）

(3) $n^r = 2^6 = 64$（即每次取兩儀六個而排列成六十四卦）

易繫辭曰：「八卦成列，象在其中矣；因而重之，爻在其中矣。」若說六十四卦是因八卦而重之的，亦可列成於下之算式：

$n^r = 8^2 = 64$（即每次取八卦兩個而排列成六十四卦）

照以上所述，八卦及六十四卦之生成，是可以有多種方法；但是，用八卦與六十四卦之生成方法而說明宇宙本體之本性及宇宙之所以生成，則小橫圖與大橫圖是最能曲盡其義；因此，有些人對先天之學所作之批評，并不真有意義。我們在講邵子本體哲學時曾說「伏羲四圖，祇適合講形上學，也就是祇宜以之描述本體之本性；若以之講歷史的變化，四時的變化，或萬物的變化等等，這似乎是錯用了方法，白費了力氣。」（請覆按第四章第二節「邵子先天之學與魏伯陽之牝牡四卦」）我們為什麼要說「是錯用了方法，白費了力氣」呢？如邵子講卦氣，以六十四卦分二十四氣，頗為精密而言之成理。又以之講元會運世。很顯然的，歷史之變化，為變所適，決不會依元會運世這個模式而刻板的以成其變化。至於廿四氣之說，這是將曆法與周易揉合在一起。我們認為，易是形上學，而曆法則是形而下者。形上與形下，應該是兩件事。因此，邵子先天之學，應止於說明宇宙之所以生成及其存在之本質。關於宇宙之生成，邵子的先天之學，實頗能曲盡其義。這宇宙雖是森羅萬象，無盡無窮，究其實而言，亦祇是變動不居，唯變所適而已；亦祇是陰陽電子之相遇而已。不過，這相遇是真實的。中國形上學的宇宙論，應該祇探討這些問題。先天之學，在這方面做得還不錯。若從此再導向形而下方面，邵子確是白費了力氣，這也是我們中國文化未能發展出現代科學之最主要的原因。

三、周濂溪的宇宙論

濂溪先生與邵子爲同時代人。邵子先天之學，其所傳承者確自道家，濂溪先生雖未知傳自何人，大致亦必與道家有關係，茲特將「太極圖」錄之於左：

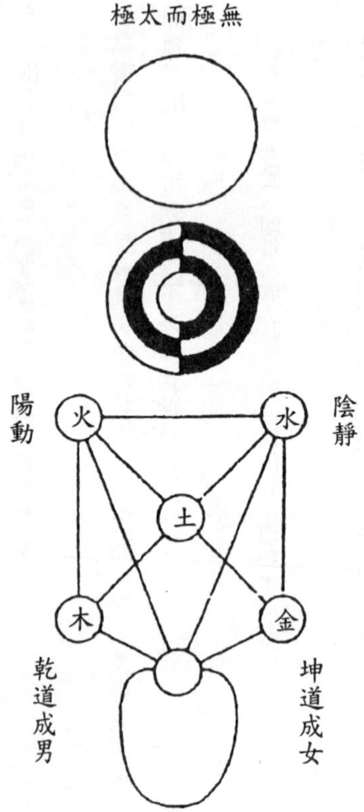

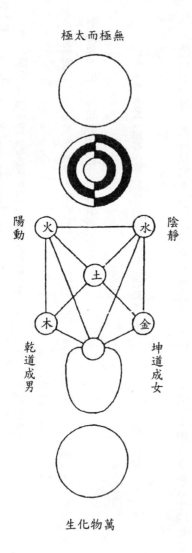

太極圖講無極而太極，講水火金木土等等，很顯然的與道家有關係。儒家雖然也講陰陽五行，但不講修鍊，而太極圖是很明顯的與道家修鍊之術有關。宋代理學興盛以前，儒家從道家而學得失傳之儒家哲學，濂溪可謂傳承自道家。我們講周程朱張的本體哲學時（請覆按第四章第二節），曾引述「太極圖說」并略作分析，茲不再贅。惟必須指陳者，「太極圖說」若當作本體論看，這是講本體之本性；若當作宇宙論看，則是講宇宙之生成。宇宙是如何生成的。照太極圖所示，宇宙是由無極而顯現爲太極。太極即是這有待之陰陽而其大無外。何以是「其大無外」，因爲它是太極，也就是無極。這其大無外的有待之陰陽，是陽動陰靜的而顯現爲水火木金土之五行，而化生萬物。萬物雖是萬象畢陳，在本質上實衹是陽動陰靜之對待而顯現出辯證的形式與過程。因其如此，所以無極、太極、陰陽五行、以至宇宙萬物，實衹是一事。所謂「五行一陰陽也，陰陽一太極也，太極本無極也」，其義即是如此。此和小橫圖之一分爲二，在本質上完全相同。存有何以是連續的？宇宙不是神造的。濂溪先生與邵康節以及老莊的宇宙論，可說完全相同。

四、濂溪以後之儒家宇宙論

至於濂溪以後之儒家宇宙論呢？宋明以迄清代，實無人能超越邵周而有所創獲。筆者認爲，顧炎武反對心性之學，其原意并非完全不對，其結果造成清儒鑽字紙簍之惡習，以小題目做大文章，至今猶可見其餘風，實非顧氏始料所及。清儒之鄙陋，對儒家形上學無有助益，這是不足爲怪的。其在宋明，學者對於宇宙之生成，以及宇宙之本性等等，大抵皆宗周易及邵周之說，并認定這宇宙之存在，在本質上乃理與氣而已，而特別注重理氣之先後及「氣」究竟是什麼之問題。在朱子看來，「無形而有之物事是不可能的」，所以晦翁認定這陰陽之氣，若是有形，必是形而下者；若是無形，則必是無陰陽之氣可言。朱子雖宗邵子與濂溪，卻未真的見到他們。陽明很少談宇宙論。王船山在學術上造詣甚深，立身行事，亦爲人所欽敬，惟其談宇宙論時頗多不合，例如：

> 或曰，男不偏陽，女不偏陰，所以使然者天地；天不偏陽，地不偏陰，所以使然者，誰也，曰道也。曰老氏之言，曰有物混成，先天地生。今曰道使天地然，是先天地而有道矣，不偏而成是混成矣。然則老子之言信乎？曰非也。道者天地精粹之用，與天地竝行而未有先後者也。使先天地以生，則有有道而無天地之日矣，彼何寓哉？而誰得字之曰道？……⑮

船山不贊同「有道而無天地」之日，其所持理由，「彼何寓哉？而誰得字之曰道？」所以船山認爲「天下無象外之道」（周易外傳卷六第三章）。他又說：「天下惟器而已矣。道者器之道，器者不可謂之道之器也。無其道則無其器，人類能言之；雖然苟有其器矣，豈患無道哉？……無其器則無其道，人鮮能言之，而固其誠然者也。洪荒無揖讓之道，唐虞無吊伐之

⑮ 王船山全集第二冊「周易外傳卷一」。

道，漢唐無今日之道，則今日無他年之道者多矣。未有弓矢而無射道，未有車馬而無御道，……」（周易外傳卷五第十二章）。船山此是說：弓矢以外無弓矢之道。弓矢以外之道當然不是弓矢之道，天地以外當然不是天地之道，但是，天地何所指？在古人看來，所謂「天地」，當然是指這蒼蒼者天，這龐然塊然之地，是恒久不已的。其實這祇是誤解，依據這個誤解而肯定「有道而無天地之日」爲非，這當然是不正確的；而且，「今日無他年之道」，祇是「他年之道」在「今日」未被發現而已，未被發現亦不得謂之「無」，這是有識之士應該贊同而認爲「道」不宜因器之有而有。照我們的系統，或者說，照我們對於中國形上學的本體，亦即對道之本體或宇宙之本體所作之體認，我們可以這樣的說：宇宙之所以爲宇宙，乃宇宙本體之本身稱其所有的以顯現爲宇宙萬象，亦即這個可名之爲「無」，也可「字之曰道」的無始無終、由微而著之太極，它自己「不容已」的稱其所有的由無對待而有對待的，以辯證的由形上過渡到形下的發展過程，且是「顯微無間」的顯現爲宇宙萬象。照我們的看法：第一，是「先天地而有道」的；第二，道與天地，不一不二，亦即「體用一原，顯微無間」的；第三，因其是「顯微無間」，所以是存有連續，而宇宙不是神造的；第四，因爲是「體用一原」，所以是體外無用，用外無體；於是，吾人可依「逆還證體」而識得宇宙本體之本性。宇宙本體之本性是什麼？已於以上各章中詳言之。第五，談中國形上學宇宙論者，實未有人能超越邵周二子；因爲「小橫圖」與「太極圖」，最能表達「體用一原，顯微無間」之義。這八個字，實是宇宙論之極致。爰依據「小橫圖」與「太橫圖」之義，并綜合現代科學之理論，特擬製「太極演化體系圖」於左：

太極演化體系圖

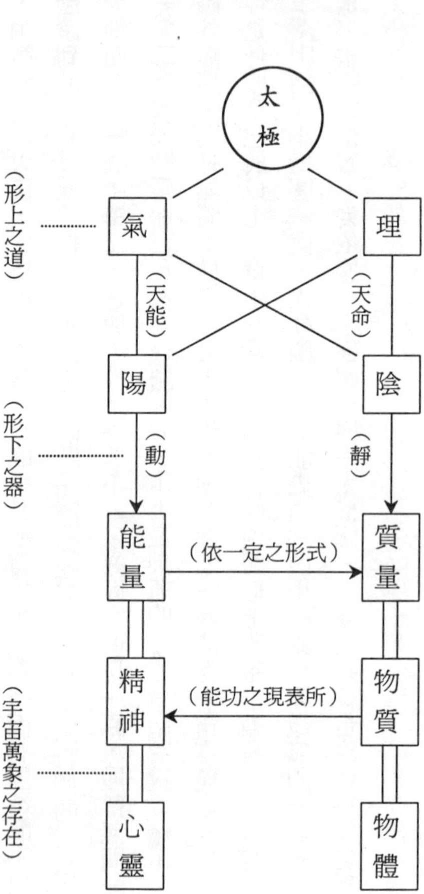

（圖例說明）

甲、「—」表示「含有」之義，如太極含有理氣，理氣含有陰陽。因為是含有，所以太極、理氣、陰陽為不可分者，此稱之為本體界。

乙、「↓」表示「就是」之義，如陽動就是能量，陰靜就是質量，能量依一定之形式就是質量，物質所表現之功能就是精神。因此，理（天命）氣（天能）、陰（靜）陽（動）、能量、質量、物質精神等等，皆祇是一事，亦皆是太極所顯現之形式與功能。

丙、「‖」表示「演進」之義，如能量演進為精神，質量演進為物質，精神物質演進為物體心靈。物體心靈實祇是一事，所以是合一而不可分的。

上圖說明了什麼呢？第一，我們是稱宇宙本體為太極。這也是沿襲儒家的一貫稱謂。照我們對於本體之體認與詮釋：本體是「先天地生」，是「無」或「無名」，是有與無之同一。

因爲本體是「無」，當然可以叫作「無極」。它什麼特性都沒有。不過，它雖然是「無」，祇是無方所、無形相、無內涵、無差別而已，它仍然是一種「有」，黑格爾稱之爲「純有」，所以本體是有與無之同一。同時，這個純有，佛家亦稱之爲「無所住心」，這「無所住心」，我們是稱之爲宇宙本體的本性。這個本性的本身，其內涵是零或無，其外延當然是無限的。照這個說法，朱陸無極而太極之爭是多餘的，因爲在本體界，有無是同一的。說無極而太極與不說無極而太極，都沒有不對，又何必起爭論呢？

第二，我們曾指出，本體是「易」，本體是以「簡易」之原則（一動一靜，一翕一闢），「不易」之方式（一陰一陽），「變易」之過程（由微而著，由形上而形下，捨故而創新），顯現了本體自身之變化。本體確是物之所以爲物，世界之所以爲世界。同時，本體就是至誠。「祇有本體才是至誠的；因爲祇有本體才是無念、無私、無二、無雜、無間斷先後，而純亦不已。」（覆按第二章第三節），這「純亦不已」，就是至誠。「絕對、至誠、純、一、無等等，都是同義字。」（同上）也就是最真實的真理。真誠就是中。本體既是有無之同一，也就是不落有無兩邊，這當然就是中。從我們人類來說，此心之中，誠或真，即是「人之全副力量或生命力」，也就是仁。仁、誠、真、中或太極，皆祇是一事。在第二章第四節中我們曾引述薛敬軒之說，作了非常透澈的說明。

第三，本體既是物之所以爲物者，它當然有物之所以爲物的可能性。照聖多瑪斯「現無而能有，謂之潛能」的學說，則本體界應稱爲潛能界。我們中國哲學不作如是觀。我們認爲，本體是「自性具足」的。此「自性具足」或本來如是之本體，是含有此氣與理。此所謂理，是指其能依照的而言；此所謂氣，是指其能依據的而言。本體非他，乃能依照的與能依據的這二者之合一而已。何以是這二者之合一呢？因爲本體既然是真與誠，它當然就是實有；實有必是能依據的。而且，這實有必是由無而有，由微而著的顯現爲宇宙萬象之存在，所以它也是能依照的；因爲若不是能依照的，則便是無形式與條理；若無形式與條理，則不僅無所依照，亦且不能成其爲能依據的，所以這二者必是合一的。此自性具足之本體，它雖是自性具足，萬能萬德，究其實，亦祇是能依據的與能依照的這二者而已。因爲本體是無，它是「無形跡」的，它「只是個淨潔空闊的世界」而已，它祇是有此事實的與應該的可能而已。

第四，我們將此能依據的或事實上的可能叫作氣，將此能依照的或應該的可能叫作理。爲使此氣有別於形下的氣體之氣，我們特叫它作天能；爲使此理有別於形下的邏輯之理，我們特叫它作天命，天命無可違，天能必然顯。此天能就是陽，就是動；此天命就是陰，就是靜。簡單的說來，此本體或太極，就是一陰一陽，或一動一靜而已。易曰：「是故易有太極，是生兩儀。」這就是說，太極就是一陰一陽而已。我們爲什麼要巧立理氣、天能天命這些名目呢？乃在於說明這物之所以爲物的本體，它是如何由無而有，亦即它是如何的表現而爲宇宙萬象之存在。

第五，此物之所以爲物的可能性，祇是一陰一陽或一動一靜而已。此一動一靜，就是自性具足，就是萬能萬德。此一動一靜，就是貫通形下形上的樞紐，亦即有無相生之理。黑格爾以有（being）、無（nothing）生（becoming 亦譯為成或變成）三者作爲純有之本質，我們中國哲學則以陰陽或動靜作爲本體之功能。動靜本身就是生或變。生就是本體之德。易曰：「天地之大德曰生。」黑格爾哲學於此等處，很像我們中國哲學。

第六，照以上所說，中國哲學裡的理氣先後之爭，亦是多餘的；因爲在本體界，理氣是彼此含攝而不可分的。而且，本體界既是無，故無時空可說，何有先後？這就是說，理氣二者不僅是互爲其根，亦且是無先後可言的。我們中國哲學主張陰陽互爲其根，此理至真確，亦至易明曉。例如動靜，即是互爲其根的。宇宙沒有純然的動或靜，這是現代科學所能明證的。這個證明，也就是間接的證明了心物之本一。

第七，另有一點，在此特作說明：此即老子所謂「道生一」，此一即太極。「一生二」此二即兩儀。「二生三」，此三即兩儀與四象。本來，太極之一與兩儀之二，即是三。同樣的，兩儀又各分爲二，而成爲四個二。這四個二，又各分爲二，便成爲八個二。這八個二中之有四個二，加陽儀，成爲陽儀四卦。這八個二中之有四個二，加陰儀，便成爲陰儀四卦，由此可證，老子「道生一，一生二」之說，與太極生兩儀，兩儀生四象之說，實是完全相同。

第八，一般說來，精神或心靈只能從生物的物理結構內顯現出來，而精神性的發展也是隨著物理結構的複雜性而增加。（覆按第二章第三節）上圖所示「物質所表現之功能就是精神」亦正是此意。若基於現代物理學作深入之分析，則知所謂物質，乃「能量依一定之形式」而有「質量」而成爲物質；而所謂「能量」，實祇是一種動能，不是物質。物質是：非物質之動能「依一定之形式」而成。我們說，物質是精神之一種形式，於事於理，均無不當。這不祇是說明了突創唯物論之非是，亦更是非常明白的說明了形上與形下，不一亦不二。存有何以是連續的，觀上圖而仔細加以玩味，當更無疑義。

總之，儒道兩家的形而上的宇宙論，大抵上皆本周易。在解釋上雖有不同，在本質上并無太大的差異；而且，康節與濂溪之說，後之儒者無人能有超越，上圖亦祇是本其玄旨用現代的學說而加以詮釋。依上圖所示，這宇宙本體而可稱之爲太極者，它祇是有此事實的可能與應該的可能而已，它祇是理氣陰陽或天命天能與動靜之本一而已，其顯現爲宇宙萬象，究其實亦祇是物質與精神之本一而已。這就是中國形上學所講的本體的本來如是與宇宙的本來如是。以上各章，我們已不煩辭費的說明了儒釋道三家之本體的本來如是，及儒道兩家之宇宙的本來如是，現擬進而說明釋家的宇宙論；爲使讀者對儒家宇宙論有更明確之認識，并較爲容易的認識佛家的宇宙論，特再介紹熊十力的的宇宙論。

五、熊十力的宇宙論

熊十力說：「余平生之學，本從大乘入手。……直從大乘有宗唯識入手。未幾捨有宗。深研大乘空宗，投契甚深。久之，又不敢以觀空之學爲歸宿。後乃返求諸己。忽有悟於大易。而體用之義，上考之變經益無疑（達按：變經即是指易經而言）。余自是知所歸矣。（歸宗孔子。）」⑯照熊先生此說：第一，熊氏雖深通佛學，但自承歸宗孔子，所以我們判定他是儒家。第二，其所謂「體用之義」，即是他的宇宙論，是以體用不二立宗。他說：「實體是完完全全的變成萬有不齊的大用，即大用流行之外，無有實體。譬如大海水全成爲眾漚，即眾漚外無大海

⑯ 熊十力著：「體用論」，頁七，臺灣學生書局。

水。體用不二亦猶是。」（同註十五第一章，頁十）這是熊氏對體用不二所作最扼要之詮釋。

我們爲什麼要介紹熊氏的宇宙論呢？因爲熊氏是對儒家宇宙論有深入研究之現代人；同時，從介紹他的學說思想中，確可以使我們更爲明確的認識儒家的宇宙哲學。例如上文他說「大用流行之外，無有實體」，「眾漚外無大海水」。他的意思是說，實體與流行之大用無二，眾漚與大海水無二。事實上，這個「無二」，祇是大用與實體之本性無二，眾漚與海水之本性無二而已，這二者仍是不一的；而且，說大用外無實體，眾漚外無大海水，實亦未嘗更不必如此說。熊氏常用「稱體顯用」之說，意謂本體是稱其所有而顯現爲用。這應該祇是指：盡本體所有之本性而顯現爲用，而不是指將本體之全部顯現爲用。本體是不能想像其有所謂全部的。屬於形上的非意識所行境界之本體，自不宜以形下之全部或分部想像之，熊氏於此等處，似多有未契。熊氏認爲實體爲能變。他說：

> 已說實體為能變。當知實體非常非斷。（斷者斷絕。）故又名之以恒轉。恒字，是非斷的意思。轉字，是非常的意思。非常非斷、剎那剎那、生滅滅生、故名恒轉。（同上）

此說宇宙本體爲能變與恒轉，其義無違。至於這恒轉或能變之本體，是如何的以成其變呢？熊氏曰：

> 要解答這個問題，自當於萬變無窮中，尋出其最普遍的法則。余以為不外相反相成的

一大法則。因為說到變化，必是有對。易言之，即由宇宙實體內部，含有兩端相反之幾，乃得以成變，而遂其發展。變化決不是單純的事情，（單者，單獨而無對。純者，純一而無矛盾。）單純，那得有變化。然若兩端對峙惟互相反，而無和同。即令此伸彼屈，而此之獨伸，亦成乎亢窮，則造化將熄矣。所以說變，決定要率循相反相成的法則。中國最古的哲學典冊，莫如大易。太初羲皇畫卦爻，以明宇宙變化的理法。其書為六十四卦。每卦皆以兩卦合成。然分觀之，則皆以三爻成卦。（爻字涵義深廣，略言之，祇表示變動。）從來解易的人，罕有注意及此。我常求其義於老子書中。老子說一生二，二生三。這種說法就是申述大易三爻成卦之旨，用以表示相反相成的法則。因為有了一，便有二，這二便與一相反。同時又有個三，此三卻是根據一（三，本不即是一，祇是根據於一。）而與二反，卻能轉化乎二以歸於和。易云，保合太和，長也。惟有兩相反而成乎和，所以完成其全體之發展。若惟單純，固無變化。若惟矛盾而不相融和，則摧傷必多。即勝之一方，亦將處亢而窮。大化流行，何至於是。

上來已說變化的法則。今次當談翕闢和生滅，便可甄明此一公則，是一切變化所共由之以成。（變化二字，亦省言變。）且先翕闢。前面已經說過，本體是要成為萬殊的用。因此，假說本體是能變，亦名為恒轉。夫恒轉，至無而善動。（無者，無形，非是空無。善者，贊詞。）其動也，相續不已。相續者，謂前一動方滅，後一動即生，如電光之一閃一閃無有斷絕，是名相續。非以前動延至後時名相續也。不已者，恒相續故，說為不已。使其有已，便成斷滅，有是理乎。此種不已之動，自不是單純的勢用。（單純二字，見前。）每一動，恒有攝聚之一方面。（攝者，收斂。聚者，凝聚。）若無攝聚，便浮游無據，莽蕩無物。所以動的勢用方起，即有一種攝聚。攝聚之威勢猛極，乃不期而成為無量數的微細質點，中庸說為小莫能破，惠子謂之小一，（每一質點，可以說是組成大物的一小單位，故曰小一。）是為物質宇宙所由始。至此，則恒轉殆將成為質礙之物，失其自性。故翕勢可以說是一種反作用，「然而當翕勢方起，卻有別一方面的勢用，反乎翕，而與翕同時俱起。（二勢非異體，更無先後次第，故說同時俱起。）惟此種勢用，本是恒轉自性顯發，畢竟不即是恒轉。譬如，說冰自水成，而冰卻不即是水。此一方面的勢用，是剛健自勝，而不肯物化，正與翕相反。（不物化者，不變爲質礙的物也。後凡言物化者倣此。）申言之，即此不肯物化的勢用，是能運於翕之中而自為主宰，因以顯其至健，卒能轉化翕，終使翕隨己俱升。（己者，設爲闢之自謂。升者，向上義。）易云，保合太和，乃利貞，是也。此種剛健而不物化的勢用，即名之為闢。

如上所說，恒轉動而成翕。才有翕，便有闢。唯其有對，所以成變。恒轉是一。其顯為翕也，幾於不守自性，此便是二，所謂一生二是也。

然而恒轉畢竟常如其性，決不會物化。故翕勢方起，即有闢勢同時俱起。此闢便是三，所謂二生三是也。

上來已說變化祇是率循相反相成的一大法則，於此已可見。

綜上所說，翕勢攝聚而成物。即依翕故，假說物行。（行字，見前。物即是行，故名物行。下言心行者倣此。）闢勢運行於翕之中，而能轉翕從己。（己者，設爲闢之自謂。）即依闢故，

假說心行。翕闢是大用流行的兩方面，本不可破析，故心物非兩體。（同註十六，頁十一—頁一七）

照熊氏此所說的，這恒轉或能變之實體，其所以能變，乃實體內部含有相反相成的一大法則，這與儒道兩家的宇宙論完全相同。至於這個相反相成的法則所顯現之現象則是一翕一闢之兩個勢用，亦即周易所謂之陰陽動靜。這與前述之「太極演化體系圖」，在理論上可說沒有什麼不同。這對於中國形上學之理解，確是大有幫助。在此仍須指出者，即熊氏所謂「剎那剎那、生滅滅生」。他在「新唯識論」中，講剎那剎那乍現。我不同意他這個說法。他現在說「生滅滅生」，我認為這是可以同意的。他說大乘空宗「實以破相顯性，為其學說之中樞」。這即是說：「大乘破相，是以遮詮之術，密顯法性。」（同註十六，頁七六）但其結果，將性相全破了。他說：

法性本不可空。群經皆有實相印在，如何道他一切都空。（此中群經，謂大乘的經典。）此是大空學之本源，當還他真相，毋令古哲受冤。然復須知，由破相顯性之主張，一直往前推演，則相空而性復何存。此則大空諸師自己返攻自己，而終不自覓也。問。大空諸師何至如此。答。汝疑吾言乎。汝未悟體用不二耳。夫佛氏所云法性，猶余云實體。佛氏所云法相，猶余云功用。前己言之矣。相者，即是性之生生、流動、乍現相狀，余故說為功用。譬猶大海水變成衆漚。（衆漚，比喻法相。大海水，比喻法性。後倣此。）

性者，即是萬法的自身。（萬法，乃法相之別一名稱。）譬如大海水即是眾漚的自身。余故說體用不二。汝若了悟此義，（此義，即上云體用不二。）當知相破盡，則性亦無存。所以者何。性，是相的自身。相若破盡，則相之自身何存，是性已毀也。（注意。）相，即是性之生生流動。（生生，流動，故以功用名之。）相若破盡，則性為無生，不動、湛然寂滅之性，此亦何異於空無乎。（注意。）是故大空諸師本旨在破相以顯性，終歸於相空，而性與之俱空。易言之，用空，而體亦空。余謂諸師自己返攻自己，非苛論也。其學術誠不無病在。（人言心經一切都空，余不許之者，以其未嘗實求經義，但覩經文，有五蘊皆空云云。遂肆口批評。余故痛戒之。佛法畢竟深遠。余雖謂其不無病。然其窮高、入微、儘有真是處。余終身不輕議也。）（同註十六，頁七九—頁八一）

熊氏對於佛學有極深之造詣，觀以上所說，當知此言不差。至於儒家與佛家之根本不同，熊氏有極明確之說明，他說：

余通玩空宗經論。空宗可以說真如即是萬法之實性。（實性，猶云實體。真如即實體之別名。萬法，謂心物諸法，亦通稱法相。）而決不許說真如變成萬法。此二種語勢不同，其關係極重大。茲以二語並列於左。

（甲）真如即是萬法之實性。

（乙）真如變成萬法。

甲乙二語所表示之意義，一經對比，顯然不同。由甲語玩之，便見萬法都無實自體，應說為空。所以者何。萬法之實體即是真如，非離真如別有獨立的自體故。（非字，一氣貫下。）故知萬法但有假名，而實空無。

由乙語玩之，諸法雖無獨立的自體，而非無法相可說。法相者，即是真如變成種種相，所謂宇宙萬象。是故乙語肯定法相。甲語便完全否定法相。亦復當知，乙語表示即相即性，非相外有性故。古德云，信手所捫，莫非真如。可謂證解。（證解者，解悟真理，非虛妄猜度，故曰證解。真如是法性之名。今者吾伸手捫當前的一一物。實則都是捫著真如。此明相即是性也。）（同註十六，頁八十八—頁八十九）

這甲乙二語，即儒佛之真正不同所在。由此應更是進一步的體會儒家「體用一原」及「其實一也」之義。照這樣說來，我們肯定宇宙本體既是真的，則宇宙萬象亦必是真的。祇因宇宙萬象，變動不居，常捨故以創新，有些人以爲它是「乍現」，是「幻有」。熊氏已明知萬象爲真，卻仍然說「乍現相狀」（覆按上文），可見認「人生如幻」者之積重難返。總之，本體是真的，現象也是真的。就其都是真的而言，本體與現象不二；就其是性與相言，這二者不一。若執相而不化，這當然應該掃除。佛家破相顯性，使人們能悟此覺性，這是有益世道人心，若竟然「執破」，這就不對了。熊氏說：

空宗掃相，終歸破性。用空而體亦俱空。則因其破執手段太厲，有如猛將衝鋒，不顧一切，縱其所之而已爾。諸大菩薩，（猶言大覺者。）意在破執，卒不悟其一往破盡，破，便成執也。（卒不二字，至此爲句。）惜乎，余不得起諸菩薩而質之。孔子曰，予欲無言。得忘言之意者，如禹之行水，行所無事。夫何執乎。（註十六，頁九三）

「破，便成執」，我們特名之爲「執破」。若執愈破而覺性愈顯，雖「執破」亦無過；若「執破」而不見性，則過大矣，此即二程所謂「只務直上去，惟見一偏」。現再經熊氏道出，使我們知道，佛家若「執破」而致「惟見一偏」，則成「執破」之過。在佛門諸大德中，似亦難免。不過，佛家若有宇宙論可講，則「執破」之過，似可避免。以下即簡略的敘述釋家的宇宙論。

第四節　釋家形上學的宇宙論

一、釋家的時間與空間

從大乘空宗的觀點來說，釋家應該沒有宇宙論；因爲既然一切都空，當然不會有什麼宇宙。不過，從佛教的經論中，確可以看出佛家的宇宙論。茲先從佛家的時間與空間說起。在佛家看來，宇宙的時間，是有不可想像之長久。妙法蓮華經化城喻品第七有曰：

佛告諸比丘，乃往過去無量無邊不可思議阿僧祇劫。……譬如三千大千世界所有地種，假使有人磨以為墨，過於東方千國土乃下一點，大如微塵，又過千國土復下一點，如是展轉盡地種墨。於汝等意云何？是諸國土，若算師，若算師弟子，能得邊際知其數不？不也世尊，諸比丘，是人所經國土，若點不點，盡抹為塵，一塵一劫，彼佛滅度已來，復過是數無量無邊百千萬億阿僧祇劫。我以如來知見力故，觀彼久遠，猶若今日。

這是講宇宙之廣大，不能得知其邊際；時間之久遠，真是不可想像，茲特將「阿僧祇劫」略作說明於下：

所謂「阿僧祇」（Asaikhya），阿即是「無」，僧祇即是「數」。「阿僧祇」即無數。在大智度論、俱舍論、八十卷華嚴、四十卷華嚴、六十卷華嚴，都講到阿僧祇。內容雖不盡相同，但是，一「阿僧祇」，即是幾十次平方，亦即在「一」的後面有幾十個零。八十卷華嚴經阿僧祇品第卅說：

爾時心王菩薩·白佛言·世尊·諸佛如來·演說阿僧祇無量無邊無等不可數不可稱不可思不可量不可說不可說不可說·世尊云何·阿僧祇乃至不可說不可說耶·佛告心王菩薩言·善哉善哉·善男子·汝今為欲令諸世間入佛所知數量之義·而問如來應正等覺·善男子·諦聽諦聽·善思念之·當為汝說·時心王菩薩·唯然受教·佛言·善男子·一百洛叉為一俱胝·俱胝。俱胝·俱胝為一阿庾多·阿庚多。阿庚多·為一那由他·那由他。那由他·為一頻波羅·頻波羅。頻波羅·為一矜羯羅·矜羯羅。矜羯羅·為一阿伽羅·阿伽羅。阿伽羅·為一最勝·最勝。最勝·為一摩婆(上聲呼)羅·摩婆羅。摩婆羅·為一阿婆(上)羅·阿婆羅。阿婆羅·為一多婆(上)羅·多婆羅。多婆羅·為一界分·界分。界分·為一普摩·普摩。普摩·為一禰摩·禰摩。禰摩·為一阿婆(上)鈐·阿婆鈐。阿婆鈐·為一彌伽(上)婆·彌伽婆。彌伽婆·為一毗攞伽·毗攞伽。毗攞伽·為一毗伽(上)婆·毗伽婆。毗伽婆·為一僧羯邏摩·僧羯邏摩。僧羯邏摩·為一毗薩羅·毗薩羅。毗薩羅·為一毗贍婆·毗贍婆。毗贍婆·為一毗盛(上)伽·毗盛伽。毗盛伽·為一毗素陀·毗素陀。毗素陀·為一毗婆訶·毗婆訶。毗婆訶·為一毗薄底·毗薄底。毗薄底·為一毗佉擔·毗佉擔。毗佉擔·為一稱量·稱量。稱量·為一一持·一持。一持·為一異路·異路。異路·為一顛倒·顛倒。顛倒·為一三末耶·三末耶。三末耶·為一毗覩羅·毗覩羅。毗覩羅·為一奚婆(上)羅·奚婆羅。奚婆羅·為一伺察·伺察。伺察·為一周廣·周廣。周廣·為一高出·高出。高出·為一最妙·最妙。最妙·為一泥羅婆·泥羅婆。泥羅婆·為一訶理婆·訶理婆。訶理婆·為一一動·一動。一動·為一訶理蒲·訶理蒲。訶理蒲·為一訶理三·訶理三。訶理三·為一奚魯伽·奚魯伽。奚魯伽·為一達攞步陀·達攞步陀。達攞步陀·為一訶魯那·訶魯那。訶魯那·為一摩魯陀·摩魯陀。摩魯陀·為一懺慕陀·懺慕陀。懺慕陀·為一瑿攞陀·瑿攞陀。瑿攞陀·為一摩魯摩·摩魯摩。摩魯摩·為一調伏·調伏。調伏·為一離憍慢·離憍慢。離憍慢·為一不動·不動。不動·為一極量·極量。極量·為一阿麼怛羅·阿麼怛羅。阿麼怛羅·為一勃麼怛羅·勃麼怛羅。勃麼怛羅·為一伽麼怛羅·伽麼怛羅。伽麼怛羅·為一那麼怛羅·那麼怛羅。那麼怛羅·為一奚麼怛羅·奚麼怛羅。奚麼怛羅·為一鞞麼怛羅·鞞麼怛羅。鞞麼怛羅·為一鉢羅麼怛羅·鉢羅麼怛羅。鉢羅麼怛羅·為一尸婆麼怛羅·尸婆麼怛羅。尸婆麼怛羅·為一翳羅·翳羅。翳羅·為一薜羅·薜羅。薜羅·為一諦羅·諦羅。諦羅·為一偈羅·偈羅。偈羅·為一窣步羅·窣步羅。窣步羅·為一泥羅·泥羅。泥羅·為一計羅·計羅。計羅·為一細羅·細羅。細羅·為一睥羅·睥羅。睥羅·為一謎羅·謎羅。謎羅·為一娑攞荼·娑攞荼。娑攞荼·為一謎魯陀·謎魯陀。謎魯陀·為一契魯陀·契魯陀。契魯陀·為一摩覩羅·摩覩羅。摩覩羅·為一娑母羅·娑母羅。娑母羅·為一阿野娑·阿野娑。阿野娑·為一迦麼羅·迦麼羅。迦麼羅·為一摩伽婆·摩迦婆。摩伽婆·為一阿怛羅·阿怛羅。阿怛羅·為一醯魯耶·醯魯耶。醯魯耶·為一薜魯婆·薜魯婆。薜魯婆·為一羯羅·波羯羅。波羯羅·波為一訶婆婆·訶婆婆。訶婆婆·為一毗婆上羅·毗婆羅。毗婆羅·為一那婆上羅·那婆羅。那婆羅·為一摩攞羅·摩攞羅。摩攞羅·為一娑婆上羅·娑婆羅。娑婆羅·為一迷攞普·迷攞普。迷攞普·為一者麼羅·者麼羅。者麼羅·為一馱麼羅·馱麼羅。馱麼羅·為一鉢攞麼陀·鉢攞麼陀。鉢攞麼陀·為一毗迦摩·毗伽摩。毗迦摩·為一烏波跋多·烏波跋多。烏波跋多·為一演說·演說。演說·為一無盡·無盡。無盡·為一出生·出生。出生·為一無我·無我。無我·為一阿畔多·阿畔多。阿畔多·為一青蓮華·青蓮華。青蓮華·為一鉢頭摩·鉢頭摩。鉢頭摩·為一僧祇·僧祇。僧祇·為一趣·趣。趣·為一至·至。至·為一阿僧祇·阿僧祇。阿僧祇·為一阿僧祇轉·阿僧祇轉。阿僧祇轉·為一無量·無量無量·為一無量轉·無量轉無量轉·為一無邊·無邊無邊·為一無邊轉·無邊轉無邊轉·為一無等·無等無等·為一無等轉·無等轉無等轉·為一不可數·不可數不可數·為一不可數轉·不可數轉不可數轉·為一不可稱·不可稱不可稱·為一不可稱轉·不可稱轉不可稱轉·為一不可思·不可思不可思·為一不可思轉·不可思轉不可思轉·為一不可量·不可量不可量·為一不可量轉·不可量轉不可量轉·為一不可說·不可說不可說·為一不可說轉·不可說轉不可說轉·為一不可說不可說·此又不可說不可說·為一不可說不可說轉·爾時世尊·為心王菩薩·而說頌曰

不可言說不可說　充滿一切不可說　不可言說諸劫中　說不可說不可盡
不可言說諸佛刹　皆悉碎末為微塵　一塵中刹不可說　如一一切皆如是
此不可說諸佛刹　一念碎塵不可說　念念所碎悉亦然　盡不可說劫恒爾
此塵有刹不可說　此刹為塵說更難　以不可說算數法　不可說劫如是數
以此諸塵數諸劫　一塵十萬不可說　爾劫偁讚一普賢　無能盡其功德量（下略）

照以上所述，從「俱胝」算起到「阿僧祇」，大概是一〇二次平方，從「十」開始，以幾何級數，全部將一〇二次平方寫出來，我不知在「一」的後面有多少個零（這當然可以知之，祇是太煩了）。這樣龐大的數字，我們真不知如何稱謂？而且，在「阿僧祇」之上，還有「阿僧祇」平方「阿僧祇轉」以至於「一不可說不可說轉」。世尊并說偈曰：「不可言說不可說，充滿一切不可說，不可言說者劫中，說不可說不可盡。」於是，我們當知，所謂「無量無邊百千萬億阿僧祇劫」，這真是一個不可言說不可思議的數字。宋人睦庵所作「祖廷事苑」有云：「日月歲數謂之時，成住壞空謂之劫。」所謂「劫」（Kalpa）有大劫、中劫、小劫。小劫乃「器世界」成住壞空一個週期所需經歷的時間。由此可見，所謂阿僧祇劫，確是一個非常長久的時間。

一般人是祇知「時」而不知劫；不過，時間這個觀念是混淆不清的。地球上的人類，以日出日沒至下次日出定爲一晝夜，并分爲廿四小時，一小時六十分鐘，一分鐘六十秒，這就是大家習以爲常的時間觀念。若稍作進一步的研究，則知我們地球的一年是三百六十五又四分之一天，水星只需八十八天，金星爲二百二十四點七天，火星將近兩年，木星需十一年多，土星將近卅年。這就是說，我們若住在土星上只過了一年，地球上卻過了卅年。同樣的，我們若住在距太陽最遠的冥王星上，只過了一年，地球上卻過了二百四十多年。「洞中方七日，世上幾千年」。這原是神話。但是，假如我們住在太陽上，只過了一年，地球上卻過了兩億年。這便不是神話。這是說，人類所謂「時間」，祇是人類在地球上一種約定俗成的方便之說。我們的太空宇宙，并無統一的時間，因此，康德有關時空之學說，確實沒有意義。再者，地球人類所謂的「阿僧祇劫」，在無限的太空來說，也可能只是一瞬。同時，目前電腦，能辨別百萬或千萬分之一秒，時間能分辨到如此之細微，這也是不可思議。現在我們可以重行討論一個問題，即熊十力先生所說的刹那刹那乍現。從太空宇宙，并無統一的時間這一論點來說，刹那刹那之說，確無必要。儒道兩家的宇宙哲學，不凸顯時間的意義，我覺得這是不錯的。莊子曰：「小知不及大知，小年不及大年，奚以知其然也。朝菌不知晦朔，蟪蛄不知春秋，此小年也；楚之南有冥靈者，以五百歲爲春，五百歲爲秋。上古有大椿者，以八千歲爲春，八千歲爲秋，而彭祖乃今以久特聞，眾人匹之，不亦悲乎。」（逍遙遊）凸顯時間，確無此必要。至於表示事物之變化，說「方生方死，方死方生」（齊物論），也就可以，何必一定要說「刹那刹那乍現」呢？同時，我們對於禪宗慣用的「不可說」，也有了新的認識。所謂「不可說」者，這個「者」必是現成的。「阿僧祇劫」，照印度人的算法而加以計算，難道不是「現成的」嗎？禪宗之所以能「以心傳心」，這個「不可說」之「心」，確是現成的。再者，前文所引法華經「化城喻品」所說，將三千大千世界所有地種磨以爲墨，過「千國土乃下一點，大如微塵，又過千國土復下一點，如是展轉盡地種墨」。我們試想一想，「將三千大千世所有地種磨以爲墨」，這個「墨」之多確是無法想像。每過千國土下一點，「大如微塵」，竟然將墨用盡，這世界之大，更是無法想像了。古人認爲，登山觀曠野，或者觀海，可以開闊胸襟；讀莊子逍遙遊，可以啓發想像，讀法華經與華嚴經當然更令人有一種非常開朗與非常空靈的感覺。

二、多種宇宙與多層宇宙

佛家所說的時間無限久長與空間無限廣大，這是一般人所想像不到的。同時，佛家認爲我們所生存的宇宙，不只是一個。從廣大來說，宇宙有很多的種類，而且有層次的不同。華嚴經第七卷普賢三昧品第三有曰：

> 世界海有種種差別形相，所謂或圓或方、或非圓方、無量差別。……

又曰：

> 爾時普賢菩薩·復告大眾言·諸佛子·應知世界海·有種種體·所謂·或以一切寶莊嚴為體·或以一寶種種莊嚴為體·或以一切寶光明為體·或以種種色光明為體·或以一切莊嚴光明為體·或以不可壞金剛為體·或以佛力持為體·或以妙寶相為體·或以佛變化為體·或以日摩尼輪為體·或

以極微細寶為體·或以一切寶燄為體·或以種種香為體·或以一切寶華冠為體·或以一切寶影像為體·或以一切莊嚴所示現為體·或以一念心普示現境界為體·或以菩薩形寶為體·或以寶華蘂為體·或以佛言音為體。……

照以上所說，世界海既有種種差別形相，也有不同的種種體。我們所生存的宇宙，在釋家看來，「有不可說，佛刹微塵數，世界種安住。一一世界種，復有不可說，佛刹微塵數世界。……」（華嚴經第八卷華藏世界品第五之一。）又說：

爾時普賢菩薩·復告大眾言·諸佛子·此不可說佛刹微塵數香水海·在華藏莊嚴·世界海中·如天帝網分布而住·諸佛子·此最中央香水海·名無邊妙華光·以現一切菩薩形·摩尼王幢為底·出大蓮華·名一切香摩尼王莊嚴·有世界種·而住其上·名普照十方熾然寶光明·以一切莊嚴具為體·有不可說佛刹·微塵數世界·於中布列·其最下方有世界·名最勝光徧照·以一切金剛莊嚴光耀輪為際·依眾寶摩尼華而住·其狀猶如摩尼寶形·一切寶華莊嚴雲彌覆其上·佛刹微塵數世界·周帀圍遶·種種安住·種種莊嚴·佛號淨眼離垢燈·此上過佛刹·微塵數世界·有世界·名種種香·蓮華妙莊嚴·以一切莊嚴具為際·依寶蓮華網而住·其狀猶如師子之座·一切寶色珠帳雲·彌覆其上·二佛刹微塵數世界·周帀圍遶·佛號師子光勝照·此上過佛刹·微塵數世界·有世界·名一切寶莊嚴普照光·以香風輪為際·依種種寶華瓔珞住·其形八隅·妙光摩尼日輪雲而覆其上·三佛刹微塵數世界·周帀圍遶·佛號淨光智勝幢·此上過佛刹微塵數世界·有世界·名種種光明華莊嚴·

以一切寶王為際，依眾色金剛，尸羅幢海住，其狀猶如摩尼蓮華，以金剛摩尼寶光雲，而覆其上，四佛剎微塵數世界，周帀圍遶，純一清淨，佛號金剛光明無量精進力善出現，此上過佛剎，微塵數世界，有世界名普放妙華光，以一切寶鈴，莊嚴網為際，依一切樹林莊嚴，寶輪網海住，其形普方而多有隅角，梵音摩尼王雲，以覆其上，五佛剎微塵數世海，周帀圍遶，佛號香光喜力海，此上過佛剎，微塵數世界，有世界，名淨妙光明，以寶王莊嚴幢為際，依金剛宮殿海住，其形四方摩尼輪髻帳雲，而覆其上，六佛剎微塵數世界，周帀圍遶，佛號普光自在幢，此上過佛剎，微塵數世界，有世界，名眾華燄莊嚴，以種種華莊嚴為際，依一切寶色燄海住，其狀猶如樓閣之形，一切寶色衣真珠欄楯雲，而覆其上，七佛剎微塵數世界，周帀圍遶，純一清淨，佛號歡喜海功德名稱自在光，此上過佛剎，微塵數世界，有世界，名出生威力地，以出一切聲，摩尼王莊嚴為際，依種種寶色，蓮華座虛空海住，其狀猶如因陀羅網，以無邊色華網雲而覆其上，八佛剎微塵數世界，周帀圍遶，佛號廣大名稱智海幢，此上過佛剎，微塵數世界，有世界，名出妙音聲，以心王摩尼，莊嚴輪為際，依恒出一切，妙音聲莊嚴雲，摩尼王海住，其狀猶如梵天身形，無量寶莊嚴，師子座雲，而覆其上，九佛剎微塵數世界，周帀圍遶，佛號清淨月光明相無能摧伏，此上過佛剎，微塵數世界，有世界，名金剛幢，以無邊莊嚴，真珠藏寶瓔珞為際，依一切莊嚴，寶師子座，摩尼海住，其狀周圓，十須彌山微塵數，一切香摩尼華，須彌雲，彌覆其上，十佛剎微塵數世界，周帀圍遶，純一清淨，佛號一切法海最勝王，此上過佛剎，微塵數世界，有世界，名恒出現帝青寶光明，以極堅牢，不可壞金剛，莊嚴為際，依種種殊異華海住，其狀猶如半月之形，諸天寶帳雲而覆其上，十一佛剎微塵，數世界，周帀圍遶，佛號無量功德法，此上過佛剎，微塵數世界，有世界，名光明照耀，以普光莊嚴為際，依華旋香水海住·狀如華旋·種種衣雲·而覆其上·十二佛刹微塵數世界·周帀圍遶·佛號超釋梵·此上過佛刹·微塵數世界至此世界·名娑婆·以金剛莊嚴為際·依種種色風輪所持蓮華網住·狀如虛空·以普圓滿天宮殿·莊嚴虛空而覆其上·十三佛刹微塵數世界·周帀圍遶·其佛即是毗盧遮那如來世尊·此上過佛刹·微塵數世界·有世界·名寂靜離塵光·以一切寶莊嚴為際·依種種寶衣海住·其狀猶如執金剛形·無邊色金剛雲·而覆其上·十四佛刹微塵數世界·周帀圍遶·佛號徧法界勝音此上過佛刹·微塵數世界·有世界·名眾妙光明燈·以一切莊嚴帳為際·依淨華網海住·其狀猶如卍字之形·摩尼樹香水海雲·而覆其上·十五佛刹微塵數世界·周帀圍遶·純一清淨·佛號不可摧伏力普照幢·此上過佛刹·微塵數世界·有世界·名清淨光徧照·以無盡寶雲·摩尼王為際·依種種香燄蓮華海住·其狀猶如龜甲之形·圓光摩尼輪栴檀雲·而覆其上·十六佛刹微塵數世界·周帀圍遶·佛號清淨日功德眼·此上過佛刹·微塵數世界·有世界·名寶莊嚴藏·以一切眾生形摩尼王為際·依光明藏·摩尼王海住·其形八隅·以一切輪圍山·寶莊嚴華樹網·彌覆其上·十七佛刹微塵數世界·周帀圍遶·佛號無礙智光明徧照十方·此上過佛刹·微塵數世界·有世界·名離塵·以一切殊妙相莊嚴為際·依眾妙華師子座海住·狀如珠瓔·以一切寶香·摩尼王圓光雲·而覆其上·十八佛刹微塵數世界·周帀圍遶·純一清淨·佛號無量方便最勝幢·此上過佛刹·微塵數世界·有世界·名清淨光普照·以出無盡寶雲·摩尼王為際·依無量色香燄·須彌山海住·其狀猶如寶華旋布·以無邊色光明·摩尼王帝青雲·而覆其上·十九佛刹微塵數世界·周帀圍遶·佛號普照法界虛空光·此上過佛刹·微塵數世界·有世界·名妙寶燄·以普光明·日月寶為際·依一切諸天形·摩尼王海住·其狀猶如寶莊嚴具·以一切寶衣幢雲·及摩尼燈藏網·而覆其上·二十佛刹微塵數世

界•周帀圍遶•純一清淨•佛號福德相光明•諸佛子•此徧照十方熾然寶光明世界種•有如是等•不可說•佛刹微塵數•廣大世界•各各所依住•各各形狀•各各體性•各各方面•各各趣入•各各莊嚴•各各分齊•各各行列•各各無差別•各各力加持•周帀圍遶•所謂•十佛刹微塵數•迴轉形世界•十佛刹微塵數•江河形世界•十佛刹微塵數•漩流形世界•十佛刹微塵數•輪輞形世界•十佛刹微塵數•壇墠形世界•十佛刹微塵數•樹林形世界•十佛刹微塵數•樓觀形世界•十佛刹微塵數•尸羅幢形世界•十佛刹微塵數•普方形世界•十佛刹微塵數•胎藏形世界•十佛刹微塵數•蓮華形世界•十佛刹微塵數•佉勒迦形世界•十佛刹微塵數•種種眾生形世界•十佛刹微塵數•佛相形世界•十佛刹微塵數•圓光形世界•十佛刹微塵數•雲形世界•十佛刹微塵數•網形世界•十佛刹微塵數•門闥形世界•如是等有不可說•佛刹微塵數•此一一世界•各有十佛刹微塵數•廣大世界•周帀圍遶•此諸世界•一一復有如上所說•微塵數世界•而為眷屬•如是所說•一切世界•皆在此無邊妙華光香水海•及圍遶此海•香水河中•（華嚴經卷第八）

我們之所以不惜篇幅，引用這一大段經文，在於使讀者知道，釋家認爲我們所生存的娑婆世界，是在「二十佛刹微塵數世界」的第「十三佛刹微塵數世界」。這是說，釋家的宇宙，確是有層級的。這與儒道兩家的宇宙觀不同。儒道兩家，似乎沒有看到多重與多種的宇宙。

又華嚴經第十三卷光明覺品第九有曰：

爾時世尊•從兩足輪下•放百億光明•照此三千大千世界•百億閻浮提•百億弗婆提•百億瞿耶尼•

百億鬱單越·百億大海·百億輪圍山·百億菩薩受生·百億菩薩出家·百億如來成正覺·百億如來轉法輪·百億如來入涅槃·百億須彌山王·百億四天王眾天·百億三十三天·百億夜摩天·百億兜率天·百億化樂天·百億他化自在天·百億梵眾天·百億光音天·百億徧淨天·百億廣果天·百億色究竟天·其中所有悉皆明現·如此處見佛世尊坐蓮華藏師子之座·十佛剎微塵數菩薩·所共圍遶·其百億閻浮提中·百億如來·亦如是坐·悉以佛神力故·十方各有一大菩薩·一一各與十佛剎·微塵數諸菩薩俱來詣佛所·其名曰文殊師利菩薩·覺首菩薩·財首菩薩·寶首菩薩·功德首菩薩·目首菩薩·精進首菩薩·法首菩薩·智首菩薩·賢首菩薩·是諸菩薩·所從來國·所謂金色世界·妙色世界·蓮華色世界·薝蔔華色世界·優鉢羅華色世界·金色世界·寶色世界·金剛色世界·玻瓈色世界·平等色世界·此諸菩薩·各於佛所·淨修梵行·所謂不動智佛·無礙智佛·解脫智佛·威儀智佛·明相智佛·究竟智佛·最勝智佛·自在智佛·梵智佛·觀察智佛·……

照這所說，釋家宇宙之廣大，確非一般人所能想像。在過去時代，科學不發達，一般人對於這種宇宙觀，大抵當作神話而已。自佛教傳入中國以來，中國學者，多能接受佛家的本體論，對於佛家的宇宙論，祇是佛門弟子的一種信仰。一般知識份子，很少有人信以爲真。釋家宇宙論，嚴格說來，并未能成爲中國形上學的一部份。這就是說，釋家宇宙論，在過去時代，只有宗教的意義，并無哲學的價值。可是，近幾十年量子力學及天文學的發展，釋家宇宙論卻變得較具意義。我們假定人類生存的地球是「一小千世界」，則銀河系可說是中千世界，合無數的星雲便成大千世界及三千大千世界。至於四天王眾天、三十三天、夜摩天、兜率天、化樂天、他化自在天、梵眾天、光音天、徧淨天、廣果天、色究竟天等等，不是我們所能想像的，我們可以存而不論；於是，釋家的宇宙論，已不是沒有哲學意義了。馮馮曾將物質與非物質由著而微之存有連續，亦即依據現代物理學將物質由大到小的遞降次序而列成一圖⓱於下：

物質由大至小遞降圖

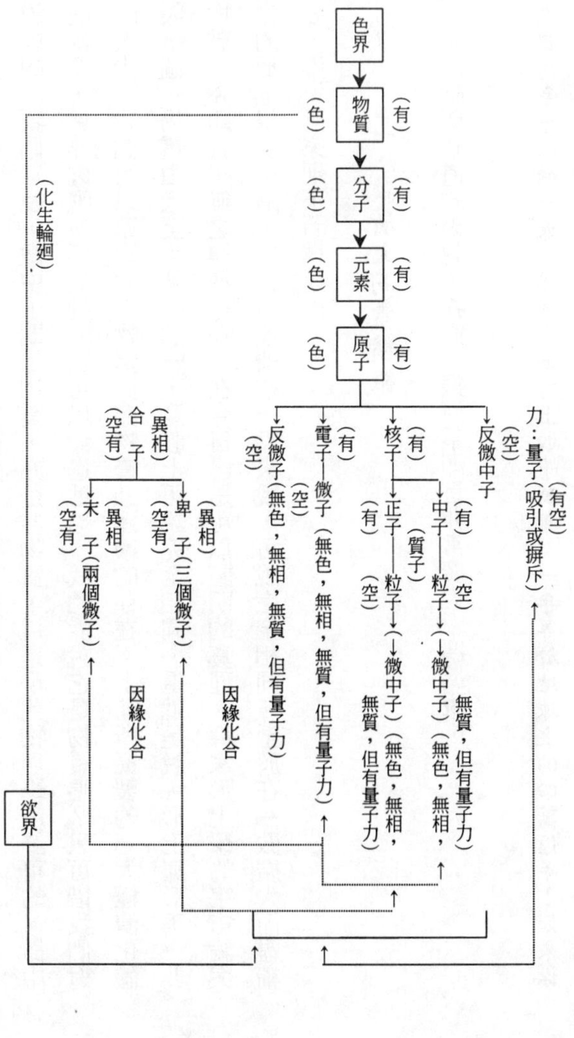

⓱ 馮馮著：「太空科學核子物理學與佛理的印證」，頁四四，臺灣天華佛學叢刊之（七一）。

上圖乃依現代物理學之事實而製成。我們在第二章中，曾說明現代人對「物」之認識，與牛頓時代已大不相同。依上圖所示，「物」是遞降到「非物質」。也可以說，「物」是「非物質」變成的。我們若說，微中子既是物質，亦是非物質，這是現代物理學所許可的。微中子非一般儀器，更非肉眼所能見到。它可以穿過地球。我們能說它是物質嗎？只可惜我們對它知道的太少。我們可以確定的，物質與非物質乃連續的存在。上節所擬製的「太極演化體系圖」與這個「物質由大至小遞降圖」，意義上可說完全相同。這就是說，形上與形下，非物質與物質，亦即有與無之連續存在，在今日已是可以證明的真理。釋家形上學的宇宙論與儒道兩家的形上學宇宙論，在存有連續這一點來說，可說完全相同。至於在「致廣大而盡精微」方面，儒道兩家則不若釋家。

三、致廣大而盡精微

就目前已確切知道的來說，我們的銀河系即是非常廣大。馮馮說：

> 在銀河系中心的一天，等於在地球上四千萬年；一年等於地球上的四萬億年！如果你到了銀河系中心居住，到達的時候，你是二十歲，第二天，你是二十歲加一天；但是從地球來看，你已經是四千萬歲多了！你在銀河中心住一年，地球上已經經歷了四萬億年，生生死死，不知多少世代了！肉體自然無可能在銀河中心的高熱強能之中生存，這是另外一件事。上面說的是時間觀念的虛妄與相對性。

我們的銀河系，又只不過是這一重宇宙之中一個星雲光漩系統而已。除了銀河系之外，還有不可計算的無數的星雲光漩系統（Galaxy），大小各別，環繞著這一重宇宙的中心而運行，旋轉。情形就相似於我們的銀河系中，四條尖臂內的千億太陽系，環繞著銀河系中心的運行。

這一重宇宙的中心，又帶著它的不可說不可說無數的星雲光漩系統，繞著一個更為巨大不知若干億兆倍數的極高能光熱中心而運行！可說我們這一重宇宙，亦只不過是無數無數的宇宙系統之一而已。

甚至於那個再高一級的極極高能光熱中心，我們姑名之為「超級宇宙中心」，也只不過是一個更大的超超級宇宙之中的一個小小宇宙系統而已，還有無數的宇宙在同樣地存在，及繞著一個更超超級的中心而旋轉運行。

那些超超級的宇宙中心，自轉一個圈，需時是「地球時間」的不知多少億兆兆年。你若能到達那邊，你若居住在「彼岸」，你的生物時鐘，依然是二十歲，你在那邊只過了一天，地球上已經過了不知幾個阿僧祇年數了！你在彼岸，府視地球人間，在你的幾秒鐘之內，你已看見了人間歷劫幾千萬年，你看見了地球的未來與過去；你看見銀河系怎樣從虛空之中因緣化合而形成，你看見它經歷「成」、「住」到「壞」的階段，也看見它將走上「空」的未來。你看見我們太陽系的成住壞空，更看見我們地球的成住壞空，你觀盡了世間，看盡諸法，無一不是空！（同註十七，頁一三六—頁一三七）

這是就現代太空學，而說宇宙之廣大。佛家在致廣大方面，雖與現代太空學不盡相同；然而在兩千多年前的佛經，能說出如前文所指陳之廣大的多種宇宙，確令人驚訝不已。再就盡精微來說，這可能涉及多度空間這個問題。我們所生存的是三度空間，我們對於四度空間便所知有限了。馮馮說：

> 早在一九二一年，德國物理學家底奧多，卡魯沙（Theodor Kaluza），就率先提出電磁學說（Theory of Electromagnetism）。我們今日都知道，電磁的確存在，雖然它是肉眼所不能見的無形無色的東西。我們開了收音機聽到廣播音樂，開了電視看到彩色畫面，打無線電話……這一切方便，都是無形的電磁為我們服務的成就。
>
> 這些電磁能量，存在於整個宇宙之中，卻不是我們眼識、耳識、鼻識、舌識、身識、意識等六識所能認識的，必須轉變為音樂、顏色等等，我們才可領會得到它的存在。
>
> 愛因斯坦發表「相對論」之後數年，卡魯沙發表電磁學說。愛因斯坦的「相對論」內提到：宇宙中的質量吸引力力場（Gravity Field），不是平面發展的能，而是時空兩者的彎曲折射情況，換言之，是一個空間扭彎。卡魯沙的電磁學說認為：電磁場（Electromagnetic Field），是第四度空間內的一種「空間扭彎」情形。無線電波是第四度空間內的波浪。
>
> 有些科學家視時間為第四度空間。
>
> 時間與空間是互相交織的。卡魯沙發現時間與空間的交織組成了「五度時空」。卡魯沙的理論及發現並非幻想，它能夠詮釋愛因斯坦相對論的質量吸引力力場在五度時空

之中，兼現電磁磁場的情形。卡魯沙的理論獲得數學家們的證實。

可是一般人仍無法接受卡魯沙的五度時空學說，更沒有人感覺到五度時空的存在。在卡魯沙發表學說之後數年，瑞典物理學家奧斯卡．克來恩（Oscar Klein），解說「五度時空」的存在。他說：五度時空之不為人所注意，可能是因為它捲起來太小了；他舉出類似情形的列子來比喻——花園裡的一條尼龍水管，平時靜靜放在草地上，遠看好像是二度空間平面圖，近看才見到它是圓管形的三度空間立體物。再細看，它是無數圓圈的連接體——第五度時空的空間也許就是像這尼龍水管的圓周，太細小了，以致我們無法辨認它到底是圓圈抑或一個小點。

克來恩說：五度時空的空間是無數極微細的小圓圈。從已知的質量吸引力與電磁力來計算第五度時空的圓圈圈，得知五度時空的小單位竟比原子的核子小了十兆兆倍（10 Trillion Trillion Times）。

卡魯沙與克來恩兩氏在一九二〇年代，先後發現上述五度時空學說，頗為引起科學界爭論。由於當時的科學儀器仍無法予以證明，世人對之均持保留或懷疑態度。直至近年來，科學儀器越來越精密，科學發現日益增多，使科學家們又重新注意到兩氏的學說，而認為它是科學界的重要先進發現，為宇宙中力學與電磁場等的研究瞭解奠定了基礎。

物理學家們於一九二〇年代發現「核子弱力」及「核子強力」（Nuclear Weak Force & Nuclear Strong Force）。近數年來，物理學的精密實驗發現，宇宙的四種基本力量：核子強力、

> 核子弱力、質量吸引力、電磁力，並非各自單獨獨立存在的；相反地，都是互相交織，互相依存，互相緣起的。

馮又說：

> 當代頂尖物理學家們發現：「核子弱力」與「核子強力」，這兩種無形、無體、無相、無質、無量的力量，遠較電磁力為複雜得多。「強力」與「弱力」空虛存在於十一度時空之中！

又說：

> 十一度空間，根據當代科學的論證，是極其極其細微，又極其廣泛的交織於各度空間的。第五度時空已經細微到只有核子的十兆兆分之一，那麼第十一度空間細微到什麼程度？那已經是超過任何普通人所能領會的數字觀念的了。（同上，頁一一一—頁一一二）

照以上所說，愈是多度空間，愈是極其細微。我對於太空學，所知極其有限；而且，這是一門新興的科學，將來會有更新的發展。姑無論將來的發展如何，但有一點可以確定的，此即宇宙的本體，可以名之為「無」者，它是真的。佛家所謂之「真如」、「本心」、「無所住心」等等，都是指本體之本性而言；所謂「三界唯心，萬法唯識」之「心」與「識」，亦都是指本體之本性。就本體之大而言，「天下莫能載焉」（中庸第十二章）；就本體之小而言，「天下莫能破焉」（同上）。儒家對於本體之廣大與精微，雖不似佛家之深入；但在基本理論上，儒道兩家，亦非見得不明白。這就是說，姑無論太空科學將來的發展如何；但宇宙本體與宇宙大用，必是體用一原，顯微無間；必是體用不二，而稱體之所有，以顯現爲大用。也就是說，不論是如何的極其細微，或如何的極其廣大，這都是宇宙本體之本性所顯現之功用。在此特須指陳者，我們除了要識得華藏世界之大而「致廣大」的以遊乎無窮外，也應識得極其細微者而識得宇宙是物質與非物質之連續存有。再者，這極其細微的是與極其廣泛的交織於各度空間，這是說明了我們所生存的三度空間，是與其他的各度空間相互交織而存在。現代科學已不否認此一事實，使我們對於宇宙之不可見者獲得一些新的理論上之線索。我認爲確有一種非感官之知所能知的外力存在。一九三五年舊曆新年的元宵節，在同學家中，由同學的姊姊在一隻筲箕上綁一隻筷子，筷子的上端覆蓋一塊黑色布條，由我與同學的妹妹，各用左手的中指抬起筲箕使之懸空，與筷子的下端成爲三個著力點，并將筷子的下端立於置有一層薄薄食米之圓盤中。同學的姊姊一方面燒冥紙，一方面念咒語（咒語是很通俗的話）。不久，筷子竟然活動起來，首先畫一朵梅花。這絕對不是我和同學的妹妹在操作，因爲我們兩人各用一隻中指托住筲箕使之懸空，我們決不能操作筲箕使之活動，我自己也決對無意操作筲箕使之活動。當圓盤中的筷子畫了梅花之後，我們便問它：「你是神，還是鬼？」它在圓盤上很清楚的寫了「屋簷神」三字。接著她寫出是鄰縣某處少女，十六歲逝世，叫什麼名字等等。在場圍觀的同學有好幾位，她能一一寫出同學的姓氏。我記得，祇有一位同學的姓弄錯了。當時我們的流通幣是銅製的小圓幣。我們從口袋中抓出許多銅幣，握在手中，考問她有多少個？筷子便在圓盤中點動，力道很大，剝剝作響。我有一次手中握了十九個錢，筷子點動了十九下便不動了。作了許多次考問，真是屢試不爽。基於我這次的親身經歷，我絕對相信有我們看不見的外力存在，而且是具有靈性的。道教的扶乩，與此類似。不過，由一人操作，則真假難辨；於是，便利神棍以此詐財。古代知識份子，對此等旁門左道，以及我親身經歷的，也可以說，祇是少女們帶有神秘色彩的一種遊戲活動，都不屑一顧。現在我們覺得，爲了證明確有一種看不見的力量存在，我的這一經驗，倒是很寶貴的。再者，先父每於農曆除夕，大約二至四時之間，觀看一種異象，他叫作「土地公公出行」。就是以上所說的那一年除夕，先父曾將此一異象，親自指示我看得非常明白。我老家門前約一千公尺以外，便是山邊。我家與山邊之間有兩座湖。一座距山邊約百餘公尺，距我家約五六百公尺。另一座距我家約百餘公尺。山是在我家南方，這座湖是由我家門前向西延伸，所以距山邊較遠。由這座湖至山邊，正好被距山邊較近之胡隔斷。兩湖之間有一塊陸地，形似一個半島而將這兩座湖隔開。當時先父指示我，山邊有三個亮光，很像一般人手持之圓形燈籠所發出的亮光。他說，這三個亮光就是他所指的異象。我們父子二人屏息以觀，見這三個亮光向距山邊較近之湖移動，很快的越過這座湖，通過半島形之陸地，而停留在距我家較近之湖中，與我家相距不會超過三百公尺。在湖中停留時，三個亮光已變成一個，像一般人手持之長方形大燈籠，隱泛紅光，照見湖面上的水。當時正是臘月隆冬，在除夕晚上二至四點鐘時，絕不會有人在外活動；而且，湖水很深，不是一般人所能越過。停在湖中的長方形大燈籠，也不見有人執著。這時我的好奇心已非常滿足，便回到屋中去了。至於這燈光後來是如何消失，我一直未過問。近幾十年來，常常有幽浮的報告。我所見的燈光，是不是幽浮呢？究竟是什麼，可不必深究，因爲我們在目前尙不能知曉這個秘密。我們可以確定的，即我們所生存的三度空間，因與其他的各度空間相互交織而存在，必有許許多多我們感官之知所不能知之的事物。佛家認爲有多種宇宙與多層宇宙之存在。從現代科學新發現的事實與理論來說，銀河與億萬星雲之存在，自可證明多種宇宙之存在。多度空間之存在現已被證明（據說已證明有「十一度時空」之存在），則多層宇宙之存在，已是於理無違。現再基於體用不二，存有連續之原則，以及本體在變易過程中以辯證的形式而顯現爲存在之事實，那麼，我們感官之知所不能知之的事物，必有與我們相「反」者。例如我們是以「人」的形式而存在，那些我們所不能知之的，其中必有以「非人」的形式而存在。這就是說，我們若是因某些要素被肯定而存在，某些不可知之的必是因這些要素被否定而成爲非存在。惟必須指陳者，宇宙本體之本性，乃任何一種宇宙或任何一層宇宙所共具，不生不滅，無始無終。它不會被否定，祇是在某種情形之下，因在變易之過程中，是隱而不顯。前文我說「我絕對相信有我們看不見的外力存在，而且是具有靈性的」。從我們所已闡述的宇宙哲學來說，這個相信是被允許的。因爲靈知之性乃宇宙本體的本性。本體在變易過程中，是以辯證的由「人」到「非人」的形式而存有連續的存在。這「非人」的存在而具有靈性，是無可置疑的。至於這「非人」的存在，是以何種形式而存在？是屬於那一層宇宙？或那幾度空間？目前非我們所能知。佛家有中陰身之說，我個人認爲，仍屬「無徵」之談，不是我們所能相信者。現代科學，在未來將會有更新的發展，對於「致廣大而盡精微」，亦將有更新的成就。我相信科學將來的成就，會幫助我們變宗教爲哲學。已往的偉大的宗教家，都是哲人，都是清清楚楚、明明白白而毫無迷惑。他們都以虔誠之信心，無比之毅力，證悟人之本覺真性，識得宇宙之本來如是；也確能「致廣大而盡精微」，而具哲人之智慧。以哲人之智慧，仁愛之精神，虔誠之篤行篤信，宗教家之偉大願力，巧譬方便的宣揚其甚深的教義。後人多有如盲人摸象而執其一端以自好，遂成宗教界的某些迷霧與神秘。現代科學，頗有助於破除迷霧，故能變宗教爲哲學。這亦是哲學工作應該努力的方向。潛心於本體哲學與宇宙哲學，久而久之，必能洞澈人生之本來如是，而具有一種宗教感。宗教感亦是科學工作的盡頭。到了這個盡頭，沒有科學的定律，祇有靈知之性歷歷。哲學即是將這個歷歷分明者，作學術性的探討，系統性的陳述。亦即是將宗教之隱晦不明或不可說者，用一套方法說出來而使之了了分明。愛因斯坦晚年，亦有一種宗教感，對於變宗教爲哲學，很可能有所貢獻，卻因他過於執著科學，固執的認爲可以用一個定律解釋宇宙的全體，而不知這個捨故創新，「唯變所適」的宇宙本體，是不可以用一個定律範圍的，所以他未能曠觀宇宙的本來如是，未能從一個偉大的科學家進而爲一個偉大的哲學家。

四、楞嚴經的宇宙哲學

儒家哲學的宇宙論，就「太極演化體系圖」所顯示者，我們這個心靈與物體合一的「人」，是本體依一定之程序所顯現的一種現象。當「人」變爲「非人」時，是「人」之現象消失而成爲非存在；至於這個非存在是否回歸本體，我們未敢斷言。若回歸本體，則成爲：本體↓↓人↓本體，這樣一個大循環或大輪迴。儒家無輪迴之說。儒家的宇宙，祇是以辯證的形式與生生不已的過程而無窮無盡的變動不居。「人」，在此大化流行之中祇能順受其正。祇能變而通之。亦即「化而裁之」、「推而行之」、「舉而措之」。周易泰卦象曰：「天地交，泰。后以財成天地之道，輔相天地之宜，以左右民。」這是儒家所能有的最偉大的事業與最終極的理想，也就是儒家的宇宙與人生。

至於道家的宇宙，在本質上與儒家并無太大的差異，而道家的人生，則與儒家大不相同。儒道兩家，從宇宙而觀照人生，是有見仁見智之不同。再就儒家與釋家來說，在宇宙與人生方面，更是大不相同。茲特就楞嚴經的宇宙哲學，以進一步的說明釋家形上學的宇宙論。

我們已從釋家的不可說的時空觀，而陳述了釋家的多種宇宙與多層宇宙，現再就楞嚴經所載：「云何忽生山河大地諸有爲相」這一點作更進一步的說明。楞嚴經第四卷有於下的一段問答：

佛言。富樓那。如汝所言•清淨本然•云何忽生山河大地。汝常不聞如來宣說•性覺妙明•本覺明妙。富樓那言。唯然•世尊。我常聞佛宣說斯義。佛言。汝稱覺明。為復性明•稱名為覺。為覺不明•稱為明覺。富樓那言。若此不明名為覺者。則無所明。佛言。若無所明•則無明覺。有所非覺。無所非明。無明又非覺湛明性。性覺必明。妄為明覺。覺非所明。因明立所。所既妄立•生汝妄能。無同異中•熾然成異。異彼所異•因異立同。同異發明。因此復立無同無異。如是擾亂•相待生勞。勞久發塵•自相渾濁。

由是引起塵勞煩惱。起為世界。靜成虛空。虛空為同。世界為異。彼無同異·真有為法。覺明空味·相待成搖。故有風輪執持世界。因空生搖。堅明立礙。彼金寶者·明覺立堅。故有金輪保持國土。堅覺寶成。搖明風出。風金相摩。故有火光為變化性。寶明生潤。火光上蒸。故有水輪含十方界。火騰水降·交發立堅。濕為巨海。乾為洲潭。以是義故。彼大海中·火光常起。彼洲潭中·江河常注。水勢劣火·結為高山。是故山石擊則成燄·融則成水。土勢劣水·抽為草木。是故林藪遇燒成土·因絞成水。交妄發生。遞相為種。以是因緣·世界相續。復次富樓那。明妄非他·覺明為咎。所妄既立·明理不踰。以是因緣·聽不出聲·見不超色。色香味觸·六妄成就。由是分開見覺聞知。同業相纏·合離成化。見明色發。明見想成。異見成憎。同想成愛。流愛為種。納想為胎。交遘發生。吸引同業。故有因緣·生羯羅藍·遏蒲曇等。胎卵濕化·隨其所應。卵唯想生。胎因情有。濕以合感。化以離應。情想合離·更相變易。所有受業·逐其飛沈。以是因緣。眾生相續。富樓那。想愛同結·愛不能離。則諸世間父母子孫·相生不斷。是等則以欲貪為本。貪愛同滋·貪不能止。則諸世間卵化濕胎·隨力強弱。遞相吞食。是等則以殺貪為本。以人食羊。羊死為人·人死為羊。如是乃至十生之類·死死生生·互來相噉。惡業俱生·窮未來際。是等則以盜貪為本。汝負我命。我還汝債。以是因緣·經百千劫·常在生死。汝愛我心。我憐汝色。以是因緣·經百千劫·常在纏縛。唯殺盜淫·三為根本。以是因緣·業果相續。富樓那。如是三種·顛倒相續。皆是覺明明了知性。因了發相·從妄見生。山河大地諸有為相·次第遷流。因此虛妄·終而復始。富樓那言若此妙覺·本妙覺明。與如來心·不增不減。無狀忽生山河大地·諸有為相。如來今得妙空明覺。山河大地有為習漏·何當復生。……

照楞嚴經這所說的，山河大地諸有爲相之所以發生，乃「無明又非覺湛明性，性覺必明，妄爲明覺。覺非所明，因明立所，所既妄立，生汝妄能。無同異中，熾然成異（達按：此即老子所謂之道生一，一生二，亦即太極生兩儀）。異彼所異，因異立同，同異發明，因此復立無同無異（即老子所謂之二生三）。如是擾亂，相待生勞，勞久發塵，自相渾濁。由是引起塵勞煩惱，起爲世界。」南懷瑾所著「楞嚴大義今釋」對這一段經文，用現代話作了比較明白的解釋，茲引述於下：

那個無明昏濁的，又不是澄澄湛湛的本覺靈明自性。須知自性本覺，元自靈明。因為明極而生妄動，才發生照明感覺的作用。但覺照並不就是本來覺性的性明。這個後天妄動的感覺照明，就形成有所為的功用。這個有所為的妄動功用成立以後，就生出各種妄性的本能。（此處所講，是說明形而上的體性發生形而下物理器世界的本能。必須要以最深靜靈明的智慧去理解體會，文字極難說明。如借用先天與後天兩個名辭，又使人意識上，顯然分出兩半截。姑且借用來說：就是先天的自性本能，是寂然不動，靈明清虛的功能，自然妄生變動，就產生後天的性能，發出各種作用，形成物質世界的本能。）在元來自性的本體上，本覺靈明與所發出的妄動照明作用，本來是一體所生，沒有同異的。但有妄動功能發生以後，就產生不同的功用，故有不同的變化。再從各別互異的性能內，於不同中具有相同之點。同異又互相變化，因之復立無同無異。（在理則上說：互相對待的，但是又可以歸納於絕對。絕對中又有互相對待的存在。矛盾可以統一，統一又有矛盾。）在這些妄動相反相成的同異對待變化當中，互相擾亂，所以相對地產生物理的變態現象。（這種變態的力量，又互相反對，互相相成。）物理的變態經過久遠的時間，就發生物質本能塵勞的運動，自然互相渾沌，形成昏沌混濁的狀態。因此引起物理本能的變態作用，同時也引起心理知覺感覺上的塵勞煩惱，而形成了世界。（佛所講的自性本體，湛然明覺。因爲湛然明覺的動性，發生相反相成的兩種功能。互相混擾，爲物理世界形成的本能。但仍不離其自性功能，所以其根本是同一體性。因爲相反相成的動能，互相排盪久了。兩種力量爆發，又產生對待的本能。向心力收緊到極點，就發生相反的離心力。離心力放射到極點，又產生向心力。但兩種能力的分化收縮作用，都以自性功能爲其中心點，這個中心點是真空無形的真性功能，是絕對的靈明獨立。所以說無同異中又有同異，同異中又有無同無異的存在。此處經中常提塵勞二字。塵勞就是宇宙間物質運動的現象，物理本能將要發生尚未發生的力量，要盡未盡的有形變化現象。形容至爲絕妙，實在不能以其他字句替代。現在姑且作以上妄說，試爲說明，但仍依原經爲確要。又佛所說的，與易經原理，完全一樣。東方聖人，西方聖人，此心同，此理同，實不相欺。易經以太極爲本體之表示。太極寂然不動，感而遂通。太極自具陰陽兩種相生相剋的功能。陰陽亦就是動能的一種代表名辭。生與剋，就是相反相成的作用。而太極又渾然爲一體。陰陽既動以後，就生萬物萬彙。一事一物，又各具一太極。太極又分陰陽。如此重重疊疊，發展至於無窮無盡的萬類，而總體祇是一個。其中真理機趣，都是相通。但略引其理則，以作佛說的道理的參考。自性本體既然引發妄動變化的功能，就產生物理本能的作用，而形成世界。）

南懷瑾先生認爲楞嚴經這所說的，「與易經原理，完全一樣」，這必須稍作說明：第一，楞嚴經此所說的由無對待而有對待（無同異中，熾然成異），這與易經原理是一樣的；第二，世界之形成，乃存有連續。世界不是神造的，亦與易經原理相同。第三，就以上兩點來說，楞嚴經與易經原理似無多大差異，所不同的，易經是肯定「體用不二」，楞嚴經則認爲世界之成，由於「引起塵勞煩惱」。在儒家看來，形下雖是形上之反，并無劣義；而佛家則認定形下爲虛妄。在儒家看來，「真如變成萬法」；在佛家看來，真如之虛妄，變成萬法。這個不同，即儒釋兩家人生論之根本不同。第四，佛家認爲真如是心之本體。在「三界唯心，萬法唯識」之基本原則下，佛家認爲我們的娑婆世界乃心之虛妄所形成。我想，依我們的系統而作詮釋，真如乃宇宙本體之本性。佛家以真如爲本體，這是語意不清。因爲通常所謂之本體，應是指宇宙的本體，亦即所有存有之本體。真如似是指本體之本性或功用而言，其他如無所住心、本來面目等等都是本體之本性。「見性」當然是指見本體之本性。本體與本體之本性，不二亦不一。以「真如」爲本體，確是語意不清。在第二章中，我們曾說：「就本體之形相言，它是無；就本體之存在言，它是有；就本體之本身言，它是有與無之同一；就本體之本性言，它是至誠、無二、無雜，也就是一；就本體之化機言，它是易；就本體之稱謂言，它是太極；就太極之內含言，它除了是氣形質具而未離外，更具有陰陽動靜之理。這陰陽動靜之理即是道。道與理是不可分的。這個理或道，是存在之所以爲存在，世界之所以爲世界。」照我們這所說的而稍作思辨，則知「真如」不可能當作本體；因爲我們若說真如是有與無之同一，是具有陰陽動靜之理，必爲佛門弟子所反對；若說世界唯心所現，必爲非佛教徒所不贊成。現在我們以真如爲本體之本性，既無損於佛教教義，而意義也變得很明白，我相信佛門弟子應該可以接受。第五，再就本體之本性，「因爲明極而生妄動」，「生出各種妄性的本能」而形成世界這一點來說，依我們的系統，對於此種觀點，是無法接受的。釋家的此種觀點，有一很大的困難，此即，這娑婆世界，若全是虛妄，則必全無真實；此即，在這個世界中，不會有「菩薩摩訶薩，在母胎中」（華嚴經離世間品），更不會有人成佛。於是，狗子也有佛性，明明百草頭，明明祖師意，都成爲妄語。很顯然的，以這個世界爲虛妄所生，既與易經原理不符，亦與事實不合。事實上，這世界是真的，祇因變動不居，大化流行，如夢如幻而已，并非全是虛幻。在理論上，佛家亦確有不能化解的矛盾，此即，這世界若是虛妄的，則不會有人成佛；若有人成佛，則這個世界不會是虛妄的。我不知佛門弟子是如何的解決這個困難。第六，楞嚴經所說的「異見成憎，同想成愛，流愛爲種，納想爲胎，交遘發生。……想愛同結，愛不能離，則諸世間父母子孫，相生不斷，是等則以欲貪爲本，貪愛同滋，貪不能止，則諸世間卵化濕胎，隨力強弱，遞相貪食，是等則以殺貪爲本。」照這個說法，因爲「納想爲胎」，輪迴之說，自可成立。從我們的系統來說，「納想爲胎」，似屬於科學的範疇，自可存而不論。至所謂「是等則以殺貪爲本」，這是「妄性的本能」所表現的現象，這是娑婆世界之罪惡的一方面；不過，我們地球人類，仍有其善良的一面。釋家認爲：「交妄發生，遞相爲種，以是因緣，世界相續」。我們不作如是觀。我們認爲，世界之所以相續，乃宇宙本體所顯現之功能，亦即熊十力所謂之「恒轉」與「勢用」，變動不居，遷流不已。若以成住壞空爲劫，則歷劫不已。生滅滅生不已。這不是「交妄發生」這是宇宙的本來如是。楞嚴經的宇宙論與周易原理，可謂有同有異。

五、釋家的精神宇宙

釋家認爲我們所生存的世界爲虛妄，誠如熊十力先生所說的，「其學術誠不無病在。」以上我們已作了簡要的探討與分析，現須進一步稍作說明的，即釋家的精神宇宙，這是儒道兩家所無。道家的神仙之說，以及「獨與天地精神往來」，均不能與釋家的精神宇宙相比擬；因爲神仙之說所謂「昇天」，祇是普通的「天」。釋家的「天」，則是超過三十三天以外，還有許多重天。至於儒家，雖不反對人死了以後，另有一種死後世界的存在；但儒家不著重如此。儒家所著重者，是盡人事以聽天命，是順受其正，是盡「人自己」本分以內的事。對於這一點，在此不擬多所評論，現祇擬就釋家精神宇宙作必要之說明。依釋家「三界唯心，萬法唯識」之基本原則，則釋家的宇宙，皆精神所現；於是，精神境界不同，其所住的宇宙便不同。這應該有認識論與宇宙論的不同。就我自己來說，幼年時在鄉村讀私塾的精神宇宙，與青年時受現代教育，以及抗戰軍興，在軍事學校結業後，參加抗日戰爭時的精神宇宙，有認識上的大不相同。這是認識論的不同，是各人的精神境界的不同，形成了各人私自的與他人不相同的宇宙。這雖然也會在某些社會具有某種程度的公共性，畢竟仍是認識論的。至於華藏世界的廿佛刹微塵數世界，則是宇宙論的宇宙。這是宇宙的本來如是，不因我們的認識而有不同。一般說來，必須有某種精神境界，才能進入某種世界，住於某種宇宙。這就是說，各種宇宙是各種所在（所），各種精神境界則是能知（能）所達到的不相同的層次。凡精神境界的不同層次的能知（能）與其層次相同之所在（所）合一，即是進入該世界，住於該宇宙。此宇宙是宇宙論的宇宙。此種多層的宇宙，是釋家精神宇宙的特色。華嚴經旨歸「說經處第一」有曰：

夫圓滿教起必周側於塵方，既為盡法界之談，詎可分其處別，今從狹至寬略開十處，初此閻浮，二周百億三盡十方，四遍塵道，五通異界，六該別塵，七歸華藏，八重攝剎，九猶帝網，十餘佛同，初此閻浮者，謂此閻浮菩提樹等七處八會，說此經法，二周百億者，謂盡此娑婆百億閻浮覺樹王等，同時俱說，三盡十方者，謂盡於十方虛空法界，所有一切須彌山界，無不同時皆說此法，如光明覺品說，四遍塵道者，謂於十方虛空界中，一一塵處皆有彼剎，悉於其中演說此經，五通異界者，謂樹形等異類世界，有不可說佛剎微塵等，一一流類皆遍十方虛空法界，為與前須彌山界等，互不相礙，各於其中轉尊法輪，六該別塵者，謂盡虛空界一一塵道，各亦同前攝自同類無量剎海，而於其中亦說此經，七歸華藏者，謂此等一切雜染世界各皆同盡，唯是蓮華藏莊嚴世界海數過剎塵，一一皆悉遍周法界不相障礙，悉於其中演說斯法，八重攝剎者，於此華藏一一塵，皆攝無邊諸佛剎海，皆於其中說此經法，九猶帝網者，彼一一微塵，既各攝此無盡剎海，即此剎等復有微塵，彼諸塵內復有剎海，是即塵塵既其不盡，剎剎亦復不窮，如因陀羅網重重具，十不可說其分量也，上來總是盧舍那佛說華嚴處，問若如上說，即七處八會皆悉雜亂，如上忉利天處說十住時，既遍虛空周側毛道，未知夜摩等處亦說十住不，設爾何失，二俱有過，若彼不說即說處不遍，若彼亦說，何故經中云忉利說十住法，夜摩等處說十行等，答此說十住忉利天處，既遍十方一切塵道，是故夜摩等處皆有忉利，即於如此遍夜摩等忉利天處說十住，是故忉利無不普遍，仍非夜摩，夜摩等處說十行等，皆亦遍於忉利等處，仍非忉利，當知亦爾，若約十住與十行等全位相攝•即彼此互無各遍法界•若約諸位相資•即此彼互有同遍法界•餘一一品一一文處•皆亦如是准以思之•一餘佛同者如此一佛說華嚴處如是不同•是即十方一切餘佛•各說華嚴處皆不同•准前知之•經云•三世諸佛已說今說當說•又云•我不見有諸世界彼諸如來不說此法•又如證法菩薩所說•當知餘佛無不同說•問餘佛說處與舍那說處•為相見不•設爾何失•二俱有過•謂若相見即乖相遍•若不相見不成主伴•答互為主伴通有四句•謂主主不相見•伴伴亦爾•各遍法界彼此互無故無相見•主之與伴其必相見•伴主亦爾共遍法界•此彼互有故無不相見•如舍那為主證處為伴•無有主而不俱伴•故舍那與證處同遍法界•設於東方證法來處彼有舍那還有東方而來作證•如是一一具具遠近•皆同方周法界•一切塵道無障無礙•思之可見•⑱

所謂「此彼互有同遍法界」，這意思是說，相同的精神境界，是此彼互有同遍，是遍十方一切塵道。例如「說十住忉利天處，既遍十方一切塵道，是故夜摩等處皆有忉利，即如此夜摩等忉利天處說十住，是故忉利無不普遍，仍非夜摩。」照這個說法，所謂夜摩、忉利等天，似都是多種宇宙之一；而說十行、十住、十地等等，似皆是精神宇宙，皆與我們生存的三度空間及其他種種宇宙交織而存在。照佛家的看法，我們凡夫祇對於我們三度空間的宇宙有所認知。據說在一九六〇年代，美國貝爾研究所（Bell Laboratory）的物理學家，發明了一種立體畫面的電腦影片與螢幕，可以放映出一個第四度空間的立方形物體來，讓肉眼初次

---

⑱ 佛教大藏經第六八冊諸宗部一，頁三三四，臺北佛教書局。

看到第四度空間的在在。這四度空間是肉眼所不能見的，是與三度空間交織而存在。這也是證明了多度空間與多層宇宙的存在。上引「說經處第一」所述「此彼互有同遍法界」、「彼此互無各遍法界」、「於十方虛空界中，一一塵處皆有彼剎」、「一一皆悉遍周法界不相障礙」等等，乃是說明這多層精神宇宙之結構。純從「結構」來說，此應屬於科學研究的範圍，可以存而不論；但是，所謂「互有同遍」、「互無各遍」、「遍周法界不相障礙」等等，乃是說明相同的精神境界，在各層宇宙「同遍」，不相同的精神境界，在各層宇宙「各遍」。這就是說，低層級的精神境界是不能進入高層級的精神境界，而同一精神境界則是「互有同遍」。照這樣說來，釋家的精神宇宙，其性質究竟如何？或者，釋家所謂之「天」，究竟是什麼，我們皆可不必深究，我們祇須瞭解，釋家的精神境界確有許多層級。不過，這許多層級乃漸進法門。若從究竟言之，則「一念不生，即名爲佛，有何行位，漸次差別。」⑲這就是說，精神境界的許多層級，若從究竟的或頓悟的觀點來說，一念不起，當下便是，那來這許多層級。賢首五教儀開蒙增註，對「依真而住，非有國土」，有於下之一段注釋：

問，惟是一性，何分身土？答，起信論云，離念相者，等虛空界，即是如來法身。然既曰等虛空界，又稱平等法身，則盡虛空界，一切所有，并彼所依虛空，皆是如來清淨法身，設有一法不是，則非平等矣。但隨眾生機熟處現。如靈源見桃花，桃花即現

⑲ 賢首五教儀開蒙增註（中冊），頁三五一，臺灣印經處印行。

法身；香嵓聞竹聲，竹聲便現法身。佛曰，吾今此身，即是法身。華嚴云，普賢身相如虛空等。是知，上至佛聖，下至蜎蠉，情與無情等法，徧現法身，全影妙體。東坡云，溪身盡是廣長舌，山色無非清淨身。蓋有見於此也。至於空界之外，畢竟還有什麼道理，可為所依。楞嚴云，空生大覺中，如海一漚發。然大覺心，即真如心也。體惟不變，用能隨緣。蓋即以不變處為土，隨緣處為身。所謂唯有如如，及如如智獨存耳。（同註十九，頁三六〇—頁三六一）

照這所說，盡虛空界，皆是如來法身。這與華嚴經所一再宣示的佛身等同虛空之說完全相同。照我們的系統來說，佛家所謂之本心，即我們所謂之本體的本性。本性稱體之所有而顯現爲多種宇宙與多層宇宙；那麼，若識得本心，即識得此多種宇宙與多層宇宙。所謂佛，是指識得本心之覺者。因此，所謂盡虛空界，皆是如來本身，於理無違。再者，體惟不變，用能隨緣。我們隨緣所得，不是本心之全體大用，而祇是限於某種程度之本心本性。例如我寫字檯之電燈泡，是六十燭光，卻祇亮了十燭光；因此，這所獲得的光明較少，所見不遠，亦比較不明亮，這可能就是形成各種精神宇宙的原因。在此特須一提者，虔誠的佛教徒，他們相信十燭光與六十燭光，或者是不可言說的更多燭的光，并無本質上的不同。他們的此種誠信是正當的。這就是說，精神修養的層次僅管很低，祇要是真誠與純潔的心力所凝聚的，即是我們的覺性真正呈現，或者，仍須繼續用功努力；然而繼續努力，必將大成，這是無可置疑的。這就是說，數量雖有多寡，質地并無差別。由此亦可見，精神宇宙，乃精神修養，真有所得；於是，「依真而住」，說它是真是幻，均無不可。在此仍須特加陳述者，淨土宗認爲唸阿彌陀佛可以往生淨土。基於「依真而住」及我們親身所感受到的，確有一種看不見的力量存在。淨土宗以及基督教，肯定人死後會往生或者會得救，這應是絕對可能。我們人類依一定之程序從「無」而來，自然再會往「無」中而去。所謂「無」，祇是無方所、無差別、無所住而已。「無」與消滅不同義。我們說「應是絕對可能」，這是依我們的系統而作如是觀。這是明白可曉的。這是變宗教爲哲學的一項嘗試，也是說明了宗教的信仰應該是明明白白的。哲學的知識對宗教的真正信仰，確有所助益。有些教徒嘗說，宗教不是學術。乃因他們不識得，偉大的宗教皆是學術；因爲偉大的宗教家所有宗教方面的體驗，若不合乎學術上的真理，亦即若有絲毫疑義未消，即不是真正的宗教，祇是騙人而禍害人類的邪說。民智日開，文化日益進步，邪說終必爲真理所取代，這是絕無可疑的。

第五節　中國形上學宇宙論之比較研究

一、儒釋道三家宇宙論之同異

前文已指出，儒釋道三家，咸認宇宙之生存，乃由無對待而有對待，而且是存有連續。三家都承認世界不是神造的。不過，釋家卻認爲世界乃心之虛妄所形成。著原人論的宗密，在「斥迷執第一」（指習儒道者）中說：

儒道二教說人畜等類·皆是虛無大道生成養育·謂道法自然生於元氣·元氣生天地·天地生萬物·故愚智貴賤貧富苦樂皆稟於天·由於時命·故死後卻歸天地·復其虛無·然外教宗旨·但在乎依身立行·不在究竟身之元由·所說萬物不論象外·雖指大道為本·而不備明順逆起滅染淨因緣·故習者不知是權·執之為了·今略舉而詰之·所言萬物皆從虛無大道而生者·大道即是生死賢愚之本·吉凶禍福之基·基本既其常存·則禍亂凶愚不可除也·福慶賢善不可益也·何用老莊之教耶·又道育虎狼·胎桀紂·夭顏冉·禍夷齊·何名尊乎·又言萬物皆是自然生化·非因緣者·則一切無因緣處·悉應生化·謂石應生草·草或生人·人生畜等·又應生無前後·起無早晚·神仙不藉丹藥·太平不藉賢良·仁義不藉教習·老莊周孔何用立教為軌則乎·又言皆從元氣而生成者·則欻生之神·未曾習慮·豈得嬰孤便能愛惡驕恣焉·若言欻有自然便能隨念愛惡等者·則五德六藝悉能隨念而解·何待因緣學習而成·又若生是稟氣而欻有·死是氣散而欻無·則誰為鬼神乎·且世有鑒達前生追憶往事·則知生前相續·非稟氣而欻有·又驗鬼神靈知不斷·則知死後非氣散而欻無·故祭祀求禱·典籍有文·況死而蘇者說幽途事·或死後感動妻子讎報怨恩·今古皆有耶·外難曰·若人死為鬼·則古來之鬼填塞巷路·合有見者·如何不爾·答曰·人死六道·不必皆為鬼·鬼死復為人等·豈古來積鬼常存耶·且天地之氣本無知也·人稟無知之氣·安得欻起而有知乎·草木亦皆稟氣·何不知乎·又言貧富貴賤賢愚善惡吉凶禍福皆由天命者·則天之賦命奚有貧多富多賤多貴少·乃至禍多福少·苟多少之分在天·天何不平乎·況有無行而貴·守行而賤·無德而富·有德而貧·逆吉義凶·仁夭暴壽·乃至有道者喪·無道者興·既皆由天·天乃興不道而喪道·何有福善益謙之賞·禍淫害盈之罰焉·又既禍亂反逆皆由天命·則聖人設教·責人不責天·罪物不罪

命是不當也，然則詩刺亂政，書讚王道，禮稱安上，樂號移風，豈是奉上天之意，順造化之心乎，是知專此教者，未能原人。⑳

照宗密這所說的：第一，他反對「萬物皆從虛無大道而生」的學說。他說：「所言萬物皆從虛無大道而生者，大道是生死賢愚之本，吉凶禍福之基，基本既其常存，則禍亂凶愚不可除也，福慶賢善不可益也。」宗密的這個評論，正是評論世界爲虛妄之非是；若世界果是虛妄，則世界不可救也。再者，這個評論，也是他不識儒道兩家有關變易的學說。儒道兩家認爲，世界乃由無對待而有對待，世界乃一辯證的過程。若真知其義，則知宗密之評論并無意義。第二，宗密反對儒道不講因緣和合。這也是宗密的一項誤解。考「道生一，一生二，二生三」之說，「三」即是一與二之合。非合即無世界，無有對待即無變化。世界之成，乃變化而有和合。儒道兩家雖不似佛家那樣的講因緣和合，卻并未反對因緣和合。第三，宗密反對「從元氣而生成」的學說。這是他不瞭解「太極演化體系圓」之真正意義，亦即他未能真的認識儒道兩家以致產生誤解。我們從原人論「會通本末第四」中可以看出宗密的思想，實與心物本一論相通，祇是他不自覺而已。第四，宗密對儒道兩家其他各種指斥，皆不真有意義。此外，宗密在原人論中對於習佛不了教義者，亦有指斥。最後他陳述「會通本末第四」於下：

⑳ 佛教大藏經第六八冊，頁四五二—頁四五三。

真性雖為身本·生起蓋有因由·不可無端忽成身相·但緣前宗未了·所以節節斥之·今將本末會通·乃至儒道亦是·謂初唯一真靈性·不生不滅·不增不減·不變不易·衆生無始迷睡不自覺知由隱覆故名如來藏·依如來藏故有生滅心相·所謂不生滅真心與生滅妄想和合·非一非異·名為阿賴耶識·此識有覺不覺二義·依不覺故最初動念名為業相·又不覺此念本無故轉成能見之識及所見境界相現·又不覺此境從自心妄現·執為定有·名為法執·執此等故·遂見自他之殊·便成我執·執我相故·貪愛順情諸境·欲以潤我·瞋嫌違情諸境·恐相損惱·愚癡之情展轉增長·故殺盜等心神乘此惡業·生於地獄鬼畜等中·復有怖此苦者·或性善者·行施戒等心神乘此善業·運於中陰入母胎中·稟氣受質·氣則頓具四大漸成諸根·心則頓具四蘊漸成諸識·十月滿足生來名人·即我等今者身心是也·故知身心各有其本·二類和合方成一人·天脩羅等大同於此·然雖因引業受得此身·復由滿業故貴賤貧富壽夭病健盛衰苦樂·謂前生敬慢為因·今感貴賤之果·乃至仁壽殺夭施富慳貧·種種別報不可具述·是以此身或有無惡自禍·無善自福·不仁而壽·不殺而夭等者·皆是前生滿業已定·故今世不同所作自然如然·外學者不知前世·但據目覩·唯執自然·復有前生少者修善·老而造惡·或少惡老善·故今世少小富貴而樂·老大貧賤而苦·或少貧苦老富貴等·故外學者不知唯執否泰由於時運·然所稟之氣展轉推本·即混一之元氣也·所起之心·展轉窮源·即真一之靈心也·究實言之·心外的無別法·元氣亦從心之所變·屬前轉識所現之境·是阿賴耶相分所攝·從初一念業相分為心境之二·心既從細至麤·展轉妄計乃至造業·境亦從微至著·展轉變起乃至天地·業既成熟即從父母稟受二氣·與業識和合成就人身·據此則心識所變之境·乃成二分·一分即與心識和合成人·一分不與心識和合·即成天地山河國邑·三

才中唯人靈者・由與心神合也・佛說內四大與外四大不同・正是此也・哀哉・寡學異執紛然・寄語道流・欲成佛者・必須洞明麤細本末・方能棄歸本返照心源・麤盡細除・靈性顯現・無法不達・名法報身・應現無窮・名化身佛。（同註廿，頁四五六—頁四五七）

就宗密這所說的：第一，宗密認為「一真靈性，不生不滅，不增不減，不變不易」。但是，這「不生滅真心」卻「與生滅妄想和合」，這就是由無待而有待，這與儒道兩家的宇宙論并無不合。第二，宗密所謂「稟氣受質，氣則頓具四大，漸成諸根；心則頓具四蘊，漸成諸識。十月滿足，生來名人，即我等今者，身心是也。故知身心各有其本，二類和合，方成一人。」宗密已看到，身心合一，方成一人。他的錯誤，乃誤以為身心各有其本，而不知身心皆本體之呈現。第三，他說：「然所稟之氣，展轉推本，即混一之元氣也；所起之心，展轉窮源，即真一之靈心也。究實言之，心外的無別法，元氣亦從心之所變，屬前轉識所現之境，是阿賴相分所攝，從初一念業相分為心境之二。心既從細至麤，展轉妄計乃至造業；境亦從微至著，展轉變起，乃至天地。」宗密的錯誤，乃誤認「元氣亦從心之所變」，而不知元氣是本體有此功能。照我們的系統，即我們的「太極演化體系圖」所示者，這理與氣，或心靈與元氣，皆太極所固有者。讀者自可就我們的系統與宗密的學說作一比較，此中對錯，自可瞭然。再者，宗密認為「元氣亦從心之所變……展轉變起乃至天地。」我們認為，是宇宙本體顯現為宇宙。這與宇宙為心所現的學說，孰優孰劣，也是極為明白易曉。我們的系統，對於佛教大義絕無傷害，所不同的，祇是對名相的詮釋稍有不同，也祇是視本覺真心、佛性、如來藏等等，都認定爲宇宙本體之本性，而不說「它」就是本體，所以，我們與宗密的不同，完全祇是名詞的詮釋不同，而這個不同，雖是毫釐之差，卻有非常大的影響，深望佛教界諸大德，以甚深的智慧，能就這個問題有所澄清。第四，宗密認爲，「欲成佛者，必須洞明粗細本末，方能棄末歸本返照心源。粗盡細除靈性顯現。無法不達，名法報身，應現無窮，名化身佛。」宗密知道，一般人之所以執末遺本，乃由於在認識上由細變粗。僅管如此，此自「無始以來，常住清淨，昭昭不昧，了了常知」之本，祇是不覺而已，何得說這世界全是虛妄？誠如熊十力先生所說的，「諸大菩薩，（獨言大覺者。）意在破執，卒不悟其一往破盡，破、便成執也。」而成爲「惟見一偏」。這就是說，佛教界諸大德，深知末之爲害而欲棄末以歸本。因過於重視末之存在，以致所見者皆末，不知還有本在。認世界爲虛妄，其過即在於此。此實與執破相似。過猶不及，我不知佛教界大德們有否注意及此。第五，宗密已見到「不生滅真心與生滅妄想和合，非一非異」，他應該想得到，這世界與本體，非一非異。可見宗密確有與心物本一論相通之處，祇是他不自覺而已。

綜上所述，在形而上的宇宙論方面，釋家對儒道兩家雖多有爭論；而其所爭論者，大抵不出原人論的範圍。假如我們能會通大乘諸宗的學說，認定真如本性常存，「當知迷悟同一真心」而深明「體用不二」之義，則儒釋道三家的形上學宇宙論，實可以融會貫通；於是，儒道兩家再融入釋家的宇宙哲學，在「致廣大而盡精微」方面必將超越前人而無疑義。

在第四章第四節中，我們曾指出，儒釋道三家的本體哲學，在「語言所顯示的意義，可能有小異，卻決對沒有大不同。」這就是說，儒釋道三家，在形上學本體論，雖有小異并無大不同。現再談到形上學宇宙論，孰同孰異，前文已有所論述。我們也認爲，雖有不同，也不是不能融通。不過，古人門戶之見太深，從未作過這方面的努力，現經我們提出，就孰同孰異方面，作比較研究，確有助於三家之融通，這當然是研究中國形上學的一種新的努力。

二、中國形上學宇宙論與西方形上學之比較研究

在第一章中，我們已就中西形上學作了比較說明。那個說明，是說明了中國形上學與西方形上學有思想方法與思想境界等各方面之不同；茲就以上各章所述，確知我們對於本體與宇宙所作之解答，皆最爲完滿，應可以說是一種最完滿的形上學。方東美先生對西方哲學或西方形上學曾有於下之評述：

> 現在我們就針對西洋哲學的發展上來看，從大體上去看整個的西洋哲學家，假使我們要仔細地給他診斷一下的話，我想西洋哲學家都有一個心病。譬如有一次在美國開東西哲學會議的時候，有一位猶太作家兼醫生，他作了一個科學哲學上面的分析，然後發表西洋最偉大的哲學家 Plato（柏拉圖）是神經病，我指出他才是神經病，從神經病的觀點來看才以為柏拉圖是有神經病。其實不應該說是神經病，而是 psychoneurosis（精神分裂症）。凡是在心理上面犯有這種「精神分裂症」的人，他對於任何現象的整體都看不清楚，總是要把一個整體的東西，化成兩個 images（意像或形像、概念）來看。這在希臘的神話上就譬喻一個人，他遠離了家鄉，等到再回來的時候，雖然已經走到他家

的門前，但是他卻不敢進去，這是什麼道理呢?因為他這時馬上會從他的「精神分裂症」中，對於他的家形成兩個不同的 images（意像）。對於左邊的那個門，他說是他的家，但是他卻不敢進去，因為右邊還有一個門，這時他又認為右邊那個才是他的家。於是他就處在這個忽左忽右進退唯谷地徘徊在他家的門外，而不敢進去。對於這個希臘神話之所以能夠產生，並不是偶然的，即使是在他們的心中以及他們的思想領域裏面，都含有 cut everything into two（把一切都剖成兩橛）。對於這兩個印象，你執左邊也不是，執右邊也不是。其實對於左右兩邊的論調本來應該是值得 complementary（相輔相成的），但是他卻認為是 contradictory（相互矛盾的），由此便形成了所謂的二分法。這應該是屬於精神分裂症。

這個二分法，在希臘哲學的思想領域上，馬上產生了兩個人：一個是 Parmenides（巴門尼底斯），他認為宇宙是永恒的，故徹底要反對生成變化的存在可能，因為所謂生成是無時無刻不在變動中，這時的「有」，忽然又變成「非有」，所以他要嚴予劃分感覺與理性，假相與實在，或生存與存在；第二個是 Heraclitus（赫拉克里特斯），認為宇宙萬物是不斷在生成變化的過程中，萬物的生與死，始與終，醒與睡，不外乎是萬物流轉的兩種方式，一切都像流水，瞬息萬變。於是永恒之於變化，可以說是糾纏在一起，不但不能夠相生相成，反而是處於相反的矛盾對立。在這樣的一種情況之下，於是繼承 Parmenides（巴門尼底斯）與 Heraclitus（赫拉克里特斯）這一套兩個傳統的，就是 Plato（柏拉圖），或者是柏拉圖之前的 Socrates（蘇格拉底）。譬如蘇格拉底所慣用的方法總是以 method of division, dichotomous division 二分法。柏拉圖就根據二分法的運用，便把整個的宇宙劃一道中分線，並且確認宇宙中分線之上的為形而上界，也就是所謂「法相世界」Realm of forms；在宇宙中分線之下的，就是 world of opinion（臆見界）、World of change（變化界）。

這樣子一來，永恒世界是由數學境界以上的領域，故一直是道德價值、藝術價值、哲學的真理價值以上的超越世界。而且對於形而下的現實世界是不可能像數學的坐標形式，或藝術欣賞、道德規範、哲學範疇上面所詮釋的真、善、美的價值。因此一有了宇宙的「中分線」以後，便形成了上下的二元對立性，並且就由此而構成希臘哲學的根本問題。對於這個根本問題，一直到希臘的哲學末期，始終對這個問題沒有給予完全的解決。所以柏拉圖到了晚年，在沒有辦法的時候，就說他誠心嚮往要把觀念論與實在論這兩種分裂而不相容的宇宙，化作價值學上的最高統一。但是他也僅能嚮往而已，對於這個二元對立性的問題，他卻始終沒有辦法解決。這就是為何柏拉圖到了晚年，便把哲學轉變到宗教去的主要理由，而且他提出了 Demiurge（狄米奧吉）神，也就是宗教上面的神，他企圖要藉著宗教上面的神秘境界，而把超越世界上面的真、善、美的價值給搬運出來——而不是創造的——也可以說，柏拉圖的 Demiurge（狄米奧吉）神並不是創造主，而是一個宇宙的主宰，它不像耶穌教所說的 Creator-God（創造神），因為祂不能創造物質，祂祇能說是 Designer-God（設計神），意思是說具有神性的工匠。祂是智慧，是 Nous（理性），能予摹寫形相，可以轉運形上界一切真、善、美的價值，讓它投攝到下層世界上面來，猶如將原型的形像與質料，給予適當的揉合而成為現實的自然宇宙。

所以從這一點上看來，我們就可以看出，柏拉圖已經為 Aristotle（亞理斯多德）的哲學，開展了一個新的局面。也就是說當哲學不能夠解決宇宙上下二元對立性的問題，而追述到哲學的最終目的時，就一定要像亞理斯多德那樣，把哲學化作宗教，也就是化成 Theology（神學），然後再靠著「上帝」的這一個精神權力，才可以把這個分裂的宇宙，重新變成一個綜合的統一體。但是這只是理論上的可能，事實上，還是不能夠真正獲得統一。因為如果從亞理斯多德看起來，上帝自體是 immobile（不動的），不變的，祂是最完美完善的 entelecheia（圓極），是一切存在者的生成變化的推動者。但是假使祂是一個 Power of immobility（固定不動的力），那麼祂就不能夠把這個下層世界中的生滅現象，落到祂的權力範圍之內。所以說如果要想解決希臘哲學上面的根本問題，即使訴之於亞理斯多德的神學，也還是不能夠解決二元對立性的問題。因此從希臘末世一直到羅馬時代，都是要靠外來的一種宗教，企圖來解決這個問題，這個外來的宗教就是 Hebraic Religion（希伯來人的宗教），如此才勉強把希臘哲學上面的二元對立性的分裂，化成宇宙全體的統一。㉑

㉑ 方東美著：華嚴宗哲學下冊，頁四—頁六，臺灣黎明文化公司。

方先生對於西方形上學，不能化解形上與形下的矛盾所遭遇的困境，這所說的，實已非常明白。這是西方哲學家一直未能真正去掉的心病。假如照我們的體用一原，顯微無間，及體用不二，其實一也的存有連續的理論，則是可以輕而易舉的化解西方哲學的這個心病。方先生又說：

> 到了近代的歐洲哲學，我們可以說從 Descartes（笛卡爾）、Locke（洛克）起，一直到後來 Kantian Idealism（康德派的觀念論）、Hegelian Idealism（黑格爾派的唯心論），都是要解決笛卡爾同洛克所建立的另外一個二元對立的問題。這個二元對立性的問題，雖然並不像希臘哲學中的那種超越世界與內在世界、上層世界與下層世界的二元對立，那祇是把存在的對立，化成為價值的對立。可是近代所說的二元對立，卻是屬於內外的對立。換句話說，是心物的對立，心身的對立，精神與物質（肉體）的對立。於是這樣一來，在知識論上面，就好像現在若干中國學人所流行的主體性與客體性的對立，或者是能所的對立，這都是從心身對立、心物對立的裏面所產生出來的。而這就是近代西方所說的心理學同知識論的二元對立性。然而近代人為了解決這兩種對立性，反而投到一元論的陣營裏面去。如果從一元論的立場來看笛卡爾與洛克的二元對立性的話，那祇有兩條路可走：一條就是所謂的 transcendental idealism（先驗的觀念論），這是從 Berkeley（巴克萊）到 Kant（康德）所走的路徑；另外一條就是近代從十七世紀以來，在科學上面所應用的約簡法——method reduction（還原法）——就是要想在心理狀態同客

觀世界的自然現象中間劃出一道鴻溝，然後一方面有所謂的 secondary qualities（次性），這是構成心靈的基本條件；再另一面有所謂 primary qualities（初性），就是 mathematical physical quantities（數學的物理的量），這是構成物質世界的基本條件。然後再由約簡法認為屬於心靈世界上面的 secondary qualities（次性），通通是主觀的，沒有客觀的真實性。

於是這樣一來，我們可以看出從十七世紀以來，首先肯定數學的是幾何學的間架。然後把物理現象都安排在這個空間系統裏面去，如此便把物理學給化成了幾何體系，再把化學及其他的生理現象，也一併化成物理現象，再從物理現象裏面，把它化成幾何現象。而這樣子一來，便認為心理現象也通通是主觀的，並不是宇宙的真相，不應該是科學研究的對象，所以又把它化成 secondary qualities（次性）。對於以上所說的一層一層的演變，便把心理科學變成為生理科學中的一章，生理科學變做化學中的一章，化學的科學變做物理科學的一章，物理科學變做數學的一章。如此說來，那麼為了解決這個二元對立性的問題，卻反而慢慢走向唯物論的思想領域去，可是在它的心境上並沒有轉移；要不然就是走向知識論的一元論，而變成掌握一個主觀的主體性。如果依據這一個立場來看的話，那麼近代科學的發展上，要想掌握整個的客觀領域，便都無從談起。因此，倘若我們還是僅僅著重近代的各種科學，只會以 method of reduction（還原法）把它化成物質的現象，落到數學的量級觀念裏面去，那麼自然會走向 scientific materialism（科學的唯物論）那一條路上去。所以如果我們從近代西方學術的兩種發展趨勢來看，我們可以說，這二元對立性的問題根本沒有解決的可能，而且還產生了更大的錯誤理論，因為在一切都物質化、機械化的大原則下，人性的尊嚴、人為萬物之靈，已經完全被破滅了。（同註廿一，頁七—頁八）

照方先生這所說的看來，我們的「太極演化體系圖」確可以化解現代西方哲學屬於內外的二元對立。因爲我們的形而上的宇宙哲學，是認定宇宙乃永恒之有的變化場，是由本體之無顯現爲宇宙之有。宇宙之生成，是這個無始無終、不生不滅之宇宙本體它自己「不容已」的由無待而有待，由無差別而有差別，而且是存有連續的，體用不二的，由形上過渡到形下的，顯現出這個森羅萬象的宇宙。「太極演化體系圖」及「易有太極寫意圖」（請覆按第二章第三節）足可說明這宇宙生成之理，而且與現代物理學相通相順。我們不是把「物理科學變做數學的一章」。我們從未將「一」當作數量，而是視之爲實體。實體因有對待而不一，於是一便生二。數是由對待而起，經量化後，形成一抽象的系統。中國形上學，則是實體哲學（請覆按第四章第一節）。它當然可以抽象化，它自身則是既非量化，亦非抽象化，所以是與數學不同的。我們的哲學雖與西方哲學不同，卻能化解西方哲學無法化解的形上與形下的對立，以及屬於內外的二元對立而成爲最完滿的形上學。讀者若能就以上各章所述而識其大要，則知筆者所言不虛。

濱聞哲學集刊之四

周伯達著

什麼是中國形上學

儒釋道三家形上學申論（下册）

臺灣學生書局印行

第六章 中國形上學的認識論（上）

第一節 概說

一、哲學與認識

我們講哲學的本體論與宇宙論，是講本體與宇宙之本來如是。這是存在之本來如是。人之認識，雖可能有如瞎子摸象一樣；然而人對於這個存在的本體或實體之自身及其變化之現象，因瞭解或懂得而有此本來如是之認識，則是無可置疑的。本來如是的本體論與宇宙論，應是清除知識迷霧後一種比較正確的認識。一般說來，所有哲學實都是人之認識。這不是說，所有哲學都是認識哲學。認識哲學，它是在本體哲學與宇宙哲學以後之一種哲學，應講認識之本來如是。所以我們必須講中國形上學的認識論，以說明認識之本來如是是什麼？

二、認識之本來如是

本體的本來如是，宇宙的本來如是，與認識的本來如是，構成中國形上學的三大部份。

前二者，在以上各章中已作了必要而明確的陳述；至於認識之本來如是，我們仍擬從儒釋道三家再作研究，以說明什麼是中國形上學的認識論。一般說來，釋家有較爲完整的認識論，特先從釋家的認識論說起。

第一節 釋家形上學的認識論

一、唯識宗所謂之識

我們說「釋家有較爲完整的認識論」，這是指唯識宗而言。茲以唯識宗爲主軸而綜合的說明釋家的認識論是什麼？唯識家認爲，識就是了別，亦即明了與區別。他們認爲，宇宙與人生，全是分別的現相（呈現出各種形相）。宇宙本身，原是空無所有，只有一種能力存在。由這種能力運動的結果，便幻生出無盡的時分（時間），方分（空間），與種種的宇宙人生。這種能力就是「識」。「識」就是這分別能力的本能活動，也就是它分別它自己。唯識家認爲我們所認識的一切事物動作以及我自己的心意，全是這能力分別的幻象而不是本來的根源。以存在爲幻象，這可以說是釋家各宗各派的共識；至於認爲宇宙間「只有一種能力存在」，而這種能力就是識，這是會有不同的意見。如我們在第五章第四節中引述楞嚴經所說：「無同異中，熾然成異」。這「熾然成異」，說是一種能力的本能活動，未爲不可。又如我們在第二章第三節中所談到的「真汝心」，這個「識」當然不是「真汝心」。因此，唯識宗之認識論，是欲澈底的瞭解這形而下的非「真汝心」之虛幻的認識；然後對症下藥，以期藥到病除，而能轉識成智。

認爲「識」是虛幻的，這可說也是釋家的共識。「識」何以是虛幻的?因爲「五蘊皆空」。在第二章第三節我們曾說「佛家認爲物理結構之知是假知」，也曾說到色、受、想、行、識這五蘊，即是物質與意識，茲特再作說明。所謂蘊，其義爲積聚，即是一類一類的總聚。色蘊的色，不是顏色，美色，是指質礙與變壞這二者而言。質礙是指有體積，佔有空間與位置者。這有體積而佔有空間位置者，終必變壞，所以釋家所謂之色，即我們所謂之物質。色是積聚而成的。至於受蘊之受，是指我們與外境接觸時，內心所生起的一種領納作用。例如接觸到愜意的境界時，內心便生起一種愉快的情緒，這名爲樂受；當接觸到不適意的境界時，內心便生起一種不適意的情緒，即是苦受；只有一種境界，使人起不苦不樂的感覺，此名接受。再說想蘊，想是內心與外境接觸時，所起的認識作用，凡思想上的概念，以及對於外境的了解、聯想、分析、綜合等等都是想的作用。再說行蘊，行是造作的意思，與外境接觸時，內心生起如何適應、改造等的心理活動，依之動身發語而成爲行爲。行是意志的，以此執行對於境界的安排與處理。其他的心理活動，凡受，想所不攝的，都可以包括在行蘊裡。最後談到識蘊，識這個心理活動，是以一切內心的活動爲對象的。也就是將受、想、行等，原是主觀的心理活動加以客觀化，而對之生起「了別」的認識作用，這就是識蘊。識、一方面是一切精神活動的主觀力，一方面也就是受、想等綜合而成爲統一性的認識活動。

上面所講的五蘊，當可分爲物質與精神兩類。色屬物質，受、想、行、識、皆爲精神。

釋家認爲，人是這五種聚積，亦即精神與物質現象所生起的協調作用而已。他們認爲，人之身體是色，情緒上的苦樂感覺是受，認識事物的形相是想，意志上所起的欲求造作是行，了別統攝一切心理活動是識。他們如此分類或解釋，是否允當，可置勿論；但是，他們認定，人是由物質與精神的因緣和合或協調作用而成現的，確爲現代科學理論所許可。我們認爲，沒有色、受、想、行、識，是沒有我們所謂之人這一現象。人，確是精神與物質，因緣和合，聚積而成。

識或認識是總攝一切心理活動而有「了別」作用。這所了別的是色、受、想、行；而受、想、行，也可說是識的附屬作用。精神活動是以識爲主，離了識便可以說沒有精神活動。識、通常分爲眼識、耳識、鼻識、舌識、身識、意識等六識，與眼耳鼻舌身意等六根，及色聲香味觸法等六塵合稱十八界。六根六塵亦稱十二處。這十二處的六根稱爲能取，六塵稱爲所取。人之所以有種種認識，是因爲內有能取的六根爲所依，外有所取的六塵爲對象。所依的能取結合對象的所取，生起了人類的知識。六根的前五根，并不是指我們的眼睛、耳朵等等，而是指眼能見色，耳能聽聲等等。眼耳鼻舌身，是扶護五根者，稱爲扶根塵；至於能見、能聽等作用，是另有一種極其細微的物質，類如生理學家所說的視神經、聽神經等等，釋家稱之爲淨色根，有質礙而不可見。此說頗爲精緻，是否與現代科學的理論完全吻合，我們毋須研究；因爲從認識論來說，這個說法是頗爲可取的。再說意根，釋家也認爲是一種微細物質，如生理學家所說的腦神經，爲一切神經系的總樞。意根與眼耳鼻舌身等前五根是有密切的關係，它接受前五根的取得，也使前五根起作用；它與前五根名爲扶根塵的物質的根身不相離，但它不僅是物質的，也是精神活動的根源。突創唯物論者，說精神是物質突創的，唯識論者是絕對不能同意的。前文已指陳、此六根是能取。例如眼根所取的是色境，即紅橙黃綠青藍紫等顏色及長短高矮方圓等形色；耳根所取的聲音；鼻根所取的香臭；舌根所取的是味，如酸甜苦辣等等；身根所取的是觸，如冷煖細粗滑澀軟硬等等；意根所取的是法境，此即內心的對象，在不見不聞時，內心所緣的種種境界，如受、想、行等，叫做法塵。總之，我們認識活動，是不離此能取所取十二處。所謂處，其義爲生長，即是說，這是一切精神活動所依而得以生起的。因爲如此、所以我們這個起了「了別」作用的精神活動，確是根塵（亦稱根境）和合，聚積而成。例如我們所認識的白粉筆，眼觀爲白色，長圓形；手觸爲堅硬而粗澀，鼻嗅有粉氣，敲之有聲。粉筆的性質、形相、作用，確是經過前五根所發起之認識的實際體察，再經意識的綜合作用而區別明了。可見粉筆的認識，是多方面的一點一點的聚積而成爲我們所知之整個粉筆。其他對所有事物的認識，皆是如此。這不是唯心論。因爲若祇有能取的六根而沒有所取的境（六塵），是不能聚積而成爲認識。在此須作進一步說明：第一，識固是因根塵和合而存有，然而根身它自己是無知的。我們曾例舉人死後，根身或官能雖未損壞，但已失去知覺；機器人未通電時，祇是一堆物質。可見這了別作用，是另「有一種能力存在」，是「這種能力」藉根身與外在世界之因緣和合而產生認識。認識是「真汝心」之「分別性」藉根塵之因緣和合而有。「離諸色相，無分別性」❶，此義不差。這是釋家對於「識」之最

❶ 楞嚴經卷二。

基本也是比較一致的看法。第二，因爲「識」是藉根塵之因緣和合，聚積而成，所以對於因緣，應作必須之說明。

二、法、因緣、及識之了別作用

爲對於「識」有進一步之認識，除應該了知何謂因緣外，對於釋家所謂之「法」，也有略加說明之必要。大家都知、皈依三寶，是指皈依佛法僧而言。這個「法」字，是概括一切佛家經典。禪宗六祖則是皈依覺正淨自性三寶。所謂覺即是佛，正即是法，淨即是僧。釋家以淨慧爲命，正法爲身。覺此淨正，可以說是學佛者之最終目的，對於這個「法」字，釋家是極爲重視。一般說來，法有真正與正當諸義；但「法」亦有正法與邪法之分。法實有種類之義。如所謂「百法」，即是指物質與精神的一百種現象；所以，法亦有現象或事物諸義。例如心法是指心理現象，色法是指物質現象；而且，釋家所謂之色，是指所有成爲認識對象者，如一切聲音、顏色、明暗、香味、感覺等等都是，比通常所謂之物質，意義範圍更爲寬廣。此外，法、當然也有方法之義。我們對於這個法字，實宜當作「一切事」、「一切理」、「一切心」、「一切物」來理解，不宜拘於一格的理解。佛家所謂之法，於此應灼然而無疑。

法之義既明，現在乃可進而說明因緣是什麼了。釋家有「四緣」之說。這緣字在我國舊有的訓詁上，是說一種行動，順著某一種事的邊際而行動的叫做「緣」。例如人爬上樹叫緣樹而上。又如人靠牆站著，不叫緣牆而立，叫依牆而立；若爬牆上去，便叫緣牆而上了。所以「緣」這個字，有攀緣牽引諸義。釋家更引申爲，一切「法」生起的功能都叫作緣。釋家認爲，一切法不是單獨產生的，是依靠其他的邊際而發起的，亦就是依其他的原因、條件或關係而產生的。緣字的含義，大致可作如此解釋，并可分爲以下四緣：

1.因緣——「兩法相生成緣」。例如種子生成樹，這樹又生種子而成爲循環不絕之因緣。因緣亦可看成因果。有因必有果；不過，因果亦常是因—果（因）—（果）而連續不絕。例如種子生成樹，種子是因，樹是果；由樹結成種子時，樹是因，種子是果。如是便成爲循環不絕或連環不絕的「兩法相生成緣」之因緣。

2.等無間緣——「兩法相讓成緣」。例如兩人相隨行走，必是前人向前走一步，後人才能向前補上前人的位置。前人不走，後人因無空缺，是不可能補上前人位置的，所以叫作「兩法相讓成緣」。爲什麼叫做「無間」呢？這前後兩人中間不容有第三者加入；若有第三者在前後兩人之中從旁插入，後人仍是無法向前的；所以二人必須緊緊跟隨，不容有旁人加入而成爲「無間」。爲什麼叫「等」呢？這是相隨的兩法必須相等或相似。因爲一切事理各有各的規則，凡不相似的便無須相隨相讓了。

3.所緣緣——「兩法相待成緣」。前文講到六根六塵（亦稱六境）。這六塵或六境是所緣緣。因爲六識是依六根（亦稱六根門）以攝「取」六「境」而發生的；若無六境，則六識不生。有人曾說：夫因有妻而成爲夫；若無妻便不能稱之爲夫了。又如鏡子內有影像，是因鏡子前面有物件存在；若鏡子前面毫無所有，則鏡子內便無影像了。這所緣緣之所以稱爲「所緣」，因爲緣既是「順著某一種事的邊際而行動的」；那麼，這個行動必定有能緣與所緣。照釋家的看法，能緣卻是因先有所緣而後產生的。這就是鏡中的影像，必先有物體在鏡子之前；若物體消滅，不僅鏡中無像，并且連鏡子能夠照像的功能也沒有了。鏡子這個能緣是因先有可照之物體而產生的。「兩法相待成緣」之所緣緣，其義如此。

4.增上緣——「兩法相助成緣」。例如由種子生芽是因緣。但是，單獨的種子不能生芽，必須埋在土內，用水灌溉，加上肥料，有日光照射。這土、水、肥料、日光等便是增上緣，可以增加因緣的力量。

總之，一切色法與心法的產生，亦即一切物質現象與精神現象的發生，必皆是由因緣而生。不過，一切色法的產生，只須因緣與增上緣；因爲色法的生起有其自身的連貫性與一體性，不須等無間緣和所緣緣。至於心法的產生，除了必是相生相助外，仍須相待相讓，亦即一切心法的產生是要具足四緣。例如眼識，必是前眼識滅，後眼識才能生。前眼識是後眼識的等無間緣，前耳識是後耳識的等無間緣。又如人昨夜睡眠到今晨起來，開眼看見一切物體，這也是昨夜最末的眼識是今晨最初眼識的等無間緣。雖然中間經過睡眠，但是中間沒有其他眼識產生，今晨最初眼識仍是昨夜最後眼識連續體所產生的，所以這是等無間緣。又如眼識所了別的色，耳識所了別的聲，都是所緣緣，前文講所緣緣時，已有很明白的陳述。

在此仍須作進一步說明的，釋家對於「識」的了別作用，有以下四種學說：第一種學說，說識只有一分，即只有「自證分」。這即是說，識的了別作用是單純的。此即我們的眼并未見色，耳也沒聽聲，我們所得到的所有顏色聲音，與實際的顏色聲音毫不相干，這不過是我自己認識上的一種證明、認爲外界有這一種情況就是了。第二種學說，說識有二分；因爲「自證分」不足以表明識的作用。識的功能原有兩分，一是見分，一是相分。相是相狀，乃隨著外界事物的本體在識的相分功能上發生相似的相狀。見是見解，乃用見分來證驗識的相分的一切功能。唯識論者認爲，人的一切知覺都是人自己認識上見分對相分的了別，與事理本體毫不相干。第三種學說，說識有三分；因爲第一種學說只就識的本體說；第二種學說只就識的作用說，都是一偏之見。識應當有三分：即「相分」、「見分」、「自證分」。相分例如布，見分例如尺，自證分則是量得的結果，如「布有若干尺」。第四種學說，說識有四分；因爲以上三種學說都不完備。例如有了「布」、「尺」，必定還要有一個用尺的人，所以識應有四分：便是「相分」、「見分」、「自證分」、「證自證分」，即比第三種學說多了個用尺的人而名之爲「證自證分」。特仍以鏡子爲例而說明之：這自證分即鏡子，這見分是鏡子的光明，這相分是鏡子內的影像，而證自證分便是鏡子的弛❷，有了弛，然後這鏡子才能東西南北隨意照像。至於這四者的關係，這證自證分的作用是對自證分的，自證分的作用是對見分的，見分的作用是對相分的。我們爲什麼要講「識」的了別作用這四種學說呢？這一方面使我們對識有進一步的認識，另一方面也是要進一步說明識與因緣的關係。因爲識有四分，是先有相分才有見分，先有色法然後有相分，所以就見分說，相分是見分的親所緣緣，色法是見分的疏所緣緣；就自證分說，見分是自證分的親所緣緣，相分是自證分的疏所緣緣；就證自證分說，自證分是證自證分的親所緣緣，見分是證自證分的疏所緣緣。由此，我們是

❷ 周叔迦說：「弛太約是鏡的架子」。達按：叔迦先生此說，值得商榷。本書所引，見周著「唯識研究」，頁二六，臺北天華出版公司。

進一步知道了，所緣緣還有親疏之分；而且與識的四種了別作用都有一定的關係。照惟識宗的這個說法，我們實不宜說釋家都是唯心論。

三、識與十二因緣

現在乃可對「識與十二因緣」作必要之說明了。所謂十二因緣或十二緣起是：無明緣行、行緣識、識緣名色、名色緣六入、六入緣觸、觸緣受、受緣愛、愛緣取、取緣有、有緣生、生緣老死。爲易於明白起見，特以另一種方式作於下之表達：

無明—行—識—名色—六入—觸—受—愛—取—有—生—老死。

更可作於下之表達：

無明老死循環圖

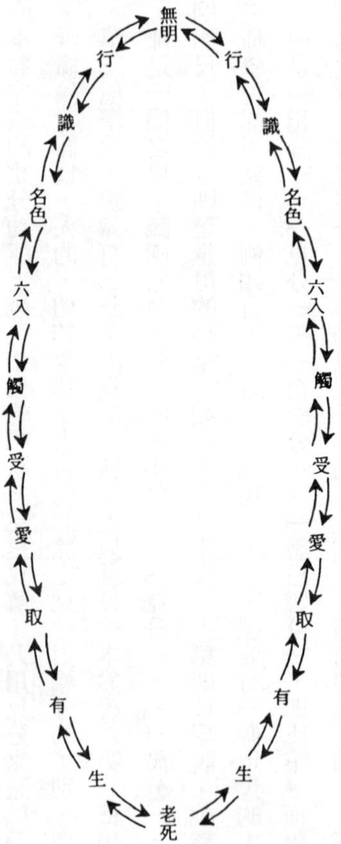

上述之「無明老死循環圖」，是說明了「人」之生死在這十二支序列下流轉，是循環不已，無限延續，永無休止。印順在「成佛之道」中曾說：

這十二支的因果相生，是緣起的事實或緣起的序列；而「此有故彼有，此生故彼生」，才是緣起的法則。因果的所以成為因果，生死的所以成為生死，都離不了這個此有故彼有，此生故彼生的定律。這樣就進到緣起事物的一般理性了。試問：因果到底是什麼意義呢？怎樣才會成為因果呢？依佛開示的緣起來說：有，是存在的意思。這不是自有永有的存在，而是生滅的存在；所以又說生，生是現起的意思（約澈底的意思說，存在就是現起的，現起的就是存在的）。為什麼能存在？為什麼會現起？這是離不了因緣的。依於因緣的關係，才能存在的，現起的。那個因緣呢？也是存在的，現起的，他如不是存在的與現起的，就不能成為果法存在與生起的因緣了。那個因緣自身，既然是存在的，現起的，那當然依於另一因緣。就是另一因緣，當然也不能不是存在的與現起的了。這樣的深刻觀察起來，盡世間的一切事事物物，盡一切眾生的生死死生，無非是成立於這樣的原理：因（有）存在所以果存在，因（生）現起所以果現起。一切都是依於因緣的，也就是離不了因緣的，離了因緣是不能存在的。依這個此有故彼有，此生故彼生的定律而觀察起來，什麼都不是自有的，永有的，一切世間，一切生死，無論是前後的，同時的，都無非是展轉相關的，相依相待的存在。展轉相關的，相依相

待的存在，才能成為因果。……❸

照印順此說，是謂這有或生之所以存在或現起，是在「此有故彼有，此生故彼生」的法則下，展轉相關，相生相依相待而存在或現起的。這就是說，依於因緣的關係，才能存在或現起，亦即「因」存在(有)所以「果」存在，「因」現起(生)所以「果」現起，因—果(因)—果(此即果又成為因而成為另一因果)而循環不已。從本體來說，是無因果可言的；從現象來說，是不離因果的。我們在第一章中，對此已有論及。可見現代科學有關因果之學說，與佛家因緣之說，乃是不相同的學問，故不必加以探討。在此特須指陳者，此十二緣起，是謂生死與無明的存在或現起而有此十二支的因果關係，以下將對此十二支的意義略作說明。

先從無明緣行說起。什麼是無明呢？無明就是不明白，就是貪、嗔、痴，也就是煩惱。煩惱是很複雜的；但一切煩惱，可分爲貪、嗔、痴三類；因爲一切煩惱，都是這三種煩惱的支派流別。例如愛、染、求、著、慳、諂、慢、掉舉等，是貪；忿、恨、慢、惱等，是嗔；見、疑、不信、惛沉、忘念、不正知等，是痴。痴就是愚痴，也就是無明。無明是對於真實事理無所知而得名，也就是不悟不覺。無明并不是什麼都不知，卻是知的一種，不過是錯誤顛倒，似是而非。好像喝醉了酒，也好像著了迷。是的看成不是的，不是的卻看成是的，迷迷糊糊，顛顛倒倒，疑疑惑惑，這就是愚痴的相貌，是最難根治的煩惱。釋家認爲，從無明

❸ 印順著：「成佛之道」，頁二一二—頁二一三，臺北正聞出版社，民七十八年十五版。(「妙雲集」中編之五)。

的不知來說，是不知善惡、不知因果、不知業報、不知凡聖、不知事理；從其所知所見來說，便是：「無常計常、無樂計樂、不淨計淨、非我計我」。若不是對於真實事理的疑惑，就是對於真實事理的倒見。再說到嗔，如藏在心裡，就是怨、是恨、是嫉妒；如發作出來，就是忿、是諍、是害、是惱怒、是無明之火。至於貪，是染著自我，及有關自己的一切。顧戀過去的，躭著現在的，希求未來的，雖不是嗔火一樣的嚴重，卻是水一樣的滲入，澈骨澈髓。總之，有了貪心，有時也可以做成很多好事，但由於以自我的愛染爲本，所以是不澈底的，常會因貪愛而起嗔恨心。嗔是愛的反面。愛到極點，常會嗔恨到極點。貪與嗔這兩種煩惱，在本質上也就是無明。在諸煩惱中，另有「見、愛、慢、無明」這四類煩惱。釋家認爲，這四種煩惱是衆生煩惱的內在特性，亦是比較細微的煩惱，亦稱我痴、我見、我慢、我愛。本來是沒有常住不變的自在的我，現看作有我，故名我痴。由於自我的錯覺，因而對變動不居，變化無常的執著爲是確有的，故名我見。由於執有自我，而對自我有妄自尊大之感，是名我慢。不但妄自尊大，而且愛戀這個自我，是名我愛。這我愛是行動上的錯誤；我見是認識上的錯誤；我慢則是微細的自我感，及因此而引起的自我中心活動；而我痴就是無明，是一切煩惱的總相。總之，屬於知的謬誤是見，屬於情的謬誤是愛，屬於意志的謬誤是慢，這一切都是煩惱，煩惱可以說是無名的別名。何謂無明？這已經說得很明白了。

茲進而說明「行」是什麼？前文已陳述：行是五蘊之一，是造作的意思，是一種意志的心理活動，與愛有關聯。行是十二支緣起的一支，當然是一很重要的聚積，這個聚積（行蘊）是如膠如漆而染著一切的，是一種凝聚的強大的向心力。這樣的活動所成的力量，是稱之爲業力，所以釋家認爲業是行的別名，是招感生死，造成一個個眾生自體的力量。釋家認爲，從煩惱起業（達按：即無明緣行），由業感苦果，又依苦果而生起煩惱，而循環不已。煩惱、業、苦三者，即是緣起的一大循環。現在乃可進而說明何以會有「識」的發生了。

我們已說明了識是什麼？現在我們再說識與十二緣起，是欲說明識何以會發生？阿含經曾一再指出：「無明覆，愛結繫，得此識身」。煩惱、業、苦三者，即無明、行（愛）、識三者。我們可以這樣的說，無明是屬於知的，是認識上的錯亂；愛是屬於情意的，是行爲上的染著。有了這兩大因緣，眾生就感到了「有識身」，即所謂眾生自體，而「相續」的流轉生死。這也就是無明爲父，貪愛爲母，和合而生「生死眾生」的有識身。釋家認爲，這無明、愛、識身三者，是無始以來，從過去到現在，現在到未來，一直是這樣的，不斷的相繼不已。印順在「成佛之道」中曾說：

在一般的十二支緣起中，第二支是行，行是業的別名。行業不是別的，只是與愛相應的，思心所所發動的行為。所以三事說的無明，愛、識，與十二支中的無明、行、識，是可以相通的。如從十二支的立場來說，識是現在這一生的開始。拿人來說，就是當父精母血結合時，有識的剎那現起，因而結成有心識作用的新生命。這樣的有識結生的新生命，從何而來呢？這是從前生的業種所引發的；業就是行支。當前一生的最後死亡時，雖然身心崩潰了，但過去所造作的業能，并未消失；等到因緣和合，就隨著業力善惡的不同，而得或苦或樂的果報體，成為一新的個體，新的生命。行業的感果，是離不了煩惱的發業與潤生的，無明就是煩惱，是以我我所見為攝導的煩惱的總名。由於過去世的煩惱—無明，有過去世的業—行；從過去世的煩惱與行業，才有現生的生命開始—識。從無明而行而識，說明了從過去到現在的生死歷程。（同註三，頁一七二）

印順此說，是否正當，可暫置勿論。我們可從此說而很明白的理解，釋家所謂之識及識是如何發生的。照印順此說，「識是現在這一生的開始」，此說是應該被允許的；至於「識」何以「是現在這一生的開始」？前文所述之無明、業、識，仍須作更深入的說明，所以對於識與心法及心所有法有先加以說明之必要。

四、識、心法、及心所有法

前文已指陳，識是分爲眼、耳、鼻、舌、身、意等六識，再加上第七識與第八識，共稱爲八識。這八種識，亦稱爲八種心法；此八種心法，非「真汝心」，乃「分別性」之了別作用，亦即所謂「假心」。此等「假心」或心法（亦即吾人所謂之心理現象），是以色法爲對象而形成人之認識。唯識學者認爲，人的認識只是分別作用，不能成就善惡好惡，能成就善惡好惡者，是「心所附屬的作用」，稱「心所有法」，亦稱「心所」。「心所者，與心相應，存於心中。」❹成唯識論曰：「恒依心起，與心相應，繫屬於心，故名心所。」心所有法，共

❹ 大毘婆沙論。佛教大藏經第四十三冊，論部九。

五十一種，分爲以下之六大類：

第一，「遍行」，是一切心法無論何時全都有的，共有五種法：㈠「作意」，是領導心意識去攀緣外境。大學中說：「心不在焉，視而不見，聽而不聞。」心爲什麼會不在？乃由於心有「作意」的功能。㈡「觸」，是令心與前境接觸。㈢「愛」，是令心領受前境。㈣「想」，是令心領取前境像貌所在的種種形相。受想爲五蘊之一。㈤「思」，是令心去造作種種事業。印順說：「行是業的別名，……思心所所發動的行爲。」這思是行爲的原動力，一切業皆由思而成有。

第二，「別境」，是專對某種環境而生起的，也有五種法：㈠「欲」，是對於某種環境有一種希求或願望。㈡「勝解」，是對於所接觸的環境有一種決定的瞭解而斷然無差。㈢「念」即記憶不忘。㈣「定」即心不散亂。㈤「慧」，對於是非善惡，分別簡擇而全無差錯。

第三，「善」，共十一種法：㈠「信」，是了知善惡而信善。㈡「精進」，是勤苦修行而不懈怠。㈢「慚」是羞惡。㈣「愧」是做了壞事而無顏見人。㈤「無貪」，不貪求一切功名財利。㈥「無瞋」，真的無瞋，是以慈愛憐憫之胸懷，對待一切橫逆。㈦「無痴」，即是無迷惑，能真的無痴即能斷無明。㈧「輕安」，即身心安泰而愉快。㈨「不放逸」，即不希求色聲香味。㈩「捨」，對於色聲香味不爲所動。(十一)「不害」，不破壞或戕害一切事物。

第四，「煩惱」，即煩擾惱亂人之心靈者，共六種法：㈠「貪」；㈡「瞋」；㈢「無明」即痴。㈣「慢」，即自以爲是，自以爲比人高貴。㈤「疑」，不信善，不信真理。㈥「不正見」，對真理有一種相反而顛倒的見解。

第五，「隨煩惱」，是伴隨以上六種煩惱而發生者，共二十種法：㈠「忿」，即忿忿不平。㈡「恨」，由氣忿變爲仇恨。㈢「惱」，由忿恨而起惱怒報復之心。㈣「覆」，隱瞞遮掩所作惡事。㈤「誑」，即說假話。㈥「諂」，恭維巴結有權勢者。㈦「憍」，在人前賣弄自己的才能。㈧「害」，羅織罪狀，陷害他人。㈨「嫉」，嫉妒他人。㈩「慳」即吝嗇。(十一)「無慚」，做壞事而不覺得難過。(十二)「無愧」，做壞事而不知羞愧。(十三)「不信」，心中充滿污穢，不信真理。(十四)「懈怠」，貪圖享樂不知爲善。(十五)「放逸」，對於惡事，不能防止。(十六)「昏沉」，身心疲乏，認識不清。(十七)「掉舉」，掉即振動，即是令心不安靜。(十八)「失念」即善忘。(十九)「不正知」，即錯誤的認識。(二十)「心亂」，即此心奔求流蕩，不得安寧。

第六，「不定」，指善惡不定而言。可以爲善，可以爲惡者共四種法：㈠「睡眠」固無善惡，若因睡眠而耽誤爲善，便成惡法；反之即是善。㈡「惡作」，即是追悔。這惡作是照梵文直譯的，對所作惡事而追悔，便是善；反之即是惡。㈢「尋」；㈣「伺」，即推求觀察。尋較粗率、伺較細密。現今科學研究，頗似尋伺，是中立的。

以上六類五十一種心所有法，加上八種心法，再加上眼、耳、鼻、舌、身、色、聲、香味、觸、及「法處所攝色」（即純屬於意識的一切對象，不能用前五根來領納者），共十一種色法，再加上「心不相應行法」❺共二十四種，「無爲法」六種，合計一百種，即所謂「百法」。百法是包含所有精神現象與物質現象。唯識學者認爲，心與心所及色法，是互相發生了種種

❺ 慈航著：「相宗十講」，頁一二一，臺北天華出版公司。

關係，由這種種關係假定爲種種行爲。這種種行爲或現象之前七十種，即心法八種，心所法五十一種，色法十一種，皆是心上直接發生的；另廿四種，如命根、生、住、老、無常、及時空等廿四種「心不相應行法」，不是由心上直接發生的，可以說是超越的現象或概念。他如「虛空無爲」、「擇滅無爲」、「非擇滅無爲」、「不動無爲」、「想受滅無爲」、「真如無爲」等六種無爲法，更全是超越的精神現象。由此可知，所謂百法，它不祇是包含了精神現象與物質現象的全部；而且是包含了所有超越的認識或超越的精神現象。

由上所述，我們可以認識到：第一，釋家的認識論是非常精密而系統亦非常完整；第二，心所有法的分析，非常細密，依現代科學方法，加以評判，是否正確，可置勿論；但因其細密之分析，使我們深知煩惱之病源，對症下藥，予以精神治療，對於人之心靈的反省活動，確大有益處。第三，無明緣行，行緣識，只是心靈活動之次序而已，爲明「識」何以「是現在這一生的開始」？對於釋家所謂之識，仍應作更深入之探討。

五、六識、七識、與八識

我們講六識，當然是包括前五識與第六識；我們講七識，當然是加上了第七識，亦稱末那識；我們講八識，當然更加上第八識，亦稱阿賴耶識。我們知道，「識」之最基本的含義，乃是總攝一切心理活動而有「了別」作用。就前五識言，其功能有於下的特點：

㈠眼只能見色，耳只能聞聲，鼻只能嗅香，舌只能嘗味，身只能覺觸，即只能分別各個自己的對象。

㈡只能分別色法上的「自相」，所謂「自相」乃是因本質之不同而具有的不同形相。

㈢只能分別現在的。

㈣只能是最快而最短暫的了別，即所謂剎那剎那的了別。

㈤只是能單獨生起的，而且必是隨意識生起的。這前五識各有三十四心所有法，即：遍行五；別境五；善十一；煩惱三，欠慢、疑、不正見三種；隨煩惱十，欠忿、恨、惱、覆、誑、諂、憍、害、嫉、慳等十種；至於四種不定法，前五識都沒有。

再談到意識的功能，有以下各種特點：

㈠意識具有五十一種心所有法。㈡意識也只能了別自己的對象。㈢能了別色法上的「自相」與「共相」，亦即能產生概念。㈣不僅能了別現在，還能了別過去與未來。㈤不僅能剎那剎那的了別，還能相續不斷的了別。㈥能引起前五識。㈦能成就一切業。關於業，以後再詳說。在此特須指陳者：前五識因依賴意識的能力引起，而且不能繼續的了別，不能了別對象的種種不同的理事（即眼不能聽，耳不能見等等），所以每有一前五識生起之時，必定有意識同時生起。總之，前五識的生起，如眼見、耳聽等等，必都是意識與前五識相互作用或共同合作的結果。這五種作用也叫作「五心」：①率爾心——這是前五識在剎那間突然的了別；②尋求心——這是意識因前五識生起而起尋求；③決定心——這是意識因尋求而決定了別；④染淨心——這是意識在了別以後所生起好惡貪嗔的念；⑤等流心——這是因意識的好惡，而前五識與意識於相當時間中同等流轉，成就善或不善。

茲再進而談第七識，亦即末那識的特點：

我們知道，前五識的生起，必有意識同時生起。同樣的，眼識的生起必由於眼，耳識的生起必由於耳，鼻識的生起必由於鼻，舌識的身起必由於舌，身識的生起必由於身，意識的生起必由於意。意識的功能、特點，前文已有很明白的陳述，我們仍須進一步指陳者，「意」雖是有種種差別，卻必是單純的唯一的直覺。「了別」之可能，即因爲有這個直覺。因這個直覺所生起的「了別」作用，而直覺到有我。我思故我在。於是便覺得有我想、我吃、我穿等等，釋家統名之爲「我見」，乃意識的根，亦叫做意，即第七識，照梵文音譯叫末那識，亦稱染識。我們認爲，識對境界起了別作用，這便是認識了外在世界；識對自己起了別作用，當然會意識到「我」。第七識也可以說是意識的一種功用，唯識家之所以另立第七識，因爲第七識是意根，而且是虛妄我執。前文講到五蘊，亦稱五取蘊。印順有曰：

眾生的五蘊，叫五取蘊，因為是從過去的取——煩惱而招感來的。從取煩惱而生的，本質上已免不了苦痛。而現在有了這五取蘊，由於取煩惱的妄想執著，所以又苦上加苦。佛說有「四識住」法門。我們的取識（與煩惱相應的識），是不能沒有境界的，取識的境界，不外乎四事：物質的色；情緒的愛，認識的想，造作的思。取識在這些物質的或精神的對象上，一直是「處處住」著，看作可取、可得、可住、可著的。取、得、住、著，都表示取識與對象的「染著」，像膠漆的黏著似的，不能脫離。識對境界有了染著，那境界的每一變動，都會引起內心的關切，不能自主的或苦或樂，當然是免不了痛苦。樹上的葉子落下，你可能并無反應，那因為你沒有看作與自己有關的。如

> 心愛的人，心愛的權位，財富……尤其是最關切的自己的生存，受到威脅，或瀕臨死亡的邊緣，那就會感到無比的痛苦。這因為你染著他，看作自己或自己的。取識的對境染著，正像陷身於網羅或荊棘叢中一樣。總之，識是能住著的，色受想行是所住著的，總合為五蘊，就是一切苦痛的總匯。（同註二，頁一五二—一五三）

印順此說，對於「識」會染著，說得頗爲明白。識會染著，亦無明緣行，行緣識之另一解釋；因爲「行」亦有愛染之義。由於染著而成虛妄的我執，這是第七識之所以爲第七識。釋家認爲，人是由地水火風四大再加空與識而成，前文曾謂：「人、確是精神與物質，因緣和合，聚積而成。」（請覆按前文「唯識宗所謂之識」），亦正是此意。筆者素不喜四大之說；但將地水火風四大用現代固體（地）液體（水）氣體（風）溫度（火）等物質三態與熱學之學說而加以表示，亦覺頗爲中肯。人在物質方面確是具有熱度之氣體液體固體之聚積而佔有一定空間并具有心識者。當聚積之物質而具有心識作用時，這便是生命的開始，亦是人的一生的開始。聚積之物質不具有心識，亦即色蘊而不具有受想行識四蘊，這是沒有生命的，亦即祇是一堆物質而已。識當然是現在這一生的開始。至於「我」現在的這一生，則是第七識的執著。釋家認爲，「色如聚沫，愛如水泡，想如陽燄，行如芭蕉，識如幻化。」這是說，色法如大河中的聚沫，隨流漂蕩，忽聚忽散，忽起忽滅，變化無常，并無不變的實在堅固的本質。受、則如水面因風之激蕩而所起的泡，無有實質，隨起隨滅，不會久留。想、如同陽燄。所謂陽燄，乃熱帶沙漠中因蒸氣而現的海市蜃樓，全是虛假的，遠望似實，仔細推求，卻是無有。

行、如芭蕉，芭蕉是沒有枝幹，由衆葉包裹成爲大樹；若砍倒剝開，并無堅實的木材。識，如幻化，幻化就是魔術。古代魔術，無中生有，幻化出種種物件，卻只可目見而不可手觸；若手觸時，卻是虛空，毫無所有。這當然是值得爭議的觀點。但釋家說「五蘊皆空」，人生如幻，認定第七識祇是虛妄的我執，亦有其一貫的理論體系。同時，因是虛妄的我執，所以是「有覆」，即覆障聖道無漏智的現前，覆障自心使不得清淨。這末那識亦另與十八種心所相應，即五種偏行；一種別境：即慧；四種煩惱：即貪、痴、慢、不正見；八種隨煩惱：即不信、懈怠、放逸、昏沉、掉舉、失念、不正知、散亂。再者，末那識因是單純的思量，是不能認爲是善或惡，所以是「無記」。以上對於末那識的特點，是作了較爲深入的分析與陳述。

茲再進而談第八識的特點：

這第八識有種種不同的名字。①阿賴耶識是梵文的譯音，意思是藏識，言其含藏一切事物的種子，由此無量無數的種子發生一切差別的事物。梁真諦三藏曾譯作「無沒識」，意謂能保存一切事物種子而不令失壞。②又叫作心，梵文叫 citta，心是積集的意思，意謂此心是一切種子積集之所。③又叫作阿陀那識，也是梵文譯音，意思是執持，言其執取善惡的業因，維持事物不令破壞。④又叫作種子識，意謂此識是一切諸法的種子，能生起一切諸法。⑤又叫作現識，意謂一切諸法皆在本識上發現。⑥又叫作本識，意謂這識是一切諸法的根本。⑦又叫作它識，也是「阿賴耶」的別義，阿賴耶原有房宅之義，謂此識是種子的房舍。⑧又叫作根本識或第一識。⑨又叫作所知依。所知就是雜染清淨諸法，此識乃此諸法所依擬者。⑩

又叫作窮生死陰。一般說來，一切心一切物是有時連續有時斷滅，但這心物的種子識則是不斷絕的。⑪又叫作異熟識。異熟就是果報；這果報是由業、因不同時不同類而成熟者。這異熟識能引起生死以及善惡之異熟果報。這是當二乘菩薩所有的種子已經斷絕，不受後有，只有生死異熟未盡，所以不叫種子識而改叫異熟識。⑫又叫作無垢識。此識在如來位上是最清淨的，是一切無病所依止的。

照唯識家的看法，這第八識在凡夫地位叫阿賴耶識，在二乘、菩薩地位叫異熟識，在如來地位叫無垢識。由此可見第八識是含藏一切事物，保存或維持一切事物不令變壞；并能生起諸法，爲諸法依擬而不斷絕；而且最終能至不生不死，不垢不淨。它與第七識不同，它爲第七識所執持的，它仍有以下四種特點：

(一)無記。

(二)無覆。第八識在諸心識活動中，它是無覆的；因爲既未受到四根本煩惱的包圍，亦沒有受到八大隨煩惱的包圍，沒有染污煩惱蓋覆它，既不障於聖道，亦不蔭蔽於心，所以名爲無覆無記。無記是對有記說的，善因感可愛的果，惡因感非愛的果，如是善惡因果，各有它的自體加以記別，所以稱爲有記。第八識是異熟果，不能記它是善是惡，在善惡兩類中，無以記別，名爲無記。

(三)爲「器世界」所依托。「器世界」指山河大地等等。

(四)爲根身種子所依托。根身，器世界、種子，是第八識「所緣的相分」。

六、第八識與十二緣起

對於「識」，我們已作了較爲深入之探討。我們已知、識之所以是現在這一生的開始，乃因爲第七識「由於染著而成虛妄的我執」。至於第七識所執者，乃緣於第八識的見分。因第七識不了解這第八識的見分是相續法，是因緣所起的生滅法，是幻化不真實之法；於是妄起實法之執，以爲諸法是實有的，而執取第八識爲真實我。第八識執受根身器界種子。一般說來，執有二義：一是攝爲自體，二是持令不變。受亦有二義：一是領以爲境，二是令生覺受（同註五）。

何謂「攝爲自體」呢?攝是收攝，如第八識攝收根身爲自體性。

何謂「持令不壞」呢?持是執持，如第八識執持根身不會損壞。

何謂「領以爲境」呢?領是領納，如第八識領納根身爲所緣的境。

何謂「令生覺受」呢?覺是知覺，如第八識令根身有知覺的領受。茲列表說明於下：

第八識執受表

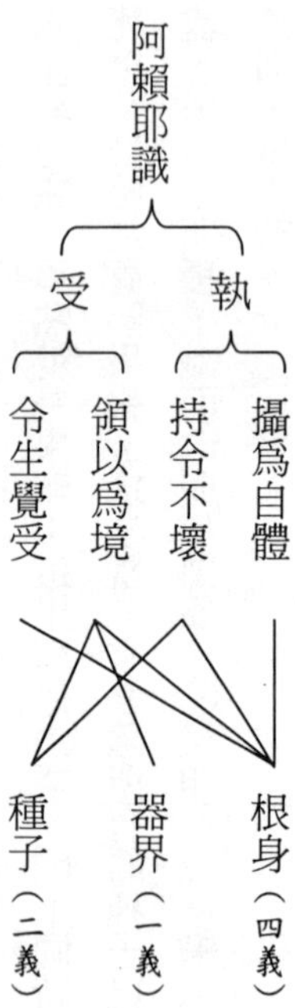

我們知道，第八識是被第七識執持；但依上表所示。也可以說是「令生覺受」。這第八阿賴耶識亦稱藏識，有能藏、所藏、執藏三義：

㈠能藏：能藏一切法的種子，故名「能藏」，對種子說，是「持種義」。㈡所藏：被前七識雜染法所薰染，故名「執藏」，對前七識說，是「受薰義」。㈢執藏：爲第七識所執持，故名「執藏」，對第七識說是「被執義」。第八識之所以被執，因爲它「持種」，它「攝持種子」而有「種子相」，而令第七識「生覺受」。談到種子，它是這阿耶賴識受無窮的複雜染污之法熏習而生成的。這種子并不是另有體質，乃習氣的別名，如同麻油用香花熏，便也沾染了香氣。熊十力先生反對種子之說，而認定祇是刹那刹那詐現。假如肯定「識」存在，而又如唯識三十頌所說「恒轉如瀑流」；那麼，這刹那刹那詐現者，「相續流轉」，「非常非斷」，而說成是種子，未嘗不可。王船山先生說：「習氣侔造化之功」。這熏習而成之習氣，第八識既能「持令不壞」，種子自可成立。

再談薰習，如同用香熏衣，這衣服便有香氣，這就是「熏習」，所以熏習一定有能熏與所熏。這「所熏」必須具有四種性格才能受熏，即：堅住性；無記性；可熏性；和合性。

所謂「堅住性」。例如聲音，風，光等不能熏成香味；因爲此等現象是忽起忽滅，是虛蕩不定的。再如人的眼識、耳識、鼻識、舌識、意識以及第七識都是有間斷的，所以都不能受熏。唯有阿賴耶識是堅住的，所以能受熏。

所謂「無記性」，是不分善惡。例如沉香麝香不能熏成臭，非蒜不能熏成香；因爲它已都有了固定的氣味；所以清淨的法，雜染的法，都不能受熏。清淨的法即佛果，雜染的法即煩惱，唯有第八識是不分善惡的，所以能被前七識熏染。

所謂「可熏性」。例如金石不能熏成香臭，因爲金石體質太堅密了，所以「真如」是不能受熏的，唯有第八識雖堅住而體性虛疏能含容種子，有可熏性而被熏。

所謂「和合性」。例如東廂的香不能熏西廂裡的東西，一定要「能熏」的物同「所熏」的物在同時同處，方能成熏。所以各人唯受各人自己的前七識熏，不受他識熏習。

至於「能熏」，亦須具備四種性格才能熏，即：有生滅，有勝用，有增減，與所熏和合。所謂「有生滅」，乃是有作用。沒有作用，等於沒有香味，不能熏；所以寂靜無爲的法不是能熏，唯有前七識有生滅，有作用，方是能熏。所謂「有勝用」，例如香氣薄弱則不能熏，必須氣味強烈才能熏；所以第八識因氣味薄弱不能熏，物質無思想作用不能熏，唯前七識是能熏。所謂「有增減」，例如香味能熏習他物，卻終會逐漸消失；若極圓滿不增不減者決不能熏，凡能熏者必不圓滿；所以佛果是圓滿的善法不能熏，唯前七識能熏。所謂「與所熏和合」。若能熏與所熏不在同時同處，決不會受熏；所以別人的前七識不是能熏，唯有自己的前七識才是能熏。

第八識是「所熏」，前七識是「能熏」，所熏得的結果便是種子。但是，有人主張種子不是由熏習得來的，是第八識中本有的。不過，由於熏習的力量，激發本有的作用而成爲種子。另有人則主張種子全是由熏習成的。所以種子有兩類：有本有的，有新熏的，必都是待眾緣而後發生作用。本有的遇緣，便由本有的種子生現行；新熏的遇緣，便由新熏的種子生現行。

至於現行如何熏習成種？共有以下三種熏法，即：有分熏習，我見熏習，言說熏習這三種。所謂「有分熏習」，即人類行爲的熏習，這所熏成的習氣是新生的。由這類新生的種子產生我們無量生死以及一切果報。這「言說熏習」便是人類之感受上的熏習。這類熏習都是本有的習氣；若本識上根本沒有這一類習氣，便不會有這樣的感受或思想發生。由這熏習生起「根身」、「器界」以及「心王」、「心所」、「時分」、「方分」、「數分」、「語言文字」等一切知識。這「我見熏習」有兩種：即「人我見」與「法我見」。人我見是粗顯的，法我見是細密的。法我見可以獨起，而人我見一定要依附法我見同起。人我見是執著有一個能主宰的我，法我見是執著有一個有固定體性的法。這兩種見各有新熏、本有兩種。這本有的我見叫「俱生我執」，在第七識和第六識中。第七識的我執是無間斷的，第六識的我執是有間斷的。這新熏習我見叫「分別我執」，僅在第六識中，乃由於推求義理及一切學派之傳說而執著有我。

「我見熏習」即無明緣行，它除了自己種子現行的循環，還引起「有分熏習」。有分熏習便是行緣識，取緣有，有緣生，生緣老死。它除了自己種子現行的循環，還引起「言說熏習」。言說熏習即識緣名色，名色緣六入，六入緣觸，觸緣受，受緣愛，愛緣取。它除了自己種子現行的循環，還引起「有分熏習」。阿賴耶識與十二緣起詳見下列表解（同註二，頁四八）：

阿賴耶識與緣起表解

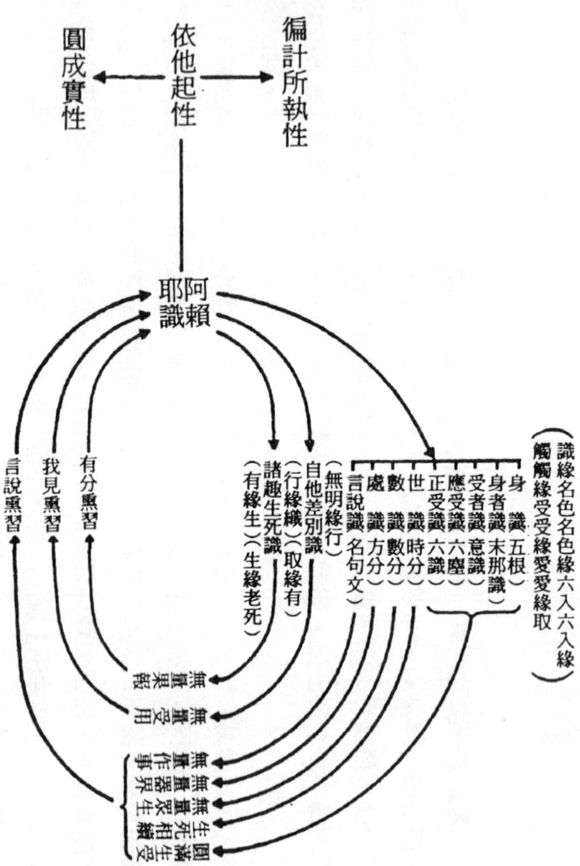

依以上表解所示，這有分、我見、言說三種重習，使阿賴耶識形成了十二緣起的循環。這阿賴耶識是依他起性。唯識家認爲，每一種法都具足三種特性，即：遍計所執性；依他起性；圓成實性。這「遍計所執性」，不是附屬於一切萬法的本質，而是由於人之認識所生的普遍計較之執著。一般人對於一切事理，總有兩層執著：①一切諸法各各有特性；②一切特性都有本體。例如某人不認識牛，當聽見有人說牛，便會推想到甚麼叫做牛？又例如見著牛而不認識牠叫甚應？便會推想，這是什麼呢？因此，一切遍計所執不出兩種：①文字語言；②義理。

至於遍計所執性之所以要標明普遍與計較這兩層？因爲人類的智識有四種不同：①遍而非計；②計而非遍；③非遍亦非計；④亦遍亦計。這遍而非計，是「無漏智」或無所住心。我們講本體論時，曾指陳本心本性是不會計度的。這計而非遍，即第七識只知計較有「我」，對於一切宇宙，一切人生，一切事理，皆不計較，所以是計而非遍。這非遍亦非計，即阿賴耶識及前五識，只能了別自己的對象與環境，所以不是遍；亦不能想念分別，所以不是計。這亦遍亦計，即吾人之意識，是時時刻刻計較一切顏色、聲音、香臭、苦辣、痛癢，以及喜怒等等。唯識家認爲，這遍計所執，原是從語言文字生起的。吾人所領略的環境并不是環境的實況，只是環境的虛名，所以吾人所感知的不是環境的實體而是環境的相貌。由這相貌生起見解，由執著這見解而推求，用見聞覺知這四種情況而生起語言；於是，乃由無意義的虛名中增出定義，這樣便永遠不能得到真實的了解。所以唯識家認定我們平常人的一切思想行爲全是錯誤的執著。

至於「依他起性」，對「遍計所執性」說，比較上是真實的。依他起的意思，即是指一切事物，不是自己單獨成立的，必須要靠其他的事理積合而成。例如所謂牛，事實上并無單一的東西叫做牛，牛乃頭角毛尾足蹄及各種內臟等等集合而成；若用現代的觀點來說，牛是由各種細胞集合而成。全宇宙的事事物物，全是集合各種元素積聚而成的。因爲這種性相（即依他起性）不是依名生義的遍計所執，所以是真的；然而這也證明一切事理是無實質的，所以又是假的。釋家此說，與現代科學不違背，我們在本書第二章中，對這一點已有詳盡的說明。

再談「圓成實性」，它是一切事理的真實體性。圓是圓滿，成是成就，實是真實。這圓滿成就真實的本性，即百法中六種無爲法之一的「真如無爲」，是真實常住的，是一切事物之共同體性。

以上這三性，其定義也可換一種名詞來解釋，此即是「三無性」。這「遍計所執性」是「相無性」；因爲凡屬有相，皆是虛妄。這「依他起性」是「生無性」；因爲一切事理的生起皆是因緣和合，不能由己而是由他的。這「圓成實性」是「勝義無性」；因爲這是一切事理平等無差的本體。在最妙勝的義理上，一切萬象無有差別。

綜結以上所述，我們知道，阿賴耶識是依他起性；若是普遍計較之執著，則一切皆妄；若能對一切依他起的環境不生「遍計所執」而真實證知一切「圓成實性」，則便能達到最圓滿真實的覺悟。這是更深入的說明了阿賴耶識的特性，也是對第八識與緣起作了更進一步之說明。

七、十二緣起與三世輪迴

我們已說明了無明緣行，行緣識，及無明、業、識之緣起循環，并就第八種子識對緣起之循環作用，而窺知了十二緣起之所以循環不已。茲再就十二緣起與三世輪迴而更進一步的說明「識」究竟是如何發生的？

唯識家曾設問，爲何會產生無明呢？因爲執著有我。只因爲執著有我，所以有分別有無等種種的希求。由這等希求所以造作種種善與不善的行爲，這便是無明緣行。由這種種行爲（亦即上文所述之各種熏習）熏成第八識中的種子。因爲第八識與種子是不一亦不異的，即：離了種子沒有第八識，離了第八識也沒有種子，所以叫作行緣識。這無明與行是說過去時的。這種子生起現在的受用，所以就現生命言，識是最初。識何以「是現在這一生的開始」？於此當更明白無疑。至於這識何以能生呢？例如草木的種子，要種在地下，用水灌溉及日光照覆，然後便漸漸出芽了。這識的種子，也要種在「行」的田裡，有「無明」覆蓋，用愛水灌潤，便生芽了。生什麼芽呢？生「名色」的芽。名就是心，就是受想行識四蘊；色就是物，就是色蘊；於是有了身心，在人而言，便是成胎了。這叫作識緣名色。這名色逐漸增長，眼耳鼻舌身意等六根生長成熟而出胎了，便是名色緣六入。人在出生之後，六根與六塵便相接觸，這便是六入緣觸。既然根塵相接觸，便會感覺到苦樂或不苦不樂，這便是觸緣受。對於身心順適的感覺，即是樂受，自然要特別貪愛，這是受緣愛。因爲有所貪愛，所以四方奢求，執著不捨，便是愛緣取。由追求執著，所以成就善或不善行業，便是取緣有。這識、名色、六入、觸、受、愛、取、有等八種緣起，是包括人之一生的心理活動或行爲。再由現在的行業產生未來的身心，便是有緣生。未來既然有生便當然有死，這就是生緣老死。這生與老死，是就未來而言。這是用三世因緣來解釋十二因緣。這便是由過去世的「無明」與「行」爲因，生現在的「識、名色、六入、觸、受」之果；再由現在的「識、名色、六入、觸、受」爲因，生現在的「愛、取、有」之果；更由現在的「愛、取、有」爲因，生未來的「生」與「老死」

之果。這眾生之生與死總脫離不了煩惱，而又成爲無明緣行，而循環不已，所謂三世循環，乃是就過去現在未來而如此解說。

這十二因緣不僅可作三世因果的解說，在我們的「一念」之心中，也具足這十二因緣。一般人由於不明瞭真理，對於所生存的整個環境，有一種「被扔」之感❻，這便是現代式的無明緣行。總之，人對於所生存的整個環境，是免不了有苦惱的，無明緣行，總是不免的。而且，人生活在生存環境中當然會有知識，這便行緣識。有了知識便有身心與物我，這就是識緣名色。這身心物我一切作用相接觸的機會只有六處，所謂眼耳鼻舌身意，這就是名色緣入。有接觸的機會自然發出接觸的情狀，這就六入緣觸。這觸無非就是苦樂或不苦不樂三種，這便觸緣受。人之心意無非是對於樂受的貪愛，便是受緣愛。愛而不已便是愛緣取。由於取，一切心行成就便是取緣有。這一念由初起以至成就，這便是有緣生。這一念成就之後旋即消滅，這就是生緣死。這一念之生起與消滅，也確是具足十二緣起而無疑義。

在此仍須略作說明的，前文我們談「唯識宗所謂之識」時，曾說：「六根六塵亦稱十二處。這十二處的六根稱爲能取，六塵(亦稱六境)稱爲所取。人之所以有種種認識，是因爲內有能取的六根爲所依，外有所取的六塵爲對象。所依的能取結合對象的所取，生起了人類的知識。」這就是說，人之認識是不能離開六根而成立的。六根能攝取六種境界，就是色聲香味觸法。依六根門而攝取六境，就能生六識，即眼識、耳識、鼻識、舌識、身識、意識。六

---

❻「被扔」見海德格（Martin Herdegger）：「存在與時間」（Being and time）一書。

識是依六根而發生的，六根是增上緣；也是緣六境而發生的，六境是所緣緣。因爲根與境，對了別的識來說，都有生長的作用。從十二緣起來說，是識緣名色，名色緣六入；就識之生起來說，是六入緣名色，名色緣識。前文所列之「無明老死循環圖」，正是真確的表達了此意。

在此仍須作進一步說明的，這十二因緣又可分成兩個輪迴，即是由「煩惱造業」，「由業感苦」，「由苦還生煩惱」，如是循環不已，這在前文講「識與十二因緣」時便已明白指出，現擬作更爲詳盡陳述的，即這十二因緣中的前七支是一個輪迴；後五支是一個輪迴。第一個輪迴中的無明即煩惱（前文已有論及），行即業（達按：無明緣行即煩惱造業），識、名色、六入、觸、受等即是苦。這便是過去的煩惱成就過去的行業，再由過去的行業生現在的苦果。第二個輪迴中的愛與取是煩惱，有是業，生與老死是苦。這便是由現在苦果生現在的煩惱，再由現在煩惱成就現在的行業，由現在的行業生將來的苦果。這兩個輪迴，是祇講由過去到現在，并特別強調現在的苦。事實上，釋家的十二因緣全在說明一個「苦」字。不過「苦」的情形有不同。例如無明行識名色六入這五支，是講因變遷無常而有苦，這叫作「行苦」。至於觸與受這二支是「苦苦」；因爲一切受皆是刺激性的，皆易惱亂心性，所以都是苦，這是苦的正位。另外，愛、取、有、生、老死這五支，是因爲樂事壞滅而生苦，叫作「壞苦」。這「行苦」、「苦苦」、「壞苦」是在人之一生中無時或離，這也是釋家的最基本的人生觀。

總之，人之生死及一切感覺與行爲，全離不開十二因緣的循環。釋家認爲，我們若要解脫一切束縛而求清靜快樂，唯有打斷這十二因緣。假如無明沒有了，則這個「行」便沒有了；

行沒有了，則「識」便沒有了，推而至於老死便全都沒有了。至於斷這十二因緣須從那一個緣起開始斷呢？一般說來，從任何一項斷起都可以；因爲這十二因緣是循環的，任何一個環節斷了，便都全斷了；不過，最直捷有效的應該是斷無明；無明斷，則行與識不會發生，而一切因緣便全斷了。因緣便全斷了。釋家認爲，從無明上斷最不容易，最容易的莫若從現行因果中去斷，這便是受而不愛。因爲愛斷了，取便沒有了，推而至於老死便都沒有了。老死沒有了，無明便不生，因緣當然不會有了。「受而不愛」，這應是比較容易的，所有唯識哲學的唯識觀，以及天台宗、賢首宗、禪宗等宗派之初步修法，全都是教人受而不愛。

八、識力、業力、與人之思想行爲

上文我們已說明了：第一，識是什麼？第二，識是如何生起的？第三，識是人之這一生的開始；第四，我們也說明了人之認識活動的全部及其所有的功能與特點；第五，我們是更爲深入的說明了識能不滅及識在十二緣起循環中之主導作用；第六，我們也談到了阿賴耶識中的圓成實性，即所謂佛性。這就是說，我們對於識之現象與本體，全都有所陳述；這也是對於康德所謂之物自體的陳述。現在仍應指陳者：第一，釋家似乎反對第一因之說。他們認爲，印度婆羅門教的「梵天創造說」，以宇宙的最初，是梵的本身；而現實所存在的一切，是梵的自己發展，是以梵爲動力因與質料因而成立的，這是一種一神教，這與上帝創造世界之說，沒有本質上的不同。釋家反對此說，不承認宇宙之間有一個萬能的主宰者或神我，而認定「諸法因緣生，諸法因緣滅」。上章第五節討論「儒釋道三家宇宙論之同異」時，曾說：

「非合即無世界，無有對待即無變化。世界之成，乃變化而有和合。儒道兩家雖不似佛家那樣的講因緣和合，卻并未反對因緣和合。」這就是說，因緣生因緣滅之說，確無不當；但是，祇從因緣而講生滅，卻并非究極之論。誠然，釋家「緣起性空」之說，若認定「空」，即「不生不滅，不垢不淨，不增不減」之「諸法空相」，則此所謂「空」，即本書第二章所謂之本體。本書第二章第二節討論「道是有與無之同一」時曾說：「此所謂空，即是排除了一切差別性。如何才能排除一切差別呢？這就是要摒除『眼耳鼻舌身意』等感官之知，而『乃至無意識界』；而且，要斷盡『無明』，粹然至善，才真能體認到這個『空』。」這個「空」，是非意識所行境界，不是一般人用意識所可猜度的。在本書第二章第二節中并曾引用神會「顯宗記」對真空妙有之詮釋，以顯示「妙有即摩訶般若，真空即清淨涅槃。般若是涅槃之因，涅槃是般若之果」。如此而講因果，如此而講緣起，方能無過。若只是說：「此有故彼有，此生故彼生」；或竟將性空與緣起分成兩截，而對於我們在上一章中所一再闡釋的「存有連續」之義無深刻之體認；那麼，這所講的因緣生滅便不是究極之論了。總之，釋家反對梵我神我之說，這是很正確的；若竟棄置無始無終，不生不滅之本體，而認定緣起是無始無終的，則是完全的錯誤。有人問我，本體既是不生不滅，又何能生起萬法？這是對於本體之本性的無知。以上各章對於本體之本性有非常清楚之描述，讀者自可覆按；而且，本體生起萬法，并非如父母生子女，而是大海水顯現爲眾漚。「一而不可不易者道也」，本體之變易即是道。因本體之變易，乃有因緣和合，生成萬物；於是，釋家所認爲的識力，實乃存有連續所成現的一種現象；至於十二緣起，乃這個現象在變化過程中所成現的彼此關係而已。照這樣說來，識是如何生起的？若究極言之，實乃本體在變易過程中，藉因緣和合而成現；若祇從因緣和合而講認識，是不會認識「識力」的全體。

第二，識既是存有連續的一種現象，也是本體本性所顯現的一種功能。上文曾指陳、本體之本性是遍而非計。因爲是「遍」，所以是無所不在；因爲是無所不在，所以「識」之本性，必是這無所不在者之本性。即這無所不在者，藉因緣和合而成現爲「識」之存在。我們在第二章中曾指出，眼會看、耳會聽、嘴會說等等。這就是說，眼耳鼻舌身意，皆有其一定之功能。這是很平常的事實，并無任何特異之處；因爲機器人都會；而太空望遠鏡，無線電話等等，更是人的眼耳所萬萬不能及。但是，假如電腦不開機，凡是現代科學所發明的各種可以巧奪天工的機器，若不通電，則祇是一堆死物。事實很明白：必是各種物理結構與電力因緣和合，才會發生應有的功能。同樣的，人活著時會看、會聽、會思考等等，人一旦死去，這些器官并未損壞而功能全失，與機械未通電時完全一樣。基於這個事實，人這個物理結構，必是與生命力因緣和合，才能發揮人之效能。我們可以肯定的，即是：并不是有了人這個物理結構，便會有生命力；否則，人不會死去。很顯然的，生命力與人這個物理結構是兩回事，正如機械與電力是兩回事一樣。我們對於電力，知道的雖不多，但總算是知道一些；我們對於生命力，卻知道得太少了。我現在很佩服釋家，發明了人是由固（地）、液（水）、氣（風）、火這四大再加識與空而成的這個說法。依此說，似是有了識，便有了生命。識與生命關係如何，此或許須待科學作更完備的研究；但是，人是有識的生命體，則是無可置疑的。這應該也是事實，即：人失去了識，即等於失去生命，也等於是一堆死物；同樣的，人失去了生命，也當然失去了識，這也是事實。不過，就我們的系統來說，對於生命的本質，可以存而不論。我們必須指陳者，人這個物理結構必是與「識」因緣和合才會有「識」。「識」是如何的與人這個物理結構因緣和合，我們并不真的明白。釋家對此有關的闡釋，也并不完全令人信服。周濂溪先生的太極圖，實是一很含混的解釋。上一章我們所製「太極演化體系圖」，認定現象界所生存的心靈（識）與物體（人之物理結構），即本體界之理與氣。本體界與現象界，是辯證的由微而著，由隱而顯之存有連續。在理論上，這形而下所成現的心靈與物體兩種現象，在形而上的本體界則是這不可分之一或太極。我們認爲，這大而無外之大一固是一太極，這小而無內之小一，亦是一太極。這就是說，這宇宙本體或宙宙全體，固都可稱之爲太極；這原子或微中子等等，亦都是一太極。爲什麼呢？因爲所謂太極，即理氣不可分而動靜合一之全體。宋儒一物一太極之說，其義亦應是如此。照這樣說來，則「識」與人之物理結構的因緣和合，即理與氣或動與靜之和合。識之動與物理結構之靜的和合，是理論上的必然，至於事實上是如何的和合，這應是科學範圍以內的事，我們可以存而不論。不過，釋家的緣起性空之說，經過我們這一番解釋後，也即是與我們的存有連續之說接通後，是比較明白易曉而容易令人信服。

第三，照我們以上所作的研究，釋家所謂之「識」，實可分爲形上與形下兩部份。其形下部份稱爲「識」；其形上部份則稱爲「智」、「慧」或本心本性等等。「識」是本心本性所成現的功能，轉「識」可以成智。例如轉第八識成「大圓鏡智」，轉第七識成「平等性智」，轉第六識成「妙觀察智」，轉前五識成「成所作智」。智與慧的本身即本心本性，通過非意識所行境界的超感性的直觀便能有所體悟。這個體悟，即是對本體之認識，這在本體論中已多有陳述，茲不再贅。至於「識」，則是對「境」之了別。了別是作用。了別的本身，則是一種動能或能力。前文曾指陳，人之「識」是理氣動靜之因緣和合。這個動，我們并不真的明白。我們知道，電是能動，所有機械都依賴電才能動；但是，動可以生電，則是大家所知的。因此，人之能認識，在於人能動。若完全失去動能或動的能力，則必然失去「識」。「識」與生命不可分，「識」與動不可分。很可能，動就是「識」。我們可以這樣的說，動而無動，即純然的動靜合一，如無分別心（智），無所住心，恒照體等等，動而有分別，則就是「識」。「識」是什麼？讀者應更無疑義了。在此仍須作進一步陳述的，即前文曾指陳：第八識「爲諸法依擬而不斷絕；而且最終能至不生不死」（請覆按「六識七識與八識」）。這就是說，識這個能力是可以不滅。現代物理學肯定質能不滅。用我們的系統來說，本體既是不生不滅，則本體之功用，在剎那剎那之生滅變化中，「能相續不斷的了別」，在第八識中，這個了別能永不斷絕，在理論上是被允許的。我們認爲，識能不滅與質能不滅，理無不同。不過，一是爲現代科學所證實的，一是爲理論所許可而已。而且，識能不滅之識，乃物理學所謂之能；而識能不滅之能，實爲物理學所謂之質。讀者可覆按上章「太極演化體系圖」而獲得更爲清楚明白之認識，這也是更爲深入的說明了「識是什麼」？

第四，現在乃可進而對釋家輪迴之說，作比較明確的解釋了。首先應指出的，識既然是一種不滅的力量或能力；那麼，人之識力或識能，在人死之後，它仍然存在，實無違於理。上一章第四節我們談「致廣大而盡精微」時，曾說到我個人於一九三五年親身所見者，確認

「有我們看不見的外力存在，而且是具有靈性的」。現在我認爲這就是識力。這識力即「本體在變易過程中，是以辯證的由『人』到『非人』的形式而存有連續的存在」（同見上章第四節），這是無可置疑的。人死後，識力既然以另一種形式存在，則人必會有來生，即：在人死之後這個仍然存在的識力，必會與另一生命體因緣和合而成爲另一新生命，這新生命就是來生。至於識力是與物理結構和合後才會有生命，或是識力只能與生命體因緣和合，我并不清楚；但是這并不重要。因爲照我們的系統來說，形下之心靈現象是形上之道所成現的（請覆按上章第三節）。其次，人既然有來生，當然會有前生。現代心理醫師爲病人治病時，用催眠法使病人記憶前生而有助於治療，目前已在美國有不少個案。心理分析自佛洛伊德以來，大有進步。人之潛意識，應該可分爲集團潛意識（即自祖先以來所殘留與積成之潛意識）或遺傳潛意識，以及前生潛意識與今生潛意識這三種。由於佛洛伊德開啓了潛意識這一學術之門，使現代人通過催眠術而獲知人類的前生潛意識。催眠術是否完全正確？目前仍有爭議；故未敢斷定確有前生；但釋家輪迴，并非全是迷信，都已獲得新的學術上的支持。我們認爲，輪迴對於認識有非常大的影響。左傳有云：「人心之不同，各如其面」。人之觀念思想，確是各不相同的。爲什麼呢？就人之外在的影響來說，當然是受了風俗習慣與歷史文化的影響。各個民族、國家、部落，或甚至城鎮之間都有不同，其主要原因當在於此。至於每一個人的觀念思想之不同，必有其內在的原因，當然與這個人的遺傳潛意識及前生潛意識有關。我們可以這樣的說，每個呱呱墮地的嬰孩，其一舉一動，都是各有不同的。這當然也會有生理結構方面的不同；但是生理方面的不同，決不是唯一的原因，必與潛意識有關，這是應無可疑。

我相信日後的生理學與深層心理學都會對此有更明白的瞭解。再其次，釋家認爲輪迴之所以形成，識能不滅，固是必需條件；若沒有業力，亦即沒有無明，造諸惡業，受諸苦果，也就不會有輪迴了。業力可以說是輪迴的充足條件。前文曾談到煩惱造業，由業感苦，由苦再生煩惱，其式於下：

煩惱→業→苦→煩惱→業→苦→煩惱

上式亦可寫作於下之三角形圖式：

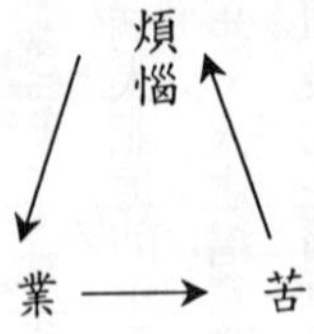

由上式可以看出，釋家所謂之輪迴，乃煩惱與苦之輪迴。此誠不脫勸人爲善的宗教色彩。但是，我們細察煩惱與苦之所以循環無已，實由於業力所造成。業力乃第七識執著有我的結果。假使無我，則既無煩惱，亦沒有苦果，可見煩惱與苦，皆由執我之故。因爲執我，在見色聞聲，舉心動念時，就愛染一切，取著一切，而起惑造業。前文講「行」是什麼時，曾指出，行是一種意志的心理活動，與愛有關聯；是如膠如漆而染著一切的；是一種凝聚的強大的向心力。這愛取而強大的向心力就成爲業力。現代心理學認爲潛意識是被逐出意識領域的。這即是我們所謂之今生潛意識，其力量極大，常能於幕後控制人的思想行爲，亦即「人」會常常不知不覺的受其控制而發生某些思想行爲。而且，這今生潛意識，還會與前生潛意識及遺傳潛意識結合起來，其力量當然更大了。釋家所謂之業力，其正確的意義，應是以潛意識爲主導的心理活動所形成的一種力量，這力量因第七識與第八識而存在，這也是煩惱業苦這個輪迴之所以形成的真正原因。再其次，照以上所述，我們當可以體會到：人是被潛意識束縛著而不得自由。解脫應是以解除潛意識的束縛爲主。釋家的認識論是在於講明「識」之本性、特性、作用、功能、成就等等而希望破執、除惑的以證知「圓成實性」，達到清淨無礙的「真如」境地。它對於「人間世」是避之唯恐不及；但是，若能善加體會，亦并非無益於「人間世」之認識。

九、釋家認識論在於如何認識眞心

釋家派別極多，但綜括起來，不外性宗（亦稱空宗、心宗等等）與相宗（亦稱有宗或唯識宗）。不論那一宗，他們都希望修到「究竟位」，也就是要證得「佛果」。佛果的含義，各宗所見未盡相同，卻都希望成就「三身」。在性宗，大致以三身爲「法身」、「報身」、「化身」。在相宗，則以三身爲「自性身」、「受用身」、「變化身」。性宗認爲成就佛果，就是「人我」、「法我」完全斷盡，證得了究竟寂滅，此即證得了我們所謂之形而上之道的本體。我們講本體哲學，大致與性宗相同。性宗認爲，證得了本體，即是證得了絕對真理，這真理即

「法身」。所謂證得了絕對真理，即這絕對真理就是自己，這自己就是「報身」。這法報二身的功德，隨類起化，救度一切眾生，這就是「應化身」。相宗認爲，既稱之爲「身」，即有「積聚」「所依」之意，也必有「自體」；而且，這絕對的真理，祇是所證，不是能證，所以不能叫做身。即令是能所不二，則必須能所同舉，所以應稱之爲「自性身」，即法身與報身之合一。至於佛之應化事業是有兩種：一爲分證「無分別智」與真理相應之「愛用身」；另一爲隨眾生根機示現生老病死，由太子出家，降魔成道，說法入滅；這是化不是應，是變化的幻相，是「變化身」。我們認爲，性相兩宗之說，確有不同，卻亦不必窮究其對錯。就我個人的體驗來說，以真理爲法身，并無不當。真理雖是所證，若真正證得，即與能證合一。且所謂能證，乃「唯認一浮漚體」者（請覆第二章），回到了「澄清百千大海」，真正證得，是能所皆亡。唯識宗認爲，受用身與自性身有六種差別：㈠受用身可見而自性身不可見；㈡受用身有種種佛會與受用，而自性身無；㈢因見者之根器所見佛受用身有種種不同，而自性身不然；㈣因見者之進修或倒退，其所見的佛受用身有種種的改變，而自性身永無變易；㈤受用身的法會有菩薩聲聞諸天等一切閒雜，而自性身無有；㈥自性身是轉第八識所得，受用身是轉餘識所得。由此可見，唯識宗三身之說與性宗確不盡相同。

至於自性身如何才能證得？唯識宗認爲，應以無分別智和無分別後得智修「無生相」、「無滅相」、「本來寂靜相」、「自性涅槃相」、「無自性相」等五相。㈠無生相能念念消滅一切煩惱習氣；㈡無滅相能真正了知普遍無量分別相；㈢本來寂靜相能現起清淨無分別相的大法光明；㈣自性、涅槃性能令法身圓滿成就；㈤自性相能次第增進到究竟位；㈥由此次第於十地中修集一切善法，以金剛後心破滅一切細微障礙，便證得自性身。

唯識宗認爲，自性身有五種自在：㈠轉色蘊成顯示淨土自在；㈡轉受蘊成大安樂自在；㈢轉想蘊成說法自在；㈣轉行蘊成應化事業成就善法自在；㈤轉識蘊成四智自在，即：轉第八識成「大圓鏡智」；轉第七識成「平等性智」，轉第六識成「妙觀察智」；轉前五識成「成所作智」。如何轉識成智，以及如何轉五蘊爲自在，這也是在說明如何才能證得自性身。

唯識宗對於自性身之解釋甚多，僅就以上所述：第一，自性身即我們所謂之本體；第二，唯識宗之基本思想在於轉識成自性身之四智自在。至於怎樣才能轉識成智呢？所謂「成智」，就是要修到「究竟住」，也就是要證得「佛果」或「入唯識果」，這當然要修行「六度」。所謂「六度」，便是「布施」、「持戒」、「忍辱」、「精進」、「禪定」、「智慧」六者。釋家認爲，修行方法總括起來，不外六度；六度再總攝起來不過三學。三學即「戒學」、「定學」、「慧學」。關於「戒學」，當然就是要持戒。修行目的不同，持戒自應有別。在我們非佛們弟子看來，祇要諸惡莫作，衆善奉行；而且真能查察自己的過惡，專心致志的鎖定自己的工作目標，久之，必能獲得定境而生智慧。這在大修行人看來，當然是至爲簡易的事。我們認爲，真能如此簡易的去作，必有所獲，這且不必細論，特進而說明「定學」。在第一章中，曾談到「定」。外科醫生因專心致志動手術，以致未感覺到當時所發生的地震。這是一種最常見的定境，與禪定可能有程度上的差別，實無本質上的不同。釋家達到禪定的主要方法是坐禪。關田一月曾說：

我曾想到坐禪或可安撫我的神經。這個漫不經心的猜測似乎猜對了。很久以後，我有時間想想坐禪的理論了，但在我看來，禪既不是哲學，更不是什麼神秘。它祇是神經活動之一種調節方法。這也就是說，它使扭曲的神經系統恢復正常的功能，故而必須孜孜不息地予以追求才行。❼

這僅是指坐禪的生理效果而言，這個效果是可以達到定境。以往釋家達到定境的方法，似乎祇有坐禪、參話頭，或觀想、持咒等。持戒當然是最先決的條件。不能持戒，這扭曲的神經系統，是不可能恢復正常的功能。現在有一種新的方法，叫「動中禪」，是泰國朗波田(Luanghon Teean 1981-1988)所創立的。Tavivat Puntaigvivat 在「歸向本性」一文中如是說：

朗波田的動中禪，不僅在泰國南傳佛法中是新的一環，在現代佛法及禪修方面亦無相同的。

又說：

小乘佛法強調持戒，修奢摩他和毘婆舍那定及研讀巴利文佛典。在持戒的修行上，修

❼ 關田一月著：「禪的訓練」，頁一二〇，天華佛學叢刊之十一。

行者的目的是在身體上克制貪、嗔、痴的妄念；在修奢摩他定時，修行者的目的是將心靈澄清；在修毘婆舍那定及研讀巴利文佛典時，其目的是能得智慧。朗波田的動中禪與這三種修法沒有太大的關聯，規律的肢體動作是為了能啟發培養覺性，在覺性發展過程中會面對念頭而能切斷念頭的鎖鍊，亦即貪嗔痴的起源。當覺性增強到能克服妄念而成為心的主導力量時，真實的戒就會顯現。是戒在觀察一個人的行為而不是這個人去觀察所持的戒，當覺性成為心的主導力量時，真實的定——那個寧靜而能覺知念頭的生起與消失的心，在毫無妄念的影響下對事物所做的直接而現量的觀察；真實的慧——由直接而現量的觀察所得到的智慧自然生起，而靜坐默唸；修白骨觀；修不靜觀，觀無常苦空及閱讀文獻等都是不同形式的妄念。❽

照這所說，已往修行的目的，不論何宗何派，都是要克制貪、嗔、痴的妄念，使心靈澄清而獲得智慧，南宗禪雖知「本來無一物」，卻必須從忘塵息念做工夫。朗波田的動中靜，則是面對念頭，念念分明或了了分明，久之念頭的鎖鍊會自然的切斷，覺性得能增強到克服妄念而成爲心靈的主導力量，會顯現真實的戒，會穿透妄念，超越妄念的束縛，而獲得真實的慧。總之，無論是克制妄念，或穿越妄念，或超越妄念的束縛，其目的都是在於獲得純淨的心靈與超感性的直觀。這非意識所行境界的超感性的直觀，必是真實的戒，真實的定境顯

---

❽ 美佛慧訊，頁三八，一九九三年三月一日美國佛教會編印。

現，也當然獲得了真實的慧。戒定慧與覺正淨，「其實一也」，皆「祇是一事」。因爲定必覺，戒必正，淨即是慧。而且，淨慧即是命，正法即是身，定覺即是真。覺正慧，即釋家所謂之不生不死的自性身，也就是真的智慧之身。唯識家認爲，慧學即無分別智，有以下十六種特殊情狀：

一、無分別智的「自性」是本來無法表示的，一經表示便成分別了；只可就離五種相上間接表示無分別智的自性。一、無分別智不是無作意，因爲睡眠、醉、不是無分別智；二、無分別智不是無尋、無伺，因爲二禪以上不是無分別智；三、無分別智不是想、受、滅，因爲無想天不是無分別智；四、無分別智不是色，因爲一切四大種所成的色不是無分別智；五、無分別智不是對於真義有所計度，認爲是真實；因爲假若如此認識，還是分別。

二、無分別智「所依」藉的不是心也不是非心；因爲心是主分別的，非心又不能成智。

三、無分別智的「因緣」是由於語言聽聞的熏習和合理的作意。

四、無分別智的「對境」是那不可言說一切無我的真如。

五、無分別智的「行相」就是無相，因爲一切相是由分別起的。

六、無分別智所「任持」的就是諸菩薩由無分別後得智所起的一切行業。

七、無分別智的「助伴」就是前五波羅蜜；施戒忍進四波羅蜜是無分別智的資糧，禪波羅蜜是無分別智的依止。

八、無分別智所感的「異熟果」就是生在諸佛變化身、受用身兩種法會中。

九、無分別智的「等流果」就是轉運的增勝。

十、無分別智的「位次」是從初地得無分別智，能見一切地無分別理；次第到十地才完全成辦。

十一、無分別智的「究竟」便是佛的法身、受用身、變化身。

十二、無分別智的「勝利」就是如同虛空，一切過惡所不能染汙。無分別加行智因爲信解無分別的道理，所以能對治種種惡趣而不爲惡趣所染。無分別根本智如同虛空能解脫一切障，所以無染。無分別後得智如同虛空，常在世間而不爲世法所染。

十三、無分別智的「差別」就是三智。那無分別加行智如同啞巴或是白痴所有企望，無分別根本智如同啞巴或是白痴正領納環境，無分別後得智如同不啞或是聰明人領納環境。又加行智如同前五識求受，根本智如同前五識正受，後得智如意識正受。又加行智如同不明白此書而求解，根本智如同正研究此書，後得智如同已研究熟習完全通達。又根本智如人閉目空無所見，後得智如人開目見一切色像。

十四、無分別智何以能「無功用」而成就事業。在印度用牟尼珠和天樂來譬喻。茲引孔子兩句話來譬喻，便是：「天何言哉！四時行焉！百物生焉！天何言哉！」無功用的行事便是如此。

十五、無分別智何以「甚深」呢？這無分別智所緣的既不是依他起性的分別事，卻又不是別有境界。他所緣就是這分別事的法性。這無分別智不是智而又是智；是智它卻無分別，不是智卻又由加行無分別智產生。這無分別與所取境是平等無差別的。一切法本來是無分別，所分別既沒有，則能分別也沒有。如此說來這無分別智也沒有。所以這智實在甚深。

十六、三智的種類。無分別加行智有三種加行：就是「因緣生」、「引發生」、「數習生」。因緣生便是由佛性種子的力量而生；引發生便是由前生修習的力量而生；數習生便是由現在勤修的力量而生。無分別根本智有三種無分別；就是「喜足無分別」、「無顛倒無分別」、「無戲論無分別」。喜足無分別便是知足、了知這無分別是究竟的；無顛倒無分別便是通達真如；無戲論無分別便是知一切法不可言說。無分別後得智有五種思擇：就是「通達思擇」、「隨念思擇」、「安立思擇」、「和合思擇」、「如意思擇」。通達思擇便是已能覺察，通達無分別性；隨念思擇便是憶念我已通達無分別性；安立思擇便是能爲他說此通達的事，和合思擇便是觀一切法都是一相：如意思擇便是隨所思念成一切如意事。

照以上所說，這無分別智，是分爲：無分別加行智，無分別根本智，無分別後得智這三種。這加行智頗似「奪境不奪人」，這根本智頗似「人境俱奪」，這後得智頗似「人境俱不奪」；而且，這加行智是現在勤修的力量，前生修習的力量，以及佛性種子的力量而生，這無分別智，實即心之本體。總之，這無分別智之獲得，實有一種偉大的修行的力量，而顯現真實的戒，獲得真實的定。定是識境皆空（即識空則境空，境空識亦空），能所俱泯。定就是慧。釋家無論何宗何派，皆以認得本心爲究竟。釋家的認識論，是在於教人認識這個非「真汝心」而轉識成智的以認識「真汝心」。釋家的認識論，實是從本體論導出，以闡明認識之本來如是，而正確的了別這外在的世界，并獲得真正的解脫與真正的精神自由。

第三節　道家形上學的認識論

一、道家的大知與小知

道家所謂之知，即我們所謂之認識。莊子逍遙遊有曰：

> 蜩與鷽鳩笑之曰，我決起而飛搶榆枋，時則不至，而控於地而已矣，奚以之九萬里而南為？適莽蒼者，三餐而反，腹猶果然；適百里者，宿舂糧，適千里者，三月聚糧，之二蟲又何知？

這是借喻蜩與鷽鳩笑大鵬「奚以之九萬里而南爲」？以說明世人小知，祇知「取足一身口體而已」。憨山釋德清對此段之註釋有曰：「莊子因言世人小見，不知聖人者，以其志不遠大，故所畜不深厚，各隨其量而已。故如往一望之地，則不必畜糧，一飯而往返尚飽，此喻小人以目前而自足也。適百里者，其志少遠，故隔宿舂糧；若往千里，則三月聚糧，以其志漸遠，所養漸厚。此二蟲者，生長榆枋，本無所知，亦無遠舉之志，宜乎其笑大鵬之飛去也。舉世小知之人蓋若此。」❾照憨山此說：第一，世俗之見，是「以目前而自足」，以目

---

❾ 莊子內篇憨山註卷一，頁一五，臺北建康書局印，民國四十五年五月。

前自足者，若是善知識，則是「見山是山，見水是水」，是祇求溫飽，既無大志，亦無大欲，原非不當；然世俗之見，即習慣之知，常遭扭曲。古代獵人頭之惡習，以及各種罪惡，相習成風，貽禍無窮，無一不是世人囿於小知之過，所以莊子反對小知。第二，莊子是希望世人能明「聖人之大道」。如何能明此大道，則是應該有遠大之志，深厚之修養；因爲「水之積也不厚，則負大舟也無力」，「風之積也不厚，則負大翼也無力」，欲「將徙於南冥」，欲立如此之大志，當然非有深厚之修養不可。莊子接著又說：「小知不及大知，小年不及大年。奚以知其然耶？朝菌不知晦朔，蟪蛄不知春秋，此小年也。楚之南有冥靈者，以五百歲爲春，五百歲爲秋。上古有大椿者，以八千歲爲春，八千歲爲秋，而彭祖乃今以久特聞，眾人匹之，不亦悲乎？」莊子這是說明了，小知乃是因爲祇知道這些；。夏蟲不能知冰，這不是夏蟲之過。但安其所習，毀其所不見，這是一般人之通病，「不亦悲乎」！莊子又曰：

> 斥鴳笑之曰，彼且奚適也。我騰躍而上，不過數仞而下，翱翔蓬蒿之間，此亦飛之至也，而彼且奚適也，此小大之辨也。

又曰：

> 故夫知效一官，行比一鄉，德合一君，而徵一國者，其自視也，亦若此矣，而宋榮子猶然笑之。且舉世而譽之而不加勸，舉世而非之而不加沮，定乎內外之分，辨乎榮辱

之境，斯已矣。彼其於世，未數數然也。雖然，猶有未樹也。夫列子御風而行，冷然善也。旬有五日而復返，彼於致福者，未數數然也。此雖免乎行，猶有所待者也。若夫乘天地之正，而御六氣之辨，以遊無窮者，彼且惡乎待哉？故曰，至人無已、神人無功，聖人無名。

憨山註曰：「莊子立言本意，謂古今世人，無一得逍遙者，但被一個血肉之軀，爲我所累，故汲汲求功求名，苦了一生，曾無一息之快活，且只執著形骸，此外更無別事，何曾知有大道哉？唯大而化之之聖人，忘我忘功忘名，超脫生死而遊大道之鄉，故得廣大逍遙自在，快樂無窮，此豈世之拘拘小知可能知哉？正若蜩鳩斥鴳之笑鵾鵬也。主意衹是說聖人境界不同，非小知能知，故撰出鵾鵬變化之事，驚駭世人之耳目，其實皆寓言以驚俗耳。初起且說別事，直到此方拈出本意，以故曰一句結了，此乃文章機軸之妙，非大胸襟無此氣概。學者必有所養，方乃知其妙耳！」（同註九，卷一，頁二）憨山釋德清對莊子頗爲推崇，此是以釋家注道家，也不失莊子之原意。莊子是用文學表達哲學，所以徐復觀先生特別欣賞莊子的藝術精神。文學藝術之美與哲學之真，「祇是一事」，「其實一也」。孟子曰：「充實之謂美」，周易坤卦文言曰：「美之至也」，「美之至」的境界，即「充實」之最高的境界。充實之美，即充實之真，真與美，原非二事。孟子讚「蒸民」之詩的作者曰：「作此詩者，其知道乎。」詩經與楚辭，都是兼具真善美三者而不朽。後之學者，故意的欲「以文載道」，成爲說教的八股，把哲學的真與文學藝術的美都喪失了，這確是可悲的。

莊子逍遙遊，對於小知與大知之詮釋，除「文章機軸之妙」外，所說的道理，在於闡明人之所知是囿於人之所見。此是最平凡的道理，不似釋家認定人之見聞覺知皆是虛妄，皆是痛苦之根源；但是，莊子由「有所待」而至於「無待」，「以遊無窮者」。這所遊者，就其是一境界而言，這是本體論，這與釋家的本體論是相同的；就其是一認識而言，這是由世俗的最平凡的認知而達到了超感性的直觀，也就是達到了非意識所行境界，這與釋家由非「真汝心」到「真汝心」之認識，在過程與結果上亦大體相同。因此，道家所謂之小知與大知，實是表達了由世俗之見以至於形上之道的全部的認識範圍。

二、吹萬不同與道通爲一

我們已說明了道家所謂之小知與大知的不同，茲再進而說明人之認知，有「各稟形器之不同」，有是與非之不同，明與不明，覺與不覺之不同等等。莊子齊物論有曰：

> 子綦曰，偃，不亦善乎而問之也。今者吾喪我，汝知之乎？汝聞人籟，而未聞地籟；汝聞地籟，而未聞天籟夫？子游曰，敢問其方？子綦曰，夫大塊噫氣，其名為風，是唯無作，作則萬竅怒呺，而獨不聞之翏翏乎？山林之畏佳，大木百圍之竅穴，似鼻、似口、似耳、似枅、似圈、似臼、似洼者、似污者；激者、謞者、叱者、吸者、叫者、譹者、宎者、咬者，前者唱于，而隨者唱喁。泠風則小和，飄風則大和。厲風濟，則眾竅為虛，而獨不見之調調之刁刁乎。子游曰：地籟則眾竅是已，人籟則比竹是已，

敢向天籟？子綦曰：夫吹萬不同，而使其自己也。咸其自取，怒者其誰耶？（莊子齊物論）

我覺得莊子這所說的，即老子所謂觀徼，「常有欲以觀其徼」，仍以憨山之解釋爲佳。他說：「此長風衆竅，只是個譬喻。謂從大道順造物而散於衆人，如長風之鼓萬竅。人各稟形器之不同，故知見之不一，而各發論之不齊，如衆竅受風之大小淺深，故聲有高低大小長短之不一，此衆論之所以一定之不齊也。故古之人唱於前者小，而和於後者必盛大，各隨所唱而和之，猶人各稟師承之不一也。前已唱者已死，而後之和者猶追論之不已，若風止而草木猶然搖動之不已也。然天風一氣，本乎自然，元無機心存於其間，則爲無心之言，聖人之所說者是也。爭奈人人各執己見，言出於機心，不是無心，故有是非，故下文云、夫言非吹也。以明物論之不齊，全出於機心我見，而不自明白之過。」（同註九，卷二，頁八—九）又曰：「齊物之意，最先以忘我爲本指，今方說天籟，即要人返觀言語音聲之所自發，畢竟是誰爲主宰，若悟此真宰，則外離人我，言本無言，又何是非堅執之有哉？此齊物論之下手工夫，直捷示人處，只在自取怒者其誰一語，此便是禪門參究之功夫，必如此看破，方得此老之真實學問處，殆不可以文字解之，則全不得其指歸矣。」（同上，頁十一）憨山這仍是從釋家的觀點來詮釋道家，也不失莊子之原意。莊子以衆竅之大小深淺而比喻人之各稟形器之不同；以聲音高低大小長短之不一而比喻人之認知的差異。蜩鳩斥鴳之笑鵾鵬，是安其所習而毀其所不見；天籟與地籟之合作而「吹萬不同」，是各稟形器之不同而有物論之不齊。道家認爲人之認識，因稟賦之不同，而有千差萬別；釋家則認爲人之認識，乃煩惱、業、苦之循環不已。祇就這一點來說，道家之說，頗爲平實。再者，「而獨不見之調調之刁刁乎」？所謂調調刁刁，乃草木搖動未息之像，意謂風雖止而草木仍搖動未息。此乃比喻某種學說思想，唱者雖亡，而追隨者仍眾。於是，也使我們體會到，凡發乎天籟而通過地籟之聲音；也就是說，凡是一種合乎真理的學說思想，它是不會消滅的。釋家稱此爲慧命。真正的慧命，確是永垂不朽。莊子又曰：

> 大知閑閑，小知間間；大言炎炎，小言詹詹，其寐也魂交，其覺也形開，與接為構，日以心鬬，縵者、窖者、密者。小恐惴惴，大恐縵縵，其發若機括，其司是非之謂也。其留如詛盟，其守勝之謂也。其殺如秋冬，以言其日消也。其溺之所為之，不可使復之也。其厭也如緘，以言其老洫也。近死之心，莫使復陽也。喜、怒、哀、樂、慮、歎、變、慹、姚、佚、啟、態，樂出虛，蒸成菌，日夜相代乎前，而莫知其所萌。已乎已乎，旦暮得此，其所由以生乎？非彼無我，非我無所，取是亦近矣，而不知其所為使，若有真宰，而特不得其眹。可行已信，而不見其形，有情而無形。百骸、九竅、六藏，賅而存焉，吾誰與為親，汝皆悅之乎？其有私焉？如是皆有為臣妾乎？其臣妾不足以相治也？其遞相為君臣乎？其有真君存焉！如求得其情與不得，無益損乎其真。一受其成形，不亡以待盡，與物相刃相靡，其行盡如馳，而莫之能止，不亦悲乎？終身役役，而不見其成功，苶然疲役，而不知其所歸，可不哀耶？人謂之不死，奚益！

其形化，其心與之然，可不謂大哀乎？人之生也，固若是芒乎？其我獨芒，而人亦有不芒者乎？（齊物論）

此所謂「大知閑閑，小知間間」，是謂以仁義綱常之大知爲知者，乃以防閑爲務而不敢踰越；以法度準繩之小知爲知者，是斤斤計較，一絲一毫不敢假借，工商計利之人，即此類也。事實上潔身自好之士而不明大道者，亦是此類之人。所謂「大言炎炎，小言詹詹」，是謂持綱常之說者，氣燄熏人，使人不敢侵犯；以分別利害爲知者，心思精密不漏，而計慮至爲週密。世俗之知，大抵不出此兩類。此類之見聞覺知，與境相接，其結果是：「心境內外交搆，發生種種好惡取捨，不能暫止，則境與心，交相鬥搆，無一念之停也」（莊子憨山注）。所謂「與接爲搆，日以心鬥」，其義即是於此。於是，奸柔之縵者，掘地爲阱以陷害他人之窖者，心機綿密，深藏不露之密者。假作小心，狀有所畏之小恐惴惴；大奸大惡之人，縱有大恐，亦寬鬆而毫不畏懼之大恐縵縵。拿定傷人之機括，所以「其發若機括」；而搬是搬非，所以「其司是非之謂也」，成爲刁訟之主。其他各種機心，各種老奸巨滑的思想，是至死不改。這是非常明白的說明了，此世俗之知，是形成了如此之虛妄的意識；這些虛妄的意識，是「樂出虛，蒸成菌，日夜相代乎前，而莫知其所萌」。一般人是不明白這虛妄的意識是從那裡發生的。但是，莊子是明白的，所以說：「已乎已乎，旦暮得此，其由所以生乎？」憨山之注曰：「前云，怒者其誰耶！今言人之機心所發，不知所萌，今要人人識取自己主人公，故云旦暮得此所由以生。此一此字，暗點出箇真宰，乃有生之主，旦暮者，即死生晝夜之道也，得此以生，要人悟此耳。」這是非常明確的指出這「不知所萌」之認知，「其所由以生」者，乃「自己主人公」。認知既是「自己主人公」「所由以生」，所以是：「非彼無我，非我無所」。這就是說，若沒有那個真宰，則沒有這個能認知者之「我」；若沒有這個能認知者之「我」，則那個真宰便沒有所在。我是真宰表現而爲有所在，真宰是我之所以爲我（指是一認知者而言）。真宰即本體，即「真汝心」；我是指我這個認知者而言，是指意識的我，不是指形像的我。這意識之我的意識，照莊子所描述的，確都是虛妄的意識，這與佛家所見是大體相同的。再者，一般人對於「有情而無形」之真宰，是「不得其朕」，釋道兩家對此亦沒有不同。總之，釋道兩家，都認爲世人迷真逐妄，至死不悟，確是可悲、可哀，而且是「可不謂大哀乎」？莊子又曰：

> 夫隨其成心而師之，誰且獨無師乎？奚必知代而心自取者有之，愚者與有焉！未成乎心而有是非，是今日適越而昔至也，是以無有為有，無有為有，雖有神禹且不能知，吾獨且奈何哉？

此所謂「夫隨其成心而師之，誰獨且無師乎」？是謂人皆具現成本有之真心，皆可自求而師之；所謂「愚者與有焉」，即「夫婦之愚，可以與知焉」；所謂「未成乎心而有是非」，即人之所以有是非，乃未悟此本有之真心。「人心唯危，道心唯微」，儒道兩家，在這一點上是沒有不同的。所謂「是以無有爲有」，即強不知以爲知。強不知以爲知者，是非因此而生，虛妄的認識因此而成，習以爲常而不知其妄。一般人因此而喪失了真知，而迷昧不自覺。莊子又曰：

> 夫言非吹也。言者有言，其所言者特未定也。果有言耶？其未嘗有言耶？其以為異於鷇音，亦有辯乎？其無辯乎？道惡乎隱而有真偽，言惡乎隱而有是非，道惡乎往而不存，言惡乎存而不可。道隱於小成，言隱於榮華。故有儒墨之是非，以是其所非，而非其所是。欲是其所非，而非其所是，則莫若以明。物無非彼，物無非是。自彼則不見，自知則知之，故曰，彼出於是，是亦因彼。彼是方生之說也。雖然，方生方死、方死方生；方可方不可，方不可方可。因是因非，因非因是，是以聖人不由而照之於天，亦因是也。是亦彼也，彼亦是也。彼亦一是非，此亦一是非。果且有彼是乎哉？果且無彼是乎哉？彼是莫得其偶，謂之道樞。樞始得其環中，以應無窮，是亦一無窮，非亦一無窮也，故曰莫若以明。以指喻指之非指，不若以非指喻指之非指也；以馬喻馬之非馬，不若以非馬喻馬之非馬也。天地一指也，萬物一馬也。可乎可，不可乎不可。道行之而成，物謂之而然。惡乎然，然於然；惡乎不然，不然於不然。物固有所然，物固有所可。無物不然，無物不可。故為是舉莛與楹，厲與西施。恢恑譎怪，道通為一。其分也成也，其成也毀也。凡物無成與毀，復通為一。唯達者知通為一，為是不用而寓諸庸。庸也者用也，用也者通也，通也者得也，適得而幾矣，因是已，已而不知其然，謂之道。

照莊子這所說：第一，所謂「夫言非吹也」，是謂人之認識與風之吹竅不相同。風之吹竅，雖「吹萬不同」，在本質上，卻如心理學所謂之「刺激─反應」，沒有有機體介入其中，故了無是非之辯。由此，使我們體會到、人之隨順軀殼起念，雖非「真汝心」，雖是「譬如澄清百千大海棄之，唯認一浮漚體，目爲全潮」，卻仍是如「風之吹竅」，衆竅之聲雖不一，卻如憨山所說：「然天風一氣，本乎自然，元無機心存於其間」；至於人之認識，因有有機體作用，亦即「機心」之所以「存於其間」，如人性熱情及自以爲是等介乎其中，使「道惡乎隱而有真僞，言惡乎隱而有是非」，「故有儒墨之是非」，「欲是其所非，而非其所是，則莫若以明。」第二，要「明」什麼呢？「吹萬不同」，物之情也。此正如孟子所說：「夫物之不齊，物之情也」。也就是「莛與楹，厲與西施，恢恑譎怪」，確是不同的。因爲「物謂之而然」（即你叫它是什麼，它便是什麼），所以「物固有所然，物固有所可，無物不然，無物不可」。這就是說，從工具的或實用的觀點來說，「物」是各有各的用途，各有其「所然」，「所可」。這是「物之情」。先秦時代，這個「情」字，實與「真」同義。晉文公出亡十九年後，對於「人之情僞，盡知之矣」。左丘明以「情僞」並稱，此「情」字，確與真同義。於是，所謂「物之情」，即物真是如此。但是，從另一方面說，此所謂「物之情」，實質上卻只是「人之情」，亦即是人之一種認識而已。例如莛（屋柱）與楹（屋柱），厲與西施，都有只一根木頭或一位女人。我們稱樹立者爲柱，橫置者爲樑；瘦弱者爲美，粗壯者或形狀猙惡者爲醜，當然都是人本於工具的或愛惡的觀點而如是認定。至於莛、楹與西施、厲之本身，它或她們那來長短美醜之不齊呢？「物之不齊」，不是「物之不齊」，乃因人之分別心而有不齊。若能明乎此，則「道通爲一」而無不齊。

三、概說無是非之知

莊子曰：「齧缺問乎王倪曰：『子知物之所同是乎？』曰：『吾惡乎知之。』『子知子之所不知邪？』曰：『吾惡乎知之。』『然則物無知耶？』曰：『吾惡乎知之。』雖然，嘗試言之：庸詎知吾所謂知之非不知耶？庸詎知吾所謂不知之非知耶？且吾嘗試問乎女：民濕寢，則腰疾偏死，鰌然乎哉？木處則惴慄恂懼（達按：巢居時的人類，似以其所居較安全，莊子或未計及），蝯猴然乎哉？三者孰知正處？民食芻豢，麋鹿食薦，蝍且甘帶，鴟鴉耆鼠，四者孰知正味？蝯猵狙（達按：王船山注，猵狙音篇，以猿而狗頭）以爲雌（向秀曰，猵狙以猿為雌），麋與鹿交，鰌與魚游，毛嬙麗姬，人之所美也，魚見之深入，鳥見之高飛，麋鹿見之決驟，四者孰知天下之正色哉？自我觀之，仁義之端，是非之塗，樊然殽亂，吾惡能知其辯？」憨山對此曾評註曰：「此一節……以言世人各非正知，而執必爲是。其所知者如此而已！以此是非，吾惡能知其辯哉！」（同註九，卷二，頁六七—六八）王船王莊子解卷二也說：「居之所安，食之所甘，色之所悅，皆切於身，而爲自然之覺，非與仁義是非後起之分辨等；然且物各有適，而無定論，皆滑疑也。而況後起之知，隨成心而以無有爲有也。惟葆光而爲天府，則兼懷萬物而任運以寓庸，則無正無不正，聽物論自取自己，而惡知其辯？」❿我們認爲，因人物秉賦之不同，

❿ 船山全集十三，頁一〇〇二九，大源文化服務社出版。

而感受自然有別；以不同之感受，而各執以爲是，「其所知者如此而已」，「皆滑疑也」（達按：滑疑即滑稽），何真有是非可言？不僅人物因秉賦之各異與感受之不同，而沒有一定之是非標準，就是某一個人他（她）自己，因境遇之不同，對事物之看法，也會有很大的差異。莊子曰：

> 麗之姬，艾封人之子也。晉國之始得之也，涕泣沾襟！及其至於王所，與王同筐床，食芻豢，而後悔其泣也。

這是莊子舉例說明人之是非標準確會因境遇之不同而不同。不特此也，人們亦嘗以顛倒爲是。莊子曰：

> 勞神明為一，而不知其同也，謂之朝三。何謂朝三？曰：「狙公賦芧，曰：『朝三而暮四。』眾狙皆怒！曰：『然則朝四而暮三？』眾狙皆悅！」名實未虧，而喜怒為用，亦因是也。是以聖人和之以是非，而休乎天鈞，是之謂兩行。

憨山對此曾評註曰：「此一節言工夫未到自然之地，勉強要一其是非，而不悟玄同之妙者。似此之人，但能因是，不能忘非，正如夷齊介子之流，其行雖高，不無憤世疾俗之心；又如儒墨各執一端爲是，乃但能可其可，不能可其不可；雖然離是非，卒不能一是非。即其所操，未嘗不是，元非道外，只以各執己見爲是，乃成顛倒，故如狙公之七數，名實一般，而喜怒爲用各別，此特勞神明爲一者，而不知其大同者也，須是聖人和同是非，休乎天鈞，兩忘而俱行之，故能和光同塵，混融而不辯，則無可不可矣。」(同註九，卷二，頁四一—四二)因爲只「能因是，不能忘非」，所以「乃成顛倒」。所謂「因是」，即前文所謂「未成乎心而有是非」，即「因是因非，因非因是」，亦即「彼出於是，是亦因彼」。這就是說，我若認定自己是，必認定別人非；因認定別人非，才會認定自己是。這就是「各執己見爲是」，亦即「因是」之過。在莊子看來，這種「因是」而具有是非之見，皆不是真知或正知。如前文所舉、人物因稟賦之各異或境遇之不同，而有不同之習性或感受；於是，乃有不同之是非標準。又因各執己見，而顛倒是非，「其所知者如此而已」。我們能說這是真知或正知嗎？正知必是如憨山所謂「和同是非，休乎天鈞，兩忘而俱行之」，亦即必是無是非之知。當我們講到無是非之知時，習於意識型態之爭及以報復爲職志者，認爲這是絕無可能的。事實上，舉凡自然科學之知，皆是無是無非之知。例如地心引力之說，它有什麼是非可爭呢？因此，大家認爲自然科學之知是中立的，是不爲堯存，不爲桀亡的。那麼，道家以莊子爲代表所講的無是非之知，又是什麼呢？第一，要認清事實，而知物各有適：例如、人溼寢則腰疾偏死，而魚則非水不活。可是、有許多人喜歡執一定之標準，勉強別人認同，甚至於與不令魚活在水中的那樣不合情理。歷代專制帝王，或割據之軍閥土匪以及鄉里惡棍等等，如此不近情理的爲害人類社會，固比比皆是；就是民初所反對的「吃人的禮教」，也何獨不然；所以認清事實而知物各有適，是亡是亡非的起點。這很像自然科學一樣，是祇知其真實，而不涉及是非；不過，道家所好者道也，與科學是隔了一層的。莊子曰：「至人之用心若鏡，不將不迎，應而不藏，故能勝物不傷。」（莊子應帝王）憨山曰：「至人已下二十一字，乃盡莊子之學問功夫效驗作用，盡在此而已，其餘種種撰出，皆蔓衍之辭也。內篇之意已盡此矣。學者體認，亦不必多，祇在此數語下手，則應物忘懷，一生受用不盡，此所謂逍遙遊也。」（同註九，卷四，應帝王篇，頁二〇）我們講道家的本體論時（請覆按第三章第一節），對於莊子所謂之真人、至人、聖人、神人，曾有所引述。莊子認為，「至人神矣」，是「遊乎四海之外」。「聖人不從事於物，不就利，不違害，不喜求，不緣道，無謂有謂，有謂無謂，而遊乎塵埃之外」。真人則是「不逆寡，不雄成」；則是「其寢不夢，其覺無憂」；則是「不以心捐道，不以人助天」；則是「天與人不相勝也」。這真人、至人、聖人、神人，皆是忘是忘非者，皆是所謂有道之士。莊子曰：「泉涸，魚相與處於陸，相呴以溼，相濡以沫，不如相忘於江湖。」（莊子大宗師）王船山說：「人之愛其生，愛其知是非者而已，是涸魚之溼沫也。豁然合一之大宗，江湖也。忘生忘形，是非不足以立矣。」（同註十，頁一〇〇八〇）憨山曰：

> 老子云、失道而後德，失德而後仁，失仁而後義。此取魚失水，如失道德而後仁義。且以仁義相尚，正似相濡以濕沫，不若相忘於江湖，以喻必忘仁義，而可遊於大道之鄉也。（同註九，卷四，大宗師，頁二〇）

又曰：

無譽無非，則善惡兩忘，而與道為一，乃真知之盛也。（同上）

又曰：

此言世人不知大道，而以仁義為至，故以仁愛親，以死事君，此雖善、不善；故如泉涸而魚以濕沫相呴濡也。若能渾然悟其大道，則萬物一體，善惡兩忘，故如魚之相忘於江湖，如此乃可謂知天知人，天人合德，而能超乎生死之外，故在生在死，無不善之者也。（同註九，卷四，大宗師，頁二一）

照船山與憨山這所說的，則知莊子認爲絕是非之知，亦即絕仁棄義之知。許多人認爲道家絕仁棄義，所以重權詐。此等人何曾夢見道家！道家爲什麼絕仁棄義呢？因爲仁義「是涸魚之濕沫」，爲回歸大海，濕沫何可留戀？魚相忘於江湖，人相忘於道術。仁義確是「不夠看」的（不夠看是流俗之士鄙視他人之口頭語）。老子曰：

大道廢，有仁義；智慧出，有大僞，六親不和，有孝慈，國家昏亂，有忠臣。（老子第十八章）

又曰：

> 絕聖棄智，民利百倍，絕仁棄義，民復孝慈。（老子第十九章）

又曰：

> 故失道而後德，失德而後仁，失仁而後義，失義而後禮。夫禮者，忠信之薄而亂之首。（老子第卅八章）

照老子此說，仁義的確是不夠看的。不過，道家對於儒家所謂之「仁」，似乎缺少同情的理解。凡對於他人的學說，缺少同情的理解，便很難有真正的理解。儒家所謂之仁，在第一章中，我們曾略有論及（請覆按第一章第三節四、超感性的直觀觀念類型）。我們認為，「仁是本體之知自然流行的表現」，它是超越世俗所謂之是非的。我們讀論語而能真知其意，則知吾言不謬。孟子所講的仁義，似乎關涉到世俗之是非；而且，孟子之好辯，亦為道家所深深反對；但是，孟子贊成「由仁義行，非行仁義也。」（孟子離婁下）孟子又曰：

> 君子所以異於人者，以其存心也。君子以仁存心，以禮存心。仁者愛人，有禮者敬人。愛人者、人恒愛之；敬人者、人恒敬之。有人於此，其待我以横逆，則君子必自反也，我必不仁也，必無禮也，此物奚宜至哉？其自反而仁矣，自反而有禮矣，其横逆由是也，君子必自反也，我必不忠。自反而忠矣，其横逆由是也！君子曰，此亦妄人也已

矣，如此、則與禽獸奚擇哉？於禽獸又何難焉？（孟子離婁下）

孟子所講的仁，雖然關涉到世俗之是非，卻與自是而非他人者有天壤之別。仲尼之徒，以「窮則獨善其身，達則兼善天下」爲大宗，未能如魚之得水而相忘於江湖，爲道家所議，這是莫可如何的。第二，有待而至「彼是莫得其偶」：我們在宇宙論中曾說：「這存在的宇宙，全是辯證的發展方式與過程」（請覆按上章第二節三、「老莊宇宙論的要旨」）。所謂辯證的即是矛盾的，亦即是有對待。宇宙之存在，固是由無待而有待的變化過程，亦即是一辯證的過程；而人類之歷史，人世之事物，亦全是以辯證的方式在進展。是非因有待而有，「無待」自然無是無非。照我們的系統來說，無待是宇宙本體之本性，而宇宙現象必因有待而存在。道家的認識論，是以無待而觀照這有待的萬象。誠然，以道觀之，萬物一體，則「天地與我並生，而萬物與我爲一」。若就我們在宇宙論中所已講過的，再加以探究，則知「既已爲一矣，且得有言乎。」這是說，既以爲一，則無差異，無對待，而物我兩忘，更復何言？可是、「既已謂之一矣，且得無言乎？」這是說，既已稱之爲一，則就是有了言說之一。這言說之一與無形之一，便是兩一而成二，所以是「一與言爲二」。現再對這兩個一加以言說，所以是「二與一爲三」。這便是由無待而有待。「自此以往，巧歷不能得，而況其凡乎！」（以上皆見莊子齊物論）這是說，自這「二與一爲三」之後，則相待無窮，縱有巧於歷數者，不得終窮矣，況其凡乎！這即老子三生萬物之說。萬物無非對待。莊子接著又說：「故自無適有，以至於三，而況自有適有乎？無適焉！因是已。」這是說，自無形之一的無待而至有待，是成爲三；若自有適有，則無窮無盡；於是，果能安心於「未始有始」，「未始有無」，或「未始有物」以前，則湛然常一而不遷。憨山曰：

> 此一節、明妙契玄同，天地同根，萬物一體，安心於大道，不起分別，則了無是非，此乃真是。故結之曰，無適焉，因是已。（同註九，卷二，頁五六）

這個「因是」，不是「因是因非，因非因是」之因是，而是「聖人不由而照之於天，亦因是也」之因是，也就是「彼是莫得其偶」。所謂「偶」，即是對待。莫得其偶，則是絕諸對待，是非兩忘。王船山將「彼是莫得其偶」之是字，當作此字，則彼此都絕諸對待，這自然無是非可言。本來、天風一氣，雖因衆竅之大小深淺，而有高低大小長短不一之聲音，卻無機心存於其間，故無是非。這就是說，是非之成，固由於有待；而對待之立，乃由於「各執己見」。莊子曰：

> 古之人其知有所至矣。惡乎至？有以為未始有物者至矣盡矣，不可以加矣。其次，以為有物矣，而未始有對也。其次以為有封焉，而未始有是非也。是非之彰也，道之所以虧也。（齊物論）

又曰：

夫道未始有封，言未始有常，為是而有畛也。請言其畛：有左有右，有倫有義，有分有辯，有競有爭，此之謂八德。（同上）

照莊子這所說的，則知古之人，知本來無物、玄同之境，故無是非。「是非之彰也，道之所以虧也；道之所以虧，愛之所以成。」王船山曰：「知已成而不能自舍，是以有愛。其知之也愈盛，則愛之也，終其身而不忘以待盡。」愛或「各執己見」，確是是非之所以成。這有封、有常、有畛而有八德，即老子所謂「故失道而後德」；所以，祇有由有待而無待，亦即由有封而「未始有封」，而至「彼是莫得其偶，謂之道樞，樞始得其環中，以應無窮。」所謂樞始：「蓋道樞無偶，其應物之時，特樞之見端者耳，故曰樞始。」又錢澄之曰：「樞、天樞也。天樞居中，斗柄環指，不滯一隅，故曰環中。」又朱晦翁曰：「老子云、當其無，有車之用，無是轂中空處，惟其中空，故能受軸而運轉不窮，亦此意。」⓫這就是說，莫得其偶就是無偶，無偶就是道樞，道樞就是得其環中。環、圓也。圓是無方無所，當然「絕諸對待」，所以有待而至「彼是莫得其偶」，就是由有待而至無待。無待無偶，即「南郭子綦隱机而坐，仰天而噓，嗒焉似喪其耦。」也就是「吾喪我」。照司馬彪的解釋：耦、身也，身與神為耦（達按：耦與偶同）。喪偶即忘形骸也。又憨山認為，吾指真我，喪我即忘其血肉之軀也。又馬其昶認為，喪我，即忘意識也（以上皆同註十一）。我們認為，人之意識與人之血肉

⓫ 以上所引述，對「樞始」之解釋，皆見侯官嚴氏評點莊子，莊故卷一。

之軀不可分。忘血肉之軀當然就是忘意識。無待無偶之究竟，即非意識所行境界。這非意識所行境界，在第一章便已有論及，這是在甚深三昧中的一種境界，這是證得本體後所生的一種「無所住心」的境界。在本體論中對此有明白的說明。茲純從認識論的觀點來說，假如我們能摒除習慣的認識，使我們這能知之心，不受任何習慣之知的曚蔽，也就是真能獲得心靈上的自由（人之認識，受了種種扭曲，而一般人并不知道），達到了海德格（Haidegger）「以主體能自由觀照為其前提」的境地；那麼，我們便能絕諸對待，超越是非；於是，對於任何事物，不預設立場，并絕對去除蔣介石總統所說的私心、欺心、偏心、疑心。這樣便達到了由有待而至「彼是莫得其偶」。這也是達到了莊子「是以聖人和之以是非，而休乎天鈞，是之謂兩行」。所謂天鈞，照憨山的解釋，是「天然均等，絕無是非之地也」。所謂兩行，是「謂是者可行，兩非者亦可行；但以道均調，則是非無不可者」。一般人總以為「是非無不可者」必是白痴之人，事實上，這祇是淺薄之見而已。大家都知：貧富懸殊，即所謂階級矛盾。早期的資本家，以榨取勞工為目的，這似乎是無可化解的矛盾。在七十年前，孫中山先生提倡民生主義，主張人人發財，主張對資本家略加限制，對勞工則加以扶持。在二次大戰以前，其主張未能實現。二次大戰以後，資本家發現，與勞工合作可以賺更多的錢；於是，福利經濟思想興起。中國國民黨在台灣，亦能部份的實現了孫先生的理想。這就是說，雖有對待、矛盾，是可以「和之以是非，而休乎天鈞」，是可以「兩行」而「應無窮」。再者，孫中山先生講民族主義。他所講的民族主義，與德國人的日耳曼民族主義，日本人的大和民族精神都不相同。他希望積弱而愛人欺凌的中華民族，能自由獨立，境內各民族一律平等；并希望聯合世界上以平等待我之民族，共同奮鬥，共同獲得自由獨立。這就是說，他不祇是希望自己的民族能獲得自由獨立，也希望別人的民族能獲得自由獨立。這是儒家忠恕之道與絜矩之道的真正實現；也就是莊子「和之以是非，而休乎天鈞」的兩行。其次，孫中山先生提倡民權運動。就我對於民主精神之理解：民主是以全體人民爲主人。政府是替人民辦事的機構，議會是代表人民監督政府的機構，政府的首長，是替人民辦事的總管，所屬辦事人員，亦即所有政府官吏，都是人民公僕。這與專制政治的牧民思想完全不同。莊子曰：「君乎牧乎！固哉丘也。與女皆夢也。予謂女夢亦夢也。是其言也，其名爲吊詭。萬世之後，而一遇大聖，知其解者，是旦暮遇之也。」民主政治是從專制政治之大夢中的大覺。我們試略作反省，自秦始皇以來之二千多年的專制政治，以及秦以前之封建王朝，是不是中國人的大惡夢呢？歐西各國真正爲民主理想而奮鬥犧牲的人，以及我國的孫中山先生，都是莊子所希望旦暮遇之之大聖。這許多西方的民主鬥士，并不必如莊子所謂「知其解者」；但他們有許多人本於救國救世之真誠，完全不顧自己個人的利害而奮鬥犧牲，這是無可置疑的。即以孫中山先生而言，他早年提倡民主革命，動機未必完全單純；然而到了他的晚年，他的救國救民之至誠，是不容置疑的。他確是「似喪其耦」，也確是「吾喪我」的。他當然沒有達到「忘意識」之定境；但是，他必然達到了忘掉自身的利害，也就是忘掉了關於自身利害的意識。他的北京之行，應是沒有計及自身之安危的。許多革命先烈，包括我們中國國民黨及中國共產黨的先烈們，他們都是將生死置之度外的。就是汪精衛在當年，也有「引刀成一快，不負少年頭」之氣概。這種慷慨捐軀之「吾喪我」，自與證道者之「吾喪我」大不相同，卻不必有本質上的差別。在當下承當時，若是清清楚楚、明明白白，而不是一鼓作氣的，此必是大覺而非大夢；於是，我對於孫中山先生以及西方的許多民主鬥士，實懷有無限之崇敬。他們是忘卻一己之利害是非，而爲全民之福祉，一心一德，永矢勿渝。這也是「無適焉，因是已」。民主精神，容納異己，本具有「兩行」之特質；民主鬥士，爲實現民主的理想而忘軀，上焉者，確是「吾喪我」。他們確是覺者。今日民主政治之所以未盡如理想，乃許多沉迷於帝王之大夢者，假借民主之名，大做其帝王臣僕之幻夢。當權者，不改變其私心、欺心、偏心、疑心；趨炎附勢者，不改變其仗勢欺人之奴才心，這都是沉酣於大夢而不覺者。民主之病，不是民主本身不好，而是做夢不醒的人太多了。我相信，在民主政體之下，覺者必日益衆多，未覺者當會漸漸醒轉，而「休乎天鈞」，而是非善惡「兩忘而化其道」（大宗師）。在此仍須略作陳述者，唯物辯證論者，認爲對立物之統一，乃經過鬥爭之統一。莊子則認爲，「不若兩忘而化其道」。我們認爲，以大家都發財而化解階級的矛盾，比千萬人頭落地而消滅階級的矛盾，這兩者何去何從，是不待智者而後知的。歷史事實，確說出了應有的結論。不過，爲保證貧富差距之不擴大，政府這個機器，仍須善盡其應有的功能。再其次，莊子的「無是非之知」，實即釋家的平等性智。釋家認爲，末那識在因位中，妄執有實我與實法；於是在人我上，分自分他；在一切法上，分彼分此，甚至分疆立界的呈現無限差別，不能做到一律平等。當第七末那識到了清淨位上時，便永除我法二執，得平等性智。所謂「平等性智」，即「轉污染識成清淨智。以此智慧觀諸自他有情及一切法，自然都是平等無差別的」。（請覆按第一章第三節）。這與莊子所謂之「兩行」，實無本質上的不同。釋家將平等性智分爲二類平等：㈠觀諸自他有情平等，大慈悲等恒共相應；㈡觀達一切諸法平等，無住涅槃之所建立。釋家認爲，當平等性智現起時，必有大慈大悲之心恒共相應。我們認爲，果有大慈大悲之心，必具平等性智。釋家講冤親平等（即平等對待仇敵與親人），若無大慈大悲之心，很難如實的做到。孟子萬章上有如此的一段對話：

> 萬章曰，父母使舜完廩、捐階，瞽瞍焚廩；使浚井，出，從而揜之。象曰，謨蓋都君，咸我績。牛羊父母，倉廩父母。干戈朕，琴朕，弤朕，二嫂使治朕棲。象往入舜宮。舜在床琴。象曰，鬱陶！思君耳！忸怩！舜曰，惟茲臣庶，汝其于予治。不識舜不知象之將殺己與？曰，奚而不知也。象憂亦憂，象喜亦喜。曰，然則舜僞喜者與？曰，否！昔者有饋生魚於鄭子產。子產使校人畜之池。校人烹之！反命曰，始舍之，圉圉焉！少則洋洋焉！悠游而逝。子產曰，得其所哉！得其所哉！校人出，曰，孰謂子產智！予既烹而食之，曰，得其所哉！得其所哉！故君子可欺以其方，難罔以非其道。彼以愛兄之道來，故誠信而喜之，奚僞焉？

這是一段非常精采的問答。萬章所問，頗有深意。孟子所答，亦頗能真的道出舜之偉大。現在我們更說，舜是獲得平等性智之大覺者，則是更能道出舜之爲人了。獲得平等性智之覺者，貪嗔痴之煩惱，必皆已喪盡。舜是全無嗔心而且有大慈大悲之襟懷者。孟子對舜仍有於下之評述：

> 孟子曰，人之所以異于禽獸者幾希，庶民去之，君子存之。舜明於庶物，察於人倫，由仁義行，非行仁義也。（離婁下）

> 孟子曰，天下大悅而將歸己。視天下悅而歸己，猶草芥也，惟舜為然。不得乎親，不可以為人；不順乎親，不可以為子。舜盡事親之道，而瞽瞍底豫。瞽瞍底豫而天下化。瞽瞍底豫而天下之為父子者定，此之謂大孝。（離婁上）

照孟子此說，舜是「由仁義行」，是由「君子存之」的人之本心本性而行。「舜盡事親之道」，「視天下悅而歸己，猶草芥也」，也當然是由人之本心本性而行。這「君子存之」的「幾希」，我們解作人之本心本性，是不失孟子原意的。孟子蓋認爲，人是秉承這「道心惟微」之「幾希」，繼承而成爲人之善性，即易繫辭上傳第五章所謂「繼之者，善也；成之者，性也」。舜是最能將人之善性（即人之本心本性）表露無遺的。孟子又曰：

> 禹稷當平世，三過其門而不入，孔子賢之。顏子當亂世，居於陋巷，一簞食，一瓢飲，人不堪其憂，顏子不改其樂，孔子賢之。孟子曰，禹稷顏回同道。禹思天下有溺者，由己溺之也；稷思天下有飢者，由己飢之也，是以如是其急也。禹稷顏子，易地則皆然。……（離婁下）

又曰：

伊尹耕於有莘之野，而樂堯舜之道焉！非其義也，非其道也，祿之以天下，弗顧也，繫馬千駟，弗視也。非其義也，非其道也，一介不以與人，一介不以取諸人。……思天下之民，匹夫匹婦，有不被堯舜之澤者，若己推而內之溝中，其自任以天下之重如此。……（萬章上）

禹稷伊尹顏面，在本質上，與舜并無差別。這就是說，禹稷伊尹，本於救民救世之至誠，必具有同舜一樣的大慈大悲之襟懷。孟子認爲顏子亦是同此胸懷的。孟子雖未能道出平等性智這一觀念；而且，他的好辯，亦似乎未能超脫是非的局限；然而他的救世救民之至誠，在當時之環境下，亦是「不得已」的。孟子曰：「予豈好辯哉！予不得已也。」（滕文公下）對於孟子，若能作同情的理解，則知他是經過了「不動心」（見「公孫丑」上）的定境，發而爲救世救民之至誠。身當亂世，似乎「好辯」，與一般人的爭是爭非，是有本質上的不同。這就是說，冤親平等，絕無分別；大慈大悲，絕無嗔念。是非不容於心；晴空萬里，絕無陰影。如此者，當稱體之所有而顯現爲用時，或避世，或用世，固未便置喙，卻未免有感！論語微子第十八有曰：「長沮桀溺耦而耕，孔子過之，使子路問津焉！長沮曰，夫執輿者爲誰？子路曰，爲孔丘。曰，是魯孔丘與？曰，是也。曰，是知津矣。問於桀溺，桀溺曰，子爲誰？曰，爲仲由。曰，是魯孔丘之徒與？對曰，然。曰，滔滔者天下皆是也，而誰以易之？且而與其從辟人之士也，豈若從辟世之士哉！耰而不輟。子路行以告，夫子憮然曰，鳥獸不可與同群，吾非斯人之徒與而誰與？天下有道，丘不與易也。」用世的孔子，對避世之高人，是景仰不置的。若以爲孔子真不知「以死生爲一條，以可不可爲一貫」（莊子德充符），而是以虛名「爲己桎梏」（同上），這確是不知孔子。孔子是「無可無不可」（微子第十八），是：「子絕四、毋意、毋必、毋固、毋我」（子罕第九）。「乃所願，則學孔子」的孟子，處於「不得已」的情勢，其「好辯」實宜寄予莫大之同情。孔孟絕非以虛名「爲己桎梏」。孔子曰：「自其異者視之，肝膽楚越也；自其同者視之，萬物皆一也。」」（德充符）孔子何嘗不知「無是非之知」。「無是非之知」，即「道通爲一」，「唯達者，知通爲一」。焉有達人，而不知是非爲一？知是非爲一，必須知物各有適，必須由有待而絕諸對待，也應該獲得釋家之無分別的平等性智。釋道兩家的認識論，於此等處，頗能會通；至於儒家，似乎是差了一些；若對於儒家真有理解，則知儒家的至誠之道，確能實現平等性智而無疑，此當在儒家認識論中申述之。在此特須指陳者，無是非之知，絕不同於鄉愿之所見。孟子盡心下，對所謂鄉愿，有極詳盡之評述：

孔子曰，過我們而不入我室，我不憾焉者，其惟鄉原乎！鄉原德之賊也。曰，何如、斯可謂之鄉原矣。曰，何以是嘐嘐也？言不顧行，行不顧言，則曰，古之人，古之人。何為踽踽涼涼？生斯世也，為斯世也，善斯可矣。閹然媚於世也者，是鄉原也。萬章曰，一鄉皆稱原人焉，無所往而不為原人，孔子以為德之賊，何哉？曰，非之無舉也，刺之無刺也。同乎流俗，合乎汙世。居之似忠信，行之似廉潔，眾皆悅之，自以為是，而不可與入堯舜之道，故曰，德之賊也。孔子曰，惡似而非者，惡莠、恐其亂苗也，惡佞、恐其亂義也，惡利口、恐其亂信也，惡鄭聲、恐其亂樂也，惡紫、恐其亂朱也，惡鄉原、恐其亂德也。君子反經而已矣。經正則庶民興，庶民興斯無邪慝矣。

照孟子這所說的看來，無是非之知與鄉愿之所見者，其分別是不可以道里計的。

四、無知之知的眞解

莊子「人間世」有如下之一段顏回與孔子的問答：

> 顏回曰，吾無以進矣，敢問其方？仲尼曰，齋！吾將語若。若有而為之，其易耶！易之者，皡天不宜。顏回曰，回之家貧，唯不飲酒，不茹葷者數月矣。若此、則可以為齋乎？曰，是祭祀之齋，非心齋也。回曰，敢問心齋？仲尼曰若，一志。無聽之以耳，而聽之以心；無聽之以心，而聽之以氣。聽止於耳，心止於符。氣也者，虛而待物者也。唯道集虛，虛者心齋也。顏回曰，回之未始得使，實自回也；得使之也，未始有回也，可謂虛乎？夫子曰，盡矣，吾語若。若能入遊其樊，而無感其名。入則鳴，不入則止。無門無毒，一宅而寓於不已，則幾矣。絕跡易，無行地難。為人使易以偽，為天使難以偽。聞以有翼飛者矣，未聞以無翼飛者也；聞以有知知者矣，未聞以無知知者也。瞻彼闋者，虛室生白，吉祥止止。夫且不止，是之謂坐馳。夫徇耳目內通，而外於心知，鬼神將來舍，而況人乎？是萬物之化也。禹舜之所紐也。伏羲几蘧之所

行終，而況散焉者乎？

在此項略作說明的：第一，此所謂「坐馳」，照憨山的解釋，是謂「人心皆本虛明，第人不安心止此，私慾萌發，則身坐於此，而心馳於彼，是之謂坐馳」。但照王船山的解釋，則是：「端坐而神馳于六虛」。馬其昶認爲：「淮南是謂坐馳，陸沈註、言坐行神化，疾於馳傳。」方潛曰：「應無所住而生其心也，坐微塵裡轉大法輪也」。這兩種不同的解釋，我不知是否可從文字考據之學，獲得一種正解？假如文字考據之學果有用處，最好能用在這裡。我們且從上下文來作瞭解。所謂「吉祥止止」。郭象曰：「吉祥之所集者，至虛至靜也」。方潛曰：「度一切苦厄也」。我們認爲，郭象之注，當然不錯；方潛之說，似覺突兀，亦并非不可。至於「坐馳」下文所謂「夫徇耳目內通，而外於心知，鬼神將來舍，而況人乎？」憨山釋爲：「徇，作殉，猶喪失也。言喪耳目之見聞，返見返聞，故云內通；若內通於心體，真光發露，則不用其妄心妄知，如此，則虛明寂照，與鬼神合其德，故鬼神將來舍矣。」這雖是以釋家解釋道家，卻不失莊子之原意。唐順之曰：「耳目內通，與首楞嚴耳根圓通同意。」方潛曰：「無眼耳鼻舌身意也，無智亦無得也。」唐方二氏的解釋，亦是不錯。就上下文來看，上述對「坐馳」之兩種解釋，雖都能講得通；但是，將「夫且不止」之「坐馳」，解釋爲此至虛至靜之吉祥，且不止息，「虛而待物」，「坐行神化，疾於馳傳」，下接「無眼耳鼻舌身意，無智亦無得」，似乎較爲順暢；若釋作：「人不安心止此」，「而心馳於彼」，接著便說「耳目內通而外於心知」，則是說兩件事。將兩件事聯在一起講，固無不可，總覺得有點不順暢。抑有進者，坐馳似與坐忘相通。莊子大宗師篇有曰：

仲尼蹵然曰，何謂坐忘？顏回曰，隳支體，黜聰明，離形去知，同於大通，此謂坐忘。仲尼曰，同則無好也，化則無常也，而果其賢乎？丘也，請從而後也。

假如我們將「虛室生白，吉祥止止；夫且不止，是之謂坐馳；夫徇耳目內通而外於心知」這幾句中之「不止」，釋坐「無住」或「無所住」，將「耳目內通而外於心知」釋作「離形去知」，則坐馳即坐忘，同是一種無知之知的「大通」之境。孔顏是臻於此境的。這是我們從莊子獲知了孔子與顏回對於無知之知的認識，莊子不會是故意謊造的。論語子罕第九有載：「子曰，吾有知乎哉？無知也。有鄙夫問於我，空空如也，我叩其兩端而竭焉。」朱晦翁將「無知」解釋爲：「孔子謙言己無知識」，這真是以常人之心度非常人之認識。如此等處，儒生皆不認得孔子。第二，我們可以這樣的說，心齋之知即無知之知。孔子曰：「若一志，無聽之以耳，而聽之以心」，這就是要做到耳目內通。而且，「無聽之以心，而聽之以氣」，以「虛而待物」。王船山曰：「心齋之要無他，虛而已矣。氣者生氣也，即皞天之和氣也。恭之以心知而氣爲心，使心入氣，以凝其和，于是乎不虛。然心本無知也。故嬰兒無知，而不可謂無心。心含氣以善吾生，而不與天下相構，則長葆其天光，而至虛者至一也。」（同註十，頁一〇〇四九）這就是說，聽之以氣，是要此「虛而待物」之氣，不受心之知的干擾，而「心止於符」，而不起分別，而至一至虛。「唯道集虛」，唯虛體道。「虛者，心齋也」。

心齋之知，即無知之知。第三，上文我們講無是非之知時，確講得極爲明白而具體，應不至有任何誤解。現在講無知之知，是離形去知的心齋之知，是「耳目內通而外於心知」之知，確也說得很明白，惟頗嫌不夠具體。就我們對於本體所作之體察，這「無所住心」、「無所得心」，是「外於心知」，是「耳目內通」而超越感官之知，是非意識所行境界。因此，我們在第一章及第二章講本體時所講的超感性的直觀，即無知之知；而直觀觀念類型，即無知之知的具體內容。這應該就是莊子所謂無知之知。莊子應帝王篇，也是莊子內篇的結語有曰：「南海之帝爲儵，北海之帝爲忽，中央之帝爲渾沌。儵與忽時相遇於渾沌之地，渾沌待之甚善。儵與忽謀報渾沌之德曰，人皆有七竅，以視聽食息，此獨無有，嘗試鑿之，日鑿一竅，七日而渾沌死。」渾沌即易緯乾鑿度所謂之渾淪（請覆按第二章第三節五、本體存在之本質是「易」）。從本體言之、渾淪是「易」；從認識言之，渾沌是無知。當渾沌無知時，待儵忽甚善；當渾沌有知時，竟然死去，再也不能善待儵忽了。渾沌實即「喪偶」，「喪我」之忘軀忘身而忘意識，也就是無知。道家認識論是棄知或去知的認識論。老子曰：「絕聖棄智，民利百倍。」（老子第十九章）「知者不博，博者不知。」（老子第八十一章）莊子曰：「知出乎爭。」「知也者，爭之器也。」（莊子人間世）「無爲知主。」（莊子應帝王）以上所述，已足證道家之反知或去知。在第三章第一節，我們講老莊的本體哲學時，曾引述徐復觀方東美兩先生的評論。徐先生認爲莊子之去知，「即是美之觀照」；方先生認爲，是將「數理空間」，點化爲「藝術空間」，「成爲精神生命之極詣」。方徐兩先生認爲莊子是具有「詩人之慧眼」，「不折不扣之藝術精神」。我們認爲，渾沌之死，不僅是失去了「藝術精神」或「詩人之慧眼」，而是具有七竅之活死人（即祇是一行屍走肉之人而已），所以渾沌被鑿成七竅時，竟然死去。儒家也反對鑿。孟子曰：「天下之言性也，則故而已矣，故者以利爲本。所惡於智者，爲其鑿也，如智者，若禹之行水也，則無惡於智美。禹之行水也，行其所無事也，如智者亦行其所無事，則智亦大矣。天之高也，星辰之遠也，苟求其故，千歲之日至，可坐而致也。」（離婁下）朱晦翁曰：「天雖高，星辰雖遠；然求其已然之跡，則其運有常，雖千歲之久，其日至之度，可坐而得，況於事物之近，若因其故而求之，豈有不得其理者，而何以穿鑿爲哉？必言日至者，造歷者，以上古十一月甲子朔夜半冬至爲歷元也。」（朱子孟子集註卷四）照晦翁此說，則知今日自然科學，皆是「求其故」之學，自與穿鑿不同。朱子又說：「性者，人物所得以生之理也。故者，已然之跡，若所謂天下之故者也。利猶順也，語其自然之勢也，言事物之理，雖若無形而難知；然其發見之已然，則必有跡而易見。故天下之言性者，但言其故，而理自明。」（註同上）照朱子此說，則「故其以利爲本」，即、因其已然之跡而順其自然之勢。孟子最不喜言利，獨言「故者以利爲本」。周易繫辭上傳第十二章有曰：「聖人立象以盡意，設卦以盡情僞，繫辭焉以盡其言，變而通之以盡利，鼓之舞之以盡神。」又曰：「形而上者謂之道，形而下者謂之器，化而裁之謂之變，推而行之謂之通，舉而措之天下之民謂之事業。」又曰：「化而裁之存乎變，推而行之存乎通，神而明之，存乎其人，默而成之，不言而信，存乎德行。」又第五章有曰：「通變之謂事。」第八章曰：「擬之而後言，議之而後動，擬議以成其變化。」第十章曰：「通其變，遂成天地之文。」讀者請恕我如此浪費筆墨引述繫辭原文。我主要的用意，是在說明「故者以利爲本」之利，要「盡利」必須

「變而通之」，必須「化而裁之」，「推而行之」，這就是「事」，「事」就是推行化裁，也就是「擬」與「議」，也就是「通變」。「通其變，遂成天地之文」。「天地之文」，即人之認識。人之認識，若要「盡利」，亦即真能做到「因其已然之跡而順其自然之勢」，那就要推行化裁。化裁什麼呢？也就是要「變」什麼呢？「形而上者謂之道，形而下者謂之器，化而裁之謂之變，……」很顯然的，是要化裁道與器。渾沌即是代表道，被鑿成了七竅，當然是變成了器。渾沌變成器時，竟然死去，這是未能「推而行之」，亦即是變而不通。變而不通，即是未能「盡利」，亦是未能「神而明之」。在此須作進一步陳述的：就我們的系統來說。這道與器，不一亦不二。因其是不一，所以道與器是有待，是必須化而裁之，亦即是「存乎變」，而如水之變成波浪；但波浪仍是水，所以道與器「亦不二」。因其是不二，所以器不能失去道之本性。渾沌被鑿成七竅，失去了渾沌之本性，故必然死去。然而形上之道，是必然的成爲形下之器；否則，無宇宙論可講，那是存而不在的。道家的形而上的認識論，是告訴我們：渾沌成爲器後如何才不會死去。前文所說無是非之知以及現在所講的無知之知，都是在講渾沌不死的方法。孟子認爲這不死之法，是「行其所無事」。庖丁解牛，亦是「行其所無事」。庖丁是「依乎天理」，「因其固然」，「以無厚入有間，恢恢乎其於遊刃必有餘地矣」。前文所謂「因其已然之跡而順其自然之勢」，亦正是此意。這「行其所無事」，何以是不死之法呢？朱子曰：「天下之理，本皆利順，小智之人，務爲穿鑿，所以失之。禹之行水，則因其自然之勢而導之，未嘗以私智穿鑿而有所事，是以水得其潤下之性而不爲害也。」這完全是程朱的路數，是大致不差；若究極言之，祇有「喪我」，亦即必須破除虛幻的我執，才真能「行其所無事」。這就是必須轉識成智。釋家所謂之智，與道家的無知之知，應無本質上的不同。這兩者必都是耳目內通而離棄感官之知，而至於無意識界；但是，這形而下之器世界，這人間世之知，必是不離意識界。這是道與器之矛盾。道與器，不祇是不一，而且是對待，是矛盾。「行其所無事」，雖可化解這個矛盾，卻必須「擬議以成其變化」。這可分兩方面言之：先就擬議者來說，亦即，就認識的主體來說，必須識得這無心之心，亦即，必須識得我們所謂道之本體或心之本體。當識得心之本體時，即是意識到自己的真正思想，對虛妄的意識或工具的觀點，常照破而不容其存在，達到了「虛而待物」之境。這所謂虛，是指「去知」而言。在第一章第三節我們曾說：「意識作用的排除愈乾淨，則所得精神愈純；所得的精神愈純，則智性直觀必更完美。」這祇是我之所信；也就是說，祇是我之知解而已。不過，我也有些體驗：中庸曰：「喜怒哀樂之未發，謂之中。」這所謂「中」，即所謂「道樞」，也就是「虛」。又中庸所謂「發而皆中節，謂之和」。這所謂「和」，即「虛而待物」，「吉祥止止」，也就是「和氣致祥」。這就是說，必有一種祥和之氣，才真能體驗到「和」是什麼？有許多人應該有此體驗。但是，這祥和之氣從那裡來的呢？王船山對屈原「遠游」所作之詮釋，可作爲說明。屈原曰：

祝融戒而還衡兮，騰告鸞鳥迎宓妃。張咸池奏承雲兮，二女御九韶歌。使湘靈鼓瑟兮，令海若舞。馮夷、玄螭、蟲象竝出進兮，形蟉虯而逶蛇。雌蜺便娟以增撓兮，鸞鳥軒

翕而翔飛。⓬

船山曰：「祝融南方之神，謂真汞也。衡、南嶽炎神之宮。戒而還衡者，神止其宮也。宓音伏。宓妃水神，謂真鉛氣也。氣不可施功，唯神存而氣自至，故曰迎玄螭。以下皆言舞態，蟲象未詳。象疑當作豸，或兼小大而言。小如蟲，大如象，皆應舞節也。增撓、增高而危撓也，言神常抱一，汞不流，而真鉛之氣自合。祝融不往，宓妃自來，太和絪緼，歌舞妙麗。白玉蟾所謂日日與君花下醉，更愁何處不風流。」（註同上）屈原又曰：

> 音樂博衍無終極兮，焉乃漸以徘徊；舒并節以馳騖兮，逴絕垠乎寒門；軼迅風於清源兮，從顓頊乎增冰。（同註十二，頁一〇六二九）

船山曰：「焉乃猶言於是，俳與徘同，并節總轡也。寒門、北方氣之府也。顓頊北帝，增冰、至陰之積，後天之氣也。神和而氣應，神乃入氣之中，而化氣爲神矣。益以後天氣接先天氣者，初時死汞之功；以先天氣化後天氣者，渾淪自然之極。至此則神運無垠，迅風不足以喻其神速，而顓頊之增冰，皆契合乎祝融之炎德。自茲以往，唯用一色真鉛，出入天根月窟，而龍虎嬰兒，皆虛設之名矣。」（註同上）船山又曰：「王逸曰，遠遊者，屈原之所作

⓬ 船山全集十四，楚辭通釋卷五，頁一〇六二八，大源文化服務社出版。

也。屈原履方直之行，不容於世，上為讒佞所譖毀，下為俗人所困極，章皇山澤，無所告訴，乃深惟之一，修執恬漠，思欲濟世，則意中憤然，文采鋪發，遂敘妙思，託配仙人，與俱遊戲，周歷天地，無所不到；然猶懷念楚國，思慕舊故，忠信之篤，仁義之厚也。是以君子珍重其志，而瑋其辭焉！按原此篇，與卜居漁父，皆懷王時作；故彭咸之志雖夙，而引退存身，以待君悔悟之望，猶遲回而未決。此篇所賦，與騷經卒章之旨略同，而暢言之。原之非婞直忘身，亦於斯見矣。所述遊仙之說，已盡學玄者之奧，後世魏伯陽、張平叔，所隱秘密傳，以詫妙解者，皆已宣洩無餘。蓋自彭聃之術興，習為淌洸之寓言，大率類此，要在求之神意精氣之微，而非服食燒煉、禱祀、及素女淫穢之邪說可亂，故以魏張之說釋之，無不脗合，而王逸所云，與僊人遊戲者，固未解其說，而徒以其辭爾！若原達生知命，非不習於遠害尊生之道，而終不以易其懷貞之死，則軼彭聃，而全其生理，而況汲汲貪生以希非望者乎！志士仁人，博學多通，而不遷其守，於此驗矣。」（同註十二，頁一〇六一五—一〇六一六）船山生當明季清初之世，有「六經為我開生面，七尺從天乞活埋」之詩，如此襟懷，讀楚辭當然會「悵望千秋一洒淚」，而增無限之同情了。船山實深知屈子者。對屈子之「博學多通」，可謂知之最精。我們講「周易參同契之本體論」時，曾引述「牝牡四卦」。船山依此而解釋祝融迎宓妃，宣道家之秘密，船山與屈子，可謂異代之知音。杜甫懷李白詩：「應共冤魂語，投詩寄汨羅。」屈子求仁得仁，又何冤怨。工部為其鳴冤，似與王逸謂屈子「意中憤然」相似。楚辭乃悲天憫人之作，與一般人之憤世疾俗而鳴冤者不同。此祇是一念之差耳！屈子亦決非輕生者。工部似未能識得屈子。此姑不論。船山對「遠遊」所作之解釋，有兩點可以幫助我們說明這祥和之氣是從那裡來的。其一是「神存而氣自至」之說；其二是「神和而氣應，神乃入氣之中，而化氣爲神矣」。照船山此說，這祥和之氣，是此祥和之神（心神或精神）存而氣自至，而相應爲祥和之氣；而且是「神乃入氣中」，而化此祥和之氣，爲祥和之心神，而「發而皆中節」。那麼，這祥和之神，即心神或精神，又是從那裡來的呢？照我們的系統來說，這形上之理與氣，是顯現爲物體與心靈之存在；而且，這形而下之心靈，乃形上之氣所顯現（請覆按第五章第三節四、濂溪以後之儒家宇宙論）。這形上之氣（亦即形上之道），即船山所謂先天之氣。屈原「遠游」曾說：「內惟省以端操兮，求正氣之所由，漠虛靜以恬愉兮，澹無爲而自得。」船山釋之曰：「惟、思也；端、審也；操、志也；正氣、人所受於天之元氣也。元氣之所由，生於至虛之中，爲萬有之始；涵於至靜之中，爲萬動之基。沖和澹泊，乃我生之所自得，此玄家所謂先天氣也。守此，則長生久視之道存矣，蓋欲庶幾得之。」（同註十二，頁一〇六一七）在此須稍作分辨者，船山曾認爲「有道而無天地之日」爲非（見周易外傳，請覆按第五章第三節）。照船山此說，則知船山認爲有先天之氣，有長生久視而永不毀滅之道；但是，天地雖長久，終必有毀亡之時；是則道長存，而天地則否，此即有道而無天地之日爲真。船山似認爲天地長久不毀，可見船山對所謂天地，確有誤解。至於我們所謂形上之氣，當然是先天之氣。照我個人的體驗來說，這形上的或先天之氣，是形上之道的大用；因此，當生無所住心時，則浩然之氣或大無畏精神現起，「人之全副力量及生命力」亦必於此時現起。神會顯宗記有曰：「真空爲體，妙有爲用。」此浩然之氣、祥和之氣、大慈大悲精神及生命力等等，皆道之本體所現起之妙用。老子曰：「慈故能勇」。大慈大悲精神與大無畏精神，實皆心之本體所現起之妙用，此所以「慈故能勇」。照這樣說來，吾人若能識得此至虛之心之本體，則吉祥止止，心神祥和，而有一種祥和之氣。一般說來，人若能獲得暫時的寧靜，也可能出現一種祥和之氣；可見祥和之氣，確是來自祥和之心神；而祥和之心神，則是這至虛之心之本體所固有。「虛室生白，吉祥止止」，於此，我們是更進一步的認知其真正的意義是什麼了。這是我個人的一點體驗，特就船山對屈子「遠游」所作之詮釋，而說明這形上之道，亦即這先天之氣化爲後天之氣，而成爲形下之器，而仍不失渾淪之自然，在認識方面，是必須明心見性而明體達用。老實說，這是一項高難度的工作。因爲，當本體顯現爲大用時，是以辯證的方式進行。這就是渾沌之所以死去，也就是釋家所謂之「一念不覺」。由於這一念之不覺，所有貪嗔痴慢或私心、偏心、欺心、疑心（即猜疑心）等虛妄之意識，皆矇蔽了真知。所以必須「絕聖棄智」，以復其本原之初。這當然是一項高難度的工作。這是擬議者「以成其變化」所最需著力之點，也是獲得無知之知的最基本的工作。許多人之所以未能「推而行之」，就是忽略了這個工作。第四，以上是就如何才能「依乎天理」而說的，也是就擬議者本身而說的；至於如何才能「因其固然」，也就是「因其已然之跡而順其自然之勢」，以「行其所無事」。庖丁解牛，當然是絕好的範例。莊子養生主：「庖丁釋刀對曰，臣之所好者道也，進乎技矣。始臣之解牛之時，所見無非牛者，三年之後，未嘗見全牛也。方今之時，臣以神遇，而不以目視，官知止而神欲行，依乎天理，批大郤，導大窾，因其固然，技經肯綮之未嘗，而況大軱乎。」這所說的「不以目視」，并不是說，不用眼看；這祇是說，不被官能之知扭曲，而心神確能完全合乎天理。向秀對「官知止而神欲行」之注釋曰：「專所司察而後動，謂之官智；縱乎放意，無心而得，謂之神欲。」若對牛之生理結構，認識既精；而解剖技術，又至爲嫻熟，用現代人的觀點來說，這是理論與經驗，皆臻上乘。當達到爐火純青之境，自然會得心應手。所謂「神欲」，其義如此。這就是說，庖丁解牛，是必須理論與經驗并重。現代所興起的意識型態之爭，在庖丁看來，可謂全無意義。莊子養生主接著又曰：「雖然，每至於族，吾見其難爲，怵然爲戒，視爲止，行爲遲，動刀甚微，謋然已解，如土委地。」這真是解決困難問題的最佳手段。吾人要能「行其所無事」的「變而通之以盡利」，效法庖丁之解牛，確是必須的。王船山對庖丁解牛，有於下之評釋，船山曰：

大名之所在，大刑之所嬰，大善大惡之爭，大險大阻存焉，皆大軱也，而非彼有必觸之險阻也，其中必有間矣。所患者、厚其情、厚其才、厚其識、以強求入耳。避刑則必尸其名，求名則必蹈乎刑。名者、眾之所聚爭，肯綮之會，即刑之所自召也。忠不銳，力不競，術不多，情不篤，以隨其自然之理，則無不可行也。不可行者，自知止也。天下之險阻，名者自名，刑者自刑，瓜分瓦裂，如土委地，而天下無全天下矣。天下無全，而吾之情乃全。生理不傷，生氣常新，善吾生，以俟年之盡而藏之，善吾死矣。（同註十二，頁一〇三九）

船山此所謂名，乃是指高官顯宦而言。所謂爭名於朝，爭利於市。爭名、在早些年，是指爭官位而言，與現今之打知名度者，大不相同。在專制帝王時代，爭名確是一件很危險的事。明哲之士，絕不強求。這是從庖丁解牛所學得的善吾生之道。憨山對此也有評述如下：

此養生主一篇立義，只一庖丁解牛之事，則盡養生主之妙，以此乃一大譬喻耳。若一一合之，乃見其妙。庖丁喻聖人，牛喻世間之事，大而天下國家，小而日用常行，皆目前之事也。解牛之技，乃治天下國家，用世之術智也。刀喻本性，即生之主，率性而行，如以刀解牛也。言聖人學道，妙悟性真，推其緒餘，以治天下國家，如庖丁先學道而後用於解牛之技也。初未悟時，則見與世齟齬難行。如庖丁初則滿眼只見一牛耳。既而入道已深，性智日明，則看破世間之事，件件自有一定天然之理，如此則不見一事當前，如此則目無全牛矣。既看破世間事，則一味順乎天理而行，則不見有一毫難處之事，所謂技經肯綮之未嘗也。以順理而行，則無奔競馳逐以傷性真，故如刀刃之十九年，若新發於硎，全無一毫傷缺也。以聖人明利之智，以應有理之事務，則事小而智鉅，故如游刃其間，恢恢有餘地矣。若遇難處沒理之事，如筋骨之盤錯者，不妨小心戒惕，緩緩斟酌於其間，則亦易解，亦不見其難者。至人於此應世，又何役役疲勞以取殘生傷性之患哉？故結之曰，聞庖丁之言得養生焉！而意在至人率性順理而無過中之行，則性自全而形不傷耳！善體會其意，妙超言外，此等譬喻，唯佛經有之，世典絕無而僅有者，最宜詳玩，有深旨哉。（同註九，卷二，頁八—一一）

憨山說「此乃一大譬喻」，其義不差；至所謂「刀喻本性」，似欠圓通。事實上，刀是

「依乎天理」，「因其固然」而「行其所無事」。這確是不能違反人之本性，也確是不能滲入私、偏、欺、疑等妄心而有害「行其所無事」之進行。憨山「刀喻本性」之說，并非全無道理。用現代的觀點來說，解牛之技，是可用科學方法來「行其所無事」的。但是，殺雞不能用牛刀。人民公社是餓死了好多人，未能做到人人有飯吃。文化大革命，祇是千萬人頭落地而已。照這樣說來，依乎天理，以認識問題之本質，實是最重要的。問題搞不清楚，自然找不到正確的答案；所以，要能「行其所無事」的「變而通之以盡利」，不失人之本性，亦即不被感官之知扭曲，實是最重要的。第五，綜結以上所述，則知所謂「無知」，是指無被扭曲的或被迷惑的感官之知而言。古之帝王，少有不被迷惑的；而一般人，習於被污染的不良習慣，亦少有不被扭曲的。在釋家看來，這全是第七染識、妄執虛幻之我而如此。釋道兩家的看法雖未盡相同，而立論亦各異；但是，必須達到體用不二，物我皆忘之境，才真能「無知」或不被惑，卻似乎沒有不同。莊子德充符篇有曰：「哀公曰，何謂才全？仲尼曰，死生存亡、窮達貧富、賢與不肖、毀譽飢渴寒暑，是事之變，命之行也。日夜相代乎前，而知不能規乎其始者也，故不足以滑和，不可入於靈府，使之和豫通，而不失於兌，使日夜無郤，而與物爲春，是接而生時於心者也，是之謂才全。何謂德不形？曰，平者水停之盛也，其可以爲法也，內保之而外不蕩也，德之成，和之脩也，德不形者，物不能離也。」憨山釋之曰：「此章形容聖人之德，必須忘形全性，體用不二，內外一如，平等湛一，方爲全功。故才全德不形，爲聖人之極致；蓋才全則內外不二，德不形則物我一如，此聖人之成功，所以德充之符也。」（同註九，卷二，頁二三）因爲才全者，是「使日夜無郤（達按：即日夜無間斷）

而與物爲春，是接而生時於心者也（達按：是謂接物應機，與時俱行，與物俱化，未嘗逆也）。」對待皆忘，如如不動，此誠才全也。至於「內保之而外不蕩」之水平面，是德充於內，而內外符合；是性體淵停，寂然不動，而虛明朗鑑，此誠德不形也。才全而德不形，此真能絕聖而去智。莊子德充符又曰：「故德有所長，而形有所忘（達按：即愛德而自忘其形）。人不忘其所忘（所忘者性也），而忘其所不忘（所不忘者形也，功名利祿也），此謂誠忘。故聖人有所遊，而知爲孽，約爲膠，德爲接，工爲商。聖人不謀，惡用知；不斲，惡用膠；無喪，惡用德；不貨，惡用商。四者，天鬻也；天鬻也者，天食也，既受食於天，又惡用人？有人之形，無人之情；有人之形，故群於人；無人之情，故是非不得於身。眇乎小哉，所以屬於人也；謷乎大哉，獨成其天。」此所謂天鬻，即孟子所謂天爵；此所謂「無人之情」，即心超物外，不以物爲事，故無人世之是非。無是非之知，也可以說，即是無知之知；不過，無是非之知，是釋家所謂平等性智；而無知之知，則是所謂大圓鏡智。總之，必須忘形全性，體用不二，內外一如，平等湛一，無知之知，才會現起。什麼是無知之知？以及如何才能得到此一真知，以及此一真知之妙用等等，以上已曲盡其義的作了必要之說明。由此，我們當可體會到、排除感官之知而至於無意識界，則精神便當下得到自由，而「由被拘束達到了無拘束」（請覆按第三章第一、二兩節），「這不僅是解脫」，而且是達到了真善美之境地。這當然是認識所希望達成的最高無上的境界。

五、道家政治觀與人之夢覺

茲對於道家之政治觀以及其對於人之夢或覺，再作說明，使我們對於道家的認識論，有更爲明確而具體的理解。

特先講道家的政治觀。侯官嚴氏評點老子有曰：「試讀布魯達奇英雄傳中，來刻谷士一首，考其所以治斯巴達者，則知其作用，與老子同符，此不佞所以云黃老爲民主治道也。」⑬這是嚴氏對老子第三章之評釋。老子第三章所謂「不尙賢」等等，是否爲民主政治所必需，此實有爭論之餘地；但「尙賢」確爲帝王求治之一種手段，則是沒有疑義。嚴氏又曰：「夫黃老之道，民主之國之所用也，故能長而不宰，無爲而無不爲。君主之國，未有能用黃老者也。漢之黃老，貌襲而取之耳！君主之利器，其惟儒術乎？」這是嚴氏對老子第十章之評釋。老子第十章有曰：「載營魄抱一，能無離乎？專氣致柔，能嬰兒乎？滌除玄覽，能無疵乎？愛民治國，能無知乎（王弼曰：玄覽無疵，猶絕聖也；治國無以智，猶棄智也。能無以智乎？則民不辟而國治之也）？天門開闔，能爲雌乎？明白四達，能無爲乎？生之、畜之，生而不有，爲而不恃，長而不宰，是謂玄德。」王弼曰：「不塞其原，則物自生，何功之有？不禁其性，則物自濟，何爲之恃？物自長足，不吾宰成，有德無主，非玄而何？凡言玄德，皆有德而不知其主，出

⑬ 侯官嚴氏評點老子。見侯官嚴氏評點故書三種，原成都書局壬申校刊，臺北海軍總司令黎玉璽影印。註十一同此。

乎幽冥。」照王弼這所說的，則知長而不宰之玄德，確與現代之民主精神相符；也可以說，能達到老子第十章所描述的那種境界，應是達到了民主政治之最理想的境界。老子第卅九章曰：「昔之得一者，天得一以清，地得一以寧，神得一以靈，谷得一以盈，萬物得一以生，侯王得一以爲天下貞。其致之。天無以清將恐裂，地無以寧將恐發，神無以靈將恐歇，谷無以盈將恐竭，萬物無以生將恐滅，侯王無以貴高將恐蹶。故貴以賤爲本，高以下爲基，是以侯王自謂孤寡不穀，此非以賤爲本邪？非乎？故致數輿無輿，不欲琭琭如玉，珞珞如石。」嚴氏曰：「以賤爲本，以下爲基，亦民主之說。」老子第四十八章曰：「爲學日益，爲道日損。損之又損，以至於無爲。無爲而無不爲。取天下常以無事，及其有事，不足以取天下。」又第五十七章曰：「以正治國，以奇用兵，以無事取天下。」嚴氏曰：「取天下者，民主之政也。」可見槍桿子出政權，雖可以奪得政權，但不見得能「取天下」。嚴氏曰：「若夫秦隋之君，所以既得而復失者，正欠此所謂無事者耳。誠哉！有事不足以取天下也。」我們認爲，民主是真能「取天下」，祇是有些人不明白而已。老子第四十六章曰：「天下有道，卻走馬以糞；天下無道，戎馬生於郊。禍莫大於不知足，咎莫大於欲得，故知足之足常足矣。」嚴氏曰：「純是民主主義，讀法儒孟德斯鳩法意一書，有以徵吾言之不妄也。」又曰：「俄之所以見敗於日本者，坐不知足而欲得耳。」二次大戰，軸心國之敗，又何嘗不是不知足而欲得？惟真民主精神，是可以遠禍而免咎。老子第卅七章有曰：「道常無爲而無不爲，侯王若能守之，萬物將自化，化而欲作，吾將鎮之以無名之樸。無名之樸，夫亦將無欲，不欲以靜，天下將自定。」又第八十章曰：「小國寡民，使有什伯之器而不用；使民重死而不遠徙。

雖有舟輿，無所乘之；雖有甲兵，無所陳之。使人復結繩而用之。甘其食，美其服，安其居，樂其俗。鄰國相望，雞犬之聲相聞，民至老死不相往來。」又第八十一章曰：「信言不美，美言不信。善者不辯，辯者不善。知者不博，博者不知。聖人不積。既以爲人，己愈有。既以與人，己愈多。天之道，利而不害；聖人之道，爲而不爭。」嚴氏對第卅七章之評釋曰：「老子言作用，輒稱侯王，故知道德經是言治之書。然孟德斯鳩法意中，言民主乃用道德，君主則用禮；至於專制，乃用刑。中國未嘗有民主之制也。雖老子亦不能爲未見其物之思想；於是，道德之治亦於君主中求之，不能得，乃游心於黃農以上，意以爲太古有之；蓋太古君不甚尊，民不甚賤，事與民主，本爲近也，此所以下篇八十章，有小國寡民之說。夫甘食美服，安居樂俗，鄰國相望，雞犬相聞，民老死不相往來，如是之世，正孟德斯鳩法意篇中，所指爲民主之真相也。世有善讀二書者，必將以我爲知言矣。嗚呼！老子者，民主之治之所用也。甲辰七月廿日。」嚴氏對第八十章有曰：「此古小國民主之治也，而非所論於今矣。」又對八十一章有曰：「取天下者，民主之政也。」說道家的政治觀爲民主主義者，嚴幾道先生可能是第一個人。嚴先生所見極是。從民主的觀點來看，則莊子所謂：「與其譽堯而非桀也，不若兩忘而化其道」，這確是真理。因爲堯雖是聖君，桀雖是暴君；但從民主主義來說，兩者都是應該廢置的，何必予以毀譽呢？從民主的觀點來看，堯讓天下於許由，許由不受，是完全對的。許由曰：「鷦鷯巢於深林，不過一枝；偃鼠飲河，不過滿腹。歸、休乎！君、予無所用天下爲。庖人雖不治庖，尸祝不越樽俎而代之矣。」（逍遙遊）又曰：「我爲汝言其大略：吾師乎！吾師乎！齏萬物而不爲義，澤及萬世而不爲仁，長於上古而不爲老，覆載天地，刻雕眾形，而不爲巧，此所遊已。」（大宗師）照許由這所說的：第一，君主以天下爲己用，確是不對的；第二，君主亦祇是如庖人、尸祝一樣，乃一種工作、一種職稱而已；第三，君主仁民愛物，較之「澤及萬世而不爲仁」，「覆載天地，刻雕眾形，而不爲巧」，那又有什麼功可居呢？堯雖聖君，卻以天下爲己用，以天下爲己有，以仁民愛物爲己功，一切皆爲己，而不是以天下爲公。堯與許由的想法完全不同，許由何能接受堯的天下呢？憨山對「䪡萬物而不爲義，澤及萬世而不爲仁」之註釋曰：「言堯諄諄以仁義爲仁義，以愛養萬物以爲功。吾大宗師，則䪡粉萬物而不以爲義，縱澤及萬世而不以爲仁，以大仁不仁，大義不義，即老子生而不有，爲而不恃，長而不宰之意。」（同註九，卷四，頁五八）照前文所述，這「長而不宰之玄德」，實就是現代的民主精神。我們當可以說，許由是反對帝王思想而具有民主思想的。從民主的觀點來看，仁義確是不夠看的。論語雍也第六有曰：「子貢曰，如有博施於民，而能濟眾，何如？可謂仁乎？子曰，何事於仁，必也聖乎！堯舜其猶病諸。夫仁者，己欲立而立人，己欲達而達人，能近取譬，可謂仁之方也已。」孔子這所講的仁，與我們講本體哲學時，認定孔子所講的仁，是不同的。我們講本體論時，認定孔子所講之仁，是指此形上之心的本體「純亦不已」的由微而顯的顯露其至真至純之本性而可稱之爲仁者。仁與大慈大悲精神，應無本質上的不同。這是就仁之本體說的；至於孔子對子貢此所講之仁，則是從實踐說的。己立立人，己達達人，似乎不是什麼了不起的行爲，也似乎是不夠看的。若究極言之，則與眾生若不度盡，誓不成佛之宏願，有什麼不同呢？莊子人間世有一段記載孔子答葉公子高之問：

仲尼曰，天下有大戒二：其一命也，其一義也。子之愛親，命也，不可解於心。臣之事君，義也，無適而非君也，無所逃於天地之間，是之謂大戒。夫事其親者，不擇地而安之，孝之至也；夫事其君者，不擇事而安之，忠之盛也。自事其心者，哀樂不易施乎前，知其不可奈何而安之若命，德之至也。為人臣子者，固有所不得已，行事之情，而忘其身，何暇至於悅生而惡死，夫子其行可矣。

我們認為這一段話是值得商討的。子之愛親與臣之事君，實不可相提并論。但是，人應該忠於職守，或者，應該「不擇事而安之」，這是顯示一個人之高尚的品德。當擔任一項工作，「固有所不得已，行事之情，而忘其身」，這的確是一種偉大的情操，而無可非議。四〇年代的內戰中，有許多將領殉職。如我的老師，整編六十九師師長戴之奇將軍，在蘇北沭河以南戰役中，因戰敗而舉槍自殺殉職；又如劉戡將軍，任整編軍軍長，在陝西瓦子街因戰敗而引爆手榴彈自殺殉職。這都是「有所不得已」，「而忘其身」，是值得崇敬的。他們較之抗日戰爭時，為國捐軀之志士仁人，其盡忠職守之精神，實無不同。歷史上，如張巡、許遠、南霽雲，以及宋之文信國公天祥，明之史閣部可法，都是令後人崇敬，而正氣千秋，永垂不朽者。對於這種襟懷，我體驗至真，故特為發明之。至於孔子這一段話之問題所在，是君父不應并舉。中國人有衣食父母之說。儒家又認為，君主乃天授。孟子萬章上有載：「萬章曰，堯以天下與舜，有諸？孟子曰，否！天子不能天下與人。然則舜有天下也，孰與之？曰，天與之。」天子有天下是「天與之」的思想，一直到我幼年時，在民間猶深信不疑。儒家的君權神授之說，是指凡真能奪得天下者皆是「天與之」。所以儒家對於在位的君主，視作衣食父母，而以君父并稱；因此，儒生最崇高的理想，是致君堯舜，是希望君主能行仁義，能仁民愛物。這樣的仁義，確是不夠看的。照這樣說來，道家反對儒家的仁義，在本質上是反對儒家祇知祈求君主施行仁義，也就是反對儒家以君主的仁政當作仁義。這種仁義與仁之本體，是天地懸隔；因爲這種仁義祇是一種施捨；或者，祇是在行善。道家反對這種仁義，也是反對君主制度。在封建君主時代，道家未便公然反對君主制度，便祇有反對仁義，并瞧不起堯舜之治。現在我們才懂得了道家「棄仁絕義」之真義。現代的民主制度，現代的福利國家，他們沒有講仁義，卻真的做到了「博施於民而能濟眾」。孔子祇夢見周公而未能夢見現代的民主制度。民主制度是崇拜君主的儒生不可夢見的。民主制度是代表：人在時代潮流中之一種覺醒；而帝王政治則是人之一大迷夢。仲尼之徒，是希望這個人生大夢，不是一大惡夢；而不願捲入這個迷夢的山林隱逸之士，是具有道家之醒覺。所以對於孔子之棲棲皇皇，不寄予同情，或甚至「擾而不輟」（見論語微子）的予以輕視。必須體會至此，我們才是真的懂得了道家的政治觀，也才是真的懂得道家本於道之全體大用而非常淸楚明白的見到了真能博施濟眾的政治真諦。兩漢以來之儒生，其鄙陋不足以語此。道家在政治上之代表人物，應數張良與諸葛亮。留侯之引退，正表示他始終是一位覺者；武侯之鞠躬盡粹，正是他「有所不得已」「而忘其身」。他們都是在「不得已」之情境下，入「人間世」而盡其責任而已，他們決不是爲專制帝王所給予之名利，而執迷不悟。這豈是假孔孟之仁義而爭名奪利之儒生所能夢見的。現代人才真能識得道家的政治觀及其超越的思想。道家視君主政治爲人之迷夢，視民主政治爲人之醒覺，這是兩千多年來少有人懂得的。不過，孔子必是深知道家之學的；否則，他不會說：「吾非斯人之徒與而誰與？」（同論語微子）前文我們曾說：「歐西各國真正爲民主理想而奮鬥犧牲的人，以及我國的孫中山先生，都是莊子所希望旦暮遇之之大聖。」當然，他們未必都是莊子所謂之「知其解者」？他們確是政治上之覺者，毫無疑義。尤其是孫中山先生，他不以總統職位爲重，他希望做鐵道部長，從事交通建設，他真是從帝王迷夢中清醒過來的人。許多人假民主之名而從事爭權奪利，并沉迷於帝王之大夢中而不自覺者，實乃時代之罪人，亦確是有愧於孫中山先生。總之，民主政治是可以博施濟眾，是可以使人如「魚相忘於江湖」，是可以「兩忘而化其道」。現代的民主政治，確可以實現道家的最崇高的理想。

茲再進而說明人之夢與覺。我們講道家的政治觀，乃是說明了人在政治方面之夢或覺。現更就人對於生死之夢與覺，作必要之說明。莊子在齊物論中曾說：

> 予惡乎知悅生之非惑耶？予惡乎知惡死之非弱喪而不知歸者耶？……予惡夫知夫死者不悔其始之蘄生乎？夢飲酒者，旦而哭泣；夢哭泣者，旦而田獵。方其夢也，不知其夢也，夢之中，又占其夢焉！覺而後、知其夢也；且有大覺，而後知此其大夢也。而愚者自以為覺，竊竊然知之。君乎？牧乎？固哉！丘也，與汝皆夢也。予謂汝夢亦夢也，是其言也，其名為吊詭（達按：吊至也，詭異也），萬歲之後，而一遇大聖，知其解者，是旦暮遇之也。

前文我們已從「君乎牧乎」而陳述了帝王君主之大夢，現再進而說明什麼是生死之大夢。憨山對於莊子此所說的，曾作於下之評釋。憨山曰：「至人所以超乎生死而遊人世者，以觀世間如大夢，死生如夜旦，憂樂如夢事。迷中說是非，如夢占夢；迷中正是非，如白日說夢事。總而言之、皆在大夢之中耳。似此、若不是至人看破，誰知此是大夢耶？愚者竊自以爲覺，豈不陋哉？即自古堯舜以下之君相，以及孔子，皆夢中說夢之人耳！莊子自謂我此說亦在夢中，無人證者，必待後世有大覺之大聖，方知我今日之夢說不妄也。」王船山對此亦有註釋曰：「說生者，說其生之有知而已。生之有知，生盡而知無寄，況萬歲乎？知飲酒之樂，而不知哭泣之哀；知哭泣之哀，而不知田獵之樂，一開一交，哀樂相舛，則既死之後，萬歲之奚若，何能知耶？然則生無可說，死無可惡，不但化聲爲天氣之所吹，舉凡官骸之用，心知之靈，皆氣機之變耳。知至于此，則生死忘，而利害其小矣；利害忘，而是非其泯矣；是非失，而仁義不足以存矣；仁義不存，而物論之成虧無定矣。滑焉滑焉，以聽萬歲之不可知，此之謂知止於其所不知。」（同註十，頁一〇〇三二）特就船山之說，加以辨正：第一，這是涉及了本體論。「心知之靈，皆氣機之變」，這可以說，是氣一元論，與我們的系統不同。我們認爲，這形上之道的太極，是含有理與氣，理氣是不可分的。第二，「生盡而知無寄」。此所謂「知」，只是指官能之知而言，亦即天氣所吹之化聲，是氣息而聲滅；至於無生無死之覺性，則不如是，在本體論與宇宙論中已言之詳矣。第三，哀樂乃感官之知。感官之知亡，則生無可喜，死無可惡，而超乎生死，而生死之夢覺。第四，照我們的系統來說，能識得本體，即能超脫生死。憨山對莊子所謂「萬世之後，而一遇大聖，知其解者，是旦暮遇之也」

的註釋是說：「言必待萬世之後遇一大覺之聖人，知我此說，即我與之爲旦暮之遇也。意此老胸中，早知有佛，後來必定印證其言；不然，而言大覺者其誰耶？」（同註九，卷二，頁七三）釋家確是印證莊子之言而無疑；至於莊子胸中是否有佛？可置勿論。不過，現代的民主制度，確是超越了帝王之夢，而印證了莊子之言。莊子早知民主制度必然興起，則是可以斷言的。

因爲泯滅了感官之知，因爲超脫了生死，所以莊子曰：「夫大塊載我以形，勞我以生，佚我以老，息我以死，故善吾生者，乃所以善吾死也。」（大宗師）因爲如此，所以莊子引用孔子之言，曰：「仲尼曰，死生亦大矣，而不得與之變；雖天地覆墜，亦將不與之遺；審乎無假，而不與物遷；命物之化，而守其宗也（憨山曰，謂其人超然物外，不隨物遷，唯任物自化，而彼但守其至道之宗也）。常季曰，何謂也？仲尼曰，自其異者視之，肝膽楚越也；自其同者視之，萬物皆一也。夫若然者，且不知耳目之所宜，而遊心乎德之和。物視其所一，而不見其所喪，視喪其足，猶遺土也。……而況官天地，府萬物，直寓六骸，象耳目，一知之所知（憨山曰，知萬化為一致；船山曰，但知至一而不紛），而心未嘗死者乎（達按：即未喪失本心）？彼且擇日而登假（即登遐而超出塵凡），人則從事也（即從事於形骸之外），彼且何肯以物爲事乎？」（德充符）因爲是「萬物皆一」，因爲是「一知之所知」；所以是「知死生存亡之一體」（大宗師）。因爲死生存亡是一體，所以是：「今一以天地爲大鑪，以造化爲大冶，惡乎往而不可哉？成然寐，蘧然覺。」（同上）所以是：「偉哉造化，又將奚以汝爲？將奚以汝適？以汝爲鼠肝乎？以汝爲蟲臂乎？」「浸假而化予之左臂以爲雞，予因以求時夜；浸假而化予之右臂以爲彈，予因以求鴞炙？浸假而化予之尻以爲輪，以神爲馬，予因而乘之，豈更駕哉？且夫得者時也，失者順也，安時而處順，哀樂不能入也，此古之所謂懸解也，而不能自解者，物有以結之。且夫物不勝天久矣，吾又何惡焉？」（同上）又曰：「適來、夫子時也；適去、夫子順也，安時而處順，哀樂不能入也，古者謂是帝之懸解，指窮於爲薪，火傳也，不知其盡也。」（養生主）所以是：「泰氏其臥徐徐，其覺于于，一以己爲馬，一以己爲牛，其知情信，其德甚真，而未始入於非人。」（應帝王）憨山曰：「此言泰氏超越有虞，虛懷以遊世，心閒而自得，且物我兼忘。人呼以爲牛，則以牛應之；人呼以爲馬，則以馬應之，未嘗堅執我見，與物俱化，其知則非妄知，而悟其性真。然情信，指道體而言。前云有情有信是也（達按：即、「夫道有情有信」見「大宗師」），此其體用也。至其德用甚真，不以人僞，即已超凡情，安於大道非人之境，而不墮於虛無，且能和光同塵，而未始拘拘（拘拘見同上）自隘，此泰氏之妙也。蓋已得大宗師之體，而應用世間，特推餘緒以度世，故云未始入於非人。」（同註九，卷四，應帝王，頁三一四）因爲如此，所以是：「彼方且與造物者爲人，而遊乎天地之一氣。彼以生爲附贅懸疣，以死爲決疣潰癰。夫若然者，又惡知死生先後之所在？假于異物，托于同體。忘其肝膽，遺其耳目。反覆終始，不知端倪。芒然彷徨乎塵垢之外，逍遙乎無爲之業，彼又惡能憒憒然爲世俗之禮，以觀衆人之耳目哉？」（大宗師）因爲如是，所以是：「孟孫氏不知所以生，不知所以死；不知就先，不知就後（憨山曰，言以了悟不生不死，故雖生而如不有生，故云不就先；雖死而知本不死，故不就後，坦然大化之中）；若化爲物，以待其所不知之化已乎？且方將化，惡知不化哉？方將不化，惡知已化哉？吾特與汝，其夢未始覺者耶？且彼有駭形而無損心，有旦宅而無情死，孟孫氏特覺，人哭亦哭，是自其所以乃。且也相與吾之耳矣，庸詎知吾所謂吾之乎？

且汝夢為鳥而厲乎天，夢為魚而沒於淵，不識今之言者，其覺者乎？其夢者乎？造適不及笑，獻笑不及排，安排而去化，乃入於寥天一。」（大宗師）船山曰：「故形可駭，且可宅，而心固不損，死固不足以蕩其情，惟自忘其吾而已矣。吾者非吾也，與人相耦而謂之吾，則亦夢而已矣。故忘其所謂吾者，則哀樂無可施之地。一水之不能濡空宇，火之不能爇塊土也。不濡不爇，則不禁天下之有水火。旦而宅之，暮而去之。且宅之可矣，心不損而形可駭，亦駭之可矣，天下皆吾笑資也。忘其笑而任其排，排亦安焉！然後死可，而生亦可。寥天者、無生也，無死也。哀樂現其駭形，如浮雲麗空，而無益損于空。夫乃無攖不寧，而生死一，是之謂大宗。」（同註十，頁一〇〇八）照船山此說，死之所以「無損心」，乃「自忘其吾」。「吾者非吾也，與人相耦而謂之吾，則亦夢而已矣」。這就是說，凡以為吾之生死者皆夢耳。覺者則是「遊乎天地之一氣」，「芒然彷徨乎塵垢之外，逍遙乎無為之業」而「能自解」，能「安排而去化，乃入於寥天一」。所謂「寥天一」，船山曰：「安聽天之排，而不受其化，乃與寥天為一。」（同上）憨山曰：「寥天一，乃大道寥廓冥一之天，此由初心造道功夫，故如安排，乃夫純一到大化之境，自然頓悟，不假作為而自證入也。」（同註九，卷四，大宗師，頁五五）總之，知死生一貫之理者，必須頓悟而後知之，非言語所能完全說得明白。釋道兩家都認為，道只可悟入或證入。悟道或證道，不是「將道投射到無窮之時空範疇」（請覆按第三章第一節），而是識得道之本體，回到了精神或心靈的故鄉。不生不死，無益無損，忘年忘義（郭象曰：「忘年故玄同生死；忘義故彌貫是非。」）覺乎？夢乎？莊子曰：

罔兩問景曰，曩子行，今子止；曩子坐，今子起，何其無特操與？景曰，吾有待而然者邪？吾所待又有待而然者耶？吾待蛇蚹蜩翼邪？惡識所以然，惡識所以不然？昔者，莊周夢為蝴蝶，栩栩然蝴蝶也，自喻適志與？不知周也；俄然覺，則蘧蘧然周也。不知周之夢為蝴蝶與？蝴蝶之夢為周與？周與蝴蝶，則必有分矣，此之謂物化。（齊物論）

馬其昶曰：「物有分，化則一也，此喪我之說也。莊周蝴蝶，皆意識也。以上言至人深達造化之原，絕無我相，故一切是非利害，貴賤生死，不入胸次。忘年忘義，浩然與天地精神往來，而待解於萬世，若旦暮焉。」（同註十一）馬氏此說不差。莊周蝴蝶，都是意識；若無此意識，何有莊周蝴蝶之可言？意識即夢。無意識即無夢可言。莊周蝴蝶都是夢，覺者其誰耶？「一知之所知」者知之矣。嚴格的說來，君主與民主，也都是夢；惟以民爲主者，忘年忘義，無得無喪；以己爲牛，以己爲馬；反覆終始，不知端倪；斯世斯人，旦暮遇之。總之，釋道兩家都認爲，夢是由於一念之不覺；而覺則是忘形去知，無人無我，無有差別。這是物我兩忘之覺。物我忘，則是非泯，而入於無知之知的非意識所行境界。這物我兩忘之覺，我們特稱爲方外之覺；然而吾人生活在「人間世」，又何能免於「遊方之內」，所以仍應有方內之覺。現代的民主政治，乃方內之覺而無疑義。民主政治，在職守上雖有不同，在本質上應無貴賤之別。民主政治，近乎道矣。莊子秋水篇曰：「以道觀之，物無貴賤；以物觀之，自貴而相賤；以俗觀之，貴賤不在已；以差觀之，因其所大而大之，則萬物莫不大；因其所小而小之，則萬物莫不小。知天地之爲稊米也，知毫末之爲邱山也，則差數覩矣。以功觀之，因其所有而有之，則萬物莫不有；因其所無而無之，則萬物莫不無。知東西之相反而不可以相無，則功分定矣。以趣觀之，因其所然而然之，則萬物莫不然；因其所非而非之，則萬物莫不非。知堯桀之自然而相非，則趣操覩矣。」王船山曰：

> 大小無定量，精粗無定形，則貴賤亦不足以立矣。然而物之大者，終不可謂之小；貴者終不能賤之，此必有自始，疑乎必有端倪，而後天下奉之以為定分，群然守之，而信從不疑，此物論之必然者也。雖然亦奚有倪哉？天下萬物林立，而各約其分。不自為大，不自為小，不能自貴，不欲自賤，其所以有小大貴賤之云云者，存乎人之觀之耳。唯以道觀之，并育於天地之中，無貴賤也，而以道觀者鮮矣。以物之情觀之，則各自貴其貴，而異己者賤，故魚鳥賤毛嬙麗姬，而人貴之；堯舜賤巧言令色，而桀紂貴之，唯己之意而貴賤倪矣。人各有所貴而賤其所不貴，則貴賤紛矣，又其下者信耳，以從人之好惡。故譽堯者不知堯唯人之譽而貴之也；非桀者不知桀唯人之毀而賤之也。人倪之，己因增長之，而貴賤之壘堅矣。若夫以道觀者，非但通於一以成純，而兩行不礙，各得其逍遙也。以差等觀之，小者非必小，以大視小而見其小；大者非必大，以小視大而見其大；則知小者更有小者，大者更有大者。小無所終，大無所竟，是雖差等相形而有小大，抑知其不可止量而無必然之貴賤矣。即以其為功者觀之，則當其為功，無物可無也；當其不為功，則無物必於有也。有此則可無彼，而必有彼而後有

此，亦各約其分於所致功而有無不足辨矣。抑由人之所趣嚮而觀之，則所嚮者其所然，所背者其所非。夏然葛而非裘，而裘未嘗非也；冬然裘而非葛，而葛未嘗非也，則天下無不然而無不非，而是非不足辨矣。夫既大小有無是非之無定，而從乎差類功能趣嚮以觀，則又不妨大者自大，小者自小；貴者自貴，賤者自賤，各約其分而不必盡劃除之，以明一致，此大小貴賤之名所自立存乎觀之者耳。觀之者因乎時而不執成心以為師，則物論可齊，而大小各得其逍遙矣。（同註十，頁一〇一九四）

所謂「成心」，照憨山的解釋，是指「現成本有之真心」而言。照船山的解釋，是謂「不但知世事，而取一端以爲是者，有成心也。愚者亦有成心焉！」又曰：「成心者，閑閑閒閒之知所成，於理固未有成也，無可成而姑逞其詞，以是其所是，非其所非，一氣之所激，笙簧聒耳，辨之不勝辨也，無容奈何可也。」（同註十，頁一〇〇一六）依憨山之說，師其成心，可至方外之覺；依船山之說，執成心以爲師，乃方內之不覺。此可不論，惟可以斷言者，固執成見而不化，乃方內之所以不覺。夏葛而冬裘，愚者亦必知因時而化；然而「笙簧聒耳，辨之不勝辨」，真知其變化者，確是少之又少。至於大小、貴賤、是非、有無，執持成見而不化者，更比比皆是；所以方內之不覺者，或迷夢不醒，或酣夢自得，盈天下皆是也。這就是說，由於積習使然，一般人不知貴賤無恒，小大無定，是非無準，有無無常，以致囿於成見而不自覺；所以必須有方外之覺，才能獲得方內之覺。照這樣說來，欲能成爲方內之覺者，必先有方外之覺。究極言之，覺無方內方外之分。方外高人，不入「人間世」，實同於釋家所謂之「自了漢」。道家對於入「人間世」之知，確非常重視。我們可以這樣的說，道家爲入「人間世」而不致受得傷害，是欲以覺者之覺，作「人間世」之逍遙遊，說「人間世」之夢與覺。固然，「予謂女夢亦夢也」；但是，能知自己是在夢中說他人之夢，若非覺者，其誰能之？

六、入「人間世」之知

現在乃可進而說明入「人間世」之知是什麼？

我們可以這樣的說，道家有一極重要的人生理想，那就是入「人間世」而能不招致失敗。一般人只識得道家的避世思想。道家的確是遯世而無悶的。當人處於如澤滅木（達按：即澤風大過䷛）之過越太甚的大過之世，即如文化大革命之時期，如「遊於羿之彀中。中央者，中地也；然而不中者，命也。」（莊子德充符）當祇有聽之於命時，那是沒有什麼可講的。「知不可奈何而安之若命，惟有德者能之。」（同上）因爲，既「知死生存亡之一體」與「死生爲一條」，而「以死爲決疣潰癰」，「視喪其足猶遺土也」，在無可奈何之時，當然是「安之若命」的。在此特須指陳者，道家雖然視死生爲「不死不生」之本性的一種變化，而「不知悅生，不知惡死」（大宗師）；但是，能「終其天年而不中道夭者，是知之盛也。」（同上）道家對於「支離其形」、「以養其身，終其天年」（人間世），而全生遠害，是極爲稱許。對於「山木自寇也，膏火自煎也，桂可食故伐之，漆可用故割之」（同上），如此等等「有用之用」，終致賈禍，是極端不贊成。道家之避世，是因「樗」與「櫟」之以無用而成其大，這也啓發了道家入「人間世」之基本認識。莊子曰：

今子有大樹，患其無用，何不樹之於無何有之鄉，廣莫之野，彷徨乎無為其側，逍遙乎寢臥其下，不夭斤斧，物無害者，無所可用，安所困苦哉？（逍遙遊）

為什麼避世，這是說得很清楚的。道家是希望：「為善無近名，為惡無近刑。緣督以為經，可以保身，可以全生，可以養親，可以盡年。」（養生主）所以道家認為：「利害不通、非君子也；行名失己、非士也；忘身不真、非役人也。若狐不偕、務先、伯夷、叔齊、箕子、胥餘、紀他、申徒狄、是役人之役，適人之適，而不自適其適者也。」（大宗師）莊子又曰：「且昔者桀殺關龍逢，紂殺王子比干，是皆修其身以下傴拊人之民，以下拂其上者也。故人君因其修以擠之，是好名者也。」（人間世）在現代的民主社會，無人能「因其修以擠之」，這是莊子在當時所不能見到的。至於伯夷叔齊之餓死，莊子認是「利害不通」，「行名失己」，「亡身不真」，不能「終其天年」，這是很對的。孟子稱之為聖之清，若因夷齊義不食周粟，乃忠於殷商而如此云云，這是儒家之陋；若夷齊之死，另有殷民族與周民族之情結，則又另當別論；惟武王伐紂，拯人民於水火之中，似不宜純從狹隘的民族觀點來看問題。總之，伯夷叔齊之死，確是一個值得商討的問題。這當然不應當作一個是與非的問題來討論。這是一個用什麼「觀」來觀的問題。就前文我們所引述「秋水」所謂之「以道觀之」，「以物觀之」，「以差觀之」，「以功觀之」，「以趣觀之」等等，來「觀」夷齊之觀，當知夷齊之趣向果何在了。夷齊是不知觀「無」之妙與「有」之竅，是未能以道觀之。然而夷齊之「不屑就已」（孟子公孫丑上），使「聞伯夷之風者，頑夫廉，懦夫有立志」（萬章下），這豈是貪鄙之徒，或卑劣詐僞者所能想像的。夷齊雖未能「以道觀之」，確是値得尊敬之古人。其他被莊子評之爲「不自適其適者」，也應該都是類此之賢者。除夷齊外，箕子也是較爲熟知之古人。

道家既「以死生爲一條」，而「不知悅生，不知惡死」！爲什麼又汲汲於「終其天年」，而特別重視明哲保身或全身遠害呢？不知悅生惡死而又特別重視全生遠害，道家認爲「惟有德者能之」。就我個人的體驗來說，若能識得「無所住心」，則知「終其天年」乃人生之正道。莊子曰：「夫大塊載我以形，勞我以生，佚我以老，息我以死。故善吾生者，乃所以善吾死也。」（大宗師）憨山註曰：「言人生天地，勞佚死生，皆自然而不可卻者，命也，此所謂人也。苟知命之所係，即道之在，是知由人而即天也。若知天與人，本無二致，則渾然合道，而不以人害天，虛心遊世，以終其天年。生不忘道，故云善吾生者，乃所以善吾死。此其天人合德，死生無變，任造物之自然，此知之至也。」（同註九，卷四大宗師，頁二一）又曰：「若能渾然悟其大道，則萬物一體，善惡兩忘，故如魚之相忘於江湖。如此乃可知天知人，天人合德，而能超乎生死之外，故在生在死，無不善之者也。」（同上）照這所說，則知「終其天年」，即是「不以人害天」，即是合乎此心之所然者。凡能超乎生死之外者，當然不以生死爲意，而是「以道觀之」，「自適其適」，以「善吾生」，「善吾死」而生死無不善。

老子曰：「寵辱若驚，貴大患若身。何謂寵辱若驚？寵爲下，得之若驚，失之若驚，是謂寵辱若驚。何謂貴大患若身？吾所以有大患者，爲吾有身，及吾無身，吾有何患？故貴以身爲天下，若可寄天下；愛以身爲天下，若可託天下。」（第十三章）王弼曰：「無物可以損其身，故曰愛也，如此乃可以託天下也。不以寵辱榮患損易其身，然後乃可以天下付之也。」王弼認爲，貴身是指「無以易其身」。其身「無以易」，其身之貴，當可知矣。「不以寵辱榮患傷其身」，這當然就是愛身、養生、善吾生而終其天年。這就是說，能「無身」，才能「愛身」，才能「終其天年」；也就是不悅生惡死，才能超脫生死，才能「善吾生」「善吾死」。老子所謂「外其身而身存」(第七章)，亦正是此意。於是，「以死生爲一條」與「終其天年」，乃「知之至」也，乃「無不善」也，「惟有德者能之」。由此可見，道家之避世，是破除第七識所執持的虛幻之我，而「善吾生」「善吾死」的「不以人害天」。這確是唯有道者能之，不是貪生怕死者所能想像的。

人，一般言之，是不能離「人間世」的。避世乃不得已而已。避世亦是在「人間世」不招致失敗的一種方法。道家認爲這才是真知；因爲這是天人合德之知。同時，避世固是隱居深山之中而逃避人世；然而隱居市井或官場者，也都是避世之士。釋家認爲人間全是苦惱；道家認爲人間多是險惡。險惡是應該避之惟恐不及。道家認爲孔子「知其不可爲而爲之」，乃是爭名之心的一種托詞而已。事實上，爭名之儒生，確是比比皆是。至於孔孟的救世之心，則是道家未能作同情的理解。

因爲道家對「人間世」有避之惟恐不及之心，所以對於入「人間世」，是以逍遙遊的關懷，并本於無是非之知與無知之知，而至爲小心謹慎的以應付「人間世」之險惡。我們特以莊子「人間世」所述孔子與顏面之問答以爲說明。莊子曰：

顏回見仲尼，請行！曰，奚之？曰，將之衛。曰，奚為焉？曰，回聞衛君，其年壯，其行獨，輕用其國，而不自見其過；輕用民死，死者以國量乎澤若蕉，民其無如矣。回嘗聞之夫子曰，治國去之，亂國就之，醫門多疾，願以所聞思其則，庶幾其國有瘳乎？仲尼曰，譆！若殆往而刑耳！夫道不欲雜，雜則多，多則擾，擾則憂，憂而不救。古之至人，先存諸己，而後存諸人，所存於己者未定，何暇至於暴人之所行？且若亦知夫德之所蕩，而知之所為出乎哉？德蕩乎名，知出乎爭。名也者，相札也；知也者，爭之器也。二者凶器，非所盡行也。且德厚信矼，未達人氣；名聞不爭，未達人心；而彊以仁義繩墨之言術，暴人之前者，是以人惡有其美也，命之曰菑人，菑人者，人必返菑之，若殆為人菑夫。且苟為悅賢而惡不肖，惡用而求有以異。若唯無詔，王公必將乘人而鬥其捷，而目將熒之，而色將平之，口將營之，容將形之，心且成之，是以火救火，以水救水，名之曰益多。順始無窮，若殆以不信厚死，必死於暴人之前矣。……雖然，若必有以也，嘗以語我來。顏回曰，端而虛！勉而一，則可乎？曰，惡！惡可！夫以陽為充，孔揚采色不定，常人之所不違，因案人之所感，以求容與其心，名之曰日漸，之德不成，而況大德乎？將執而不化，外合而內不訾，其庸詎可乎？（達按：憨山曰，此一節言彊梁拒諫之人，縱以忠謹事之，祇增益其盛氣，亦無補於德，終無益也。）然則我內直而外曲，成而上比。內直者，與天為徒；與天為徒者，知天子之與己，皆天之所子，而獨以己言，蘄乎而人善之，蘄乎而人不善之耶？若然者，人謂之童子，是之謂與天為徒。外曲者，與人為徒也。擎跽曲拳，人臣之禮也，人皆為之，吾敢不為耶？為人之所為者，人亦無疵焉！是之謂與人為徒。成而上比者，與古為徒，其言雖教謫，之實也，古之有也，非吾有也，若然者，雖直不為病，是之謂與古為徒。若是則可乎？仲尼曰，惡！惡可？太多政法而不諜，雖固亦無罪。雖然，止是耳矣，夫胡可以及化，獲師心者也。顏回曰，吾無以進矣，敢問其方？仲尼曰，齋，吾將語若。……

「吾將語若」之下文，即前文講「無知之知」時所引孔子與顏回講心齋的那一段問答，故略。就孔子與顏回之整個問答看來，在專制時代，爭名好勝，未有不賈禍的。至於外圓內方，雖可免禍，卻「止是耳矣，夫胡可以及化」？要真的有所作為，祇有獲得無知之知，才有可能。我們認為，道家講無是非之知及無知之知，乃是以道觀之，而知無之妙與有之竅，以達到「樞始得其環中，以應無窮」。道家對於環中或圓中，亦即是空無，是特別重視。例如老子曰：「虛而不屈」（第五章），「谷神不死」（第六章），「當其無有車之用，……當其無有器之用，……當其無有室之用。故有之以為利，無之以為用。」（第十一章）「道常無為而無不為」（第卅七章），「損之又損，以至於無為，無為而無不為」（第四十八章）。「無」是無不可為，無不可用，亦即是：「無」是全都可為，全都可用。例如一塊空地，要用它做什麼用都可以。假如是一塊蓋了房子的地，必須將房子拆掉，才可以再作別用。「無」、若直指本體而言，它是「非相之有」，它是「排除一切差異的有」，在第一二兩章中，我們已說得非常明白；若祇就人之認識而言，它是完全排除思辨的一種非意識所行境界，它不會受到意識作用的扭曲。「樞始得其環中，以應無窮」，其真正的意思，即是完全排除思辨而「復歸於無物」，而「復通為一」的一種認識。憨山曰：「環則不方，中虛則活而能應，以譬道之虛無。若得此虛無道樞，則應變無窮。」（同註九，卷二，頁三三）中國形上學所講的虛、空、無等等，都應作如是理解。一般人所講的謙虛、虛心等等，事實上，祇是一種客套而已。若非明道之士，是真不知虛或空爲何物！

照以上述，我們確知道家爲能入「人間世」而不招致失敗，是欲以道觀之，而觀「無」之妙與「有」之竅，而能行其所無事的無入而不自得。讀者若能綜觀以上所述各節而會通之，則知道家認識論之真義果何在了。在此仍須指陳者，憨山認爲：「夫遊人間世者，必虛心安命，適時自慎，無可不可，乃可免患。……若其必不得已而應世，以事人主，必將順其美，匡救其惡，以竭其忠，尤當戒慎恐懼，達變知機，不可輕忽，不可恃才輕觸，以取殺身之禍。」（同註九，卷二，頁三六）前文已說明了顏回「不能虛心，恃知妄作，無事而強行」（註同上）之過，茲再引莊子所述，以說明「必不得已而應世」所應有的認識。莊子曰：

> 顏闔將傅衛靈公太子而問於蘧伯玉，曰，有人於此，其德天殺，與之為無方，則危吾國；與之為有方，則危吾身。其知適足以知人之過，而不知其所以過，若然者，吾奈之何？蘧伯玉曰，善哉問乎？戒之慎之，正汝身哉？形莫若就，心莫若和，雖然，之二者有患！就不欲入，和不欲出。形就而入，且為顛為滅，為崩為蹶；心和而出，且為聲為名，為妖為孽。彼且為嬰兒，亦與之為嬰兒；彼且為無町畦，亦與之為無町畦；彼且為無崖，亦與之為無崖，達之入於無疵。汝不知夫螳螂乎，怒其臂以當車轍，不知其不勝任也，是其才之美者也，戒之慎之，積伐而美者以犯之，幾矣。汝不知夫養

虎者乎?不敢以生物與之，為其殺之之怒也；不敢以全物與之，為其決之之怒也。時其飢飽，達其怒心。虎之與人異類，而媚養己者順也，故其殺者逆也。夫愛馬者，以筐盛矢，以蜃盛溺，適有蚉虻，僕緣而拊之不時，則缺銜毀首碎胸，意有所至，而愛有所亡，可不慎耶！

王船山曰：「傅太子則傅太子，惡用知其德之殺與不殺，而蕩吾德以犯之乎?慎之於飢飽喜怒之間，抑末矣！『無門無毒』，宅一以集虛者，不蘄乎慎而自慎：於其就和出入之間，發之至當而無所犯也，則見爲慎。所謂『怵然爲戒。視爲止、行爲遲』也，則又涉亂世之末流者，不得已之機權也。許由之忘帝堯，『搏扶搖』也；伯玉之教顏闔，『槍榆枋』也，各因所乘而遊其心，宜皞天者，無異觀也。」（同註十，頁一〇〇五六）船山認爲「槍榆枋」是：「此遊于小者也，逍也，而未能遙也。」（同上，頁九九九九）至於「無門無毒，宅一以集虛者」，這才是逍遙遊。憨山認爲：「門者，言立定一個門庭；毒、即瞑眩之藥，謂必瘳之藥。此二者有患，皆不可用。」又曰：「一宅者，則安心於一，了無二念。即其所言，當寓於不得已而應之，切不可有心強爲，如此，則庶幾乎可耳。」（同註九，卷二，頁一六—一七）照這樣說來，「無門無毒，宅一以集虛」，即是獲得了無知之知。船山蓋謂、以無知之知入人間世，是可以「發之至當而無所犯」；至於伯玉教顏闔者，乃「涉亂世之末流」，「不得已之機權也」。讀者幸勿拘泥船山之說。此「不得已」乃絕對不可輕忽者；因爲這是保命之智慧。不過，卑劣詐僞之徒，以此而取容於惡人之前，俾能成其別有用心者，實不足以語此。筆者少年時，因不識此「機權」，幾致殺身，故對於伯玉教顏闔者，印象至深。又見奸佞之徒，善用此術以成其奸。船山之說，確有深意。

在此仍應指陳者，莊子德充符篇有曰：「仲尼曰，丘也嘗使於楚矣。適見㹠子食於其死母者，少焉眴若，皆棄之而走，不見已焉爾，不得類焉爾！所愛其母者，非愛其形也，愛使其形者也。戰而死者，其人之葬也，不以翣資；刖者之屨，無爲愛之，皆無其本也。」這是說，真可愛者乃本也。憨山曰：「㹠之子母，乃天性之愛也。往日食於母，何嘗不愛，及今才死，始則就之而食，及見目之不瞬，則知精神不在，故棄之而走。是則死生不遠，即棄之而走，是知所愛者非形骸，乃愛使其形骸之真宰也。雖物之至愚，尚知愛其天真，而況於人乎？」（同註九，卷三，頁一七）這個㹠子棄死母的故事，確是令人印象深刻的。吾人若真能會通道家的認識論而入「人間世」，那必是遊刃有餘。

七、且有眞人而後有眞知

「且有真人而後有真知」。這是說，祇有真人才有真知。真知是真人之知。若非真人即無真知。無真知者皆不是真人。綜觀歷史，有幾人有真知？亦即有幾人是真人？入民國以來，政治人物中，除孫中山先生外，我不知再有誰？三代而後，山林隱逸之士不計外，知識份子或政治人物中；尤以政治人物，是少有真人；而知識份子具有真知者，似乎屈指可數。

道家所謂之真人，我們講先秦道家的本體論時，已有陳述；而且，對於道家所謂之至人、神人、聖人等，皆有引述。前文講無是非之知時，也曾提及。我們認爲：「莊子所謂之真人、至人、聖人、神人，容有某些差異，必都是『知死生存亡之一體者』，『而遊乎天地之一氣』，以遊乎『無窮』，『安排而去化，乃入於寥天一』。這就是說，這些人都是悟道者。莊子是借著這些人的遊乎方之外，而說明他們是純乎道。人是與造物者爲偶的。他是『天地與我並生，而萬物與我爲一』的。所以真人必是不滲雜『常識人』而純乎天者之『自然人』。純乎天即純乎道。純乎天不祇是一種態度，而是一種境界。人能臻此境界，即是悟道。」（請覆按第三章第一節二、莊子哲學的本體論）悟道之真人，「是純乎道而達到了不動搖的境界」（同上）。這就是佛家所謂之第八地以上之不退轉菩薩。這是斷盡貪嗔痴之煩惱而永不受惑者。在第三章中我們對於莊子所謂「登高不慄，入水不濡，入火不熱」等等，曾認爲這是「無待」之遊，這是一種認知或精神修養的境界，這「是知之能登假於道也」（大宗師）。憨山曰：「真人無心以遊世。此全無得失利害之心，以情不附物，故水火不能傷。此則遺物全性，是知則能登遐於道也。」（同註九，卷四，頁八）船山認爲，登假之假音格。「登假、升合也。」（同註十，頁一〇〇七四）船山又曰：「此真知之大用也。不逆寡，不雄成，則忘取舍；不謩士，則忘成虧；過而弗悔，當而不自得，則忘毀譽。三者忘以遊于世，險阻皆順，災害不得而及之矣。蓋水之濡人，火之爇人，人入焉而觸其毒也。真人無門無毒，無入之心，則無入之事；不必無入之事，而不以逆寡、雄成、謩士之心，姑嘗試之，則不與之相觸。水火固無濡人爇人之心，勢將自己，何能爲患也。」（同上）照船山此說，真知乃是有體有用。忘取舍、成虧、毀譽，以及無門無毒等等，皆真知之大用。至於真知之體，即真人之本心本性。凡生無所住心及無所得心者，即得真知之體。如是，大圓鏡智與平等性智現起；如是，大慈大悲與浩然之氣現起。凡得平等性智者，即無門無毒、無取舍、成虧、毀譽，無是無非。在認識論上，釋道兩家，這是相同的。這是說明了什麼才是真知真人。照船山的看法，凡具有真知者，「以遊於世，險阻皆順，災害不得而及之矣」。我們是贊成船山的看法。對於「後世習道者，有用赤足走炭火，爬刀梯而不受傷者」（請覆按第三章），以證明莊子「蹈火不熱，行乎萬物之上而不慄」爲真。我們認爲，這是與「醉者之墜車，雖疾不死」相同。莊子的「不熱」與「不慄」，從理論上說，乃是「無入之心」，而「險阻皆順」而已。不過，從另一方面來說，當真的無我時，則「我」之所有一切，如痛癢等等，必皆已不存在。來果禪師參「念佛是誰」的話頭。行住坐臥，祇有「念佛是誰」這一念，從不間斷。在這個時候，他不知有飢餓痛癢⑭。莊子的「不熱」「不慄」，也應該作如是解。我們認爲，來果不知饑餓痛癢之說，是真非假。這與外科醫生，沒有覺得地震是一樣的。據我所知，凡與敵人作戰受槍傷者，當子彈射入身體，血流如注時，傷者不知疼痛。經戰友提醒他：「你受傷了」！他這時才覺到痛。這就是說，痛是一種生理上的不適，但必須意識到這個不適時，痛才會感覺到。事實上，這個不適，通常是與意識同在的。當人之注意力集中在別處時，對於這個叫作痛的生理上的不適，未能注意到，所以不覺得痛；因爲注意力祇有一個，當注意到此時，則沒有彼。或者，彼此都注意到時，則沒有其他。總之，一個注意力，有其一定之範圍。當痛不在這個注意力之範圍以內時，痛這個生理上的不適雖然已存在，卻未被意識到，這是可能的。因此，來果挨打不知

⑭ 來果禪師開示錄，天華出版社。

痛，確是毫無可疑之事。這就是說，痛這個生理上的不適，在正常情形之下，它必會被感覺到；但當人之意識喪失作用，例如被麻醉後動手術時，則是完全不會被感覺到。我自己即有如此的親身經驗。再者，當人在極端忿怒之時，雖被重擊，亦不覺得痛，這也是我曾經經驗過的。不過，痛苦是持續的存在，總會被感覺到。痛是一種很難忍受的感受。近幾個月來，我大概是因脊椎神經炎所引起的右大腿疼痛，可說痛得很慘。我缺乏來果那樣的修持，自己無力止痛。最嚴重時，止痛藥亦不見得有效。我祇能做到痛不心煩。偶而也可以使意念集中或靜止，使疼痛減輕，但爲時不久。我相信集中意念，如來果之祇有「念佛是誰」一念時，是可以不知痛癢，或不熱不慄；但，這似乎是宗教問題而不是學術問題。我們是從學術的立場，來講道家所謂之真人真知。我們是贊成船山之說。對於應屬於宗教或科學方面者（例如人究竟能承受多大的痛苦而不被感覺，似可從科學方面索解），則存而不論。

總之，道家所謂之真人，即釋家明心見性之覺者。釋道兩家於此等處，容或有小異，究極言之，卻沒有大的不同。至於道家所謂之真知，乃無是無非，「無門無毒，宅一以集虛者」，亦即是無知之知。所以在常識上雖是「吹萬不同」，在究竟上則是「道通爲一」。道家認識論所講的，是離棄感官之知而至非意識所行境界的一種認識。當然是絕聖棄智，絕仁棄義的。這是認識所達到的一種境界，不是思辨所及的，所以亦是不可爭辯的。道家的認識論，以達到了這種認識境界之知爲真知。從常識之知到無知之知，當然是一辯證的發展，也就是從「不通」到「通」之發展。這與唯物辯證論不同；因爲道家祇講通或不通而不講鬥爭。也與唯心辯證論不同；因爲這不是純思辨的。這不是三言兩語所能說得明白的；因爲這是認識境界的問題，全靠自己懂得，他人是很難說得明白。青原惟信曾說：

老僧三十年前，未參禪時，見山是山，見水是水。及至後來，親見知識，有個入處，見山不是山，見水不是水。而今得個休息處，依前見山祇是山，見水祇是水。大眾、這三般見解，是同是別？有人緇素得出，許爾親見老僧。⓯

青原所說「見山是山，見水是水」，即「吹萬不同」的常識之知；「見山不是山，見水不是水」，即「道通爲一」之真知。真知除前文已有較爲詳實的陳述外，茲再略作說明。金剛經有曰：「凡所有相，皆是虛妄；若見諸相非相，則見如來。」一照這所說，則所謂山水，皆是虛妄。那末、「見山不是山，見水不是水」，則是破除了虛妄。當虛妄不見時，所見者必是真實，所以「見山不是山，見水不是水」即是真知。再者，這個「見」字，也可以當作「現」字講。「若現諸相非相，則現如來」。當生「無所住心」時，必現「諸相非相」，也當然「則現如來」。這當然就是真知。「見山不是山，見水不是水」，即是「道通爲一」之真知，經我們以上之解釋，確已非常明白。至於「見山祇是山，見水祇是水」，則祇是挑柴擔水，穿衣吃飯，「吾從眾」而已。這「是」、「不是」、「祇是」等「三般見解」，當然是辯證的發展，也是否定再否定，卻不是一思辨的過程，更不是一鬥爭他人的過程，這祇是

⓯ 見指月錄卷廿八。

認識所經歷的境界。這是講道家認識論最要緊的所在。能明乎此，則什麼是道家的認識論，可以思過半矣。

第四節　釋道兩家認識論之再體認

一、再體認之目的

我們講釋道兩家的認識論，即是對其加以體認；不過，這種體認乃是就事論事，亦即僅就所討論之問題加以體認。至於再體認，乃是從全盤的作整體的體認；所以再體認確是必須的。

釋道兩家的認識論，除窮究認識之本來如是外，更窮究了人生之本來如是。人生與認識是密不可分的。人生固難免環境的影響，那是人之認識未能超越時代或環境。以孔子之聖，他何能超越他的時代與環境。論語爲政第二有曰：「子張問十世可知也？子曰，殷因於夏禮，所損益可知也；周因於殷禮，所損益可知也；其或繼周者，雖百世可知也。」他雖未能超越時代環境；但對於歷史之變遷，對於因革損益之必然，對於繼周者之必然興起；而繼之者，是因革損益的變遷的一世二世以至百世，不是秦始皇所希望的萬世一系的二世三世以至於萬世。這就是說，孔子雖不能超脫時代環境的影響，但他知道時代環境是會因損益而發生變化。照這樣說來，人之認識與人生，固難免時代與環境的影響；若以爲這祇是存在決定思維，這是落入了機械論的圈套。機械論或決定論是不能很清楚明白的解釋認識論有關的許多問題。

我們講道家認識論時，曾引述莊子秋水篇的以道觀之，以物觀之，以差觀之，以功觀之，以趣觀之，而說明覺者知貴賤無常，小大無定，是非無準，有無無當。這是說，時代與環境以覺者觀之，皆是無定、無常、無準、無當，所以決不能以機械論的觀點來講人之認識與人生。莊子秋水篇又曰：

> 昔者堯舜讓而帝，之噲讓而絕；湯武爭而王，白公爭而滅。由此觀之，爭讓之禮，堯桀之行，貴賤有時，未可為常也。梁麗可以衝城，而不可以窒穴，言殊器也。騏驥驊騮，一日而馳千里，捕鼠不如狸狌，言殊技也。鴟鵂夜撮蚤，察毫末，晝出瞋目而不見丘山，言殊性也。故曰，蓋師是而無非，師治而無亂乎？是未明天地之理，萬物之情也，是猶師天而無地，師陰而無陽，其不可行明矣；然且語而不舍，非愚則誣也。帝王殊禪，三代殊繼，差其時，逆其俗者，謂之篡夫；當其時，順其俗者，謂之義之徒。默默乎河伯，女惡知貴賤之門，小大之家。

照這所說，時代與環境，是各有其宜。很顯然的，認識不僅是不完全爲存在所決定；而且是人之認識，須清楚而明白的瞭解存在，以免「差其時，逆其俗」，而真能「當其時，順其俗」。總之，時代與環境，是通過人之認識以影響人生。認識與人生確是密不可分的。即令是大過之世，如文化大革命那樣的時代，人生似乎是完全被時代與環境所決定；然而人之認識，仍能使人生之遭遇，獲得不同之結果。

嚴格說來，所謂人生觀或人生哲學，完全是由人之認識所產生的，是完全取決於人之認識。講人生哲學而不講認識論，那當然是舍本而逐末。準此以觀，我國民初的人生觀論戰，并不真有意義。

我們對釋道兩家認識論再加以體認時，便發現了認識與人生之不可分，以及時代環境對人生之影響等等。

二、釋家認識論之特點

再談到釋家認識論的特點。其最基本之特點：釋家認爲，知識與智慧乃兩種絕不相同的認識。所謂知識，即是以眼見色，以耳聞聲，以鼻嗅香，以舌嚐味，以身覺觸，并各件隨意識的了別作用與意根的虛妄我執，而形成了各種認識或知識。釋家認爲，所有知識皆是假知。釋家有「五蘊皆空」之說。所謂五蘊，即色、受想行識。色類似我們所謂之物質，受想行識即精神作用。這五蘊既是皆空，而識爲五蘊之一；那末，所有知識當然皆是假知。因爲所謂「蘊」，其義爲聚積，且是一類一類的聚積。釋家認爲「想」是內心與外境接觸時，所生起的認識作用，舉凡思想的概念，以及對於外境的了解、聯想、分析、綜合等等，都是「想」的作用。將想的作用聚積起來便成想蘊。這受、想、行（行是造作的意思，是意志的表現，凡想受所不攝的皆是）三蘊，可說是識蘊的附屬作用。識蘊是由眼耳鼻舌身意等六根之能取與色聲香味觸法等六塵之所取，亦即內有能取的六根爲所依，外有所取的六塵爲對象，因緣和合，聚積而成。在本質上，識是以一切內心的活動爲對象的，亦即是將受、想行等原是主觀的心理活動，加以客觀化，對之生起「了別」的作用，聚積而成爲識蘊。識不能沒有境界。一般人認爲境界即外在的環境。其實，識的境界，是指物質的色，情緒的受，認識的想，造作的思；所以是包含物質與精神兩方面的。識對於這些物質或精神的對象，是「處處住」著，是看作可取、可得、可住、可著。這就是識與對象的「染著」。這染著是像膠漆黏著似的而不能脫離。世人習以爲常，這就是釋家所謂之苦海，道家所謂之大夢。因爲這個「染著」就是第七識之虛妄的我執之執著，而這執著的，是：「色如聚沫，受如水泡，想如陽燄，行如芭蕉，識如幻化。」此所以認定「五蘊皆空」，知識皆是假的。讀者若從整個釋家形上學而加以深刻的體會，當知此言非誣。再者，識是十二緣起之一支。照十二緣起，是：「無明緣行，行緣識，識緣名色……」（請覆按本章第二節）。所謂緣，有攀緣牽引諸義。釋家認爲，凡一切「法」生起的功能都叫作緣。緣亦有兩法相生、相讓、相待、相助諸義。因此，「無明緣行，行緣識，識緣名色……」，亦可寫作「……名色緣識，識緣行，行緣無明」。因此，無明與行，行與識，識與名色等等，可以說是共生的，此即「此有故彼有，此生故彼生」。釋家是以無明與生死爲緣起之兩端，若無明盡則老死盡，老死盡則無明盡。這是說，有無明則有老死，有老死則有無明，反之亦然。再就無明緣行來說，所謂行，乃一種屬於意志力的心理活動，這種心理活動所表現的力量，亦稱爲業力，所以業是行的別名。業共有十惡業：殺盜淫三者爲身業；妄語、兩舌、惡口、綺語四者爲口業；貪嗔痴三者爲意業。事實上，身口各惡業，無一不是意識的表現；而每一意業，亦無不表現在身口方面。身口意三者，常是共同合作，以表現其惡行。其次，貪嗔痴這三惡業，就是無明，也就是煩惱。在五十一心所有法中，凡擾亂人之心靈的煩惱，雖只有貪嗔痴慢疑與不正見等六種，實際上都可包括在貪嗔痴三毒中；而且，所有廿種隨煩惱，亦無一不可由這三毒包括；同時，痴即無明；所以業力與無明，亦即無明與行，可以說是一件事。釋家認爲，無明緣行，即是煩惱起業，由業感苦果，又依苦果生起煩惱，如此循環不已。阿含經曾一再指出：「無明覆，愛結繫，得此識身。」這是說，煩惱、業、苦三者，即無明、行（愛）、識三者。苦即識也。因爲無明是屬於知的，是認識上的錯誤；愛是屬於情意的，是行爲上的染著。染著即愛，愛即染著。有了愛染與無明這兩大因緣，於是便感到了「有識身」。釋家認爲，無明、愛染、識身三者，乃自無始以來，由於第七識之虛妄的我執，亦即一念之不覺所成現的。人之知識，既是由於一念之不覺，也就是由於無明之覆蓋及愛染之結繫所成現的；那麼，認定所有知識爲假知，亦即所有知識，皆因第七識這個虛妄組織之影響，矇蔽了意識的眼睛，扭曲了各個官能的功能，產生了虛假的認識，而成爲一種假知識。釋家的這一有關認識論的學說。在陳述的方式與架構上，容或不盡適當；在基本理論上，現代深層心理學頗能證明其爲真。

釋家認爲智慧之知才是真知。所以釋家勠力以赴的，是欲轉識成智，亦即：轉前五識爲成所作智，轉第六識爲妙觀察智，轉第七識爲平等性智，轉第八識爲大圓鏡智。就我個人近三四十年來之參研或體認所得，當無所住心生起時，大圓鏡智現起，大無畏精神及大慈大悲之心亦現起；於是，平等性智現起。貪嗔痴三毒，當下必已盡除。但，「智及之，仁不能守之，雖得之，必失之」，必至不退轉菩薩，三毒才不致再入侵。儒家聖人，以舜帝確有此造詣，前文曾詳言之矣。我們認爲，大圓鏡智與道家無知之知頗相同，平等性智與無是非之知相同。何謂大圓鏡智？何謂平等性智，如是，應已有明白的體認。至於妙觀察智，實類似老子所謂「常無欲以觀其妙」；而成所作智，則類似「常有欲以觀其徼」。我不知當年講格義佛學者，是否亦有此說。不過，我之此說，頗能闡釋四智之真義，亦能清楚明白的說明智慧與知識爲什麼不同。

知識與智慧之不同，不是說有兩個心。心一也。心清淨則智慧現；心被污染，則成現了世俗之知識。例如水。清淨之水與被污染之水，似是兩種水；若將水之污染去淨，則清淨之水仍在；所以，水一也，并非真有兩種水。照這所說，凡以清淨而不被污染之心，認知事物之真相者，皆是真知。廣義言之，「凡所有相，皆是虛妄」；若據實而言，則「見山祇是山，見水祇是水」，既不失山水之清淨，也呈現了自心之清淨。「明明百草頭，明明祖師意」，「鬱鬱黃花，無非般若；青青翠竹，盡是菩提」。幾十年來，我總有些不契。近年來，每於清晨，在群山環抱中，至爲清幽處，好鳥爭鳴，好花盛開，因念：古人見桃花開而悟道，究竟悟了個什麼？我們不要爲古人所欺，當下之清淨心便是。「採菊東籬下，悠然見南山」，魯迅特改作「悠然見煙囪」。魯迅要否定這個清淨之心！其實，這現成本有之真心，不是誰可以否定的。我們認爲，科學上的偉大發明，藝術上的不朽創作，皆是這本有之真心表現。世俗之見，安其所習，人云亦云，何能有所成就。革命志士，常爲某種意識型態所誤導，所作所爲，常常祇是一大悲劇；但其不惜犧牲自己之情操，於理上，雖未必有當；於事上，其浩然之氣，其大無畏精神，仍是沒有違背其現成本有之真心。智慧出自真心，真心即心之本體，心之本體，本體論已言之詳矣。

認定真知出自本心，而世俗之知，則多被污染，這是釋家認識論最基本的特色。這一特色，是人人都能親身體會得到，亦即人人都能親身經驗得到，而不是某些人的想像，或某些人的一曲之見。當然，這需要人自己去體會或經驗，別人是不能代勞的。誰能代表誰去上洗手間嗎？誰能替誰把肚子吃飽嗎？這些都祇能由自己去做的。釋家認識論，是祇有靠自己才真能懂得。如何才能認得或懂得這個真知，釋家的方法，不外乎參禪、打坐及誦經、禮佛等等。在第一章中，我們即已指出，在定境中是可以「生無所住心」，而參禪打坐，似乎是「入定」的最佳方法；不過，有一位很有成就的喇嘛，有一次在紐約談及內明的最主要的方法，他說：「自省和講理，比禱告和靜坐都更有效。」（同註八，頁四六）我很贊成此說。我發現許多佛門弟子，畢生修道之所以無成，完全是由於不知自省與不知講理。因爲，當於定中「生無所住心」時，祇是參破了有與無之同一，生與死之同一，或者是諸多對立物之同一（這與唯物辯證法所講對立統一完全不同）。同時，當「生無所住心」時，既「無所住」，亦「無所得」。這「無住」、「無得」，就是「空」，就是乾淨。這在講本體論時與第一章中便已有所陳述。這是在表達什麼信息呢？一般人以爲，凡能識得本心者，就是得道高僧。必是：能上通天文，下知地理；能知過去未來；能具足神通而無所不能。在第一章中，我們講南陽慧忠國師試印度大耳三藏之他心通的公案，便已很明白的指陳了，神通小技，是不足爲憑的。有道高僧，祇是覺者。禪宗主張頓悟者，認爲覺、當下便是，祇要真的肯承當。這可能祇是上根之人才有此本領。我個人認爲，覺是有大小、深淺之分。當晨光曦微與陽光普照，我總覺得有不同。

這或許祇是我的分別心猶在。總之，覺悟之事，絕對與神通無關；而且，真正的佛門弟子，是絕對反對「神我」之說。所以真正的覺，就是真能自省與真的明理；而且，這自省與明理，亦祇是「絕學無爲閒道人」而已，那來許多神通哩！那豈不是成了妖魔鬼怪嗎？再者，真正的覺者，必是真的講理之人，亦必是真能時時自我警覺，不被私心、偏心、疑心、欺心，以及其他種種無明，曚蔽了意識的眼睛，而真能認知事實的真相與真理之所在；所以，真正的覺者，是真能明白的認知一切的事理，而不是說覺者是無所不知的。孟子曰：「知者無不知也，當務之爲急，……堯舜之知，而不偏物，急先務也。……」（盡心上）在第一章第三節我們對「全知」作評判時，即已對於有些佛教徒誤信神通與全知之說而有所斥破。現再就釋家的認識論，以說明不知講理的佛門弟子，必都是在妖魔鬼怪之群中，作入地獄之活計。

釋家特重因果。前文已指陳煩惱、業力與苦果之循環不已。在此仍須特爲指陳者，即釋家認爲，人之眼耳等之所以能看能聽，在於人能動。人之本心本性，是動而無動，如無所住心，無所得心等。人之認識，是動而有分別，而且是「能相續不斷的了別」。能動是認識的必須條件，這與機器人必須通電才會操作，是沒有不同。同時，釋家認爲，這個能動是相續不斷的；因爲這能動的本身，是不生不滅，是永恒的存在。於是，釋家有三世因果之說。「欲知前世因，今生受者是；欲知來世果，今生作者是。」一般人以爲，這祇是宗教家勸人爲善之警語。照我們所能體會的，這三世因果之說，由於這不生不滅，相續不斷之存在，是可以有三世之相續或果報而無疑義。讀者祇要會通釋家認識論與宇宙論而真知其意，則知釋家著重前生與來世之因果，是有其學術上之意義與價值。再者，我對於釋家於一毫端現諸佛國之說，總有不契。這與釋家的宇宙論有關。近年來，我體會到沒有半徑的存在，亦即這存在者沒有位置，不是一個點。點必有位置，必有半徑。現在的電腦，能夠知道千萬分之一秒。時間能分析到如此之短，這真是不可想像的。同樣的，半徑的大小，細微到不可想像的程度，也一定是有的；於是，一毫端現諸佛國，便成爲可能了。而且，釋家所謂之佛國是沒有半徑的。這雖是不可想像的；若識得無所住心，則知這必是真的。中庸朱熹章句有曰：

> 子程子曰，不偏之謂中（達按：不偏，應指心無偏私而言；但一般人均向外看，以爲不偏之中，祇是指正中間而言），不易之謂庸。中者，天下之正道；庸者，天下之定理。此篇乃孔門傳授心法，子思恐其久而差也，故筆之於書，以授孟子。其書始言一理，中散為萬事，末復合為一理。放之則彌六合，卷之則退藏於密，其味無窮，皆實學也。善讀者，玩索而有得焉，則終身用之，有不能盡者矣。

朱子這一段話，說得很不夠懇切；而「不偏之謂中」，更容易引人向外看。讀中庸，知「中」是喜怒哀樂之未發者，實不多見。不過，「放之則彌六合，卷之則退藏於密」一語，頗能道出「於一毫端見諸佛國」之義。「皆實學也」，這意思當然是說，這決非空泛之學，而是絕對真實的。晦翁反對於事上見性，而承認有一真實的理體。我不知這真實之理體與心之本體，究竟有何分別。

釋家認識論，有一事更值得一提的，即：佛門弟子，認爲要能明得心體，祇能保持正念，不容有任何妄想。有一女子參「隨他去」。有人告訴她，她家房子失火了，她說：「隨他去」。又有人說，她兒子掉到水裡了，她也說「隨他去」。這是說，任何事都不能影響她的辦道之心。這種向道的一念之至誠，是釋家門下最要緊的事，這當然是學道者或修道者必須遵守的。但是，這似乎也有病。我想到了黃檗禪師不認母的故事。據說黃檗出家後，他的母親思念他，天天哭，把眼睛哭瞎了。她對於任何來她家化緣的和尚，都要為他洗腳；因為她知道她兒子的腳上有一特記。有一天，黃檗回家了，他母親為他洗腳，知道是兒子回家了，但黃檗不承認。第二天黃檗離開後，他母親便跳水溝自殺了，鄉人看到他母親昇天了，鄉人也告知黃檗為他母親料理喪事。這是我曾經見過的記載，就記憶所及加以複述，應是大致無誤。我不知這則故事的真實性。我不知黃檗不認母，是否不願意影響他的向道之心？不過，佛門弟子為了一心向道，是要了斷諸緣的。我覺得這是一個值得爭議的問題。我不贊成執破（請覆按上章第三節五），亦不贊成執一以害道。假如黃檗是為了不使向道之心受到影響而不認母，這就是執一，這絕對是害道。這不是真正的覺者所應有的。這祇是為了「成佛」之私心（也就是一種貪念）太強，而矇蔽了真正的覺性。這也是由於不知講理的結果。我嘗讀來果禪師開示錄，深覺他所講的用功方法，真是一個釘子一個洞，實實在在，令人印象至深；而來果那種虔誠的向道之心，更令人欽敬不已。他主張心意識俱遣。心意識忘了，自然我自己忘了，母親也當然忘了。但是，來果認為，應該是「懸崖撒手，絕後再蘇。」「百尺竿頭重進步，十方世界現全身。」心意識俱遣是對的，難道不要「絕後再蘇」嗎？當你再蘇時，山仍是山，水仍是水，母親仍是母親。不認母親，使母親投水而死，即令是母親死後升天，這個兒子仍是要入地獄的。黃蘗乃一代宗師，嘗讀其語錄，觀其所見，至爲深入，至爲透徹，當不致做入地獄的活計，所以我對於黃蘗不認母親這則故事，深表懷疑，這很可能是好事之徒，以訛傳訛的結果。這也是存在於釋家認識論中的大問題；因爲釋典中類此有問題之記述，可謂所在皆是。

釋家有一套很完整的認識論，但在釋家典籍中，卻存在著各說各話。學術不宜統於一尊，但寶玉與瓦礫不能不分。釋家因是宗教，當其興盛時，高僧輩出，成就輝煌；但不學無術之徒，混雜其間，添了許多老鼠屎。例如爲虛雲作年譜的岑學侶，就是這種人。虛雲年譜記載，其父曾任福建知府，胡適之考證福建知府中，并無虛雲之父其人。禪宗史籍，多有類此不實之記載；而佛教門下卻樂此不疲。釋家雖然有很好的認識論，而佛門弟子有正確認識者，必是大徹大悟之少數人；因爲真能見到本體而明白認識之大用者，雖然大有人在，但畢竟祇是少數。

釋家也產生了與希臘「邏輯」相同的因明學，即：明了因由（或原因）的學問。其三支論式宗、因、喻，也就是宗旨（或主義、主旨），原因（或理由），譬喻（或事實）這三段論式，與大前提、小前提、結論這邏輯的三段論式，是很相同的；其最不相同的：因明學祇是在於明了原因，而「邏輯」則有推陳出新的作用；所以在學術上產生了不同的影響。總之，釋家以明心見性爲主。爲了明心或見性，是要心意識俱遣。也就是說，釋家的認識論是反認識的。至於禪宗所主張的「絕後再蘇」，誠如關田一月所說的「再度返回通常的意識世界之時，你就會發現意識有如光明照耀」（請覆按第一章第三節）。在這「光明照耀」之時，仍是本心顯露而分別心未起作用時，也就是由非意識所行境界而返回意識所行境界時，這「靈知之性歷歷」，這既惺惺而又寂寂，既懇切週到而絕無沾滯。就我個人的體驗，講理就是絕無沾滯。喜談神通者，乃習於沾滯而不自覺也。釋家有方便法門與不二法門之說。講神通也可能就是一種方便。捨此方便，其結果很可能是：「祖師門前，草深三尺。」佛教乃現存宗教的高級宗教之一。未來的宗教，應是完全講理的宗教。佛教是具備此種條件的。對釋家的本體論、宇宙論與認識論而真知其意者，當知吾言不謬。

再談釋家對人生之認識。因爲釋家認爲，煩惱、業、苦三者，亦即無明、行(愛)、識三者，是循環不已；所以釋家認爲人之一生，乃陷於痛苦之深淵，不能自拔而已。釋家確有如此一說，卻絕不是祇此一說。釋家所謂之「無明」，頗似基督教之「原罪」。「原罪」必賴上帝代爲洗刷，而「無明」則是證得心之本體的覺者，即能解脫。所謂解脫，一方面要解脫意識層面的習染之污；一方面要解脫潛意識的束縛。真的解脫是很困難的。佛教人士認爲許多人歷劫修行而仍是不悟。覺悟就是解脫，解脫就是解脫罪業。解脫之人即脫離苦海的自由自在之人。釋家認爲有兩種人生：一是覺悟之人，一是迷惑之人。這與道家所謂之夢與覺，大致相同。不過，釋家認爲迷惑與煩惱同義；至於道家所謂之夢，則是有苦有樂；而且，即是在夢中，亦未必就是執迷不悟者。這也是釋道兩家對人生之認識，有其不盡相同之處。因爲釋家認爲迷惑就是無明，就是煩惱、苦，就是罪業。事實上，也確是如此。我幼年時，染過毒瘡，那時沒有抗生素這類消炎藥，而這個毒瘡之毒，似乎是永難消盡的。釋家認爲人生之煩惱，如同病毒一樣，不易消除。我個人認爲，去除病毒，不使再發，亦即欲至於不退轉，的確很難。釋家的人生，在已往的時代，似乎祇有通過艱難困苦的修證之路，才能脫離苦海。現在的動中禪，卻是較爲直截了當；不過，必須克服妄念，以實現真實的戒，而獲得真實的慧，則并無不同。現代佛門弟子，認真持戒修行者，因不乏人；但是，將寺廟變成一極大之營利事業，而和尚尼姑們，爲了維持這龐大的事業，除了熱衷於一般善男信女之捐獻外，他們離清修已可能很遠了。這與早年的佛教徒，爲了去除病毒，爲了獲得開悟，從認識論的觀點來說，實已大異其趣。事實上，他們多已成迷惑之人了。

三、道家認識論與善吾生之人生

釋家是反認識的認識論，是心意識俱遣，是對於感官之知以及其有系統的認識理論，皆欲完全拋棄乾淨；然後轉識成智，以成爲覺者。照我個人的看法，所謂覺者，是有一種無知之知，即：生無所住心而「觀其妙」，而成現大圓鏡智；於是，大慈大悲及浩然之氣生起，而平等性智亦現起。貪嗔痴三毒既滅，則妙察觀智與成所作智皆是現成的。覺者的心路歷程應該是如此，而覺者之所覺也就是如此。有人認爲，覺者是全知者，前文已一再斥其爲妄。也有人認爲，覺者所覺是空，既無所住，亦無所得。我覺得，佛門弟子，尤以義學沙門，對於無住無得之空，多有不契。於是，我建議不講空而講淨。須知盡淨即空；因爲所謂空，即有去除盡淨之意。「本來無一物，何處染塵埃？」本來清淨，何用去除？真空即清淨之有。這個有即是妙。這當然是談本體。講釋家認識論，當然會涉及本體論。釋家認識論是融貫本體論而有立有破者。這是釋家反認識的認識論之精義所在，與道家認識論確有相通之處。道家肯定「道通爲一」，肯定「無知之知」與「無是非之知」。我們認定「無是非之知」即「平等性智」，「無知之知」即「大圓鏡智」。莊子所講「樞始得其環中，以應無窮」，最能象徵「無知之知」的功用。「大圓鏡智」與「無知之知」，才真的是「妙用」，才真能「以應無窮」。道家棄知或去知的認識論，即是釋家反認識的認識論。去知或反認識，是欲求得無知，即是欲去淨污染的心靈（此是破）而獲得純淨的心靈（此是立），祇有純淨的心靈，才真是妙用，才能「以應無窮」。這是釋道兩家認識論之精髓。研究中國形上學者，必須有此體認，才真能窺其堂奧，而終有所得。禮記孔子閒居第二十九有曰：「清明在躬，志氣如神。」清明在窮，頗有無知之知的氣象，而「人之全副力量及生命力」現起，而志氣如神，是可以以應無窮的。這祇是就有此氣象而說；至於由無知之知所成現的大圓鏡智，前文已言之詳矣，茲不再贅。

在此特須指陳者，釋家雖主張絕後再蘇；但釋家幾部比較流行的經典，除了講修證的工夫及其所修證而得者以外，對於入「人間世」之知，是沒有興趣的。在我的印象中，已往的佛教祖師們，祇是教人向道，并不教人立身處世。這應是釋道兩家認識論大不同之所在。在上一節中，我們講道家的入「人間世」之知，肯定道家是希望入「人間世」而不致受到傷害或招致失敗，這是道家善吾生之人生觀的實踐，自與釋家成佛之思想不同。對於這種不同，我們無意從對與錯或應不應該來加以分辨；因爲在各自的系統裡，沒有錯誤或應不應該的問題。在這裡，我們卻發現一個問題。照熊十力的看法，「究極言之，祇有本體論是哲學的範圍」。現在我們應該說，哲學不祇有本體論了。從本體論說，釋道兩家的本體論，可以說是完全相通的學問，這在本體論已說得很明白；至於釋道兩家認識論，雖亦有其相通之處，如前文所已指陳；然而釋道兩家的人生觀則不盡相同，這種不同，都與其本體論不相忤逆。這就是說，大抵相同的本體論，是可以推衍出不盡相同的認識論；尤其是落實到人生論時，更可能大不相同了。我們談本體，當達到某一相同的境界時，自然會有一種趨於一致的懂得；但是，當我們透過認識而講人生觀時，則會變成各說各話。好像由一點光源，發射無數的光芒，互相平行，互不相交，而成爲多元。因此，釋道兩家人生觀不盡相同，確不足爲怪，亦不是對錯或應不應的問題，實可以說是信仰的問題。在各自的系統裡祇要肯信，都是真實無誤的。這雖是「至怪」，卻是中國形上學的特色。中國形上學，從本體言之，是一元的；從現象或認識而言，則是多元的。若祇見到中國形上學的本體而不識其大用，則是見得不完全；識其大用，而見不到「道並行而不相悖」，則是見得不明白。講中國形上學的認識論，這確是緊要之所在。

在此特須指陳者，中國形上學的認識論，雖是可以出世或入世，而各得其宜；卻必須「無門無毒，一宅而寓於不得已」，亦即王船山所謂「無門無毒，宅一以集虛者」。凡從虛無之體而所生之大用，無論其是出世或入世，才真是沒有對錯或應不應的問題。又莊子秋水篇有曰：

> 北海若曰，知道者必達於理，達於理者必明於權，明於權者不以物害己。至德者火弗能熱，水弗能溺，寒暑弗能害，禽獸弗能賊，非謂其薄之也（薄、迫近之意），言察乎

安危，寧於禍福，謹於去就，莫之能害也。故曰，天在內，人在外，德在乎天。知天人之行，本乎天，位乎得，蹢躅而屈伸，反要而語極。

王船山曰：「然而道也者，因理達權之本也。無其本，則理而非理，權而非權。道則天之含萬有而不主一形者也（達按：無可以含萬有，所以是天含萬有而不主一形）。明乎道者，察之甚精，持之甚寧，出之甚謹，懷之於內而不洩，而後可以外因乎人以順時而施，不近名而爲所可爲，不近刑而爲所不可爲，無成心以函天德，以自薄於水火寒暑虎狼之害哉！」（同註十，頁一〇一九六）這些話，確是「反要而語極」。「語極」即語窮，用現代話加以詮釋，即是「再沒有什麼話可說」。我們對「秋水篇」的這幾句話，祇要反思其要約，則知我們入「人間世」之妙方，確已言盡於此。上一節我們對莊子所講的「不熟」「不慄」曾有所評述，今再引證北海若這所說的，當知我們所見者甚是，也足證釋道兩家有關神通及特異功能之說，皆爲虛妄不實之談。釋道兩家不明理、不講理者，多有此虛妄不實之病。我們認爲，不達於理就是不知道。有些佛門弟子，認爲講理乃知解宗徒。不達於理不明於道者，更因此而自絕於道。我們在第四章第一節講「頓教本體哲學與實體哲學」時，曾指出：「知解宗徒固是損人的話，貶斥之詞，卻亦是一種印可。」你能說：「吾有一物，無頭無尾，無名無字，無背無面」，不是「諸佛之本源，神會之佛性」嗎？知解無過。「知解不消，便成毒藥」。不知不解與知解不消，都足以害道，這都是不講理、不明理的結果。詩經有「不識不知、順帝之則」。這不識不知，決非不知不解。不知不解者，是不知順帝之則；若順帝之則，則是獲得無知之知而明於道，而成爲解者或覺者。前文我們曾說：「講理就是絕無沾滯。」知解若無沾滯，絕不會有不消。認識若不臻於此境，便將成爲毒藥。老莊哲學有關認識論之各方面，若能真知其意，則知其確是達於理，合於道，而明於權，而不自薄於害。這是入「人間世」而「善吾生」之妙與竅，也是道家認識論之緊要所在。

再談到「善吾生」，道家有長生不老或神仙之說。莊子曰：「上古有大椿者，以八千歲爲春，八千歲爲秋，而彭祖乃今以久特聞，眾人匹之，不亦悲乎。」（逍遙遊）這是莊子在批評眾人之言壽者，皆以彭祖爲準，實是可悲。由此，已足證長壽之說，莊子以前即已有之。這是說，神仙之說，應是古已有之的，因與道家「善吾生」之說相結合而成爲老莊以後之道家的思想。在莊子本人看來，以道觀之，時間之久暫，是與大小、貴賤等等相同，皆是「存乎觀之者耳」。嚴格的說來，長生不老之說，祇是一種妄想而已。時間之久暫，以道觀之，皆是變化之過程。北海若曰：「萬物一齊，孰短孰長。道無終始，物有死生，不恃其成。一虛一滿，不位乎其形。年不可舉，時不可止，消息盈虛，終則有始，是所以語大義之方，論萬物之理也。物之生也，若驟若馳，無動而不變，無時而不移，何爲乎？何不爲乎？夫固將自化！」（莊子秋水篇）王船山曰：「然貴賤者，相反而生者也；多少者，代謝而互馳者也，則不可執一以爲可，執一以爲不可明矣；兼懷之無不可爲也，無所承襲，無可爲也。死生有期，而未生以前，既死以後，參萬歲於一純，則今之所非，前之所是；今之所是，後之所非，時移勢易，而是非然否？亦相反相謝，而因乎化；化之已至。物自化焉，吾又惡得而不化也。故無容以可爲不可爲疑，坦然任運，寓諸庸而無不得矣。」（同註十，頁一〇一九五）「坦然任運」，「夫固將自化」，何有長生不老之「執一」？「寓諸庸而無不得矣」，這才是道家「善吾生」之正解。道家「善吾生」之認識，祇是「達生知命」，「遠害尊生」而已，與長生不老之說，實無關聯。再者，道家所謂之「善吾生者，乃所以善吾死也。」（大宗師）憨山認爲，任化而生，即是善生；從化而死，即是善死。又曰：「若知天與人，本無二致，則渾然合道，而不以人害天，虛心遊世，以終其天年，生不忘道，故云善吾生者，乃所以善吾死，此其天人合德，死生無變，任造物之自然，此知之至也。」（同註九，卷四，頁二〇）又對於大宗師所謂「天與人不相勝也，是之謂真人」之註曰：「若超然絕俗，則是以天勝人；若逐物忘性，則是以人勝天，今天人合德，而不相傷，故不相勝，必如此，方是真人。」（同上，頁一七）照這所說，真能善吾生，即是「不以心捐道，不以人助天，是之謂真人。」（大宗師）真人即是不以天勝人，不以人勝天者。真人即是至人，聖人、神人。真人之不以天勝人，這是說，真人不是禁慾主義者；真人之不以人勝天，這是說，真人不同流合污，追逐物慾，以迷失本性（天性）。道家善吾生之真人，是「如相忘於江湖」之逍遙遊者，是自由者，是「朝徹」「見獨」「入於不死不生」之覺者，是「安時而處順，哀樂不能入」，「古之所謂懸解」者，是「離形去知，同於大通」，孔子所謂「無好」「無常」之賢者（以上所引，皆見大宗師）。道家善吾生之真人，是「人間世」的，與釋家所謂之佛，雖然同是覺者，卻有出世入世或著重今生與著重來世之不同。道家之人生，雖避世而不忘世。當其用世時，「鞠躬盡粹，死而後已。」是無怨無尤的以盡其無所逃的責任。道家之人生，雖是視生死爲一條；但當其生斯世時，合乎大道，安時處順，趨吉避凶。「可以保身，可以全生，可以養親，可以盡年。」一任造化之自然，而小大各得其逍遙。總之，道家善吾生之人生，是覺悟的人生，是適合各階層、各行業，而都能明哲保身，而無有不宜的。至於被人誤以爲具有長生不老之術，或成爲對國家、對世界完全漠不關心的自私之徒，那應該是老莊之罪人了。

四、釋道兩家認識論與中國形上學

我們講本體論時，認定本體是一元的，且名之曰「中一元論的本體哲學」。儒釋道三家對本體論之體認，雖有儒釋之不同外，今特名之爲「中一元論」，似乎三家都可以接受。這就是說，中一元論實可以代表三家的本體論；因此，中一元論當可以說就是中國形上學的本體論。

我們認定本體是一元的。這就是說：從本體言之，是一元的；從現象或認識而言，則是多元的。本體本是一。對於本體之體認，若都能造乎其極，雖有儒釋之小異，卻沒有大的不同，以上已言之詳矣。至於就現象或認識而言，雖是多元的，卻都是真的。本章第一節，我們曾說：「所有哲學，必都是人之認識。」人之認識，祇要達到某種一定之標準，即會產生一種共識；因爲存在之本來如是，它是本來如是的。例如太平洋，以及美國的大峽谷，中國的泰山等等，全都有其本來如是，不因人之認識而變易，故與人之認識無關。人之認識，祇是對其有認識而已。人之認識，大致可分爲以下三方面，即：對本體之認識，對現象及對認識之認識。這三種認識，構成了中國形上學的全部，而且是不可或缺的。因爲若缺少任何一部份，則不可能清楚而明白的說明全部的或完整的中國形上學。我們已說明了對本體認識的本體論，而且認定它必是一元的。我們也說明了宇宙論及釋道兩家之認識論。就我們對釋道兩家認識論所作之探討與說明，我們認識到：釋道兩家對於認識之本來如是，原無太大的差異。釋道兩家對於「樞始得其環中，以應無窮」，似都認可；因爲措詞用字雖不盡相同，究其原意，卻無太多的出入。這就是說，釋道兩家對於道之本體及認識之本來如是，如虛無、空無等等，都頗有共識；至對於道之大用之認識，誠如前文所已指陳的，當「透過認識而講人生觀時，則會變成各說各話。好像由一點光源，發射無數的光芒，互相平行，互不相交，而成爲多元。」這祇是就對於認識者之認識，而說明釋道兩家確有不同。再就釋家所謂六塵之色，即現代人所謂之物質現象或宇宙現象來說，儒釋道三家對於宇宙之本身、本性，亦即宇宙之本體，所見尚無太多的差異；但對於宇宙之生成，以及存在等等，所見則不盡相同了。儒道兩家對於宇宙之生成，頗有大致相同的看法。儒道兩家都認爲，這宇宙的生成，是這個無始無終，儒家名之爲太極的宇宙本體，它自己「不容已」的稱其所有的由無對待而有對待，以辯證的存有連續的由微而顯的過程，呈現出宇宙萬象。釋家則認爲這存在之世界或宇宙，乃心之虛妄所形成。釋家蓋認爲，若沒有第七識這個虛幻的我執，則沒有我們所謂之宇宙存在。釋家雖然認爲這世界或宇宙是虛幻的存在，卻認爲有無限長的時間與無限大或無限多的世界。釋家認爲有「多種宇宙與多層宇宙」的存在，這是儒道兩家所不講的；但從現代物理學的觀點而加以探討，則釋家之說，絕非全無意義。我們在宇宙論中已有陳述。儒道兩家與釋家之宇宙論，確是不盡相同的。這也不全是誰對誰錯的問題。以往三家雖有爭論，例如儒家批評釋家「執破」之不當等等，也祇是對現象之認識各有不同而已。我們可以這樣的說，宇宙論也是對道之大用的一種認識。對道之大用的認識，原可分爲對現象與認識者自身之認識，亦即可分爲對外在環境或物質現象之認識，及對內心或精神之認識。這就是宇宙論與認識論。人對於道之本體與道之大用所作之認識，是形成了中國形上學的全部，包含了本體論、宇宙論與認識論這三大部份。又因爲對於道之大用所作之認識，是可以各說各話而成爲多元，於是便形成了儒釋道三家各自的哲學。關於儒家的認識論，我們將於下一章中另作必要之探討與說明外，釋道兩家之本體論、宇宙論與認識論，皆已作了深入而明確之陳述。讀者若能不厭其煩的對本書細加體察，當可正確無誤而有系統的見到釋道兩家的形上學。

第七章　中國形上學的認識論（下）

第一節　儒家形上學的認識論

一、概說三家的認識論

釋道兩家的認識論，皆是本於本體虛無之本性，而有其各自的認識哲學。在道家言之，是吹萬不同，道通爲一；是「樞始得其環中，以應無窮」。在釋家言之，則是以分別心爲非真如心，而認定所有認識皆妄。釋道兩家雖都是反認識的認識論；亦即：都是要去掉習染之污而以純淨的心靈來看世界與人生。不過，釋道兩家對「人間世」之認識，及透過認識而講人生觀時，則各不相同，上一章已言之詳矣。至於儒家的認識論，他雖然認爲人之認識，具有危險性，如所謂「人心惟危」之說；但是，儒家以發揚道心，端正人心爲主，絕不是反認識的。這與釋道兩家確不相同。

二、儒家認識論之特點

儒家認識論，雖也提及「允執其中」（論語堯曰），「君子中庸」（中庸第二章），「君子依乎中庸」（第十一章），舜「執其兩端，用其中於民」（第六章）等等；而且，儒家所謂之中，雖是指「中也者，天下之大本也」（第一章），卻祇是刻就大本之大用而立論；至於未發之中，極少提及。再者，孔孟所謂之仁，皆是從作用上講的；至於仁之本體，亦極少提及。其次，中這個觀念，自程朱解釋爲「不偏之謂中」以來，一般人總以爲「中」是兩物正中，而不知「中」是沒有偏心。儒家以「中」爲本之認識論，如以「中」爲不偏之正心，這雖是就形而下的大用來說的，卻仍不失形而上之本體；因爲，這真的無所偏失的正心，是可以達到未發之中。而體用一原，顯微無間，及「其實一也」之說，皆足以說明儒者是識得形而下者乃源如形而上者。形而下者是以形上爲源頭活水。形下與形上，原本是一。這在宇宙論中已言之詳矣。儒家的認識論是本於宇宙論，宇宙論則是不離於本體論。必須理解至此，才真懂儒家的形上學，也才真懂儒家的認識論。至於以「中」爲事物之正中，這是離題太遠的。程朱一派之理學，確有如此不切題之看法。以程朱爲宗者，少有人真懂得儒家的認識論。

儒家的認識論，具見於四書五經。大學中庸，各爲禮記的一章，所謂四書五經，即論孟與五經。詩經是記載上至國君下至衆人所感觸之邪正，以正爲訓，以邪爲戒。春秋是記載政治人物之邪與正而褒善貶惡。書經則是記載行事正者成功，行事不正者失敗。禮是記載了正當行爲應有的許多規範及其所以然之故。易經則是講變化之道。論孟亦是以此爲宗。這是儒家認識論的全部。儒家形上學的全部實亦不外乎此。

儒家認識論，就五經所記述者，乃是本於前人所累積之經驗，通過理性之考驗，定出真僞及正與不正之標準，作爲正確認識之張本。詩經所記者，爲風俗人情；書與春秋所記者，爲歷史事實；禮經所記者，爲各種規範與制度；易經所記者，爲變化之道及應變的方法。五經頗似現代人所編之萬事不求人；不過，萬事不求人，祇是列舉了一些實用的方法，而五經則是具有極重要之啓發性與至廣大而深邃之理論性，窮畢生之力，亦不易盡其義蘊。例如易經，乃古卜筮之書，累積了若干世代、若干人的經驗智慧而成。周易繫辭下傳第二章有曰：

> 古者包犧氏之王天下也，仰則觀象於天，俯則觀法於地，觀鳥獸之文，與地之宜，近取諸身，遠取諸物，於是始作八卦，以通神明之德，以類萬物之情。

從這所說，我們當知這卜筮之書，必是由來已久。認定在三代之前，即已存在，應是可信的。但因爲是累積前人的智慧經驗，所以必是經過不斷的修正與補充。我們所知的兩次最大的修正，一是文王，一是孔子。今天的周易，與最初的易經，其不相同者，很可能是出乎我們的想像。我們所能想像的，畫八卦者，必是具有最高智慧者。我們在第五章第三節講「邵康節的宇宙論」時，對於八卦之生成，有頗爲詳盡之解釋。照我們的看法，沒有最高的智慧，是不能畫成八卦；至於現存之周易，必是累積許多人之智慧，歷經無數次的修改與補充而成。這是說明了，儒家的認識論，乃是累積了前人的智慧與經驗，經理性的綜合而成，到孔子時，算是登峰造極，而少有向前發展了。前文我們曾說到，周易乃卜筮之書，最早是如何卜法，我不知道。我學過筮法。周易繫辭上傳第九章有曰：「大衍之數五十，其用四十有九，分而爲二以象兩，掛一以象三，揲之以四以象四時，歸奇於扐以象閏，五歲而再閏，故再扐而後卦。」這一套說詞，牽涉到天地陰陽，天地人三才，以及一年四季與閏年閏月等。似乎很爲吻合，我覺得并不真有意義，這祇是將并不相干者橫扯在一起而已。可是，依照這個方法，是可以得出六十四卦。朱晦翁周易本義所載之「筮儀」，是將這個方法，作了非常具體的說明，祇要照著朱子所說的步驟一步一步的做，一定可以算出六十四卦之中的任何一卦。八卦是可以依照太極生兩儀，兩儀生四象，四象生八卦的程序而畫出，也可依照筮法而筮出。古人有了疑難之事，便用卜筮之法，以求獲得解決。周易的卦爻彖象之辭，即是指示人們如何應付困難。春秋魯昭公十二年，左傳記有於下之一段故事：

> 南蒯之將叛也，其鄉人或知之，過之而歎，且言曰，恤恤乎！湫乎！攸乎？深思而淺謀，邇身而遠志，家臣而君圖，有人矣哉？南蒯枚筮之，遇坤之比。曰，黃裳元吉，以為大吉也。示子服惠伯曰，即欲有事，何如？惠伯曰，吾嘗學此矣。忠信之事，則可；不然，必敗。外疆內溫，忠也；和以率貞，信也，故曰，黃裳元吉。黃，中之色也；裳，下之飾也；元，善之長也。中不忠，不得其色；下不共，不得其飾；事不善，不得其極。外內倡和為忠，率事以信為共，供養三德為善。非此三者，弗當。且夫易，不可以占險。將何事也，且可飾乎？中美能黃，上美為元，下美則裳，參成可筮，猶

有闕也，筮雖吉，未也。

南蒯沒有聽子服惠伯的勸告，後果失敗。對於這則故事，略作說明於下：第一，所謂「遇坤之比」，是筮得之坤卦，變成比卦，即坤卦（䷁）之第五爻變成陽而成爲水地比（䷇）。坤卦第五爻之爻辭是：「六五、黃裳、元吉。」其象曰：「黃衣元吉，文在中也。」至於比卦第五爻爻辭是：「九五、顯比、王用三驅，失前禽，邑人不誡，吉。」其象曰：「顯比之吉，位正中也；舍逆取順，失前禽也；邑人不誡，上使中也。」第二，筮者筮得「遇坤之比」，即是要以坤比兩卦第五爻之爻辭與象曰，作爲吉凶禍福判斷之依據。這爻辭、象曰，與子服惠伯所說，在內容上可謂完全不同；但是，「舍逆取順」之主旨，則是完全相同的。而且，惠伯之說，非常精闢。照惠伯自己所說，他是學有專精的。由此可見，古之學有專精之筮者，對於周易，確具有非常深入之洞識，可惜，自秦漢以來，早已失傳了。現在猶能窺知的是：易爲君子謀，不爲小人謀。周易六十四卦之卦、彖、象，及三百八十四爻之爻辭與象曰，是在指明「人間世」之如是之情狀及其自處或解決疑難之方法；若能以不偏之正心對之，雖遇險惡亦必能趨吉避凶了。嚴格說來，若是知幾知命的君子，實不必假卜筮而以周易占之。第三，周易原是一有嚴密體系的對萬事萬物作合理詮釋的經典之作，是儒家最有價值的認識論。莊子的「人間世」，是指陳了善吾生的最切要的理論；而全部周易，則是指陳了善吾生的最具體的方法。惜乎，自秦漢以來，如子服惠伯那樣專家的論述未能傳承下來，而魏伯陽邵康節又似乎都是錯用了方法。儒家這部有關認識論的經典之作，其在今日，竟成江湖術士謀生之工具，這是中國學術界最大的恥辱與悲哀。

三、儒家對人生之認識

以上是就周易而說明儒家以忠信之道或「舍逆取順」，以做到「邑人不誡」的方法，來入「人間世」、來善吾生、來爲人類社會謀幸福。現再進而說明儒家是如何的透過認識來看人生。儒家的人生觀，既不同於釋家認爲人生是第七識之虛幻的我執，亦不同於道家視生死爲一條。張子西銘認爲：「存吾順事，歿吾寧也。」頗有道家色彩。又孟子曰：「莫非命也，順受其正。是故知命者，不立乎巖牆之下，盡其道而死者，正命也，桎梏死者，非正命也。」（盡心上）這是道家善吾生之最恰當的解釋。由此可見，順受其正以善吾生，實是儒道兩家之共識。論語先進載：「季路問事鬼神？子曰，未能事人，焉能事鬼！敢問死？曰，未知生，焉知死！」晦翁集註曰：「問事鬼神，蓋求所以奉祭祀之意，而死者人之所必有不可不知，皆切問也。然非誠敬足以事人，則必不能事神；非原始而知所以生，則必不能反終而知所以死。蓋幽明始終，初無二理，但學之有序，不可躐等，故夫子告之如此。」又引用二程之說，曰：「晝夜者，生死之道也。知生之道，則知死之道；盡事人之道，則盡事鬼之道。死生人鬼，一而二，二而一者也。或言夫子不告子路，不知此乃所以深告之也。」程朱的這個註釋，是依據周易繫辭上傳第四章而如是說。繫辭曰：「仰以觀於天文，俯以察於地理，是故知幽明之故；原始反終，故知死生之說；精氣爲物，游魂爲變，是故知鬼神之情狀。」周易如此等處，實不容易解釋明白。程朱據此以註釋論語，固無不可，卻完全是道家的路數。假如我們認定，死生就是終始，鬼神乃是變化，與其說死生人鬼，一而二，二而一；倒不如說，死生人鬼，不二亦不一。因爲就體用一原，顯微無間，「其實一也」之說，死生人鬼，確是不二；但是，變化之成，乃由無待而有待，是一辯證的過程，宇宙論已言之詳矣。我們從變化的過程來看，死已不是生，鬼已不是人。死生人鬼，當然不一。這就是說，道家從「確是不二」來看，當然是視死生爲一條；孔子從「當然不一」來看，認爲人生在世，最主要的是「知生」與「事人」。假如「未能事人」，而又「未知生」；那麼，那能「知」死？那能「事鬼」？我們覺得，孔子答子路之問，完全是從人或現實之人生著眼。這是儒家的宗旨。至於程朱援引周易所作的解釋，卻與儒家的宗旨不盡相合。這就是說，儒家側重人之現實的人生觀，是與道家遊乎方之外的視生死爲一條的人生觀不盡相同。儒家側重人生之現實，於禮記中可以找出很多例證，禮記哀公問，孔子對曰：「古之爲政，愛人爲大。……愛與敬，其政之本與？」又孔子遂言曰：「昔三代明王之政，必敬其妻子也有道。妻也者，親之主也，敢不敬與？子也者，親之後也，敢不敬與？君子無不敬也。敬身爲大。身也者，親之枝也，敢不敬與？不能敬其身，是傷其親；傷其親，是傷其本；傷其本，枝從而亡。三者，百姓之象也，身以及身，子以及子，妃以及妃，君行此三者，則愾乎天下矣，大王之道也，如此則國家順矣。」這種以孝治天下的理論，在今日看來，固不切實際；但「身以及身，子以及子，妃以及妃」，即是「敬吾身以及百姓之身，敬吾子以及百姓之子，敬吾妻以及百姓之妻」。這種對人「毋不敬」的理想，實是一種人本思想，與今日民主國家的尊重人權，尊重個人的尊嚴，尊重「人」的存在，實無不同；因爲這種以「愛與敬」爲本的理想，是要做到「敬身」、「成親」、「成身」。所謂「成親」，若「能敬其身，則能成其親矣」。成親「是爲成其親之名也已。孔子遂言曰，古之爲政，愛人爲大；不能愛人，不能有其身；不能有其身，不能安土；不能安土，不能樂天，不能成其身。」孔子此說，似乎頗嫌迂腐；然而本諸愛人之仁，「安土」、「樂天」，以「成其身」，以實現「愛人」的理想，這當然是人本主義的。再者，儒家著重敬老、尊老、養老。如禮記王制曰：「五十始衰，六十非肉不飽，七十非帛不煖，八十非人不煖，九十雖得人不煖矣。五十杖於家，六十杖於鄉，七十杖於國，八十杖於朝，九十者，天子欲有問焉！則就其室，以珍從。七十不俟朝，八十月告存，九十日有秩。五十不從力政，六十不與服戎，七十不與賓客之事，八十齊喪之事弗及也。」其他如「內則」亦有類此之記載。孟子也曾談到這種理想（見梁惠王章句上）。儒者認爲敬老、尊老、養老之事，是古已有之。王制曰：「凡養老，有虞氏以燕禮，夏后氏以饗禮，殷人以食禮，周人脩而兼用之。五十養於鄉，六十養於國，七十養於學，達於諸侯。八十拜君命，一坐再至，瞽亦如之，九十使人受。五十異粻，六十宿肉，七十貳膳，八十常珍，九十飲食不離寢，膳飲從於遊可也。」這固然未必全是史實。若以爲純是「託古」之談，則是太過於疑古。夏后殷周之世，若全無敬老尊老養老之習俗，儒者何能如此言之鑿鑿。儒者敬老養老之說，是「以孝治天下」之理論的延伸。禮記祭義有曰：

昔者有虞氏，貴德而尚齒，夏后氏貴爵而尚齒，殷人貴富而尚齒，周人貴親而尚齒。虞夏殷周，天下之盛王也，未有遺年者，年之貴乎天下久矣，次乎事親也。是故朝庭

> 同爵則尚齒。七十杖於朝，君問則席；八十不俟朝，君問則就之，而弟達乎朝廷矣。行肩而不併，不錯則隨。見老者，則車徒辟；班白者，不以其任行乎道路，而弟達乎道路矣。居鄉以齒，而老窮不遺，強不犯弱，衆不暴寡，而弟達乎州巷矣。……祀乎明堂，所以教諸侯之孝也；食三老五更於大學，所以教諸侯之弟也。……食三老五更於大學，天子袒而割牲，執醬而饋，執爵而酳，冕而揔干，所以教諸侯之弟也。是故鄉里有齒，而老窮不遺，強不犯弱，衆不暴寡，此由大學來者也。

照這所說，是以養老作爲教育的內容。禮樂射御書數六藝的內容究竟是什麼，我們并不清楚；而養老必是屬於「禮」之一部份，似無疑義。孔子曰：「夏禮吾能言之，杞不足徵也；殷禮吾能言之，宋不足徵也。文獻不足故也。足，則吾能徵之矣。」（論語八佾）在孔子之時，對於夏商之禮，雖無足夠的文獻，孔子當能依據見聞而有所理解，故「吾能言之」。孔子問禮於老聃。孔子知禮，爲大家所公認。論語八佾又載：「子入大廟，每事問。或曰，孰謂鄹人之子知禮乎？入大廟，每事問！子聞之曰，是禮也。」照這所說，孔子對於「吾能言之」是很慎重其事的。總之，養老於大學，是自夏商以來，古已有之，似無疑義。這也是說明了儒家敬老尊老養老的對人「毋不敬」的人本思想，確是承襲「古已有之」，而且是經過理論化與系統化，使人覺得養老之事，在整個人生中是最重要的一部份。

四、儒家認識論之人本思想

儒家認識論因是從本體之大用而立論的，所以是切近形下之事實的，所以儒家的人生觀最側重人之現實。這個側重人之現實的人生觀，因爲見到了現實的全部，所以沒有盲點。前文我們講到道家善吾生的人生觀，儒家亦有此共識。儒家之善吾生，可說完全表現在孝道方面。儒家所主張的「敬身」、「成親」、「成身」，即是善吾生之最恰當的方法。善吾生，除了要活得好好的，也應是活得有意義。如「不遺父母惡名」（祭義），如「人之成名也，……是爲成其親之名也已」（哀公問），這都是教人如何盡孝道，也都是教人要活得有意義。儒家除了教人盡孝道以善吾生外，還著重善他人之生。善他人之生，儒家稱之爲弟道。弟道是以尙齒，不遺年、養老等爲主旨。弟道是「達乎朝廷」，「達乎道路」，「達乎州巷」，達乎狩獵，軍旅，或甚至任何的場所。儒家重視孝弟，認爲「孝弟也者，其爲人之本歟？」（論語學而）儒家爲什麼如此重視孝弟呢？因爲孝弟是可以善人之生。人，非我即他。善我之生與善他人之生，即是善全部的所有人之生，這的確沒有盲點。盡孝可以善我之生，似無庸費詞；至於盡弟道何以能善他人之生，則有略加說明之必要。禮記樂記曰：

> 人生而靜，天之性也，感於物而動，性之欲也；物至知知，然後好惡形焉！好惡無節於內，知誘於外，不能反躬，天理滅矣。夫物之感人無窮，而人之好惡無節，則是物至而人化物也。人化物也者，滅天理而窮人欲者也。於是有悖逆詐僞之心，有淫佚作

亂之事，是故強者脅弱，眾者暴寡，知者詐愚，勇者苦怯，疾病不能養，老幼孤獨不得其所，此大亂之道也。

儒家認爲，欲能善人之生，惟有節好惡；因爲能節好惡，則此惟危之人心，能通過反省，而發現天理。儒家認爲禮教是可以滅人欲而存天理，此所以重視禮教；而禮教欲能達成善人之生的功用，在善他人之生方面，以養老爲最切要。禮記王制曰：「少而無父者謂之孤，老而無子者謂之獨，老而無妻者謂之矜，老而無夫者謂之寡。此四者，天民之窮而無告者也，皆有常餼。瘖、聾、跛、躃、斷者，侏儒、百工，各以其器食之。」孟子也有類此之說。孟子曰：「此四者，天下之窮民而無告者。文王發政施仁，必先斯四者。詩云，哿矣富人，哀此煢獨。」（梁惠王下）對窮民而無告者，「皆有常餼」，大概周初是如此。今在美國，確亦做到這樣。凡鰥寡或離婚之單親家庭，失業或無就業能力者，政府皆有補助。對於老人或殘疾之照顧，政府很爲重視。有位友人，七十餘歲，因中風而神志不清，所有醫療費用，皆由政府負擔。臺灣有位王曉民，因車禍而成爲植物人，拖累其父母，幾至傾家蕩產，如在美國，必受到政府照顧。在儒家看來，對「窮而無告者」善加照顧，必能做到「老窮不遺，強不犯弱，眾不暴寡」。我不記得誰說過，能很安全的去侵犯他人而不那樣去做，這是很有自制能力的。人，可以做到這點，動物則很少有強不凌弱者。儒家認爲，若能對「窮而無告者」善加照顧，并尊養老人、尊敬長上，必會形成一種能節制個人好惡的善良風俗，使人善盡弟道；盡弟道，確可以善他人之生。這是說，盡孝弟之道，確可以善人我之生，而實現「愛與敬，爲政之本」的理想。儒家以孝弟「爲人之本」，以「愛與敬，爲政之本」，其目的固在節制人之好惡，避免動物世界強凌弱的習氣，以消弭「大亂之道」，在本質上，則是順人之本性，以成就人之善人我之生的「盛德大業」。周易繫辭上傳曰：「一陰一陽之謂道，繼之者善也，成之者性也。」這是說，宇宙乃一辯證的過程，人是繼承了這個過程之善性。前文已指陳，儒家的認識論是本於宇宙論與本體論。讀者對於我們所講的本體論與宇宙論，若能略知其概要，則知這所說的繼之成之的意義是什麼；能知這所說的意義是什麼，則知儒家性善之說，確是本於形上之道對於人之本性的一種肯定。禮記禮運曰：

> 故人者，天地之心也，五行之端也，食味別聲被色而生者也。

又曰：

> 故人者，其天地之德，陰陽之交，鬼神之會，五行之秀氣也。

又曰：

> 飲食男女，人之大欲存焉！死亡貧苦，人之大惡存焉！故欲惡者，心之大端也。人藏其心，不可測度也。美惡皆在其心，不見其色也。欲一以窮之，舍禮何以哉？

這是說，這天地之心的人，其心因「感於物而動」，「美惡皆在其心」，若能「以禮節之」（論語學而），這個得「五行之秀氣」的人，其人情之田，在「修禮以耕之，陳義以種之，講學以耨之，求仁以聚之，播樂以安之。」（禮運）等教育陶冶之下，必能順應人之本性，強化人之道心，以成人之能，而「財成天地之道，輔相萬物之宜」（周易泰卦）。儒家是將這「天地之心」的人，與天地共稱爲三才。人與天地同德。周易乾卦曰：「夫大人者，與天地合其德，與日月合其明，與四時合其序，與鬼神合其吉凶。先天而天弗違，後天而奉天時。天且弗違，而況於人乎？況於鬼神乎？」儒家認爲，人有小人大人之分。孟子曰：「養其小者爲小人，養其大者爲大人。……飲食之人，則人賤之矣，爲其養小以失大也。」（告子上）又：「公都子問曰，鈞是人也，或從其大體，或從其小體，何也？曰，耳目之官不思，而蔽於物，物交物，則引之而已矣。心之官則思，思則得之，不思則不得也。此天之所與我者，先立乎其大者，則其小者不能奪也。此爲大人而已矣。」這是說，這爲「天地之心」的人，因其心之官能思，能「先立乎其大者」而成爲大人。這「大者」究竟是什麼呢？孟子曰：「大人者，不失其赤子之心者也。」（離婁下）赤子之心又是什麼呢？這赤子之心，就是小孩或嬰兒之心，純真而不知作假。這純真而不知作假之心，必是充滿正義。孟子曰：「大人者，言不必信，行不必果，惟義所在。」（同上）禮運曰：「義者，藝之分，仁之節也；協於藝，講於仁，得之者強。仁者，義之本也，順之體也，得之者尊。」這是說，這赤子之心即是仁心。我們在第一章及第三章講儒家的本體哲學時，曾反覆說明仁誠中祇是一事。仁就是心之本體，人之本性，也就是赤子之心。人祇要能順其本性，不失其赤子之心，則就是能立其大者而成爲大人。大人就是能盡孝弟之道者，也就是能善人我之生者。孟子曰：「居天下之廣居，立天下之正位，行天下之大道，得志與民由之，不得志獨行其道。富貴不能淫，貧賤不能移，威武不能屈，此之謂大丈夫。」（滕文公下）這大丈夫也就是大人。儒家所謂之大人，在本質上必是覺者；但不同於釋家之覺者；因爲釋家之覺者是出世的。儒家之大人，也不同於道家之至人、神人、聖人、真人；因爲道家是遊於方之外者，也的確有些仙氣。儒家的大人，是「感於物而動」而得其正，是最正常的普通人；至於不正常的一般人，因「性之欲」不得其正，而「好惡無節於內，知誘於外，不能反躬」；也就是心之官不能思而「人化物」。儒家認爲這是「滅天理而窮人欲」，失去了人爲「天地之心」的功能，這當然是渺乎小矣。很顯然的，人在天地之間，其形狀確是渺乎小矣；卻因爲人是「天地之心」，故能與天地合德。天地若沒有人做它的心，則沒有天地。現代人的宇宙觀與古人的天地觀，都是這個「天地之心」，亦即人之這個能思之心的一種認識。同樣的，人，若沒有這個能思之心，則全都是物，而沒有所謂人了。我思故我在，人思故人在，思天思地故天地在。這渺乎小矣之人，因是天地之心，故與天地同在，這真是偉大無比。其真正偉大無比者，赤子之心也。這赤子之心，亦即所謂「道心」。對我們的系統有真瞭解者，當知此語甚真；於是，儒家本於對人之善性的肯定，而順人之本性的以愛與敬，作爲做人處事之根本，以善人之生，實是以人爲本的。因爲儒家認爲人之崇高偉大，不是人之無所不能，祇是人之純真無假之人性。這純真無假之人性，能反躬自省，而不致於「人化物」。誠然，自有生民以來，人而不被物化者，確是很少的，所以是「人心惟危」的；但是，人不失其赤子之心，而表現崇高偉大之本性，亦所在皆是。

儒家認爲，人是可以成爲聖人，茲引證如下：

> 太山之於邱垤，河海之於行潦，類也。聖人之於民，亦類也。（孟子公孫丑上）
>
> 顏淵曰，舜何人也，予何人也，有為者亦若是。（滕文公下）
>
> 聖人與我同類者。（告子上）
>
> 曹交問曰，人皆可以為堯舜，有諸？孟子曰，然。（告子下）

祇就孟子這所說的，我們當然可以確定，儒家是認爲，人皆可以爲聖人，「人皆可以爲堯舜」。這與狗子皆有佛性之說，實無本質上的不同；不過，釋家是認爲人人皆可成佛，儒家則是認爲，人人都可以覺悟到這純正而清淨的赤子之心，亦即所謂道心，而成爲「居仁由義」「正己而物正」（盡心上）之大人。皈依覺正淨自性三寶而成佛，是出世間的；不失（即是覺）其赤子之心（即是淨與正）的大人，則是人世間的。這也是說明了，儒家的大人，確是覺者。這個覺者，祇是最普通的最正常的人，亦即是能以正常的赤子之心思考而沒有被物化的真人。這個覺者所欲成就的不是永恒的佛國，是希望順人之本性，成人之能，以成就能善人之生的人間世。借用佛教門下的一句話，即：實現人間淨土。人間淨土，不同於西方淨土。西方淨土，是無欲的不變的永恒世界；人間淨土，是有欲而不被物化的世界。我們可以想像到，一個真能盡孝弟之道的人敬人，人愛人的世界，是不是一個很祥和而無虞溫飽的社會呢？聯合國所揭示的無虞匱乏、免於恐懼，是不是與此相似呢？現今世界上，有許多地區的人民，飽受炮火的摧殘，在饑餓的死亡線上掙扎；但歐洲有些國家，以及如美洲的美國，亞洲的日本，在物質生活方面，某種程度的文化生活方面，多少能表現出愛與敬的生活現象。即以美國而言，雖時常有兇殺案件，但社會秩序大致還是很好。許多人表現出愛心，一般人很有禮貌，對老年人之照顧很妥善。在臺灣，一般人對公共汽車司機之印象極壞，而美國公共汽車司機之態度，尤其對老年人，可說非常之好。一般人的生活步調雖是緊張、忙碌，節奏雖是很快速，但社會上仍能瀰漫出一種安靜祥和的氣份。我僑居有年的洛杉磯（L.A.）哈崗（Hacienda Heights）山區，空氣新鮮、道路潔淨，家家庭院都整理得很美。居住環境，至爲清幽寧靜。居民生活品質甚佳，待人謙恭有禮。常於清晨，與三數同是由臺灣移民來美之鄰居，在山間散步，大家同聲讚譽：這真是人間仙境。這是說，儒家以人爲本的，期望順人之本性、成人之能，以善人之生的理想是可以實現的。儒家理想，在認知細節方面，因時移勢異，當然應該有所商討與改正；而且，儒家是贊成變易，反對不變易的。儒家在認識方面之人本思想，在今日看來，基本上仍是很正確的。

五、儒家人本思想之被扭曲

儒家人本思想，是以「事人」與「知生」爲主。以孝弟之道「事人」，必能「保身」、「全生」、「養親」、「盡年」，以善人之生。儒家孝弟之道，是以孝親、養老（先殘疾者）爲主。爲求「事人」能各盡其本分，特將人分爲君臣、父子、夫婦、兄弟、朋友等五倫，亦即是五種對待關係。在今日來說，君臣一類已不存在，但賓主或主客之對待關係卻仍是有的。

近人有增加群己一倫者，人我之對待關係是存在的。儒家本於親親或愛有差等之說，反對墨子兼愛，對於群己這一對待關係，儒家是有異議的。理學家反對無緣慈，大致是受了孟子的影響。孟子確有聖人氣象。他反對兼愛，是他不識平等性智。他推崇堯舜，他并不真的識舜。孟不及孔，如此可見。理學家謹守門戶，更是差了一大截。今人增加群己一倫，確是改正了儒家愛有差等的錯誤。儒家愛有差等之說，肯定人是有此私心，這也是不可抹煞的事實；若據此以反對無緣慈，這應該是一項錯誤。茲舉兩例，以說明錯在那裡？

> 禹稷當平世，三過其門而不入，孔子賢之；顏子當亂世，居於陋巷，一簞食，一瓢飲，人不堪其憂，顏子不改其樂，孔子賢之。孟子曰，禹稷顏回同道。禹思天下有溺者，由己溺之也；稷思天下有飢者，由己飢之也，是以如是其急也。禹稷顏子，易地則皆然。今有同室之人鬥者，救之，雖被髮纓冠而救之可也；鄉鄰有鬥者，被髮纓冠而往救之，則惑也，雖閉戶可也。（孟子離婁下）

> 公孫丑問曰，高子曰，小弁、小人之詩也。孟子曰，何以言之？曰，怨！曰，固哉！高叟之為詩也。有人於此，越人關弓而射之，則己談笑而道之，無他，疏之也。其兄關弓而射之，則己垂涕泣而道之，無他，戚之也。小弁之怨，親親也，親親仁也，固矣夫！高叟之為詩也。曰，凱風何以不怨？曰，凱風，親之過小者也；小弁，親之過大者也。親之過大而不怨，是愈疏也；親之過小而怨，是不可磯也。愈疏，不孝也；不可磯，亦不孝也。孔子曰，舜其至孝矣，五十而慕。（告子下）

這是在說明，爲什麼應該有「愛有差等」？這未嘗不對；若據此以排斥其他，則就是「固哉」！例如，越人關弓而射之，己談笑而道之，他人覺得此乃一慘事，不談也罷！他人難道錯了嗎？又例如，鄉鄰有鬥者，被髮纓冠而往救之，可能是不對，「雖閉戶可也」；但是，關心這個鬥爭會造成不幸，而急思化解的方法，難道也錯了嗎？我國古代的記載，常有言不盡意者。即以孟子這所說的兩例，便未能盡意；若竟據此認定，祇有親親或「愛有差等」才對，其他都不對，這當然是「固」；所謂「固」，照朱子的解釋，是「執滯不通」。理學家反對無緣慈，確是執滯不通，也是未能真的識得仁。真的仁即是大慈大悲而具足平等性智。理學家常囿於門戶之見而不自知其醜。孟子評楊墨爲無父無君，這是孟子最「執滯不通」之處。朱子爲之註釋曰：「墨子愛無差等，而視其至親無異眾人，故無父。」（孟子滕文公下）這真是不通之論。假如有五個人，有自己與父親在內，有五碗飯，由做兒子的來分配，這個兒子能夠不「視其至親無異眾人」嗎？又假如兒子執法，父親與其他幾個人犯同樣的法，兒子可以放縱父親不管嗎？在這種情形之下，兒子祇有在必要時聲請迴避，而在當時是不能不「視其至親無異眾人」。類此之事，不勝枚舉。由此已足證朱晦翁確是執滯不通。我們不是完全反對愛有差等之說。我覺得老子有一句話，說得非常好。他說：「非以其無私邪，故能成其私。」（老子第七章）祇有無私，才能成其私。學佛之人要能成道，祇有做無私的功夫。成道可說就是成佛。成佛不是「成其私」嗎？要真能達成親親或「愛有差等」之私，也祇能做無私的工夫。這意義要能說得明白，雖然是很嚕囌的；若對於上文我們所說之祇有「視其至親無異眾人」之事例，有明白的認識，此是不待智者而後知的。我們當知，祇有無私才真能達成親親或「愛有差等」之私。理學家竟不知此項真理，而認「兼愛」者「視其至親無異眾人」是「無父」，這不祇是固陋，簡直是荒謬無知了。再者，孟子所說：「楊氏爲我，是無君也；墨子兼愛，是無父也；無父無君，是禽獸也。」這幾句話，很可能經過後人竄改，其原文應該是：「楊氏爲我，是不仁也；墨子兼愛，是不義也；不仁不義，是禽獸也。」這與後文所說：「楊墨之道不息，孔子之道不著，是邪說誣民，充塞仁義也。」在文義上較爲相合。下文接著又說：「仁義充塞，則率獸食人，人將相食。」說「兼愛」是率獸食人，似乎無理；若兼愛發展爲人民公社的吃大鍋飯的社會，則孟子所說，亦非全無道理。兼愛應該是從平等性智發展而來的。孫中山先生分平等爲不平等、假平等、真平等三類。愛有等差之說，會發展爲不平等，這是必然的；兼愛之說，則會發展爲假平等。所謂假平等，是表面平等，中山先生稱之爲齊頭的平等。這種齊頭的平等，無異將不平等者，用刀將之削平。中共所實施的土改、以及三反五反等等，是希望用刀將社會上之不平等澈底削平，而人民公社則正好實現了假平等。假如兼愛之說，其結果會成爲假平等，孟子斥之爲不知義，那不僅不是沒有道理，且是極爲重要的真知灼見。可惜自漢代以來之儒生，不知「平等」爲何物；對於「愛與敬，其政之本歟」的這種對人「毋不敬」愛的人本思想，以及養老（殘疾為先）於學的至爲公平的善人之生的思想，都缺乏理解，而不知「不獨親其親，不獨子其子」，而將愛有差等或親親之仁心變成自私之源泉。這不僅扭曲了儒家的孝弟之道，也扼殺了與公平或平等有關，如「兼愛」之類的思想。儒家以誠與敬爲本的孝弟之道，確是發自具足慈悲之心的平等性智，亦即是發自儒家之仁心仁性。平等性智，亦是今日以法制爲基礎的平等思想之源泉。

法律爲基礎的平等，使平等受到法律的保障。人在法律範圍之內，人之尊嚴，人之生存權利等等，皆獲得平等性之保障，這當然就是真平等。這雖然不是將貪嗔痴完全去盡之平等性智之全部，卻使人之貪嗔痴受到了法律的約束。人既然不能任意的使貪嗔痴傷害他人，也不致受到他人的任意的傷害；若更能以誠敬之心，表現出孝親敬長的行爲，這雖然未必是平等性智的全部，卻沒有違反今日的平等精神。這就是仁愛，也就是慈悲。我對於墨子之兼愛，未有真正的研究。「墨子汎愛兼利而非鬥」，「其生也勤，其死也薄」，「願天下之安寧以活民命」，「其爲人太多，其自爲太少」。祇就莊子天下篇這所說的，我們能說墨子不是仁人嗎？孟子竟擬之爲禽獸，是恰當的嗎？孔子也曾說「泛愛眾，而親仁」（論語學而），「泛愛」或兼愛有何不當呢？誠如我們在第五章第三節講孔孟宇宙論已引述過的，莊子天下篇有曰：

> 天下大亂，聖賢不明，道德不一，天下多得一察焉以自好。譬如耳目鼻口，皆有所明，不能相通，猶百家眾技也，皆有所長，時有所用，雖然不該不偏，一曲之士也。判天地之美，析萬物之理，察古人之全，寡能備於天地之美，稱神明之容。是故內聖外王之道，闇而不明，鬱而不發，天下之人，各為其所欲焉，以自為方。悲夫！百家往而不反，必不合矣。後世之學者不幸，不見天地之純，古人之大體，道術將為天下裂！

照莊子這所說，似乎認爲儒家內聖外王之道，雖不是「無乎不在」，尚不失「古人之全」。當「天下多得一察焉以自好」，於是便成爲「一曲之士」。我覺得孟子頗有聖人氣象，對於他的養氣性善諸說，亦極爲信服；然而他本於親親之仁詆毀墨子兼愛之說，竟比之爲禽獸，確是扭曲了儒家的人本思想；因爲儒家善人之生的人本思想，必是「汎愛眾而親仁」，而不決會排斥「兼愛」。孟子竟成爲「一曲之士也」。悲乎！後世之儒者真不幸，「不見天地之純，古人之大體」。自漢以來之中國學術思想，始終未能脫此不幸。這是中國學術思想，自孔子以來，未能向前發展的主要原因。再者，儒家五倫之說，雖然缺少人我，即個體對社會群體這一類；但其原意，是本於人之七情，而開闢爲五類十義，以便各盡其分。禮記禮運曰：

故聖人耐以天下為一家，以中國為一人者，非意之也。必知其情，辟於其義，明於其利，達於其患，然後能為之。何謂人情？喜怒哀懼愛惡欲，七者弗學而能。何謂人義，父慈、子孝、兄良、弟弟、夫義、婦聽、長惠、幼順、君仁、臣忠，十者謂之人義。講信修睦，謂之人利；爭奪相殺，謂之人患。故聖人之所以治人七情，修十義，講信修睦，尚辭讓，去爭奪，舍禮何以治之。

照這所說，人爲了治七情，故應備十義，亦即將「人」分爲十種角色，應各守其分。這十種角色依對待關係，可概分爲：君臣、父子、兄弟、夫婦、老幼等五類，即所謂五倫。究竟是由五倫而闢爲十義，或由十義而定爲五倫，我不能確定，我覺得這問題并不重要。我們可以確定的，子游的門人，似乎祇談十義；五倫之說，則是曾子門人所講。中庸曰：「天下之達道五，所以行之者三，曰，君臣也，父子也，夫婦也，昆弟也，朋友之交也，五者，天下之達道也。」（第二十章）又曰：「忠恕違道不遠，施諸己而不願，亦勿施於人。君子之道四，丘未能一焉。所求乎子，以事父未能也；所求乎臣，以事君未能也；所求乎弟，以事兄未能也；所求乎朋友，先施之未能也。庸德之行，庸言之謹，有所不足，不敢不勉，有餘不敢盡，言顧行，行顧言，君子胡不慥慥爾。」（第十三章）綜結以上所說：第一，十義之說，雖未講個體與群體這一倫；但長惠幼順之說，實已揭示個人與社會，應依順與惠而達成社會之和諧。這是弟道之實踐。儒家的弟道，就「祭義」所揭示的，確是遍及社會每一角落，也可以說，是個體對群體應有之行爲規範，是一種社會行爲。這個與弟道相通的十義之說，前文已指陳，是將人定爲十種角色，而這十種角色是可以涵蓋所有的人；所以這十種角色的行爲，若能各如其分，是可以善人之生。這或許太理想化，但在那個封建專制時代，卻是一種比較好的能善人之生的人本思想。第二，中庸的五達道之說，無長幼而有朋友。朋友的範圍則較爲固定。己與友、長與幼，是表示兩種不同的人際關係。長與幼，完全祇是表示一種人與人之關係，而朋友則是表示人之一種特定的關係。由此可見，曾子門人與子游門人確有認知上的不同。不過，五倫或五達道之說，必是本於「違道不遠，施諸己而不願，亦勿施於人」的忠恕之道，亦即「所惡於上，毋以使下；所惡於下，毋以事上」的絜矩之道（朱註大學第十章）。這是說，五倫是五種對待關係，各依自己所分定的角色，各如其分的與特定的對象作良性的互動。果能如此，因與善人之生的人本思想相去不大，爲政者猶能治國平天下。第三，中庸第十三章所謂「君子之道四，丘未能一焉」，應略作說明於下：其一，爲什麼祇講君臣父子兄弟朋友，而略去夫婦不講呢？若與第十二章合併來看，便知原因所在了。中庸第十二章曰：「君子之道，費而隱，夫婦之愚，可以與知焉，及其至也，雖聖人亦有所不知焉。夫婦之不肖，可以能行焉，及其至也，雖聖人亦有所不能焉。天地之大也，人猶有所憾；故君子語大，天下莫能載焉；語小，天下莫能破焉。詩云，『鳶飛戾天，魚躍于淵』，言其上下察也。君子之道，造端乎夫婦，及其至也，察乎天地。」第十二章既講了夫婦之道，第十三章當然可以不講。「君子之道四，丘未能一焉」，若用現代的行文方式來說，一定會如此說：「君子之道五，除前文已講夫婦之道外，其餘四者，丘未能一焉」。其次，孔子爲什麼「未能一焉」？這就是，「及其至也，雖聖人亦有所不能焉」。再其次，聖人所不能者，究竟是什麼呢？「天地之大也，人猶有所憾」，這是說，天地亦有所不能者。至於最具體的所未能者，就朋友來說，「先施之未能也」。這似乎是說，要使人人滿足，確是不可能的。惟有「庸德之行，庸言之謹，有所不足，不敢不勉，有餘不敢盡。言顧行，行顧言」。這話是不錯，做一個小心謹慎的老好人，是必須如此。論語子路篇有載：「子貢問曰，何如斯可謂之士矣，子曰，行己有恥，使於四方，不辱君命，可謂士矣。曰，敢問其次？曰，宗族稱孝焉，鄉黨稱弟焉。曰，敢問其次？曰，言必行，行必果，硜硜然，小人哉，抑可以爲次矣。」就論語這所說的與中庸第十三章加以對照，則「言顧行，行顧言」之說，似非孔子之言，完全祇是曾子門人之記述而已，因爲這與平治天下相去甚遠，這祇是做人的最起碼的條件而已。第四，再談忠恕之道。論語里仁篇載：「子曰，參乎！吾道一以貫之。曾子曰，唯！子出，門人問曰，何謂也？曾子曰，夫子之道，忠恕而已矣。」誠然，忠恕之道，是改善人際關係中各種對待關係必須遵守的準則，是產生良性互動的動力；但是，忠恕必是「一以貫之」。這「一」

是什麼呢？中庸曰：「知仁勇三者，天下之達德也，所以行之者一也。」（第廿章）這「一」又是什麼呢？孟子曰：「居下位，不以賢事不肖者，伯夷也；五就湯、五就桀者，伊尹也；不辭小官者，柳下惠也。三子者，不同道，其趨一也。一者何也？曰，仁也。君子亦仁而已矣，何必同！」（告子下）照孟子這所說的，這個「一」就是仁。就智仁勇三者來說，知是知仁，勇是行仁。仁者必有勇，仁者必是覺者。知仁勇三者，「行之者一」，這個「一」，毫無疑問的就是仁。再就忠恕來說，這「一以貫之」的「一」，也必是仁。所謂「忠」，是指「盡己」而言，恕則是推己及人，也就是「己所不欲，勿施於人」。那麼，什麼是盡己呢？亦即究竟什麼是忠呢？簡單的說，誠實就是忠，也就盡己。真正的誠實，必是排除了一切妄念；因爲祇要有一絲妄念存在，便算不得至誠。我們講本體哲學時，曾指出誠、中、仁，皆祇是一事，所以忠恕之道，「一以貫之」的「一」，確就是仁。「仁者，人也，合而言之，道也。」（孟子盡心下）「仁，人心也；義，人路也」（告子上）忠恕是人際關係中各種對待關係產生良性互動的唯一的路，所以忠恕是義，而義之本則是仁，亦即人心之仁通過忠恕之義路，使人之各種對待關係都能產生良性的互動，以造成社會的和諧，「及其至也」不祇是可以平治天下國家，也就是實現了善人之生的人本思想。忠恕之道與人本思想，確是相去不遠的。第五，此「一以貫之」的忠恕之道，最主要的，必是雙向的互動。中庸第十三章所記「君子之道四」，則祇是表示了單向之未能。難道孔子所求乎父、所求乎兄，作魯司寇時所求乎長官，都沒有未能嗎？曾子門人似乎認爲做臣、子者，才應該反省其「未能」的。從曾子門人的這種觀點，不能真的認識孔子；因爲孔子所講君子之道，不全是如此，茲略舉數例於左：

子謂子產，有君子之道四焉！其行己也恭，其事上也敬，其養民也惠，其使民也義。（論語公治長）

子張問仁於孔子，孔子曰，能行五者於天下，為仁矣。請問之？曰，恭寬信敏惠。恭則不侮，寬則得衆，信則人任焉，敏則有功，惠則足以使人。（陽貨）

子路問君子，子曰，修己以敬。曰，如斯而已乎？曰，修己以安人。曰，如斯而已乎？曰，修己以安百姓。修己以安百姓，堯舜其猶病諸！（憲問）

子貢曰，如有博施於民，而能濟衆，何如！可謂仁乎？子曰，何事於仁，必也聖乎！堯舜其猶病諸！夫仁者，己欲立而立人；己欲達而達人，能近取譬，可謂仁之方也已。（雍也）

以上祇就論語所載而加以徵引，足見孔子所謂君子之道，是有其「養民」、「使人」、「安百姓」，以及博施濟衆等這些方面。孔子是「能近取譬」的由近而遠，由卑而高的以實現其理想。很顯然的，他的最終的理想是在善人之生，所以中庸第十三章所記「君子之道四」，確不是孔子所謂君子之道的全部。而且，忠恕之道，必是雙向的。五倫，除朋友之交外，其餘君臣、父子、兄弟、夫婦這四種對待，在封建專制時代，皆是不對等的。欲能產生良性的互動，是君仁、父慈、夫義、兄友更爲重要。如祇從子、臣、弟、婦方面著眼，這祇是維持專制政治而已，對於善人之生是沒有幫助的。自漢代獨尊儒術以來，尤其是宋代理學興起以後，一般中國人都認爲，君可以不仁，臣不可以不忠；父可以不慈，子不可以不孝；夫可以不義，妻不可以不順；兄可以不友，弟不可以不恭。助長專制暴政，殘害生民，此種深入人心的不講求雙向互動的思想，實是罪魁禍首。孟子告子下有曰：「長君之惡，其罪小；逢君之惡，其罪大。今之大夫，皆逢君之惡。故曰，今之大夫，今之諸侯之罪人也。」自漢以來之儒生，鮮有不「長君之惡」者。儒學竟成爲專制政治之奴婢，曾子弟子實不能辭其咎。傳孔子之學者，曾子弟子也。自孔子以來，儒學未能向前發展，除了儒生已成爲一曲之士外，忽視忠恕之道的雙向互動精神，實是最主要的原因。第六，我們仍須指陳者，所謂「君子之道四，丘未能一焉」，除了「所求乎朋友，先施之未能也」，其餘子、臣、弟三者，皆祇說「未能」，皆未說明何以「未能」。孔子辭官後，當然是「事君未能」；叔梁紇早逝，當然是「事父未能」；沒有兄長，當然是「事兄未能」；若是如此的「未能」，乃一種感慨，自無劣意。朱晦翁認定是「反之以自責而自修焉」。我們認爲，「反之以自責而自修」這當然是進道入德之門；若祇知如此，而不知成人之能以善人之生，豈不是成了「硜硜然」「可以爲士」之「小人」？朱陸異同之爭，無極而太極之辯，鬧得很不愉快；若是純學術之爭，應不致如此相互堅持不下；因爲象山「并不反對太極是無」（請覆按第四章第二節三、「陸象山的本體哲學」）。象山所反對者，表面上是道家之學，是堅持儒道的門戶之見。我覺得除這個表面原因外，極可能是反對「硜硜然」「可以爲士」之晦翁，而未便明講，以免引起不愉快。此點，我覺得，確有些線可尋。原來鵝湖之會，象山之兄復齋曾作一詩，象山之和作爲：「墟墓興哀宗廟欽，斯人千古不磨心；涓流滴到滄溟水，拳石崇成泰華岑；易簡工夫終久大，支離事業竟浮沉；欲知至下升高處，真僞先須辨只今。」（象山全集卷卅四）象山曾爲晦翁宣讀這首詩，讀至第六句「支離事業竟浮沉」，「元晦失色」，讀完這首詩後，「元晦大不懌」。由此足證朱陸異同之爭，不全是「無極而太極」這個問題。至於讀到第六句，晦翁之所以失色，必是象山踩到了晦翁的痛處。朱晦翁泰山喬嶽，他有什麼毛病呢？那必是他之治學，祇知從支節方面用功而忽略大體；他之進德，祇知「反之以自責而自修」，而忽略「先立乎其大者，則其小者不能奪也」。又晦翁之所以大不懌，必是已覺得未能「至下升高」，這是他應該「反之以自責而自修」者，晦翁如此，必感慨良多也。後至南康，晦翁延象山入白鹿洞書院講君子喻於義一章，晦翁再三云，某在此，不曾說到這裡，負愧何言。我們不知象山說了些什麼？從蛛絲螞跡來看，可能還是君子儒與小人儒這個問題，亦即大與小的問題。從晦翁註君子喻於義一章，引楊氏曰：「君子有舍生而取義者」（論語里仁）。這與小心謹慎的「反之以自責而自修」是大不同的。晦翁是否受了象山的影響呢？這祇能作「自由心證」了。總之，朱子之學，在宋以後，成爲儒學的正宗。朱學雖亦是嚴義利之辨；然而所見者小，非復春秋時代儒者的氣象。前文曾指出，孟子已是一曲之士。孟子自認：「予未得爲孔子徒也，予私淑諸人也。」（離婁下）孟子之私淑猶有缺失，千載之後的程朱，相去更遠。宋代理學家，他們當然無意歪曲孔子的思想，郤因爲缺少春秋時代那種氣象，他們何能見到孔子。象山頗有氣象，因時代的限制，也未能彰顯以「愛與敬，爲政之本」的善人之生的人本思想。自春秋戰國以來，除了孟子猶知伊尹「思天下之民，匹夫匹婦，有不被堯舜之澤者，若己推而內之溝中，其自任以天下之重如此。」（萬章上）我實不知再有誰能有見及此。三代以後，儒者能「修己以敬」，「修己以安人」，已是很了不起了，實沒有「修己以安百姓」的念頭；因為這個念頭，不祇是「自任以天下之重如此」，實亦有欲得天下的嫌疑。在民國成立以前，想要得天下，這是大逆不道之事。傳孔子之道的曾子門人，他們無意扭曲儒家的人本思想；因為他們過於小心謹慎，過於祇知「修己」而忘卻「以安百姓」，事實上，他們是扼殺了儒家的人本思想。

六、儒家認識論之自省與反思

上文講儒家的人本思想時，曾引述樂記「人生而靜」這一大段，茲再節引於下：

> 人生而靜，天之性也；感於物而動，性之欲也。物至知知，……不能反躬，天理滅矣。

此所謂反躬，即是反躬自省，亦即我們所謂之反思。這「人生而靜」一段話，在儒學中非常重要。我們認為，易繫辭「是故易有太極」這一段，是儒家宇宙論綱領；樂記「人生而靜」這一段，則是儒家認識論的綱領。所謂「人生而靜，天之性也」，這是說，人是得天地之靜而生。儒家認為，天地乃一動一靜，人必是得其靜而生；因為純然的動，是無所住的，是存而不在。人是有所住、有所在，所以必是得其靜。左傳成公十三年，劉康公所謂人得天地之中以生，這所謂中，亦是指靜而言。這喜怒哀樂未發之中，所以必須從靜中始能得之。靜與中同義，指未發而言。人之天性或本性，乃是未發；感於物而動，乃是已發。未發是「天之性」，已發是「性之欲」。這與釋家的認識論不同。釋家認為，所有認識皆由於一念之不覺；儒家則認爲，已發或認識，乃感於物而動，於是「物至知知」，於是便有了知識。當知識形成的過程中，必有喜怒哀樂愛惡欲之情緒，伴隨而起。這就是「物至知知，然後好惡形焉」。禮運曰：「飲食男女，人之大欲存焉！死亡貧苦，人之大惡存焉！故欲惡者，心之大端也。」這就是說，人心中所形成而存在的，無非好惡兩端，亦無非飲食男女、死亡貧苦等等。假如「好惡無節於內，知誘於外，不能反躬，天理滅矣。」此所謂「天理」，簡言之，即心之本體。心之本體，在本體論中，已言之詳矣。現在特須指陳者，心之本體，即人之所以爲人者；因爲人得天地之靜以生，亦即得天地之中以生。中是喜怒哀樂之未發，所以中就是靜，也就是無欲。無欲則剛，無欲則顯現「人之全副力量及生命力」，無欲則是「純一」。周子通書聖學章有曰：「一者，無欲也。」所以中也就是一。陸象山曰：「曰一曰中，即太極也。」太極是天地之所以爲天地，宇宙之所以爲宇宙者。宇宙是由無待而有待，由無差別而有差別；是一「體用不二」，「存有連續」的變化過程。人是滄海一粟的生存於這個變化過程中，跟隨這個變化而變化。不過，人是稟此至靜無欲之一而生，故成爲天地之心。當其未發時，無欲亦無知，純是天理；而這個無知卻是「以應無窮」的。當其已發時，則「知誘於外」，而「物之感人無窮」。雖然所感而存者，祇是飲食男女、死亡貧苦之大欲大惡，其所衍生者，則是無可限量，所以是「感人無窮」；若「人之好惡無節，則是物至而人化物也」。人之所以「好惡無節」，以致「物至而人化物」，乃「不能反窮」自省，亦即不能「反思」。「反思」在儒家認識論中是非常重要的。

上文曾引述孟子答公都子問曰：「耳目之官不思，而蔽於物，物交物，則引之而已矣。

心之官則思，思則得之，不思則不得也。」照孟子此說，耳目之官是祇有感而無思，心才能夠思。這種說法，當然是太過簡單，也太過籠統。儒家關於心理分析方面不及釋家，也更不如現代之真確。不過，儒家將人之心靈活動分爲人欲與天理或人心與道心這兩方面，大體是不錯的。我們認爲，耳目之官的感覺，必是通過思或念而後形成。第一章我們曾引述關田一月之說以說明什麼是思想。照關田之說，耳目之官的感覺或認識，當然就是思想。孟子說耳目之官不思，其意是謂、官能之感覺或認識，未能通過人之真正的思想，亦即不是人之本心之知。若孟子之意果是如此，其說是可以被允許的。至於耳目之官何以不思，孟子也有他的看法，茲引述於下：

> 孟子曰，有天爵者，有人爵者。仁義忠信，樂善不倦，此天爵也；公卿大夫，此人爵也。古之人，修其天爵，而人爵從之；今之人，修其天爵，以要人爵，既得人爵，而棄其天爵，則惑之甚者也，終亦必亡而已矣。（告子上）
>
> 孟子曰，欲貴者，人之同心也。人人有貴於己者，弗思耳！人之所貴者，非良貴也，趙孟之所貴，趙孟能賤之。詩云，既醉以酒，既飽以德，言飽乎仁義也，所以不願人之膏粱之味也；令聞廣譽施於身，所以不願人之文繡也。（同上）

孟子這些話，似乎在宣傳說教；若平心靜氣的加以分析，在理論上仍是被允許的。這就是說，耳目之官不思，乃由於被惑與弗思。我們在本體論中，就存在之本體與現象（請覆按第二章第三節），作深入之研討時，以及在上一章中，對釋道兩家之認識論，作反覆之探討與分析時，對於人之官能之知爲什麼會被扭曲（這被扭曲即孟子所說的耳目之官不思）？最主要的是介入了人性熱情；於是，人之好惡或欲惡之心念便不得其正，甚至沉迷於物慾而完全喪失本心。孟子所說「棄其天爵」，亦正是此意。中國儒者，亦即中國的學者或知識份子，自孔孟而後，幾千年來，「既得人爵」，而不「棄其天爵」者，真是少之又少。這就是絕大多數的人，都「不能反躬」自省。儒家確是非常重視反躬自省。論語學而有載：「曾子曰，吾日三省吾身：爲人謀而不忠乎？與朋友交而不信乎？傳不習乎？」又泰伯篇有載：「曾子疾，召門弟子曰，啓予足，啓予手。詩云，戰戰兢兢，如臨深淵，如履薄冰，而今而後，吾知免夫！小子。」前文我們已指出，反躬自省，確是進道入德之門；但祇知在作人處事方面作反省，這確是曾子們下及以後儒者之過失；而且，詩小旻之篇，所述「戰戰兢兢」諸語，乃是指有國家者，應該如此臨深履薄，這是很對的。若以爲作人處事，祇有如此一味的小心謹慎才算不錯，這全是後儒的無知。曾子所謂：「啓予足，啓予手，……而今而後，吾知免夫」。這「吾知免夫」，若以爲純是小心謹慎，而不知此乃至健至順之本性，所顯現之精神修養工夫，則是天大的誤解。曾子是有其另外的一面，不爲以後之迂儒與腐儒所知。孟子公孫丑篇有如此之一段問答：

公孫丑問曰：「……如此則動心否乎？」孟子曰：「否！我四十不動心。」曰：「若是、則夫子過孟賁遠矣。」曰：「是不難，告子先我不動心。」曰：「不動心有道乎？」

曰：「有。北宮黝之養勇也，不膚撓，不目逃，思以一毫挫於人，若撻之於市朝，不受於褐寬博，亦不受於萬乘之君，視刺萬乘之君，若刺褐夫，無嚴諸侯，惡聲至，必反之。孟施舍之所養勇也。曰，視不勝，猶勝也。量敵而後進，慮勝而後會，是畏三軍者也，舍豈能為必勝哉！能無懼而已矣。孟施舍似曾子，北宮黝似子夏。夫二子之勇，未知其孰賢；然而孟施舍守約也。昔者，曾子謂子襄曰，子好勇乎？吾聞大勇於夫子矣。自反而不縮，雖褐寬博，吾不惴焉！自反而縮，雖千萬人吾往矣。孟施舍之守氣，又不如曾子之守約也。」

這是孟子在說不動心的方法。北宮黝之不動心，是集精會神，專心一志，絲毫不差。第一章我們曾提到外科醫生專心一志的動手術時，不知有地震發生，外科醫生是無意的進入了定境。北宮黝則是用一種養氣的修養工夫，使此心入此定境，而無視於萬乘之君的存在，真要做到這一點，很不簡單。對日抗戰時，筆者祇知完成上級所交付之任務，愛國心與少年意氣，畏而無懼，尚能守約。當年習於此種心境，爾後偶遇危難，頗能泰然處之。北宮黝之守氣，曾子之守約，孟子說得很明白，稍有精神修養工夫者，必能會得。能真知曾子這種「無懼」的精神境界，才真知「吾知免夫」的精神價值。後儒斤斤於「反之以自責而自修」，他們何能夢見曾子。孟子雖已成爲一曲之士，他卻能深深的認識到，祇有仁者，才真能自反。公孫丑上有曰：「仁者如射，射者正己而後發，發而不中，不怨勝己者，反求諸己而已矣。」又離婁下有曰：「孟子曰，君子所以異於人者，以其存心也。君子以仁存心，以禮存心。仁者愛人，有禮者敬人。愛人者人恒愛之，敬人者人恒敬之。有人於此，其待我以橫逆，則君子必自反也，我必不仁也，必無禮也，此物奚宜至此哉？其自反而仁矣，自反而有禮矣，其橫逆由是也，君子必自反也，我必不忠。自反而忠矣，其橫逆由是也，君子曰，此亦妄人也已矣，如此，則與禽獸奚擇哉？於禽獸又何難焉！是故君子有終身之憂，無一朝之患也，乃若所憂則有之。舜，人也，我亦人也，舜爲法於天下，可傳於後世，我由未免爲鄉人也，是則可憂也，憂之如何？如舜而已。若夫君子所患則亡矣。非仁無爲也，非禮無行也，如有一朝之患，則君子不患矣。」就孟子這所說的，他頗能通過反省以治嗔，他的貪痴之念，似乎已去得很淨。他取法虞舜。我很奇怪他竟然那樣的反對墨子。孟子以後之儒者，我實不知有誰能像他那樣的愛人敬人。儒家善人之生的人本思想，在孟子身上還能見到一些氣息。這就是說，秦漢以來之儒者，祇知在做人處事方面做反省工夫，不知反思以識得人之本心本性。他們既不知人之本身的價值，當然不知愛人敬人。他們祇知孝親敬兄，不知弟道應達乎社會的每一角落。他們祇知「事君」，不知「事人」。他們少有不「棄其天爵」者。他們祇有君臣、父子、兄弟、夫婦、朋友的存在，沒有「人」的存在。上焉者，有拯救天下蒼生之心，絕未意識到應該善人我之生。他們的自反，祇是善補過而已，卻不知反觀自己的思想以見到思想本身。他們多是假道學而無視赤子之心。他們與孟子，相去不可以道里計。他們無緣得「見天地之純，古人之大體」。他們確是失去了「不偏之中」。儒家認識論，自秦漢以來的確早已不存在；儒家的人本思想，也的確早已隨之消逝了。

第二節　儒家的格物致知之學

一、格物致知與儒家的認識論

儒家認識論，可以說，是以發揚道心而不失不偏之正心爲主。因爲當人「感於物而動」時，若不能以正心節好惡，則「好惡無節於內，知誘於外」，而認識必失其正確性。孟子曰：「正己而物正者也。」（盡心上）這也是說，心不正則己不正，己不正則對於事物之認識必不正。孟子此說不差。上一節，我們檢討了自秦漢以來之儒者，他們扭曲了儒家的人本思想；尤其是朱子及其門人，他們過於注重小節，而忽略了「先立乎其大者」；他們「不見天地之純，古人之大體」。我們必須識得曾子之小心翼翼及其「無懼」之大勇，才真是見到曾子。這就是說，我們必須見其全體，才算是真的見到了此一事物；若見其一偏而執持之，這是見得不真，也就是失去了不偏之正心。照釋家的看法，必須獲得大圓鏡智；照道家的看法，必須獲得無知之知，才真能得此不偏之正心。儒家是以誠意爲正心的先決條件，而格物致知則是誠意的根本。格致之學，是儒家正心修身的著力點，這與「反之以自責而自修」是不盡相同的。這就是說，儒家的認識論，當歸結到內聖外王之學時，是以修身爲本，以格致爲其著力點；而格致的工夫，則以正心爲主。儒家的正心，著重在認知方面。儒家似乎認爲，覺必是知。這和道家著重渾沌，釋家：如禪宗的參話頭，淨土宗的念佛，以及其他各宗各派，都著重忘塵息念，是有不同。釋道兩家，認爲覺是明覺，不是意識境界的知識。儒家則認爲，若是正心之知，則是正知正覺。儒家是有知識論可講的。儒家以格物致知爲著力點的認識論，與釋道兩家反知識，亦即反認識的認識論確不相同。

二、格物致知之學的爭議所在

秦漢以後，迄宋代理學興起以前，無人談格致之學。宋代理學興起，格致之學乃發生了爭議，其爭議所在，是講格致之學的大學一書版本有問題。問題出在大學古本，在文義上有不能貫通之處，特先將古本全文錄之於左：

大學古本

大學[1]之道，在明明德，在親民，在止於至善。知止而后有定，定而后能靜，靜[2]而后能安，安而后能慮，慮而后能得。物有本末，事有終始，知[3]所先後，則近道矣。古之欲明明德於天下者，先治其國；欲治其國者，先[4]齊其家；欲齊其家者，先修其身；欲修其身者，先正其心；欲正其心者，先[5]誠其意；欲誠其意者，先致其知。致知在格物。物格而后知至，知[6]至而后意誠，意誠而后心正，心正而后身修，身修而后家齊，家[7]齊而后國治，國治而后天下平。自天子以至於庶人，壹是皆以修身為本。其[8]本亂而末治者否矣，其所厚者薄，而其所薄者厚，未之有也。

此[21]謂知本，此謂知之至也。所謂誠其意者，毋自欺也。如惡惡臭，如[22]好好色，此之謂自謙，故君子必慎其獨也。小人閒居為不善，無[23]所不至，見君子而後厭然，揜其不善而著其善。人之視己，如見其肺肝然，則[24]何益矣。此謂誠於中，形於外，故君子必慎其獨也。曾子曰：十目所視，十[25]手所指，其嚴乎！富潤屋，德潤身，心廣體胖，故君子必誠其意。

詩[9]云：「瞻彼淇澳，菉竹猗猗，有斐君子，如切如磋，如琢如磨。瑟兮僩兮，赫[10]兮喧兮，有斐君子，終不可諠兮。」如切如磋者，道學也；如琢如磨者，自[11]修也；瑟兮僩兮者，恂慄也；赫兮喧兮者，威儀也；有斐君子，終[12]不可諠兮者，道盛德至善，民之不能忘也。詩云：「於戲！前王不忘。」君[13]子賢其賢而親其親，小人樂其樂而利其利，此以沒世不忘也。康[14]誥曰：「克明德。」太甲曰：「顧諟天之明命。」帝典曰：「克明峻德。」皆自明也。湯[15]之盤銘曰：「苟日新，日日新，又日新。」康誥曰：「作新民。」詩曰：「周雖舊邦，其[16]命維新。」是故君子無所不用其極。詩云：「邦畿千里，為民所止。」詩[17]云：「緡蠻黃鳥，止於丘隅。」子曰：於止，知其所止，可以人而不如鳥乎？詩[18]云：「穆穆文王，於緝熙敬止。」為人君，止於仁；為人臣，止於敬；為人子，止[19]於孝；為人，父止於慈；與國人交，止於信。子曰：聽訟吾猶人也，必[20]也使無訟乎？無情者不得盡其辭。大畏民志，此謂知本。

所[26]謂修身，在正其心者：身有所忿懥，則不得其正；有所恐懼，則不得其正。有所好樂，則不得其正；有所憂患，則不得其正。心不在焉，視而不見，聽而不聞，食而不知其味。此謂修身，在正其心。所謂齊其家，在修其身者：人之其所親愛而辟焉，之其所賤惡而辟焉，之其所畏敬而辟焉，之其所哀矜而辟焉，之其所敖惰而辟焉。故好而知其惡，惡而知其美者，天下鮮矣。故諺有之曰：人莫知其子之惡，莫知其苗之碩。此謂身不修，不可以齊其家。所謂治國，必先齊其家者，其家不可教而能教人者無之。故君子不出家而成教於國。孝者，所以事君也；弟者，所以事長也；慈者，所以使眾也。康誥曰：如保赤子，心誠求之，雖不中不遠矣。未有學養子而後嫁者也。一家仁，一國興仁；一家讓，一國興讓；一人貪戾，一國作亂。其機如此。此謂一言僨事，一人定國。堯舜率天下以仁，而民從之；桀紂率天下以暴，而民從之。其所令，反其所好，而民不從。是故君子有諸己而后求諸人，無諸己而后非諸人。所藏乎身不恕，而能喻諸人者，未之有也。故治國，在齊其家。詩云：「桃之夭夭，其葉蓁蓁，之子于歸，宜其家人」；宜其家人，而后可以教國人。詩云：「宜兄宜弟」；宜兄宜弟，而后可以教國人。詩云：「其儀不忒，正是四國」。其為父子兄弟足法，而后民法之也。此謂治國，在齊其家。所謂平天下，在治其國者：上老老，而民興孝；上長長，而民興弟；上恤孤，而民不倍。是以君子有絜矩之道也。所惡於上，毋以使下；所惡於下，毋以事上。所惡於前，毋以先後；所惡於後，毋以從前。所惡於右，毋以交於左；所惡於左，毋以交於右。此之謂絜矩之道。詩云：「樂只君子，民之父母」。民之所好好之，民之所惡惡之，此之謂民之父母。詩云：「節彼南山，維石巖巖，赫赫師尹，民具爾瞻」。有國者，不可以不慎，辟則為天下僇矣。詩云：「殷之未喪師，克配上帝。儀鑒於殷，峻命不易」。道得眾，則得國；失眾，則失國。是故君子先慎乎德。有德此有人，有人此有土，有土此有財，有財此有用。德者，本也；財者，末也。外本內末，爭民斯奪。是故財聚則民散，財散則民聚。是故言悖而出者，亦悖而入；貨悖而入者，亦悖而出。康誥曰：「惟命不于常。」道善、則得之；不善、則失之矣。楚書曰：「楚國無以為寶，惟善以為寶。」舅犯曰：「亡人無以為寶，仁親以為寶。」泰誓曰：「若有一個臣，斷斷兮，無他技。其心休休焉，其如有容焉！」人之有技，若己有之；人之彥聖，其心好之，不啻若自其口出，實能容之，以能保我子孫黎民，尚亦有利哉？人之有技，媢疾以惡之；人之彥聖，而違之，俾不通。寔不能容，以不能保我子孫黎民，亦曰殆哉！唯仁人，放流之，迸諸四夷，不與同中國。此謂唯仁人，為能愛人，能惡人。見賢而不能舉，舉而不能先，命也；見不善而不能退，退而不能遠，過也。好人之所惡，惡人之所好，是謂拂人之性，菑必逮夫身。是故君子有大道，必忠信以得之，驕泰以失之。生財有大道：生之者眾，食之者寡，為之者疾，用之者舒，則財恒足矣。仁者以財發身，不仁者以身發財。未有上好仁，而下不好義者也；未有好義，其事不終者也；未有府庫財，非其財者也。孟獻子曰：畜馬乘，不察於雞豚；伐水之家，不畜牛羊；百乘之家，不畜聚斂之臣。與其有聚斂之臣，寧有盜臣。此謂國，不以利為利，以義為利也。長國家而務財用者，必自小人矣。彼為善之。小人之使為國家，菑害并至，雖有善者，亦無如之何矣。此謂國，不以利為利，以義為利也。

我們試將這一千七百五十三字（除去標點符號）之大學古本，很細心的讀它一遍，便會發覺，自第二〇六字起，即其旁附有阿拉伯字㉑者，「此謂知本，此謂知之至也。所謂誠其意者」至「故君子必誠其意」這一大段之後，接上自三百卅四字起，即其旁附有阿拉伯字⑨者，「詩云：瞻彼淇澳」至「無情者不得盡其辭，大畏民志，此謂知本」這一大段，在文義上實在不能連貫；因爲「故君子必誠其意」之後，應該接上其旁附有阿拉伯字㉖者「所謂修身，在正其心者」，才算正確。大學古本這種不能連貫之處，一經指出，其錯誤非常明白。可是漢唐注疏家，似乎無人疑其有錯誤。迄宋代，如朱子大學章句序所謂：「宋德隆盛，治教休明，於是河南程氏兩夫子出而有以接乎孟氏之傳，實始尊信此篇而表章之」。在這裡，我們無意講學術思想的歷史；但是，必須指陳者，自魏晉以迄隋唐，完全是玄學與佛家的天下。宋代研究儒學者，發現禮記四十九篇中之大學中庸兩篇，在學術思想方面，頗能貫通六經而與釋道兩家相抗衡;於是，對這兩篇便特別重視，這就是晦翁所說「實始尊信此篇而表章之」。相信的人既多，日日講讀研究，古本這種不聯貫之處自然會被人發現。二程發現後，曾各有改訂本。朱晦翁根據二程改訂本，再加改訂、著爲定本，流傳迄今。爲便於對照，特將大學朱註錄之於後。再者，所錄朱註大學，凡大段文字，可以對照古本研讀而無誤者，祇錄該一段之頭尾，省去中間大部份文字，以節省篇幅。

大學朱註

子程子曰：大學、孔氏之遺書，而初學入德之門也。於今可見古人為學次第者，獨賴此篇之存，而論孟次之。學者必由是而學焉，則庶乎其不差矣。

大學之道，在明明德，在親民，在止於至善。……自天子以至於庶人，壹是皆以修身為本。其本亂，而末治者否矣。其所厚者薄，而其所薄者厚，未之有也。

右經一章，蓋孔子之言，而曾子述之（凡二百五字）。其傳十章，則曾子之意，而門人記之也。舊本頗有錯簡，今因程子所定，而更考經文，別為序次如左。

康誥曰：克明德。太甲曰：顧諟天之明命。帝典曰：克明峻德，皆自明也。

右傳之首章，釋明明德。

湯之盤銘曰：苟日新，日日新，又日新。康誥曰：作新民。詩曰：周雖舊邦，其命維新。是故君子無所不用其極。

右傳之二章，釋新民。

詩云：邦畿千里，惟民所止。詩云：緡蠻黃鳥，……可以人而不如鳥乎？詩云：穆穆文王，……與國人交，止於信。詩云：瞻彼淇澳，……道盛德至善，民之不能忘也。詩云：於戲！前王不忘。……此以沒世不忘也。

右傳之三章，釋止於至善。

子曰：聽訟，吾猶人也，必也，使無訟乎！無情者，不得盡其辭，大畏民志，此謂知本。

右傳之四章，釋本末。

此謂知本（程子曰：衍文也）。此謂知之至也（此句之上，別有闕文，此特其結語耳）。

右傳之五章，蓋釋格物致知之義，而今亡矣。間嘗竊取程子之意以補之。曰：所謂致知在格物者，言欲致吾之知，在即物而窮其理也。蓋人心之靈，莫不有知，而天下之物，莫不有理。惟於理有窮，故其知有不盡也。是以大學始教，必使學即凡天下之物，莫不因其已知之理而益窮之，以求至乎其極，至於用力之久，而一旦豁然貫通焉，則眾物之表裡精粗無不到，而吾心全體大用無不明矣。此謂物格，此謂知之至也。

所謂誠其意者，毋自欺也。……富潤屋，德潤身，心廣體胖，故君子必誠其意。

右傳之六章，釋誠意。

所謂修身，在正其心者，身有所忿懥，……此謂修身在正其心。

右傳之七章，釋正心修身（自此以下，並以舊文爲正）。（達又按：身有所忿懥之身，程子曰：「當作心。」）

所謂齊其家，在修其身者。……此謂身不修，不可以齊其家。

右傳之八章，釋修身齊家。

所謂治國，必先齊其家者，……其為父子兄弟足法，而后民法之也。此謂治國在齊其家。

右傳之九章，釋齊家治國。

所謂平天下，在治其國者，……此謂國不以利為利，以義為利也。

右傳之十章，釋治國平天下。凡傳十章，前四章，統論綱領指趣，後六章，細論條目工夫，其第五章，乃明善之要，第六章，乃誠身之本，在初學尤為當務之急，讀者不可以其近而忽之也。

以上所錄「大學朱註」，朱子爲了改正「大學古本」未能聯貫的問題，特將全文分爲經一章，傳十章，并將古本「其所厚者薄，而其所薄者厚，未之有也」以後，至「所謂修身，在正其心者」以前之好幾大段文字之先後次序，加以改正，即：右傳之首章至右傳之六章的內容，是朱子更改古本原文的次序而「別爲序次」。經過這種更改，朱晦翁自認爲問題已經解決：不過，他找不出解釋格物致知的文字，乃竊取程子之意，寫了一大段的補充文字，作爲對格致的解釋。我們認爲，問題實在沒有解決：第一，大學古本原來沒有分章。是不是應該分章，或者，應如何分章，這都是問題。所以朱晦翁將古本分章而改訂爲新本，事實上是製造了問題。第二，第三章是「釋止於至善」，晦翁將「詩云，瞻彼淇澳，菉竹猗猗，有斐君子，如切如磋，如琢如磨（達按：有「其人如玉」之意）。瑟兮僩兮，赫兮喧兮，有斐君子，終不可喧兮。如切如磋者，道學也；如琢如磨者，自修也；瑟兮僩兮者，恂慄也；赫兮喧兮者，威儀也（達按：恂慄威儀，在現代民主國家，已完全去掉了）。有斐君子，終不可喧兮者，道盛德至善，民之不能忘也。」這一大段，與「詩云，於戲！前王不忘。君子賢其賢而親其親，小人樂其樂而利其利，此以沒世不忘也。」這一段，都移置在「右傳之三章」中，放置在「詩云，邦畿千里……與國人交，止於信。」這一段之後，認定「瞻彼淇澳」與「前王不忘」兩詩是「釋止於至善」。我們知道，「瞻彼淇澳」之詩，是衛人美武公之德。小雅、桑扈之什、「賓之初筵」一詩，乃衛武公所作。不論此詩是「自悔之作」，或是作此以「刺幽王」，我們讀此詩，當可以想見作者之爲人。說他「道盛德至善」，實非溢美之詞；然而「道盛德至善」與「止於至善」這二者，我總覺得，多少有些不同。「道盛德至善」是講人之成就；「止於至善」，則是講人之思想觀念的正確，也就是在講人之認識。又「前王不忘」之詩，是周頌四之一的清廟之什「烈文」一章之結語。前王爲什麼「不忘」呢？烈文之詩曰：「無競維人，四方其訓之；不顯維德，百辟其刑之。於乎！前王不忘。」中庸第卅三章曰：「詩曰，不顯維德，百辟其刑之。是故君子篤恭而天下平。」（達按：篤恭而天下平，即論語衛靈公第十五所謂「恭己正南面而已矣。」）又中庸第廿六章曰：「詩曰，維天之命，於穆不已。蓋曰，天之所以爲天也。於乎不顯，文王之德之純。蓋曰，文王之所以爲文也，純亦不已。」所以這「不顯維德」與「於乎不顯」之「不顯」，乃是指德之至善至純。我覺得、「百辟其刑之」，似可用現代話來說：「所有的偏心都去掉了」。因爲「辟猶偏也」，如「之其所親愛而辟焉」等等。我們將「百辟」改釋爲「所有的偏心」，將「刑」當作「去掉」，似不失原意。當政者，能將所有的偏心都去掉，便達到「文王之德之純」，便能「是故君子篤恭而天下平」。朱晦翁對「篤恭而天下平」之註曰：「天子有不顯之德，而諸侯法之，則其德愈深而效愈遠矣。篤，厚也，篤恭，言不顯其敬也。篤恭而天下平，乃聖人至德淵微，自然之應，中庸之極功也。」這是非常明白的說明了，前王之所以不忘，乃前王「不顯」之德的至善至純，能使「君子賢其賢而親其親，小人樂其樂而利其利，此所以沒世不忘也」。所以「瞻彼淇澳」與「前王不忘」兩詩，與其說是「釋止於至善」，倒不如說是明明德的結果。因爲所謂「明明德」，乃是指「明明德於天下」，那就是「篤恭而天下平」。我總覺得、止至善，乃是一種認識；

至於「道盛德至善」，或如「文王之德之純」，乃是本於止至善之認識，通過親民的工作，以明明德於天下，而達到「天下平」的目的。我們的此一理解，若能起朱子於地下而問之，想必也會首肯。「瞻彼淇澳」與「前王不忘」兩詩，將之移置於「右傳之三章」中，這是不大妥當的。第三，晦翁認為：「格物致知之義，而今亡矣」，乃竊取程子之意，為格致作補充的解釋曰：「所謂致知在格物者，言欲致吾之知，在即物而窮其理也。蓋人心之靈，莫不有知，而天下之物，莫不有理，惟於理有未窮，故其知有不盡也。是以大學始教，必使學者，即凡天下之物，莫不因其已知之理而益窮之，以求至乎其極，至於用力之久，而一旦豁然貫通焉。……」這一段話，除「至於用力之久，而一旦豁然貫通焉」這兩句話，是可以如此說外，其餘全是空話或廢話。朱子泰山喬嶽，其道德修養，治學工夫，學術成就，自宋以來，咸為士林所推崇。王陽明有與朱子見解不合之處，總覺心有不安。朱子在嶽麓書院講過學，我們湖南人對朱子極為推崇，先祖父志清公奉朱子若神明。我自小推崇朱子，於今年已八旬，深覺在學術造詣方面，實不及朱子之萬一；但是，總覺得朱子在治學方面有問題。這問題在那裡呢？那就是門戶之見太深，固執己見而至於固執不通。他說陸象山是告子，其實他自己真是告子。他說「天下之物，莫不有理」，「必使學者，即凡天下之物，莫不因其已知之理，而益窮之」。這不是說「義外」嗎？「蓋人心之靈，莫不有知；而天下之物，莫不有理」，這不是為「仁內義外」做註腳嗎？「即凡天下之物，莫不因其已知之理而益窮之」，這的確是一句空話。試問朱子、他自己曾經「因其已知之理而益窮之」嗎？王陽明信了他的話而去格竹子，結果格出病來了。其在今日，科學家因其已知的問題而益窮之，以獲得創造發明，好像與朱子所說的相同。其實不然。今日科學家是就一個問題鍥而不捨的窮追下去以求獲得一個真正的結果。王陽明格竹子，多少有點意思，祇是不懂得方法而已。至於朱子、他是要「即凡天下之物，莫不因其已知之理而益窮之」。試問誰能做到呢？誰能「即凡天下之物」（達按：用現代話講，乃是「就所有天下之物」），「莫不因其已知之理而益窮之」呢？假如這不是一句空話，那是什麼話呢？孟子曰：「知者，無不知也，當務之爲急；仁者，無不愛也，急親賢之爲務。堯舜之知，而不偏物，急先務也；堯舜之仁，不偏愛人，急親賢也。」（盡心下）孟子這段話，是很務實的。「知」「不偏物」，知確實不能遍物。可見，「即凡天下之物」「而益窮之」，確實是一種空想。這種空想，對於格物致知，全無幫助；所以，朱子即物窮理之說，全是廢話。

照我們以上所作之分析，朱子改正「大學古本」，原意是欲替「古本」解決不聯貫的問題，結果不僅沒有解決問題，而且製造了問題，更在學術思想方面，產生了誤導的作用。說晦翁沒有解決問題，當然不祇我一個人；至於類似以上所作之分析，則可能祇有我了。因爲在民國以前，朱註大學，是朝廷所欽定的教本，一般人不敢隨便提出不同意見。例如王陽明，他祇有提出恢復古本來對抗。陽明認爲格物乃是格除心中之物慾。王陽明對大學的各種主張，皆不足以使人心服。在有清一代，可以說完全是朱學的時代。一般儒生，皆祇知學做八股文與策論，以獵取功名。自文字獄興起後，有識之士，也祇好做做考據工作，鑽入故字紙堆以避禍。這就是說，有清一代，對儒學肯作真正研究者，是少之又少。儒家的格物致知之學，除了留下、如王陽明對朱子之爭議，以及大學的版本問題外，實在沒有新的進展。

三、嚴立三對格致之學的貢獻

現在我要特別介紹立三嚴重先生對格物致知之學的重大貢獻。嚴先生湖北人，非學術界人士。國民革命軍北伐時，任第二十一師師長。後來任行政院長暨副總統的辭修陳誠將軍，北伐時任二十一師六十三團團長。民國十六年四月，該師在南京集中完畢後，嚴先生即辭去師長，由陳辭修將軍代理師長。民國十六年二月，二十一師在浙江嚴州浪石埠之攻擊，傷亡慘重。苦戰兩日，始擊退敵人。嚴先生辭去師長後，至各戰場搜集陣亡袍澤遺骸火化，運至杭州西湖，建陣亡將士墓安置。事畢，返南京任軍委會軍政廳長。民十七年十一月，嚴先生辭去所有軍政職務，在廬山南麓太乙村建草屋安居，躬自樵採、炊爨、澣濯，閉戶讀書。至廿四年，移居武昌。民廿六年，抗戰軍興，十一月任湖北省民政廳長，廿八年代理湖北省主席，至翌年九月，免兼主席，於三十年，移居宣恩長潭河養病，恢復讀書生活，三十一年，移居宣恩縣城，受聘宣鶴初中公民教員。作者當時在恩施第六戰區長官部參謀處服務，平時較爲閒暇，卅二年舊曆臘月，請假至先外舅天門琪珊吳晉伯伯家過年。吳伯伯早年追隨梓琴田桐先生，從事國民革命，擔任田先生的文書工作。田爲晚清翰林，吳伯伯能爲其辦理文書業務，必是國學根基非常深厚。爲人耿介不阿，深爲立三先生尊重。吳伯伯當時亦寄居宣恩縣城，爲宣鶴初中國文教員。三十三年舊曆正月元旦，嚴先生偕其兄長同至吳伯伯家拜年；於是作者與其有一面之緣。前輩風範，待人謙和有禮，對我這二十多歲的青年，以禮相待，誠摯懇切。他當然想不到，五十年後，我會從學術上說明他對學術思想的不朽貢獻。他有關著作，是收集在「嚴立三先生遺稿彙編」一書中❶。他不是歷史上重要人物，亦非學術界知名之士，這「遺稿彙編」，是不易發出任何訊息的。我今為其發潛德之幽光。回憶往事，想到許多親人，難免悲從中來，覺得能對吳伯伯的友人做點事，亦頗感安慰。至於嚴先生的貢獻究竟是什麼呢？那就是他認為「大學古本」，雖有錯簡，實無闕文。特將「大學嚴氏改訂本」錄之於後。

大學嚴氏改訂本

大學①之道，在明明德，在親民，在止於至善。知止而后有定，定而后能靜，靜②而后能安，安而后能慮，慮而后能得。物有本末，事有終始，知③所先後，則近道矣。古之欲明明德於天下者，先治其國；欲治其國者，先④齊其家；欲齊其家者，先修其身；欲修其身者，先正其心；欲正其心者，先⑤誠其意；欲誠其意者，先致其知，致知在格物。物格而后知至，知⑥至而后意誠，意誠而后心正，心正而后身修，身修而后家齊，家⑦齊而國治，國治而后天下平。自天子以至於庶人，壹是皆以修身為本。其⑧本亂，而末治者否矣，其所厚者薄，而其所薄者厚，未之有也。詩⑨云：瞻彼淇澳，菉竹猗猗，有斐君子，如切如磋，如琢如磨，瑟兮僩兮，赫⑩兮喧兮，有斐君子，終不可諠兮。如切如磋者，道學也；如琢如磨者，自⑪修也；瑟兮僩兮者，恂慄也；赫兮喧兮者，威儀也；

❶ 嚴立三著、遠守謙編：「嚴立三先生遺稿彙編」，臺北正中書局印行。

有斐君子，終[12]不可諠兮者，道盛德至善，民之不能忘也。詩云：於戲！前王不忘。君[13]子賢其賢而親其親，小人樂其樂而利其利，此以沒世不忘也。康[14]誥曰：克明德。太甲曰：顧諟天之明命。帝典曰：克明峻德。皆自明也。湯[15]之盤銘曰：苟日新，日日新，又日新。康誥曰：作新民。詩曰：周雖舊邦，其[16]命維新。是故君子無所不用其極。詩云：邦畿千里，惟民所止。詩[17]云：緡蠻黃鳥，止于丘隅。子曰：於止，知其所止，可以人而不如鳥乎？詩[18]云：穆穆文王，於緝熙敬止。為人君，止於仁；為人臣，止於敬；為人子，止[19]於孝；為人父，止於慈；與國人交，止於信。子曰：聽訟吾猶人也，必[20]也使無訟乎？無情者不得盡其辭。大畏民志。此謂知本。此[21]謂知本，此謂知之至也。所謂誠其意者，毋自欺也，如惡惡臭；如[22]好好色，此之謂自謙，故君子必慎其獨也。小人閒居為不善，無[23]所不至，見君子而后厭然，揜其不善，而著其善，人之視己，如見肺肝然，則[24]何益矣。此謂誠於中，形於外，故君子必慎其獨也。曾子曰：十目所視，十[25]手所指，其嚴乎！富潤屋，德潤身，心廣體胖，故君子必誠其意。所[26]謂修身，在正其心者，身有所忿懥，……。（程子曰，「身有之身當作心。」又朱子曰，「自此以下，并以舊文爲正。」以下請參閱古本，故從略。）

以上所錄嚴氏改訂本，祇是將大學古本「此謂知本，此謂知之至也」至「故君子必誠其意」這一段（達按：這一段共一百二十八字）移至「詩云：瞻彼淇澳」至「大畏民志，此謂知本」這一段（達按：這一段共二百九十九字）之後；於是，嚴氏改訂本之先後次序是這樣的：自「大學之道，在明明德」起至「其所厚者薄，而其所薄者厚，未之有也」止，共二百零五字，古本及朱註本都是第一段，嚴氏改訂本仍舊。自第二百零六字起，古本是接「此謂知本，此謂知之至也」至「故君子必誠其意」這一段，改訂本則是接「詩云：瞻彼淇澳」至「大畏民志，此謂知本」這一段；於是，在改訂本，「詩云：瞻彼淇澳」是自二〇六字開始，而「此謂知本，此謂知之至也」，則變成自五〇五字開始了。讀者請就古本與改訂本細察之，則無疑矣。又嚴氏認爲，古本大學沒有分章，是可以不分章；若將其分爲以下六章，亦無不可，茲錄之於次：

大學之道，在明明德，……其所厚者薄，而其所薄者厚，未之有也。（達按：這一段共二百零五字）詩云：瞻彼淇澳，……大畏民志，此謂知本。（達按：這一段共二百九十九字）此謂知本，此謂知之至也。（達按：此兩句原在第三段之首，今既擬分章，在文理上，應將此兩句歸屬於此。讀者不妨照嚴氏改訂本，自「大學之道，在明明德」讀起，讀至「此謂知本，此謂知之至也」共五百十四字，是不是可以自成一段落呢？我們認爲，這當然可以。嚴氏將其定爲一章，實無不可。）

所謂誠其意者，毋自欺也，……故君子必誠其意。（達按：這是朱註「右傳之六章」，確可定爲一章。）

所謂修身，在正其心者，……此謂修身，在正其心。（這是朱註「右傳之七章」。）

所謂齊其家，在修其身者，……此謂身不修，不可以齊其家。（朱子「右傳之八章」。）

所謂治國，必先齊其家者，……此謂治國，在齊其家。（朱註「右傳之九章」。）

所謂平天下，在治其國者，……此謂國不以利為利，以義為利也。（朱註「右傳之十章」。）

朱註所定之七八九十各章，確都可以定爲一章。嚴氏認爲，大學一篇，如欲分章，祇可分爲以上之六章。朱子所分之經一章，傳十章，確是不大適當的。關於分不分章及如何分章的問題，這不是太重要的問題。現在我們特須指陳者：嚴氏是依據什麼理由將大學古本作如此的改訂？他的改訂本有無不妥之處？是否可以完滿的闡釋格致之義以息其爭議？在未解答這些問題以前，擬先說明嚴氏對大學版本問題的一些認識。他在廬山安居的那幾年，確實讀了不少的書。他爲人誠懇篤實，讀書亦極用功、踏實。完全無意打知名度，博取虛名。他對大學確有研究，對版本問題，確實下過不少功夫。他非常深入的想像朱晦翁改訂大學古本的心情，認定朱子自二程傳承的以及他自己體會的，他必認爲他自己的改訂工作，做得非常的對。嚴氏曰：「明道伊川晦翁皆以道自任，篤信好古，豈後於人，所以必事改訂者，自屬情出於不得已。」可是，晦翁難免「心切於求，目眩於視，成見在胸，毫釐千里。程朱之賢猶若是，其他何可勝言哉！」（同上註一，頁八〇）他接著指出，大學自經朱子改訂，朝廷頒定，天下風從。雖有異議，人亦不予重視。至王陽明獨提出古本以相抗拒。王陽明曰：「舊本之傳數千載矣，今讀其文詞既明白而可通。論其工夫又易簡而可入。亦何所按據而斷其此段之必在於彼，彼段之必在於此，與此之如何而帙，彼之如何而補，而遂改正補緝之。無乃重於背朱而輕於叛孔已乎！」嚴氏認爲，假如陽明不用古本而另立主張與程朱對抗，在當時一定不會爲學術界所寬容。這就是說，陽明之所以以古本相對抗，也是不得不如是說而已；因爲古本有問題，亦可以說是眾所周知。嚴氏接著又說：

大學經程朱改訂後，自宋至明，數百年間，擬議極多。惟於簡編問題似均少措意。故各是其是，漫無標準。各家之說，固亦頗有足稱者。茲概舉之，要以陽明提出古本為關鍵。在復古本之議未興以前，大都對於經傳之分，認為事屬當然，不加疑慮，問題集中於格致傳之闕亡。尤以董槐還知止節於聽訟節之上之說，幾為元明諸儒所公認。王禕叢錄對此敘述最明。其言曰：「格物致知之傳未嘗亡也。今即其書求之。有曰：所謂致知在格物者，知止而后有定，定而后能靜，靜而后能安，安而后能慮，慮而后能得。物有本末，事有終始，知所先後，則近道矣。此謂知本。子曰：聽訟吾猶人也，必也使無訟乎？無情者不得盡其辭，大畏民志，此謂知本，此謂知之至也。此十七言者，足為格物致知一傳。蓋錯簡在他所，則為羨文；而取以為傳，則極其精切（達按：這是贊成者之說詞，後文有反對者之評論）。朱子勇於補，而不移易者何耶？且三綱領八條目之外，定有所謂本末，乃別為之傳耶？董丞相槐，及玉峰車氏、西磵葉氏、魯齋王氏，皆著論以辨其非，朱子復生，將必以其言為然也。」又景星學庸集說啟蒙曰：「靜安慮得四字，即可以見吾心之全體大用無不明處，謂非致知工夫不可；本末終始四字，即可以眾物之表裡精粗無不到處，謂非格物工夫不可。不待補而義已足，此說得之矩堂董氏。」又都穆聽雨記有曰：「車清臣著大學沿革論，其見與董氏合，王魯齋是之，謂洞照千古之錯簡。本朝大儒如宋學士、方正學，所見亦同。語雖異於朱子而不乖于道，固朱子所取矣。」其他同此說者尚多，茲不備錄。如上舉王子充（達按：即指王禕而言）增所謂致知在格物者八字。如王魯齋以聽訟章此謂知本四字為衍，蔡虛齋移物有本末節於知止節上，均不過因董氏之說而小變之。蓋如朱子定本謂經有亡闕待補，不若準此說之允愜人意也（達按：「此說」乃指前文「格物致知之傳未嘗亡」而言）。其實兩此謂知本句之關係，伊川早經發現。（達按：伊川改定本是：子曰：聽訟吾猶人也，至大畏民志，此謂知本。此謂知本，此謂知之至也。所以嚴氏謂伊川早經發現。）至知止一節與在明明德三句，一言先（達按：知止是先），一言後（按：明德是後），一順說（按：定靜慮安得是順說）一逆推（按：明明德三句是逆推），兩相對照，何可分割（按：嚴氏是謂自大學之道至慮而後能得，乃不可分割者）？物有本末數句，又上二節之收束，更不可移。此種擬議（按：係指王禕、董槐等人之擬議而言），元明諸儒從風者眾，均不過足證朱子補傳之為當時所不滿而已耳。另吳澄答田君澤書曰：「大學一書，明道、伊川二先生皆有更定傳文次第，然皆不如朱子之當。經文二百餘字，謹嚴簡古，真聖筆也。與傳之文體全然不同。今乃拆破經之第二節、第三節（達按：乃是指定靜慮安得及知所先後等而言）以補致知格物之傳，豈不識經傳文體之不同乎？而此兩節欲強解作致知格物之義，亦且不通，徒見有一物字，有一知字，而欲以為致知格物之傳，無乃不識文義之甚乎？」所謂經傳文體不同之說，固不盡然，說為不識文義，實亦非誣也。（同註一，頁八六—八七）

這是嚴氏說明了自宋至明數百年間，對大學版本問題之爭議所在。這給了他對版本問題許多的啓示。他接著又說：

陽明復古本之議既興，一時王門弟子自均以古本為確無問題。但研誦既久，對於淇澳以下各節（達按：古本淇澳以下各節，在誠意之後，修身之前，即問題之所在），亦終覺不能釋然。王心齋即有所擬議，及高景逸講學東林，初以古本大學授人，後見崔後渠更有改本，而高氏信之，遂重闡其說於書院，以為準則。崔本之外，又有季彭山改本，張陽和講學龍山，出其書以示學者，因刻之行世，僅大文六葉，不分章節，以淇澳以下各節概移置於末章。又有偽石經本，託名魏政，和中所刻，出自甬東豐坊之家。將全篇任意移置。顧憲成大學通考，劉宗周大學參疑，皆誤信為真。亦足見古本之不能不有所考訂，而一味主張復之實不妥也。此時凡有擬議者，似不若陽明以前之僅斤斤於補傳問題，對於經傳之分，似根本即不承認。諸家之說，要以崔後渠本為較當，信從之者亦多。其大學全文通釋自述曰：「淇澳烈文，格物之序也；仁敬孝慈，格物之目也。康誥諸文，徵諸古以列其次也，新民而明明德之體全矣。絜古本引淇澳以下置之誠意章之前，格物致知之義煥然矣。」又高拱問辨錄，載大學舊本，大學之道至未之有也，此謂知本，此謂知之至也。詩云：瞻彼淇澳至沒世不忘也。康誥曰：克明德，至止於信。子曰：聽訟吾猶人也，至此謂知本。所謂誠其意者，至必誠其意，所謂修身，至末，與崔銑本正同（達按：嚴氏改訂本，與此僅少有不同，讀下文便知其詳）。又高攀龍大學知本大義曰：「愚讀崔後渠先生集有曰：大學當絜古本引淇澳以下置之誠意之前，格物致知之義明矣。乃沛然如江湖之決，不覺手舞足蹈而不能已也。吾何以決之，決之以此謂知本、此謂知之至也二語也。此二語者，以為不釋格致，則自天子以下兩條亦屬無謂。以為果釋格致，則自天子以下兩條似未明備，固知旁引曲暢，有如淇澳諸條所云也。此諸條也，以為不釋知本，則不宜結以知本；以為果釋知本，則不宜附於他章，因知其前後起結，必隨于此謂知至之後也。」又大學古記自序略曰：「高氏古本（達按：指高拱大學舊本），實本後渠崔氏，中元高氏所定（中元即高拱），謂大學不分經傳，只是六段文字，絜淇澳以下置知至之後，文理煥然，通前為一段，即以釋格致之義，而誠意以下自分五段，可謂獨窺要領，後之人宜無所置喙矣。顧愚猶有見焉。大學雖一篇文字，而自始至終，命意之法，有綱領，有支節，不可得而混也。其立言之法，或簡嚴，或曲暢，不可得而混也。首言三綱，次言知止，次言知所先後，次言所先，次言所後，一開一闔，文理完整，更無欠剩。至修身一條，明解物有本末之義，其為更端而釋格致也何疑。自修身以上，其辭簡以嚴；自修身以下，其辭曲以暢，又有經傳之體焉。大學只是一篇，既可割而為六，則斷不可不割首段之一以為二，以釐正八目。八目只是一事，既可分誠意以下逐段詳明，則斷不可不分修身為本以下為格致之傳。必分修身以下為格致傳者，心齋王氏啟其端而未竟其說，愚嘗取其意者也。」此說雖遵從崔本，卻又欲言經傳之名，其謬誤又適因崔本而致。蓋崔本雖知大學不分經傳，只是六段文字，但尚未知各段均有起結之語、引證之文。此所以使古記自序之作者讀之（按：指高攀龍而言），又別生枝節（高認為首段「有經傳之體」，欲「割首段之一以為二」），

> 是猶不若伊川、朱子之尚知此謂知之至也句之為結語也。如謂自天子以下為更端釋格致之文，則是自古之欲明明德於天下以下兩節反覆之推論竟無收束。究難言文理完整更無欠剩，其格致傳之收束為此謂知本，而不取物格，而后知至之文，亦難言辭曲以暢矣。況此謂知本，此謂知之至也共十字，如上屬於自大學之道至未之有也一大段，則全文二百十五字，以每簡中數二十五字計之，則八簡又過多，九簡又過少，且下不屬於誠意章，則誠意章，僅一百十八字，五簡又嫌少，四簡又過多，直一無是處，何致相錯焉。（同上，頁八七—八九）

這是講、自陽明以後，有關版本問題之諸多爭議。與我們前文所提出之問題可以合併處理。特先說明嚴氏是依據什麼理由將大學古本作如此的改訂？上文嚴氏所講「八簡又過多，九簡又過少」，「五簡又嫌少，四簡又過多」。沒有接觸過這類問題的學者，當然不知這是什麼一回事。待我們將原委說明後，便會恍然大悟了。大家都知：古時的書，是刻在竹簡上。嚴氏認爲，古代竹簡，尺度書行，其說不一。但書行必與字之大小有關，尺度長短與字之大小及每簡所容之字數亦必都有關。一般說來，禮記每簡字數雖不可考，但尚書每簡字數尚可得。漢書藝文志載：「劉向以中古文校歐陽、大小夏侯三家經文，酒誥脫簡一，召誥脫簡二。率簡二十五字者，脫亦二十五字，簡二十二字者，脫亦二十二字。」又儀禮聘禮孔疏引鄭氏云：「尚書三十字一簡。」由此可知，尚書每簡字數，大概是自二十二至三十不等。又鄭康成註論語敘言：「易詩書禮樂春秋，策皆二尺四寸，孝經謙半之，論語八寸，策三分居一，又謙焉。」又荀勗依古尺耆定晉大康中汲邵發魏襄王冢，所出竹書穆天子傳，簡長二尺四寸。又戰國策，因係蒐集各地原簡編成，長短不一，故號長短書。足見二尺四寸之簡不一定祇限於經，而且各地方竹簡之制度也不一律。嚴氏就這些資料加以推斷，簡之大小，應與字之大小有關；否則，論語八寸，所容之字數，不能超過十字；於是，簡短數多，謙半者或謙至三分之一者，必較經益加繁重。嚴氏認爲，此恐與尊經之意未合。據他推斷：簡短者必字小行多，其所容字數，必與長二尺四寸者差不多，大概以二十五字爲準。據我猜想，如果是一篇文章，每簡最多不超過三十字，亦不會少於二十二字。爲什麼呢？一個句子，當不會分刻在兩簡上。尙書與禮記每簡的字數應該相同，因爲文體相同；若是詩經，則每簡的字數，多的可能會超過三十，少的會少於二十二。例如周頌淸廟一章卅四字，維淸一章十八字，應該都會各刻在一簡上。照這樣說來，嚴氏推定大學每簡字數，大概是二十五字左右，應該不錯。嚴氏另引旁證曰：「又易繫上傳第十二章開首，易曰，自天佑之，至吉無不利也一節，辭意完整，但與下文不屬。當在上傳第八章末或下傳第五章首，錯簡無疑。其字數共五十有一，以每簡二十五字計，亦僅多一字，恰爲兩簡。傳記應屬一例，此亦可爲有力之旁證者也。」(同上，頁八六)總之，嚴氏所推定的大學每簡字數，確無可疑。我們根據這個推定，當知大學古本，自「大學之道」起，至「而其所薄者厚，未之有也」止這一段，共二百零五字，恰爲八簡，特賦以一至八的編號。自「此謂知本，此謂知之至也，所謂誠其意者」起，至「故君子必誠其意」止這一段，共一百二十八字，恰爲五簡，特賦以二十一至二十五之編號。自「詩云瞻彼淇澳」起，至「大畏民志，此謂知本」止這一段，共二百九十九字，恰爲十二簡，特賦以九至廿之編號。請讀者覆按「大學古本」這三大段，及其所附列之阿拉伯字編號，當知大學古本，是第二十一簡至第二十五簡，錯入第八簡至第九簡之間。嚴氏即依此而加以改正，亦即依照筆者所列阿拉伯字之順序而加以改訂，成爲嚴氏改訂本。這一改訂，祇是將古本把竹簡次序弄顚倒了，而正確的改訂過來，看來很容易，也很合理。可是自程朱以來，幾百年間，多少人研究過這個問題而不得要領，在陽明以前，如董槐、王褘等將「知止而后有定」至「知所以先後，則近道矣」這一段（亦有稱為兩小節者）移至「子曰：聽訟吾猶人也」之上，作爲格物致知之傳（請覆按前文），有贊成者，也有反對者，引發爭議。這些先生們，就是沒有想到古書是刻在竹簡上。假如想到了，他們便會想到，某一段或某一小節的文字，是不可以隨便移動的。他們的爭論，確實沒有意義。在陽明以後，有些人將全篇任意移置，此固不足論；至於崔後渠等，將「詩云瞻彼淇澳」至「大畏民志，此謂知本」這二百九十九字，共十二簡，移置「此謂知本，此謂知之至也」與「所謂誠其意者」的中間，雖然與嚴氏改訂本相差不多，但是仍大有問題在。因爲「此謂知本，此謂知之至也」十字，乃一結語，將其置於「而其所薄者厚，未之有也」之後，作爲自「大學之道」起的這二百零五字的結語；而以下自「詩云瞻彼淇澳」起至「大畏民志，此謂知本」這二百九十九字，又有「此謂知本」的結語，這樣夾雜不清，確很不適當。再者，自「大學之道」起至「未之有也」這一段共二百零五字，恰爲八簡多五字，其每簡的字數，自「大學之道」起，依序是：廿七、廿三、廿七、廿七、廿四、廿四、廿九、廿四等八簡爲比較合理。假如另增加「此謂知本，此謂知之至也」這十字，則這一段成爲二百十五字了，每簡的字數便不好安排了。假如這十字是屬於

「所謂誠其意者」這一段；這段共一百二十八字，恰爲五簡多三字，每簡的字數，依序可分爲：廿四、廿四、廿九、廿七、廿四等五簡，沒有什麼不妥。照這樣說來，將「此謂知本，此謂知之至也」這十字，歸屬於自「大學之道」起至「未之有也」這一段的末尾，無論從文義講，或者從每簡的字數講，都不恰當。上文嚴氏所謂「八簡又過多，九簡又過少」，即是指此而言。現在我們應進而說明的，照嚴氏的改訂本，在文義上有無不妥？關於將「瞻彼淇澳」至「此謂知本」這二百九十九字置之誠意之前，高攀龍曾說，「格物致知之義明矣，乃沛然如江湖之決，不覺手舞足蹈而不能已也。」（請覆按前文）這已足說明嚴氏改訂本在文義上絕無不妥。至於改訂本，將大學全篇看作六段文字，依照古本，不分經傳，前文已有論述。陽明以後的學者，也已有論及，前文已有引述。現在的問題是首段之末，「此謂知本，此謂知本，此謂知之至也」這兩個此謂知本重疊在一起，究應作如何解釋呢？嚴氏認爲這是在加重語氣。古代文字，用重言之以加重語氣，是有先例的。例如：子見南子，子路不悅。夫子矢之曰：予所否者，天厭之，天厭之。（論語雍也）又例如：顏淵死，子曰：意！天喪予！天喪予！（先進）不論怎樣，將「此謂知本，此謂知之至也」放置在「未之有也」之後，與放置在「大畏民志，此謂知本」之後，在文義上，那一個恰當，那一個不恰當？讀者自可作合理的評斷。總之，嚴氏本於研究元明諸儒對大學版本問題所獲得之啓示，并依據每簡的字數作判斷，認定第二十一簡至第二十五簡，是錯置在第八簡與第九簡之間，現今依序調整，成爲嚴氏改訂本，可謂「文理煥然」；至兩「此謂知本」句，乃重言之以加重語氣，於理確實可通。而且，自「大學之道」起至「聽訟吾猶人也」這一節止（以下簡稱「首段」），要講的話已告一段落，自然應該作一總結。以下所講的誠意、正心修身、修身齊家、齊家治國、治國平天下等五個問題，在「首段」中祇有提及，未作詮釋，所以以下應作詮釋。至於有人主張依經傳之例，將首段分作兩段，以「未之有也」以前當作經，以「詩云瞻彼淇澳」以下當作格致之傳，并將「此謂知本，此謂知之至也」十字當作經文之結語。前文已指出，將此十字置於「未之有也」之後當作結語，無論從文義或每簡之字數來作分析，都覺得不很恰當；而且，淇澳之詩與烈文之詩，都是講「不顯」之德，「篤功而天下平」，「中庸之極功也」，也就是講明明德於天下；而且，以下各節，乃是講如何明明德，如何親民，如何止至善，與「大學之道，在明明德，在親民，在止於至善」這一小節實不可以分開。大學首段，據高攀龍大學古記自序曰：「首言三綱，次言知止，次言知所先後，次言所先，次言所後，一開一闔，文理完整，更無欠剩。至修身一條，明解物有本末之義，其爲更端而釋格致也何疑？」嚴氏不同意「更端而釋格致」之說。茲特重新解釋於下：大學首段，首言三綱，次言知止，次言能得者爲本末、終始、先後，次言格物致知之條目，并反覆明之，次言修身爲本，次言修身而明明德於天下之功效，次言如何明明德，如何親民，如何知其所止，乃如何使虛誕之辭，不爲社會所容。這一大段文字，的確是「文理完整，更無欠剩。」整段文字，全是在講格物致知。三綱領者，格致之綱領也；誠正修齊治平者，格致之條目也，又何必「更端而釋格致」呢？首段又如何可分爲二呢？走筆至此，我想所有疑問都應該可以澄清了。嚴氏改訂本，是真正的恢復了古本的原貌，也當然證實了格致之義沒有忘失，這確是立三先生的不朽貢獻。

四、格物致知之義眞解

我們說，三綱領者，格致之綱領也；誠正修齊治平者，格致之條目也。這是說，不祇是大學「首段」，是在講格物致知；而大學一篇，亦全是在講格物致知，這確是許多人未能想到的。

朱子大學章句對格致之註曰：「致、推極也；知、猶識也。推極吾之知識，欲其所知無不盡也。格、至也，物、猶事也，窮至事物之理，欲其極處無不到也。」又曰：「物格者，物理之極處無不到也；知至者，吾心之所知無不盡也。知既盡，則意可得而實矣；意既實，則心可得而正矣。修身以上，明明德之事也；齊家以下，新民之事也。物格知止，則知所至矣；意誠以下，則皆得所止之序也。」朱子訓致爲推極，訓格爲至，大致不差，以下當詳論之；惟所謂「極處無不到」，「所知無不盡」，這祇是說了些空話，對儒學之發揚，毫無裨益。又李塨大學傳註曰：「大學、先王教士之所也。周禮教學之物有三：一曰六德：智仁聖義忠和。二曰六行：孝友睦婣任卹。三曰六藝：禮樂射御書數。記稱四術：曰禮樂詩書。孔門弟子恐世傳習其學而不識其道也，故著其道爲大學篇。」又曰：「大戴禮保傅篇曰，古者年八歲出就外舍，學小藝焉，履小節焉。束髮而就大學，學大藝焉，履大節焉。而賈誼新書容經篇亦言，古者年九歲入小學，蹍小節，業小道；束髮就大學，蹍大節，業大道。禮記內則曰：『子六年，教之數與方名。七年、男女不同席、不共食。八年、出入門戶及即席飲食必后長者，始教之讓。九年，教之數日。十年，出就外傅，居宿於外，學書記，衣不帛襦袴，禮帥初，朝夕學幼儀，請肄簡諒。十有三年，學樂，誦詩、舞勺。成童、舞象、學射御。二十而冠，始學禮，可以衣裘帛，舞大夏，惇行孝弟，博學不教，內而不出。三十而有室，始理男事，博學無方，孫友視志。』十五以後，則大學之學也，與小學同此道藝，但使之從小入大耳。」又曰：「誠意以至治平，下皆有覆明之文，而致知格物無者，以致知之功，在於格物，而格物之事，即在大學。作書者之時，大學教法尚在，不必言也。惟恐時之學者，浮游其物，而體用不實，故指其道曰在明親止善；然明親之道，舍學何由？故又曰致知在格物。今釋其文曰：大學之道在誠意正心修身齊家治國平天下，而欲平天下治國齊家修身正心誠意者先致知，致知在學，則瞭然矣。修齊條，言人情偏向之弊，而未言範圍之禮樂；治平條，言理財用人宜絜矩，而不言田賦勸省選舉計察之實政。亦以孔孟時周官大學成法俱在，無事詳言，故專言其道之先後相需，以示學者所趨也。若不解此，而於近者古法耗斁之時，徒讀大學一篇，以爲學教實法盡是，則又誤矣。……」李塨認爲，小學與大學，「同此道藝」，祇是「從小入大耳」。大學所學者爲三物四術，亦即學此以致知。照李塨之說，格物即大學之學。我們認爲，李塨此說可通。即大學是學以致知。三綱，是學以致知之三綱；誠正修齊治平，是學以致知之條目。格致之義，實可於大學全篇中見之。但是，這亦不是說，定靜安慮得，不是講致知的心路歷程；而所謂本末、終始、先後（達按：知事物之本末、終始，即是知其全部），不是講格物（達按：格物即是學三物四術）的一般要領。這祇是說，大學之學以致知者，乃本於致知之心路歷程與學三物四術之一般要領，以三綱爲標的，而從事誠正修齊治平之學，達成「發慮憲，求善良」，「就賢體遠」，「化民成俗」的「大學之道」（禮記學記）。我們說李塨之說可通。因爲從李塨之說，對格致之義是可作出於上之詮釋。李塨之說，實較朱子之學爲懇切。

嚴立三先生對於大學之道與格致之說有其與一般人不盡相同的認識，特引述於左：

曰止、曰至、曰善，有條理也。曰正、曰誠、曰致、曰格，有實功也。曰心、曰意、曰知、曰物，有先後也。今可得而分釋之矣。物兼事言，此通義也。知者，情之感物而著也。論語曰：喪致乎哀而止。哀者，情之感於親喪而發也。致知、猶致哀之類也。意者，情之著而一者也。心者，情之總匯而性為之體。性動為情，情著為意。仁者，其動著之良能，心存之正則也（達按：話是可以如此說。事實上、仁是心之本體，亦即正心）。格者，木高義，其義甚多。曰至、曰來、曰感通、曰變革、曰正、等訓為最古。所據皆詩書之文，如所謂格於上下、格於皇天、神之格思、格其非心、七旬有苗來格之類是也。推其展轉引伸之跡，正也、變革也，有化裁之意，皆感通之引伸。至也、來也、皆通達之義，亦感通之轉訓。意古者為降神之辭，言人神之交接，若木高之通達於天地，而能上下來去於其間也。就前所舉詩書之文，概以感通之義釋之，均無不合。是格物之格，亦當釋以感通之義。格物者，感物而通之也（達按：朱子所謂「格、至也；物、猶事也。窮至事物之理，欲其極處無不到也」。如何「窮至事物之理」，以至「極處無不到」呢？我想朱子很難自圓其說。至於「感物而通之」，其意義至爲明白。凡誠正修齊治平之事，不論是學以致知，或「篤恭而天下平」，舍感通可以嗎？以感物而通之釋格物，確是正解）。通物者，不蔽於物也。不蔽於物者，推己以及物，而事物之情，無不通之於己之謂也。致者，至也。篇內知至，知之至之文數見，無待辨。至、猶極也。知之至之至，如方圓之至、人倫之至之至也。知至云者，情之感物而極之，則通而無間，如疾病痛苦之通於一體也。論語曰：人未有自致者也，必也親喪乎？言哀痛迫切，發於至情。此言致知之實例也。誠者，純亦不已之謂也。意誠云者，情安於是而莫容自已，有惓惓不舍之意。唯仁人，唯能愛人，能惡人，其例也。樂記曰，感於物而動，性之欲也，物至知之，然後好惡形焉。欲動之謂知，好惡之謂意，與感之謂物，此物知意三者相關之的解也。正者，是也；是者，直也，有貞一以止之義。心正云者，情直而性存，恬淡而舒暢，於是神明洞豁，而身得其所主也。易傳曰，成性存存，道義之門，此言心正也。夫心、必有所在也，是謂意。意必有所顯發，是謂知。知必有所體著，是謂物。心、情，一也。故情通物化，內外無間，則物格矣。通極其量，萬物備我，則知至矣。拳拳服膺，顛沛如是，則意誠矣（達按：嚴氏確有如此的修養）。安之宅之，則心正矣。夫仁、人心也。人而不仁者，失其心者也（此語甚諦）。失其心者，失其能（達按：此能字應特指此心之本能言，下同）者也。失其能者，塊而已矣。塊相擊而不相容也，此天下國家之所以分崩離析也。善者，仁之發用也。感物以著之，即著而充之，慎默而守之，於是而心之本能遂矣。夫著之、充之、猶聚薪鼓橐因其爐而燃之也。是故止善之義，誠身之功，大學之道，求仁之方而已矣。能近取譬，強恕而行，皆此之謂也。是故物格者，善也。知至者，至善也。意誠者，止至善也。心正者，定靜而安宅之也。及手不勉而中，不思而得，從容中道，

然後可以謂之君子之修其身而天下平矣。（同上，頁四一—四三）

以上是就格物致知誠意正心之義，作反覆的闡明，雖不必完全正確，但大體不差，其對於格物之解釋，朱子陽明都應該覺得，實無以對後學；尤其是朱子，將格致解釋爲「即物窮理」，既失去學三物四術以致知之舊，此即以「即物窮理」之一句空話，取代了三物四術之實學；也使學者，不知「感物而通之」之真義。談到認識：釋家反分別之認識，而欲轉識成智；道家認爲，雖吹萬不同，實長風一氣，故重無是非之知與無知之知，以期「道通爲一」；至於儒家，則是以感爲認識的起點。所謂「人生而靜，天之性也；感於物而動，性之欲也；物至知知，然後好惡形焉！」這就是說，一切認識，一切是非善惡，皆是通過「感」而存在。周易繫辭上傳第十章有曰：「易，無思也，無爲也，寂然不動，感而遂通天下之故，非天下之至神，其孰能與於此。」又咸卦彖曰：「天地感而萬物化生，聖人感人心而天下和平，觀其所感，而天地萬物之情可見矣。」照這所說，感可分爲兩方面：一是「感而遂通天下之故」，一是「感人心而天下和平」。前者是講人之認知；後者是講人之成就。人是可以也是應該感而通之，先知先覺者更應該感動人心而天下和平。這是大人之學的全部，亦即內聖外王之學的全部。嚴立三先生認爲「大學一篇，由形式結構觀之，自屬依據堯典『克明俊德』以下數語而作」。我覺得此說很好。不知這是嚴氏自己的發現，還是得自他人。照堯典所說：「克明俊德，以親九族；九族既睦，平章百姓，百姓昭明，協和萬邦，黎民於變時雍。」這克明俊德，是相當於「在止於至善」，亦即相當於誠意正心修身；這以親九族，平章百姓等，是相當於「在親民」，亦即相當於齊家治國；這協和萬邦，黎民於變時雍，是相當於「在明明德」，亦即相當於治國平天下，也就是明明德於天下。這與程朱對三綱領所理解者不盡相同。朱子對於自「大學之道」起至「在止於至善」，這所謂三綱領之註曰：「大學者，大人之學也。明、明之也。明德者，人之所得乎天，而虛靈不昧，以具衆理而應萬事者也。但爲氣稟所拘，人欲所蔽，則有時而昏；然其本之明，則有未嘗息者，故學者當因其所發而遂明之以復其初也。新者，革其舊之謂也。言既自明其明德，又當推以及人，使之亦有以去其舊染之污也；止者，必至於是而不遷之意，至善、則事理當然之極也。言明德新民，皆當止於至善之地而不遷，蓋必其有以盡夫天理之極，而無一毫人欲之私也。此三者，大學之綱領也。」朱子一生，兀兀窮年，齋莊中正，象山讚之爲泰山喬岳。其人格之高尚，實爲後之學者景仰不置；但因他祇知「反之以自責而自修」，祇知「止於至善之地而不遷」，忽視大人之學。應著重於親民而明明德於天下，這確是朱學最大的缺失。王陽明大學問有曰：

明明德者，立其天地萬物一體之體也；親民者，達其天地萬物一體之用也。故明明德必在於親民，而親民乃所以明其明德也。是故親吾之父、以及人之父，以及天下人之父，而後吾之仁實與吾之父、人之父與天下人之父而為一體矣。實與之為一體，而後孝之明德始明矣。親吾之兄、以及天下人之兄，而後吾之仁實與吾之兄，人之兄與天下人之兄而為一體矣。實與之為一體而後弟之明德始明矣。君臣也、夫婦也、朋友也，以至山川鬼神、鳥獸草木也，莫不實有以親之，以達吾一體之仁，然後吾之明德始無

> 不明，而真能以天地萬物為一體矣。夫是之謂明明德於天下，是之謂家齊國治而天下平，是之謂盡性。

陽明這所說的，是說明「在明明德，在親民」之真義是什麼？如能識得釋家的平等性智，便真能懂得陽明這所說的意義；因此、「禹思天下有溺者，由己溺之也；稷思天下有飢者，由己飢之也，是以如是其急也。」（孟子離婁下）這也可以詮釋陽明這所說的意義。孟子曰：「禹稷顏面同道。」「禹稷顏子，易地則皆然。」（同上）孟子似乎認爲，祇有當政者，才應該「達其天地萬物一體之用」。孟子這是錯了。孟子曰：「萬物皆備於我矣。反身而誠，樂莫大焉！強恕而行，求仁莫近焉！」（盡心上）孟子這所說的并不錯。至於他反對墨子，如果是反對墨者，假兼愛之名，必將造成嚴酷統治，使人喪失一切之實，尙不失爲有遠見；但是痛詆兼愛，竟擬之爲禽獸，則與「萬物皆備於我矣」之說，何其如此不相類也。孟子認爲「禹稷顏子，易地則皆然」；若祇就其行事來說，這并沒有錯；若就其存心來說，實無所處之地的不同。再者，朱子祇知「止於至善之地而不遷」，而「又當推以及人，使之亦有以去其舊染之污」。這種希望每一個人都能遷善改過的思想，其結果，必是使犯錯誤之人，當眾自我檢討，或向上級再三坦白，而至無容身之地，甚至無不說話的自由。朱子的嚴以責己而又推以及人的責人，實是文化大革命時，紅衛兵不放過任何一個犯錯誤者的主要原因，因爲彼時的紅衛兵，他們必是自命爲沒有犯錯誤的人。這與大人之學完全不同。大人之學是學以致知，使自己能誠正修齊而達到治平的理想；也就是能止於至善的而「無所不用其極」的日新其德

（仲虺之誥曰：德日新，萬邦惟懷），以保新民（不算舊帳），以承新命，而完成親民與明明德於天下的「民之不能忘」或「前王不忘」的盛德大業。大人之學者與理學家的襟懷，確是不同的。理學家律已以嚴，希望人人都有過而能改，造成了不寬容的襟懷；大人之學者，希望實現明明德於天下的理想，「以天下爲一家，以中國爲一人」，故能人溺己溺，人飢己飢，而覺得「匹夫匹婦，有不被堯舜之澤者，若己推而內之溝中」。這種襟懷，祇覺得人應該救，祇看見人的疾苦，祇知如何以善人之生。這就是原始儒家的人本精神。六祖惠能「常見自家過愆，不見他人是非好惡」，亦大抵類此。朱子未能有見及此，所以大學朱註多有未妥。陽明是有此大人之學的襟懷，可能是時勢使然，其學說祇教人致良知而已。在明代那樣黑暗腐敗的時代，人本思想，當然不可能建立。在那樣的時代，人、喪亡無日，如何能有善人之生的奢求。

此外，關於格致之義，嚴氏并引戴東原之說以爲說明。因爲堯典「克明俊德」之前一句，是「光被四表，格於上下」，這也是「格」字最先見於經傳者，古籍中亦常用此字。據戴東原考證：光被四表之光字，本爲橫字，轉寫爲桄，脫誤爲光。戴東原說：「溥遍所及曰橫，貫通所至曰格。」上句講橫被四表，下句講直通於上下，所以格字有木高貌之義，象徵神由高而降，於是，格字有至、來、感通、通達諸義。我對於戴氏之考證，未便表示意見。我對於考據之學，完全外行。我擬稍作說明者，光被四表之光，實有光明普照，遍及上下四方之義。考堯典：「曰，若稽古帝堯，曰，放勳。欽明文思安安，允恭克讓，光被四表，格于上下，克明俊德，……」這整段文字，都是美堯之德。我們說是堯德之光輝，普遍照耀於四表，似乎沒有什麼不妥。此姑不論；至於「貫通所至曰格」之說，這確是很好。我們可以這樣的說，格物致知，即是貫通其所學而有知識。凡貫通的知識，必是真知。今日科學上的創造發明，必都是貫通的知識。凡是有疑點未能澄清，問題未能解決的事物，必都是對之未能貫通。貫通事物以致知，這應是儒家格致之學的精義所在。我們評論朱子所作格致補傳，除所說「貫通」二字不錯外，其餘全是空話或廢話。我們所指責的，未免過於嚴厲，卻無違於理。格致之學，決非朱子所想像的即物窮理或即凡天下之物而益窮之，而祇是就所學者貫通之以致其知而已。就所學者貫通之，這確是很重要的。其在今日，學經濟者，對於經濟學未能貫通，當然不會有經濟方面的真知識，如此類推，學必是「感物而通之」，才能致知，這在今日，大家已習以爲常了。我們說儒家認識論是以格致爲著力點，亦即以貫通其所學爲著力點。這是一個真正的科學家所必須戮力以赴的。自孔子以來兩千多年，儒家以感爲認識的起點，以「感物而通之」爲認識的著力點，時至今日，因科學家在貫通方面之成就，方知其義不差；不過，科學家所致力者，在某一事物之貫通。我們認爲，非至誠、決不能貫通事物而知之。這是所有有成就的學者，都能證明吾言不謬。同時，這貫通事物而知之之至誠，若擴而充之，必能「感人心而天下和平」，也必能完成大學之道的理想。戴東原原善下有云：

「致知在格物，何也？事物來乎前，雖以聖人當之，不審察，無以盡其實也，是非善惡未易決也。格之云者，於物情有得而無失，思之貫通，不遺毫末，夫然後在己則不惑，施及天下國家則無憾，此之謂致其知。」又惠士奇大學說云：「大學致知，中庸致曲，皆自明誠也。中庸謂之曲，孟子謂之端。在物為曲，在心為端，致者，擴而充之也。」又焦循格物解云：「格物者何，絜矩也。格之言來也，物者，對乎己之稱也。……物何以來，以知來也。來何以知，神也。何為神，寂然不動，感而遂通也。何為通，反乎己以求之也。己所不欲，勿施於人，則足格人之所惡；己欲立而立人，己欲達而達人，則足格人之所好。……故格物者，絜矩也；絜矩者，恕也。」（以上皆轉引自註一，頁九四—九五）

我不喜清儒的訓詁考據之學。如張惠言、毛大可等治漢易而斥宋易，祇講究門戶之見，更爲不滿。對清儒之學，少有研究。今讀嚴立三先生所引戴南山等對格致的詮釋，實遠較朱子爲切實。以忠恕之道，貫通人我之情；由不惑而至無憾，由致曲而至擴而充之，以貫通物我之情，這是很切實的。朱子所謂「至於用力之久，而一旦豁然貫通焉」，這是指疑義盡消而言；至於通常之不惑，祇須對事物之本末終始，能瞭然於懷，便不必再有疑慮；而且，忠恕之道的推己及人，乃是「親吾之父，以及人之父，以及天下人之父」，決不是「自明其明德，又當推以及人，使之亦有以去其舊染之污」。尙書仲虺之誥曰：「初征自葛。東征西夷怨，南征北狄怨，曰，奚獨後予。攸徂之民，室家相慶，曰，徯予后，后來其蘇！」仁者是救民於水火之中，不是欲「去其舊污之染」；是要「作新民」，不是要作無盡的清算鬥爭。理學家的那種不寬容的精神，文化大革命，可說已發揮得淋漓盡致。這是與大人之學的旨趣完全不相符合。大人之學，是本於「愛與敬、爲政之本」的主旨，以順人之至善的本性，成就善人之生的理想，而達到明明德於天下的目的。理學家缺少此種襟懷。他們既不能貫通三綱，而知明明德是在於親民；也不知貫通八目，而知修身是在於平治天下，亦即善吾之生并善天下人之生。孔子及其門弟子們，大概有這樣的一種理想：希望以他們修身的效應，實現「無情者，不得盡其辭，大畏民志」之移風易俗的理想。這種理想之實現，也絕非不可能。孔子曾說「君子之德風，小人之德草，草上之風必偃。」（論語顏淵）好像曾國藩也說過：「風俗之厚薄奚自，在乎一二人之人心所向而已。」某些一二人之修身的效應，是可以形成一種善良風俗，這也算是此不顯之德，篤恭而天下平。祇有秦始皇那一類之執政者，才會不容許儒生實現如此的理想。自孔子以來，儒生有此理想者確是很少的。

儒學之不明久矣。儒家認爲，人生而靜，此即人得天地之靜以生。靜虛故能感物，此即感於物而動。感於物而貫通之，故有知，此即儒家所謂之格物致知。但是，物至知知，多有未能貫通者，所以儒家認識論的全部，亦即格致之學的核心所在，在求得貫通而已。今日科學上的創造發明，或任何一種學說得以成立，亦全是能貫通的結果。假學說之所以爲假，亦就是以不通爲通罷了。儒家是以忠恕之道貫通人我之情，忠恕之道前文已言之詳矣。同時，也是以至誠之道，來貫通物我之情，對此，有稍加說明之必要。中庸曰：「誠則明矣，明則誠矣」（第廿一章），這是說，誠與明是相通的。又曰：「誠者，物之終始」（第廿五章），這是說，能真知事物之本末終始，則該事物不會是假，而我也可以「不惑」。中庸曰：

在下位，不獲乎上，民不可得而治矣；獲乎上有道，不信乎朋友，不獲乎上矣；信乎朋友有道，不順乎親，不信乎朋友矣；順乎親有道，反諸身不誠，不順乎親矣；誠身

又曰：

有道，不明乎善，不誠乎身矣。誠者，天之道也；誠之者，人之道也。誠者，不勉而中，不思而得，從容中道，聖人也。誠之者，擇善而固執之者也。（第二十章）

又曰：

唯天下至誠，為能盡其性；能盡其性，則能盡人之性；能盡人之性，則能盡物之性；能盡物之性，則可以贊天地之化育；可以贊天地之化育，則可以與天地參矣。（第二十二章）

又曰：

其次致曲，曲能有誠，誠則形，形則著，著則明，明則動，動則變，變則化。唯天下至誠為能化。（第二十三章）

又曰：

故至誠無息，不息則久，久則徵，徵則悠遠，悠遠則博厚，博厚則高明。博厚、所以載物也；高明、所以覆物也；悠久、所以成物也。博厚配地，高明配天，悠久無疆。

> 如此者，不見而章，不動而變，無為而成。（第廿六章）

又曰：

> 故君子之道，本諸身，徵諸庶民，考諸三王而不繆，建諸天地而不悖，質諸鬼神而無疑，百世以俟聖人而不惑。質諸鬼神而無疑，知天也，百世以俟聖人而不惑，知人也。（第廿九章）

中庸似乎是爲大學做註腳。大學曰：「物有本末，事有終始。」中庸曰：「誠者，物之終始。」這不是爲大學做註腳嗎？我們本於李塨、嚴立三先生、以及清儒戴南山等對格致所作之詮釋，認定格物致知，即「感物而通之」以致知，亦即貫通事物以致知。然則如何能「貫通事物以致知」呢？前文我們曾說，「非至誠、決不能貫通事物而知之」，所以我們認定是以至誠之道來貫通物我之情。前文嚴氏曾說：「情通物化，內外無間，則物格矣。」此種造詣，非至誠能之嗎？何謂至誠？依中庸的解釋：第一，曲能有誠。一曲之士，「得一察焉以自好」，「不見天地之純，古人之大體」。一曲之士，多是執滯不通。但是，今日科學上之創造發明，皆是「致曲」而已。科學是「曲能有誠」，這是無待費詞。「有誠」能化，「有誠」則不會執滯不通而能「變則化」的以求貫通。第二，唯天下至誠，爲能盡其性。至誠何以能盡性呢？我們講本體論時，即已指陳：「本體存在之本性即至誠」（請覆按第二章第三節）。

至誠既是本體存在之本性，則人與物之本性皆是至誠。唯至誠爲能盡性，事無可疑。能盡其性，則自可「情通物化，內外無間」了。第三，本諸至誠以貫通事物而致知，故能「本諸身、徵諸庶民，考諸三王而不繆，建諸天地而不悖，質諸鬼神而無疑，百世以俟聖人而不惑。」我們認爲，能如此至誠的以貫通事物而致知，必能知之至而無疑。儒家「本於前人所累積的經驗，通過理性的考驗」與各種證驗，以正確認識。儒家認識論，「吾無間然矣」。第四，儒家將誠分爲誠者與誠之者。誠者，是「自誠明，謂之性」；誠之者，是「自明誠，謂之教」；而其結果是：「誠則明矣，明則誠矣」，應該是完全沒有不同。再者，儒家認爲，「誠者，不勉而中，不思而得，從容中道，聖人也。」這與釋家所謂之大圓鏡智，道家所謂之「樞始得其環中，以應無窮」，是完全相同的。從本體論來說，三家確是沒有不同。至於所謂「誠之者，擇善而固執之也」。擇善固執，決非執滯不通。禪宗的參話頭，頗與擇善固執相同。所不同者，參話頭是要覺悟本性；擇善固執，則是以「止於至善」爲起點，而做親民的工作，以明明德於天下。當人真的覺悟了本性，他是真的會了，不祇是橫說豎說都是；而且是真能「從心所欲不踰距」。這就是說，當不顯之德，篤恭而天下平，必是「情通物化，內外無間」。誠之者，在實踐過程中，是會有不同的造詣；而且，也會有不同的努力目標。這應該不是誰對誰錯的問題，也當然不會是覺悟程度有差別。這祇是宗教家所經營者是西方極樂世界，而儒生的理想，是希望實現人間淨土。人間淨土是可欲之善與人同，是善吾之生并善人之生的人間極樂世界。有佛教門下說，地獄不空，誓不成佛。儒生的理想若能實現，則人人都可以成佛了。第五，儒生所感受的，是悠久、博厚、高明；儒生所推崇的，是不顯之德，純亦不已。「如此者，不見而章，不動而變，無爲而成」。臺灣當局，近來常自許是完成了和平革命。臺灣社會，由戒嚴而解嚴，由有禁忌而沒有禁忌。真可以說，是實現了民主政治。這是自古以來所沒有的。這也算是「不動而變，無爲而成」。臺灣當局，固未必十分博厚、高明；但執政者，能依法接受各方的監督，未敢任意而行，這確是可貴的。民主之可貴，當然不祇是如此。它有一種真的力量，來貫通人我之情，這是許多人所缺少的，也是一般儒生在封建社會所不可能夢見的。儒家的內聖外王之道以及其善人之生的理想，若真能貫通，必可成爲一種力量，在民主社會定可以成功。總之，儒家認識論，以格致爲著力點，即是著力於貫通人我與物我之情而有一正確的認識。這正確的認識，即是發揚道心而止於至善，亦即是誠意正心而修身。堯典所謂「克明俊德」是也。因爲真正的貫通，必是疑義盡消，全無滯礙，亦即是真正的覺者。儒家以覺者之平等性智或無知之知，透過忠恕之道，實現於「人間世」，以善吾生而善人之生。與釋道兩家的認識雖不相同，卻不是不通。以貫通爲本質的格致之學，其成就是形下的，其源頭則是形上的。因爲若不識得形上之中，亦即若不能發揚道心，則不可能生不偏之正心或獲得止於至善之知，也不可能修齊治平或親民而明明德於天下。所以，以貫通爲本質的格致之學，亦即儒家以「中」爲本之認識論。以「中」或以不偏之正心爲本的儒家認識論，確是以格致之學爲著力點，以期實現善人之生的人本思想，宋明以來的理學家，除了王陽明因其至誠之心志，得以貫通其所學，而識得人之仁心仁性，亦即所謂未發之中外，程朱一派之理學家，未能先立乎其大者，祇知著重個人外表的行爲修養，以「非禮勿視，非禮勿聽，非禮勿言，非禮勿動」爲務。上焉者，成爲「言必信，行必果，硜硜然，小人哉，抑亦以以爲次矣」的最起碼的「斯可謂之士」；下焉者，道貌岸然而成爲假道學。他們何能懂得格致之學，也當然不懂得儒家的認識論。儒家文化的真精神，在朱子一派的理學家中，不僅未能獲得應有的發揮，而且受了莫大的傷害與扭曲。

第三節　儒家認識論之其他方面

一、儒家認識論與易簡工夫

儒家認識論是側重現實的人生，并承前人的經驗智慧，以一套方法，善吾生以及他人之生。這套方法，即古代大人之學。自孔子以來，這一套方法，不僅未有實現，能深知其意者，確實很少。套用孔子一句話，這是「智者過之，愚者不及也」；亦即「賢者過之，不肖者不及也」。程朱是賢者過之，假道學當然不會懂得。這套方法，是以至誠之道，貫通事物以致知。人、因「感於物而動」，故有知。這種知、在道家看來，是「長風一氣，吹萬不同」；在佛家看來，全是煩惱。儒家則以至誠之道，貫通事物而至於知之至。這知之至，亦即知之真。儒家是以通曉事物之真情爲真知。當人因「感於物而動」而有知時，於是「好惡形焉」。釋家認爲，人祇要有好惡，便會有煩惱。滅盡好惡，便是覺者。儒家則以節制好惡爲務。能節好惡，即能克念。周書「多方」有曰：「惟聖罔念作狂，惟狂克念作聖。」克念乃作聖之功，節好惡亦祇有覺者才能做得到。不能節好惡，決不能貫通事物以致知。惟有覺者，才能知之至或知之真，實無可疑。我們認為，好惡無所容心，這當然是覺者；能節好惡，實乃覺者無疑。事實上，人能節好惡以貫通事物而致知，這就是思。洪範以貌言視聽思為五事。洪範曰：「思曰睿」，「睿作聖」。睿是「通乎微也」，聖是「無不通也」。貫通一事，在儒家看來，若能「通乎微」而又「無不通也」，這就是「睿作聖」了。通是最容易也是難能的。我向人說：「請給我一杯水」，他人即給我一杯水，這就是通。又向人說：「請問最近的車站何在」？他人即指示路徑，我也走到了車站，這當然就是通。現代人叫這種通為溝通，好像水溝裡水在流通一樣。這種通、亦即人與人之間的互通訊息，是不難達成的。這種通、也就是明，即明白或懂得的意思。這種懂得或明白，若是習知者，是不會有困難的。習慣之形成，至不容易。可以說，是於無意中運用思想三律以形成一套約定俗成的體系；這套體系，在習知的生活環境中，是可以應用無窮；若超出其有限之範圍，便會有困難，此所以劉佬佬進大觀園，鄉下人進城都很不習慣。學術上也大致如此。今日學術分工很細，各有專攻，互通是很難的；所以明白或懂得，一般說來，是侷限於一定之範圍。至於儒家大人之學所欲明白或懂得的，簡言之，是止於至善而親民以明明德於天下；若問其目，則是誠正修齊治平而已。大人之學所欲明白或懂得的，亦是侷限於一定之範圍。不過，就明白或懂得的本身來說，孔子以後的儒生，很少有幾個人懂得。它就是我們在第一章所講的「超感性的直觀」，亦即我們所謂「道之本體與心之本體」。道家所謂「樞始得其環中，以應無窮」，佛家所謂「生無所住心」而現「大圓鏡智」，都是指這個懂得的本身而言。不識得這個懂得的本身，是很難真的貫通事物以致知。通常都是「物至知知」，而習以為知而已。至於科學家而能貫通某一事物以致知，乃科學家一念之至誠，故能格物而知之至（達按：知之至即是致知）。儒家以格致為核心的認識論，是本於形上之道而通曉形下的事物之真情，是我們在第一章第四節所述臨濟四料簡中之人境俱不奪。唐玄奘曾譏孔子是「拘於生滅之場」（見聖教序），此是釋家對儒家之誤解。門戶之見，雙方或儒釋道三方都有爭論，我們祇要能通達真情，實不必說誰對誰錯。至於這貫通形上與形下之紐帶究竟是什麼呢？我們知道，宇宙是由無待而有待的以辯證的由形上過渡到形下的發展過程，亦即宇宙本體稱其所有的且是「顯微無間」「存有連續」的顯現為宇宙萬象。人之認識，亦是這認識本體，至誠無息以應無窮的而「物至知知，然後好惡形焉」。若能「好而知其惡，惡而知其美」，則是通曉事物之真情而有真知。真知是青天無片雲之朗朗乾坤而纖毫畢露，燭照無遺。真知是知之者無惑無隔而所知者皆真。知之真，確是疑義盡消，橫說豎說皆是。在這個時候，人無有不至誠，「人無有不善」（告子上）。至誠或至善，是貫通形下與形上之紐帶，亦即貫通事物以致知之必需條件或必備之基礎。有人說，真理是中立的，是不為堯存不為桀亡，而與善不善無關。我們講道家的認識論時，對無知之知與無是非之知，有頗為詳明之陳述。無是非之知當然是中立的。我們所謂之至誠，它當然可以說是中立的；我們所謂之至善，決不會妨害真理之追求。嚴立三先生曰：

> 夫善者，心物和通之謂，俗語一念親切之同情近之。親之至，是知至矣，是物格矣。夫情者，性之動，善之資，天德之著，而人道之常，所謂承天而時行者也。推而順之，沛然若決江河，莫之能禦，天下之能事畢矣。性者，分定於天，而全於人。通乎萬物，

而各成其類。見乎心知，動乎四體，統乎天道，生生變化而無息者也。盈天地皆性，故盈天地皆情矣。情者，感也；盈天地皆情，故盈天地皆感矣。感者，心物之交也，交而通之，則善矣。是故夫物，自吾不通者而感之，肝膽楚越也；自吾通者而感之，無不可通於己也。推己者，格物也；盡己者，致知也。格致之學，忠恕之道，一而已矣。孔子曰，有一言而可以終身行之者，其恕乎？（嚴氏遺稿：大學辨宗，頁四三—四四）

又曰：

故善不能離物而自著，亦不能舍心而自存，適心與物之無間。情通之謂善，仁之發用耳。（同上，頁四一）

又曰：

感者，物我之交也，交而通之，則善矣。傳曰：一陰一陽之謂道，繼之者善也，成之者性也。言萬物之變化錯綜，其所繫在是，其所立亦在於是耳。（嚴氏遺稿：禮記大學篇考釋，頁九九）

嚴氏這所說的，是說通即是善。他說心物和通之謂善。所謂心物和通，亦即物我和通。

他認爲心物交而通之，物我交而通之，則善矣。這心物、物我之交而通之，亦即情通。他說：「情通之謂善，仁之發用耳。」此說甚真。他說：「昔之釋至善者眾矣。類皆以無過不及、純粹不雜、會歸、統攝等形容空洞之義言之，而不知至善猶至道、至德等之稱謂，必有所確指以明其實事實功，而爲言性之首務者也。」他說昔之釋至善者不恰當，確是很對的。他對於至善有如下之說明：

昔日之論性者眾矣，而皆憚於言情，蓋以論孟之書，固不言情也。孰知論孟之書，凡所謂心者，皆主情以為言者也。言心，即言情也。心者，非實體之稱謂也。虛靈也、情感也、明察也，皆非言其實體而言其功能者也。別情感於心，而獨言其虛靈與明察者，他宗之義也。孟子曰，君子所性，仁義禮智根於心，其生色也，睟然見於面，盎於背，施於四體，四體不言而喻。此言仁義禮智之於性情身，若合符節也。性、言其分定於天，不加損也；體、言其充盈，不能外也；情者，其根苗，言即是而充之皆是也。故曰，性之也，身之也，反之也。反之者，自度於其情也。孔子曰，仁遠乎哉？我欲仁，斯仁至矣。孟子曰，仁、人心也。又曰，仁者，人也；合而言之，道也。言之深切著明，未有逾於此者也。故不盡其情者，未有能知其性者也；不通乎情者，未有能踐其形者也。仁義禮智，皆性之德，即情之充。手之、舞之、足之、蹈之，居其室，而千里之外應之，四海之內，皆將輕千里而來之者，均是也。若夫博之過顙，激之在山，是豈情之罪也哉，其勢則然也。外性而言情，制情而尚勢，非大學之道，他

宗之義也。（大學辨，頁五三）

照嚴氏此說，所謂情通，乃是指情通於性而言。此說極是。凡情不通於性，即是心性不通。精神病患者，乃最嚴重之心性不通。心性不通之種類至多，難以遍舉。凡具有私心、欺心、偏心、疑心、狂妄心等等不正之心，以及佛洛姆（Erich Fromm）所謂之嗜血症等病態心理患者，全是心性不通者。心性不通，確有種類與程度之不同，其詳非我們所欲討論。我們特須指陳者，心性不通，即是不善。因爲心性不通，必是性被物蔽，心被物迷，其情不真，其意不善。其意不善者，以不真爲真，以不通爲通；好之者皆美，惡之者皆惡。是非善惡，皆失其正。在帝王專制時代，舉天下之人，皆生活在被奴役之環境中，意善而情真者，多遊於方之外。在那樣的時代，社會上真正的通人，是少之又少的。這既是認識了已往之歷史事實，也深切的體會了善與通之相互關係。不善必不通，上文言之詳矣，無待多辯。至於至善與情通：一般人以爲善即道德。道德是善，固不待言。所謂善、實有會與頂好之意。例如所謂善頌善禱，即是會頌會禱，而且是頂好的。又如「南宮适問於孔子曰，羿善射」（論語憲問）又如「子與人歌而善，必使反之」（述而）又如「子謂韶、盡美矣，又盡善也；謂武、盡美矣，未盡善也。」（八佾）此所謂善，實是指最會或最美好的而言。現代人說：某會唱歌，某會畫畫，某會跳舞，某會寫文章等等，此所謂會，古人是稱之爲善；因此，所謂「通即是善」，其意是說，若是真會，即是真通。禪宗門下，常有「會嗎」之問話，這就是問你通不通了。通即是善，善即是通，實無疑義。我們在第四章第三節，講王陽明的本體哲學時，對於善與美好及善與良知，曾有所闡述。誠然、真理與道德之善，固不必有關；但真理必真必通，絕無可疑；而且，真正的中立，也就是善。因此、我們以至善爲貫通事物之必需條件，既不失儒家之本意，也是獲得正確認識不可或缺的方法。

那麼，如何才能獲得至善呢？照釋家的看法，若能見性，便獲得至善。佛門弟子，往往窮畢生之力而摸不到邊者，比比皆是。見性是最困難的一件事，而且沒有方便之門。照這樣說來，要獲得貫通，實不容易。不過，儒家是以易簡工夫，以求獲得貫通。那麼，什麼是易簡工夫呢？茲對易簡之義，略述於下：

> 乾以易知，坤以簡能。易則易知，簡則易從。易知則有親，易從則有功；有親則可久，有功則可大；可久則賢人之德，可大則賢人之業。易簡而天下之理得矣；天下之理得，而成位乎其中矣。（周易繫辭上第一章）
>
> 夫乾、其靜也專，其動也直，是以大生焉；夫坤、其靜也翕，其動也闢，是以廣生焉！廣大配天地，變通配四時，陰陽之義配日月，易簡之善配至德。（同上第六章）
>
> 夫乾，確然示人易矣；夫坤、隤然（音頹）示人簡矣。（繫辭下第一章）
>
> 夫乾、天下之至健也，德行恒易以知險；夫坤、天下之至順也，德行恒簡以知阻。（同上第十二章）

照以上所說，易簡工夫，即乾坤或陰陽之合德，茲再述之於下：

子曰：乾坤其易之門邪！乾、陽物也；坤、陰物也。陰陽合德，而剛柔有體，以體天地之撰，以通神明之德。（繫辭下第六章）

乾坤其易之緼邪！乾坤成列，而易立乎其中矣。乾坤毀，則無以見易，易不可見，則乾坤或幾乎息矣。（繫辭上第十二章）

是故闔戶謂之坤，闢戶謂之乾，一闔一闢謂之變，往來不窮謂之通。（同上第十一章）

照這所說，有乾坤則有變易；若無變易，則沒有乾坤。用現代的語詞來說，若沒有變易，即沒有我們所謂之存在。這與我們在宇宙論中所講「這個變化之所以形成，乃由於有對待」（請覆按第五章第二節），是完全相同。我們說宇宙乃一辨證的發展過程，亦正是此意。這究竟是表示什麼意義呢？從宇宙論言之，這是宇宙之本來如是。從人之認識來說，這千變萬化，包羅萬象之宇宙，究其實，祇是乾坤成列、陰陽合德所成之變化而已。宇宙乃宇宙本體由無待而有待的呈現其變化的場所。這千變萬化的都是「一」之呈現。長風一氣，吹萬不同，頗能表達此意。在此特須指陳者，這本體之一顯現爲多時，必是顯現了本體之本性。本體之本性，在本體論中已言之詳矣。乾坤必是代表了本體之本性。所謂至健至順，確然隤然，以及動靜等等，皆是指本體之本性而言。本體之本性，表現在成列之乾坤方面者，如：

大哉乾元，萬物資始，乃統天。（乾卦彖曰）

大哉坤元，萬物資生，乃順承天。（坤卦彖曰）

「文言曰，元者，善之長也；亨者，嘉之會也；利者，義之和也；貞者，事之幹也。君子體仁足以長人，嘉會足以合禮，利物足以和義，貞固足以幹事。君子行此四德者，故曰，乾，元亨利貞。（乾卦文言）

乾卦又曰：

乾元用九，乃見天則。乾元者，始而亨者也；利貞者，性情也。乾始能以美利利天下，不言所利，大矣哉。大哉乾乎，剛健中正，純粹精也。

本體之本性，表現在乾坤方面者，以上所述，至爲完備。那麼，「以易簡工夫，以求獲得貫通」，實不易簡。不過，易繫辭爲什麼會說「乾以易知，坤以簡能」呢？先談簡。論語雍也載：「仲弓問子桑伯子。子曰，可也簡。仲弓曰，居敬而行簡，以臨其民，不亦可乎？居簡而行簡，無乃太簡乎？子曰，雍之言然。」照孔子這所說的，簡是可矣的。也祇是可矣而已。最好是「居敬而行簡」。坤卦曰：「直其正也，方其義也。君子敬以直內，義以方外。敬義立而德不孤，直方大，不習無不利，則不疑其所行也。」人，若能敬以直內而行簡，則必不失其義，而行亦必不疑。敬簡之義大矣哉，實亦不失其爲簡也。再談易。易當然有容易、簡易諸義，也當然有變易與不易之義。易之義，真的是：廣矣、大矣、備矣。孟子曰：「人之所不學而能者，其良能也；所不慮而知者，其良知也。孩提之童，無不知愛其親也；及其長也，無不知敬其兄也。親親、仁也；敬長、義也；無他，達之天下也。」（盡心上）孟子所說的良知良能，是說這是一般人最易知易能的。因爲王陽明提倡致良知的學說，所以使一般人覺得良知是很難的。現在我想換一個話題來講。易繫辭曰：「乾道成男，坤道成女。」那麼，乾坤成列而陰陽合德，即是男女相愛。咸卦（䷞澤山咸）是上兌（☱）下艮（☶），即上少女下少男。咸卦之彖曰：「咸、感也。柔上而剛下，二氣感應以相與，止而說。」這少男少女之相愛，當然是最容易的。那麼，本此少男少女相愛之純情，真情而認真的（敬以直內即是非常認真）感應以相與，這不是易簡是什麼？中庸曰：「君子之道，費而隱，夫婦之愚，可以與知焉……，夫婦之不肖，可以能行焉。」少年男女，結成夫婦，無不真心相愛，這就是表現了易簡之德。推而廣之，小孩子敬愛父母，長大後敬愛兄長，這都是易簡的表現。我認爲，以愛爲動力，以敬爲手段，以善爲原則，以通爲目的，這就是易簡的工夫。人、本於少男少女相愛的那種真情，對自己份內的事，很認真的（敬）去求得最好的（善）實踐，一定會達成目的（通）。這無論在知（認識）行（認識之實踐）方面都是比較容易做到的。這易簡工夫，在本質上，即孔子所謂「愛與敬，其政之本歟」的理想，實踐在人常日用方面；也就是將人之純真無假的赤子之心，認真的作最好的表現。這是最正確的發揚道心而使人心能得其正。人、不必過份的爲繁文褥節所困，祇要真能直心以動，而又能敬慎其事的不受人惑，則能事畢矣。這也是非常確切的體現了本體之本質。所謂易簡工夫，大抵不外於此。易簡工夫，應是儒家認識論之切實可行的方法。自秦漢以來之儒者，除王龍溪能「易簡直截」（請覆按第四章第三節），「而毀譽之言，亦從此入」外，其餘人士，都祇知著重繁文褥節，墨守前人之一般成規，很少能啓發人之本性以成人之能。道之不明也久矣。先秦儒家，以其所熟知之文化傳承與所嚮往之政治理想，視之爲道統，信守不渝，畢生戮力以赴。秦漢而後，北宋諸賢，頗有氣象，陸王亦真是會得。朱子及其傳人，卻成爲官學，雖朝夕誦講四書五經，因未能「先立其大者」，沉湎於「支離事業」，陷溺日深，去道日遠，誠可悲矣。

二、儒家的歷史哲學

茲進而講儒家的歷史哲學。上文講格致之學，講易簡工夫，可以說，都是儒家求得正確認識的方法。現在講歷史哲學，乃是講儒家對歷史的認識。本此認識，我們對於道統之傳承及文化之興衰，也可獲知一些線索。同時，我們要窺知儒家認識論的全部，講這個歷史哲學，也有其必要。

我們認爲，周易上經的卦序，乃是表示歷史的變遷過程。我們不論序卦傳是何時何人所作。序卦傳卻可以有助於瞭解儒家對歷史之認識。周易序卦傳上篇有曰：

> 有天地、然後萬物生焉。盈天地之間者唯萬物，故受之以屯。屯者，盈也；屯者，物之始生也。物生必蒙，故受之以蒙。蒙者，蒙也，物之稺也。物稺不可養也，故受之以需。需者，飲食之道也，飲食必有訟，故受之以訟。訟必有衆起，故受之以師。師者，衆也，衆必有所比，故受之以比。比者，比也，比必有所畜，故受之以小畜。物畜然後有禮，故受之以履。履而泰，然後安，故受之以泰。泰者，通也，物不可以終

通，故受之以否。物不可以終否，故受之以同人。與人同者，物必歸焉，故受之以大有。有大者不可以盈，故受之以謙。有大而能謙，必豫，故受之以豫。豫必有隨，故受之以隨。以喜隨人者必有事，故受之以蠱。蠱者，事也，有事而後可大，故受之以臨。臨者大也，物大然後可觀，故受之以觀。可觀而後有所合，故受之以噬嗑。嗑者，合也，物不可以苟合而已，故受之以賁。賁者，飾也，致飾然後亨，則盡矣，故受之以剝，剝者，剝也，物不可以終盡。剝窮上反下，故受之以復。復則不妄矣，故受之以無妄。有無妄，然後可畜，故受之以大畜。物畜然後可養，故受之頤。頤者，養也，不養則不可動，故受之以大過。物不可以終過，故受之以坎。坎者，陷也，陷必有所麗，故受之以離。離者，麗也。

上傳卦序，特圖示之於左：

1	乾	
2	坤	
3	屯	蒙
4	需	訟
5	師	比
6	小畜	履
7	泰	否
8	同人	大有
9	謙	豫
10	隨	蠱
11	臨	觀
12	噬嗑	賁
13	剝	復
14	無妄	大畜
15	頤	
16	大過	
17	坎	
18	離	

依上圖所示，假如每一竹片刻一卦，那上經卅卦是刻在十八片竹片上，下經卅四，也是刻在十八片竹片上。假如每一竹片刻兩卦，那上下經都祇有九片。周易六十四卦，爲什麼分爲上下經，這可能與現代人分卷分冊之意相同，避免太過厚重。這六十四卦爲什麼如此編定次序？因爲卦序，可分爲有意編定與無意編定。有意編定，可依先天八卦，如乾一兌二離三震四巽五坎六艮七坤八之次序來編定；也可依後天八卦，如乾坤震巽坎離艮兌之次序來編定。上下兩經之卦序不是如此編定的。序卦傳作者所述之編定的理由，如果是秦漢時代的人所說，那是不是表示周易上下經及卦序之編定，到秦漢時代才確定呢？或者是上下經及卦序早已確定，到秦漢時代才被人說出呢？我相信、上下經及卦序之編定者，不會是無意的；因爲序卦傳作者所說的理由，不爲無理。六十四卦，除乾坤、坎離、大過頤，中孚小過是相錯之卦外，其餘皆是綜卦。所謂綜卦，即一個卦，順看是甲卦，倒過來看則是乙卦。例如訟䷅，上天下水這是順看，若倒過來看，則是上水下天而成爲需卦了。六十四卦，減去相錯之八卦，其餘五十六卦，祇有廿八個圖象，所以六十四卦，是祇有卅六個圖象，也就是祇有卅六個卦。將其分成上下兩經後，卦序相連之點，上經是十四個，下經是十六個。例如屯之後必是蒙，需之後必是訟。這就是說，屯蒙、需訟，或訟需、蒙屯等等，因爲是相綜的關係，這是無可更易的。所以應該考慮的、乃是蒙之後，爲什麼要接上需，訟之後，爲什麼要接上師，如此等等，上經是十四個聯接點。這十四個聯接點，是應該作愼重之考慮外，其餘各聯接點之理由，是不容考慮的。今讀序卦傳，從有天地開始，接著屯。屯是「剛柔始交而難生」，是「天造草昧」；所以序傳作者說：「屯」是「物之始生」。有天地便有萬物。當萬物始生時，是

「物生必蒙」，是「物之穉也」，這是無可置疑的。物穉不可不養，所以受之以需。蒙卦以後接需卦，是理所當然。需是飲食之道，爲飲食起爭端，在動物界最明顯。訟、這是人類才有的爭端。人類的爭端，會演變成打群架而興師動眾，這是很自然的事。當群眾興起，難免會有所比較。比之彖曰：「比輔也，下順從也。」群眾興起後，會形成階級，不僅人類如此，動物界亦有此現象。階級形成後，勢必產生積畜。因爲階級形成後，高階者會有剩餘；剩餘現象，實爲產生積畜之誘因。比卦之後，接以小畜，誰曰不宜。小畜䷈的綜卦是履䷉，履是將小畜倒過來看。小畜之後，爲什麼接以履呢？這是圖像給予人的一種啓示。人可能不會意識到，有積畜後會講禮；但圖像是顯示了這個「衣食足然後知禮義」的意義。履之後之所以接以泰卦，這就是序卦傳所說的「履而泰，然後安，故受之以泰」。泰䷊的綜卦是否䷋。序卦傳曰：「泰者通也，物不可以終通，故受之以否。」中國人講究居安思危。泰否這個規律，頗爲有識之士所取法。「泰者通也」。這個通，與學術上或思想上的貫通是不盡相同。誠然、「篤恭而天下平」，這種通、也必是思想上的貫通；但是，這種貫通，通常是會喪失的。泰否這個規律，實足發人深省。秦始皇希望由一世二世以至萬世，其結果是、秦二世便亡。泰必否，這是必然的。一九三七年時，唯物辯證法在湖南最是流行。當時我對於思想三律的否定之否定律，有些不懂。現在講泰必否，深知否定律之正確。但是，儒家既非宿命論者，亦非機械論者。儒家對於否或不通，是主張變而通之。我們講道家認識論時，對於變而通之，曾有所論述（請覆按第六章第三節四、「無知之知的真解」）。我們認爲，能通變則不否矣。儒家既認爲「物不可以終通」，也認爲「物不可以終否」，所以否卦之後「受之以同人」。同人之彖曰：「同人于野，亨。」按：同人有同人於門，同人於宗及同人於郊之不同。同人於宗，頗似現代之黨同伐異，較之同人於野之大同，是不相同的。要「能通天下之志」，唯有同人於野。儒家認爲，唯有如此，才能變不通爲通。序卦傳曰：「與人同者，物必歸焉。」同人䷌之綜卦爲大有䷍。大有是火在天上，遍照四方。堯典所謂「光被四表」，其義即是如此。序卦傳曰：「有大者不可以盈，故受之以謙，有大而能謙，必豫，故受之以豫。」「有大者不可以盈」，儒家的此一思想，仍是「居安思危」與「泰必否」這一思想之延伸。大有後「受之以謙」的思想，假如法國的拿破崙，德國的希特勒，以及二次大戰前的日本，能有如此的思想；那麼，他們必不會招致失敗。於今、德日都已復興，「有大者不可以盈」的思想，確是值得發人深省的。謙䷎之卦象爲地中有山。山是高山仰止，高不可攀，今竟藏在地下，以此類謙，謙之義大矣哉。謙之綜卦爲豫䷏，豫是順以動。豫卦祇有第四爻是陽爻，上下皆是陰爻，上下皆順應。彖曰：「豫、剛應而志行，順以動，豫。豫順以動，故天地如之，而況建侯行師乎？天地以順動，故日月不過而四時不忒，聖人以順動，則刑罰清而民服，豫之時義大矣哉。」這是有大而能謙的結果。有大不能謙必敗，有大而能謙必豫順豫悅。這不是道德的教條，這是歷史的教訓。儒家的此一認識，是凸顯了儒家思想的特色。豫之後是受之以隨。序卦傳曰：「豫必有隨」。豫爲什麼會有隨䷐呢？豫悅的結果，必有隨從者。隨卦曰：「隨、元亨利貞無咎。彖曰：隨、剛來而下柔，動而說，隨。大亨貞無咎，而天下隨時，隨之時義大矣哉。」隨卦是上兌下震。兌是說，震是動，所以是動而說。至於所謂「剛來而下柔」，朱子周易本義曰：「隨、從也。以卦變言之，本自困卦九來居初（達按：即困䷮之下卦坎☵變成震☳）。又自噬嗑九六來居五（達按：即噬嗑䷔之上卦離☲變成兌☱）。而自未濟來者，兼此二變（即未濟䷿之上卦☲變成☱，下卦☵變成☳）。皆剛來隨柔之義。以二體言之，爲此動而彼說，亦隨之義，故爲隨。己能隨物，物來隨己，彼此相從，其通易矣。故其占爲元亨，然必利於貞，乃得無咎；若所隨不貞，則雖大亨而不免於有咎矣。」易爲君子謀，又如此可見，此與子服惠伯所謂「忠信之事則可」，其義完全相同。這是教人追隨他人，應特別審慎；若隨不正，雖得大利，終必不能免禍。古時追隨奸黨而得意一時者，終至身敗名裂，歷史上不勝枚舉。此實可發人深省。隨之綜卦爲蠱䷑。蠱之卦辭曰：「蠱、元亨，利涉大川，先甲三日，後甲三日。」朱子註曰：「蠱、壞極而有事也。其卦艮剛居上，巽柔居下，上下不交。下卑巽而上苟止，故其卦爲蠱。或曰，剛上柔下，謂卦變自賁來者，初上下（達按：即賁䷕之下卦☲變成☴），自井來者，五上上下（達按：即井之上卦坎☵變成艮☶），自既濟來者兼之（即䷾之上卦坎變成艮，下卦離變成巽）。亦剛上而柔下，皆所以爲蠱也。蠱壞之極，亂當復治，故其占爲元亨而利涉大川。甲日之始、事之端也。先甲三日，辛也；後甲三日，丁也（達按：甲乙丙丁戊己庚辛壬癸，故辛在甲之前三日，丁在甲之後三日）。前事過中而將壞，則可自新以爲後事之端，而不使至於大壞，後事方始而尙新；然更當致其丁寧之意，以監其前事之失，而不使至於速壞，聖人之戒深也。」照朱子此說，我們更作綜合的判斷：第一，蠱是壞極而有事；第二，從事物變遷之過程，亦即從歷史的觀點來說，「以喜隨人者必有事，故受之以蠱」蠱是以喜隨人而致壞極而有事；第三，在本質上，若是自井變蠱，則井水不可飲用；若是自賁變成蠱，則賁飾之文明，變成極壞；若是自既濟變成蠱，則是盛德既衰，而變得更壞；第四，聖人應治蠱以期「亂當復治」。從歷史的觀點來說，亂是可以復治的。序卦傳曰：「蠱者事也。有事而後可大，故受之以臨。」臨觀乃能治蠱的結果；蠱不能治，則無事可講，那必是歷史斷了。桀紂皆是不能治蠱者。蠱之後「受之以臨」，其義至深遠矣。臨之象曰：「澤上有地，臨、君子以教思無窮，容保民無疆。」又彖曰：「臨、剛浸而長，說而順，剛中而應，大亨以正，天之道也。」治蠱莫若臨。臨、天之道也。又能如兌悅之教思無窮，如坤順之容保無疆，故能成其偉大。序卦傳曰：「臨者大也。物大然後可觀，故受之以觀。」（䷓）觀是臨（䷒）的綜卦。卦有錯綜。所謂錯卦，是兩卦陰陽互變，如乾坤等是；綜卦前文已有陳述。一般說來，相錯之卦，如坎離是水火不相容，乾坤則是陰陽合德；相綜之卦，則是表示事物在變遷之過程中所顯現之差異。差異即有待。中國形上學之有待，不同於唯物辯證法所謂之矛盾。有待是指上下、左右、高低、遠近、明暗、新舊、善惡、美醜、剛柔、陰陽、矛盾等一切之不同。這等不同，可以是互不相容的，也可以是相輔相成的，也可以祇是表示不同之相關意義，例如臨觀之義，祇是「或與或求」而已（雜卦傳云：「臨觀之義，或與或求」）。觀之彖曰：「大觀在上，順而巽，中正以觀天下。觀、盥而不薦，有孚顒若，下觀而化也。觀天之神道而四時不忒。聖人以神道設教而天下服矣。」又象曰：「風行地上，觀、先王以省方觀民設教。」朱子對「有孚顒若」之注釋，是「謂在下之人信而仰之也」。這是說，在上位者確有可觀。至於「中正以觀天下」，「觀天之神道」，「以神道設教」，則是取法他人，能「四時不忒」的「而天下服矣」。談到「神道設教」，古代常以迷信設教，亦祇是以愚民政策欺騙人民，這是不能服天下人，亦是與觀卦之義完全不合。序卦傳曰：「可觀而後有所合，故受之以噬嗑。」觀卦之後，是否應受之噬嗑，這是值得商討的。這不若乾坤之後接屯蒙，蒙之後接需，訟之後接師，比之後接小畜，履之後接泰，否之後接同人，大有之後接謙，豫之後接隨，蠱之後接臨，是那樣的理所當然。我們可以這樣的說，臨觀乃歷史上有這樣的國家，發展到會侵略他人的程度，噬嗑（䷔）則是表現了侵略者或專制君主的習性。噬嗑之彖曰：「頤中有物曰噬嗑。噬嗑而亨，剛柔分，動而明，雷電合而章，柔得中而上行，雖不當位，利用獄也。」凡侵略者或專制君主，對於不順從者，如口中有物，必須將之咬碎吞下去才罷休。所謂噬嗑而亨，即是如朱子所謂：「噬、齧也；嗑、合也。物有間者，齧而合之也。爲卦上下兩陽而中虛，頤口之象。九四一陽（達按：即是指第四爻為陽爻）間于其中必齧之而後合，故爲噬嗑。其占當得恒通者，有間故不通，齧之而合，則亨通矣。」噬嗑不是「恭己正南面而已矣」，而是採用一種高壓政策，所謂「雷電合而章」者。噬嗑之彖曰：「雷電、噬嗑，先王以明罰勑法。」誠然，在古代能「明罰勑法」，也算得是一種善政；但是，堯舜之治，則是超越此種善政，而真能平治天下。序卦傳曰：「嗑者，合也，物不可以苟合而已，故受之以賁。」賁（䷕）是噬嗑的綜卦。雜卦傳曰：「賁、無色也。」噬嗑是齧之而合，是將不通齧之而通，其結果必是在高壓政策之下而剷平了一切阻礙，而形成了思想上的清一色。雜卦傳說賁無色，這個詮釋是非常的好。賁之彖曰：「賁、亨，柔來而文剛，故亨。分剛上而文柔，故小利有攸往，天文也。文明以止，人文也。觀乎天文以察時變，觀乎人文以化成天下。」在帝國主義的殖民政策之下，仍會有殖民地的文明；但在思想統制之下，亦祇是山內之火光，所照不遠。序卦傳曰：「賁者，飾也，致飾然後亨，則盡矣，故受之以剝。」我們認爲，當「形成了思想上的清一色」時，一切生機都會被遏殺了，剝是必然的。又照序卦傳所說，賁是一種裝飾。極權政治，或帝國主義者，用虛僞不實、口徑一致之粉飾太平的作法，其結果亦必是遏殺了一切創造性的功能，形成了制度上的僵化。剝、也是必然的。剝之彖曰：「剝、剝也，柔變剛也。不利有攸往，小人長也。順而止之，觀象也。君子尙消息盈虛，天行也。」又象曰：「山附於地，剝䷖，上以厚下安宅。」剝是剛變成柔，好在第六爻，亦即宗廟爻未變，而能「順而止之」；否則，那就是「變卦」了。我們在第五章第三節講「邵康節的宇宙論」時，曾講到卦之變化，有卦之內部的變化與此一宮之卦，變爲另一宮之卦的變化。我們稱前者爲卦變，稱後者爲變卦。變卦是第六爻，亦即宗廟爻變了，類似一個國家的中央政府被推翻而改朝換代了。剝雖然是已有五陽變爲陰，而九六仍能「順而止之」，未變爲陰。此蓋剝當九月之時，陽氣雖消而陰終不能盡陽。亦即小人不能完全消滅君子。謂之剝，祇是表示不安而已。剝之綜卦爲復（剝䷖復䷗），復是變卦了。綜卦皆是變卦。剝、若能自身求變，應變爲頤（䷚）。頤之卦辭曰：「頤、貞吉、觀頤，自求口實。」用現代的話來說，這是大家都能塡飽肚子，所以頤就是養。再者，若能養賢，才會更加勵精圖治，除去已往之積弊，而損之又損（䷨），以至於大畜（䷙）。但在理論上，剝極必復，乃理所當然。因此，能將剝之初六變成初九，實是一件非常了不起的工作。這就是說，衰亂之後，能使大家休養生息，確是在體制內改變歷史的大事。再談到復卦。復之彖曰：「復、亨。剛反，動而以順行，是以出入無疾，朋來無咎。反復其道，七日來復，天行也。利有攸往，剛長也，復其見天地之心乎。」又象曰：「雷在地中，復。先王以至日閉關，商旅不行，后不省方。」照這所說，復是一種力量，若能順這種力量而行動，是「出入無疾，朋來無咎」。這種力量，是「天行也」，是「復其見天地之心」。朱晦翁之註釋曰：「積陰之下，一陽復生。天地生物之心幾於滅息，而至此乃復見。在人則爲靜極而動，惡極而善，本心既息而復見之端也。程子論之詳矣。而邵子之詩亦云：冬至子之半，天心無改移。一陽初動處，萬物未生時。玄酒味方淡，太音聲正希，此言如不信，更請問包犧。至哉言也。」這種力量，是要善加保護的。所謂「先王以至日閉關，商旅不行，后不省方」。朱子曰：「安靜以養微陽也。月令，是月齋戒掩身，以待陰陽之定。」這種力量，是應該以齋戒沐浴之虔誠而善加保護。遜清光緒年間，變法失敗，即是對這種力量未能善加保護的結果。於是，卦之內部的變化失敗，亦即體制內之改革失敗，而爲一種「變卦」的力量所取代，而改朝換代了。序卦傳曰：「剝者，剝也，物不可以終盡，剝窮上反下，故受之以復。復則不妄矣，故受之以無妄。」無妄之彖曰：「無妄，剛自外來而爲主於內，動而健，剛中而應，大亨以正，天之命也，其匪正有眚，不利有攸往。無妄之往，何之矣，天命不祐，行矣哉。」又象曰：「天下雷行，物與無妄，先王以茂對時，育萬物。」又朱子無妄之註釋曰：「無妄、實理自然之謂。史記作無望，謂無所期望而得焉者，其義亦通。」照這所說，復之後「受之以無妄」，足證復是真的；而且，這是「動而健」，先王法此以對時育物。這就是說，復之後，必有一種很強勁的力量以求發展；不過，「其匪正有眚，不利有攸往。」朱子之釋曰：「若其不正，則有眚，而不利有所往也。」復興之強勁力量，必須獲得正確的發展，這是「天之命也」；否則，是「天命不祐，行矣哉！」朱子之註曰：「蓋其逆天之命而天不祐之，故不可以有行也。」亦即不可能有發展了。序卦傳曰：「有無妄，然後可畜，故受之以大畜。」大畜是無妄的綜卦。綜雖然是變卦了，而大畜則是承繼了無妄之真與正，而獲得了偉大與光輝之發展。大畜之彖曰：「大畜、剛健篤實輝光，日新其德，剛上而尙賢，能止健，大正也。不家食吉，養賢也；利涉大川，應乎天也。」又象曰：「天在山中，大畜，君子以多識前言往行，以畜其德。」我們認爲，大畜之世，是人類最幸福光明的時代。這必是物質積畜豐富，文化極爲發達，好人都能出頭，政治日益修明。大畜之世比之大有之世，是更爲美好與進步的世代。我們可以這樣的說，人類是由蒙昧（亦即屯䷂蒙䷃），經過爲生活需要（䷄）而努力爭鬥（䷅），而興師（䷆）動眾，而小有積蓄（䷈），而有通（䷊）有否，而能同人（䷌）以至於大有（請覆按上傳卦序圖，以明其演變經過）。這是人類進化之第一階段。到了這個階段，有大而能謙必豫，預必有隨，隨之綜爲蠱，治蠱而後可大可觀；於是又通過嚴厲的考驗與衰退而又能更進於大畜之世。人類是在辯證的過程中而一步一步的向前演化。到了大畜之世，序卦傳的作者又曰：「物畜然後可養，故受之以頤」前文已指陳過，剝、也可變成頤。頤若能損之又損，又可變成大畜。我們當然可以看得出，自謙豫隨蠱以來，時代之變化較爲複雜；惟有以正才能主宰時代的變化。大史公自許「通古今之變」，能知正與不正者，則通古今之變矣。頤之錯卦爲大過。因爲頤䷚，順看倒看都一樣，所以祇有錯而成大過䷛。大過是木被水淹滅了。木是應該浮在水面的，水竟能淹滅木，確是太過份了。我總覺得、文革乃大過之世。一切都反常，一切都不合理。頤、是會變得如此可怕。歷代王朝更迭之際，國家受他人侵略之際，都是如此可怕。文化大革命造成如此可怕，則是很例外的。序卦傳曰：「頤者，養也，不養則不可動，故受之以大過，物不可以終過，故受之以坎。坎者陷也，陷必有所麗，故受之以離。離者，麗也。」序卦傳作者說「不養則不可動，故受之以大過」。不可動是什麼意思呢？爲什麼「受之以大過」呢？我始終不大明白。不過，自求口實以自養，結果若是「不養」，確實很不好。當一個國家遭受飢荒時，其慘狀實不忍卒睹。非洲某些國家，連年戰亂，餓莩遍野，電視每有報導，觀者無不嘆息。大家皆稱之爲：真是人間地獄。頤養而致不養，受之以大過，實亦理所當然。大過之世，人心必陷溺，生活必險惡，其理甚明。大過之後受之以坎，實乃事實之必然。坎䷜之錯卦爲離䷝。人能從險惡中衝出來，那是光明在望、文化鼎盛了。坎險而離麗，離是代表光明四照。離之彖曰：「離、麗也。日月麗乎天，百穀草木麗乎土，重明以麗乎正，乃化成天下。柔麗乎中正故亨，是以畜牝牛吉也。」又象曰：「明兩作離，大人以繼明照于四方。」離、不祇是代表光明，而且是代表人類的文明。周易上經的卦序，是在於說明人類從蒙昧進於文明的各種過程。若有人認爲，這是進化論，則是一種誤解。因爲，這是一辯證的過程，也是一以正則吉，以不正則凶的過程。這不是在說教，不是在勸人爲善，這是在說明人之本性的顯現，亦即人是如何的演出它自己，所形成的歷史變遷的事實。這是究天人之際，通古今之變的，所以我們說，這是儒家的歷史哲學。本此哲學，我們當可以看出中國的道統與文明，現確已達到了「履而泰」，大而「可觀」，陷而「有所麗」之「大人以繼明照於四方」的時代。因爲中華文化，遇到真民主的時候，既擺脫了專制政治之束縛，必可自由發展而發揚光大。一般學者，亦必得「見天地之純，古人之大體」，并綜合中西之現代學術思想，而宏揚中國形上學。

三、人之一生的始與終

我們認爲，周易上經的卦序是在說明歷史之變遷；而周易下經則是在於說明人之一生的各種遭際。周易序卦傳下篇有曰：

> 有天地、然後有萬物；有萬物，然後有男女；有男女，然後有夫婦；有夫婦，然後有父子；有父子，然後有君臣；有君臣，然後有上下；有上下，然後禮義有所錯。夫婦之道，不可以不久也，故受之以恒。恒者，久也，物不可以久居其所，故受之以遯。遯者，退也，物不可以終遯，故受之以大壯。物不可以終壯，故受之以晉。晉者，進也，進必有所傷，故受之以明夷。夷者，傷也。傷於外者必反其家，故受之以家人。家道窮必乖，故受之以睽。睽者，乖也，乖必有難，故受之以蹇。蹇者，難也，物不可以終難，故受之以解。解者，緩也，緩必有所失，故受之以損。損而不已必益，故受之以益；益而不已必決，故受之以夬。夬者，決也，決必有所遇，故受之以姤。姤者遇也，物相遇而後聚，故受之以萃。萃者，聚也。聚而上者謂之升，故受之以升。升而不已必困，故受之以困。困乎上者必反下，故受之以井。井道不可不革，故受之以革。革物者莫若鼎，故受之以鼎。主器者莫若長子，故受之以震。震者，動也，物不可以終動，止之，故受之以艮。艮者，止也，物不可以終止，故受之以漸。漸者，進也，進必有所歸，故受之以歸妹。得其所歸者必大，故受之以豐。豐者，大也；窮

大者，必失其居，故受之以旅。旅而無所容，故受之以巽。巽者，入也，入而後說之，故受之以兌。兌者，說也，說而後散之，故受之渙。渙者，離也，物不可以終離，故受之以節，節而信之，故受之以中孚。有其信者必行之，故受之以小過。有過物者必濟，故受之以既濟。物不可窮也，故受之以未濟終焉。

下傳卦序，以圖示之於左：

1	恒	咸
2	大壯	遯
3	明夷	晉
4	睽	家人
5	解	蹇
6	益	損
7	姤	夬
8	升	萃
9	井	困
10	鼎	革
11	艮	震
12	歸妹	漸
13	旅	豐
14	兌	巽
15	節	渙
16		中孚
17		小過
18	未濟	既濟

前文曾說，假如每一竹片刻一卦，則上下經是各刻在十八竹片上。讀者將上下傳卦序圖對照便知。下經第一卦是咸卦䷞。咸卦彖曰：「咸、感也。柔上而剛下，二氣感應以相與，止而說，男下女，是以亨利貞，取女吉也。天地感而萬物化生，聖人感人心而天下和平，觀其所感，而天地萬物之情可見矣。」又象曰：「山上有澤，咸。君子以虛受人。」咸是指相感。少男少女之相感最爲敏銳。儒家認爲夫婦乃人生之始，不同於獨身主義者及禁止婚嫁之

宗教界人士。咸之綜卦爲恒卦䷟。恒之卦辭曰：「恒，亨，無咎，利貞，利有攸往。」彖曰：「恒，久也，剛上而柔下，雷風相與，巽而動，剛柔皆應（達按：一與四，二與五，三與六各爻，若是初六與九四，九二與六五，九三與上六，或是六四與初九，九五與六二，上九與六三，皆謂之相應，所以是咸恒之剛柔皆應），恒。恒亨，無咎利貞，久於其道也。天地之道，恒久而不已也。利有攸往，終則有始也。日月得天而能久照，四時變化而能久成，聖人久於其道而天下化成，觀其所恒，而天地萬物之情可見矣。」象曰：「雷風、恒。君子以立不易方。」咸是少男（☶）少女（☱），恒是長女（☴）長男（☳）。少男少女是相感之深，長女長男則能「恒久而不已」。儒家蓋認爲，人之一生，夫婦能「恒久而不已」，這是最合乎天地之道。序卦傳曰：「恒者，久也，物不可以久居其所，故受之以遯。」我們認爲，人之一生中，遯是不可免的。遯之義爲退避。遯之象曰：「天下有山，遯。君子以遠小人，不惡而嚴。」退避確是保持人格尊嚴最佳的方法。遯䷠之綜卦爲大壯䷡。大壯之彖曰：「大壯。大者，壯也，剛以動，故壯。大壯利貞。大者，正也。正大而天地之情可見矣。」又象曰：「雷在天上，大壯。君子以非禮勿履。」退避而成爲大壯，乃理所當然，可是許多人不明此理；而且，真正的大壯，乃「非禮勿履」，也是許多人不明白的。序卦傳曰：「物不可以終遯，故受之以大壯；物不可以終壯，故受之以晉。晉者，進也。」晉之彖曰：「晉、進也。明出地上，順而麗乎大明，柔進而上行，是以康侯用錫馬蕃庶，晝日三接也。」又象曰：「明出地上、晉。君子以自昭明德。」我們認爲大壯必進，理所當然。而所謂「晉」，乃「自昭明德」，這不是一般人所能做得到的。晉䷢之綜卦爲明夷䷣。明夷之彖曰：「明入地中，明夷。內文明而外柔順，以蒙大難，文王以之。利艱貞，晦其明也，內難而能正其志，箕子以之。」又象曰：「明入地中，明夷。君子以蒞衆，用晦而明。」晉是明在地上，故光明四射；而明夷則是明入地中，光明完全被遮掩；當一個人失去光輝時，這便是受傷了。文王箕子，是受傷之最著者。序卦傳曰：「進必有所傷，故受之以明夷，夷者，傷也。傷於外者，必反其家，故受之以家人。」受傷必反家，這是人之常情。家人䷤的綜卦爲睽䷥。睽之彖曰：「睽，火動而上，澤動而下，二女同居，其志不同行。說而麗乎明，柔進而上行，得中而應乎剛，是以小事吉。天地睽而其事同也，男女睽而其志通也，萬物睽而其事類也，睽之時用大矣哉。」又象曰：「上火下澤，睽。君子以同而異。」睽之義爲乖異。人於外面受傷而反回家中，家道必窮而有乖異。乖，雖然是很倒霉而事事不如意；但是，能如異中求同，如同中見異，仍是可以度過難關的。不過，一般說來，乖必有難。序卦傳曰：「家道窮必乖，故受之以睽。睽者乖也，乖必有難，故受之以蹇。」人於事事不如意時，憑個人的智慧與毅力，雖可以度過難關，卻難免有困難。睽之後受之以蹇，實不無道理。蹇之彖曰：「蹇，難也，險在前也，見險而能止，知矣哉！」又象曰：「山上有水，蹇。君子以反身修德。」蹇是有困難有危險。人之智慧是「見險而能止」，所以應「反身修德」。蹇䷦之綜卦爲解䷧。解之彖曰：「解，險以動。動而免乎險，解。」又象曰：「雷雨作，解。君子以赦過宥罪。」人、解除危險困難最主要的著眼點，竟是「赦過宥罪」，也就是寬恕他人，這是頗有深意，讀者可以體會得到的。序卦傳曰：「解者，緩也，緩必有所失，故受之以損。」受些損失，也是解除危難的方法。解之後受之以損，這是很自然的。損之象曰：「山下有澤，損。君子以懲忿窒欲。」朱子曰：「君子修身，所當損者，莫切於此。」人知自己之當損者，必可突破一切危難而無疑。損䷨之綜卦為益䷩。益之彖曰：「益，損上益下，民說無疆，自上下下，其道大光，利有攸往，中正有慶，利涉大川，木道乃行。益動而巽，日進無疆，天施地生，其益無方，凡益之道，與時偕行。」又象曰：「風雷，益，君子以見善則遷，有過則改。」又雜卦傳曰：「損、益，盛衰之始也。」吾人讀易，至損益二卦，知是教人應如何損，應如何益。易為君子謀，洵不虛也。人生於世，若知所損益，則無往而不利矣。序卦傳曰：「損而不已必益，故受之以益；益而不已必決，故受之以夬。夬者，決也。」夬之彖曰：「夬，決也，剛決柔也，健而說，決而和。揚于王庭，柔乘五剛也。孚號有厲，其危乃光也。告自邑，不利即戎，所尚乃窮也。利有攸往，剛長乃終也。」又象曰：「澤上於天，夬。君子以施祿及下，居德則忌。」儒者「道塗不爭險易之利，冬夏不爭陰陽之和。愛其死以有待也，養其身以有為也。」（禮記儒行）儒者是不作決定，而是「粥粥若無能也」（儒行）。「益而不已」「受之以夬」，以「剛決柔」，實乃奉承天命，伐決小人，以安百姓。此為儒者之決。然猶戒慎恐懼，「孚號有厲，其危乃光也」。儒者立身行事，於此已可概見。至於象辭「居德則忌」一語，朱子認為其義「未詳」。實則德與得通。若以決為功而居之，則是「大忌」，周易之戒深矣。夬䷪之綜卦為姤䷫。姤之彖曰：「姤，遇也，柔遇剛也。勿用取女，不可與長也。天地相遇，品物咸章也。剛遇中正，天下大行也。姤之時義大矣哉！」又象曰：「天下有風，姤，后以施命誥四方。」夬決之後，天下風從。猶記對日抗戰勝利時之那一番景象。國人都嚐到了勝利的喜悅，真是舉國歡騰。由於居上位者，不知「居德則忌」，終於為國家又帶來苦難。序卦傳曰：「決必有所遇，故受之以姤。姤者，遇也。物相遇而後聚，故受之以萃。萃者聚也。」姤遇是可泰可否，可聚可不聚的。人在夬決而成功之後，國家在度過重大危難之後，究竟是邁向成功之路，或者是步向滅亡衰敗之命運，實無定準。今假定姤之後受之以萃。萃之彖曰：「萃，聚也，順以說，剛中而應，故聚也。王假有廟，致孝享也。利見大人，亨，聚以正也。用大牲吉，利有攸往，順天命也。觀某所聚，而天地萬物之情可見矣。」又象曰：「澤上於地，萃。君子以除戎器，戒不虞。」當姤之後受之以萃時，算是往好的方面發展，仍應「除戎器」，亦即修整兵備，以防意外。萃䷬之綜卦爲升䷭。升之彖曰：「柔以時升，巽而順，剛中而應，是以大亨。用見大人勿恤，有慶也；南征吉，志行也。」又象曰：「地中生木，升。君子以順德，積小以高大。」萃而必升，實爲理所當然。序卦傳曰：「聚而上者謂之升，故受之以升。升而不已必困，故受之以困。」升亦是可以有各種不同之結果。例如升而能同人，則成爲大有；升亦可以成爲大畜，以及其他之各種可能。今假定升而不已必困。困之彖曰：「困，剛揜也。險以說。困而不失其所亨，其唯君子乎？貞、大人吉，以剛中也。有言不信，尙口乃窮也。」又象曰：「澤無水，困。君子以致命遂志。」困之象是坎水在兌澤之下，所以是澤無水。困是窮而不能自振，頗類現代人因經營不善以致破產。因䷮之綜卦爲井䷯。朱子曰：「以巽木入乎坎水之下而上出其水，故爲井。」井亦是出困者。吾人不妨略加省察：自遯與大壯，晉與明夷，家人與睽，蹇與解，損與益，夬與姤，萃與升，以至於困與井。我們固可以看出，這是一辯證的過程；也當然可以看出，在人之一生中，此等起伏不定，實乃常事。孔子曰：「（假）加（應作假）我數年，五十（卒）（乃卒之誤）以學易，可以無大過矣。」

（論語述而）知人世之如此的起伏不定，實可以寡過。序卦傳曰：「困乎上者必反下，故受之以井。井道不可不革，故受之以革。」革之彖曰：「革、水火相息。二女同居，其志不相得，曰革。巳日乃孚，革而信之，文明以說，大亨以正，革而當，其悔乃亡。天地革而四時成，湯武革命，順乎天而應乎人，革之時大矣哉。」又象曰：「澤中有火，革。君子以治歷明時。」我們認爲，「井道不可不革」，這是很正確的。若井道不革，則「井泥不食」；而且，「以巽木入乎坎水之下而上出其水」，其水皆非舊物。井之後「受之以革」，這是非常恰當的。湯武革命，革除暴政。事實上，湯武乃是夬決桀紂；至所謂革命，乃是革除其舊染之污。劉邦入關，約法三章，餘悉除去秦苛法，這是革命。現代人以爲推翻舊政權，革掉舊有統治者之性命，這才是革命。實與周易所謂之革命，不盡相同。周易所謂之革命，重在洗心革面，而能「虎變」或「豹變」的「煥乎其有文章」。序卦傳曰：「革物者莫若鼎，故受之以鼎。」鼎䷱是革䷰之綜卦。誠然，水必需煮沸才可安全飲用。鼎之彖曰：「鼎、象也，以木巽火，亨飪也。聖人亨以享上帝，而大亨以養聖賢。巽而耳目聰明，柔進而上行，得中而應乎剛，是以元亨。」又象曰：「木上有火，鼎。君子以正位凝命。」革若無鼎助，是不能完成革之使命。人不一定生當鼎革之時；但自己必須夬決而革鼎者，無時無之。人全賴自己求進步與革新，才能善吾生，才能成爲適者之生存。雜卦傳曰：「革、去故也；鼎、取新也。」去故取新，惟智者優爲之。序卦傳曰：「主器者，莫若長子，故受之以震。震者，動也。」鼎是一種器皿。在古代爲器皿之主者是長子。震是長子。鼎之後受之以震，這是序傳作者的看法。我們認爲，去故取新，都是行動。鼎革之後，最重要的是如何行動。震就是行動。說卦傳曰：「帝出乎震」。震是帝之所出。無震即無帝，而乾坤息矣。又繫辭下傳曰：「吉凶悔吝者，生乎動者也。」無動則無吉凶悔吝可言。可見世界之成，人生之吉凶禍福，皆因動而有。震之彖曰：「震、亨。震來虩虩，恐致福也（即因恐而致福）；笑言啞啞，後有則也。震驚百里，驚遠而懼邇也。出可以守宗廟社稷，以爲祭主也。」象曰：「洊雷震。君子以恐懼修省。」這都是說，人之行動，要戒愼恐懼，特別小心。這是儒者最爲重視的。曾子的小心謹愼，我們曾有所論述。震䷲之綜卦爲艮䷳。震動而艮止。艮之彖曰：「艮、止也。時止則止，時行則行，動靜不失其時，其道光明。艮其止，止其所也。上下敵應，不相與也。是以不獲其身，行其庭不見其人，無咎也。」又象曰：「兼山、艮。君子以思不出其位。」儒家認爲，行止得當，「動靜不失其時」，這是很重要的。這在今日，仍是値得重視的。儒家認爲，人對於夬姤、損益、鼎革、動靜等等能處置得當，則是合乎易道，這是「自天祐之，吉無不利」的（見大有上九爻義）。序卦傳曰：「艮者，止也。物不可以終止，故受之以漸。漸者，進也。」艮之後受之以漸，這是可以理解的。漸之彖曰：「漸之進也，女歸吉也。進得位，往有功也，進以正，可以正邦也。其位，剛得中也；止而巽，動不窮也。」又象曰：「山上有木，漸。君子以居賢德善俗。」漸䷴之綜卦爲歸妹䷵。歸妹之彖曰：「歸妹、天地之大義也。天地不交而萬物不興。歸妹、人之終始也。說，以動，所歸妹也。征凶，位不當也。無攸利，柔乘剛也。」又象曰：「澤上有雷，歸妹。君子以永終知敝。」歸妹是少女歸於長男。漸進之後，爲什麼受之以歸妹？從圖象來說，歸妹是漸之綜卦；從理論上說，「漸者，進也。進必有所歸，故受之以歸妹。」這在理論上可以說得通。歸妹與咸不同；然歸妹仍是「天地之大義」，祇是「位不當」而已。序卦傳曰：「得其所歸者必大，故受之以豐。豐者，大也。」當然，「得其所歸者必大」，這是可能的。這祇是一種可能而已，仍有其他之可能。這和姤之後受之以萃，升之後受之以困，都是從有此可能而決定如是之卦序。這與上經卦序之較具必然性，確有不同。由此也可看出，歷史之發展，似有一定之趨向；而個人之遭遇，則祇是某種可能性較高而已。豐之彖曰：「豐、大也。明以動，故豐。王假之，尚大也。勿憂宜日中，宜照天下也。日中則昃，月盈則食。天地盈虛，與時消息，而況於人乎？況於鬼神乎？」又象曰：「雷電皆至，豐。君子以折獄致刑。」孔子曰：「聽訟吾猶人也，必也使無訟乎！」這是說，「折獄致刑」，是必須「知本」，必須「知之至」。「明以動，故豐。」誠然。豐䷶之綜卦為旅䷷。旅之彖曰：「旅、小亨。柔得中乎外而順乎剛，止而麗乎明，是以小亨，旅貞吉也。旅之時義大矣哉。」又象曰：「山上有火，旅。君子以明慎用刑，而不留獄。」豐與旅，皆須運用智慧以當之。儒家認為，用刑折獄，若能得當，則是大智慧之表現。大學以「無情者，不得盡其辭」為「知之至」，為格致之真工夫。那麼，人處於豐與旅之境地，皆應格物以致知，實無可疑。序卦傳曰：「旅而無所容。故受之以巽。巽者，入也。」孔子周遊列國，然後返魯，是亦巽入也。巽之彖曰：「重巽，以申命。剛巽乎中而志行。柔皆順乎剛，是以小亨，利有攸往，利見大人。」又象曰：「隨風、巽。君子以申命行事。」巽䷸之綜卦為兌䷹。兌之彖曰：「兌、說也。剛中而柔外，說以利貞，是以順乎天而應乎人。說以先民，民忘其勞；說以犯難，民忘其死。說之大、民勸矣哉！」又象曰：「麗澤、兌。君子以朋友講習。」學說殺人，且可殺天下後世。「入而後說之」，實是非常的偉大。雜卦傳曰：「兌見、而巽伏也。」有巽之伏，始有兌之見。序卦傳曰：「入而後說之，故受之以兌。兌者，說也。說而後散之，故受之以渙。渙者，離也。」就我自己來說，凡事祇求表達真的事實，全無意取悅於人。真情難表達，有待會心人；萬代朋從爾，天涯是比鄰。這是慨夫言之。序傳作者認為，「說而後散之，故受之以渙。」渙之彖曰：「渙、亨。剛來而不窮。柔得位乎外而上同。王假有廟，王乃在中也。利涉大川，乘木有功也。」又象曰：「風行水上，渙。先王以享于帝立廟。」序傳作者認為渙是離。這個離、乃是分離或分散，也就是散佈開來。一種學說會像風行在水面一樣的散佈開來，那是很自然的事。兌之後受之以渙，可以說是事在必然。渙䷺之綜卦為節䷻。節之卦辭曰：「節、亨。苦節，不可貞。彖曰：節，亨。剛柔分，而剛得中。苦節不可貞，其道窮也。說以行險，當位以節，中正以通。天地節而四時成。節以制度，不傷財，不害民。象曰：澤上有水，節。君子以制數度，議德行。」我覺得、今日、即九十年代，中國大陸的情勢，若能節，則亨通。上文我們講歷史哲學，講通古今之變，作宏觀的概括性的探討，其情勢必有與九十年代中國大陸類似者，我們未加論列，祇因大陸當局，禁忌過多，雅不願引起爭議。現講到節，而又敢於毫無顧忌的提出建議者，因為這個「節」，關係中國人的前途甚巨，所以特加擬議。序卦傳曰：「節而信之，故受之以中孚。」我們認為，信是節的功用。有節必有信。我極不贊成、為求口徑一致而說假，無視於信。這是自欺欺人，這是最行不通的。中孚之彖曰：「中孚、柔在內而剛得中。說乃巽，孚乃化邦也。豚魚吉，信及豚魚也。利涉大川，乘木舟虛也。中孚以利貞，乃應乎天也。」又象曰：「澤上有風，中孚。君子以議獄緩死。」中孚䷼之錯卦為小過䷽。人可以通過小過而完成其所作之事。遇大過之世，則落入陷溺矣，前文已詳言之。至於人何以能容許有小過呢？小過之彖曰：「小過、小者，過而亨也。過以利貞，與時行也。柔得中是以小事吉也。剛失位而不中，是以不可大事也。有飛鳥之象焉。飛鳥之遺音，不宜上宜下，大吉，上逆而下順也。」又象曰：「山上有雷，小過。君子以行過乎恭，喪過乎哀，用過乎儉。」這些過，若祇是小過，無疑還是美德。大過必是大惡。小過若是小惡，亦不能因其是小惡而爲之。回憶半世紀以前，有許多容易使青少年造成犯錯的原因（我這所指的，不是政治方面的），這是已往的惡俗所造成的罪惡與悲劇。這類小過是遺害社會，禍及蒼生。這不是中孚之後所受之小過。序卦傳曰：「有過物者必濟，故受之以既濟。」所謂過物者，如「用過乎儉」等等，這才是與中孚相連的。與中孚相連之小過，是可以使事有所成。受之以既濟，非常的恰當。既濟之彖曰：「既濟、亨。小者亨也。（朱子曰：濟下疑脫小字）利貞，剛柔正而位當也。初吉，柔得中也。終止則亂，其道窮也。」又象曰：「水在火上，既濟。君子以思患而豫防之。」我們且從豐旅談起。當「去其所止而不處」，亦即羈旅無所容，而有所容入時；而能說之以風行於世；而又能節之以有信，雖小過亦必有所成。這不論是國家之大事，個人之小事，都與現代邏輯不相違背，亦即皆有邏輯上的可能。儒家認識論，乃形而上的一種體會，未能發展爲現代邏輯；但從整個周易所涉及的問題，無論是從宏觀的歷史的概括性的探討；或是從微觀的個人一生行止之分析，都與邏輯無違。在本章第一節我們曾指出、周易是一有嚴密體系的經典之作，這在古代確是如此。若與現代推理嚴密的邏輯體系，自不可同日而語。不過，現代邏輯所著重者是真僞，周易所著重者則是正與不正。誠然、正必是真，而真則不論正與不正。現代邏輯可貴者在此，而現代邏輯會淪為魔鬼的僕人亦在此。從我國已往之歷史稍作觀察，儒家常為正而喪失真。當真不存在時，自無正可言，此儒學之所以不振也。我們認為，儒家認識論，應是一種既真且正的認識。它所缺乏的，是現代之微觀分析而已。我們欲重現此種認識，惟有體現人是「天地之心」的認識。周易是以人道而體現天地之道。即如由旅而巽、兌、渙、節、中孚、小過以至於既濟，皆是體現天地之道以成人之能者。人、當事已既成時，算是告一段落。既濟可以說是告了一個段落。但是，既濟䷾之綜卦為未濟䷿。序卦傳曰：「物不可窮也，故受之以未濟終焉！」周易終之以未濟。在個人言之，是可以有既濟；但在全人類來說，人何能有既濟？故「以未濟終焉」。人之使命與人之希望，確是永無止境。

我們已指出過，周易六十四卦的次序，是可以作出種種的排列。孔子讀易，韋編三絕，很可能與易序之排列有關。為易序作種種的排列，是可以窺探出種種不同的變化。文王被囚於羑里而演周易，很顯然的，一方面是推演三百八十四爻之相互關係；一方面也必會推演六十四卦之相互關係。這六十四卦、三百八十四爻之架構，是可以推演出人之種種情偽。甚至於像一百卅六張麻將牌一樣，在某些規則之下，是可以作永無止盡的不同的推演。不過，麻將牌的推演，祇是娛樂性的；而卦爻之推演，在周易之規範下，則是可以推演出人之吉凶禍福。就我們以上所作之分析研究，現有的六十四卦卦序，應是最佳的排列；而周易下經，亦最能說明人之一生所可能遭遇的各種情狀。人之一生，是「造端乎夫婦」；人之使命，則是永無止境。人必須面對其一生之順逆，亦必須告一段落，這是無可逃的。周易下經對此也算是提出了答案，這是讀者可以反覆玩味的。至於我們人類，其使命無窮，其希望亦無窮。

四、儒家認識論之再體認

我們講儒家的認識論，當可以體會到、雖千言萬語，而旨在說明人之本性與人之處境，提供切實可行的方法，以成人之能。而善吾生，并推而廣之以善人之生。儒家本於「人生而靜」，因感而有知，以忠恕爲原則，以愛敬爲基本，以內聖外王爲方法，以期善人之生。這可以說，是儒家認識論之全部。至於周易六十四卦，它說明了、人是如何的從草昧而日進於文明；也說明了、人從「造端乎夫婦」開始，是可能歷經各種順逆之境。在個人雖是有既濟；在全人類，人之使命，則永無止境。周易可以說是認識人的哲學。再講到儒家的格物致知。格致的目的，在明明德於天下。這就是古代的大學之道。大學之道，在明明德；而明明德，則在親民；親民則在止於至善。這就是說，格致之學，簡要的說，在止於至善，在親民，而明明德於天下；若析而言之，則是誠意、正心、修身，而齊家、治國、平天下。所以，大學的格物致知，乃貫通事物以致知，亦即貫通其所學以致知。現代大學所學者，亦是以貫通其所學而致知爲主。現代科學家或專家，皆是貫通其所學而致知者。至於古代的大人之學，除了對於大學本身所應學習的三物四術，學以致知外；對於止至善、親民、明明德或誠正修齊治平，亦應學以致知；而且，必須是貫通其所學以致知。先秦儒者，發揚道心而貫通其所學爲務。貫通所學以善人之生，這是先秦儒者「終身行之」而「一以貫之」的。這可以從孔子與門弟子之問答看出端倪：

子曰：「賜也，女以予為多學而識之者與？」對曰：「然！非與？」曰：「非也！予一以貫之。」（論語、衛靈公）

子曰：「參乎？吾道一以貫之。」曾子曰：「唯！」子出，門人問曰：「何謂也？」曾子曰：「夫子之道，忠恕而已矣。」（里仁）

子貢問曰：「有一言而可以終身行之者乎？」子曰：「其恕乎！己所不欲，勿施於人。」（衛靈）

從以上之問答，則知孔子之學，確是「一以貫之」為主。關於「一以貫之」，本章第一節已有陳述，茲再略作說明。就以上所明言者，祇是指貫通人我之情而已，至於「一以貫之」以貫通其所學者，這個「一」雖然不是忠恕，但「忠恕違道不遠」。這個「一」，古人極少言及。古人似乎認為，這是祇可意會，不可言傳。禪宗祖師們所謂「不可說」，所謂「譬如飲水，冷暖自知」，似皆是指此而言。其實，本書對此，已言之詳矣。我們在第二章中所講「其實一也與祇是一事」，即是對這個「一」作詮釋。這也是說明了我們所講的本體哲學、宇宙哲學、以及現在所講的認識哲學，在會者看來，皆祇是一事；因為形上之本體與形下之大用，既祇是一事；那麼，人祇要不失其本心或赤子之心，亦即沒有偏心而不失其正心，必能貫通一切事物以致知。因為這必是達到了「情通物化，內外無間」的「道心」大明之境。在此仍須指陳者，這所謂「一以貫之」，絕非執一。孟子有於下之一段評論：

孟子曰：「楊子取為我，拔一毛而利天下不為也；墨子兼愛，摩頂放踵利天下為之；子莫執中，執中為近之，執中無權，猶執一也。所惡執一者，為其賊道也，舉一而廢百也。」（盡心上）

這所謂「一以貫之」之一，乃一即一切之一，非「舉一而廢百」之一。我對於墨子沒有研究，未便置一詞；不過，我總覺得墨子似是獲得佛家所謂之「平等性智」，而絕非「舉一以廢百」者。又莊子所謂之「道通爲一」，實即孔子所謂「一以貫之」。秦漢以後至隋唐之儒者，少有人知有此事。宋明以來之理學家，囿於反對釋家的門戶之見，對於「見性」之學，真有所得者，可說少之又少。一般儒生不是成爲假道學的講道德說仁義，便是子曰詩云的做幾篇應付考試的文章。儒家的認識論，可以說被儒生完全弄死了。他們何能識得「一以貫之」之一呢？朱子所謂「至於用力之久，而一旦豁然貫通焉」，這祇是以意爲之而已。晦翁沒有見到這個「一」。否則，他不會說「則眾物之表裡精粗無不到，而吾心之全體大用無不明矣」。因爲這「一以貫之」之一，它就是至誠，它是本體之本性。我們在第二章第三節講本體之本性時，曾將熊十力先生所說「這至一的理，是遍爲萬有的實體」，更改爲「這至一的理，是遍爲萬有之實體的本性」。我們的意思是說。領悟了這至一的理，即是領悟了本體的本性；領悟了本體的本性，即是見到「道心」，這當然是覺。覺即是明。這個明覺，若以爲是「眾物之表裡精粗無不到，而吾心之全體大用無不明」，實是既穿鑿而又不確切。假如說這個明覺，即臨濟所說「人境俱不奪」，這才算正確。這必是悟入了非意識所行境界，而絕後再蘇的，「一以貫之」的貫通其所學。若對於我們在本體論中所講本體之本性，本質真有了解，則知孔子「一以貫之」之學，即前文所講之「易簡」工夫，亦即是啓發人之純真無假的仁心仁性仁術而情通於性的以成人之能，善人之生。我個人認爲，人之仁心仁性，祇要是真的發現了，必會以敬畏、敬恭、敬慎之慈愛，而爲人類謀幸福。在這樣的真情流露之下，他的貪嗔痴當然沒有了。他不祇是慈悲爲懷，而且必是以敬誠之心待人。他必是見到了人性之尊嚴及人類之各種處境，而亟思以「易簡」工夫與內聖外王之道，俾真能改善人生。孔子一生、栖栖皇皇，無疑的是爲此種理想而盡力。雖然他沒有見到現代的民主，以及現代的福利措施，認定博施濟眾是「堯舜其猶病諸」；但是，他主張「天下爲公」，嚮往「大同」之治。在他那樣的時代，有這種思想，仍是很了不起的。猶憶北京政府進入聯合國時，將國民政府刻在聯合國牆上的禮運篇之大同說毀去，主其事者之此種作法，實不恰當。再者，尙書洪範有「稽疑」之法，曰：「立時人作卜筮，三人占，則從二人之言。汝則有大疑，謀及乃心，謀及卿士，謀及庶人，謀及卜筮。汝則從、龜從、筮從、卿士從、庶民從、是之謂大同。身其康彊，子孫其逢吉。汝則從、龜從、筮從、卿士逆、庶民逆、吉。卿士從、龜從、筮從、汝則逆、庶民逆、吉。庶民從、龜從、筮從、汝則逆、卿士逆、吉。汝則從、龜從、筮逆、卿士逆、庶民逆、作內吉、作外凶。龜筮共違于人，用靜吉，用作凶。」這是儒家決定疑難問題的方法。在今日看來，這是很落伍的；但是，教人考慮問題時，應顧及各方的意見，較之現代某些專制政府，罔顧民意，罔惜民命，而一意孤行；且必須口徑一致，而無任何雜音的一言堂。這種廣徵各方意見，并謀及卜筮的作法，雖顯得落伍，卻實在要高明多了。我們曾指陳在四書五經中，可以看到儒家認識論的全部。洪範九疇，是比較有系統的關於統治階層的認識；於是，我們也可以這樣的說，儒家的認識論，是本於人爲天地之心的認識，以期明天地之道，通古今之變，察知人間世之情僞，貫通誠正修齊治平之道，博採眾議，嚮往「大同」。在政治方面，他們因過於著重現實，爲道家所不取，并受到道家的輕視。事實上，他們確未能見到現代福利國家的政治思想，而祇知以堯舜之仁政爲理想；在認識方面，他們亦未能發展出現代的著重微觀分析的邏輯或科學方法；但是，先秦儒家期望以仁愛之心改善人間世之精神及著重實事求是的方法，確是令人印象至深的。論語憲問有曰：「子路宿於石門。晨門曰：奚自？子路曰：自孔氏。曰：是知其不可爲而爲之者歟？」可見儒家的用世精神，確是受到道家的輕視，但是，孔子「知其不可爲而爲之」的精神以及孟子「舍我其誰也」（公孫丑下）的氣概，也的確令人敬佩不已。儒家的用世精神，形成了與釋道兩家不相同的認識。儒家的認識哲學，誠如我們在本章第一節即已指陳的，它是側重人之現實，是以人爲本的，期望順人之本性，成人之能，以善人之生。洪範曰：「九、五福：一曰壽；二曰富；三曰康寧；四曰攸好德；五曰考終命。」一人有此五福，則吾人之生善矣。早幾年、常登臺北縣南勢角山作晨間運動。我們這些老人有一共識，凡幸福的老人，必具備老本（即生活無虞），老健，老伴，老友。我們這些老人，大都具有此四者，亦大都能善吾生者。儒家的善吾生并善他人之生的理想確是可以實現的。我們認爲，儒家善人之生的思想，再結合現代的民主福利政策，則人間淨土之實現，實易於反掌。

第四節　中國形上學認識論之比較研究

一、儒釋道三家認識論之同異

關於三家認識論之同異，本章與上一章皆有陳述。在此仍須指明者，釋家之明心見性，儒家之盡心知性，這是眾所週知的。至於道家，我們認爲，可以說是修心養性。是否有人如是說過，我不知道。不過，莊子「大宗師」所謂之「朝澈」、「見獨」；「應帝王」所謂之「善者機」、「衡氣機」等等，皆可從修心養性而獲得正解。修心養性者，「不以好惡內傷其生」（莊子德充符），而「哀樂不能入」（大宗師）。這是可以明哲保身。神仙之說，似亦與此有關。道家之善吾生，應是從修心養性而明哲保身的以「終其天年」。這當然與道家所謂之「無」或「虛」有關。因爲道家所謂之「無」，既是與人無爭，也可以應變無窮；其所謂「虛」，乃是「虛室生白，吉祥止止」（莊子人間世）。這當然可以明哲保身而終其天年。道家認識論，乃本於本體論，以遊無待、應變無窮；故其立身行事，能遠憂無害、以善吾生。道家更認爲「善吾生者乃所以善吾死」（莊子大宗師）。道家修心養性，確與神仙之說有關。再談釋家的明心見性。釋家以見性爲主。釋家認識論雖然非常有體系，而其最終之目的，在於如何能轉識成智。釋家認爲，所有認識皆是虛妄、皆是煩惱。認識因有分別而成。分別心非真如心，所以必須明得真心。真明心即是真見性。真見性則煩惱盡消，識心皆泯。真見性卽是真的見得心之本體。性即本體。六祖慧能以淨正覺爲自性三寶。無所住心具此三寶。許多講性空之義學沙門，多不知有此。這就是說，釋家所反對者乃不淨不正之認識；至於淨正之覺，乃自性三寶。真見性者必得真本體；得真本體者，必具足自性三寶，以淨正之覺，慈悲救世，教化世人。釋家以見性爲主之認識論，可以說，乃「自了」而已，現代高僧如釋證嚴等，有經世之心，我認爲這是一項好的發展。再談儒家的盡心知性。孟子曰：「盡其心者，知其性也；知其性，則知天矣。存其心，養其性，所以事天也。殀壽不貳，修身以俟之，所以立命也。」（盡心上）我們曾引述論語公冶長子貢所說：「夫子之文章，可得而聞也；夫子之言性與天道，不可得而聞也。」先秦儒者，對於性與天道，即已「不可得而聞」。周易繫傳，若是孔子所作，則孔子在易傳第五章曾說：「一陰一陽之謂道，繼之者，善也，成之者，性也。」朱子之註釋曰：「成言其具也。性謂物之所受，言物生則有性，而各具是道也。」這是說，物生則各具是一陰一陽之道。這與中庸所謂「天命之謂性」，意正相同。這很不利於孟子與告子之論性。告子曰：「生之謂性。」孟子曰：「生之謂性也，猶白之謂白與？曰，然。白羽之白也，猶白雪之白，白雪之白，猶白玉之白與？曰，然。然則犬之性，猶牛之性；牛之性，猶人之性與？」（孟子告子上）孟子這所說的：第一，白不是物之本性。孟子以白爲性，這是孟子錯了；第二，各個動物，習性確不相同，而所具一陰一陽之道的本性，則無不同。釋家認爲狗子有佛性。狗子之佛性，祇是較一般動物爲顯著而已。已往一般人總以爲貓與鼠不相容，此乃天性。現代生物學家之實驗，貓鼠可以和平共處，母狗可以哺乳小貓。各個動物，確祇是習性不同而已。第三，朱子註周易，既知「物生則有性」，他應該支持告子「生之謂性」之說；但是，他卻是支持孟子而反對告子。他說：

愚按：性者，人之所得於天之理也；生者，人之所得於天之氣也。性，形而上者也，氣，形而下者也。人物之生，莫不有是性，亦莫不有是氣。然以氣言之，則知覺運動，人與物若不異也；以理言之，則仁義禮智之稟，豈物之所得而全哉？此人之性所以無不善，而為萬物之靈也。告子不知性之為理，而以所謂氣者當之，是以杞柳湍水之喻，食色無善無不善之說，縱橫繆戾，紛紜舛錯，而此章之誤，乃其本根。所以然者，蓋徒知知覺運動之蠢然者，人與物同，而不知仁義禮智之粹然者，人與物異也。孟子以是析之，其義精矣。

一九三二年冬天，同我的啓蒙老師周繼叔先生至湘陰（現改為汨羅市）大荊鄉龍百祥先生家拜訪。我們是從數十里外的長樂街來的，在當時可以說是從遠道來的。我記得，我們坐下不久，龍先生便與繼叔先生談告子與孟子之辯論，此可見孟子與告子之論性，在中國讀書人的心目中，確實是一大問題。我當時年紀很小，不記得曾表示過什麼。龍先生對我所表示的意見，非常重視，令我印象至深。現在我自信對這個問題可以作公正而明白的論斷了，很可以告慰這兩位過世已久的長者。

我認爲佛家狗子有佛性之說是正確的。這是說明了「生之謂性」與「性善」之說都對。孟子不知犬牛與人之不同，祇是習性不同。告子也以爲犬牛之習性即其本性；而不知人物之本性，皆是此一陰一陽之道。左傳成公十三年劉康公所說人得天地之中以生。其所謂「中」，即中庸所謂喜怒哀樂之未發，亦即是靜。我們認爲，天地之所以爲天地，亦因得此靜而存在。

我們知道，天地或宇宙之本體，即道之本體，心之本體，亦即無或有無之同一等等。中庸曰：「天地之道，可一言而盡也，其爲物不貳，則其生物不測。」這天地之道的本體：因爲是不貳，所以是一；因爲是生物不測，所以是變易。變易之成，乃由無待而有待，亦即由純一無二而有陰陽動靜之對待。當動而無靜時，這就是無所住，是存而不在。存在乃動而有靜。天地人物，皆因此靜而存在。又因存在之情狀或境遇以及感受之不同，乃產生各種不同之習性。習性雖異，而人物所各具是一陰一陽之道，則無有不同。之所以有不同，誠於阿含經所說，乃「無明覆、愛結繫」而已。周易繫辭傳曰：「一陰一陽之謂道，繼之者善也，成之者性也。」這繼之成之者，確無有不善，這是告子以及許多儒生所未能明得的。中庸曰：「唯天下至誠，爲能盡其性；能盡其性，則能盡人之性；能盡人之性，則能盡物之性；能盡物之性，則可以贊天地之化育；可以贊天地之化育，則可以與天參矣。」（中庸第二十二章）第一，這是說，天地人物之性沒有不同；第二，這沒有不同者，即這繼之者與成之者；第三，儒家蓋認爲，明得這個善性，即可以參贊天地。因爲明得這個善性，既體會了「人之全副力量及生命力」，也達到了「止於至善」的境地。至於如何明得這個善性呢？中庸曰：「自誠明，謂之性。」（第二十一章）我們認爲，這個「自誠明」，頗類佛家所謂之見性。佛教門下，窮畢生之力的修習，在於能「自誠明」的見性。這是高難度的。至於儒家之盡心知性，則比較「易簡」。我們可以這樣的說，明心見性，是以悟入非意識所行境界，以見得人之本性，心之本體。當本心本性顯現時，大圓鏡智現起，平等性智亦現起。大慈大悲，淨慧圓融無礙，如此而已，如此而已，這確是很難的。儒家的盡心知性，照孟子所說，是「存其心，養其性」。此似與道家之養性相同。不過，道家之修心養性，是以修成道家之真人、至人、聖人、或神人爲目的；儒家之「存其心，養其性，所以事天也；殀壽不貳，修身以俟之，所以立命也」。儒家的盡心知性或存心養性，祇是「事天」與「立命」而已。朱子對盡心知性之註釋曰：「心者，人之神明所以具眾理而應萬事者也；性則心之所具之理，而又天理之所從以出者也。人有是心，莫非全體；然不窮理，則有所蔽，而無盡乎此心之量；故能極其心之全體而無不盡者，必其能窮夫理而無不知也。既知其理，則其所從出，亦不外是矣。以大學之序言之，知性，則物格之謂；盡心，則知至之謂也。」

對存心養性事天之註曰：

存謂操而不舍，養謂順而不害，事則奉承而不違也。

對「殀壽不貳，……所以立命也」之註曰：

殀壽，命之短長也，貳，疑也；不貳者，知天之至，修身以俟死，則事天以終身也。立命，謂全其天之所付，不以人為害之。程子曰：心也、性也、天也、一理也。自理而言謂之天，自稟受而言謂之性，自存諸人而言，謂之心。張子曰：由太虛有天之名，由氣化有道之名，合虛與氣，有性之名，合性與知覺，有心之名。愚謂，盡心知性而知天，所以造其理也；存心養性以事天，所以履其事也。不知其理，固不能履其事；

然徒造其理而不履其事，則亦無以有諸己矣。知天而不以殀壽貳其心，智之盡也；事天而能修身以俟死，仁之至也；智有不盡，固不知所以為仁；然智而不仁，則亦將流蕩不法，而不足以為智矣。

在此須作說明者：第一，所謂「心者，人之神明所以具衆理而應萬事者」，此說不當。因爲心祇是能知而已。例如照相底片，它祇是能顯出影像，不是具有影像。可見朱子對於「心」之理解，真是不正確。第二，朱子所謂「性則心之所具之理」，這又是不正確的。我們認爲，二程說「自稟受而言謂之性」，橫渠先生說「合虛與氣，有性之名」，都較朱子所說爲好。照我們的系統來說，也是我們在本體論中已詳言之的。所謂性，即宇宙本體之本性，亦即是道之本體，心之本體。這本體或本性，即佛家所謂之本來面目，是可以證得的。人之本性當然是稟受了宇宙本體之本性，程子說「稟受」是不錯的；至於張子說「合虛與氣」，固可以如是說；但如是理解，不十分恰當，讀者可從本書本體論中可獲得恰當的理解。第三，說「性即理」，固是不對；若說性不是理，這又錯了。人之本性或本體之本性，是可以理解的；若以爲祇是可以理解，則又是錯了。朱子的錯誤，全在於不知人之本性，乃是一種無違於理的作用。朱子反對從作用上見性，這是朱子之無知。朱子曾有詩曰：「半畝方塘一鑑開，天光人影共徘徊；問渠那得清如許，惟有源頭活水來。」朱子既識得源頭活水，爲什麼又反對從作用上見性，我真有些不解。第四，理學家對心性之說，認識不夠明確，以上已有簡要之說明，現再進而說明儒家盡心知性爲什麼比較「易簡」？照孟子所說，盡心知性，即是存心養性，其主要的方法，即是「求放心」，操之則存，反身而誠，專心致志，介然用之而成路，及寡欲等等，特引述於後：

孟子曰：「仁、人心也；義、人路也。舍其路而弗由，放其心而不知求，哀哉！人有雞犬放，則知求之，有放心而不知求。學問之道無他，求其放心而已矣。」（告子上）

孟子曰：「牛山之木嘗美矣，以其郊於大國也，斧斤伐之，可以為美乎？是其日夜之所息，雨露之所潤，非無萌蘖之生焉，牛羊又從而牧之，是以若彼濯濯也，人見其濯濯也，以為未嘗有材焉，此豈山之性也哉？雖存乎人者，豈無仁義之心哉，其所以放其良心者，亦猶斧斤之於木也，旦旦而伐之，可以為美乎？其日夜之所息，平旦之氣，其好惡與人相近也者幾希，則其旦晝之所為，有梏亡之矣。梏之反覆，則夜氣不足以存；夜氣不足以存，則其違禽獸不遠矣。人見其禽獸也，而以為未嘗有材焉者，是豈人之情也。故苟得其養，無物不長；苟失其養，無物不消。孔子曰：操則存，舍則亡，出入無時，莫知其鄉，惟心之謂與？」（同上）

孟子曰：「萬物皆備於我矣。反身而誠，樂莫大焉！強恕而行，求仁莫近焉！」（盡心上）

孟子曰：「弈秋，通國之善弈者也。使弈秋誨二人弈。其一人專心致志，惟弈秋之為聽；一人雖聽之，一心以為有鴻鵠將至，思援弓繳而射之。雖與之俱學，弗若之矣。為是其智弗若與？曰，非然也。」（告子上）

孟子謂高子曰：「山徑之蹊間，介然用之而成路，為間不用，則茅塞之矣。今茅塞子之心矣。」（盡心下）

孟子曰：「養心莫善於寡欲。其為人也寡欲，雖有不存焉者寡矣。其為人也多欲，雖有存焉者寡矣。」（同上）

以上所引述者，是極平常也是極正確的存心養性的方法。這與前文所謂之易簡工夫是相通的。我們講易簡工夫時，曾講到王陽明的良知。我們在第四章第三節講王陽明的良知時，曾講到康德的「無待令式」。我們認爲，當大圓鏡智現起時，這大慈大悲之平等性智亦必現起。從究竟的觀點而言，凡有現起，皆是有待。我們稱良知爲無待者，即所謂「不容已」也。這是聖境。我們凡人，是「高山仰止，景行行止」而已。當我們的存心養性工夫做得很純熟而成爲我們的習性時，是可以臻於此境的。儒家存心養性工夫，是可以積漸而成。佛家是以坐禪的方法，做到明心見性。我們講釋家認識論時（請覆按第六章第二節），曾講到朗波田的動中禪。這是一種不講「止」而講「觀」的禪修方法。朗波田解釋止（奢摩它）與觀（毘婆舍那）的差別於下：

止是什麼呢？譬如閉上雙眼坐下來，心中唸佛號或阿羅漢名，或數一、二、三的修行方法。也有配合呼吸，呼時唸佛，吸時唸陀。這種修行，可以達到心理寧靜的效果，因為專心，可以排除所有使心擾動的因素。當念頭和各種情緒都不起時，安寧的感受就生起了。這種安寧，我把它種之為「未解脫時的寧靜」，因為行者并不是真正知道和認識自身的真相。這種寧靜會消失的。行者止後起觀，或者進一步觀身為種種零件的組合，或者觀身不淨（如：檢查屍體腐敗過程的九想觀）。以上是我所知道的止的修行法，是否還有別種，我就不知道。但這種集中心力的止，不能導至煩惱的止息，因為行者往往追求心理的寧靜，以至錯失了真正苦滅的道路。

觀是什麼呢？觀是以正念為基礎。它的修行方法，從始至終都與止的方法不同。首先，不閉上雙眼來發展正念，你必須了了分明身體的動作，以及念頭的起落。當身體移動時，你曉得身體在移動，而且不錯失每個動作；當念頭生起時，你必須覺醒。這樣就叫作「正念分明」。行者并不抵抗或排斥任何動作或念頭，相反地，保持正念的人，完全開放他的心靈，勇敢地接納一切。念頭任它自由生起，你看見它，認知它，不迎拒它，卻了了分明。如此行去，念頭的起滅會越來越短促，你也會逐漸走到苦惱的盡頭。（譯者按：此處的念頭，包括了思想、情緒。凡從心中生起的，都是觀照的對象。）

當修行人不間斷地正念分明，解脫的智慧自然就會生起。因為你清楚地看見，真正的看見，清楚地知道，真正地知道身心現象。你所得到的智慧是從一個清醒明白和寧靜之心靈出發的，是自知自覺的，不是由他人或思維推想而得到的。……相反的，從止（心定一處）出發的修行方法，不能看到身心的真相。他們的思維觀照，只是自己心中製造出來的影像；他們看到了一部份的真相，但不是完全的真相。（譯者案：他們的觀、有預設內容，如不淨觀。）

由止起修的人，可以藉由定的力量降伏所照見的煩惱，但是他們不能清楚地明白、看見和認知身心煩惱的現象。所以他們觀察時，沒有生起「解脫知見」。既然在他們的安寧中，沒有知見，他們不能知道心中念頭或任何事情的發生，所以他們不是真正的寧靜。不同的修行，得到不同的結果。以止起修者，也可以止後起觀。但是行者容易執著於止所引起的寧靜；而此寧靜只是暫時存在，一旦不修行就消失了。往往行者追求寧靜，不能進一步體認戒定慧在身心的自然狀態，因此不得解脫。也可以說，行者仍然受到微細的愛著、執取無明所控制。

相反的、修習正念「觀照的人」，可以明了看見、認知和觸覺認到貪嗔痴的現象，體察到染污、貪愛、取著等行動的過程。因為這樣的認知，行者自然能進一步地把握戒定慧的修學，并體現此三學於身心狀態之中，而達到解脫。以上是我所了解的止觀修行的差別。我認為對佛法體認的能力，已經存在每一個人的心中，因為這個能力不是研究或理解記憶而來的。❷

以上朗波田所謂「止」的修行法，他是否表達得完全正確，我們可以存而不論。我們祇

---

❷「動中禪的原理」泰朗波比丘作（Luangkon Teeam）張鴻洋譯。美佛慧訊、美國佛教會編印。一九九二年十一月一日出刊。泰朗波亦稱朗波田，一九一一年出生於泰國東北邊境洛伊省的小村布宏，一九八八年逝世，其所創「動中禪」，可視為南傳佛法中特殊頓悟法門的指導者，在泰國頗為流行。

須理解他所說的以「正念」爲基礎之「觀」的修行法。這個方法的要點是：「念頭任它自由生起」，祇須「看見它，認知它」。這與孟子所講存心養性有同有不同。其相同者，是反身而誠、專心致志；其不同者，孟子是要「求放心」、「操之」、「介然用之」，而朗波田則是祇須「看見它，認知它」；因爲它必會生起。我覺得朗波田的這個方法很實在。明儒有用紅豆黑豆紀錄自己心念活動的方法。朗波田根本不管心念如何，祇是明白的看見它、認知它。讀者自己不妨試試：當你對於自己的貪嗔痴是明明白白的知道時，久之、自然會生起解脫的智慧。朗波田的方法，似乎較孟子更爲直捷了當。再者，孟子存心養性的方法，是可以與儒家的知止併行無礙。儒家的知止與佛家的止觀不同。儒家是說，人在社會上派定爲什麼角色時，若恰如其份的擔任了這個角色，這就是知止，也稱之爲人義。人必然的會派定爲各種角色。一個男人，若非獨身主義者，他必是他兒子的父親，也當然是他父親的兒子，他哥哥的弟弟，他弟弟的哥哥；他太太的丈夫，他朋友的朋友，他老師的學生；他長官的部屬，他部屬的長官，如此等等的角色，他必然的會被派定。儒家根據人之本性，爲這些角色立定一些可行而應行的標準。儒家稱這些標準爲知止，這與釋家所謂之止完全不同，與朗波田之觀，似乎沒有衝突。我們認爲，用朗波田的方法，配合儒家的易簡工夫；也就是：第一，不管你的心念，亦即不管你內心如何想，你內心是善念也好，是歹念也好，你不必管它，祇是明白的看見它，認知它。這和孟子求放心，反身而誠、專心致志的效果是一樣的。第二，你祇要是清楚明白的看見你自己的念頭，你祇要是真的認知了你自己的念頭，你自然就會有一種真智慧；你自然會知道父慈子孝，會知道做一個好丈夫、好兄弟、好朋友、好長官、好部下、好老師學生、好主人客人等等。用佛家的話說，你的覺性會自然的顯露。在這個時候，佛家認爲是解脫了煩惱，脫離了苦海；至於儒家，則是：第三，應貫通自己的思想，亦即貫通人我、物我之情，使自己在知（認識）與行（認識的實踐）兩方面，都無執滯不通；而能順人之本性，成人之能，以實現善人之生的理想。這是說明了儒家的盡心知性與釋家的明心見性確不相同；因爲明心見性是以離苦爲目的；而儒家的盡心知性，除了「殀壽不貳，修身以俟之」以外，必須親民而明明德於天下；用現代的觀點來說，是必須以科學與民主的精神，爲人類服務，而實現善人之生的理想。這就是說，先秦儒家，雖因過於著重現實，未能見到民主，而現代儒家，必衷心於民主。同時儒家的盡心知性，亦必能明心見性。我們認爲，當見性時，康德所謂之「無待令式」必會顯現。儒家的「知止於至善」，在本質上即是無待的，亦即自然而然，不假安排佈置而如此。朗波田之說，確能證明我們所說的不錯。至此、我們乃有一新的想法，即：用佛家靜坐的修行方法，欲能明心見性，確實很難。我們回溯佛教歷史，達者固不在少數；然而窮畢生之力，仍摸不到邊者，亦所在皆是。但是，若發誠心，不論是孟子的求放心，或朗波田的看自己的念頭，必有一種真智慧現起。這種智慧即是一種引導你爲人類謀幸福的力量；於是，好好的把握這種力量爲人類謀幸福，不論你是從事何種工作？假如你是從事政治工作，如行政首長、議會議員，或任何其他的工作人員，必都能收到很好的效果。久之、當你養成了一種爲人類謀幸福的習性時，你必會明心見性。這可以說是用儒家的方法，實現佛家的理想。當人之本心本性現起時，慈悲之心必同時現起。這是至誠至正的。孟子曰：「今人乍見孺子將入於井，皆有怵惕惻隱之心，非所以內交於孺子之父母也，非所以要譽於鄉黨朋友也，非惡其聲而然也。」（公孫丑上）孟子對這種至誠至正之心的描述，確是入木三分。這種完全無所爲的至誠至正之心，即康德所謂之「無待令式」，是一種力量。當這種力量充滿人之整個心靈時，貪嗔痴當然已不存在。因爲心是一。妄念生起時，覺性即被魔障；淨正之覺性生起時，即如萬里晴空無片雲；所以，當至誠無私之心爲主宰時，妄念止息，三毒盡消，而實現了佛家的理想。這就是說，我們祇要將此至誠無私之心，堅持不懈，終必有成；因爲此至誠無私者，即本性之顯露；若至爐火純青之際，即是大功告成之時。所以，修道之人必須動機純真，光明正直，且能堅持不懈。這三者，最能發揮人之「全副力量及生命力」，是達到彼岸的寶筏，是儒佛兩家沒有不同。儒家有不同者，對於向上一路，并不重視。他們祇是爲了善人之生，必須以至誠之道，通古今之變，明人間世之情僞。其在現代，更必須運用現代的科學精神與方法，實現民主政治，完成福利國家的理想，以達成全民的幸福，實現人間的淨土，而達成明明德於天下的目的。已往的儒家，并沒有如是明白的說；但是，我們綜合先秦儒家的言論思想，當可以如是說。於是，我們當可以說，儒家的盡心知性與佛家的明心見性，在以往是不相同的；在現代，因動中禪的興起，以及某些佛門弟子之經世或救世的行爲，似乎是以儒家所嚮往的至誠之道與大公無私之心，來辦佛家的道，使盡心知性與明心見性可以相通；而佛門弟子，也絕不全是「自了漢」，其中必有救世之菩薩在。儒佛兩家是可以共同攜手來爲人類謀真的幸福。在此特須指陳者，先秦儒家，甚少講形上之道，祇知重視現實，以堯舜之道爲理想，深爲道家所輕視。事實上，當儒家以至誠之心，實踐修齊治平之道時，必有一種真智慧與救世救人之真力量現起，而捨生取義的爲其理想與目的而奮鬥。這當然可達到「情通物化，內外無間」之「從容中道」的境地。中庸所謂之「自誠明」，正是此意。這是許多人所未能瞭解的。我們認爲，道家是真正的「自了漢」，儒家確有救世之心。這是我們研究儒釋道三家的認識論所獲得的一點新認識。

二、中國形上學認識論與西方哲學認識論

現在我們應對中國形上學認識論與西方哲學認識論稍作比較研究。我們在第一章中，對中西形上學作比較研究時，認定中西形上學之不同，不是對與錯之不同；同時，我們在宇宙論中作比較研究時，照我們的體用一原、顯微無間之存有連續的理論，是可以化解西方哲學家一直不能化解的形上與形下的矛盾。在此特須指陳者，我們在第二章曾說「形上學不會進步成爲科學」；但是，我們認爲，「當可藉科學之成就，而豐富哲學之內容，予哲學以更明確之解釋」；所以，我們講中國形上學的認識論時，當然會考慮到，西方哲學的認識論對中國哲學是否有裨益？

釋道兩家的認識論，與以思辨爲主的西方哲學認識論，可說絕對不能相通。僅管現代科學的成就，可以幫助佛家解答疑難；但是佛家在認識上不容許思辨存在，認爲思辨之心非真如心，則是所有佛門弟子信守不渝者。道家雖不是完全反對思辨，卻與西方哲學的思辨是格格不入。老子之絕聖棄智，莊子反對惠子以堅白鳴，以及對渾沌「日鑿一竅，七日而渾沌死」之比喻，皆足以說明道家與思辨哲學，確是完全不通。可以與西方思辨哲學相通的，祇有儒家的認識論。誠然、康德所謂之純粹理性，亦即理性自身，與我們所謂之心之本體，亦即本

體之本性，雖不近似；然而心之本體，必有理性作用；此種理性作用，實已為程朱所發現；不過，朱子對於理性本身以及理性之各種功能與作用，缺少深入之認識，祇是做「自明其明德」的工作而已；所以宋明理學未能發展為現代的西方哲學。這卻是說明了中國形上學的認識論是可以與西方哲學的認識論相通。我們認為，康德與黑格爾的成就確實可觀，中國形上學是可以與之結合而更應該所有發揮。我們曾說，中國形上學是可以化解西方哲學之形上與形下的矛盾，也當然可以化解康德之二律背反：

第一背反

正題：世界在時間中有一開始，而就空間說，世界亦是被限制的。

反題：世界無開始，在空間亦無限制；就時間與空間這兩方面說，世界皆是無限的。

第二背反

正題：世界中每一組合的實體物皆是由單純的部份而被組成，而除單純者以及那由單純者而被組合成的東西外，再沒有什麼東西可存在於任何處。

反題：世界中沒有組合的東西是由單純的部份而組成，而世界中亦無處存有任何單純的東西。

第三背反

正題：依照自然之法則而成的因果性不是這唯一的因果性，即「世界底現象盡皆由之以被引生出」的那唯一的因果性。要想去說明這些現象，「去假定復亦有另一種因果性，即自由之因果性」，這乃是必要的。

反題：茲并無所謂自由；世界中的每一東西唯只依照自然之法則而發生。

第四背反

正題：茲有一個絕對必然的存有隸屬於世界，其隸屬於世界或是作為世界之部份而隸屬之，或是作為世界之原因而隸屬之。

反題：一個絕對必然的存有在世界中無處可以存在，它亦不能存在於世界之外而為此世界之原因。❸

我們可不問康德對這些問題是如何的解答或解決；因爲他那種辯解的解答，不能真的解決問題，若用我們的系統來說明這些問題，皆可迎刃而解。就第一背反而言、世界本體是不生不滅，無始無終的，所以「世界無開始，在空間亦無限制」（無限制之空間即是虛空，亦即空而無間）；但就形下之現象來說，世界是有始，空間亦是有限制而無疑。再就第二背反而言，世界之存在是世界本體之呈現，世界本體是存在於任何處，亦不存在於任何處，這在本體論中亦言之詳矣。再就第三背反言，本體本身，原無因果可說，這在第一章中，已有詳盡的說明；而自由與必然，在本體界亦沒有差異。在五十年代（即民國四十年代）的臺灣，諸多禁忌。我之所以置身於中國哲學之中，一方面是從小對此略有基礎；一方面，我可以在其中作「逍

---

❸ 康德著、牟宗三譯註「純粹理性之批判」下冊卷二第二章第二節，頁一八二—二一六，臺灣學生書局印行。

遙遊」。人如果不能自由的表達自己的心聲，那是很痛苦的；而研究中國哲學，則不必受當時流行的八股限制，可以暢所欲言。這也足以說明自由與必然在現象界并不是不可以化解的衝突。再就第四背反而言，這不生不滅的「絕對必然的存有」確「在世界中無處可以存在」。誠如理學家所說的，太極是無方所、無地位可頓放；但離了太極沒有陰陽，離了陰陽沒有太極之說，在中國哲學家看來，這是至平凡的道理；在康德看來，這確是無可化解的。這也是說明了，康德所謂之理性，其向上一路，雖祇隔著一層紙，但確實不通，而中國哲學確能很容易的助其溝通。讀者對於我們的本體論若果有理解，則知吾言不謬。在此仍須稍作說明者，我們在第二章第一節，曾對於現代西方哲學之處境，有所提及：第一，現代社會已經把哲學放逐到極其偏遠的地方；第二，簡直暴露了哲學家自認爲不是科學家的犯罪感；第三，哲學家格外注重技巧；而且爲求形式上的技巧，常把內容琢磨殆盡，以致哲學變得沒有內容。在此我仍須特別提及的，即「哲學在目前是如何存在的」。我曾經如此說：

> 哲學是被放逐了。但是，我們仍然不妨這樣的發問：哲學本身在目前是如何存在的？或者，更確定的說，哲學家在現代社會中是如何存在的？這問題的初步答案是這樣的。即：哲學家存在於「學院」裡，其身份為大學哲學系的成員，是多少屬於理論性質的所謂哲學這門學問的專業教員。這個幾乎完全根據事實，依照統計得來的簡單觀察，是無可置疑的。我們仍須作進一步說明的，即：根據英文字典，「以……為業」(to profess)一辭，是包括坦白而公開的宣稱或承認，所以也就是向世人表白他的一項職業。這個

辭語原有宗教性的含義，例如我們說到對某信仰的表白（profession of faith）。但在現代的社會裡，尤以歐美各先進的開發國家裡，由於它對人類功能精密的劃分，一項職業乃成了一個人收取報酬而做的專門性社會工作。這種專業，需要專門的知識和技術，它是一個人的謀生之道，且已成為一種生活方式。以某某為業的人士，有律師、醫師、牙醫師、工程師、以及哲學家等等。哲學家在現代世界的職業是做一個哲學教授，他的生存範圍不過是大學裡面的一個角落，他并不真正的生活在哲學的氣氛中，他祇是販賣哲學的知識而已。至於因對物理學、醫學、或其他各種專門學科有專門研究者而獲得了哲學博士，他們很可能從未接觸過真正的哲學。當然，傑出的物理學家或其他各類的科學家，只要肯作哲學的努力，他們是很可能成為真正的哲學家。

我們認為，一個人為一項職業所付出的代價必成法國人所謂之「專業缺憾」（deformation professionelle）。例如醫師和工程師容易從他們自己專擅的觀點來觀察事物，但對這個特定範圍以外的所有現象，都表現出顯著的昏瞶無知。愈是特定的視界，其焦點也愈精確；然而對焦點以外的四週也更會全然不知。做為在學院裡從事專業工作的一員，我們很難要求哲學家避免他自己的專業缺憾，尤以人之愈來愈為其社會功能所吸收，已經成為現代社會的法則。對今日的哲學家來說，麻煩而嚴重的曖昧所在就出在這裡，這就是哲學家遠離哲學之平實而無奇的事實。❹

❹ 詳見拙著「三民主義之哲學基礎」一書（頁三—四），再版易名為「中山先生思想與中華道統」。

這是對現代哲學家之寫真。在學院裡，我不知有誰是專攻中國哲學的中國哲學家，故未便爲其寫真。這個寫真：第一，是哲學家遠離哲學，也當然不是生活在哲學的氣氛中。第二，之所以如此，因爲哲學家自認不如科學家，所以特別注重技巧；爲求注重形式的技巧，所以日益遠離哲學。第三，從儒家的觀點來說，哲學家應是通人，而今日的哲學家，卻成爲無用之專才。十多年前，台大哲學系教授鄔昆如先生曾對我說，他哲學系畢業的學生，因找不到工作，祇好開計程車。哲學的確不是職業，也不應該成爲一項職業。哲學家之所以成爲專業工作者，這是社會功能之精密劃分，而莫可如何之事。哲學家竟甘願如此，并希望像科學家一樣的把這項職業做得讓人敬重，而又不回歸到哲學本身，這不僅徒勞無益，而且會每下愈況。這問題終歸會解決的。這問題會如何解決呢？李澤厚在其所著「批判哲學的批判——康德述評」一書中，有於下之一段分析：

> 這次表面平靜的回到康德之所以比上次的喧囂一時（上世紀的新康德主義）還重要，正因為它有一定的現實基楚。
>
> 首先，這是由於以相對論、量子力學、高能物理學、控制論、電子計算機、遺傳工程等為先鋒代表的現代科技工業，把人的認識能動性以前所未有的鮮明形態實現出來。本來，人的意識向來就有主觀能動性的問題，但這問題隨著科學的發展，在伽利略、牛頓時代開始突出，成為康德哲學的一個起因。本世紀，特別是第二次大戰後科技工業的飛躍發展，使這一問題空前突出。人們已經遠遠不是作爬行式的感官經驗的描述

歸納，而是以數學為強大工具，與極大規模的實驗活動相結合，去整理、組織和構造對象。從而、各種抽象理論、方法、範疇和假設的重大意義、結構、形式、精確性、主觀性等等特徵和方面的強調，建構理想模型的重要性，使哲學認識論的主客體關係問題變得非常尖銳。所謂不是主體反映客體，而是主體構造、建立客體，要求客體來符合主體；所謂主客之間的界線很難劃分；所謂康德的哥白尼式的革命，「人向自然立法」等等思想，日益風行。儘管常常可以不提康德甚或還批評康德，但實質仍是康德主義。這與上次公開高舉回到康德去的旗幟是有所不同的。它外表上沒有掛牌，實際上卻產生了更普遍和更重要的影響。有如貝克所說：「康德哲學受到了實證論者，實用主義者，語言分析論者，社會認識者之最充分的非難，但所有他們都贊成康德認為物理對象是某種構造。」（見克 W.Becke：康德哲學研究，第一一〇頁）

早在二十、三十年代，量子力學的一些代表人物在其哲學議論中便不斷提及康德。儘管有的用休謨來批評康德，有的徘徊休謨與康德之間，但總傾向是把認識過程中主觀作用說成是主導的、支配的、決定性的，在主體規範和組織下去認識（構造）客體，可說實質上是康德主義的（參閱本書第四章）。海森堡（W. Heisenlerg）的測不準原理，波爾（N. Bohr）的互補原理，在哲學上都有此意義。到六十年代，現代科學技術中的這一思潮又以與此似乎相反的客觀主義傾向——「結構主義」為旗幟，作為一種普遍的方法論和認識論，在語言學、經濟學、文化人類學、社會學、歷史學、心理學、生物學、數

學……許多領域內流行起來。有人還以之來代替和補充某種主義。❺

李先生接著又說：「結構主義的主要創始人、文化人類學家列維—斯特勞斯（Levy-Strauss）在認識論上明顯的趨向康德主義。特別是知名數十年，最終在七十年代把自己明確從屬於結構主義的心理學家皮阿惹（J. Praget）更非常自覺的把它提高到哲學認識論的高度。」（同註五）皮阿惹在「發生認識論」序言中說：「認識是一種不斷的構造。」又在「發生認識論原理」序言中說：「認識是不斷創造的無限過程。」（達按：此與我們所謂：「此虛靈明覺之作用，實具有創造之功能」相同，請覆按第二章三節三、）李先生接著又說：「結構主義本身也表現爲一種客觀主義的科學外貌，似乎與康德不同。但理論的基本實質，與上述當代自然科學總思潮一樣，是強調主體的操作、思維、作用於一個不可知和不確定的客體以構造知識，從實質上看，這是康德主義的。」（同上）李先生這是很具體的、也是很重要的說明了現代西方哲學認識論之「基本實質」，它不與歷史唯物主義相同，實與康德「人向自然立法」相同。所以哲學家要回到哲學本身，在西方哲學界似乎是「山窮水盡疑無路，柳暗花明又一村」的又回到了康德，回到了哲學不是注重形式的技巧，不是與科學家一爭長短，而是認識認識之本質。結構主義者，認定認識是一種不斷的構造，不斷創造的無限過程。這不能說不對。我對於結構主義所知有

❺ 李澤厚著：「批判哲學的批判——康德述評」（頁二五—五四）李氏一九三〇年生，湖南長沙人，北大哲學系畢業。

限，未敢擅作評斷。我祇就我自己的體系來稍作說明。我們認爲，知是宇宙本體或心之本體是有此明覺之本性。爲什麼呢？因爲這「宇宙之生成，是這個無始無終、不生不滅之宇宙本體它自己『不容已』的由無待而有待，由無差別而有差別，而且是存有連續的，體用不二的，由形上過渡到形下的，顯現出這個森羅萬象的宇宙」（請覆按第五章第五節）。爲什麼是如此呢？這在宇宙論與本體論中有極爲詳盡的說明。照我們的這個說法，這知或明覺，確是宇宙本體之本性，亦即人之本性；這人之本性，是可以立天之道，立地之道，立人之道；是可以「財成天地之道，輔相天地之宜，以左右民」（泰卦象辭）；是「範圍天地之化而不過，曲成萬物而不遺」（繫辭上傳第四章）；是「有以見天下之動，而觀其會通，以行其典禮」（上繫第八章）。這與結構主義者所主張的「不斷的構造，不斷創造的無限過程」是沒有不同。這不斷的構造或創造的無限過程，在本質上，即不斷的發現過程，亦即懂得、瞭解、分析、綜合之無限過程。莊子曰：「吾生也有涯，而知也無涯，以有涯隨無涯，殆已！已而爲知者，殆而已矣。」（養生主）過程無限，因時而化。周易繫辭下傳曰：「變通者，趣時者也。」（第一章）通即是變以從時。在無限過程中之構造或創造，應以趣時爲主，否則不通。古今爲政者，不通者眾矣。至於在無限範圍內之構造或創造，道家認爲，若漫無限制，則是「殆已」。結構主義者，諒必有同感。西方哲學有回到康德主義之要求，以期回到哲學本身，這是很自然的事。於是，儒家善人之生的人本思想，應是在構造或創造之無限過程中，指引人之一盞永不止息的明燈。由此，我們當然可以看出，中國形上學的認識論，祇有儒家確可以與西方哲學相通，而且可以相輔相成。儒家的認識論，當然不是唯物論，也不是唯心論。人道，成人之能，善人之生。

雖與康德不盡相同，若能真知其意，便知儒家與康德，是同樣的見到哲學本身（祇是康德見到不十分真切而已），同樣的可以安身立命，不會有「不是科學家的犯罪感」。儒家形上學認識論這一特色，確可以有助於希望回到康德主義之現代西方哲學的復興。凡願回到哲學本身之現代哲學家，實應該認識到、這確是一盞破暗的明燈。

第八章　結　論

第一節　我們講了些什麼

一、總而言之

總結以上所述：我們講明了中國形上學之本體、宇宙、以及認識等之本來如是。這三者，表達了中國形上學的全體大用。我們這是對不可道之道，以現代的方式，作和盤的托出。古人未曾有如是的講法。照我們的這個講法，是把中國形上學所討論的問題，如：本體是什麼，宇宙是如何生成的？以及人之認識有關的諸多問題，皆作了簡明而必要的陳述。這所陳述的，因爲是講的「本來如是」；所以對於本源的或究竟的問題，必須作詳確而全無疑義的解答。以上各章，我們是竊取古聖先賢之道而複述之，對於有關問題之解答，以及對於不可言說者之言說，自信確能繼往聖之絕學，使之能最爲完滿的呈現在讀者的面前。就我們所作的解答，確是從漫漫長夜而見到天明，從睡眼模糊而豁然覺醒。精神的桎梏已然解脫，心靈的自由已無拘束。逍遙乎「於無何有之鄉」，入「人間世」亦全無滯礙。中國形上學，實是立天之道，立地之道，立人之道而「無所不在」的一種學問。

二、關於本體論方面

我們爲什麼能獲得精神上的解脫與心靈上的自由呢?那就是我們確乎見到了心之本體。這心之本體，即道之本體，亦即宇宙本體之本性。古聖先賢，勿論其爲何宗何派，凡好學深思，真知其意者，對於本體，皆有至深入、至真切與至透澈之體會。在第二三四各章中，我們對於本體之存在、形相，以及其本性，皆有所描述外；更依老莊孔孟以及其繼起者與佛家之諸祖師之所見，就廣大悉備之本體學領域，作「極深而研幾」之描述。這確是中國形上學的根本。宇宙是它表現而爲森羅萬象之存在，認識則是它所表現的了別作用。它究竟是什麼呢?就它的形狀來說，我們覺得老子之說極爲明白，他說：「視之不見名曰夷，聽之不聞名曰希，搏之不得名曰微。此三者不可致詰，故混而爲一。」（見老子第十四章，請覆按第二章第二節，四、「無是什麼」）此所謂「一」，實無以名之，祇能名之曰「無」。這所謂「無」，與黑格爾哲學所謂「在思辨中排除一切差異」而得到之「無」或純有雖很相似，卻全然不同。因爲黑格爾哲學是一思辨的體系，其所謂「無」或純有，是完全抽象的觀念，更可以說，祇是存在於他的腦海中。至於中國形上學所謂之「無」，乃是指此道之無可名狀者而言。「無名天地之始」。這無可名狀者，是「先天地生」，是天地之所以爲天地，當然不祇是存在於我們的腦海中。這在第二章中已有非常明白的說明。就我們所已說明的，這所謂「無」，在本質上，實就是不可道之道，亦即是「無以名之」之有，是真正的存在。視「無」爲存在，這是中國形上學的中心思想，是儒釋道三家的共識。在學術史上三家雖頗有爭論，實祇是如何表達的問題。這確是中西形上學最不相同之所在，在第一章已有論述。茲再作更進一步的比較說明，俾讀者對本書所已闡述之本體，能有更深入而確切之體會。

本來，希臘哲學家如埃里亞學派（Eleatice）的巴門尼底斯（Parmenides）及齊諾（Eero of Elea）等，他們認爲「有」是唯一的實在，唯「有」才是真的實在。英人司泰思（W. T. Ctace）在其所著「黑格爾哲學」（the philosophy of Hegal）中曾說，埃里亞學派認爲「有是太一（one）。唯有太一是實在。那眾多卻不存在，它也是幻象。生化與眾多性底虛幻世界是感覺底世界。它是透過我們底眼睛，耳朵和雙手——總之，是透過感覺而爲我們所知的這樣一個凡俗世界而已。真有（True Being）唯爲我們的理性之眼所照知。感覺是不能知道它的。它看不見、摸不著，也感覺不到。它既不在此處也不在彼方；既不在往古，也不在來今。唯有靠思想、理性，我們方能夠達到它。說真的、巴門尼底斯確曾不一貫地說過有是球形的和佔據空間的，而此即含謂它應是用感覺所可覺知的物質。但這不過是一種原始自發思維的粗疏產物而已。巴門尼底斯不得不試行去構畫一幅有底圖像，而如此的圖像，必被措思爲有形。因此巴氏便陷入此種矛盾的深淵。不過，與巴氏相反的思想，認爲有是無方所、無時瞬，是一非感覺對象的思想。這就是埃里亞學派的真實教義。」❶我對於埃里亞學派，缺乏研究，僅能就司泰思這所說的而略窺其門徑。照這所說的「無方所，無時瞬」之有或太一，與我們所謂之「無」，應該很

---

❶ 曹敏、易陶無譯：「黑格爾哲學」頁三，臺北政工幹校民國五十三年三月初版。

近似；因為這都是「看不見、摸不著、也感覺不到」，而「唯有靠思想、理性，我們方能夠達到它」。埃里亞學派究竟是如何的「達到它」？我不太明白；不過，用康德的思辨理性與一般的邏輯思想不能「達到它」，則是很顯然的。康德對齊諾的思想曾有於下的描述。康德說：

埃里亞派的齊諾，一個精妙的辯證家，被柏拉圖嚴厲地譴責為一個頑皮的辯士，他想要表示他的精巧，他必先開始通過一些可信服的論證去證明一命題，然後再用其他同樣堅強的論證直接地去打倒「那些可信服的論證」。舉例言之，齊諾主張神（或許他只思議之為世界或宇宙本身）既非有限，亦非無限，既非在動，亦非在靜，既非相似於任何其他東西，亦非不相似於任何其他東西。在批評他的辦法的批評家看來，他似乎顯有「對於兩相矛盾的命題兩者皆予以否決」這種悖理而荒謬的意向。但是，這種責難在我看來并不能算為有理。❷

這是康德從思辯理性看出齊諾的主張并不悖理。不過，齊諾這所主張的，是對於不可道之道，亦即是對於不可思議、不可言說之本體予以思議言說，這是「言語道斷」後的一種議論。禪宗門下常說「非心非物，亦心亦物」，亦正是此意。此不可以以意識猜測，以理論推

❷ 康德：「純粹理性之批判」牟宗三譯註下冊，頁二六三，臺灣學生書局印行。

斷。本書第四章講頓教的本體哲學時，述及洛克（John Loche）所謂「實體就是我們所未知之物」，「一切未知皆可由一終極之未知而獲最後之解釋」。我們對此項主張，曾提出了相反的意見。中國形上學是以本體為實體的實體哲學，絕無「實體論證的謬誤」，與齊諾的主張頗為近似。此姑不論。現擬說明的，康德雖然知道齊諾的主張并不悖理；但不能真的說明齊諾的主張。康德說：

> 如果說：一切物體或有一好的氣味，或有一「不是好的」（是壞的）氣味，則一第三情形是可能的，即是說，一物體很可能根本無氣味可言；因此，這兩相衝突的命題可以都假。但是，如果我說，一切物體或是「好氣味的」，或不是「好氣味的」，則此兩判斷是直接地互相矛盾的，而且只有前一個是假的，而它的矛盾的反面，即「有些物體不是好氣味的」，亦包括那些「根本無氣味可言」的物體。因為，在前一種說法的對反中，氣味、物體概念底這偶然的條件（情狀），并沒有被反面的判斷所移除，但卻是留存下來而附隨於反面的判斷中，所以這兩個判斷并不是當作矛盾的對反而相關聯著。（同註二，頁二六四）

就康德這所說的，我們可以很明白的看出，他是以思辨理性來解答齊諾的主張是可以無違於理，亦即用辯解來解答他的四個二律背反之第一背反。在上一章中，我們曾說：「他那種辯解的解答，不能真的解決問題。」康德曾說：

因此，如果我們說：世界在廣延方面或是無限的，或不是無限的，而又如果前一命題是假的，則其矛盾的反面，即「這世界不是無限的」，必須是真的。這樣，我必否決一無限世界底存在，而卻亦并沒有肯定一有限世界以代之。但是，如果我們說：這世界或是無限的，或是有限的（是「非無限的」），則此兩陳述可以俱假。因為，在此情形中，我們必須把這世界本身視為在其量度方面為決定了的（為決定是無限的），而在那相反的判斷中，我們不只是把無限性，并或許連同這無限性，一完全各別的「世界之存在」，皆予以移除，不只是如此，而且還把一種決定（有限性）附加給世界，把這世界視為一「在其自身就現實地存在著」的東西。但是，此一肯斷（即肯斷世界為有限之肯斷）可同樣是假的；這世界很可以不是當作一物自身而被給與，也不是在其量度方面或是當作無限的或是當作有限的而被給與。……（同註二，頁二六四）

讀者當可以看出，康德這所說的，是非常精緻而嚴密；但對於問題的解答，并不真有意義。羅素（Bertand AW Rucssell）曾說，康德是可以繞過的。吾人讀「純粹理性之批判」，深覺「并不真有意義」而「可以繞過」之處不少。康德是具有極誠摯之學術真忱，也是比較偉大的哲學家，其成就亦不過如此。那麼，問題究竟出在那裡？對此，擬稍作說明。司泰思說：

柏拉圖底物質，是無形式、無內容、無定性的。它是虛空。它是事物之無形式的體質。事實上，它是屬於各種各類而不自成任何類「某物」的「它」，而這是我們已知為一種自相矛盾而不可思議的思想。我們已知一個對象，例如這張紙，是一聚共相。這些共相是它所歸屬的諸類。但是當我們詢問除去諸共相剩下「它」又是什麼時，我們便發現「它」是個無。然而柏拉圖卻曾把這個「它」，這個諸共相的體質，看作實際存在（existence）之某物而稱之為物質。但是他在某範限內又認定這種「它」底不存在，所以他宣稱物質為「非有」；這又使他墮入物質為非有或無的矛盾。但是，他又措想，它必然常存於彼處而令諸觀念能用以印下它底影像。它不是從諸觀念生起的某物，而乃是與觀念為同等原始。無因、和獨立的某物。故而、依此觀點、說它不是一絕對的非有，而寧是一絕對有，一實在。因為凡獨立而無待於外以生者即是實在。柏拉圖不曾認識此後一點。假使他曾經認識，他會知道他底物質一概念，是如何的不可能與如何的自相矛盾。（同註一，頁一六）

司泰思又說：

另一值得我們注意的重要之點，是柏拉圖顯然相信諸觀念、諸共相自身，在另一超空之世界中有其各自獨立的一種存在。正義的靈魂，可能在死後到達彼處一見此諸觀念之風采。如是，那構成紙的諸共相，不僅內在於紙，而且也自因地外於此紙而存在於它自己的世界。這種理論是否只是一種字義的或詩意的說法，實是甚難確定的。但是，無論如何，亞里斯多德認為柏拉圖對它是依照字義來取義的。那是值得我們注意的重要之點。假使它是由字義來取義，它便含有一種與共相哲學相悖離甚至矛盾之處。因為它含謂諸觀念的存在。此存在、也即是在他們自己底世界。可是共相哲學，卻以「共相實在是不存在」為其最根本義理。依此，共相不是那個體的事物。它雖然實在，卻不存在。可是柏拉圖在他哲學底這個部份，似乎設想諸觀念是個體存在於某一超越空間的世界。這就當然構成柏氏理論之自相矛盾。這也正表明柏拉圖并未曾清楚他所面對之實在與存在間的區別，雖然他沒有用過那些名詞，但他卻已開始著手這些清楚的工作。因為他曾說感覺世界之存在是不實在的，而凡共相之實在則是不存在於空、時中，即不存在。可惜他不能抗拒那凡實在必有幾許存在之流俗見解，因而便認為觀念存在於這個超越世界。或許此後者的觀念僅僅是詩意了。果真如此的話，那就是非常錯誤的引導了。（同註一，頁一七）

照司泰思這所說的，柏拉圖確是見到了無形式、無內容、無定性的事物。「它是虛空」，「它是個無」，是「非有」。「它不是一絕對的非有，而寧是一絕對有，一實在」。柏拉圖這所見的，與埃里亞學派所謂之有或太一，實應該很近似；不過，柏拉圖誤以爲是物質而已。再者，我們熟知亞里斯多德的哲學，是認爲諸事物是由質料（matter）與形式（Form）結合而成。司泰思說：「亞里斯多德所講的質料，和柏拉圖所講的它，此無定性之事物的質，同爲一事。他所講的形式，符應於柏拉圖所講的觀念共相。但是亞里斯多德認那些形式、觀念、或共相、不是特殊自我，在於其隔離之世界，而是內在於諸事物之中。」（註同上）此姑不論。假如西洋哲學家是順著柏拉圖的此「一絕對有、一實在」這個路向走，其結果，是必然的肯定，這真實存在的「實在」，是無形式、無內容、無定性之「無」；而諸聚共相則祇是現象之存在。這就是說，我們所熟知的感覺世界之現象的存在，乃是無定性、無內容、無形式之質料依諸共相而成為諸聚共相；或是依諸一定之形式而成為諸現象之存在。這是從本體論講到了宇宙論。這是說，這宇宙之存在，乃是這祇能名之為「無」的實在，依諸共相而呈現的。有無確是同一的。可是西方哲學家，誠如我們在第一章中便已陳述的：「自亞里斯多德以後至黑格爾以前，西方形上學者，認定有無或矛盾之事物不可以共存或彼此相等，則似乎是一種共識。」（請覆按第一章第二節三、「有的科學與四個第一原理」）因為他們對於「有無不可共存的思想」「是如此的堅持」，所以他們未能順著柏拉圖與亞里斯多德的這一路向走。到了康德，他以理性能力所及的範圍來面對問題，當他侷限於思辨理性時，他對於本體或物自體之問題的把握，是把它當作命題來討論。例如，他說「我是否只能作為主詞而存在而且被思，而不亦作為另一存在底一個謂詞而存在而且被思」，「我們是否以此主體之概念去理解一本體」（同註二，下冊，頁一四四），如此等等，對於本體問題之理解，實無助益。再者，他在「純粹理性之批判」下冊第二卷第三章第二節「超越的理想」中，對「最高真實的存有」或「根源的存有」所作之解釋或說明，亦難使人信服。及至黑格爾，他認為有（Being）是第一範疇，是極盡可能的抽象物，是抽空任何種類之一切特徵及有所定性；是故它便是一無特性而徒為虛空的「有」（同註一，頁一三四）司泰思說：

> 由於有是如此虛空，所以便等同於無（Nothing）。無底思想，乃是缺乏一切定性的單純思想。當我們措思任何事物時，我們僅能憑其所具或此或彼的定性去措思，如：尺碼、形狀、顏色、重量等。如沒有任何定性，乃是絕對虛空，即是無。由於有為絕少任何定性之勝義所界定，故「有」即是「無」。（註同上）

照司泰思這所說的，黑格爾認爲「有」即是「無」，亦即黑格爾認爲：「有之思想與無之思想乃同一而相即相入」（註同上），這與中國形上學所謂之「無」，應該沒有區別。我們爲什麼要說「卻全然不同」呢？我們無意對埃里亞學派以及柏拉圖與我們所謂之「無」，作詳細的辨別；但對於黑格爾，卻有確切說明之必要。前文我們已指陳黑格爾哲學乃一思辨的體系，其所謂有無，乃是基於理性而可作如此之措思。至於我們中國形上學所謂之「無」，乃是對本體觀照之所得，而所作之描述。我們是如何的觀照這本體呢？本書第二章第二節，我們講「道是有與無之同一」時，曾指出：「只要識得『無所住心』，必能識得有與無之同一。」這「無所住心」，「禪宗叫做本心、本來面目，或本性、佛性、實性、真如、般若三昧等等，不一而足。要識得這個『無所住心』，是必須解脫一切知見，所以這是『非知識所行境界』。」這就是體現了我們在第一章中所講的「超感性的直觀」。康德在「純粹理性之批判」中，分直觀爲感性直觀與知性直觀。他認爲，人不可能獲得知性直觀。在第一章中，我們也曾提及，西方哲學家認爲「智性直觀」「是神藉以認識自己」。他們認爲，祇有「存在主義和觀念論往往將這種智性直觀歸屬於人，其實人沒有這一能力。」（請覆按第一章第三節

二、「感性直觀與智性直觀」）我們不贊同這種觀點，在第一章中我們有較詳確之說明。我們認爲：「我們的超感性的直觀，是人之非知識所行境界的直觀。人有這種直觀能力。」老子「常無欲以觀其妙，常有欲以觀其徼。」即是用這種直觀而觀。禪宗諸祖師們，也大多獲有這種直觀。王陽明是深明此事。祇有朱晦翁反對在作用上見性，所以他有許多不通之處。他確是在許多重要關頭總是不契。一般說來，獲得超感性的直觀，就是見性，就是得見本來面目，也就是得見心之本體，道之本體，宇宙本體之本性。這就是說，所謂見性，既是見得人之本心本性，亦就是見得宇宙本體之本性。我們可以這樣的說，人性是宇宙本體之本性在「人」這個現象中表現得最直接、最明顯、所謂「道不遠人」，其義即是如此。不過，惟有通過超感性的直觀，才能見得最真實。當我們見得這本體時，因知本體是無定性、無內容、無形式、無方所；所以是無所在，亦即是存而不在。這存而不在，亦即無所不在或遍在。這無所不在或遍在，當然是真實之存在，亦可簡稱爲實在。「本體實在是不存在」與「共相實在是不存在」，確是兩種大不相同的學問。再者，當我們見得心之本體時，即是以心觀心，以思想（主詞）思想（動詞）思想（賓詞）。司泰思說：「唯有心靈始能認知其自己即全體實在，於是，它是思想之思想。它不措思有一外在的客觀，而獨是措思它自己。這便是亞里斯多德底心能與心象。此相同物，被說到絕對理念是自我意識或人格底範疇時，便會表達出來，那就是它有其自己爲其客觀對象之意識或思想。」他接著又說：「絕對理念即絕對真理。它是絕對，或上帝和宇宙底究竟，完全，和無漏的定義。上帝是思想之思想，絕對的主客觀。」（同註一，頁二九二）照司泰思這所轉述之黑格爾哲學，當我們能以心觀心，亦即以思想思想它自己時，這便是見到了不可道之道，達到了絕對真理，達到了宇宙底究竟，也就是體現了黑格爾哲學所謂之絕對精神。黑格爾哲學認爲：「唯是精神自身，以及它自己即是萬有與一切實在，然後它才達到它即是絕對。絕對精神乃是究竟相，而在此相中，精神體認到在覺照它自己中即是覺照絕對。但由於這樣的絕對精神僅存在於人類主觀意識，所以更可以說，那種絕對精神即是來之於人類存在的絕對知識。一切能夠覺知人類存在之絕對底樣相，無論是藝術、宗教、哲學，都是絕對精神底境域。」（同註一，頁四三六）黑格爾哲學又說：「精神與絕對乃是同義語。是故絕對精神，一方面是爲精神所知之精神底知識；另一方面，它則是爲絕對所知之絕對底知識。唯有在絕對精神之中，絕對始達及它自己，與達及知道它自己究竟真實地是什麼？唯有如此，才是真實地絕對。也因爲唯有如此，才是自知自覺的精神。」（註同上）黑格爾哲學這所說的絕對或絕對精神以及其所謂思想之思想，與我們所謂之本體或本體之本性，應無不同。但是，此中卻大有問題，茲特作綜合的說明，以澄清疑義，俾讀者對於我們在二三四各章中所講之本體，能有明白而完整之認識：

第一，當我們以心觀心，亦即見得本來面目時，這就是見到了絕對，見到了不可道之道。因爲在這個時候（即禪宗所說之當下），必是疑義盡消，所有問題，必都已獲得解決。這就是達到了究竟，終極。這當然就是達到了絕對。事實就是如此，別無其他。祇就「達到了絕對」這一點說，我們與黑格爾應該沒有太大的分歧。

第二，我們認爲，絕對即本體；絕對精神即本體之本性。黑格爾則認爲，「精神與絕對乃是同義語。」在形而上的層次，絕對與精神，本無可分；然而這二者，不異亦不一。就其是不異而言，它們都是「無」，都是真實之存在，都是有與無之同一；就其是不一而言，精神是本體之本性，是本體之功用，而絕對或絕對者就是本體。我很奇怪，黑格爾這樣了不起的哲學家，竟然忽視這種區別；於是，他乃墜入了觀念論或唯心論。

第三，我們認爲，心之本體，即宇宙本體之本性。我們更認爲，心是一，亦即沒有兩個心。以人這個現象來說，人之感性、知性、理性或虛靈明覺之覺性，都是這個心所發生的功能或作用。沒有理性這樣的東西，祇是人會作理性的思考。這是觸及了認識哲學。事實上，我們講認識哲學，基本上，也祇是使我們對本體有更完滿之認識。

第四，我們認爲，這心之本體，是遍而非計。因其是遍，乃被人說作是全知；因其不是計慮，亦即不是思慮或思考，所以是直心以動。周易繫辭上傳第十章曰：「易無思也，無爲也，寂然不動，感而遂通天下之故，非天下之至神，其孰能與於此。」一般人，很難懂得無思無爲、感而遂通之道。祇要能識自本心，見自本性，便知此言甚諦；於是，老莊所講的無知之知，釋家所講的大圓鏡智，確都是說明這「遍而非計」者是什麼？同時，當大圓鏡智生起時，平等性智亦必生起。我對於平等性智，體認最真切。我認爲虞舜「是獲得平等性智之大覺者。」（請覆按第六章第三節三、「概說無是非之知」。達按：此即是「直心以動」之知。）耶穌基督饒恕別人要「到七十個七次。」❸若沒有獲得平等性智，其誰能之。我們認爲，若獲得平等

❸ 新約馬太福音第十八章。

性智，則是「意志和至善的一致」。❹康德說：

> 至善之第一與最主要部份的完成，亦即道德；因為這只能在永恒中得到解決，所以道德法則亦被導至於靈魂不滅的設定。這同樣的法則又必使我們肯定至善的第二部份，即與道德成正比的「幸福」之可能，而這亦如前此之惟立基於純正無私，超絕利害觀念的理性。換言之，這非豫想著有一充足引出這個結果的原因存在不可。這樣、它必須設定「上帝存在」作為至善（這種意志的對象必然和純粹理性之道德立法相結合的）可能的先決條件。（同註四，頁一六九）

康德認爲，至善的先決條件，必須設定「上帝存在」，這與黑格爾「上帝是思想之思想」，實無本質上的不同。至於我們的本體哲學，因與他們所見不盡相同，所以在字義上，確大有差異。

第五，這無思無爲，感而遂通之遍而非計的本心本性，因是「天下之至神」；於是，我們說本體之本性，具有「至神」之神性，實是於理無違。不過，這遍在而無所不在，亦即無所住或無所在之神性，它是宇宙本體之本性，不宜想像爲精神性的個體；因此，將此「至神」

❹ 康德：「實踐理性批判」第二章五、上帝存在為純粹實踐理性之一設定。見「康德哲學資料選輯」頁一七五，民國七三年臺灣新竹仰哲出版社。

之神性，名之爲上帝，實有未妥：第一，所謂「上帝」，它似乎是一精神性的個體。凡「個體」，必是一有限之存在，實不能表達宇宙本體之無所不在的本性。第二，所謂「上帝」，乃是帝王時代的擬人之說。事實上，在「神」的世界裡，絕無「上帝」之存在，亦即絕無像君王那樣統治者之存在。本體之「至神」之神性，確不能擬之爲上帝，其理實至爲明顯。

第六，我們說本體是「無」，一直不爲西方哲學家所認同。現代英哲羅素（Russell）在其所著「哲學大綱」中，對心與物曾作分析，結果發現到、并無心與物這樣東西之存在。說心不是一件東西，而祇是人之思想，這很容易爲人所認同；說物不是東西，待量子論興起後，才能容易爲世人所接受。而我們的古聖先賢，對於心與物之無自體，是知之若素，所以無論儒釋道三家，皆能接受本體是「無」之思想，亦絕少唯心與唯物之爭。其在西方，羅素等現代哲學家，雖然已知所謂物質，「不過是拿來描述發生的事情之一個方便的公式。」雖然已知：「電子并不是『眞實』的東西而僅是理論的符號」。「討論電子佔多大的地方，正如討論恐懼、焦急佔多大的地方，一樣地不具意義。」❺但他們仍不認同本體是「無」之思想，而「承認有無數的事點，每個最小的事點都是一個自存之邏輯的實體。」❻這祇是見到了多而不認識一。一即是一切；或一即是多，多即是一，這也是中國哲學本體論與西方哲學不同之所在。此姑不論。由於心物無自體爲現代科學所證實；那麼，唯心論與唯物論皆不能成立，

❺　請參閱拙著「心物合一論」第四章第三四兩節，臺北濱聞書舍印行。

❻　羅素：「哲學大綱」第廿六章。

這是無庸置辯的。

第七，以上是總結本書所講之本體哲學并與西方哲學作比較說明，以彰顯我們所講之本體究竟是什麼？我們與西方哲學雖不盡相同，但由西方哲學可間接證明我們所講的不差。我們對於本體本身及其本性，是結合古聖先賢之所見，將其義蘊，作極深而纖細無遺的顯露，使其能極爲完備的，呈現在讀者的眼前。我們是以觀念類型將不可言說者之本性，作一種豁然貫通後之描述，若真知其意；則知其義不差。當然，我們也感覺到，雖千言萬語，反覆申辯，總覺得有「書不盡言，言不盡意」者。務期讀者作同情的理解，則幸甚矣。

三、關於宇宙論方面

茲進而對我們所講的宇宙論作一總結。

我們講不可道之道的本體，講宇宙本體之本性。我們是非常清楚的見得了這無思無爲、寂然不動、感而遂通的至神的本體之本性。我們也清楚的見得了本體自身。這本體自身即有無之同一，亦即這至誠無二之純一或太一。儒家特名之爲太極。我們說本體是一，這是指本體是「無」而言。因其是「無」，所以無差別；無差別即無對待，所以就是「一」。來知德曰：「對待者數。」有對待即是這無待之一變成了有待之二；於是，才是有數量之「數」。老子曰：「道生一，一生二，二生三，三生萬物。」莊子曰：「天地與我並生，萬物與我爲一。既已爲一矣，且得有言乎？既已謂之一矣，且得無言乎？一與言爲二，二與一爲三。自此以往，巧歷不能得，而況其凡乎？故自無適有，以至於三，而況自有適有乎！無適焉，因是已。」（齊物論）有人一定會問：道何以生一呢？因爲「道」之本身就是一。至於一何以生二呢？因爲一是無差別，二是有差別；一是無待，二是有待。由無差別而有差別，或由無對待而有對待，即是由一生二。那麼，無差別之一爲什麼會變成有差別之二呢？莊子曰：「一者形變之始」，「一而不可不易者，道也。」（在宥篇）我們講本體論時，也講到「易」是本體之本性。這就是說，這「一」確是不可不變易的。這無差別無對待之一，因變易而成爲有對待之二後，而「二與一爲三」。這即是有了二便有三，所以是二生三。有了三便可生無窮之數（即，一與二為三，三與一為四，三與二或一與四為五，五與一為六，五與二為七，五與三為八，五與四為九，五與五為十。十若不斷的進位，其數無窮）。這就是說，一是數之原，二是數之始，三是數之成，此所以三生萬物。再者，莊子所謂之「一與言爲二」，這是說，一是所詮，言是能詮。以「言」之能詮，詮此所詮之「一」，而能所判然，差異顯現，於是便有了二，便有了宇宙。老莊對於宇宙之生成，可能有不盡相同的看法；但是，道家的宇宙論，毫無疑義的，他們都認定宇宙乃永恒之有（即本體）的變化場，亦即由本體之「無」顯現爲森羅萬象之宇宙萬有。這無與有，以及顯現、變化或生成，也都是永恒的。所以宇宙之生成，是這個無始無終之宇宙本體它自己「不容已」的由無待而有待的顯現出這個森羅萬象的宇宙。在道家的形上學裡，一、易（變易、不易等）、道、生（顯現或變成）等等，皆是同義語。因爲生即是顯現或變成，所以道家的宇宙論是肯定宇宙乃由宇宙本體顯現而成的。這也可以用黑格爾哲學稍作說明。我們認爲，由宇宙本體顯現爲宇宙，當然可以說，即是由無限變成有限。因爲有與無是同一的，無限變成有限，應該不是問題。照黑格爾哲學，若從知性的觀點，「有限與無限常被理解爲兩不相容的對立。」惟有「理性破除此種絕對的對立。」（同註一，頁一四六）司泰思說：

> 說真無限乃是有限與無限的統一，吾人必須小心注意它乃是一具體的統一，而非僅僅是抽象的統一。區別不是單純的被拋棄，而是復被保存於統一之中。（註同上）

照這所說的，黑格爾哲學確是與我們很相近的；也可以說，道家的宇宙哲學，應能獲得黑格爾的贊同。這確是東西哲學之間的一件大事。司泰思又說：

> 此種無限的學說，成功地解決了哲學與宗教底最古老、最強固的難題。或問：無限如何能變為有限？上帝如何能創造世界？無限如何能自我發用流行去構成有限？如果是如此做的話，果能如此，那將會造成自我矛盾。卜樂廷那氏．斯賓諾莎以及無數先哲，蓋嘗為揭開此一謎而竭力奮鬥。卜樂廷那氏底無限「一」，并不能與有限世界相結合；因為，如此做則無異對無限加以限制，而使無限「一」不能成立。吾人亦不可能見出斯賓諾莎底無限實體，雖曾如何自我生出芸芸萬類之有限世界；但斯賓諾莎哲學，卻正是遇到此一礁石而分裂，被認為是一種無望的二元論。
>
> 但所有以往哲學底這些對立的結論，都是由於誤以知性的假無限以代替理性的真無限所致。為知性邊見所導引的斯賓諾莎，視無限為完全排斥有限，因而有限便不能由無限而生。真正的無限是包含有限的，故無限即有限。繼此而起的，乃是那裡并沒有作

為如此無限的事物，又如何變為有限？那是一切無限之始，隨後又在必然性之下變為有限……但它是法爾自然地有那麼多的無限，便有那麼多的有限，這就是對這個問題的答覆。這個問題底基礎既然是建立在有限與無限堅固對立的臆想上面，便可用下面的說法來答覆，那就是此種對立是錯誤的，而且在事實的觀點中，此無限可能永恒演出其自身，也仍然不能演出其自身，乃是它演出有限。說它不能演出其自身，乃是此有限即是無限自身，而且在無限自身中，永遠保持無限底本性。（同註一，頁一四六—一四七）

黑格爾哲學此所說的，無限包含有限，到不如說，有限是暴露在無限之中。無限非事物，而「那麼多的無限」，也是不妥的說法。至於「無限可能永恒演出其自身」，此語甚諦。我覺得黑格爾哲學，對有限與無限的體認，并不十分真切；但是，能看到無限是演出其自身以演出有限，這確是很了不得的思想，也與道家的宇宙論極爲近似。至於無限是如何的演出其自身呢？黑格爾是用一「三題論」以演繹之。黑格爾說：「邏輯義有三面：A、抽象或知性面；B、辯證或負理面；C、思辨或正理面。」（同註一，頁一〇六）我們在第二章講「無」是什麼時，曾講到黑格爾變「綱」爲「目」之辯證法的中心原理。這綱加差等於目之目，是變或變成（become），也就是生。這就是說，由抽象的知性面，通過辯證的負理面，達到思辨的正理面，這個邏輯的演繹過程，是由隱微而至明顯的過程，也就由綱加差而變成目之過程。司泰思說：

> 於是無形式的資料，即是亞里斯多德有（存在）底層次之第一層。而那終極，那最後的一層則為絕對形式，無質料的形式。在亞里斯多德，形式相同於界說，殊相及定性，故此，絕對形式即是完全的定性。此完全的定性，在亞里斯多德底「有」之層次中，是作為絕對具體的終極層。黑格爾也同樣視其終極層或最後範疇為絕對具體。依亞里斯多德有之層次肇端於完全的抽象，即無形式的質料，而層層轉進，層層決定，直達完全的具體定性。這完全與黑格爾從抽象「有」到具體的絕對理念之運動完全相符。在亞里斯多德，絕對形式是元始，它前陳於無形式的質料。終極前陳於元始，這也是黑格爾的概念。（同註一，頁一一三）

司泰思又說：

> 巴門尼底斯措思變或變成是含著自「無」生起的某種事物，而且探詢在此種情況下變或變成如何可能。亞里斯多德以有系統的陳述答覆了此問題，亞氏認為變或變成不包含自「絕對無」至「絕對有」之過程，但包含自「潛在有」至「現實有」之過程。潛在與現實兩詞，和隱微與明顯兩個義蘊相應。亞里斯多德視流變的時間歷程為自潛在到現實的歷程，正如黑格爾視邏輯歷程為自隱微到明顯的歷程一樣。（同註一，頁一一七）

照這所說，我們已可很明白的看出，這邏輯的演繹過程，之所以能由隱微而至明顯，乃由於這可名之爲「無」的無定性、無形式的質料，層層轉進、層層決定，以達到完全的有具體定性之有。司泰思認爲，這是黑格爾與亞里斯多德沒有不同的。不過，我們知道，黑格爾的「三題論」是自「有」加「無」，然後又變成「有」。與我們的由無而有、由有而無的變化過程；或者說，與亞里斯多德的無定性而有定性，無形式而有形式的過程，也應該有不同。司泰思認爲沒有不同，可能祇是就黑格爾認爲「推理純爲自隱而顯、自微而彰、自幽而明的」這個過程而言。司泰思說：「黑格爾的見地是正確的。」（同註一，頁一一七）黑格爾的演繹或推理，我們也認爲是正確的。我們與黑格爾不同的、乃我們認爲這是一變化的過程。這變化的過程，可以用如此的推理過程來加以描述。我們或許與亞里斯多德更爲接近。同時，亞里斯多德所講「無形式的質料」與「無質料的形式」，頗類似儒家所講的理氣。現擬就儒家的宇宙論略作總結。儒家宇宙論，具見於周易一書。儒家認爲，宇宙之所以爲宇宙，在於有「易」。「變化是易所顯現的現象，易是變化之所以爲變化。」「易」是本體之化機，是本體之本性。「易與天地準」，這是謙辭，因爲「易」是天地之所以爲天地。那麼，「易」是如何的以成其變化呢？因爲「乾坤其易之緼邪！乾坤成列，而易立乎其中矣。」（周易上繫第十二章）這就是說，易之所以能易，在乎乾坤。乾坤即對待。由無對待而有對待，這是儒道兩家的共識。易繫辭上傳第十一章有曰：「是故易有太極，是生兩儀，兩儀生四象，四象生八卦。」這可以說是儒家宇宙論的綱領，這與道家「道生一，一生二，……」之說，實無本質上的不同。我們在第五章第三節講「儒家形上學的宇宙論」時，曾講到「邵康節的宇宙論」。邵子「伏羲四圖」中的小横圖是最真切的將這個綱領之義蘊表露無遺，請讀者覆按。儒家的宇宙論、認爲宇宙之生成，「是宇宙本體之本身稱其所有的以顯現爲宇宙萬象，亦即這個無始無終而可名之爲太極的宇宙本體，它自己「不容已」的稱其所有的，由無對待而有對待的以辯證的過程，顯現出宇宙萬象。」這是儒道兩家宇宙論最正確而簡要之說明。我們認爲，亞里斯多德與黑格爾都與之相去不遠。尤其是黑格爾的無限演出其自身之說，實與此完全相同。走筆至此，我實掩不住內心的喜悅；因爲東西哲人，確是此心同此理同而無疑義。當然，也可能因思考習慣之不同而有某些差異；也可能是賢者過之，固所難免。但是，我們可以「套用」宋明儒者常說的幾句話，「此理之在於人者，昭昭明明，絲毫無隱」，祇要有此學術之至誠，鍥而不舍，終必有所得。現在我們再談儒家的宇宙論。與邵子同時的周濂溪先生，他對於八卦之生成，是太極它自己之顯現，說得最週到明白，他說：

> 無極而太極。太極動而生陽，動極而靜，靜而生陰，靜極復動，一動一靜，互為其根，分陰分陽，兩儀立焉。……五行一陰陽也，陰陽一太極也，太極本無極也。五行之生，各一其性，二五之精，妙合而凝，乾道成男，坤道成女，二氣成感，化生萬物，萬物生生而變化無窮焉。

濂溪先生這所說的：第一，他說，動靜陰陽，互爲其根，兩儀立焉。這是說，一動一靜而生陰生陽；於是便由無待而有待。第二，「五行一陰陽也，陰陽一太極也，太極本無極也。」這是說，五行、陰陽、太極、無極，「其實一也」，皆「祇是一事」。佛家大海水與衆漚之喻，最能表達此意。第三，「五行之生，各一其性」，這是說，所謂五行，乃是這無形式無定性的質料而有了定性，有了形式；於是，這無形式、無內容（達按：無內容即是無定性）之質料究竟是什麼，現已獲得了解答。第四，儒家認爲我們生存的宇宙，乃大用流行；所以稱宇宙爲用，稱宇宙本體爲體，而認定「體用一原，顯微無間」。這是說，儒家不祇是認定這由微而顯之變化過程，更認爲顯微之間是存有連續而無間斷。我們能見到由黑夜到白天是有間斷嗎？因爲是「體用一原」，是「其實一也」，是「祇是一事」，所以無有間斷。宇宙之生成，確是一由無而有、由微而顯的而且是存有連續的辯證的過程，這可以說是儒道兩家的共識。中國形上學，絕不會認爲是有一位與人相似之神來創造這世界。❼舊約創世紀，其所講神創造世界，神創造人，完全與事實不符，不應再有人相信。可是某些基督徒，爲了確定人之原罪，爲了說明不死之生命，以及其中某些像徵性的言論，仍頗具某些宗教意義；於是，神造世界之說，仍在許多基督徒中流行，這是有識之士，所無法認同的。再者，神造人之說，實沒有再加宣揚之必要。第一，原罪之說，與佛家所講之無明近似。人因能分別善惡而有原罪，這確是值得爭議的問題；但創世紀所說，實不足稱道。第二，這世界本體，它是不生不滅、不垢不淨、不增不減的；也就是不生不死之永恒的存在；它是生命之海，豈祇是一顆生命樹而已。我們認爲，無形式的質料與無質料的形式，都是永恒長存的。大家都知等邊三角

---

❼ 舊約創世紀第一章：「神說，我們要照著我們的形像，按照我們的式樣造人。」「神、就照著自己的形像造人。」準此、神當然與人相似。

形三內角是相等，如此等等數學原理，實不勝枚舉。這等邊三角形，可以是一事實的存在；也可以是存而不在。當我們地球毀滅了，自然不可能有等邊三角形存在；但是，「等邊三角形三內角相等」則是永不變易；因爲祇要有等邊三角形則三內角必相等，這是不增不滅，而永恒存在的。這「等邊三角形三內角相等」之原理，即是「無質料的形式」，亦即宋儒所講之「理」，此理確是長存的。再就「無形式之質料」而言，此即宋儒所講之「氣」。太極爲什麼能「動而生陽」？固然是這可以名之爲太極的太一，是「一而不可不易」，是本體有此化機；然而太極之動，必是此「氣」存焉。爲與現象界之氣體有區別，宋儒稱它爲「貞元之氣」，是「氣之所由生」，是本體所顯現之功能，而成爲源頭活水，而恒久不已。本書第五章第三節講「濂溪以後之儒家宇宙論」時，曾依「小橫圖」與「大橫圖」之義，并綜合現代科學理論，特擬製「太極演化體系圖」（請覆按）。在此圖中，我們稱此氣爲「天能」，稱此理爲「天命」。簡要的說來，我們人類之生存，乃此理與此氣，亦即天命與天能之互爲其根，互相「層層轉進，層層決定」，終於演出本體自身，而顯現具有心靈之物體。對於本體之本性，「表現得最直接、最明顯，也是最完備者」是我們的人類。人是具有至神之本性者，即本體它自己，演出其自身的結果。人賴世間之父母而有生，「以天爲父」而有本。❽這與新約父神之說可以相通。誠如司泰思說的，這是「成功地解決了哲學與宗教底最古老、最強固的難題」。舊約神造人之說，既與事實不符，也缺乏足夠的理論予以支持，實在不應再加以

❽ 莊子內篇、憨山註、卷四、大宗師，頁一九臺北建康書局。

宣揚；因爲這確是宣揚基督教的一大障礙。

茲再進而對釋家的宇宙論作一總結。早年、我認爲釋家除了大海水顯現爲衆漚之喻外，因認定一切皆空，應無宇宙論可講。其實大謬不然。佛家認爲，「宇宙之廣大，不能得知其邊際；時間之久遠，真是不可想像。」我們在第五章第四節講「釋家形上學的宇宙論」時，曾引述法華經與華嚴經以爲說明，讀者可覆按。在此特須指陳者，我對於佛家於一毫端現諸佛國之說，總有未契。大約兩三年前，我晨起在山間散步，佇思良久，我覺得，假如諸佛國是無質料的純形式，確可以顯現於一毫端。我也相信、有「沒有半徑的存在」。朱晦翁中庸章句有曰：「放之則彌六合，卷之則退藏於密。」能「退藏於密」而又能「彌六合」者，必是無形式而又無內容的純質料與無質料的純形式之合一。此固可於一毫端見之，亦必是「彌六合」而遍尋不著。當「生無所住心」時，即是如此。此在第二章已言之詳矣。再者，無形式之純質料與無質料之純形式，既可以是一件事；那麼，有限而又是無質料之精神性個體與無限也可以是一件事。這是黑格爾的「有限與無限的統一」之進一步的而也是最緊要的說明。至於本體之「至神」的神性，則不能也不必是一精神性個體；因爲這宇宙本體自身，除具有遍尋不著而又「感而遂通」之「至神」的神性外，還另有與之相對待的非神性的存在；所以這「至神」之神性，當其成爲一精神性個體時，必是「層層轉進，層層決定」，而終於完全演出本體自身。在本體界，本體是不可能演出它自己，因爲本體之義，即是指未演出者而言，而且，在本體界，實亦無此必要。又照我們在釋家宇宙論所講：多度空間之存在，是現代科學新發現之事實；多層宇宙之存在，這是於理無違。又就我個人親身所經歷者，「有我們看不見的外力存在，而且是具有靈性的」，這是絕無可疑的。因此，耶穌基督被釘十字架後，獲得了不死之生命（即是獲得了與無限同一），成為一精神性個體（即是此與無限同一者，也是一有限個體）。照我們的理論體系來說，這是無違於理。我們不承認有「上帝」或與之類似者之存在，卻肯定耶穌基督是如前文所謂之「我們看不見的外力」，存在於不是三度空間之宇宙，與我們的心靈或精神相互交通，形成一種救贖的力量。佛教徒認為，唸阿彌陀佛，可以往生淨土；基督教認為，凡信仰基督者，皆可得救。這兩種不同之宗教，頗有其可以相通者。他們的信仰，對於人之精神生活，必有一定之利益，實亦絕無可疑。在此仍須稍作說明者，在我們的系統裡，我們認定、本體是一，現象是多；所以是形上的一元，形下的多元。我們稱這一元為中一元，所以特名之為中一元論的哲學；至於這形下之多元，可歸納為心物二者，在有機界，心物確是不可分的。我們講哲學，本應至此而止，卻因我們講釋家精神宇宙時，釋家認為，「於十方虛空界中，一一塵處皆有彼剎」，「一一皆悉遍周法界不相障礙」，如此等等，似在說明這多層精神宇宙之結構。純從「結構」來說，此應屬於科學的研究範圍，可以存而不論；但是，依真而住之精神宇宙；而且，可於一毫端現諸佛剎，實為理論所許可。再者，精神性個體之存在，既屬「絕無可疑」；而且，也確是「有限與無限的統一」；同時它之存在，既是一個體，必仍然是一現象。「現象是多」。在精神宇宙裡，不會是祇有耶穌基督之存在。古聖先賢，忠臣義士，仁人覺者，都可能獲得不死之生命，成為一精神性個體，而長住於不同層次之精神宇宙。一般基督徒認為耶穌基督才是唯一之存在，此實莊子所謂之「小知」，亦確是蜩與鷽鳩之笑大鵬而不知天地之廣大。我們的此項理論，難免會引起爭論；

然而基於我們的所知，成爲我們的所信，作爲一個哲學學術研究者，幾乎是窮畢生之力而所得的一項學術結論，可徵可信，這與人云亦云者，是絕不相同的。

以上講宇宙論，確是將本體向前推進一步。我們以爲、若不講宇宙，對於本體本身及其本性，不可能有如此深入而週到之體認。這是我們講本體之本來如是以外，之所以再進而講宇宙之本來如是。我們是以有關之觀念類型，與明白而堅實之原則，并依照這個系統來講中國形上學，對於中國哲學所謂之道之本體的義蘊，實已揭露無遺而光大了先聖之慧命。

四、關於認識論方面

我們講宇宙，是說明了宇宙本體是如何的演出或顯現其自身。現再進而講認識，是在於說明宇宙本體之本性，它是如何的成爲人之主宰，以成人之能，善人之生。這當然也是對本體之本性，作進一步之闡明了。

在佛家看來，這宇宙本體之本性，亦即道之本體，人之本心，既是遍而非計，如月照萬川，無所不在，此即光明普照，而又絕無計度、計慮之心，這就是沒有分別心。所以佛家認爲，分別心是「非真如心」，是假心；但是，人之所以能認知自己，卻在於有此分別心。印順曾說：「識是現在這一生的開始。」「有識的刹那現起，因而結成有心識作用的新生命。」❾印順此說甚諦。若沒有分別心，人不會認識自己；若沒有分別心，則不會形成有心

❾ 請覆按第六章第二節三、「識與十二因緣」。

識作用的生命。釋家認爲，祇要有分別心，便會形成我執，生起一切煩惱。誠然、當分別心成爲我執時，是可以引起種種煩惱。不過，分別心不一定會成爲我執。現在的電腦，最善於分別，卻沒有我執之存在。我們人類，當轉識成智時，我愛、我慢、我見、我痴，必皆已不存在；然而必是了了分明，纖細無遺；否則，豈不是成爲糊塗蛋了。釋家認識論，極爲嚴密而有完整的系統，必是真能識得本來面目而又不昧於世事者，才真有所得。百丈不落因果不昧因果之喻，庶乎得之。這就是說，若能獲得遍而非計之「無漏智」，亦不宜棄絕亦遍亦計之意識；否則，那就成爲野狐禪了。至於佛家輪迴之說，是認爲：無明緣行，行緣識，識緣名色，名色緣六入，六入緣觸，觸緣受，受緣愛，愛緣取，取緣有，有緣生，生緣老死，這十二因緣之前七支是一個輪迴，後五支是一個輪迴，其式於下：

第一輪迴是：無明—行—識—名色—六入—觸—受等這七支。

第二輪迴是：愛—取—有—生—老死等五支。

一般說來，第一個輪迴中的無明即煩惱，行即業，識、名色、六入、觸、受這五者全是苦。這便是過去的煩惱成就過去的行業，再由過去的行業生現在的苦果。第二個輪迴中的愛與取是煩惱，有是業，生與老死是苦。這便是由現在苦果生現在的煩惱，再由現在煩惱成就現在行業，由現在行業生將來的苦果。這兩個輪迴，是講由過去到現在，并特別強調現在的苦，會生將來的苦或煩惱，其式於下：

煩惱→業→苦→煩惱→業→苦→煩惱

由上式可以看出，釋家所謂之輪迴，乃煩惱與苦之輪迴；至於煩惱與苦之所以循環無已，實由於業力所造成。業力乃第七識執著有我的結果。假如無我，則既無煩惱，亦無苦果，可見煩惱與苦，皆由執我之故。因爲執我，在見色聞聲，舉心動念時，就愛染一切，取著一取，而起惑造業。一般說來，行是一種屬於意志的心理活動，與愛有關聯，是如膠如漆而染著一切的，是一種凝聚的強大的向心力。這愛取而強大的向心力就成爲業力。再者，我們在講釋家宇宙論時，既認定有前生與來世，則輪迴之說，當然可以成立。同時，釋家所謂之苦，乃是指沉迷於貪嗔痴而不自覺者而言。覺則煩惱除，而苦也不見了。釋家認識論，是在於講明「識」之本性、特性、作用、功能、成就等等而希望破執、除惑的以證知「圓成實性」，達到清淨無礙的「真如」境地。這就是要明得人之本心本性而成爲覺者。既不受惑亦不惑人。以「依真而住」爲務，對於「人間世」，似是避之唯恐不及；但是，若能善加體會，亦并非無益於「人間世」。吾人講釋家認識論，對此亦應有所體會。

再對道家的認識論，略作總結。道家沒有完整的認識論；惟老莊之書，既可當本體論與宇宙論讀，亦可當認識論讀。莊子逍遙遊認定人之所知是囿於人之所見，此所以蜩鳩斥鴳竟笑鵾鵬。道家認爲人之認知，除了有小知與大和之不同外，另有「各稟形器之不同」，是與非之不同，明與不明，覺與不覺之不同等等。知見之不一，如眾竅受風之大小深淺，而聲有高低大小長短之不一。長風一氣，吹萬不同，這是很確切的描述了認知之差異。釋家認爲，人之認識，乃煩惱、業苦之循環不已。道家則認爲，人之認識，因稟賦之不同，而有千差萬別。道家於此等處較爲切近事實而與佛家大不相同。莊子在齊物論中曾說：「而獨不見之調調之刁刁乎？」所謂調調刁刁，乃草木搖動未息之貌，意謂風雖止而草木仍搖動未息。此乃比喻某些學說思想，唱者雖亡，而追隨者仍眾。這也是說，凡發乎天籟而通過地籟之聲音；也就是說，凡合乎真理的學說思想，必有其一定之影響力，釋家稱此爲慧命。慧命常是永垂不朽，人很難不受影響。莊子在齊物論又曰：「因是因非，因非因是，是以聖人不由而照之於天，亦因是也。是亦彼也，彼亦是也。彼亦一是非，此亦一是非。果且有彼是乎哉？果且無彼是乎哉？彼是莫得其偶，謂之道樞。樞始得其環中，以應無窮。是亦一無窮也，非亦一無窮也，故曰莫若以明。」道家對於任何學說思想，主張是非兩忘，絕諸對待，而達到「道樞」；於是，「則泯絕是非而與道遊，則無往而非大道之所在，……故曰莫若以明。」❿道家除了講「莫若以明」外，又講「道通爲一」。莊子又曰：「凡物無成與毀，復通爲一。惟達者知通爲一，爲是不用，而寓諸庸。庸也者用也。用也者通也，通也者得也，適得而幾矣，因是已。」儒家講格物致知，其目的在於貫通事物以致知而期望有所得。儒道兩家都講通。其所得者，固各有不同；但是，祇要是通，必無執滯，必無障礙。險阻艱難，均已暢通無誤。道家認爲，凡通達者，必無往而不自得，「適得而幾矣。」幾近於道者，必認爲兩端皆可行。莊子曰：「是以聖人和之以是非而休乎天鈞，是之謂兩行。」（齊物論）兩行實亦「無可無不

---

❿ 同註❽卷二齊物論，頁三三。

可」也。所以道家講無是非之知。道家的無是非之知，與釋家的平等性智最相似，此在第六章第三節：「概說無是非之知」時，已言之詳矣。我們認爲，凡獲得無是非之知者，必是「大仁」之仁者。道家卻肯定「大仁不仁」（齊物論），而棄絕儒家仁義之說，蓋以爲儒家所講之仁義，尚未脫離是非，祇是一些小恩小惠而已。又莊子曰：「泉涸，魚相與處於陸，相呴以濕，相濡以沫，不如相忘於江湖。」（大宗師）於是，道家鄙視儒家的仁政，而有民主政治思想；同時，也有改善人類生活環境之願望；不過，其主要之著力點，仍祇是善吾之生爲主（養生主）。習神仙之術者，以道家爲宗，其故可能即在於此。至於道家所講「樞始得其環中，以應無窮」，此即道家之所以講無知之知，頗與釋家所講之大圓鏡相似。金剛經曰：「若見諸相非相，則見如來。」講無知之知，必達「諸相非相」之境；故其所知，必是真知。釋德清曰：「若知天與人，本與二致，則渾然合道，而不以人害天，虛心遊世，以終其天年，生不忘道，故云善吾生者，乃所以善吾死，此其天人合德，死生無變，任造物之自然，此知之至也。」⑪知之至當然就是真知。道家的真知，其最要緊之所在，在於「達生知命」，「遠害尊生」而已。

茲再對儒家的認識論作一總結。有關儒家的認識思想，具見於四書五經。周易一書，統攝儒家形上學全部，其中關於認識論者，其一是教人通古今之變。用西方哲學的觀點來說，這就是歷史哲學。周易所講者，雖然祇是一種概述，缺少現代學術之嚴格推理；但是，若能

⑪ 同註⑧卷四大宗師，頁二〇—二一。

識其大要，視爲宏觀的推斷，則對於歷史變遷之必然性，以及其成敗興衰之理，仍可灼然而無疑。過於久遠者，我們用不著提及，祇就明清之覆亡，中國國民黨在大陸之失敗，無一不是遇否（否即不通）而不知同人（真正順應民意），遇蠱而不知「幹父之蠱」以求大有可爲，而至於有可觀者。再者，剝極必復，自然之理也。遇剝而不知復，遇大過而陷溺日深。這就是，不知反失敗而回到成功；更助紂爲虐，而民命不堪。如此倒行逆施，不亡何待！然而歷史之必然，是由蒙昧而日進於文明，雖極其曲折，確如水之就下，迄未停止。這是周易上經所顯示之義理，其義至真，其理至明。至於周易下經所顯示者，乃教人明「人間世」之情僞以及晉進遯退之道。當人因進而「有所傷」時，是「傷於外者必反其家」；若因乖異而遇有蹇難時，必設法解難；解難必將受損，受損或將得益。損而不能得益，則很難有所成就了（個人或國家之失敗，皆損而不能得益者，能不知有所警惕乎）！當損而獲益時，新的機運又開始了。雜卦傳曰：「損益、盛衰之始也。」因損受益而必有所夬決。此即當益之時，必有新興氣象，對於舊染之污，以「剛決柔」之氣勢，達成「健而說，決而和」之目的，必能「其危乃光」。在這個時候，必有各種遭遇。當萃聚而上升時，也可能會墜入谷底。當受困而墜入谷底時，好似用以自井盛水上升之瓶被打破了，水既出不來了，似乎一切也完了，所以在這個時候，祇有以革故鼎新的手段，以期產生一種動力，而達到順天應人，「以承天休」之目的。鼎革之動力，是可以「驚遠而懼邇」的，所以應知其所止。周易艮卦彖曰：「艮、止也。時止則止，時行則行，動靜不失其時，其道光明。」動靜得當，必會進步；不過，乃是「漸之進也」。漸卦彖曰：「止而巽，動不窮也。」進步是無有止境的。漸之後，繼之以歸妹，有「跛能履」，

「眇能視」之現象，故能成其豐大。豐大之後，仍大有事在，如旅、巽、兌、渙、節、中孚等等，皆是人生。人之一生，雖有小過䷽，仍會有成就。此即在個人言之，個人可以有既濟䷾；若就全人類來說，人何能有既濟？故周易下經以未濟䷿終之。這固然仍與上經一樣，祇是一種概述而已；若能對其所述之吉凶禍福以及成敗利鈍之關鍵所在，多加玩味、體察而有所得，這當然可以善補過矣。一個人、當有難而不能解緩，受損而不能補益，困於井底而不能革新以求獲得動力，其成敗是不言而喻。個人如此，國家又何獨不然！主國政者，更宜深加警惕，記取歷史的或個人之失敗教訓，以求成人之能，善人之生。

儒家除了以易占之，此即不以卜筮，而是依周易所示成敗得失，吉凶悔吝之理，以通古今之變，禍福之門，而知所趨避外，另外則以格物致知爲務。格致之學，具見於禮記中之大學一篇。程朱以爲該篇有缺文，認爲格致之義，「而今亡矣」，乃將大學古本加以改訂，并作補傳。其實大學古本，雖有錯簡，并無闕文，經湖北立三嚴重先生，重新訂正，使所謂致知在格物者，其義大明。數百年胡言亂說，於是得以改正。依立三先生考證，格致之義，在貫通事物以致知，亦即貫通所學以致知。比如現今大學學生，對其所學學分達到一定標準，便能卒業，亦即可以認定能貫通其所學，而獲得了應有之知識；然後再貫通誠正修齊治平之道，以達成大人之學的目的。這與朱子以格致爲「即物窮理」之說，確有不同。由此亦可見，朱子之學，既不切實際，更是以義爲外而不自知（即物窮理四字，即以義為外也）。至於儒家是如何的貫通其學呢？儒家與道家不同。道家主張「復通爲一」。這惟有覺者能之。這頗與釋家見性之說相似。在釋家看來，真能見性，才真能見到這個一，才知一即一切，一切即一，確是真理。這當然就是「道通爲一」，這是高難度的。儒家主張以「易簡」工夫而貫通其學。什麼是「易簡」工夫呢？如我們在第七章第三節所講的，是：「以愛爲動力，以敬爲手段，以善爲原則，以通爲目的，這就是易簡工夫。人本於少男少女相愛的那種真情，對自己份內的事，很認真的（敬）去求得最好的（善）實踐，一定會達成目的（通）。這無論在知（認識）行（認識之實踐）方面都是比較容易做到的。這易簡工夫，在本質上，即孔子所謂『愛與敬，其政之本歟』的理想，實踐在人常日用方面，也就是將人之純真無假的赤子之心，認真的作最好的表現。」我們認爲，若能依此原則去做，久之必能貫通事物以致知而貫通其所學。這較之釋道兩家那種高難度的「道通」，確是非常「易簡」。這易簡工夫，及其至也，其所「通」者，絕不會有遜於釋道兩家。再從易簡工夫之動機與目的而言，儒家是先從自己被派定在社會上的各種角色，如爲人父母、爲人子女、爲人夫妻、爲人兄弟師友、長官部屬、或雇與被雇等等，依自己被派定的角色，恰如所份的演出自己的本份。這所演出的，若能恰如其份，必是演出了人之本心本性。儒家以「施諸己而不願，亦勿施於人」的「忠恕之道」爲宗旨；若能真的做到，必是「諸惡莫作，眾善奉行」，則天下之能事畢矣。

在此仍須作進一步說明者：古之儒者，以爲法律祇是懲治人民的工具，不知律法更是保障人權所必需。儒家未能有見及此，所以儒家以愛敬爲本之政治理想，未能發展爲現代的民主法治思想。再者，儒家「耐以天下爲一家，以中國爲一人」之政治理想，亦必須與現代民主法治思想相結合，才能逐漸實現。當中國大陸舉辦吃大鍋飯的人民公社時，這是在實現「以天下爲一家」的理想；而且，其氣魄之大，真是前無古人。這確是空前未有的政治實驗。這個實驗所引發的一連串的災難，證明了孫中山先生所說，各盡所能、各取所需的共產主義，要能實現，必是社會道德水準極高，那是幾千年以後的事。此姑不論。惟特須指陳者，儒家「以天下爲一家，以中國爲一人」之意義，是謂：舉天下之人，皆是與我相同之人，其家亦是與我相同之家。這當然可以解釋爲：全中國就是一家人，全中國人都是同胞，都是兄弟姐妹。基督教稱同道爲主內兄弟姐妹，與此極爲相似。照這所說，那麼，我要生活得很好，他人也當然需要生活得很好。同樣、他人也會孝順父母，喜愛兒女等等。儒家的忠恕之道或絜矩之道，就是著眼於此。這個以反省爲主的著眼，形成了孔子的「愛與敬，其政之本歟」的仁政思想。孔子的這個理想是人本主義的。這當然會牽涉到實行方法的問題。我們認爲，以孔子由小康進入大同的理想，再與現代民主政治相結合，在「動靜不失其時」而「漸之進也」，「動不窮也」的努力下，這個理想是可以實現的。這就是說，用儒家的方法結合現代民主政治，人間淨土確可以實現。儒家在認識論方面，較少觸及形而上學，祇是以務實的態度，誠敬的愛心，面對「人間世」，希望能成人之能，善人之生。在老莊看來，儒家既是未能「解其桎梏」（莊子德充符），也全是徒勞無功的。釋家當然認爲儒家對於向上一路，理會不夠。其實，釋道兩家都錯了，佞佛而毀儒者更是錯了；因爲儒家的忠恕之道，若能本於至誠而完完全全的實踐，必能完全演出本體自身而毫無欠缺。這就是說，真正的至誠無私，實即本性的顯露，亦即必會明心見性，這在儒家認識論中已言之詳矣。

五、我們是既述且作

就以上所總結者，我們是講明了形上之道的本體自身及其本性，也講明了宇宙之生成及道之在人者。所謂道之在人者，此即人之道得以成立，亦即人之本心本性所顯現之功用與其可大可久之事業全部而昭昭在人者。這是完成了中國形上學的全部工程，也確立了我自己的哲學體系。本來，我們講中國形上學，是「繼往聖之絕學」，應該是「述而不作」。但當這個工程完成後，我明顯的感覺到，是既述且作了。在此仍須稍作說明者：

第一，因爲我們所窮究者是本源的問題，是究竟的問題；所以是極深而研幾的。這就是說，我們必須將極深者與幾微者彰顯出來，如日月之光明，普照宇內。我們所講道之本體與道之在人者，皆是講的這些。這是讀者可以自行理會的。

第二，因爲是極深而研幾的，因爲是究竟至極的；所以必達於不可思議，不可言說的境地，亦即必是究明了不可道之常道。例如我們說以心觀心，這便是對不可言說者之言說，因爲說之不似。你能以心觀心嗎？你的心在那裡呢？但是，當你念念分明時，這是體現了什麼？難道這不是以心觀心嗎？不是思想之思想嗎？這不是思辨所能及。若不用「思」而用「觀」，不從文字索解而作真實的體會，則庶乎近之。

第三，禪宗門下常說：會者橫說豎說皆是，不會者開口便錯。會，確是最要緊的。會，是意味著一種境界，一種經歷。經歷了這種境界，對於「這」、便沒有不會了。中國形上學，既是一種知識，也是一種境界。就其是一境界言，最好能有這個經歷；就其是一知識言，最好能融會貫通；於是，對於本書所講中國形上學究竟是什麼？當可灼然而無疑義了。

第四，一般說來，佛家之道，以經歷爲主。佛家本於真空妙有之本體論及多層次之宇宙觀，認爲人這個層次的宇宙，由於第七識之虛幻的我執，因煩惱造業，由業生苦，墮入輪迴，遭受苦難，成爲一受苦受難之人間地獄；所以主張「明心見性」，以求解脫。此一教義，在學術上，確可以成立。傳入中國後，獲得中國知識份子之認可，融入中國形上學，成爲中國形上學之一支。至於道家，以虛無爲道之本體，與佛家本可相通；惟修心養性之說，與明心見性頗有不同而已。宋以後之道家，似已融入儒佛兩家。這就是說，以老莊爲宗之道家，在學術上已很難看到。徵諸往史，孔子以前，儒道原沒有劃分。莊子在天下篇中認爲，古之道術，「無乎不在」，「皆原於一」。古之道術，既是如此，則道家融入儒家，乃是復古而已。假如將道家之修心養性與儒家之盡心知性合而爲一，以達到佛家明心見性之境界，使三家真能融會貫通，這在學術上應是一件好事，也當然是一創舉。我們講中國形上學，不僅會通了三家，而且在本體論與宇宙論方面，也會通了中西哲學，并替西方哲學與基督教解決了難題，這當然更是一大創舉了。我不知誰曾如此作過。不過，我之此舉，確是既述且作了。我曾作過一首七絕於下：

形上之道天地存　宣尼刪訂述傳承　六經我得明真義　萬代朋從共此心

稍後，我又將此小詩略作更易於下：

形上之道天地存　三家並立述傳承　眾生問我其中意　萬世朋從共此心

此兩詩所指雖不同，卻都是說，若有「所得」，必是無異。現在我更可以將第二句修改爲「中西並立述傳承」。知我者必將大聲稱「好」。周易繫辭下傳第五章有曰：「易曰，憧憧往來，朋從爾思。子曰，天下何思何慮。天下同歸而殊塗，一致而百慮，天下何思何慮。」誠然！天下應是無思無慮，何言朋從。但是，莊子曰：「萬世之後，而遇一大聖，知其解者，是旦暮遇之也。」（齊物論）又孟子曰：「先聖後聖，其揆一也。」（離婁下）這「旦暮遇之」，這「其揆一也」，這「同歸而殊塗，一致而百慮」，實不能說不是「朋從」。「朋從」乃是指此心同，此理同而言，雖天涯海角，萬代萬世，實無不同。

第五，儒家主張「萬物并育而不相害，道並行而不相悖」，「此天地之所以爲大」。因此，我們雖看出釋與儒道可以互通，東西哲學或佛教與基督教皆可以互通，卻不贊成某些人所主張的儒釋道三教應求合一，此仍是定于一尊之專制帝王思想在作崇。我們認爲，哲學雖可以替高級宗教作解釋（不能作哲學解釋者，不是高級宗教）；而且，宗教界之覺者或聖人，對於不合理之教義，也會予以揚棄，會努力更新而不抱殘守闕，使宗教在理論上日益健全，日益可徵可信；然而宗教與哲學必仍有其不一致者。例如中國形上學，雖可以融通佛學，接受佛教哲學，卻不會全般接受佛教；因爲中國形上學畢竟不是宗教而是哲學。同樣的，佛教教義之絕大部份，都可通過哲學之反省與研討而無疑義，在本質上，畢竟仍是宗教。此所以我們雖主張三家會通，卻不贊成三家合一。我們認爲，佛教會通儒家，使上根之人不囿於小乘之教義，不作自了漢；更與現代思想相結合，則其前途，必無限量。儒家會通釋老，使學者得能明心見性而明得先聖之道，而不囿於文字之義理；於是，中國形上學可以回復到孔子以前之學術未分裂的時代，使學者能「見天地之純，古人之大體」，而學術將爲天下大放光明，儒家的人本思想亦必能獲得更健康的發展。總之，凡識自本心，見自本性者，必見天地之廣大，亦決不會自迷迷人，自惑惑人。這就是說，一曲之士，得一察焉以自好者，乃迷惑而未能覺悟也。吾人講中國形上學，雖以儒學爲宗，然而融通釋老并及西方哲學與基督教，或因力有未逮，未能獲得如預期之收穫；但是，此一事業，應該有人開端，惟望後之來者，本此而發揚光大之。

第二節　我們收穫了什麼

一、中國形上學之可徵可信

現在我們要問（這也是一種檢討與反省），我們講了這些，有什麼收穫？我們認爲收穫確是有的。至少，我們證明了形上學是可能的；因爲中國形上學是既真實而又可信賴。中國形上學何以是真實的？中國形上學所講之本體自身及其本性，所講之宇宙生成，人之認識，無一不是可徵可信的。即如這本體之虛無的本性，它是無思無爲、遍而非計的；它即道家所謂之無知之知，佛家所謂之無分別智，大圓鏡智，平等性智等；亦即儒家所謂「喜怒哀樂之未發」。

當你獲得了真的「未發」，或「生無所住心」而「虛室生白，吉祥止止」時，也就是當你獲得了超感性的直觀而深入非意識所行境界時，你必是見得了這本體之虛無的本性，而絕無可疑。至於這本體之自身，乃是從本體之本性而可以推論其是必有之存在。我們在第二章中，對於心之本體即道之本體，亦即宇宙本體之本性，是說得很明的；對於本體之自身，亦有非常明白的描述。誠然，我們難免是從本性而推論本身；但是，從現代量子論所揭示者，我們的這個推論確是正當的。至於我們所講的宇宙之生成，誰能比我們提供更好的解釋呢？我們對於問題的解答，確是最爲完滿的。例如神造世界之說，於理不通，於事不合，無庸多論。至於科學，目前還正在尋求正確的答案。我們的「體用一原，顯微無間」之說，古人認爲這是洩天機，這確是對宇宙生成之最恰當的描述，亦是解答形上學有關問題之最堅實的原則。我們所講的中國形上學確是可徵可信的。形上學之所以可能，於此實已毫無疑義。

二、中國形上學之過去與未來

我們對於中國形上學之過去與未來，能有明白的認識，也應該是一收穫。第一，我們特須指陳者，所謂「道術」，在孔子之時，這內聖外王之道，「其在於詩書禮樂者，鄒魯之士，縉紳先生多能明之」（莊子天下篇）這就說，在孔子那個時代，道術尚未分裂；儒道之分，在學術上尚未形成。莊子曰：「不離於宗，謂之天人；不離於精，謂之神人；不離於真，謂之至人。以天爲宗，以德爲本，以道爲門，兆於變化，謂之聖人。」（同上）王船山曾引述杖人之言曰：「如不稱孔子，誰能當此稱乎？」⑫船山以莊子此所謂之聖人是稱孔子，此說應無可疑。韓文公謂莊子之學「出於子夏」，蘇東坡謂「莊子助孔子者」。朱晦翁曰：「莊子於書都理會過，……他止是不肯學孔子，故將道理掀翻說。」⑬王船山又曰：莊子「非毀堯舜，抑揚仲尼者，亦後世浮屠訶佛罵祖之意。」（同註十二）我們爲什麼要特別提及這些呢？這就是說，我們要真的懂得儒家，必然的也要懂得道家。莊子一書中所引述孔子之言，絕非莊子所編造，必有其確實之依據。我們除了在周易中還可以看出一些線索外，在儒家典籍中，對於孔子所講之性與天道，祇有在莊子中，才能看出一些端倪。論語子罕第九有曰：「子絕四：毋意、毋必、毋固、毋我。」這與莊子所主張的無是非之知與無知之知，實無不同。自漢以來之儒家，有誰能注意及此。漢以後之儒生，抱殘守闕，囿於門戶之見，不見天地之廣大，這當然會阻礙學術之發展，這是我們應鄭重指明的。

第二，秦漢以後之儒生，對於孔孟之道，未能有所傳承；而道家者流，溺於長生不老之術，更與古之「道術」越離越遠，魏晉以降，佛學興起，對於性與天道，頗有闡揚；然而儒家的人本思想，卻已無跡可尋了。誠如宋史道學傳所說，「至宋中葉」以後，這「聖賢不傳之學」，「才煥然而大明，秩然而各得其所」（請覆按第一章）。其實，宋學之興起，到了朱子，又走上窄路了。大家都知宋學朱陸異同之爭，有無極而太極之辯。吾人認爲，這祇是以

⑫ 船山全集一四莊子解。卷卅三、第一頁總號一〇三八四，臺北大源文化社出版。

⑬ 侯官嚴氏評點莊子、莊故七，天下第廿九，第十七頁。

此爲幌子而已，主要原因，是象山對於朱子的學說，有根本上的不滿。我輩後學，原不宜妄議古人；但本於「吾尤愛真理」之精神，深覺朱子之學，實大有毛病。即以大學補傳所謂「在即物而窮其理」，此實爲義外之說，前文已屢言之矣。朱子以象山爲告子，其實他自己真是告子。我對於朱子最不能同意者，即朱子認爲：「既自明其明德，又當推以及人，使之亦有以去其舊染之污也。」⓮這較之惠能「常見自心過愆，不見他人是非好惡」（請覆按第二章第二節），實不可以道里計。朱子之陋，宋學之成爲假道學，甚至成爲「吃人的禮教」，實與朱子有關。朱陸異同之爭，其真正的原因，很可能在此；因爲象山看出這個對「在明明德」之誤解，對後世之影響，確實太大了。本來，師友之間，互相切磋，互相扶持，勸善而規過，這是好事。這好像耶穌基督非常鄭重的「洗門徒的腳」使全身乾淨的故事一樣。⓯耶穌除了爲門徒洗腳外，并教門徒們「當彼此洗腳」；於是，賜給門徒們「一條新命令，乃是叫你們彼此相愛。我怎樣愛你們，你們也要怎樣相愛」（註同上）。這就是要以「相愛」之心而「彼此洗腳」以求乾淨，絕非衹見他人的過惡，而「使之亦有以去其舊染之污也」。再說「推以及人」，那是人溺己溺，人飢己飢，而無所不用其極的、本於忠恕之道，以愛與敬而盡其人間世之應有的責任，那裡是「推以及人，使之亦有以去其舊染之污也」。朱子的這種思想，其結果必是造成不寬容的精神，至於極處，必是衹見他人過惡而不知「自醜」的最邪惡的專

⓮ 朱子大學章句，對「大學之道，在明明德」這一段之註釋。

⓯ 新約約翰福音第十三章。

制者。先秦儒家，尤其是孔子以前之儒者，絕對不會如此。吾人讀禮記儒行篇，當知古之儒者，決不會如朱熹那樣的「推以及人」者。

第三，我們再談儒家「推以及人」的忠恕之道，其最直捷了當的意義，是待人如己，或視人如己。這必是把人當人。把人當人，當然會注意到人之尊嚴，顧及到人之福祉，以及人之存在所不可或缺的條件。先秦儒家，雖未如是明講；但從「愛人者人恒愛之，敬人者人恒敬之」（孟子離婁下），而加以推論，則知儒家以愛與敬爲政之本的理想，必是本於把自己當人，把他人也當人的人本思想，從「善吾生」而推己及人的以善人之生。這就是說，儒家的忠恕之道，若能擴而充之，確可與現代民主法治以及福利國家的思想相結合。然而秦漢以後之儒者，無人能注意及此；而且程朱一派之理學家，成爲假道學之典型；并甘願被專制帝王利用，成爲專制政治最忠實之僕人，這是先秦儒家所始料未及的。

第四，再談儒家的格致之學。所謂格物致知，乃貫通所學之事物以致知。朱子即物窮理之說，與大學之道，實不相干。古本大學，實無此義。我們在第七章第二節所考證者，大學古本，雖有錯簡，原無闕文，何來即物窮理之說。而且，格致之學，就條目來說，即是貫通誠正修齊治平的內聖外王之道以致知；就綱領來說，就是貫通知止、親民、明明德於天下的大學之道以致知。一般說來，當我們對於所學之事物真能貫通時，那就是知之至。能知之至而履其事時，必能誠意正心。所謂物格而後知至，知至而後意識，其義即是如此。這就是說，欲能誠意正心的實踐此修齊治平之道，必先真知此誠正修齊治平之道；欲真知此內聖外王之道，必須學此內聖外王之道而貫通之。這就是格致之學的全部，其義至明，并未「而今亡矣」。

基於此一認識，我們當可以論定：凡不知修齊治平之道者，即不能誠意正心的以實踐修齊治平之道。徵諸往史，此論甚真。因此，落後地區的政權，用人惟親，不重視知識，以外行領導內行，終致一敗塗地者，比比皆是。無知之輩，不知而妄作，鮮有不失敗者。儒家著重格物致知，以「知」爲務，以明白事實真相爲目的，所謂「無情者不得盡其辭」，這就是真能明白事實真相了。漢以後之儒者，除象山陽明外，有誰能注意及此呢？

第五，朱子不知格致，不明大學之道，幾百年來，沒有人敢於指出。朱學勢力之大，於此可見一般。象山所謂「涓流滴到滄溟水，拳石崇成泰華岑」，真是不幸而言中。這就是說明了，在中國歷史上，雖有宋學之興起，而儒學并未真的復興。其主要原因，是朱子之學，著重庸言、庸德，著重「硜硜然，小人哉，抑亦可以爲次矣」之「言必信，行必果」，祇知重視名教，以不成爲名教中之罪人爲尚，以致成爲專制政治之忠實僕人，而迷失了對人自己之自覺。在先秦儒家看來，「人者，天地之心也。」（禮記禮運）人必須自覺到是「天地之心」，自覺到人自己，才能識得自己的本來面目，才是真的「知汝自己」。照我們的系統來說，這「天地之心」的本性，即心之本體，道之本體，宇宙本體之本性。這個本性，無思無爲，自性具足。一般說來，心、是以思爲官能；而心之本身，則是無思。無思即佛家所謂無念之念。人、當體驗到無念之念時，即是見到了不可道之常道，亦即是真的知汝自己，真的見到物之本體。康德認爲物自體不可知。殊不知這不可知者，即無可知者。這無可知者，即本來如是。無念之念，有何可知？這個無差別性之一，它除了是一而外，還有什麼可知？這個與無相同之純有，它除了是有外，還有什麼可知？當你識得「無所住心」，「無所得心」時，這存而不在之本來如是，還有什麼可知呢？但是，這不可知或可知者，即康德所謂之理性自身，我們則認爲是人之本性，有此理性之功能，是可以「以應無窮」的。它是貪嗔痴去盡，而具足平等性智，而大慈大悲大雄，而無有罣礙，無有恐懼，而具足儒家之智仁勇，而可以與天地合德，與日月合明，而是具有如此襟懷，如此氣度。以朱子之陋，何能及此。此所以孔孟不傳之學，在北宋時代，雖頗有復興氣象，卒因朱學興起，使人失去自己，而中國學術界，又進入了漫漫長夜。

第六，照以上所說，我們確知：中國形上學，在孔子以前，即莊子所謂「古之道術」。在孔子時，道術猶未裂。以後，「天下之治方術者多矣」。漢代雖獨尊儒術，但真正儒學則已失傳。降及魏晉，玄學興起，與印度傳來之佛學，互爭短長。及至隋唐之際，佛家之向上一路及超脫生死而登彼岸之說，不論賢與不肖，都深爲信服。魏晉六朝以迄隋唐，已沒有真正的儒家，道家也已漸漸失去光彩。一般知識份子，除佛教人士外，祇是一些會做做文章的人，談不上有什麼學術思想。宋代邵康節周濂溪兩先生，融道學於儒家，而有理學之興起，孰料朱子之學，成爲專制帝王之統治工具，儒學實未能獲得真正的復興。總之，以「道術」爲主之中國形上學，兩千多年來，除極少數人真有所得外，一般儒生，除了做做文章或習於舉業，少有人接觸到形而上之本體。其在釋家，佛門弟子雖多有達者，卻少有人作學術性之闡揚。不作學術性之闡揚，則學術何由成立；不識得形上之本體，則形上學根本無從講起。所以，欲建立真正的形上學，其首要者，在識得形上之本體，亦即所謂性與天道。佛家所謂之見性，即是此事。但禪宗門下，認爲見性，非一般之知解。禪宗最反對知解。其實，知解并非壞事；惟有知解不消，便成毒藥；然而知解不明，終與道絕。佛門弟子，多拒絕知解。此不祇是佛教如此。許多虔誠之宗教家，亦皆以信爲真，而不求知解，其結果多墮入迷信而終致失去信仰者比比皆是。信、應以知爲準。我知此，我信此，終無可疑。然而許多宗教徒之信，出於一種祈求，其知不明，其信不真。當然，也有人，其知雖不明，其信則極真，長年不懈，絕無二心，久之，則終於獲得真知真解，而具足真信。佛教之達者，儒生中本於至誠之道而終於有所得者，皆是經過了極爲艱苦的道路而終於有所成，而形成了一種善知識；然而這種善知識，自明末以後，始終未能形成一種學術風氣。清代儒生，更走訓詁考據之岔路，「古之所謂道術者」，始終未彰。近數十年，黃崗熊十力先生，會通三家，卓然有成，繼之而起者，路數雖不盡相同；然對於心性之學，亦多有所發揚而各有成就，雖未能成爲顯學，蔚爲風向，亦頗能影響社會人心。惟此「道術」，園地甚廣，須多人經營，方可蔚爲大觀。現今學術上之禁忌，已無可顧慮。自宋以來之理學，其錯誤之思想，亦已澄清。有志之士，若信得形上之道學，實乃學術之命脈，立志鑽研，深入三家之堂奧，明得心之本體，以達到關田一月所謂之最內在的「最極事物」，或臨濟所稱之各種「定境」（見第一章四節，四、），也就是獲得康德所謂能「自發地開始一個事件的能力」⑯，并真能見得形而上的「普遍有效性和必然性」（同註十六，頁二九〇）。須知、形而上的必然，非判斷的必然，乃「精神的桎梏已然解脫，心靈的自由已無拘束」，而明覺之本性，豁然顯露，對「天地之純，古人之大體」

---

⑯ 康德：「未來形上學導論」第五十三節，詳見「康德哲學資料選輯」頁三四三，仰哲出版社。

（莊子天下篇），皆朗然於懷；而真能「判天地之美，析萬物之理，察古人之全」（同上）；而真能如儒家「自誠明」的覺悟人之本質，并「自明誠」的參贊化育。於是，當可以「裁成天地之道，輔相萬物之宜」；可以「通天下之志」，「成天下之務」，而成人之能，善人之生。於是，真可以繼往聖之絕學，而先秦之儒學真可以復興。果能如是，以儒家爲主流之中國形上學，必將大放異彩。這當然是我們最大的收穫了。

三、中國形上學所達到的哲學境界

第一，在上章第四節我們將中國哲學認識論與西方哲學認識論作比較研究時，曾談到現代西方哲學家之處境，是極爲狼狽不堪；因爲一般哲學家有一種不若科學家之犯罪感。箇中原因，是現代所謂哲學家，日益遠離哲學；因此，惟有回歸哲學。也就是解鈴還是繫鈴人。我們認爲，假如識得了中國哲學的本體，并基於本體哲學而推演出宇宙論與認識論；而且，這三家併存的哲學，無論是那一家，都可以優游其中，安身立命。我曾經聽到一位自稱爲覺者，很堅決的說：「人不認識自己，才是最大的犯罪。」說此話者，是不是覺者，我未敢斷定；但這句話，則是對遠離哲學之哲學家，卻可以一語驚醒夢中人。這句話的意思，是教人能識得本來面目。我們在本體論中，對人之本來面目，曾不厭其煩的反覆說明，以期讀者有所悟解。上文曾說：「人、當體驗到無念之念時，即是見到了不可道之常道，亦即是真的知汝自己。」知汝自己或認識本來面目，佛家稱之爲「見性」。見性之人，難道還不能安身立命嗎？有人認爲，哲學不是在溺水時，可以用來拯救性命的一根蘆葦。這是對哲學之真正無知。哲學誠然不離知解或辨解，似乎祇是與人之性命無關的認知系統；但是，真正的哲學，乃一種真理之見。它是航行於真理之海中的真理之船；它與人生，是血肉相連而不可離分。總之，一個真正的哲學家，他的眼中，不會有軟弱無力的蘆葦；也不會失足落水而有被溺的感覺。就我們在本書中所一再辨說的、無論是儒釋道那一家，他們都認得人之本質，都見到人之本性。他們是以這種覺性或認識爲安身立命之所。當然，此中會有程度，亦即會有純度或成分之不同；但是，祇要能從無二心做起，這種覺性，終必出現；若要做到十分純熟，自然需要假以時日。這是從中國哲學之修養工夫而如是說。中國哲學也當然是一認知系統。這套認知系統與這種修養工夫是不可分開；而且是相互助益，方能日益臻於純熟而疑義盡消；於是，真理之見日益清晰透澈而明白無誤。真正的哲學，是應該臻於此境。哲學有自己的天地，爲什麼要與科學爭短長呢？這原是說明了中國形上學的舊傳統，卻也是說明了哲學的真境界。

第二，康德所謂之純粹理性或理性自身，即是人之本性或覺性所顯現之功能。人之明覺之本性，從形而上說，它具有超感性之直覺的清晰性；從形而下說，它具有辨解的或邏輯的清晰性。一般說來，從辨解的清晰性，不能得到直覺的清晰性，此所以佛家以心意識俱遣，來獲得直覺的清晰性。這個直覺的清晰性，佛家認爲即是見性，也即是證道。至於辨解的清晰性，我們認爲乃直覺的清晰性，顯露在人間世，這是我們與佛家不同的。因爲佛家以見性爲大事已了，并認爲辨解乃分別作用而非「真汝心」。至於禪宗主張絕後再蘇，認爲依然見山是山，見水是水，則是肯定了辨解的清晰性。照唯識宗之說，若能「受」而不「取」，「取」

而不「愛」，則能破除煩惱，免墮輪迴。總之，不愛染，不執著，雖有所「受」，如月照萬川，光明普照，全無昏暗。如是而有分別，纖毫畢露，成就了辨解的清晰性，這有什麼不對呢？禪宗對辨解清晰性之肯定，實是非常的正確。我們認為，清晰性乃哲學之命脈。中國形上學，在系統上，是從形而上之清晰性，演出或顯露出形而下之清晰性。本書即是照著這個系統來說明這形而上的與形而下的究竟是什麼？因為是「極深而研幾」的，我們所講的，雖是最清晰最明白無誤的，卻亦是最艱深的。我們認為，若能從無二心做起，則可以使人之本身本性，強化理性之功能。當人之理性作用不被制約時，它是可以澈上澈下的而顯現其功能。所謂澈上，即是心意識俱遣而靈知之性歷歷，而見到有與無之同一。這就是「生無所住心」或「無所得心」。這會打破了天地有無窮際的疑團，這會見到了孟子所謂「浩然之氣」與孔子所謂之「仁」。也會體認到：「放之則彌六合，卷之則退藏於密」，是一句真話。所謂不生不滅，不增不減，不垢不淨者，究竟是什麼？也會是清清楚楚、明明白白的。這是靈知之性歷歷。這是人之本心本性發揮了理性的功能而顯現了澈上的觀照作用。這不是思辨，而且是擬議則乖。康德所謂之「無待令式」，亦大抵類此。這可以說是直覺的清晰性之全部。至所謂澈下，則是對外在世界與內在之思想都有一清晰之認識。這當然是辨解的或邏輯的清晰性。這是純粹思考通過理性作用而有一正確的經驗或思想。就中國形上學來說，凡對於儒釋道三家之有關典籍，而能融會貫通，真知其意者，必可臻於此澈上澈下之境。就我自己來說，本書之作，乃本於我所獲得之心得，以六經註我之方法，陳述此形上之道與外在世界之本來於是以及內在之認識。於是，完成了我們期望完成的中國形上學，也為儒釋道三家哲學建立了新的體系。這真是出乎意外的一種收穫；也突顯了中國哲學鮮爲人知的意義，而有助於後之來者能繼續予以宏揚。

第三，我們認爲，這形而上的清晰性，是一種真正的體會與真正的懂得。對於「懂得」或「真正的瞭解」，在第一章已有論及，現擬再加說明者，此種懂得，必已融會貫通而全無滯礙。禪宗門下常有學人問老師，什麼是第一意義？老師答：待一口喝盡西江水再答。或者說，待對面青山點頭再答。或者說，待牯牛生兒再答。當你知道對面青山已點頭，牯牛已生兒時，你自己必已獲得解答，而不用老師作答了。我對於一口喝盡西江水，體會得最真切。當你見得有與無之同一時，豈祇是一口可以喝盡西江水，而是全世界的水都可以一口喝盡了；豈祇是一口可以喝盡全世界的水，而是全世界與你同在。而是空間粉碎，時間停止，古往今來，聖賢仙佛與你同在。你自己已經解答了問題，不煩老師再作答了。這個，我會得。我也會得「一即一切，一切即一」之理。近來，我對於見桃花而悟道，也已知所悟者是什麼？我也已會得「反聞聞自性」。不過，我不會的似乎仍然很多；但是，我確是會得心之本體。我對於世界之生成，人從那裡來，會往那裡老？我是清清楚楚，明明白白的會得。這個會得，既是一認知系統，也是一信仰系統；不過，若以爲祇是一種意識型態，則一極大的偏見；因爲我們所證得之道的本體，不祇是我個人有如此清晰明白之體會，而是「前聖後聖，其揆一也」；而且，也是與思辨的或邏輯的清晰性，絕對不相違忤。所以這是一個至乎究極而又全無秘密的，合乎理性的覺知系統，是一真正會得的系統。

第四，照以上所述，中國形上學，確是「尊德性而道問學，致廣大而盡精微」的哲學。

就其是尊德性而言，它是聖學或聖人之學。談到聖學，我們確是「高山仰止」而知有此學而已。我們固然未敢說，「智足以知聖人」；但是，聖人之大體，聖學之綱要，先秦儒者，是知之最清楚明白而無疑義。我們秉先聖之遺教而有所認知，自亦不敢秘不示人。聖人之學，實無秘密，其區別在於功夫之深淺與純與不純而已。我們講中國形上學，當你對它緊追不捨時，必定把你自己扯進去。我們研究科學，是可以置身事外的作客觀的分析。你可以以旁觀的態度，完全與你自己無關的從事科學研究工作；但是，當你作哲學研究時，如果你所研究的是哲學的全體，是中國古人所謂之道，那一定會把你自己扯進去。在第一章第一節中，我們已指出「道在人則與人不可分離」，這確是非常真實的；所以這是「尊德性」的，而不是與自己全然不相干的。若將之稱爲聖學，實亦未嘗不可。但是，若作聖解，這又大錯特錯了。「尊德性」的哲學與純思辨的哲學，確是不盡相同的。我們應如何以「尊德性」呢？仍須「從無二心做起」。人若真無二心，那就是沒有分別心。了別與分別之不同，乃獲得平等性智者，即沒有分別心；而穫得大圓鏡智者，必是了了分明；而且，必是觀察入微，絲毫不爽。這都是無二心之功效。一般說來，人若真能無二心，而又能明白事理（這是知），在緊要關頭，更能拒絕誘惑而不作傷天害理之事（這是行），則幾於道矣。「尊德性」之全部，實亦不外於此。這是一般人比較容易做得到，而也是最實際的。此中較爲困難的，可能是拒絕誘惑。人能無二心而又能拒絕誘惑，行之日久而臻於純熟，必會明達事理而知之無不真。中國形上學即是以此爲基礎。這是中西哲學之根本不同者。西方哲學，以思辨理性擴充知識，中國哲學則是「尊德性而道問學」。至於如何才能做到無二心呢？前文曾介紹過的朗波田的動中禪，實是最有效的方法。這就是在日常生活中，依照動中禪的原理，並可以免去動中禪的規律的肢體動作，而祇是依照孟子求放心與專心致志的原則，使念念分明，念念與日常生活中每一個細微的動作都不分開，久之純熟自然了，必會覺悟到人之本性。事實上，人能沒有二心而全心全意的埋首努力於心性工作，這就是人之本性的顯露；若能在「道問學」方面多下功夫，而對於事理有明白的認識，既可獲得西方哲學家所欲獲得之智慧，更可當下得見本來面目，而無有罣礙恐怖，而具足大慈大悲之平等性智，與道家所謂無知之知。詩大雅抑之篇有曰：「相在爾室，尙不愧于屋漏。」不愧渥漏，不欺暗室，許多人認爲這是高難度的。假如依照動中禪的原理，對自己的每一行動以及每一行動的每一細節，都是清清楚楚、明明白白，而且不需要有爲善去惡之心，當然也不應該有助長爲惡之念，祇是看顧每一念頭，這應該不是一件難事。祇要這樣去做，這就一定會不欺暗室。久之，一定會事無不可對人言。這確是一件不算很難的事。無奈許多人不肯面對自己，不敢接觸自己的念頭，任令自己的念頭在刺激反應之機械作用中生滅；於是，便認爲不欺暗室是高難度的。事實上，祇要自己肯明白自己的每一念頭，久之，一定會不欺暗室，這有什麼困難呢？儒家的格致之學，是先致知而後意誠心正。就實踐治平之道來說，這確是必須的；至於一般的誠意工夫，若能從知道自己的每一個念頭做起，使念念分明，久之其意必誠。王陽明釋格物爲格去物慾，我今釋格物爲至物，此即不論何事何物，當我至此事物時，必知此事物。楚漢之爭，是劉邦知勝負之所在，而項羽不知。此例不勝枚舉。假如日本軍閥，若知侵略鄰國，將使自己受到懲罰，他們決不會對我國動武，更不會偷襲珍珠港而引發太平洋戰爭了。人、最難做到的、是至此事物時而真知此事物。習動中禪者，喜以刷牙爲例。當刷牙時，持牙刷，擠牙膏，張口刷牙用水漱口，每一動作，每一細節，皆清清楚楚的見到、知道。這種在刷牙時無有二心，可以說是一種最典型的格物致知，是可以適用到任何事例。我們的此一解釋，雖是前無古人，卻是此理至明。祇要願意如此專心致志，如此無有二心的去做任何事，必可收誠意正心之效。久之，必一定達到：不祇是不欺暗室，心地光明；而且必會得見本來面目。這就是說，在如此無有二心的努力下，必可達到「尊德性而道問學，致廣大而盡精微」的這一哲學境界。中庸曰：「誠則明矣，明則誠矣。」非誠不明，非明不誠，誠與明實非二事。在中國形上學裡，尊德性與道問學，或者說，形而上的清晰性與形而下的清晰性，全都是一件事。我們必須理解至此，才是真的見到了「吾道一以貫之」的中國形上學。這確是許多人不易理解，也確是不容易達到的一種哲學境界。然而此事確是最簡單不過，深望讀者真能有所體會，則幸甚矣。

四、中國形上學與近代西方哲學

在第一章中，我們曾「從認知層面與思想境界之不同，說明了中西形上學之不同」（覆按第一章第三節），也曾指出，在「普遍的存有與第一根源或元始」方面，我們的看法與亞里斯多德似乎沒有區別。再者，在以上其他各章中，我們討論本體問題，宇宙問題，與認識問題時，也曾就西方哲學有關者，略有比較的說明。我們認爲，中國形上學確有助於西方哲學之復興。茲再就近代西方哲學作比較的探討，希望藉著這個探討，證明我們所講的中國哲學，其所達成之境界，若果與西方哲學會而通之，必有助於現代西方哲學之發揚光大。

第一，近代西方哲學的趨勢

羅素在「哲學與科學知識」一書中曾說：

> 我們可以分近代哲學為三派，每一個哲學家，往往多少含著一些別派的分子，然而仍不失其本派之特色。我把第一派叫做歷史沿襲派。這一派是從康德黑格爾傳下來的。這一派想用從柏拉圖以來的建立的大哲學家的方法和效果，適合到現代需要上去。第二派我將叫做進化學說派。這一派的勢力之重大，起於達爾文，然而我們須把斯賓塞耳算做這派的第一個哲學中之代表。但是在近代之中，到了詹姆士與柏格森之手比在斯賓塞耳之手中，更勇敢而愈出愈新了。第三派，因為沒有別的好名目，我將叫牠做邏輯原子派，這一派是從算學之批評的考察，而漸漸侵入哲學的。這一派哲學，就是我提議要採用的。[17]

羅素對近代哲學之此種分類，是否完全正確，可置勿論。我們僅擬就羅素所特別重視的幾個哲學問題；也可以說，仍是現代人所爭論不休的問題，用中國形上學的觀點予以詮釋、辨正，以澄清迄今仍存在的對哲學的疑慮與誤解。

第二，中國形上學與歷史沿襲派

---

[17] 羅素著、張雄俊譯，「哲學與科學知識」，頁一，臺北正文出版社，民國五十五年三月一日。

歷代的中國哲學家或形上學家，如以上各章所討論過的，他們都是歷史沿襲派；而且，就儒道兩家來說，秦漢以後者，實無人能超越先秦之孔孟老莊。究天人之際，明先聖之道，成一家之言。歷史上雖不乏其人，事實上是少之又少。其在西方世界：歷史沿襲派的哲學，是兩個不同的「親」所生的最後生存的兒子。一是希臘人的理性萬能之自以為是的信從，一是中古時代之「宇宙是甚小的」，即「地為宇宙中心」之觀念的信從。這是羅素對這一派哲學之又一種的評價（同註十七第一章）。後人似乎認為是超越前人。直到今天，似乎仍沒有定論。求新求異，這是文藝復興以來的西方思想之基本性格；於是，許多人都忽視哲學中有不可更易者；於是，反抗希臘理性威權與中古理性威權之現代理性威權，既希望超脫歷史的束縛，卻又不自覺的墮入沿襲歷史之途徑。這應該是這一派還能倖存的原因。這也是今日西方哲學最難堪之所在。但是，問題究竟出那裡呢？誠如羅素所說的，現在「大家還信從：先天的理性可以發明『別的方法所不能發明』的宇宙之秘密，可以證明『實在』是與觀察所發現的完全不同。」（同上註）羅素還舉了一個例子。他說：

布拉德烈或者是這一派最有名的現在尚活著的代表。他的「假象與實在」中含兩部：第一部叫做假象，第二部叫做實在。第一部幾乎完全把我們所見的世界之所有都考察而否決了。例如物和性質、關係、空間、時間、變遷、因果、動作、我自體——所有這些，雖是在一定的意義之中，都是為形容實在的事實，但是牠們不是實在的，如其貌似為實在的。真正的實在，是一個簡單的不可分的無時間的共相，叫做絕對。這個絕對，在一定的意義之中，是精神的，但是牠又不是靈魂，或如我們所知的思想與意志。所有這些道理，都是由抽象的邏輯推論而來的。（註同上）

首先要說明的，這所謂之「實在」，是依從理性，通過思辨的抽象的邏輯推理而認識出來的。這所認識的實在，乃是抽象的共相，祇存在於人之思辨理性之中。我對於希拉德烈沒有研究。他所說之實在，究竟是什麼，我未敢十分肯定。不過，依從理性、通過思辨而認識到之實在，祇是一抽象的觀念，實是歷史上許多西方哲學家未能免俗的沿襲。布拉德烈既是在羅素寫「哲學與科學知識」一書的時候仍活著的歷史沿襲派，他當然不會例外的不依從理性，而該派也確是到現在仍存在的。這就是說，認識實在祇是一抽象的觀念，至今仍被很多人信服。

中西形上學，自古代以迄現在，都對實在或絕對有所認識。就我們在以上各章所陳述，如上一節中所總結者：埃里亞學派或柏拉圖、亞里斯多德等是如何的達到這個認識，我未敢遽作斷定；至於康德與黑格爾，則是「唯有靠思想、理性，我們方能夠達到它。」（同註一）這是歷史沿襲派，至今仍自以為是的。現代物理學，則是靠現代的實驗，以達到幾近於無的對電子、中子、及微中子的認識。這與中國形上學所達到的是不盡相同或大不相同。中國形上學所達到的是「無」，如我們在本體論中所描述的：它是道之本體，亦即心之本體。所謂心之本體，其正確的含義，應該說，是宇宙本體之本性；因為對於我們所謂之心，若詳作分析，我們實不知此心果何在？那麼，何來心之本體呢？但是，這宇宙是存在的。存在者必有本。我們說有宇宙本體之存在，於理無違。這存在的宇宙本體或外在世界的本體，它究竟是什麼呢？我們說它是「無」。詳言之，我們中國哲學所認識到的宇宙的本體，它祇是個「無」。那麼，「無」又是什麼呢？在本書第二三兩章中，有極爲詳盡的探討與描述，茲不再贅。在此特須指陳者，這宇宙之本體雖是無，確顯現出心與物之現象。這心與物之現象，既是本體所顯現的；那麼，我們雖不知此心果何在？我們說宇宙本體之本性，即是心之本體，實亦於理無違。因爲宇宙本體若無這個作爲心之本體的本性，它如何能顯現出心物之現象呢？說心之本體是宇宙本體之本性，既可化解哲學上唯心唯物之爭，亦更能正確的描述宇宙本體或「它祇是個無」究竟是什麼？

第三，理性思辨或覺性直觀

在此須作進一步說明的，中國形上學所達到的「無」，不是從理性思辨而思辨這個「無」，乃是依覺性直觀而觀照這個「無」。所謂理性，康德言之詳矣，不擬多贅。爲明「覺性」一詞，特略作說明。人之心靈作用或心理現象，大致可以說，有感性、知性、理性或覺性之存在。這些似可統稱之爲靈性。人之覺性最能表現人之靈性。感性加智慧即成覺性、知性加理性即成智慧。人之感知理覺等心靈作用，確是依此程序而發展出來的。覺性或人之明覺之本性，即我們在第一章所講的「超感性的直觀」，它當然不同於感性直觀。它必須離棄感官之知，亦即莊子所謂之耳目內通，金剛經所謂之生無所住心，而達到一種非意識所行境界，這種直觀才會顯現。依據我多年的體認、專靠理性的思辨，是不能思辨到「無」，因爲「無」是不可思辨的。至於專靠思辨，何以不能思辨到無，容以後再作說明外，茲特說明爲什麼能依照覺性而觀照到這個「無」。本書第一二兩章，對此曾有極爲詳盡的討論，在此仍須略作說明者，我因多年對於「天地有無窮際」之困惑，當識得「無所住心」時，而體悟到有與無確是同一的（請覆按第二章第二節）。爲什麼呢？因爲「無所住心」生起時，它是「無色」，「無受想行識」（俱見金剛經），而純是人之明覺之本性或覺性。這就是、當人之思想，是無思無想，而祇是思想思想它自己時，必會見到「無」，也必會見到黑格爾所謂之「純有」。讀者不妨自己試試：當你真的達到無思無慮而祇是見到自己的思想時，你必會見到有與無之同一，而「天地有無窮際」的這個問題，也就迎刃而解。禪宗認爲，這是祇可證而不可說的。因爲這是不容易說明白，而祇能譬如飲水，冷暖自知。不過，本書第一二兩章，對此有極詳盡的說明，請讀者覆按。在此仍須稍作疏解者，當「無所住心」生起時，這就是體現了本體或實在之存而不在的本性。所謂「無所住」，這就是無住無在或不在，也必是無所不在之普遍的存在，即遍在。遍在是無跡可尋的。這無跡可尋，當然可叫作「無」；卻因爲是虛靈不昧或「虛室生白」，這當然是有。這就是有與無之同一。這是覺性直觀之觀照所得，與理性思辨之思辨所得是完全不同的。這是見到了宇宙本體之本性，也就是見到了心之本體。已往哲人，如禪宗諸祖師及宋明理學家，或西方哲學家如黑格爾等，祇知這是心之本體，而沒有體會到這就是宇宙本體之本性，所以極容易陷入唯心論之陷阱。就我個人體驗所得、當覺性直觀或超感覺的直觀而觀照心之本體時，亦即真能以心觀心或真能以思想（主詞）思想（動詞）思想（受詞）時，必是靈知之性歷歷，亦必是達到了形而上的直覺的清晰性。前文曾一再指陳，形而上的直覺的清晰性，與辨解的邏輯的清晰性，是相通相順的。羅素不贊成柏格森的「用直覺以反對理性」的學說，這是很正確的。不過，羅素并不真的懂得直覺。他說：「至於直覺，似乎是依文明之愈發展而愈減少。大概說來，小孩之直覺，較強於成人之直覺，無教育人之直覺，較大於有教育者之直覺。直覺在狗之精神中，或者比人的直覺更高。如果有人因爲這些事實，而推崇直覺，他們必須回到樹林裡去亂跑，用藍靛染身，而以山楂野栗爲食料呀。」（同註十七，頁一一）羅素這所說之直覺，似是指感性或器官之直觀而言，完全不同於我們所謂之超感性的直觀。人之覺性直觀或超感性的直覺，它是感性加智慧，亦即感性加知性與理性，而最能完滿的顯露人之靈性，這是羅素所未能夢見的。一般說來，當人之官能，不被聲色之好所迷惑；人之認知，不受習俗之成見所束縛；人之理智，不爲理性的威權所攝伏，久之，當世俗之心意識俱遣時，必得見自己的本來面目。這就是達到了覺性直觀而直觀到人之覺性。這覺性亦即人之本性。所以這種直觀是可名之爲本性直觀，以直觀本性爲務，與通常所謂之直覺，其相隔實不可以道里計。凡好學深思，真能無有二心之至誠之士，必能真知其意，以證得此種直觀本性之本性直觀。近代西方思潮中，也有人見到了這一點（詳見第一章之註九）。這是如日月之經天，清清楚楚，明明白白，絕無神秘可言而可以成爲智者之共識。不過，有許多人因未能至此，而詆之爲神秘不可信。這種人，他與中國形上學，是永遠絕緣而無疑義。

第四，理性何以不能見到「無」

黑格爾從思辨見到了無，那是用一種異乎常情的方法，即辯證法。用通常的合乎理性的方法，是不能見到無。

理性何以不能見到「無」？羅素說：「一個距離，無論若何的短，其兩端之間，總是爲無限的地位之級系所佈滿。」（同註十七，頁七四）這與莊子所述惠施之言：「一尺之棰日取其半，萬世不竭」（莊子天下篇）之理論是相同的。這是從理性之思辨而見到無限。這種無限觀可以推想到「至大無外謂之大一，至小無內謂之小一」（同見天下篇）。這就是通常所謂之無限大與無限小。談到無限小或無限短，據說，目前電腦已能測出千萬分之一秒，這真是不可思議的。不過，真正的無限小或無限短，無限大或無限長都是不能達到的。例如現在所知之宇宙，可以稱之爲無限大。事實上，它仍是一種有限，不過是一種極其廣大的有限而已。愛因斯坦曾說：「宇宙是有限的，但是無邊的。」這無邊的，才是真無限。無限是不能以長短大小來思辨的。凡可思辨的，必都是有限的。千萬分之一秒，如能測出，其所經過的，必仍有其最短之時間或距離，它祇是幾近於無而已，它與無或無限，仍是完全不同的，所以從思辨理性所達到的無限，絕對不是無。祇有「無」才是真的無限。在上一節中，我們曾引述黑格爾的有限與無限的學說。黑格爾認爲：「真正的無限是包含有限的。」我們不同意他的這個說法；因爲真正的無限是不會包含什麼？這無跡可尋之無所住心，它會包含什麼呢？這無邊而有限的宇宙，是包含在無邊之中嗎？無邊無限，固然仍是一種「有」，然而，它是無相的，它當然不會有包含之形式或包含之意義。黑格爾所謂之無限，以及西方哲學所謂之無限大、無限小、無限長、無限短、無限多等等，全都是依從思辨理性的一種想像而已，實未能達到與無相同之真無限。我常常這樣的推想：無限大與無限小，確是兩不相同的兩個極端。若無限小變成無，則與無限大變成無，會完全相同，因爲無是無分別的。同時，無限小或無限大，如何會變成無呢？小或大，短或長，全都是有限，當其成爲無限時，它們必都是達成純然的靜而變成無了。此實不可以常情猜測。依照中國形上學由無而有，由有而無之宇宙哲學；依照黑格爾由無限「演出其自身」而「演出有限」之學說，無限變成有限或有限變成無限，事屬必然。更依照中國形上學「體用一原、顯微無間」之學說，這無限演出有限，乃是連續而無間斷的。羅素說：「數學家以空間時間爲由點瞬集合而成，但是空間時間又有一個易覺而難說的性質，叫做『連續』的。」（同註十七，頁七二）依照兩端之間存有無限級系之想像，連續是不可能的，這確是「易覺而難說」的，這應是理性思辨最難克服的困難。若依照我們的「直觀本性」的學說，當無所住心生起而一念不生，而無跡可尋時，你會感覺到孟子所說的浩然之氣。在這時你會感到時間停止，空間消滅，古往今來、聖賢仙佛，與我同在，也就是基督徒所說的與上帝同在。在這時，必是達到了佛家所謂之轉識成智，而生起了大圓鏡智或平等性智，也必是達到了道家所說的無知之知或無是非之知。康德所謂之無待令式或自由與必然之同一，實就是生無所住心時所體會或感覺到的。這種覺性直觀或超感性的直觀，是虛靈不昧，遍而非計，存而不在的，是無分別的。當分別心生起時，無限便演出有限。無限是無時空可言。當有限被演出時，空間顯現了。空間是現成的，時間則是所予的，而點瞬則是約定俗成的。這就是說，時空本身，實無點瞬，真正存在的，乃有與無之連續。我們試想，從「霜天月落夜將半」之黑暗世界到日正當中之朗朗乾坤的連續，誰能指出間斷之所在？這有與無之無間斷的連續，佛家常以水與波浪作比擬。佛家以大海水比作無相之本體，以波浪比作由本體顯現之現象。水與波浪確是無間斷的連續。再者，我們講無所住心，這是講本體有此本性；至於本體自身，則是有如此之本性者，即所謂實在或實體。在本體論中，我們對此已說得很明白；而且，我們也說明了、實無「實體論證的謬誤」。在此仍須特爲辨明者，前文曾指陳，小或大，長或短等等，皆祇能是有限，而不能是無限；因此，我們雖可說無限多之小，如說兩端之間，存有「無限之級系」等；但是我們不可能說有「無限大之大」。於是，佛家說，於一毫端見諸佛剎。毫端雖小，仍可容納諸佛剎。此當然不可以常情猜測。朱熹「中庸章句」有云：「其書始言一理，中散爲萬事，末復合爲一理，放之則彌六合，卷之則退藏於密，其味無窮，皆實學也。」晦翁說這是「實學」。我對朱子，多有不敢苟同者；然而此所說「實學」二字，頗見此老之功力。照我們在前文所指陳者，我們當然不能說有「無限小之小」或「無限大之大」；但是，依據有無是連續不斷的學說，當小或大是接近無限或變成無時，這無限小或無限大必是等同的。上文也曾指出，當無限之小或大，短或長，達到「純然的靜」時，即會變成無。我不知未來的科學能否證明此一真理；但是，「放之則彌六合，卷之則退藏於密」之實學，頗能道其中之味；於是，於一毫端見諸佛剎，實不悖理。再者，本體是不生不滅、不增不減、不垢不淨的。當我們說本體是「無」時，它當然是無生死存亡可言，這是不容有所爭議的。近來我聽到有人說，我們頭腦中有一個聲音，這是我們在靜中可以聞見，不需用耳聽見的。據說，這個聲音，是宇宙最原始的聲音，即令宇宙不存在，這個聲音仍會存在。是否真是如此，祇能待爾後的科學證明，或祇能存而不論。至於朱子所言之「理」，確可以是永恒的存在，確是不生不滅，不增不減。例如我們所熟知的「三角形三內角之和等於一八〇度」，以及我們在上一節爲宇宙論作總結時，我們說「等邊三角形三內角相等」，如此等等之原理，即令宇宙不存在了，而此理則長存。我們認爲，理或如上述之數學原理等等，確是不易的，亦即不增不減、不生不滅的。馮友蘭先生在其所著「新理學」（見第一章）一書中，也曾見到這一點。他說：「萬理不生不滅，不增不減，亦可用佛家所說真如名之。」馮民不識得真如。真如有此理，理、則不必是真如。三角形三內角之和等於一八〇度，這可名之為真如嗎？馮氏也不真的識得太極。他說：「所有之理之全體，我們亦可以之為一全而思之，此全是太極。所有眾理之全，即是所有眾極之全，總括眾極，故曰太極。」馮氏是從思辨的或邏輯的觀點而講太極，所以將太極「為一全而思之」這是很不恰當的。因為太極雖可以說是萬理畢具，是具眾理而應萬事，但太極是「無」，故不能當作「一全而思之」（在第二章第三節我們對此有較詳盡之辯說）。我們能說這無限或無，能作「為一全而思之」嗎？「無」不能是一概念，是不能加一抽離而予以思辨；它是一觀念類型，祇能從觀照而得之。許多人不明此義。我們以上所作之辨說，實已非常明白。這是為形而上之無作說明，也是為近代西方哲學提出了極為重要的諍言，這應該是大有裨益的。

第五，哲學之精髓究竟是什麼

羅素認為，「邏輯為哲學之精髓」。他說：「凡在純粹哲學範圍以內之部份，都自行簡約而成邏輯的問題。這也不是偶然的，因為所有哲學問題，經過分析與洗刷之後，不是成了非真正的哲學問題，就是成了邏輯問題。但是，沒有兩個哲學家所定的意義是相同的。」（同註十七，頁一七）羅素又說：「我們應該還記得：我們把下列一類的命題『蘇格拉底是一個人，所有的人，都是要死的，所以蘇格拉底是要死的』趕出於純粹邏輯範圍之外，因為蘇格拉底，人、要死的，都是經驗的名詞，僅能由特別個體經驗而知道的。在純粹的邏輯之中，與此平行的命題，是：『如果一個物有一定的性質，所有的有此性質的物，都有另外一個性質，則此問題中之物，也有那個另外一個性質』。這個命題，是絕對底普遍的；它可以應用於所有的物與所有的性質，而且，它是自明理，無須經驗證明的。所以在純粹邏輯的如此命題之中，我們遇著我們尋覓的自明的普遍的命題。」（同上，頁二九）這是羅素對邏輯所定的意義。羅素認爲邏輯是「普遍的真實，是純粹形式的。」（同上）爲達到純粹形式，必須空一切內容。於是，哲學便變得沒有內容（上章第四節及第二章第一節，對此皆有論述）。當哲學變得沒有內容時，當然可以宣佈：「哲學已經死了。」由此可見，羅素所說之哲學精髓，乃是如何達到純粹形式，并宣佈傳統哲學的死刑。傳統西方哲學是否該死，不是我們所欲討論的。我們要說明的、當我們在認識上能「空一切內容」時，我們必是達到了道家所謂之耳目內通，儒家所謂之喜怒哀樂之未發，佛家所謂之「無所住心」；而識得心之本體，宇宙本體之本性；而真能轉識成智。這是中國形上學所見到的哲學精髓。這與邏輯原子派是同樣的要見到空無。不過，中國形上學所見的，是空一切所見而祇剩下能見，使所見與能見合一。這是一種內省的返觀的觀照活動。至於邏輯原子派，則是向外的空一切經驗而祇剩下思辨的純料形式。羅素說：「在邏輯中，我們總祇研究完全普遍的，而純粹形式的意旨，把『一個假定究竟能否證實』之部份，留給別的科學去研究。」（同註十七，頁二三）此說并無不當；若以爲哲學的精髓就是如此，而不知在認識上空一切內容，是有向外思辨與向內返觀之不同。不見到這個不同，這祇是見到哲學之一偏而未見到哲學之大全。「安其所習，毀其所不見。」，實乃學術界之通病。邏輯原子派，爲了空一切經驗，當然更是對於「所不見」者「毀」之唯恐不盡了；於是，順帶的把哲學弄死了，實是理所當然。

禪宗講大死大活。爲了死，不惜懸崖撒手。爲了去舊染之污，確實要有大決心。必須死得澈底，才能真的活過來；否則，祇有不死不活，永不能獲得新的生命。這就是說，要真能識得中國形上學，確須經過一番生死之搏鬥。過來人，方知吾言不謬。至於邏輯原子派，其創始者，大抵是、深入數學之迷宮，然後又能走出來；於是，遇著了「所尋覓的自明的普遍命題」，當是經過了一番艱苦；可是，後之來者，對這個「普遍命題」，一聽就知，一說就會，這就「簡直暴露了哲學家自認爲不是科學家的犯罪感」。但是，要識得中國形上學，後人必須跟隨前人的足跡，走過前人所經過的艱苦之路，方能真有所得；否則，永遠祇是門外漢而已，當然更談不到升堂入室了。我個人認爲，凡通達中國形上學者，因其有認知方面之真，常能不失行爲方面之善，也頗能獲得感受方面之美。少年時代，最易喪失美感，而影響行爲之意志，也諸多不善，必須真能「通理」，方能有所改正；若欲達到真能無有二心而至於嫻熟之境，實不容易。這就是說，欲能達到中國形上學，絕非思辨所能達到，必須通過一定之心路歷程，切實實踐，心領神會；然後真能有所得。上文我們所講的「尊德性而道問學」，這確是達到中國形上學之必需條件。邏輯原子派，當他們尋覓到形而下的自明而完全普遍之純粹形式的命題後，若更能走向形而上學之領域，搜尋到形而上之普遍的或其不易之真理，并真能澈上澈下的融會直觀的清晰性與辨解的或邏輯的清晰性，以達到上文所指陳的哲學境界；於是，哲學必將在學院中再度復活而毫無疑義。照我們的看法、哲學的精髓，確是要空一切現象或一切經驗才能見到；但是，要達到空無，實有向內與向外兩方面。邏輯原子派實是代表了向外方面，即是要認知所有外在事物之性質與關係，其普遍的真實，究竟是什麼？中國形上學，則是以向內爲主，即是要認知心之本體，亦即真正的心是什麼？因爲祇有真心才會有真知；於是，認識了宇宙本體之本性，而建立了哲學的本體論、宇宙論與認識論，將形而上之秩序與宇宙之普遍的真實揭露出來，使真知其意者，心領神會，明明白白而毫無疑義。中國形上學以「體用一原，顯違無間」八字而歸結出宇宙之真實，這是宋代理學家所體會到的哲學精髓；至於邏輯原子派所達到的純粹形式或「普遍命題」，則是以「如果—則」之形式，能證實所有外在事物之普遍的真實。這兩者所達到的結果，是完全不同的。此即上文所謂向內與向外之不同，亦即觀照與思辨之不同。這當然不是對與錯之不同；若不執持一偏之見，這二者實不是不能相容；所以我們認爲這二者應該可以融會貫通。求通、并化解形上與形下，或向內與向外之矛盾，這是中國形上學之最大特色。執持某一點而不求通，當然不可能達到無有二心而「虛室生白」的獲得無所不通之知識。

第六，中國形上學與進化哲學

以上我們就近代哲學之歷史沿襲派、邏輯原子派與中國形上學作了較爲重要之比較研究；而且，對這兩派也提出了建議或諍言。也可以說，這是爲近代西方哲學擴充了哲學的領域。再從另一方面說，近代西方哲學，對我們的古老的中國哲學，實未能構成衝擊或傷害。當然，這是就我們經過一番沖刷清洗而真能顯露出中國哲學之真面而如是說。現再就進化哲學加以比較。當唯物辯證法及歷史唯物論在中國大陸盛行時，人們是全部否定中國哲學而信從進化哲學。因此，我們此一研究，確有必要。爲使我們的討論，真有一定之收穫，特就摩根所著「突創進化論」⑱，擇其極重要者，作比較之說明。摩根認爲，意識或心靈，「乃物質或物理化學之系統再加前此所未有之有機關係而成。」（同註十八，頁一〇）此說應爲唯物論者所歡迎，與存在決定思維之說，祇是：一是從本體論說的；一是從認識論說的。摩根以一塔形圖說明他的主旨，其圖於下：

摩根塔形圖

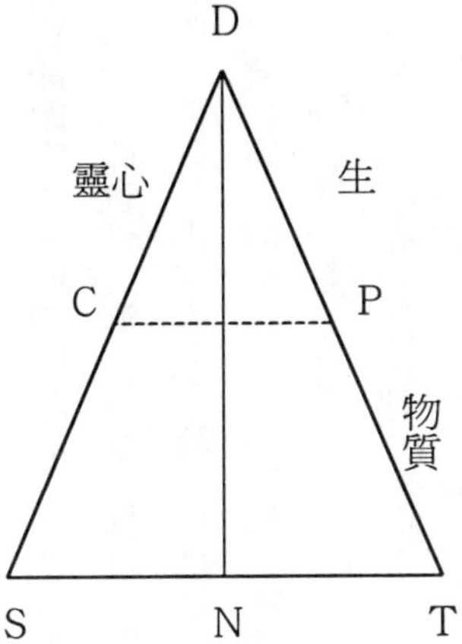

摩根對於此圖，曾有於下之說明。他說：「圖之基線爲空時（ST），於現在事物無所不參。圖之上端爲神性（D），與空時同在塔形之內，係進化歷程上最後實現之最高性質，爲少數人類緣進化中線而上所達到之境界。圖之上端逐漸尖小者，表示純粹物質界事情之範圍較事情之兼有有機性質者之範圍爲大，但以之與空時之範圍較，則又不如矣。此亞氏（達按：

⑱ 摩根著、施友忠譯：「突創進化論」臺灣商務印書館印行。

指著有『空時與神性』一書之亞力山大教授）之說也。自N直向尖端之矢線代表亞氏所謂之奮力，亞氏稱之爲傾向神性之奮力。」（同註十八，頁一一一—一二）

　　對於摩根此說，擬略作分析於下：第一，特先指陳者，儒家不講進化論。就人類歷史來說，儒家祇講人如何演出它自己，所以與進化論不同。第二，前文我們曾指出：「空間是現成的，時間則是所予的。」現在我們已清楚的知道，各大行星之時間，都不相同，至於宇宙之時間，目前尚無定論。事實上，西洋哲學有關時空之說，如我們在宇宙論中所討論過的，已可以說沒有什麼價值。摩根以時空爲基線，在我們看來，并不真有意義。第三，摩根認爲，時空範圍最大，物質範圍次之，精神範圍最小。他的意思是說，在時空範圍內有物質事情，在物質範圍內突創精神。此實是誤解。現祇就物質突創精神稍加說明。例如機器人，它能思考，有時還勝過人腦；但是，當它不通電時，它祇是一堆物質；可見，純物質實不能突創精神。摩根氏亦不贊成機械觀。他又認爲，「自無生物發展至於生物之程途上似乎有合力之連續性」，而在這個程序間，有「生命之突創現象，增加在無生物之上」（同註十八，頁七—八）。他說：「有合力然後進化爲連續，有突創然後連續爲進化。」（同上，頁六）認定有連續性之合力，在發展途程上，呈現出進化之程序，此實爲摩根哲學之主旨所在。同時他主張「創化合力」這一原理。此一原理，是說明：「一切心理成分之混合，其結果非特各成分相加所得之滲雜體而已，蓋其實爲新之創化物也。」（同註十八，頁四）他以蒲朗寧（Browring）所說之和音，係各個元音合奏所得新聲爲例，而肯定此一新聲，非各音相加所得之合力，乃是一突創品。突創進化論，其基本理論，大致不外於此，這確是值得探討的。第四，摩根認爲，此突創進化之大計劃，是「從最基本無所不參之空時，隨時代之變化，而逐漸突現無機體，有機體，心靈以及其所含之各級，以至於少數人類所達到神性」（同上，頁一一）。也認爲，人類的此種神性，乃在時空基線上之一種奮力進化而成。至於此種奮力如何進化而爲神性，摩根氏卻沒有清楚的說明。總上所述，首先須說明者，摩根認各個元音相加之和聲，係一突創物。此實不足說明是物質突創精神。照莊子齊物論所說長風一氣，吹萬不同之地籟，我們實不能說聲音純是物質發出的；因爲所謂氣，在中國形上裡，實與我們所呼吸的空氣不同；而且人們胡亂所吹奏之雜音與樂隊所奏之曲調，實有本質之不同。這就是說，和聲若是突創品，實是人之精神作用，藉樂器所創造之作品。摩根以此證明物質創造精神，實不真有意義。其次，摩根所謂之物質，實是一種習以爲常之見。佛家稱物質爲色，稱精神爲受、想、行、識，意謂精神現象，實具有受想行識等作用。我們在第二章第三節，對於物、曾作了較明白之分析；對於突創唯物論，認定「不是真理」，并肯「精神不是物質突創的」。讀者可覆按，茲不贅述。在此祇需稍作說明者，組成物質最小單位之原子，我不知它是否具有受想識。它具有行，則是毫無疑義。一般人叫原子爲物質，實很不恰當。這就是說，從現代物理學的觀點來說，實沒有物質這樣的東西，真正存在的，「祇是許多事點之群」而已；所以，摩根由無機物突創有機物，由有機物突創心靈之說，實與現代物理學不能相容；因爲人之心靈作用，在本質上，與原子之運動，實無區別。這就是說，我們對於心物，依現代物理學與心理學而加以分析研究，實沒有心或物這樣的東西。羅素對此有非常正確的認識，其說詳見其所著「哲學大綱」。但是，我們亦不完全贊同，心靈活動，就是刺激反應之機械作用而已。我們認定，在刺激與反應之間，確有人之心靈作用。這有機體或人之心靈作用，在本質上，乃原子之行（即原子之運動），演化而成；所謂演化，即前文所謂、無限演出它自己以成爲有限，亦即佛家所謂，由大海水顯出衆漚。此待以後再作說明。在此特應指陳者，摩根物質創造精神之說，實不足駁，因爲根本沒有物質這樣的東西；而且，摩根也承認心物「爲不可分離者」（同註十八，頁二八）。再其次，摩根認爲，由奮力而突現神性。其所謂奮力，究竟是什麼呢？他說：「凡屬物類，皆具有此奮力。」（同註十八，頁三二）那麼，此所謂奮力，實與原子之運動無異。我們不妨對宇宙作一想像。在本質上，它祇是無窮無盡的事點之群，顯現出無窮無盡的運動而已。我們所謂之人或物，實祇是我們所感知認識的不同系統的事點之群，有此存在而已。若說此種存在，皆具有奮力，實無不可。至於所謂「空時階段中尚無有實效之物質關係或結構；物質突現後尚無有機之關係或結構，生命突現後猶無心靈之關係或結構。然則空時階段果何所有？曰，空時關係或結構而已，其爲狀係連續體，其中以點刻爲關係者，因其組合之時常變異，遂生純粹之動。」（同上，頁二四）摩根此所認爲的，在空時階段中，不含物質之存在，此說實不正確，許多西方哲學家，如康德這樣偉大的人物，亦有類此之錯誤。事實非常明顯，那就是空時之現起，必是在有限被無限演出後；因爲若是無或無限，它是不生不滅，不增不減，絕無時空可言；所以正確的說法，應該是：「當無窮盡的事點之群生起後，空時階段亦立即生起，其爲狀係連續體，亦可以以點刻爲關係者，因其組合之時常變異，遂生純粹之動。」我們這是將摩根之說，略作更正，以說明大海水如何顯現爲衆漚。此說頗與周易哲學相合。

周易繫辭上傳第六章有曰：

夫易廣矣大矣。以言乎遠則不禦（意指無盡），以言乎邇則靜而正（意謂有「點」存焉），以言乎天地之間則備矣。夫乾、其靜也專，其動也直，是以大生焉：夫坤、其靜也翕，其動也闢，是以廣生焉。廣大配天地，變通配四時，陰陽之義配日月，易簡之善配至德。

這是講宇宙（按：上下四方為宇，古往今來為宙）或空時是如何生起的，這與現代物理學、天文學等等，不相違忤，確較摩根之說爲妥。再談「純粹之動」，實是此「純然之靜」由無待而有待所顯現者。摩則認爲，乃其「組合之時常變異」，此說雖屬倒見，卻極有價值，此不僅與周易之變易精神相合，亦頗能以現代人的觀點，描述宇宙之所以生成。我們本於中國形上學并綜合摩根之說，可以很明確的描述宇宙之所以生成及宇宙究竟是什麼？我們認爲，宇宙乃由無限顯現爲有限之「變動不居」的連續體，因其組合之時常變異，得見其確有「純粹之動」存焉。此「純粹之動」，亞力山大稱之爲奮力，周易則稱之爲坤元與乾元。「元猶原也」，元本是一，原無對待，因有動靜或陰陽之對待，而分爲乾元坤元。「乾坤成列，而易立乎其中矣。」於是，變化生焉。此與突創進化論不同者，乃摩根亞力山大等，認爲此連續體，是一不斷的創造進化。中國形上學，則認爲，是本體之本性所顯之功能，依此連續體所顯現的「純粹之動」而可名之爲元者，不斷的由微而顯的以演出它自己而成就本體之功能（元是本體之功能，請參閱第三章第三節四、）此二說孰優孰劣，請讀者自己加以評價。

在此仍須稍作說明者，在第二章第三節，我們曾擬制「易有太極寫意圖」，（以下稱「寫意圖」），在第五章第三節我們講「濂溪以後之儒家宇宙論」時，曾依據朱子周易本義之「小橫圖」與濂溪先生之「太極圖」，而擬製「太極演化體系圖」（以下簡稱體系圖）。我特建議讀者就體系圖與摩根「塔形圖」作比較研究。至於體系圖與塔形圖之同異：第一，此二圖皆是代表無數事物之總圖或合圖，體系圖是代表所有具有心物現象之生存體。第二，體系圖分存在爲形上之道、形下之器、與宇宙萬象之存在這三階段；而且，體系圖是旨在說明此形上之道是如何的演出，而成爲宇宙萬象之存在，此與塔形圖不同。第三，塔形圖以時空爲基線，我們則認定有本體之存在。本體是「無」或無限。西哲多能能從思辨理性以達到無限，但并不真的識得無。嚴格的說，不識得無，即不能真的識得無限，也當然不知無限可以演出有限。講本體論時，我們對於無，有極詳確之描述；因此，我們承認宋儒理氣之說。所謂氣，即上文所謂之元，宋儒亦稱元氣，在體系圖中特名之爲天能，近人亦有稱之爲生命能者。我覺得，稱之爲天能，實無不可。這就是所謂「奮力」，時空基線，不可能有奮力，這是毫無疑義。我們的元能或天能之說，當然比較妥切。第四，在塔形圖中，奮力如何進化而爲神性，實沒有清楚的說明。體系圖認定此形上之本體界，實含有理與氣（請會同「寫意圖」詳參之），此形上之氣，非是屬於物質之空氣，宋儒稱之爲「貞元之氣」，上文亦已稱之爲元氣或元能。宗密認爲「元氣亦從心之所變」（見原人論請覆按第五章第五節），此乃唯心論之過。究極言之，理氣或元能，仍然是一，它是非心非物。當由無待而有待時，陰陽動靜顯現，於是而有心物之現象可說。奮力是如何由微而顯，體系圖實較塔形圖爲清楚明白。此外、我們在第五章第四節講「多種宇宙與多層宇宙」時，曾引述馮馮所列「物質由大至小遞降圖」。此圖雖祇是紀錄物質由大到小的遞降次序；若合體系圖詳參之，則知體系圖確能將本體之至神，用合乎現代物理學的體系，把它描述出來。「遞降圖」是可以爲體系圖作證明，諒讀者必有同感。再者，我們講本體之至神，這祇是說本體有此功能，絕不是說有一與人相似之上帝存在。從本體論說，我們不是有神論；因爲宇宙非神所造。

第七，中西形上學之過去與未來

在海禁未開以前，中西形上學獨自發展，相互影響極少。自上世紀末以來，國人接觸西方學術者日眾；但在哲學方面，真能會通者實不多見。例如講「比較哲學」者，對於中國哲學，鮮有人真知其意。著者不通外交，僅從譯著獲知西方部份哲學，而稍作評述；但自信尙能得其大要。依愚所見，後之來者，若真能深入中西哲學之堂奧，會而通之，必真能「尊德性而道問學」而「一以貫之」；於是，今日已被放逐之西方哲學亦必能真正復興，而重登學術之王座。

五、中國形上學與宗教之信仰

我們雖不是有神論，卻願對宗教之信仰稍作說明。因爲，與其讓無知之徒，自惑惑人，到不如以哲學而釐清宗教方面之迷霧，予人以清淨的而真能安身立命之所在。

黑格爾認爲，絕對精神的三個步驟，即：㈠藝術；㈡宗教；㈢哲學。黑格爾哲學有說：「關於時常所爭論的藝術、宗教、和哲學相互之間關係的問題，是來之於上面所說三者在實質上相同，在形式上有異。此三者之實質或內容所相同的，即是在絕對這個字中，它們均是永恒、無限、和神聖，而且此三者全體均是以絕對真理的理解爲其目的或終鵠。然而它們相異的，乃是在各別情況中絕對真理呈現在意識中的形式。」（同註一，頁四三八）我們認爲，藝術與宗教或哲學，確是相通的。對於藝術或文學等等，吾人所知有限。我們講「老莊哲學的本體論」時，曾講到莊子的藝術精神，認定「藝術境界，實就是哲學境界」例如庖丁解牛之技而進乎道，雖衹是設譬而已；然而技與道通，即藝術與哲學相通，是絕無可疑。再者，作詩者，「其知道乎」！這也是絕無可疑的。王船山對屈原之「博學多通，而不遷其守」，有至高之評價；對楚辭之通於道，有非常具體之詮釋（請覆按第六章第三節四、「無知之知的真解」）。這就是說，文學藝術，確都是與哲學相通。惟因吾人對此所知有限，未敢作進一步之探討，衹是對黑格爾哲學有關藝術、宗教、哲學這「三者在實質上相同」之說，表示贊同而已。至於康德所講的鑑賞判斷，因爲我在這方面的能力很差，所以也衹能存而不論。

照以上所述，我們講中國形上學，確是大有收穫；而最真正的收穫，是完全清楚的認識了這個哲學。用禪宗的口吻來說，我是真的會了。假如讀者你能覺得真的會了，你一定會發現有收穫。在歷史上我不知有誰能對儒釋道三家完全沒有偏見。王陽明應是最會的一位；但他仍是太過於偏重儒家；王船山會通儒道，對釋家之偏見頗深。熊十力算是最少偏見者，最後還是以儒爲重。我爲什麼要提及這些呢？我的意思是說，要真能「窮則獨善其身，達則兼善天下」，惟有真能會通三家，亦即真能會通宗教與哲學，才真能如此安身立命，而受用無窮；因爲對於道家的養生主，儒家的經世心，佛家的宗教感，若真能心領神會，亦即真能體會到，宗教與哲學皆是本體之真的呈現（詳見第三章第二節二、），必能對於道之本體，有真正之體認，那確是無往而不自得。講中國形上學，必須至此境地，才算是真的會得。關於純哲學部份，亦即本體之真所呈現的屬於認知方面的這一部份，前文已詳言之矣，茲再擬先對宗教感稍作說明。在第一章中我們曾說：「佛教是一種較爲哲學化的宗教」。宗教感應是屬於哲學化的對宗教之一種信仰，亦即本體之真所呈現的一種信仰。許多佛教徒有此造詣。自禪宗六祖以降，如馬祖、百丈、南泉、黃檗，以至臨濟等，他們的見解，幾乎全都可以以哲學作解釋，茲略舉數例如下：有問：「大通智勝佛，十劫坐道場，佛法不現前！不得成佛道。如何？」百丈答曰：「劫者滯也，亦云住也。住一善，滯於十善。西國云佛，此土云覺。自己鑑覺，滯著於善，善根人無佛性；故云佛法不現前，不得成佛道。觸惡住惡，名眾生覺；觸善住善，名聲聞覺；不住善惡二邊，不依住將爲是者，名二乘覺，亦名辟支佛覺；既不依住善惡二邊，亦不作不依住知解，名菩薩覺；既不依住亦不作無依住知解，始得名爲佛覺。如云佛不住佛，名真福田，若於千萬人中，忽有一人得者，名無價寶，能於一切處爲導師。無佛處云是佛，無法處云是法，無僧處云是僧，名轉大法輪。」（見指月錄卷八）又有人以問百丈者再問臨濟，所得答覆是：「大通者，是自己於處處達其萬法無性無相，名爲大通；智勝者，於一切處不疑不得一法，名爲智勝；佛者，心清淨光明，透澈法界，得名爲佛。十劫坐道場者，十波羅密是；佛法不現前者，佛本不生，法本不滅，云何更有現前。不得成佛道者，佛不應更作佛。古人云：佛常在世間，而不染世間法。道流！你欲得作佛，莫隨萬物。心生種種法生，心滅種種法滅，一心不生，無法無咎，世與出世，無佛無法，亦不現前，亦不曾失。談有者，皆是名言章句，接引小兒，施設藥病，表顯名句；且名句不自名句，還是你目前昭昭靈靈，鑒覺聞知照燭底，安一切名句。」（註同上）就百丈臨濟這所說的看來，臨濟所說，更為直截了當，也更為具體。我們可以這樣說，禪宗諸大師們，全都祇是有宗教感的哲學家罷了。我們說他們是哲學家；因為他們之所見，完全是清清楚楚，明明白白，絕無不可理解者。我們說是宗教感，那是他們之所信，絕無動搖。隋唐時代，如百丈臨濟者，不知凡幾。我們認為，凡宗教問題，應該都是哲學問題。我們之所以有此認識，大致是受了禪宗諸大師們的影響。宗教信仰，必須至此境地，才能真無疑義；真無疑義之信仰，才真是絕不動搖之信仰。我主張宗教問題，應該由哲學作解答，在本質上，乃是希望宗教信仰，能達到真無疑義而已。在目前來說，以往佛教界有許多很難解答的問題，由於量子物理學的興起，已可以作比較合理的解釋。例如我們在宇宙論中曾談到佛家的多層宇宙與多種宇宙，這在已往，祇能算是神話，但因現已發現多度空間之存在，使這種宇宙觀，已在理論上有可能。可見愛因斯坦認定宗教與科學沒有真正的衝突，確是對於宗教與科學之最深切的評論。在宇宙論中我們曾說：「現代科學，頗有助於破除迷霧，故能變宗教為哲學。這亦是哲學工作應該努力的方向。潛心於本體哲學與宇宙哲學，久而久之，必能洞澈人生之本來如是，而具有一種宗教感。宗教感亦是科學工作的盡頭。到了這個盡頭，沒有科學的定律，祇有靈知之性歷歷。哲學即是將這個歷歷分明者，作學術性的探討，系統性的陳述，亦是將宗教之隱晦不明或不可說者，用一套方法說出來而使之了了分明。」（請覆按第五章第四節三、「致廣大而盡精微」）宗教、哲學、科學，皆必須不失於「了了分明」；否則，那祇有存而不論了。關於佛教中之存而不論者，如我們已指出過、楞嚴經所說習水淨者，在入定後，竟變成為水之這一類難於令人採信之陳述，應存而不論外，禪宗大師們之言論，仍有不屬於哲學所能解釋之範圍，也祇有存而不論。南陽忠國師，有人問他：「曰，如何是一念相應？師曰，憶智俱忘，即是相應。曰，憶智俱忘，誰見諸佛。師曰，忘即無、無即佛。曰，無即言無，何得喚作佛？師曰，無亦空，佛亦空，故曰無即佛，佛即無。曰，既無纖毫可得，名爲何物？師曰，本無名字。曰，還有相似者否？曰，無相似者，世號無比獨尊。汝努力依此修行，無人能破壞者，更不須問，任意游行，獨脫無畏，常有河沙聖賢之所覆護；所在之處，常得天龍八部之所恭敬，河沙善神來護，永無障礙，何處不得逍遙。」（指月錄卷六）忠國師這所答問，非常深入而正確；但所謂「常有河沙聖賢之所覆護；所在之處，常得天龍八部之所恭敬，河沙善神來護」等，既無可徵信，則祇能存而不論；若祇是個人之信仰，則又當別論，以下當詳說之。一般說來，禪宗諸大師之所信，必是其所知；而且必是疑之無可再疑者。他們對於佛教經典，并不完全重視，似乎祇是就其可信者信之；對於釋迦牟尼，亦不奉之若神明，而認爲「丈夫自有沖天志，不向如來行處行」。他們以不惑人，亦不受人惑爲宗旨。他們確是值得尊敬的人物。至於忠國師，他試驗大耳三藏他心通那一則公案，對我的影響至大，他確是一位了不起的哲學家；他的「善神來護」之說，這可能就是宗教與哲學之分水嶺；也可能是今日的哲學，仍不能完全解讀宗教。從純哲學來說，「善神來護」之說，祇能存而不論；因爲哲學不談這個問題；或者說，今日哲學，仍不能完全明白這個問題。若就個人之信仰來說，哲學家是不妨有此信仰。蘇格拉底即是有信仰的人物。因此，信仰「善神來護」，在理論上，并非不可。照我們的系統來說，如我們在上一節中所已陳述的，上帝不是死了，而是這位與人相似之上帝迄未存在過；但是，人是賴世間之父母而有生，「以天爲父」而有本。照儒家的看法，所謂「以天爲父」，即是以天爲父母。張橫渠所謂「乾稱父，坤稱母」，是最能表達此意。乾坤是本體所顯現之勢用或功能。天是本體之別名，不應當作世俗之天來看。乾坤是演出本體自身最不能缺少之要素。人及萬物皆是乾坤所演生者。莊子曰：「天地與我并生，而萬物與我爲一。」（齊物論）此說最能表達出，人確是這具有至神之本性之本體所演生者。凡對於我們所講的本體論與宇宙論有明白的體會者，便知此說極真；於是，乃可對照人是神造之說，而分辨出、孰真孰假，孰優孰劣了。但是，我們雖然否定了上帝之存在，也否定了人是神造之謬說，卻肯定了耶穌基督之存在。照我們的系統，本體是不生不滅之永恒的存在，所以這生滅變化之萬象，實有此永恒之本性。在上一節中，我們曾指出：「耶穌基督被釘十字架後，獲得了不死之生命（即是獲得了與無限同一），成爲一精神性個體（即是此與無限同一者，也是一有限個體）。這就是說：人，雖是生滅變化之一種現象，而其本性則是不生不死之永恒存在。莊子曰：「昔者莊周夢爲蝴蝶，栩栩然蝴蝶也；自喻適志歟，不知周也。俄然覺，則蘧蘧然周也。不知周之夢爲蝴蝶歟？蝴蝶之夢爲周歟？周與蝴蝶，則必有分矣，此之謂物化。」（齊物論）這是說，當在夢中，周與蝴蝶，各不相知；當其覺醒，周與蝴蝶，皆一周也，周，實乃不死之生命也。我們從新約四福音及有關書錄中，可以證明耶穌基督確是得此本心，見此本性之覺者。而且，祂願以自己的血，洗掉世人之罪惡，願爲世人背十字架，其救世愛人之偉大精神，確是傾其「全副力量及生命力」，在歷史上實無人能出其右；故其不死之精神，光照寰宇，廣爲人們信仰與崇敬。我們講「釋家形上學的認識論」時，曾說：「人死後，識力既然以另一種形式存在，則人必會有來生。」（請覆按第六章第二節八、「識力、業力、與人之思想行為」）又說：「人既然有來生，當然會有前生。現代心理醫師爲病人治病時，用催眠法使病人記憶前生而有助於治療，目前已在美國有不少個案。」（註同上）催眠法可能仍大有問題。不過，基於我們「體用一原」，「存有連續」之理論，人，會有前生、今生、與來生，亦即人之本性是具有不死之生命，實乃絕無可疑。耶穌基督，爲偉大之救世主，亦爲偉大之覺者，祂當然不會墮入輪迴，祂當然是獲得了不死之生命，而成爲一精神性個體。忠國師相信有「善神來護」，我們相信耶穌基督是具有位格之三一神（這是所有基督徒之信仰）。這當然祇是一種信仰，哲學不談這個問題；或者說，現代哲學或科學，仍不能完全解讀這個問題。但是，這與我們的哲學完全不相衝突。這就是說，照我們的系統，我們所見得之本體，是可以演出如此之三一神或善神，絕無理論上的困難。因此，忠國師與我們所信的，雖是哲學所不談，亦是孔子所不說的，卻絕不是哲學理論所絕不能允許的。假如我們以「憶智俱忘」來相應；或者，以「既不依住亦不作無依住知解」來相應；或者，以「一心不生，無法無咎」而「心清淨光明，透澈法界」來相應，是有千利萬利而絕無一害。宗教是利益衆生之事。祇有在大革命時代，希冀衆生拋頭顱，擲熱血而群起反抗的時代，才會覺得「宗教是人民的鴉片」。宗教絕非鴉片。宗教決不是以麻醉的方法來療傷止痛。任何一種高級的宗教，皆是旨在拯救人之心靈；除了淺薄無知之傳教者外，決不會麻醉人之心靈。我對於回教，因完全無知，故未敢讚一辭；對於佛教禪宗，自認頗有心得，前文已有論列。關於耶穌基督，是我對於禪宗以外之又一種信仰。爲使上根之人，對這個信仰，在理論上覺得絕無困難，特願作以下之說明，以清除迷霧，破除偏見，使這個信仰，更可能成爲有識之士的安身立命之所。第一，我們對於「給五千人吃飽」或「給四千人吃飽」（新約各福音都有記載）以及其他未可徵信之神話，應存而不論。假如有他人相信，讓他們去相信好了。我們信仰的，祇是救世主耶穌基督的偉大精神，也祇是感受到神的大愛，不是什麼神蹟不神蹟。不相信神蹟，不會影響一個人的真正的信仰。例如禪宗諸大師的信仰，全是以是否見得本性爲真，而否定一切神蹟。至於忠國師「善神來護」之說，那是見性之後，而可以有此信仰，亦即可以有此休息處而已。我們信仰耶穌基督，其義亦是如此。

第二，談到耶穌的偉大精神，我們從新約四福音及有關書錄所記載的耶穌之言行，加以歸納，當可以看出祂的偉大何在？祂饒恕人，「不是到七次，乃是到七十個七次。」（馬太福音）這必是獲得了佛家所謂平等性智，而且有無比之慈悲精神。祂說：「要愛你們的仇敵，爲那逼迫你們的禱祝。」（註同上）這真是無比的偉大！誰能有祂那樣的襟懷呢？祂說：「不可像那假冒爲善的人」。也「不要論斷人」。許多人祇看到別人「眼中的刺」，「卻不想自己眼中有梁木」。祂登山教訓門徒說：「虛心的人有福了，因爲天國是他們的。……清心的人有福了，因爲他們必得見　神。使人和睦的人有福了，因爲他們必稱爲　神的兒子。爲義受逼迫的人有福了，因爲天國是他們的。若因我辱罵你們，逼迫你們，捏造各樣壞話毀謗你們，你們就有福了。應當歡喜快樂，因爲你們在天上的賞賜是大的。在你們以前的先知，人也是這樣逼迫他們。」（馬太福音第五章）祂又說：「你要盡心、盡性、盡意、愛主你的　神。這是誡命中的第一，且是最大的。其次也相倣，就是要愛人如己。這兩種誡命，是律法和先知一切道理的總綱。」（同上第廿二章）這是祂自己所感受的，教訓信徒們應該認識，應該照著做。這是舉一隅而已。這是我們可以奉行的。至於祂的饒恕人的精神，爲逼迫我們者禱告的精神；尤其是、祂說：「一個人若有一百隻羊，一隻走迷了路，你們的意思如何？他豈不是撇下這九十九隻，往山裡去，找那隻迷路的羊麼？若是找著了，我實在告訴你們，他爲這一隻羊歡喜，比爲那沒有迷路的九十九隻歡喜還大呢？你們在天上的父，也是這樣不願意這小子裡失喪一個。」（同上第十八章）這種「不願意」「失喪一個」的精神，我不知回教有否？至於佛教，雖有人發願，地獄不空誓不成佛。在佛教界，這聲音極爲微弱，較之耶穌基督找回了那隻迷路之羊的如此的歡喜，如此的表露出「神就是愛」，實是大不相同。再者，大慈大悲尋聲救苦救難的觀世菩薩，似乎祇是民間的一種信仰而已。恕我無知，我不知有何種佛經，是如基督一樣的「不願意」「失喪一個」。由此，我們當可以體會到，救世主耶穌基督之精神，確是何其偉大。我們信仰祂，在祂的庇護之下，當然可以獲得平安，獲得休息；而且，祂訓誡我們應該遵行的，如不可假冒爲善等等，祇要人們肯去做，沒有一樣是做不到的。因此，今日科學工作者，或哲學研究者，以及所有從事學術工作的高級知識份子，爲求內心的平安，「是不妨有此信仰」。照我們的哲學，我們信仰耶穌基督，是可以從夢境中醒過來，而見到這不死之生命，亦即能如莊子一樣的，深知「物化」之原由，而見到「周與蝴蝶，皆一周也。」

第三，我早年常聽福音，但信仰基督，是近幾個月的事。我家住哈仙達（Hacienda Heights），有一基督教的召會。這個召會是倪柝聲弟兄在民國初年創立的。四九年以前，在大陸各地，信衆已不少。國民政府退出大陸時，倪弟兄也到了臺灣。他覺得不信神的新政府，必將對信衆加以懲治。他若回大陸親身承當一切，或可爲弟兄姊妹們減輕一些壓力；於是，又經由香港回到大陸，如預期的被捕下獄，終於經過廿餘年而逝世在獄中。這種從容殉教之精神，也可說是求仁而得仁。目前在美國領導這個教會的，是由臺灣來的李常受弟兄，雖已九十高齡，精神身體還很不錯。這個教會活動的方式，除週日有較大型之教會集會外，另有家庭集會或較小型之教會集會等等。集會先唱詩歌，再研議聖經或預定之有關讀物，然後交通個人心得與感想。這個活動方式很好。有一次讀約翰福音十三章，耶穌基督「洗門徒的腳」這幾節。交通時，說到水太燙的問題，說到主耶穌說：「賜給你們一條新命令，乃是叫你們彼此相愛。」祇有在「彼此相愛」之下，才能「彼此洗腳」，而水溫才會恰當。這是多麼意義深長的事，真是一輩子享用不盡。基督教的這樣的集合活動，是佛教所缺少的。基督教是可以不用出家而達到信仰的目的。我們又讀到十四章「我在父裡面，父在我裡面」。這兩句話，不是隨便可以懂得的，必須通過聖靈，才知這話的意義是什麼？所以我們應用聖靈來讀經。李常受弟兄說：「你若是要得著生命，只有用靈；因爲只有靈才叫人得生命。你必須用靈來接觸這一本聖經。只有在你的靈裡面，這一本聖經才是神活的話，才是靈，才是生命。」⑲又說：「讀經要用靈，而不要用頭腦。」（註同上）讀經爲什麼要用靈呢？當你見得靈時，你便知道，你的靈，耶穌基督的靈，我們在天上父母的靈，是一而非二；那麼，「我在父裡面，父在我裡

⑲ 李常受著：「如何享受神及操練」頁二五九，臺灣福音書房，民國八十二年台五版。

面」，我在基督裡面，基督在我裡面，這意義便是非常清楚了。至於李弟兄說「不要用頭腦」，這句話難免畫蛇添足，而且也有負面影響。因爲當我們用靈讀經時，頭腦根本上不能發生作用，所以這一句話用不著說。李弟兄對於聖靈的體會，很可能不夠真切。當聖靈顯現時，必是進入了非意識所行境界而獲得了超感性的直觀。這種超感性的直觀，我們在第一章中對此有非常明白的陳述。這不是用思辨的頭腦所能達到的。我們爲什麼說「有負面影響」呢？李弟兄說：「所以每一次當你這樣讀經享受神的時候，必須提防你的頭腦，提防頭腦來想道理，提防頭腦來講道理給你自己聽。」（同註十九，頁二六六）又說：「當你這樣簡便的來讀經的時候，千萬不要存著一個心是來研究甚麼道理。你一點不要存著甚麼思想來研究聖經。」（同上，頁二六九）照李弟兄的意思，「不要用頭腦」，就是不要「講道理」。我們已指出，當聖靈顯現時，屬於意識境界的頭腦，已不存在，「不要用頭腦」這句話是不必講的。至於不要「講道理」，當你是運用聖靈讀經時，一方面是「靈知之性歷歷」；一方面是聖經的道理，萬理畢具，萬理畢陳，清清楚楚，明明白白；而如寒天飲冰水，點滴在心頭，實在用不著用頭腦來想。我們說是「靈知之性歷歷」，這是我們見到了人之本心本性，是獲得了無知之知（請覆按道家認識論），是如樞始得其環中，以應無窮；也是獲得了佛家所謂大圓鏡智，如月印萬川，無一不顯。聖靈的本質就是如此，李弟兄似乎未能有見及此。李弟兄另一本大著：「聖經要道」⑳，有「讀經」一篇，講到聖經功用，如：給主作見證，「使你……有得救的智慧」，

⑳ 李常受著：「聖經要道」第三冊，頁六三八—六四八，臺灣福音書房。

「教訓、督責、使人歸正，教導人學義，……」，「鑑戒……警戒」，「如同燈照在暗處」，「發出亮光，使愚人通達」，如此等等，這不是在講道理嗎？同時，當聖靈作爲人心之主宰時，而是「其有真君存焉」（莊子齊物論），而是「不知其所爲使，若有真宰」（同上）。這是說，當人心得此聖靈作爲主宰時，其形而上之靈性與屬於意識界之理性，必是「一以貫之」，無有滯礙。這也是達到了孔子「從心所欲，不踰矩」（論語為政）的境界。康德所謂之「無待令式」，其義亦是如此。我們用這樣的境界來讀經，所得道理，必都符合耶穌之旨意。我們實應該以深明此理來讀經。有些傳教者，既未真知耶穌基督之旨意，在思想方面，亦特顯僵化，對某些疑問，更未能圓滿作答；於是，乃倡言不應該講道理，以爲搪塞；并藉以反對學術，否定理性。此種愚行，竟在傳教士中，形成一種風向。誠然，耶穌基督亦曾反對文士；但是，耶穌說：「凡文士受教作天國的門徒，就像一個家主，從他庫裡拿出新舊的東西來。」（馬太十四章五二節）可見學術界人士，祇要願「受教作天國的門徒」，他們就像把自家的寶藏搬出來一樣。所以傳教者反對學術，否定理性，確是一種最大的愚行，對基督教之傷害至大。吾人認爲，宗教與學術，從無知者與淺識之徒看來，似是互斥而不相容；從深知其意者看來，則知此二者可以互補而互相發明。愛因斯坦認定宗教與科學沒有真正的衝突，其義即是如此。就我所熟知之基督教與佛教而言，其教義之絕大部份，皆可從哲學，作深入而極爲清晰之解釋；因爲偉大的宗教，必皆是合乎學術上的真理（覆按第五章第四節五）；但因許多傳教士，未明教義之究竟，故對於教義之學術性與清晰性，皆茫然無知。誠然，基督教與佛教之教義中仍有難於理解，或過於荒誕不經，而不足採信者；但此等處，對於宗教之信仰，絕無妨礙，可以存而不論。這就是說，宗教與學術，縱有互斥而不相容者，吾人祇須存而不論，便可疑義盡消。所以，我們對於無足徵信，或與科學真理完全相違逆之宗教言論，是不應該再加以宣揚的。再談信仰與理性。無知之徒，認為信仰與理性不能相容。殊不知一種信仰，若「不知自省與不知講理」，雖能堅持不懈，終必無成（覆按第六章第四節二）。因為任何信仰，若缺乏理性的支持，則這種信仰，祇是無源之水。孟子曰：「七八月之間雨集，溝澮皆盈，其涸也，可立而待也。」（離婁下）這就是說，信仰而缺乏理性的支持，這種信仰是很容易消失的。因為凡具有真正信仰的有道之士，亦即真見到聖靈確實在你的心裡，來作你的精神生命，那必是你的信仰，在理性的指引下，通過了各種的試驗，消除了一切疑慮，而雲破月來，真與耶穌基督同在。若無理性的指引，是很難達到這種境界的。奧古斯丁也曾見到「理性與信仰時而相會。」㉑可見，認定信仰必賴理性方能達成其堅定不移之操持，這是睿智之士所共有之認識，而淺識之流所無法理解的。因此，基督教某些傳教者，企圖以不講道理，而掩飾自己之無知；并因而反對學術，否定理性，蔑視真理。此不祇是一種愚行，且是妨礙達到信仰之究竟的一大阻力。從宗教信仰之究竟義來說，這是應該駁斥的。

第四，上文我們就李常受弟兄所講、讀經要用聖靈，不要用頭腦「講理」這個問題，作了簡要之評析，現再就讀經這個問題，作進一步之說明。李弟兄說：

㉑ 卡爾·雅斯培著，賴顯邦譯：「奧古斯丁」頁六五，臺北自華書局。

所以人來讀經的時候，所要得著的也不外這四層：不是苦難的安慰，就是道德的建立：不是處世的祕訣，就是宗教的熱心。人從來沒有想到神所要的是什麼？人從來沒有想到，神是要進到他的裡頭來作他的生命，神是要進到他裡頭來作他的一切。所以人來讀經的時候，只能讀到那些皮毛的東西，而中心的東西卻摸不著。哦！弟兄姊妹，不錯，對於你的苦難，神有安慰，神有解救，神有應許。不錯，神也要建立你的德行；不錯，神也給你一個處世的秘訣；不錯，神也要你對祂忠誠熱心。但是請記得，這些都是外圍的，這些都是皮毛的，這些都是枝葉的。基本的問題，乃是神要進到你的裡頭，來作你的生命。神要來到你的裡面，作你的食物，叫你飽足。等到祂飽足你了，祂就是你裡面的力量。這個力量，就要帶你經過一切的苦境，勝過一切的為難。等到祂飽足你了，祂在你裡面也就成了你的智慧，作了你處世的祕訣。等到祂飽足你了，就有一種光景，能自然活出祂的美善來，而叫你的道德得以建立。等到祂飽足你了，你也就能大熱愛主，向祂盡忠。所以聖經一直是注重這個中心的東西，有了這個，那些外圍的，枝葉的，也就自然的都有了。（同註十九，頁三〇八—三〇九）

這一段話，可以說是李常受弟兄在信仰神與傳福音方面的一種心得，確是難能可貴，不是一般人所能體會得到的。但必須指陳者：其一，李弟兄中心外圍之說，并無錯誤；但有些人認為，這些外圍的，既是皮毛枝葉的東西，自可棄之不用；所以有些人認為，祇要「等到祂飽足你」就一切皆完滿了；於是，有些人竟大言不慚的說，祇要信仰神，不要講道德。我曾聽到有人說，儒家的道德，實不值一談。這的確是一項不可饒恕的錯誤。耶穌基督曾說：「你要盡心、盡性、盡意、盡力、愛主你的　神。其次，就是說，要愛人如己。」（可十二章第卅、卅一兩節）這愛人如己，實與儒家的忠恕之道，無本質上的不同。我發現有許多主內弟兄姊妹，認為祇要信了神，便萬事皆畢。殊不知盡一切、信神與講道德，是兩大同等重要的誡命。因此，李弟兄中心外圍之說，實不無瑕疵。不過，李弟兄認為「有了這個」中心的東西，「那些外圍的、枝葉的、也就自然都有了」。此語甚真。我覺得，對李弟兄這一段話，若能善加體會，是不會產生那種輕視道德的謬見。其二，在此應順便提及的，即所有基督徒，大都輕視或敵視其他各種宗教的問題。上文談到輕視儒家的道德，實由於對儒家學說之無知。同樣的，因對於其他宗教之無知，乃輕視或甚至敵視其他宗教，以至喪失一個宗教徒應有之愛心與寬容精神，這是會防礙自己的信仰，在見地方面，不能提昇至甚深甚高之境界，而局限於小知小聞之境地。我們曾談到「蜩與鷽鳩」笑大鵬的故事。莊子曰：「蜩與鷽鳩笑之曰，我決起而飛搶榆枋，時則不至，而控於地而已矣，奚以之九萬里而南為。適莽蒼者，三餐而反，腹猶果然；適百里者，宿舂糧；適千里，三月聚糧，之二蟲又何知。」（逍遙遊）莊子此喻，極為深刻。小知小聞者，不見天地之廣大，不知此道之至深至高，以為宗教信仰之事，就是「用嘴唇尊敬我」（可七章六節），就是「稱呼主阿主啊」。殊不知，「凡稱呼我主阿、主阿的人，不能都進天國；惟獨遵行我天父旨意的人，才能進去。」（太七章廿一、廿二兩節）什麼是「天父旨意」呢？我相信一定有許多人不明白。若真知「天父旨意」，然後再衡度其他宗教，除了像臺灣的神棍，利用民間的迷信，蓋一座廟賺錢，并趁機騙色之偽宗教外，其餘各高級宗教，其教義必有與「天父旨意」相合者。基督教與天主教，本是同根之宗教，可以略而不談；至於回教，我們認爲，信其教者，必可得道；否則，其傳播必不會如此之廣遠。再談到佛教，淨土宗唸阿彌陀佛，與基督徒稱呼主耶穌，實無本質上的不同；而且，佛教徒本其一念之至誠，可證得念佛三昧。從理論上說，本於信仰耶穌基督之至誠，應該可以獲得類似「念佛三昧」之定境，這是保證進入天國的道路。耶穌基督有此道路，祇是一般基督徒很少人懂得。其三、談到定境，我們在第一、二兩章中有極爲明確之說明。人惟有在定境中才真能見到神。一般基督徒，很少有人能真知此事。據我所知，李常受弟兄，信主已七十餘年。他知道，應定下心來做禱告；但是卻沒有達到真正的定境。爲什麼呢？因爲他沒有真的見到神。這可從上段話他所說的：「基本的問題，乃是神要進到你的裡頭，來作你的生命。」這是一種猜想之詞。說真的，李弟兄讀經是蠻用心的。他從讀經，曾得出「神住到人的裡面」（同註二十，頁八四九）這個結論。這是很正確的。例如：「豈不知你們的身子就是聖靈的殿嗎？這聖靈是從神而來，住在你們裡頭的。」（林前六章十九節，三章十六節）「你們在我裡面，我也在你們裡面。」（約十四章廿節）「遵守神命令的，就住在神裡面神也住在他裡面。」（約第三章廿四節）「基督在我裡面活著。」（加二章廿節）「因爲神的國就在你們心裡。」（路十七章廿一節）新約中類此之說還多。祇就以上引述，已足夠證明神確是住在我們心中。神既是住在我們心中；而且，李弟兄從讀經也得到如此的結論；那麼，基本的問題，不是神要進到你的裡頭，而是神已住在你的裡頭。李弟兄因爲沒有真的見到神，所以對於「基本的問題」，未能確實的把握；亦即對於「神確是住在我們心中」的這個最中心的問題，未能有真切的認識，而不知神果何在？總之，有許多基督徒，既否定理性，反對學習，復又輕視世俗之道德，更對其他宗教，表現極不寬容之精神，以習於小知小聞爲已足，而不知深入「天父旨意」，究明耶穌基督之正確的道路，盡力遵行，以致終無所得，而落得白忙一場，甚至於是「入地獄如箭射」。這確是至爲可悲之事，實足發人深省。

第五，誠如李常受弟兄在上文所說的：「對於你的苦難，神有安慰，神有解救，神有應許。」我發現到，極大多數的人，都是爲了「安慰」、「解救」、「應許」而信神；而且，似乎是所有信徒，都能獲得不同程度的回應或回報。我覺得教會確實發揮了很大的作用。佛教的廟宇實不能與教會相比擬。喜歡蓋大廟的和尙們，以金碧輝煌的莊嚴，以廟大招引信眾的膜拜。教會是眾信徒的共同身體，是信徒們精神聯繫的紐帶，而廟宇實難免商業的氣息。這兩者之差異，誠不可以道里計。因爲廟宇多有成爲斂財之所，而教會卻發揮了良好的作用。例如我近來常去參加集會的哈崗召會，主內弟兄姊妹彼此關懷，尤其是年輕者對年長者之尊敬、照拂，使人真的感受到神的安慰。我發現信主者之家庭，夫妻和睦，子女孝順。這種日常家庭生活之平安滿足，實是人生最大的幸福。信耶穌基督確是受益無窮。又誠如李常受弟兄所說的，這祇是外圍的信仰而已。信仰必須由外圍進到中心。當外圍的信仰成熟而又純熟了，必會進到中心而無疑義。然而事實上真能進到中心而真的見到神者并不太多。這問題何在呢？其一，「信則得救」，這是大家的共識；同時，大家也認爲，若一次得救，則終身得救。於是，大家都認爲，若信主受洗，便是得救，也便是大事已了。這在理論上，沒有不對；但在事實上，卻應該嚴加檢驗。若信不全真，則不會完全得救。所謂「信則得救」，祇是溺水者被救上岸了，要恢復健康，還大有事在。若因信得救而始終不渝，這才是達到了佛教所謂之「不退轉」地位。而永不會墮落，這必是外圍的信仰成熟而又純熟了。可是，許多人信主以後，以爲主「不願意」「失喪一個」，而是獲得了一張護身符；并以爲祇要主阿主阿的向主獻媚，像古代的奸臣向君王獻媚一樣，即令做錯了什麼，祇要肯向主懺悔，也會獲得主的饒恕。於是助長不法之徒的大膽妄爲，對基督教確是莫大的傷害。這種人、當然永不能達到信仰的中心。同時，有些人，祇是安其所習而不知向中心精進；另有些人，雖有意進向中心，卻摸不清方向，也不知「神是個靈」（約四章廿四節）。例如，前文我們說，「不是神要進到你的裡頭，而是神已住在你的裡頭。」凡未能確信「神已住在你的裡頭」者，是永不能見到神，也永不能進到信仰的中心。又例如，有人認爲，神既是「照著自己的形像造人」，則神必是像人一樣。有此種思想者，亦必是永不能見到神；因爲「神是個靈」，神是無樣式的。新約與舊約，對於神之認識，是有某些不同的；這就是說，從舊約不能真的見到新約時代的神，也不能進到信仰的中心。由於這許多原因，所以真能見到神者并不太多。其二，因爲「不知神果何在」，也不確信「神是個靈」；更不知「遵行我天父旨意」與主耶穌的道路；而祇知主阿主阿的向主祈求這、祈求那。這樣，能見到神嗎？這當然是不可能的。在此仍須作較爲深入之探討者，倪柝聲弟兄認爲，「受造的亞當成爲一個活的魂，他裡面有一個靈，可以與神交通；外面有一個身體，可以與物質世界接觸。」㉒從這所說的，我們說，「人」

㉒ 倪柝聲著：「正常的基督徒生活」，頁二一八，臺北福音書房。

是一個有靈的身體，這是絕無可疑的。不過，身體與靈，常相衝突。誠如羅第七章所說：「我覺得有個律，就是我願意為善的時候，便有惡與我同在。因為按著我裡面的意思，我是喜歡神的律；但我覺得肢體中另有個律，和我心中的律交戰，把我擄去叫我附從那肢體中犯罪的律。」因為肉體與靈，是如此的相衝突，所以有些人認為肉體與靈是兩個完全不同的系統。倪柝聲弟兄即持此項觀點。他說：「你所計劃并且發動的事，若是出自肉體，就無論你怎樣懇切的祈求神來祝福，那件事絕不能進入屬靈的範圍。那件事可能維持多年，并且經過多方的改進，而達到更完善的地步，然而至終祂仍然無法進入屬靈的範圍。」「如果一件事的根源乃是『屬肉體的』，不論經過多少『改良』，祂絕不會成為屬靈的。從肉身生的永遠是肉身，絕對不會變成別的。」（同註廿二，頁二二八—二二九）當然，我們有些東西，確是從肉身生而永不會改變。但是，倪弟兄認為，「這裡有一個天性很好的人，他有清楚的頭腦，健全的判斷力，辦事的能力也很強。」「這個人的優良天性是從那裡來的呢？那些辦事的能力和敏銳的判斷力又是從那裡來的呢？顯然不是從新生來的，因為他還沒有重生。我們大家都知道，我們原是從肉身生的；所以我們需要重生。」（同上，頁二二三）我覺得這些話確是值得商討。我對於倪弟兄之從容殉教（請覆按前文），至為崇敬。他所說的任何話，我都非常敬佩。我本於熱愛真理之精神，對倪弟兄這所說的，并對照聖經，反覆體認，反覆「自我省察」，我覺得，若「按理」而論，這些話確大有問題。不僅此也。倪弟兄說：「良心的清潔絕對不是憑著我們的成就，而是惟獨倚靠主耶穌流血的工作。」「簡單的說，藉著流血的意思就是，我承認我的罪，我承認我需要潔淨與贖罪，因此我倚靠主耶穌所成功的工作來到神面前。我惟有藉著祂的功勞來就近神，絕不倚靠自己的成就。」（同註廿二，頁一三）又說：「對於他的稱義，他如何甚麼也沒有作，照樣，對於他的成聖，他也用不著作甚麼。」（同上，頁四八）這些話也是大有問題；而且都成為加以引伸的根據，故必須予以釐清。先從屬靈的與屬肉體的這個問題談起。倪弟兄認為，凡從肉體生的「天然能力」全是「屬肉體的」，并認定「我用我的心思研究歷史、文學、詩詞、歌賦，或是科學、經濟，以及世界問題」等等（同上，頁二三四）全是「屬肉體的」。這樣的看問題，確實太籠統。誠然，歌羅西書第二章有云：「你們要謹慎，恐怕有人用他的理學，和虛空的妄言，不照著基督，乃照人間的遺傳，和世上的小學，就把你們擄去。」這是說，「世上的小學」和相習成風的偏見，確應謹慎防避；若否定所有的學術，認定所有的學術與「天然的能力」，全是屬肉體的，全是永不會改變，「絕不會成為屬靈的」。這在邏輯上，確是以偏概全；在認識上，確是對於事實真相的無知。即以「天然的能力」而論，我國歷史上的曹操，似是「屬肉體的」；而歷史上的忠臣孝子、志士仁人，他們所表現的「天然的能力」，絕非「屬肉體的」所能有的表現，這是絕無可疑的，豈可任意抹煞與歪曲。再就學術來說，凡真正的藝術，高級的宗教，以及哲學等等，在本質上實無不同，前文已言之詳矣；而且，任何一種學術，若不與聖靈相通，亦即是「道問學」而不知「尊德性」，那必是如無源之水，而缺乏學術生命，也必不可能表現出創造力。這就是說，學術必定通靈，乃為絕無可疑之事。倪弟兄否定學術，足證他與許多對學術無知之傳教者一樣，囿於小知小聞，而不見「天地之純，古人之大體」。也足證其對於聖靈之體會，祇是見到了某一點點亮光，而未見其全體。我發現到，這不祇是倪弟兄如此，乃是許多傳教者之通病，故特以倪弟兄爲範例，并就我所熟知之一般基督徒自以爲是，卻是至爲荒謬者，不厭其煩的予以揭露，以期能有所改正。其三、我們特就這所說的，再作進一步的「省察」，即：「我已經與基督同釘十字架，現在活著的，不再是我，乃是基督在我裡面活著，并且我於今在肉身活著」（加第二章第廿節）。既然，「我於今在肉身活著」的，「乃是基督在我裡面活著」；那麼，我現在所有的努力，必是在我裡面的基督所作的工，藉著我活著的肉身表現出來。這一方面是說，聖靈與肉身是統一的，不是兩個完全不同的系統；另一方面也是說，我所有的成就，在根源上皆是「祂的功勞」。因此，倪弟兄所謂「絕不倚靠自己的成就」或「絕對不是憑著我們的成就」之真正意義，應該是說，這輛汽車雖是被駕駛了十萬八千里，事實上也是汽車自身行駛了十萬八千里。汽車的行駛，是汽車與駕駛者不可分的。於是，我的各種成就：包括著書立說及所有各種優良天性之表現，以及道德的建立等等，必皆是「祂的功勞」藉著我活著的肉身表現出來，猶如汽車駕駛者，必是駕著汽車行駛。照這樣說來，倪弟兄所謂「他也用不著作甚麼」等等，確是很不適當；因爲他完全忽視了，基督是活在我這個活著的肉身之內的這一事實。總之，許多傳教者，習於小知小聞，既不知聖靈或神性，必須藉學術思想之闡揚，以彰顯其全體大用；也不知必須藉人之道德的建立，以表現神性之善良的品德。神必須藉人以彰顯其功能，人必須彰顯神性以成就其事業。人與神性是相得益彰而絕不可分。人若不認識這一事實，則很難真的認識神，所以這也是認識神之必須條件，而絕不應加以忽視。可是，一般基督徒不僅忽視此一事實，而且拒之惟恐不力，這當然也是至爲可悲的。

第六，我們特就「我於今在肉身活著」的「乃是基督在我裡面活著」的這一事實，作進一步的體認。首先要說明的，乃是基督爲什麼會「在我裡面活著」？照加二章廿節所說：「我已經與基督同釘十字架」。基督是因我們的罪而被釘十字架。我既已與基督同釘十字架，則我的罪也被釘死；於是，我就是無罪之身，我們的身子就是聖靈的殿，神的靈就住在我們裡面（請參閱林前三、六兩章）。也或者說，我祇要「遵守神命令」（約壹三章），或基督因我們的信，就住在我們裡面（請參閱第三章）。這就是說，我們必是因信，因遵守神的命令，以及我的罪已被釘死等等，基督便在我裡面活著。其次，當我們知道這個「爲什麼」以後，我們知道，基督之所以活在我裡面，乃是因著我的信（第三章十七節），也必是我的心清淨、純潔、虛心，和睦而慕義（太五章）。這與禪宗經過大死一番而真能皈依六祖慧能所謂之淨、正、覺之自性三寶，以期明得本心，見自本性，實無本質上的不同。這就是說，禪宗戮力以赴的在於得見本心本性，一般基督徒之終極的理想，在於得見活在我心裡面的基督，并與之同在。這二者，所用的語字雖然不同，若研究其實質或本意，這有什麼區別呢？凡主內弟兄姊妹，祇要不拘泥於所習知之語言、文字與章句，不執著於一定之成見，而能放開心胸，使我們的「心清淨光明，透澈法界」，我們必會見得「在我裡活著」的基督，或「住在我們裡面」之「神的靈」。這所見的，與禪宗所謂之本心本性，是一而非二。倪柝聲弟兄說：「聖靈的能力不是別的，聖靈的能力就是祂的死，祂的復活，和祂的升天的效力。換句話說，聖靈是一個器皿，裡面裝著主的死，主的復活，和主的升天的一切價值，爲要把這些帶給我們。」（同註廿二，頁二四二）我們從倪弟兄的著作裡，覺得他確曾接近到神；但就他這所說的，把聖靈當作一個器皿，可見他對於聖靈之體認不夠真切。這「遍而非計」之聖靈，是無所住的，何能比擬爲一個器皿呢？再談到死與活，在聖靈裡面，實祇是一念之覺或不覺的問題，亦即清除「心裡污穢」而使「心清淨光明」的問題。倪弟兄當作器皿來理解，可見他確是體認錯了。於是，他不可能真的見到神，也當然不知神與人之本性，是一而非二。前文我們講到李常受弟兄「沒有達到真正的定境」，現又說明倪柝聲弟兄沒有見到人之本性與神性是一而非二，可見一般基督徒，真能見到神之全體大用者，確是很少的。這當然關涉到認識與方法的問題。

中國形上學與聖經，究極言之，雖可以互通；在認識上，確有不盡相合者；若存而不論，去異存同，確可達成是一而非二之認識，如上文所謂基督活在我之心中，即是體現了人之本性或心之本來面目。一般基督徒，很少有達到這個境界者；因爲很少有人得知本來面目這一事實。再者，信主者，當然知道「要盡心、盡性、盡意、盡力、愛主你的神」。至於如何才能做到「盡」呢？這當然要講求方法。事實上，方法必然關聯到認識。上文曾就倪、李兩弟兄所說「神要進到你的裡頭」及「他也用不著作甚麼」，而認定李弟兄因不確信「神已住在你的裡頭」，故未能真的認識神。至於倪弟兄所說「用不著作什麼」，確非常不適當；因爲「用不著作什麼」，這無異是說，在行駛中之汽車用不著行駛，更可以迷惑人而產生不良影響；若將這「用不著作什麼」說成是「息念」，即止息一切妄念，這是顯現本心或見得本來面目之最切實的方法。倪弟兄未能有見及此，可見他與李弟兄在認識與方法這兩方面，對於愛主我的神，未能達到這個「盡」字，亦即未能至於究極之境，這是非常明顯的。一般說來，由於教會發揮了良好作用，主內兄弟姊妹也多能感受神之「各樣安慰」與「恩惠平安」，所以信者衆，而信衆亦能很信實的感謝與讚美神。我常稱此等信衆爲實信者，他們確有真實的信仰。他們的信仰雖然真實，但很少有人達到盡信；因爲獲知究竟義者，以倪、李兩弟兄爲例，他們都未能達到，可見達到盡信者，確是少之又少。我們如何才能由實信達到盡信，亦即我們如何才能真的「盡心、盡性、盡意、盡力，愛主你的神」呢？我們認爲，除了見得本來面目外，別無他途；因爲當你得見本來面目時，你就是見到了我主耶穌以及我天上的父母。久別重逢。在這個時候，你信主我的神，還有絲毫疑義嗎？這當然是達到了盡信，也當然是達到了盡一切心意力量而愛主我的神。這決非幻想，而是可以獲得見證的。前文所講之百丈、臨濟、以及南陽忠國師等，他們必都是見到我主耶穌而受到庇護，他們祇是不知如何稱呼我主耶穌而已。由此，我們可以獲得以下之啓示：其一，我們所謂之本來面目，即是指思想之本來面目，亦即所謂本心本性等等，這在第一章講「直觀觀念類型」，第二章講「道之本體」時，有非常明確的描述，讀者自可覆按。其二，基督教與禪宗，確是不相同的宗教；但從其究竟義來說，如上文所指陳者，確可以相通。在隋唐時代，禪宗與淨土宗，互不相容；若有人在禪堂宣一聲阿彌陀佛者，必用三擔水加以沖洗；因爲禪宗門下認爲阿彌陀佛佛號是污染了禪堂，非用水沖洗乾淨不可。後來卻變成了禪淨雙修，這確是始料所未及。此中原因，當然是禪淨有可以相通者，例如禪定與唸佛定即是相同的。同樣，耶佛在究竟義方面既可以相通；而且，爲了「盡一切心意力量而愛主我的神」，我們必須得見本來面目。信主者若能認清這一事實，則耶禪之隔閡必可化除；同時，也確是獲得了通往主耶穌之最直捷而最正確的道路。我相信後之來者，當深明此義時，他們爲了達成盡信，勢必明心見性，而在認識上達到毫無疑義。其三，禪宗與淨土宗所不同者，淨土宗信奉阿彌陀佛，禪宗則皈依自性三寶。後來兩宗妥協混合了，在信仰方面，禪宗雖與淨土宗不同；但他們所達到的定境則沒有不同。此中卻點出了信與行的問題。我們的意思是說，若有人焉，他根本不知道要信主耶穌，但他的行為卻全都合乎天父的旨意。基於信則得救的原則，此人不會得救，因為他沒有信。持此項觀點者，當然是傳教者之固陋。一般實信者更不真知「我天父旨意」之最基本者，是在於真能遵行祂的旨意。耶穌基督說：「這些事你們既作在我這弟兄中一個最小的身上，就是作在我身上了。」（馬太福音第廿五章）行，確實比信還重要。能夠見得此心之本來面目者，其心中污穢必已清除乾淨，所作所為，必全都合乎天父旨意，即令不知有信主耶穌此一大事因緣，如百丈、臨濟、忠國師等等，他們必都像綿羊一樣，「安置在右邊」（同上）。我們此說，雖不一定能為許多人樂意接受，然而這確是真實的事實。前聖後聖，可同作見證。這是一般基督徒所應深知「自我省察」，而真能虛心接受此一事實。其四，總結以上所述，一般基督徒，若期望能由實信而進到盡信，是必須深究其理，深明其事，以獲得這個絕無疑義之信仰。本書以上各章所闡明者，既闡明了本來面目，也袪除了各種疑義，確可以有助於獲得這個信仰。這當然是本書最大的收穫了。照這樣說來，我們中國形上學，不僅是替宗教與哲學解決了難題，而且能為高級宗教確立既是臻於究極而又絕無疑義之信仰。中國禪宗若沒有中國形上學是不可形成如此偉大的信仰體系。有識之士，當知吾言不謬。因此特說明基督教與禪宗為什麼可以相通，以彰顯基督教健康而正確的一面，并藉以消除偏狹及過份依賴神的安慰與「應許」之思想，而真能遵行「天父旨意」。

六、中國形上學與人類之前途

以上是說明了本書對哲學與宗教所可能產生之影響。這當然算是一種成就。在以上之陳述中，我們也涉及了人自己，特略作歸納於下：

第一，先秦儒家認爲，「人者，天地之心也。」（禮記禮運）照我們的系統來說，這「天地之心」的本性，即人之本來面目。當這個本來面目，藉人之意識而意識到人自己時，人是真的誕生，真的存在，而天地萬物也真的歷歷在目了。人當然是天地之心。人因具此本性或覺性，當其真正覺醒時，在日常生活中，必具有辨解的或邏輯的清晰性，這就是顯示了人之認識的功能；若覺悟到存在的究竟時，必具有超感性之直覺的清晰性。本書以上各章，對於人之此一特性，已言之詳矣。由於人能體悟到超感性的直覺，故能顯示出體悟與思辨之不同。當我們體悟到存在之究竟時，我們見到了有與無之同一，也見到了「無所住心」，「無所得心」。這就是人之本來面目，也就是佛家所謂之佛性。一般基督徒所謂之神，主耶穌祂自己等等，實與此沒有區別。就我自己來說，在這個時候，天地有無窮際的這個疑團被打破了；在這個時候，是真的無有掛礙，無有恐怖，無有顛倒夢想，而所謂大無畏精神、大圓鏡智與平等性智，皆同時顯現。人是可以達到這個境界。達到了這個境界，才是真的顯現了人之本質。惟因人在現實生活中，受虛妄意識的影響，扭曲了存在的真相，迷失了人之本性。本書於窮本溯源中，把這個事實彰顯出來，使我們重新見到人自己。「知汝自己」，事非等閒。就人自己來說，這確是一等一的大事。

第二，當我們體悟到存在的究竟時，我們便知道，世界是如何生成的；也當然知道，人從那裡來，會往那裡去？照我們的系統來說，世界之成，是由無待而有待。世界之本體，是不生不滅之永恒存有。人及世界皆是這永恒存有稱其所有的而顯現為存在。人，頗似澄清之大海水所顯現之一浮漚體。人因執著此浮漚體而失去此澄清大海水之自性；然而終必回歸自性，實無疑義。我們是非常清晰的見到了人之去與來，也是清晰的見到了人之淨正覺的本性，這實是本書的一大收獲。法國哲學家沙特（Jean Paul Sartre）說：「人除了他意圖怎樣之外，就空無所有，只有他體現自己時，他才存在。因此，他除了行為總和之外，就空無所有，除了生命之外就空無所有。」㉓又說：「人的先驗本質并不存在。到現在為止，甚麼是真正的人還沒有建立起來。我們還未完全是人，我們只是滿足於我們所達致的現存的人際關係及人類定義。」（同註廿三，頁三三）這是存在主義者之基本看法，是存在先於本質之闡釋。照我們的系統、人之本質，即是人之本性，它是與本體同在，是先於形下之存在。又所謂「空無所有」，就「人」這個現象來說，確是過眼煙雲，誠如一浮漚體之生滅。借用熊十力先生的話說，是剎那剎那詐現其相。但是，這澄清大海水之本性，卻不增不減，不生不滅。這就是說，個體在顯現它自己時，固祇是一時之現象；若就存在之本身來說，卻是永恒之存在而無任何差異。祇要我們能如莊子一樣的深知「物化」之原由，則知「周與蝴蝶，皆一周也」，這是存在主義所未見及的。存在主義者，用他們的一套概念、定義，陳述其所見，得出了一套他們的看

㉓ 王耀宗著譯：「沙特的最後話語」，頁一一，臺北谷風出版社。民國七六年八月。

法，他們若能體會到我們之所見，他們一定會改變其原有的觀念。我們的看法，是幾千年來，經過許多人的考驗、印證而無疑義。存在哲學所體現到的焦慮、被棄、絕望、恐懼等等，我曾經如是說：「一般人由於不明瞭真理，對於所生存的整個環境，有一種『被扔』之感，這便是現代式之無明緣行。」㉔存在主義者，確是爲無明所苦惱而不知所以然。不過，齊克果（S Kierkegased）曾說：「憂慮是作爲對於可能性之可能底自由之實在性（Dread is freedom reality as possibility for possibility）。」㉕齊克果認爲憂懼是自由之最具體的表現，而自由本身就是一種可能性。這與釋家解脫無明的思想不同，釋家是以截斷因果循環爲主。存在主義者，則在於發現人類的困境并意識到脫困的力量，可見他們始終對人類沒有放棄希望。沙特在逝世前曾說：「整個世界看來醜陋，罪惡以及絕望。但是，我要抵抗這種想法——我知道我會懷著希望而逝去；但是，這些希望必是有根據的。我們必須解釋這樣恐怕的世界是長遠歷史發展中的一瞬間，而希望，正是革命或起義最主要的動力。」（同註廿三，頁六〇）我想，假如沙特見到了人之本性，他的希望會是一種更堅強的信心。儒家與存在主義是不相同的。儒家像耶穌基督一樣的本於愛人如己的忠恕之道，而以愛與敬爲手段，希望能成人之能而能明明德於天下。以孔子爲宗之先秦儒家，本於對人性與天道之體認，確認人皆可以爲堯舜。這與佛家人人皆有佛性之說是相同的。我們對於人類，確實不應該存有失望之心，而應該體悟到人之本性。

㉔ 覆按本書第六章第二節七、「十二緣起與三世輪迴」。

㉕ 蔡美珠著：「齊克果存在概念」（一個人性理論的探討），頁六四，臺北水牛出版社、哲學叢書十五。

第三，中國形上學，對於人自己之認識，無論是形而上之體悟或形而下之省察，都充滿希望，且從未貶損人之價值。誠然，道家之至人、真人、神人，儒家之善人、仁人、大人，以及佛家在輪迴中之凡人，都各不相同；但是，三家所謂之覺者或聖人，則沒有大不同。因爲人皆可以爲堯舜，而且狗子亦有佛性，所以人人必都能證得此明覺之本性而通達此形上之道。人確是天地之心。可以「贊天地之化育」，而且是「先天而又弗違」。人絕對不是被遺棄者。這與耶穌基督不放棄一隻被迷失的羊，確有主動與被動之不同，我們確可以不論天助或自助，而相信人不是無助。再者，耶穌基督邀請人進天國與佛家引渡人昇登西方極樂世界，在傳教士與某些僧尼之間，可能有極大的不同。這些不同，顯然都是人爲的不同。從究竟義而言，人是可以達到這些一定的標準而同登天國或極樂世界。尤有進者，自文藝復興以來，一般基督徒，都希望改善政治制度與社會環境，以建立人間的天堂，這與先秦儒家希望平治天下之理想，實可謂大同而小異。總之，本書對於人之本心本性之探討所獲得的對於人之自覺，既可以擴大對於人自己之視野，也可以增強人自己之自信。誠如存在主義者所宣稱的，人之存在與處境，在現代是極爲尷尬而荒謬；然而溯諸人類歷史，人是由蒙昧而日益進於文明。人，確有解除危難與面對困境而脫困的能力。對於本書所已陳述之主旨，若能灼然而無疑者，當知此言不虛。再者，沙特認爲，人類所遭遇的困境，乃「長遠歷史發展中的一瞬間」，此言誠然。不過，人之希望，雖然有時是「正是革命或起義最主要的動力」，而其最基本者，乃是人之本性的發揚。若大多數人能從迷夢中覺醒過來，實現「黎民於變時雍」（尚書堯典）的理想，這才是人之真正的希望。同時，周易對於革命，是謂「天地革而四時成，湯武革命，順乎天而應乎人。」為順天應人而革命，湯武之殺伐，似屬無可避免者。惟周易所謂之革命，既是講「天地革而四時成」，而其所謂革亦是著重在變易。這就是說，儒家所謂之革命，實是以自然之變易為主，不是「非千萬人頭落地不可」。尤有進者，儒家著重感應。咸卦彖曰：「天地感而萬物化生，聖人感人心而天下和平。」尚書所講之「黎民於變時雍」，實亦是一種感應的效果。照這樣說來，起義或革命，不宜祇局限於殺伐之途，尤宜著重於和平之變革。而且，儒家所謂之革命，絕對不是只革他人的命，而是要日新又新的革去自己的舊染之污，以革面洗心，重新作人。總之，儒家所謂之革命，絕非以暴易暴，而是在於為人類開闢成功之坦途，以實現人類的善人之生的真正希望。

第四，我們從中國形上學學會了哲學家的自處之道；而且，這個安身立命之所的空間，是可以作逍遙遊而無有不適。之所以能如是，乃我們學會了用第三隻眼，亦即是「另具隻眼」的「從一個清醒明白和寧靜之心靈出發的，是自知自覺的」超感性的直觀，見到了人之本性、靈性，而生出覺性，強化理性，省察知性與感性；於是，既獲得了形而上的超感覺之直覺的清晰性，也不失形而下的辨解的或邏輯的清晰性。這個精神境界或心路歷程，既見到了本性、靈性、覺性、理性、知性、感性等等，是「祇是一事」，「其實一也」；也覺悟到無相之本性，是靈知之性歷歷（這就是形上之清晰性），是穿衣吃飯，挑柴擔水，見山是山，見水是水，如此等等（這就是辨解的清晰性）。這可以是：奪境不奪人，奪人不奪境，或人境俱奪，人境俱不奪。我們是生存於人境俱不奪之境界中，也熟知人境俱奪之妙性無相。我們從人境俱不奪而識得人之本心本性以及人之存在的處境與人之全部的希望。中國形上學，就周易所論及者，它不祇是見到人之一生的始與終，也見到了人類無窮的希望。這豈祇是哲學家安身立命之所在而已，實亦是人類無窮希望之所在。中國形上學確是關涉到人類前進，而且是非常清晰的看到人類之未來，并勾劃出人類日進於文明而可以成人之能善人之生的美景。現在仍須指陳者，我們有沒有爲人類之未來稍作貢獻呢？就我所知者，孔子「學而不厭、誨人不倦」的精神，爲「萬世師表」提供了最好的榜樣；耶穌不願放棄一隻迷失的羊，表現了「神愛世人」最積極的作爲；釋迦弘法利生，是啓發人之覺性的不可或闕的方法。古聖先賢，罄竹難書者，以及現存之救世思想或救世救人之高級宗教，未爲吾人所熟知者，對於人類未來所作之貢獻，實不能一一列舉；不過，教育與傳道，絕非宣傳，更非局限於一定之意識型態的框框而強迫他人接受。傳道、授業、解惑，與洗腦完全不同。洗腦祇是自欺欺人而終必誤人誤己。弘法利生，傳道解惑，此乃神聖事業，非淺識不學者所能明其究竟；然而依一定之陳規，追隨前人之腳步，使學者能貫通其所學，亦必大有可觀者。若文明日進，人之理性的力量日益增強，蔚爲善良風尚，善知識終必成爲社會之動力，則覺悟之人生可期，而人間之天國或極樂世界必可實現。至於這個世界或國家之人民，每人都享有壽、富、康寧、攸好德、考終命之五福外，國家乃某一特定地區人民之團結象徵。中央政府乃爲人民服務之總機關。機關首長乃人民選舉，在其任期內執行政事并代表全體人民管理全體公僕，接受議會之監督。這是現代民主國家行之有年者。誠然，民主制度，應加改進者仍不少；但其基本精神及法治原則，實是善人之生最切實而有效的途徑。儒家內聖外王之道，祇有在真正的民主社會才真能實現，而其內聖的工夫，確有助於現代民主政治之更加健全，更加進步發展。我們中國形上學，最先的道家，是明得道之本體，在政治上，輕視儒家的仁政，頗與現代的民主自由及福利國家的思想相合，與當時的貴族專制政治格格不入，所以是避世的。後來由印度傳入的佛家，明得心之本體，以成佛爲務，是出世的。儒家形上學，以歷代相傳之仁政與優良之文化精神爲道統。在政治方面，認定「萬方有罪，罪在朕躬」，「四海困窮，天祿永終」，「雖有周親，不如仁人」。做到絕不虐民而爲民作主。并發展出格致誠正修齊治平之方法，以「止於至善」的「至誠之道」，而親民，而明明德於天下。前文我們曾指出：「若能本於至誠而完完全全的實踐，必能完全演出本體自身而毫無欠缺。」（請覆按本章第一節四）這就是說，若真能實踐至誠之道，終必「明得道之本體」或「心之本體」，亦即必能「明明德於天下」。儒家的此一「向上一路」確能臻於「明心見性」之境，這是佞佛者或其他一曲之士所未能夢見的。至於儒家在政治方面之實踐，以誠敬爲基本，以忠恕爲原則，行孝弟之道㉖，善人我之生，終必實現上文所謂之人間天國，而超越孔孟當時所希實現的仁政或大同之治而無疑。中國形上學確是關涉到人類前途；因爲它告知我們，真能「知汝自己」，及「成人之能，善人之生」的全部事實。同時，融合了儒釋道三家的中國形上學，實有避世、出世、入世這三個路向。

㉖ 先秦儒家所講孝弟之道，是教人盡孝道以善吾生，亦即盡孝道是教人活得好好的，活得有意義，此可於禮記祭義及哀公問等篇窺見其端倪。至於盡弟道，則在於善他人之生，禮記所講的向齒養老等事，足可證明。這是本於忠恕之道，以誠與敬行之。這是先秦儒家將形上之道實踐在生活之中的一些事實，他們是盡「人之全副力量及生命力」以行之。秦漢以來之儒生，實少有此種氣象。

清靜無爲，乃個人之喜好。修各種甚深法門，得各種極高成就，然心嚮往之。儒家以至誠之道入「人間世」，肩負重任，其志可佳，其行可敬。這也是，人成就它自己的最佳之途徑。人類前途，實深賴之。

國家圖書館出版品預行編目資料

什麼是中國形上學—儒、釋、道三家形上學申論(上、下冊)

周伯達著. — 初版. — 臺北市：臺灣學生，1999 [民 88]
面：公分. — (濱聞哲學集刊；4)

ISBN 957-15-0959-0 (平裝)

1.哲學 – 中國
2.形上學

120　　88004978

什麼是中國形上學
—儒、釋、道三家形上學申論(上、下冊)

著作者：周伯達
出版者：臺灣學生書局
發行人：孫善治
發行所：臺灣學生書局
臺北市和平東路一段一九八號
郵政劃撥戶：○○○二四六六八號
電話：(○二)二三六三四一五六
傳真：(○二)二三六三六三三四

本書局登記證字號：行政院新聞局局版北市業字第捌玖壹號

印刷所：宏輝彩色印刷公司
中和市永和路三六三巷四二號
電話：二二二六八八五三

定價：平裝新臺幣七八〇元

西元一九九九年四月初版

08904-4

ISBN 957-15-0959-0 (平裝)